교사의 직무 스트레스와 탈진

-교육의 위기-

김정휘 · 김태욱 지음

박학사

머리말

직장인은 일터에서 두 가지 선물을 받는다고 한다. 시사 주간지 뉴스위크지에 의하면 직장인은 직장에서 수고한 대가로 받는 월급과 직무 스트레스(Job stress)를 받는다고 한다. 이 중에서 교사들이 교직 생활에서 경험하는 직무 스트레스와 탈진 문제에 관하여 생태학적인 분석을 시도했다.

교사가 경험하는 스트레스와 탈진 문제를 소홀히 다루거나 무관심, 방치하면 안 되는 중요한 이유는 이것이 교사의 정신건강 악화, 교육력 저하, 교육 경쟁력과 국가 경쟁력 저하를 유발하는 원인을 제공하며 IMF 못지않은 교육 위기가 나타날 것으로 예측되기 때문이다. 김대중 정권 이후에 유래 없는 교육 흔들기 정책으로 이미 교육 위기가 도래했다고 지적한 자료도 출판된 바 있다.

이러한 문제의식을 갖고 사연 많은 교육계에서 교사들이 자의반, 타의반 겪는 직무 스트레스와 탈진 문제를 꽤 심도 있게 다뤘다.

관련 학자들이나 교육 행정 당국과 교육 기관에서 교사를 괴롭히는 직무 스트레스와 탈진 문제의 심각성, 중요성을 인식하고 교육 복지(edutopia)와 교사의 정신 건강 증진 차원에서 관련 대책을 시급히 마련하는 노력이 가시적으로 추진되기를 기대한다.

초・중・고교 교사들은 10명 중 7명, 즉 교사의 70%가 교직생활에서 불만족을 느끼고 있고 행정 업무 과다 59%, 스승에 대한 예우가 낮다 71%(한국교총), 고교장 75%가 교실 붕괴 현상을 지적한 바 있는데 71%가 교육부 탓을 지적했다(월간 중앙). 또 사례로 본 교권(教權) 침해 양태를 보면 학생・부모에게 얻어맞고 체벌이나 안전사고가 나면 소송 당하고 명예 회손 당하는 사례가 빈발하는 것으로 나타났다(한국교총, 2000). 2006년도 스승의 날에 교감이 교사를 폭행하여 직위 해제당하고 폭행당한 교사는 자살한 사건이 발생했다(한국교육신문, 2006. 5. 1, 제2207호).

스승의 날을 앞두고 고3 담임교사가 스스로 목숨을 끊어 경찰이 수사에 나섰다. 2006년 5월

13일 오전 11시 30분경 광주 남구 진월동 모 아파트 화장실에서 집주인 김(45 · 광주 A고 교사) 씨가 숨져 있는 것을 부인이 발견해 경찰에 신고했다. 김 교사의 부인은 "화장실 문이 안에서 잠겨 있어서 열고 들어가 보니 남편이 수건걸이에 목을 맨 채 숨져 있었다."고 말했다. 부인은 "남편이 '덩치가 큰 교감이 내 몸에 올라 타 목을 조르고 온몸을 두들겨 팼다. 도저히 억울하고 비참해 못 참겠다.'고 분통을 터뜨렸다"고 말했다. 경찰은 13일 문제의 교감에 대한 조사를 통해 "전날 김 교사와 언쟁 도중 뺨을 한 차례 때린 사실이 있다"는 진술을 확보했다. 김 교사는 그동안 학교 측과 보충수업인 9교시(오후 6시~6시 50분)의 자율 운영 및 진로지도비 배분 문제 등을 놓고 마찰을 빚어온 것으로 알려졌다(**동아일보**, 2006. 5. 15, 제26378호).

소통이 먼저다. 학교에는 콜센터가 없나요?

딸을 초등학교에 보내는 한 학부모는 "자식 문제로 학교에 물어보고 싶은 일이 있어도 누구에게 말해야 할지 모르겠다."면서 이같이 말했다. 물론 이 학부모는 학교가 상품을 팔기 위해서 소비자와 상담할 통로를 만들어야 하는 기업체가 아니라는 것을 잘 알고 있다. 또 아이의 담임교사를 찾아가는 방법도 있다는 걸 알고 있다.

자식 가진 죄인이라고 하던가. 학부모는 선생님 앞에 서면 작아지는 걸 느낀다. 선생님에게 전화를 걸까 망설이고, 직접 찾아가려다 포기할 때도 많다. 이 때문인지 별것도 아닌 문제 – 당사자에겐 항상 큰 문제지만 – 로 속앓이를 하는 학부모가 적지 않다.

최근 '간 큰 학부모'가 등장했다. 충북 청주시 H초등학교에서 선생님을 무릎 꿇린 학부모 K 씨의 이야기다. 그는 교권(敎權)을 짓밟았다는 이유로 여론의 뭇매를 맞고 청주교육청과 교원단체가 자신을 수사기관에 고발하자 '구속되면 내 자식은 누가 키우나' 하는 생각에 가슴이 콩알만 해졌다고 한다.

이 사건을 다시 들여다봤다. K 씨는 17일 담임교사에게 학생 체벌 등에 대해 민원을 제기하고 학교장을 면담했다. 학교장은 이 자리에서 책임지고 지도하겠다는 약속을 했다. 이후 K 씨는 다른 학부모와 이야기를 나누다 이 교사에 대한 불만이 자신만의 문제가 아니라는 것을 알게 됐다.

집단행동이 시작됐다. K 씨 등 학부모 8명은 17일 밤 전화를 걸어 방문 약속을 하고 교사의 집으로 갔다. 이야기는 잘 되지 않았다. 한 학부모가 '학생들 앞에 무릎을 꿇고 사과하라'고 말했다. 학부모들은 16개 요구사항을 담은 항의문을 들고 18일 학교를 찾았다. 학부모가 집단으로 항의하는 와중에 이 교사는 무릎을 꿇었다. 이 사건이 언론에 보도돼 문제가 커지자 K 씨는 사과문을 들고 학교를 다시 찾았지만 학교장은 '사과 받아서 해결될 사안이 아니다'는 이유로 면담을 거절했다고 한다.

이들은 거친 언어와 집단 압박이란 폭력적 방식으로 문제를 해결하려 했다. 이런 방식은 어느 사회에서나 환영받지 못한다. 사과문도 이런 자각에서 나왔을 것이다.

그런데 이들이 왜 이런 방식을 택했을까. 이들에겐 믿을 만한 의사소통의 통로가 없었다. H 초등학교는 학교나 교사에게 불만이 있을 때 어떤 식으로 의견을 전달하라는 안내를 학부모에게 한 적이 없다. 이 학교 측은 학교운영위원회를 통해 학부모의 의견을 수렴해 왔다고 이야기하지만 학운위가 그런 기능에 충실하다고 믿는 학부모는 많지 않을 것이다.

유네스코의 '교사의 지위에 관한 권고'는 학생을 위해 교사와 학부모는 긴밀히 협력하려는 노력을 최대한으로 해야 하며, 교사의 전문적 책임은 학부모의 부당한 간섭으로부터 보호되어야 한다고 규정하고 있다. 교육부와 교원단체는 이 권고의 뒤쪽 대목에 더 관심이 많은 게 아닌가 하는 생각이 든다. '학생 교육 및 교권보호법'(가칭)을 만든다는 이야기는 있어도 '교사 학부모 협력법'을 만든다는 말은 없다.

학부모 단체들도 법적 대응을 할 생각이어서 이 사건은 법정에서 판가름 날 전망이다. 하지만 판결이 소통의 문제를 해결해 주겠는가. 교육 당국이 적극적으로 소통의 문화를 조성하지 않으면 이와 비슷한 사건은 어느 학교에서나 다시 터질 수 있다(**동아일보**, 2005. 5. 26).

"왜 교사들 편만 듭니까?"

학부모들이 교사를 무릎 꿇리고, 학생이 담임교사를 폭행한 사실이 보도되자 학부모들이 전화와 e-메일로 따져 물었다. 학부모들의 잘못도 크지만 고민도 이해해 달라는 내용이었다.

중 2 아들과 초등 5년 딸을 둔 40대 여성은 "정작 울고 싶은 사람은 학부모들"이라고 했다. 사연은 이랬다. 얼마 전 학교에서 돌아온 아들이 방안에서 엉엉 울더란다. 교실에서 친구와 장난을 치다 선생님한테 꾸지람을 들었다는 것이다. "야단맞는 게 당연하다."고 하자 아이가 뜻밖의 말을 했다. 선생님이 "야, 이놈아. 너 학교 오지 마. 너 같은 놈은 필요 없어."라고 했다는 것이다. 그 학부모는 "당장 교사에게 달려가 따지고 싶었지만 아이가 또 밉보일까봐 참았다."며 "일부 교사 때문에 교단 전체가 욕을 먹는 게 아니냐."고 지적했다.

요즘 학생들은 다양한 사고방식을 가진 '디지털' 세대다. 그러나 상당수 교사들은 시대변화를 따라잡지 못하는 것 같다. 권위를 앞세워 윽박지른다고 고분고분할 아이들이 아니다. 23일 뒤늦게 알려진 '여수 여고생 7명 감금' 사건이 대표적이다. K교사는 4월 말 사진수업을 받던 학생들을 두 시간 이상 교실에 감금했다. "학생들이 기대에 못 미쳐 그렇게 한 것."이라는 게 K교사의 변명이다. 학부모들이 항의하자 그 교사는 "지도방식에 문제가 있었다."며 사과했다.
교사들의 수난은 학부모・교사・학생 모두에게 책임이 있다. 그러나 교사에 대한 폭행・폭언・협박은 어떤 경우든 정당화될 수 없다. 교사들은 학생의 영원한 스승이다.

"학원 선생님보다 잘 가르치니?" "월급이 얼마나 된다고, 감히 내 자식을…"과 같은 말이나 생각을 한 적은 없었나. 학부모 스스로 자신의 행동을 되돌아 볼 필요가 있다. 부모가 선생님을 무시하는데 어떻게 아이들이 존경할 수 있을까. 부모가 긍정적인 마음을 가져야 아이들도 올곧게 자란다.

교사도 책임이 있다. 한국교총 관계자는 "대부분 교사들은 따뜻한 가슴과 사명감으로 묵묵히 제자들을 가르치고 있다"고 했다. 당연한 일이다. 하지만 사교육과의 경쟁력 문제나 부적격 교원 퇴출 시스템이 미약하다는 지적이 나와도 교사들은 꿈쩍 않는다. 수업의 질과 학생지도 방식에 대한 평가를 받겠다는 교사들은 거의 없다. 교사 스스로 경쟁력을 갖출 때 존경받는 선생님이 될 수 있다(**중앙일보**, 2006. 5. 24).

수업 20분 앞당기는 게 싫다고 삭발한 全敎組 교사

경기 고양시의 한 고등학교 전교조 교사 3명이 지난달 25일부터 삭발(削髮)한 채 교단(敎壇)에 서고 있다. 그 사연을 들어보면 기가 막히다.

이 학교는 4월 15일부터 전체 학생을 시간대별로 나눠 새로 지은 학교식당에서 점심을 먹게 했다. 예전 교실 급식 때와 달리 줄을 세워 배식(配食)하다 보니 12시50분부터 1시40분까지의 50분으론 점심시간이 모자랐다. 그래서 4월 24일 교사 투표를 통해 수업시작 시간을 9시에서 8시40분으로 앞당기기로 했다. 수업을 20분 일찍 시작하고 대신 점심시간을 60분으로 늘리기로 한 것이다. 투표에선 찬성 51표, 반대 12표, 무효 5표가 나왔다. 수업 시작을 앞당기는 것은 1학년 학생회가 설문조사를 통해 70% 가까운 찬성으로 학교 측에 제안한 것이기도 하다. 학부모들도 다수가 원했다고 한다.

그런데 삭발 교사들은 수업시작 시간을 20분 앞당기기로 교사투표에서 결정되자 이에 반발(反撥), 항의 표시로 머리털을 밀어버리고 수업에 들어가고 있다는 것이다. 삭발 교사들은 "4교시에 절반, 기존 점심시간에 절반 학생에게 점심을 먹게 하는 방법도 있는데 교장이 일방적으로 수업시작 시간 변경안(案)을 투표에 부쳤다"고 말하고 있다. 이 교사들은 교사식당에 '학교장 명령은 부당노동 행위'라는 대자보(大字報)도 붙였다고 한다.

삭발한 교사들도 수업시간엔 '다수결(多數決)로 내린 결정은 내 생각과 다르더라도 승복(承服)하는 게 민주주의'라고 가르쳐왔을 것이다. 교실에선 그렇게 가르친 선생님들이 머리 깎고 다수결을 억지로 뒤집으려는 것을 보며 아이들은 무슨 생각을 하겠는가. 수업을 20분 일찍 시작하면 아침 출근을 서둘러야 하는 교사들이 약간은 불편해지겠지만 그게 학생들 앞에서 머리를 밀어버리며 결사적으로 항의할 사안이 되는 것일까. 정상인(正常人)의 상식으로선 도저히 이해할 수가 없다. 보통 사람들의 정상적(正常的) 상식으로선 믿어지지 않는 일이 벌어지고 있는 이 나라 학교에서 우리 아이들은 지금 무엇을 배우고 있겠는가?(**조선일보**, 2006. 5. 25)

'억지' 소송 · 무고에 교원들은 괴롭다

한국교총은 학부모들의 '억지'소송 등 교권 사건으로 시달리는 교원들에게 소송비를 지원한다. 교총은 지난달 27일 제131차 교권위원회와 제69차 교권옹호기금운영위원회를 열고 강원 A중 B교사의 '학생체벌에 대한 학부모의 손해배상 청구 피소건' 등 7건의 교권침해사건에 대해 100~200만 원까지 총 1200만원의 소송비를 지원하기로 했다.

강원 A중 B교사는 거짓말을 한 학생을 지도하는 과정에서 머리를 두 대 쥐어박게(알밤주기) 됐다. 이에 그 학생이 대항하는 자세를 취하며 B교사의 손목을 잡았고, B교사는 훈계 차원에서 손바닥으로 목 언저리에 살짝 충격을 주었다. 그 후 학생의 학부모는 '너무 많이 맞아 장기능이 멈춰졌다'며 해당 경찰서에 상해 건으로 고소하고, 위자료 명목으로 7300여 만 원을 요구했다. 그 학부모는 B교사가 불응하자 지방법원에 2800여 만 원의 손해배상금을 청구하는 민사소송을 제기해 놓은 상태다. 해당 검찰청은 B교사의 상해피의사건에 대해 '죄가 안 됨' 처분 결과를 통보했으나 현재 소송은 진행 중이다. 박충서 교권국장은 "교권수호 차원에서 지원해야 한다는 결론을 내렸고, 이 사건에 대해 200만원의 소송비를 지원하기로 했다"고 밝혔다.

부산 C고 D교사의 경우는 검찰로부터 받은 기소유예처분 취소를 청구하는 헌법소원건으로 교총은 200만 원의 소송비를 지원키로 했다. D교사는 지난해 수업에 늦은 학생을 지도하게 됐는데, 그 학생은 D교사에게 거세게 반항했고 교무실에서까지 "선생들 죽인다"는 폭언과 함께 난동을 부렸다. 그리고 그날 그 학생의 부모가 찾아와 D교사에게 사과까지 했다. 그러나 학교상벌위에서 그 학생에게 퇴학처분이 내려지자 그 다음날부터 온갖 폭언과 협박을 일삼더니 결국에는 학부모가 병원에서 상해진단서를 발부받아 경찰에 D교사를 폭행 · 상해 및 명예훼손 혐의로 고소했다. 몇 개월 후 해당 경찰서가 세 가지 고소 사유에 대해 '혐의 없음' 처분을 내렸으나, 해당 검찰청 지청이 상해와 명예훼손에 대해서는 '혐의 없음', 폭행에 대해서는 '기소유예' 처분을 내렸다. 이에 D교사는 '기소유예처분 취소' 헌법소원을 청구해 놓은 상태다.

경북 E여중 F교감의 경우 전교조 교사들로부터 명예훼손을 당한 케이스. 2002년 학교법인 E학원은 이사회에서 교감승진후보자를 선정 발표했는데, F교감이 포함됐다. 이에 대해 전교조 교사들은 "연고와 금품을 앞세워 서울까지 찾아다녔다는 추잡한 로비가 있었다."는 성명서를 발표하고 수차례 시위를 벌이는 등 F교감을 괴롭혔다. 이에 F교감은 지방검찰청 지청에 고소장을 제출했고, 지난 2003년 12월 법원은 피고 8명에 대해 벌금형(500만 원부터 200만 원) 선고유예판결을 내렸다. 결국 L교감은 지난해 2월 지역법원에 6700여 만 원의 손해배상을 청구하는 민사소송을 제기해 놓은 상태다. 교총은 이 사건에 대해 200만 원을 지원키로 했다.

이외에 교총은 G대 H교수의 행정소송 등 4건에 대해 600만 원을 지원한다(**한국교육신문**, 2006. 5. 1).

앞에서 예시한 글의 내용을 분석해 보면, 교육 · 교사가 수난을 당하는 비참한 일이 일반화되어 있고 전국 도처에서 벌어지고 있어서 안타까움을 금할 수 없다.

아동 · 청소년 학생들이 성장발달 과정상에서나 학업 생활과 관련해서 발생되는 여러 가지 문젯거리를 해결하는 데 도움을 주고 의논 할만한 상대자와 배려가 필요하다는 각성 하에 초 · 중 · 고교에 상담 전담 교사를 배치하고자 하는 교육부의 정책은 적합하고 올바른 문제 해결 방안이다. 그런데 학생들의 복지를 챙기는 배려가 교사들에게도 필요하다.

교사들이 교직 생활에서 겪는 어려움과 문제 거리를 어디에서 누구에게 하소연할 것인가? 어떻게 해결해야 하는가? 오늘의 교사가 처한 위상을 생각해 볼 때 무고지민(無告之民) 즉 교사들이 교단에서 경험하는 괴로움을 호소할 데가 없는 딱한 처지에 놓인 것이 교사의 모습이라고 생각이 된다. 학생에 대한 배려와 복지 차원에서 상담 전담 교사를 초 · 중 · 고교에 배치하고자 하는 방안이 필요한 것과 마찬가지로 교사에게도 이에 상응하는 배려가 필요하다고 필자는 생각한다. 이에 대한 문제 제기와 연구, 접근 방안이 필요하다는 인식하에서 이 책을 펴냈다. 이 문제에 관해서 교육 행정 당국이나 교육부, 교직 단체, 전문 교육 연구 기관, 교육자, 교수들 및 학부형 단체가 관심을 갖고 필요한 대책을 마련하는데 동참해 주기를 기대한다.

어려운 출판 환경 속에서도 이 책을 펴낼 수 있도록 배려해 주신 구본하 사장님과 직원 여러분들의 격려와 힘들고 고독한 사도의 길을 향해서 정진하는 우리 대학 초등교육과 2학년 김미라 양의 조력에 감사드린다.

2006년 5월 15일

김정휘 식

차 례

제 1 장

문제 제기

교사에게 배관공보다 낮은 급여를 지급하는 사회는
훌륭한 교사도, 훌륭한 배관공도 갖지 못할 것이다.

—앨버트 아인슈타인—

초등학교 "무너지는 교실", 이러한 제목은 주간 조선(2000, 11, 30, 제1630호)이 기획특집 기사로 다룬 내용의 시작하는 글을 소개한 것이다. 다음과 같은 사판 시리즈가 교육계에 회자되고 있다. **'바닥은 장판, 교실은 난장판, 아이들은 개판, 교사는 죽을 판'. 아울러서 얼마 전 한 교육 전문지에 실린 8판 시리즈가 교육계에 파문을 몰고 왔다. 교장은 죽을 판, 교감은 떡판, 교사는 이판사판, 학부모는 살 판, 교실은 난장판** 등으로 교육과 관련된 이해관계 당사자들의 갈등과 흔들리는 교육 현장을 꼬집은 기사였다.

- **교사의 우울한 초상, 말로만 교원우대 정책, 웃기지 마라**(뉴스메이커, 경향신문사. 1997. 7. 10, 제230호)
- **비틀거리는 학교교육, 이대론 안 된다**(뉴스메이커, 경향신문사, 1997. 11. 13. 통권 247호)
- **학교, 이젠 웃음을 찾자**(뉴스 피플, 대한매일 신보사. 1999. 4. 30, 제366호)
- **헛도는 교육 개혁, '이해찬식 개혁은 교사 죽이기?'**(News⁺, 동아일보사. 1999. 4. 15, 제179호)
- **교실 붕괴: 학생도 교사도 "학교 가기 싫다."**(시사저널, 예음 문화 재단. 1999. 9. 23, 제517호)
- **초등학교, '무너지는 교실'**(주간 조선, 조선일보사. 2000. 11. 30, 제1630호)

- 지금 학교에선…교권추락, 교사는 슬프다(주간 한국, 25; 한국일보사. 2001. 10. 25, 제1893호)
- 선생님들 왜 화났나?(주간 조선, 조선일보사, 2001. 11. 15, 제1678호)
- 스승의 날에 돌아 본 '우리 선생님들'(주간 조선, 조선일보사, 2003. 5. 22, 제1754호)
- 혼탁해진 교육계…알짜 자리는 1,000만 원(주간 동아, 동아일보사, 2002. 4. 11, 제329호)
- 정신질환, 알코올 중독 부적격 교원 퇴출 조치(중앙일보, 1998. 9. 30.)
- 돈주고 학교 옮긴 교장 선생님. 감사원, 교육청 직원에게 인사청탁한 22명 적발(동아일보, 2004. 2. 18, 제25686호; 조선일보. 2004. 2. 18, 제25864호)
- 세계는 교육 혁명 중. 중국에서도 실력 없는 선생님은 퇴출, 영국에선 매년 학교 평가…경쟁력 없으면 폐교(중앙일보, 2004. 1. 3, 제12130호)
- 교장 선생님! 화내지 마세요(한겨레21, 한겨레신문사, 2003. 8. 8, 제457호)
- 교육춘몽(敎育春夢)(주간 동아, 동아일보사, 2005. 1. 18, 제469호)
- 풍차와 싸우는 돈키호테. 자신의 소명을 외로이 수행하는 사막의 예언자. 사회가 변화를 주입하고 그 생산성을 높게 기대하는 인간 컴퓨터. 지속적으로 변화하는 요구와 방법의 정글에서 살아남는 것은 힘들

(내외경제, 1998. 11. 3, 제5115호)

(조선일보, 1998. 11. 3, 제24203호)

(동아일보, 1998.2.1, 제23781호)

(한국교육, 1996, 제1793호)

다. 종종 교사들은 발싸개(foot mat)처럼 느끼곤 한다. 모든 사람이 밟고 지나가고, 발을 닦는다. (Everybody Passes by it and wipes his or her feet., Kelchtermans, 1999)

최근에 발생하고 있는 **교육의 위기, 교육의 아노미 현상의 심각성을 진솔하게 사실적으로 묘사한 시사만화**를 소개하면 홀대받는 교사의 위상! 스트레스와 탈진에 시달리는 선생님의 초라한 위상을 실감할 수가 있다.

어느 젊은 교사는 다음과 같이 자신의 곤혹스러운 처지를 표현했다.

나는 참호 속의 병사처럼 느껴진다. 모든 방향에서 공격받으며, 적들을 볼 수 없거나 또는 나 자신의 자존심과 안전을 지킬 수 없다.

위에서 예시한 교육 관련 기사는 언론에 보도된 관련 내용의 제목과 관련 기사를 인용한 것인데 이 내용이 의미하는 바는 교육의 긍정적, 순기능적인 면은 도외시하고 부정적인 면만을 확대, 과장해서 비판적으로 다룬 문제점도 있으나, 교육계의 문제, 난제가 무엇인가를 실감있게 다루고 있으며 '**학교교육 이대로 좋은가**' 하는 문제 제기와 걱정을 해야 하는 상황임을 알려준다.

(조선일보, 1998.10.22 제24193호)

(조선일보, 1998.10.31 제24201호)

동아일보

(동아일보, 1998.10.30 제24026호)

직장인이 직장에서 받는 선물은 두 가지가 있다고 한다. 즉, 경제적 보상과 직무 스트레스(Job Stress)가 그것인데 이 기회에 여기에서는 선생님들이 교직 생활을 하는 동안 공・사적으로 경험하는 직무 스트레스와 탈진이 교육의 위기와 어떤 관련성이 있으며 예방, 치료를 위한 대책, 그에 따른 교육부, 시・도 교육청, 개별 학교 차원, 당사자인 교사의 자구적인 노력을 어떻게 강구해야 하는가에 관한 촉구와 함의(含意)를 고민하고 논구(論究)하고자 한다.

아이들은 교사를 따르지 않고 학부형은 공교육과 교사를 불신하며, 사회로부터는 경쟁 사회의 낙오자로 따돌림당할 뿐만 아니라, 교육 당국마저 자신들의 처지를 외면하는 상황에서 교사들의 설자리는 더 이상 없다. 교사들은 특히 교육 개혁을 추진하는 교육 당국이 경제 논리와 여론몰이를 해서 자기네를 개혁의 주체나 동반자가 아닌 밀어내야 하는 개혁의 대상으로 설정하는 데 분통을 나타내고 있다. 따라서 교사의 사기가 떨어지고 교사들이 경험하는 스트레스는 하늘로 치솟고 있다. 이러한 전례 없는 불행한 상황을 양식 있는 교육학자들은 한국 교육의 위기(주삼환, 2002)로 진단하고 있다.

노무현 정부 하에서 신임 안병영(安秉永) 부총리 겸 교육부 장관은 취임 소감에서 "**그동안 교육은 희망과 용기의 원천이기보다는 좌절과 실망의 씨앗이었다.**"라고 교육에 대한 질타를 언급했다. 필자는 좌절과 실망의 원인을 상당 부분 교육부가 제공했다고 생각한다.

필자는 한국 교육의 위기라고 진단된 이러한 최근의 경향을 교육의 아노미 현상으로 간주하고 논의를 전개하고자 한다. 교사의 사기가 저하되었다는 것은 교사들의 직무 수행의욕과 근무의욕의 상실, 직무 스트레스가 심하고 직무 만족도가 상실되었음을 의미하며, 따라서 몸은 교직에 있으나 마음은 교단을 떠난 심리상태를 뜻한다. 그 조건이 교사 자신에게서 비롯된 것이 아니라는 데 심각성이 있다. 주삼환(2002, 11)은 한국의 교육 위기론에서 우리의 교육이 산업사회 기반 교육에서 지식 정보 사회의 교육으로 전환하지 못했기 때문에 현재와 같은 교육의 위기가 발생했다고 진단했다.

1. 직장인과 직무 스트레스

한국인의 직무 스트레스

우리나라 성인의 절반 가량은 일상생활에서 심한 스트레스를 느끼고 있으며, 과거에 비해 스트레스에 시달리고 있는 성인이 점점 늘어나는 추세인 것으로 밝혀졌다. 여론조사 전문기관인 리서치 & 리서치(대표이사 盧圭亨)가 전국의 20세 이상 600명을 대상으로 '**한국인의 스트레스**'에 대해 전화조사(2001. 6. 11)를 실시한 결과, 응답자의 절반 정도인 43%가 요즘 일이나 가정생활에서 스트레스를 '많이 느낀다'고 답했으며, '어느 정도 느낀다'는 32%로 아 둘을 합

〈그림 1-1〉 스트레스를 얼마나 느끼는가?

1996년 11월 한국갤럽 조사자료		2001년 6월 리서치&리서치 조사자료
13%	거의 안 느낀다	3%
25%	별로 안 느낀다	22%
29%	어느 정도는 느낀다	32%
33%	많이 느낀다	43%

하면 전체 성인의 대다수인 75%가 스트레스 속에서 생활하고 있는 것으로 나타났다. 지난 96년 한국갤럽의 조사에서 '스트레스를 느낀다'는 응답이 62%이었던 것과 비교하면, 최근 5년간 우리 국민의 스트레스는 큰 폭으로 증가한 것이다. 한편, 남성(76%)과 여성(74%)이 스트레스를 느끼고 있는 비율은 비슷했지만, 남성 중에서는 40대(80%), 여성 중에서는 50대(81%)에서 가장 스트레스가 심했다.

'스트레스를 받는 이유'로는 '경제적 문제'(57%)가 첫 번째로 꼽혔으며, 그 다음은 '직장 · 사업문제'(21%), '자녀교육'(8%), '정치문제'(6%), '건강문제'(5%), '부부 · 친인척 갈등'(2%) 등의 순이었다. 연령이 높을수록 '경제적 문제'에서 받는 스트레스가 컸으나, 화이트칼라의 경우에는 '직장 · 사업문제'에서 받는 스트레스가 더 컸다.

스트레스를 해소하는 방법은 운동(15%), 음주(14%), 휴식(12%), 친구와 이야기(11%), 취미생활(8%) 등의 순이었다. 하지만, 30~40대 남성의 경우에는 3명 중 1명(36%)이 술로써 스트레스를 풀고 있었다. 이 조사의 최대허용 표본오차는 95% 신뢰수준에서 ±4% 포인트다. (조선일보 2001. 6. 11, 제25022호)

〈그림 1-2〉 최근에 스트레스를 얼마나 느끼는가? (2002년)

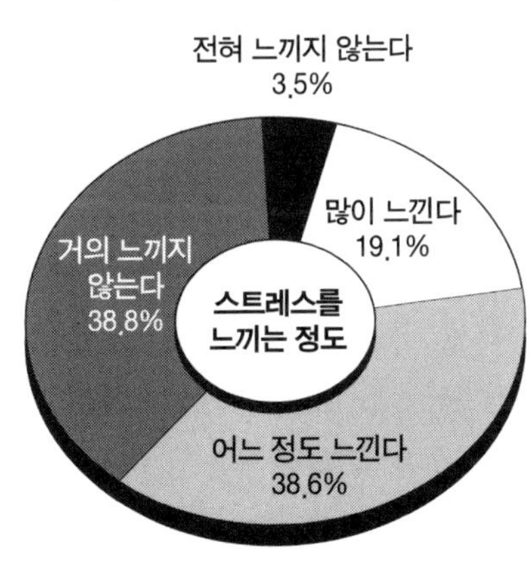

리서치컴: 전국 성인 500명

국민 5명 중 1명은 건강이 나빠질 정도로 스트레스에 시달리는 것으로 나타났다.

조사전문기관인 리서치컴이 성인 500명을 대상으로 2002년에 실시한 전화조사 결과, 일이나 가정생활에서 스트레스를 '많이 느낀다' 19.1%, '어느 정도 느낀다' 38.6% 등, 응답자 과반수(57.7%)가 스트레스 속에 생활하는 것으로 나타났다(〈그림 1-2〉 참조). 여성(51.9%)에 비해 남성(63.5%)이 스트레스에 더 시달리며, 연령별로는 30대, 직업별로는 자영업자가 가장 스트레스를 많이 느끼고 있다. '스트레스 때문에 건강이 안 좋아지고 있음을 느낀다'는 응답자도 17.4%에 달했다. 연령이 높을수록 건강을 해칠 정도의 스트레스를 느낀다는 응답 비율이 높았다.

스트레스를 받는 요인으로는 '경제문제'(41.4%)와 '직장이나 사업문제'(35.6%)가 대부분을 차지했다. '자녀교육이나 육아문제'(13.4%), '건강문제'(4%), '부부 또는 친인척 문제'(3.5%)도 주요 원인이었다. 여성은 경제문제에, 남성은 직장이나 사업문제로 스트레스를 많이 받는 것으로 나타났다.

스트레스 해소법은 '운동'(22.1%)과 '술'(17.8%)이 가장 많았고, '아무것도 하지 않는다'(12.3%)와 '친구들을 만나 이야기를 한다'(11.7%)도 비교적 많았다. '잠'(7%), '쇼핑'(6.2%), '취미생활'(5.7%), '여행'(5.7%), '신앙생활'(2.2%) 등의 응답도 있었다.

우리말에는 유난히 '화'가 많이 들어간다. 화가 나서 못살겠다, 울화가 치민다. … 또 '홧김에 서방질 한다'는 속담도 있다. 젊은이들이 잘 쓰는 "열(熱, fever) 받는다"의 '열'도 화(분노)의 또 다른 표현이다. 화를 내는 자체가 정신건강에는 좋지 않지만 풀어버리면 그나마 다행이다. 문제는 꾹꾹 참고 가슴속에 담아두다가 갑자기 폭발하는 경우이다. 바로 화병(火病)이다. 냄비가 끓다가 어느 순간 뚜껑이 들리면서 국물이 넘치는 것과 같은 이치이다. 인기리에 방영됐던 '태조 왕건'에서 말년의 궁예가 폭군으로 돌변한 것이 화병 때문이라는 얘기도 있다.

한방서적에 화병이라는 단어가 처음 등장한 것은 1960년대이다. 목이 뻣뻣하거나 명치끝이 답답하고 두통, 불면증 등 증상만도 50가지가 넘는다고 한다. 1980년대 들어서는 서양의학에서도 화병 연구가 시작됐다. 의사들은 화병을 '장기적으로 스트레스를 받고 이를 풀지 못해 폭발하는 병'으로 본다. 그런가 하면 심리학에서는 화가 분노나 원한으로 증폭될 때 생기는 증상으로 풀이하기도 한다. 그래서일까? 직장마다 구조조정의 칼날이 시퍼렇던 외환위기 때 화병 환자가 줄을 이었다. 아예 화병클리닉을 개설한 병원도 있다.

화병은 다른 나라에선 찾아보기 어렵다. 미국정신의학회는 7년 전 화병을 '한국인에게 주로 나타나는 분노증후군', 즉 특이한 문화병으로 공식 인정했다. 영어에는 마땅한 단어가 없었던지 병명도 우리말을 그대로 옮긴 'Hwa-byung'이다. 왜 화병은 우리에게만 있는 것일까. 문화의 차이에서 그 이유를 찾는 이가 많다. 감정을 거침없이 드러내는 서양과 달리 우리는 절제를 미덕으로 삼기에 속으로만 삭이다가 병이 난다는 것이다. 또 가부장적 사회, 한(恨)과 체념의 문화를 원인으로 꼽기도 한다. 남자보다 여자, 윗사람보다 아랫사람에게 많은 것은 그래서일 게다. 우리 국민 가운데 20%가 화병을 가지고 있다는 연구 결과도 나와 있다. (동아일보, 2002. 5. 10, 제25132호)

자료에 제시된 바와 같이 남녀노소를 불문하고 한국인의 다수(75%)가 스트레스 속에서 생활하고 있고 5년 전에 비해(62%) 2001년 조사에서는 큰 폭으로 늘었다고(75%) 지각하는 것으로 나타났다. 한국인들은 보편적으로 스트레스를 많이 받는 것으로 알려지고 있지만, 최근 교육개혁의 명분 하에 교육 흔들기로 인한 한국 교육위기론, 학교가 무너지면 미래는 없다, 한국 교육 이대로 좋은가 등의 문제 제기에서 **교사들의 화병**(火病), 즉 직무 스트레스가 매우 심각하고 교사들에게 만연되어 있을 것으로 상정되는 데에 대한 관심, 걱정, 그 파급 효과의 심각성 인식, 관련 대처 방안 마련 등 전혀 반응 대책이 없다. 그래서 경고-저항-탈진(고갈)으로 표현된 일반 적응증후군(General Adaptation Syndrome, GAS)의 희생자가 된 교사로 인해 초래되는 교사의 정신건강 악화, 교육력 저하, 교육・국가 경쟁력 저하가 나타나 IMF 못지 않은 교육 위기로 나타난다고 생각된다.

비록 인류가 역사적으로 오래 전부터 스트레스를 경험해 왔다고 알려져 왔으나, 21세기를 지향하는 이 시점에서, 20세기의 격변과 고난의 삶을 살아오면서 고도로 발달된 서구화・산업화된 사회에서 사연 많은 삶을 살아온 현대인들이 겪는 스트레스로 인한 문제의 심각성을 알려 주는 몇 가지 통계자료를 인용한다(Powell & Enright, 1990. 2; Everly & Sobelman, 1987, 7; Cooper & Kasl. 1980. xl.).

특히 직장인과 직무 스트레스와의 관계에 초점을 맞춰 논의해 보자.

1. 현대인의 모든 질병의 50～80%가 스트레스에서 시발된 것으로 평가되고 있다. 따라서 스트레스가 만병의 근원이라고 일컬어지고 있다.
2. 일반 개업의사를 찾는 환자 중에서 거의 50%가 스트레스 관련 문제로 인하여 괴로움을 겪고 있다.
3. 1980년대 초에 영국 성인 남자 10명 중 1명이, 여성은 5명 중에 1명이 벤로디옥산 계열의(고혈압 치료용 약품) 정신안정제(tranquillizer)를 복용하는 것이 좋다는 처방을 받았다.
4. 영국 국민 중에서 4～5%가 매년 불안으로 진단・치료받고 있으며 1960년대 중반에서 1970년대 중반까지 영국의 각 병원에서 알코올 중독으로 입원한 환자수가 33% 이상 증가하였다.
5. 영국인의 25만 명이 스트레스성 질환인 관상동맥성심장병(CHD)에 의해서 매년 사망한다(CHD는 사망의 흔한 원인이다). 이것은 1953～1973년 사이에 34～44세된 남자의 사

망률의 2배나 된다.

6. 스트레스와 관련된 조건에 의해서 영국의 산업체에서 매년 4천만의 근로인력 손실이 나타나고 있다(NHS의 인증에 의하여 평가).
7. 1년에 13억 파운드를 영국의 산업체에서 스트레스 해소 비용으로 소모한다고 어림잡아 평가하고 있다. 스트레스 반응으로 인한 전형적인 증상은 알코올 중독, 계획적인 결근(absenteeism), 조기 사망, 은퇴인 것으로 나타났다.
8. 미국에서는 지난 50년 이상 CHD가 500% 증가했다.
9. 미국에서는 800만 명의 인구가 위궤양으로 고생하고 있고 1,200만 명이 음주상의 문제가 있는 것으로 평가된다.
10. 미국인들은 50억 개의 정신안정제를, 1만 6천 톤의 아스피린을 복용한다(Powell & Enright, 1990. 2).
11. 한국 40대 남자의 사망률은 여자에 비하여 2.8배가 더 높으며 40~60대의 사망원인 1위는 각종 암인 것으로, 40대 전의 사망률은 주로 사고사가 많다는 것으로 밝혀졌는데(89년 사망원인 통계집계 결과, 경제기획원 조사통계국), 한창 활동할 연령층인 40대 사망률이 천 명당 8명이나 되는 것은 스트레스를 많이 받는 것(즉 스트레스 증후군)과 무관하지 않다고 해석되고 있다(한국인의 10대 건강 위험인자 순위, 〈그림 1-3〉 참조).
12. 국제노동기구(ILO, 1981)는 미국, 영국, 스위스 등 선진국 교사들의 25%가 정신·신체

〈그림 1-3〉 한국인의 10대 건강위험 관련 요인 순위

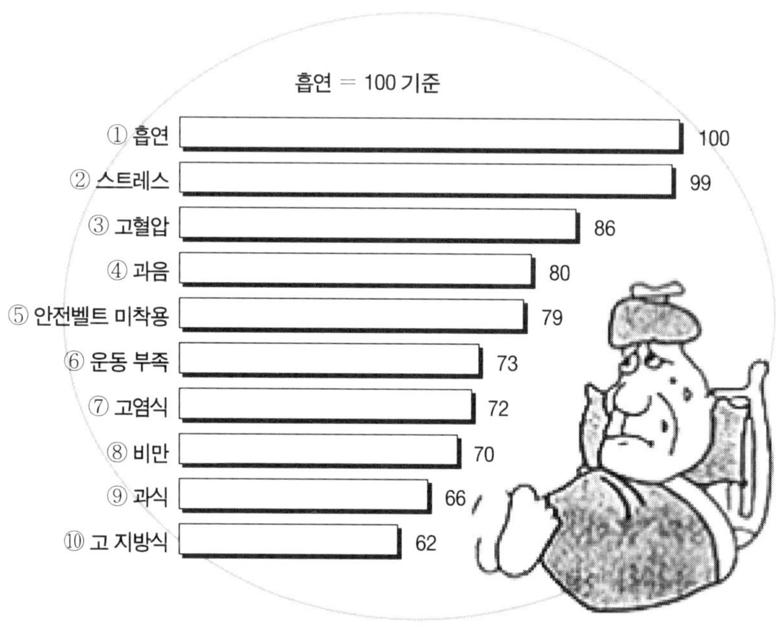

건강에 심각한 영향을 끼치는 스트레스로 정신피로증에 시달리고 있다는 충격적인 보고를 발표한 바 있다. 즉 미국과 유럽 전역에 걸친 연구에서 나타난 바로는 교사들 중에 직업병으로 스트레스(stress as an occupational disease)를 인지하는 경우가 증가하고 있다는 것이 밝혀지고 있다.

사망 교원 3명 중에서 1명은 암(癌) 때문에 사망했으며, 이와 같은 암 사망률은 일반인의 2배에 이르는 것으로 나타났다. 대한교원공제회는 1994～1996년 3년간 본인의 사망으로 부조금을 지급한 1,650명의 교원을 대상으로 사망 원인을 분석한 결과 암으로 인한 사망이 가장 많은 544명(32.9%)으로 드러났다고 밝혔다. 다음으로는 교통사고 17%, 심장・혈관계 질환16.7%, 간・담낭계질환 12.9%, 일반 재해 5.8% 등의 순으로 사망률이 높았다. 암의 종류별로는 간암이 29.7%로 가장 많았고 다음은 위암 27.5%. 폐암 12.5%, 대장암 4.4% 등의 순이다. 교원들의 암 사망률은 최근 보험개발원이 발표한 일반인들의 암 사망률 18.9%에 비해 2배 가까이 높다. 아쉬운 것은 그러한 결과를 초래한 원인에 대한 생태학적 분석이 미흡하다는 것이다.

13. 미국의 국립안전위원회(National Safety Council)와 국립직업안전 및 보전연구소(National Institute for Occupational Safety and Health)가 1984년에 발표한 노동 손실이 320억 달러에 이르며 모든 사고 건수의 75～85%가 부정적 스트레스(distress)에서 기인한다고 했고, 이것은 스트레스에 의한 미국 내 총 손실의 10%로 추정된다고 보고했다.

14. 전 미국인의 25%가 심한 스트레스에 시달리고 있으며, 모든 신체적 질병의 약 8%가 심인성 질환(psychosomatic disorder)인데 정신건강 관련 전문인력이 우리나라보다 풍부한 미국의 경우에도 정신건강 서비스가 필요한 집단의 약 15% 정도만이 실제로 전문가의 도움을 받고 있다고 알려져 있다(미국의 정신건강 문제에 대한 대통령 특별위원회 보고, 1978).

15. 직장인 가운데 10명 중에서 9명은 회사에 입사한 뒤에 오히려 건강이 나빠지고 있으며, 이의 가장 큰 요인은 직무 스트레스 때문인 것으로 나타났다. 대한교육보험이 전국의 남・녀 사무직 종사자 5백 명을 대상으로 조사(1991. 10. 9 발표)한 결과에 따르면 현재의 건강 상태가 입사 전에 비해 나빠졌다는 직장인은 전체의 89.0%에 이르고 이로 인해 약을 먹고 있다는 직장인이 20.4%에 달하는 것으로 보고했다.

16. 스트레스가 현대인들의 건강을 위협하는 중요한 질병으로 자리잡아 이 지구상에서 성인의 약 20%가 고통을 겪고 있다고 세계보건기구(WHO, 1994. 11. 2)가 보고서를 통해 발표했다. WHO에 따르면 미국에서만 약 5천만 명의 스트레스 환자가 있어서 연간 20억 달러(약 1조 6천억 원)의 경제적 손실이 발생한다는 것이다. WHO는 세계 정신건강

의 날을 맞아 발표한 성명을 통해 이 중 5천만 명은 정신분열증을 포함한 심각한 정신 질환을 앓고 있으며 1억 5천만 명은 신경성 질환, 1억 2천만 명은 정신지체자들이고, 우울증과 같은 정서장애 환자가 1억 명이며, 1천 6백만 명이 미친 사람이고, 마약과 외상에 의한 정신장애자도 1억 명에 이르고 있다고 밝혔다.

17. 세계화 바람을 타고 최근 40~50대 중견 간부들이 직장에서 타의에 의해 퇴직하는 일이 잦아지면서 고급인력 손실과 직장 불안정서의 확산 등 사회문제로까지 이어지고 있다. 이런 현상은 지난 1992년 명예퇴직 형태로 시작해 지난 해 금융계를 중심으로 한 대규모 감원에 이어 정부조직 개편안 이후 가속화하는 추세여서 이에 대한 사회적 대책이 필요하다는 지적이다. 1995년 2월 16일 통계청이 밝힌 바에 따르면 40대 실업자는 지난 93년 전체 실업자 55만여 명 가운데 4만 8천여 명으로 7.3%를 차지했다. 1993년에 전체 실업자는 44만 8천여 명으로 줄어들었으나 40대 실업자는 오히려 2천여 명이 늘어난 5만여 명으로 전체 11.2%에 이른 것으로 나타났다.

1992년 5월 일본 타이어 업계에서 탄탄하게 명성을 쌓아 왔던 동양고무의 부사장이 느닷없이 달리는 전차에 뛰어들어 자살했다. 그는 전문기술인으로서 적지 않은 신상품을 개발했으며 관리능력도 높이 평가되어 최고 경영인의 자리를 눈앞에 둔 시기에 자신의 목숨을 끊었다. 장례식이 치러진 뒤 알려진 이야기로는 올 들어 내수 부진과 수출 감퇴까지 겹쳐 회사의 판매 수익이 계속 줄어들자 크게 고심한 나머지 결산 발표일을 며칠 앞두고 자살했는데, 이런 사례는 불황, 감축 경영과 경영인, 직장인 간의 역할관계를 알려주는 것이다.

경영압박을 받아 자택에서 사망(뇌출혈)한 임원의 경우 스트레스와의 인과관계를 인정한 '업무상 재해' 판결이(서울 고법, 특별 4부, 재판장 이보웅 부장판사) 92년 11월 7일에 있었다. 따라서 회사는 유족에 급여, 장의비를 지급해야만 했다. 이 원고 승소 판결은 서울지방노동사무소의 결정을 번복한 것이다(중앙일보, 92. 11. 7, 제8483호).

경기침체 국면에서의 탈출이 지연 될수록 가장 스트레스를 많이 받는 직종이 이른바 사장업이다. 회사(기업체) 재무 제표에 나타난 성적에 따라 수완과 능력을 평가받는 일본의 경영인들만큼 강도 높은 스트레스를 받는 사람들도 적다. 비록 사장이라도 쌓인 피로를 미처 풀지 못해 급사하는 경우가 많다. 엔화 강세에 따른 불황의 여파가 극심했을 때인 지난 87년에는 대기업 사장들을 포함한 16명의 경영인들이 어느 날 갑자기 세상을 떠났다.

기업 총수들의 급사(急死)에 자극을 받은 일본 경영자 단체 연합은 의학계 등 전문가들의 자문을 받아 '스트레스 방지 8개 항'을 작성해 회원들에게 배부했는데 그 내용은 다음과 같다. ① 독신 생활을 피한다. ② 스케줄을 빡빡하게 짜지 않는다. ③ 생활에 변화를 준다. ④ 두통 및 위통의 증상을 메모한다. ⑤ 하루 30분 이상 운동한다. ⑥ 사물을 긍정적, 낙관적으로 해석한다. ⑦ 유머 감각을 가져 적절히 웃는다. ⑧ 사생활을 소홀히 하지 않는다는 것이 그 내용이다.

경기 불황을 이유로 감량 경영, 명예퇴직, 종신 고용의 파기는 인건비 절감이라는 단기 효과가 있을지 모르나 사회불안 요인이 되며 기존 직원의 근무의욕, 사기를 떨어뜨리는 등 오히려 생산성 저하가 우려된다.[1)]

18. 일본 정부는 지금까지 엄격한 기준에 의해 운영해 왔던 과로사 인정 기준을 95년부터는 대폭 완화할 방침이라고 밝혔다(중앙일보, 94. 12. 24, 제9197호). 일본 노동성이 마련한 완화 내용을 보면 고혈압, 부정맥 등 질환을 가진 사람의 경우 업무상의 '축적피로'와 '스트레스'를 과로사의 원인 중 하나로 고려해서 ① 지금까지는 거의 고려되지 않았던 '발병 증세가 나타나기 1주일 이상 전의 근무상태'도 판단 재료로 삼고, ② 같은 업무라도 연령에 의한 피로화를 감안하도록 하는 등 과로사 기준을 폭넓게 잡고 있다.

노동성은 내년 초 각 산하기관에 지시, 이 새로운 기준에 의한 신청, 판단을 내리도록 할 예정이다. 종래의 과로사 인정 기준은 업무와 발병 사이에 의학적 인과관계가 있고, 여러 가지 원인 중에서도 업무의 과다가 상대적으로 유력해야 하며, 건강한 동료와 비교해도 업무가 과중해야 한다는 등의 조건이 필요했다. 또 '발병 증세가 나타나기 전 1주일 이내'의 근무 상황을 판단 기준으로 잡고 있었다. 이 때문에 의학적 평가가 어려운 축적피로 등의 경우 사망자의 근무기관과 유족들 간에 마찰이 번번히 발생한다. 그래서 노동성 발표에 따르면 1993년도 과로사의 신청은 총 3백 80건으로 이 중 31건만이 인정되었다는 것이다.

19. 근로자들의 경우 직장의 업무가 스트레스의 큰 원인이라는 사실이 16개 국 5천 명 이상이 근로자들을 대상으로 실시한 조사에서 밝혀졌다. 이번 조사를 주관한 영국 리딩 대학교의 데이비드 웨버튼 교수는 이날 벨기에 브뤼셀에서 기자회견을 통해 응답자의 절반 이상이 지난 2년간 직장 근무 중에 스트레스가 증가했다고 답변했음을 밝혔다. 웨버튼 교수는 "1990년대의 회사는 스트레스 제조기다. 많은 나라의 경우 불경기와 과중한 업무 여파로 근로자들은 완전히 스트레스를 받는 상태가 되었다."고 주장했다.

20. 일본 에히메 대학 의학부는 경쟁사회가 주는 스트레스가 남성을 임포(성적 불능)로 만

---

1) 명예퇴직제 등 감원(감량경영) 도입 이유로 제시된 것을 보면 조직 활력 저하 방지, 인사적체 해소, 인건비 절감, 고령자 인생 재설계, 기업 경영 위기 극복 때문이며, 이에 따라 예상되는 부작용은 명예퇴직 장려금 지급에 따른 자금 부담, 종업원의 사기저하, 우수 인재 유출, 방만한 경영에 따른 체질 개선보다 위기 책임을 근로자(직장인)에게 전가하는 것 등으로 지적되고 있다.

든다는 사실이 동물 실험을 통해 확인됐다고 밝혔다. 에히메 대학 의학부에 따르면 실험 쥐의 암컷을 획득하기 위한 경쟁이나 자기 생활(활동) 관할권을 둘러싸고 발생하는 싸움이 인간의 스트레스에 해당한다고 상정, 암컷과 동거 사육하고 있는 우리에 또 다른 수컷을 침입시켜 5일간 20여 차례나 암컷과의 동거실험 쥐를 물어뜯는 실험을 실시했다.

그런 다음 발정기의 암컷과 일제히 실험 전후의 성 행동을 비교한 결과 공격을 받았던 14마리의 수컷은 실험 전(공격 전)에는 모두 교미를 했었으나 실험 후 (공격을 받은 후)에는 2마리만이 교미를 성공적으로 하는 교미 행동의 격감 현상이 나타났다. 그러나 공격을 했던 실험 쥐는 반대로 성 행동의 빈도가 오히려 높은 것으로 밝혀졌다.

연구팀의 한 관계자는 '이와 같은 연구결과를 인간에게 적용한다면 생존 경쟁 사회 안에서 노동 등의 스트레스가 심각한 현대 남성은 임포가 될 위험성이 많다는 것'을 설명해 주는 것이라고 지적하고 '임포의 절반 이상이 불안이나 스트레스에서 생기는(심인성) 증상이라는 것을 동물 실험이 증명해 주고 있다'고 강조했다. 그는 일본 남성들의 일에 대한 욕심과 심한 노동 강도가 해외 시장에서의 경쟁력을 크게 향상시켰으나 그 대가로 2백만~4백만 명의 남성들이 성욕 감퇴와 발기부전 등 성기능 장애를 겪고 있다고 밝혔다. 시장에서의 경쟁이 치열해지고 조직 안에서 승부 다툼이 냉혹할수록 성 불능 환자의 증가 속도가 빨라지고, 서울의 주요 대학병원에 설치된 성 클리닉 센터를 찾는 직장인들의 상당수가 40~50대들이라는데, 이 세대층에는 당뇨병, 고혈압 등 성인병 등에 의한 성기능 장애 현상도 겹쳐 일어난다는 보고이다.

일 중독 남성 '밤일'도 잘해, 아내들 성생활 만족도 높아

'일 중독' 남성들이 아내나 애인에게 성적으로 큰 만족을 준다는 의외의 조사 결과가 나왔다.

2005년 8월 21일 더 타임스 인터넷판에 따르면 미국 루이지애나공대의 조너선슈워츠 교수팀이 지난 1년간 활발한 성생활을 한 커플 100쌍 가량을 분석해 이와 같은 결과를 얻었다.

슈워츠 교수는 일 중독자들은 자주는 아니지만 '불꽃 튀는' 성생활을 하고 있었다고 밝혔다. 이 결과는 일 중독자의 아내들이 외롭고 욕구불만에 찬 삶을 살고 있을 것이라는 사회적 통념과는 다른 것이다.

그는 "기존 연구들은 일 중독자의 아내들이 부부관계의 질적인 측면에 대해 불만스러워 하고 있다고 지적해 왔으나 그들의 성생활에 대해서는 직접 묻지 않은 것 같다"며 "이번 조사 결과 그들의 성생활은 놀라울 정도로 건강하다"고 말했다.

한 연구원은 "이런 결과는 아마 남성들의 죄책감 때문일 것"이라며 "일터에서 너무 많은 시간을 보내는 남성들이 미안한 마음에 상대를 성적으로 더 만족시키기 위해 노력하는 것 같다"고 말했다.

그는 "그러나 이것은 가정생활에 전혀 관심이 없는 진짜 일 중독자들과는 상관이 없다"고 덧붙였다.

연구진은 또 여성에게 지적 열등감을 느끼는 남성의 상대 여성이 낮은 성적 만족도를 보인 반면 자신감이 있는 남성의 상대 여성들은 높은 만족도를 보인 것으로 조사됐다고 밝혔다.(동아일보, 2005. 8 . 23, 제20154호)

21. 지방 행정 공무원들의 상당수가 보수와 후생복지에 강한 불만을 갖고 있고 근무평정과 승진 가능성에 대해서도 회의적인 반응을 보였다. 이러한 사실은 전북 완주군이 최근 관내 5급 이하 공무원 5백 91명을 대상으로 실시한 행정공무원의 사기측정을 위한 설문 조사에서 나타났다. 보수에 대한 만족도와 관련, 응답자의 39.3%인 2백 32명이 '생활에 지장이 있다', 15.6%인 92명이 '너무 적어 회의를 느낄 때가 있다'고 응답, 전체의 54.9%가 보수에 강한 불만을 나타냈다. 승진가능성을 기대하는 응답자는 12.2%에 그쳤고 '승진 기회가 거의 없다'가 48.5%, '자포자기할 만큼 희박하다'는 대답은 15.6%였다(〈그림 1-4〉 참조).
22. 우리나라 공무원들은 지금 무엇이 가장 고민거리이며 무슨 생각을 하고 있을까. 한국행정연구원(원장, 노정현)이 배포한 '**공무원의 의식과 행태에 관한 연구**' 보고서(1993)는 이에 대한 의문을 상당 부분 풀어 주고 있다. 전국 공무원 중 2천 9백 44명을 대상으로 조사한 결과 중에서 이 논문의 주제와 관련된 내용 일부를 소개해 보면, 공직사회의 불만 요인으로 낮은 보수(55%)와 승진 적체(15%)를 들었다. 또 권위적 분위기(6%)와 인사

〈그림 1-4〉 공무원 승진에 영향을 끼치는 요인

〈그림 1-5〉 공직의 불만 요인

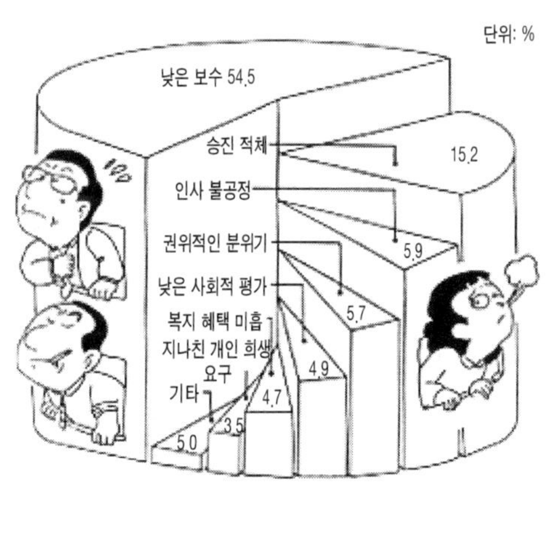

불공정(6%)도 그 다음 불만 요인으로 조사되었다. 개인적 고민으로는 생계곤란(30%), 노후 대책 미흡(22%), 자녀 문제(6%), 건강 문제 등을 꼽았다. 또 조직 내의 고민으로는 승진 지연(44%), 업무 과중(19%), 보직불만(10%), 상사 및 동료와의 갈등(10%) 등이 열거되었다(〈그림 1-5〉 참조).

공무원들은 또 자신들이 일을 스스로 찾기보다는 구체적으로 지시가 있어야 일을 하는 소극적인 태도를 지닌 것으로 생각하고 있었다. 그 원인으로는 자율성이 부여되지 않고 (23%), 열심히 일해도 인사상 혜택이 없으며(19%), 공연히 일을 만들었다가 잘못되면 책임을 져야 하며(19%), 처우개선이 안 되기 때문(16%)이라고 응답했다(〈그림 1-4, 1-5〉 참조).

우리 공무원 중 상당수가 인사와 보수에 불만을 갖고 있으며, 승진 때 연줄이나 금력이 작용한다고 믿는 것으로 나타났다. 또 공무원들은 대부분 정부의 역할이 점차 축소되어야 한다고 생각하는 것으로 나타났다.

이 연구결과 공무원들은 평소 주변의 승진 사례에 대해 48.3%가 '가끔 납득하기 어려운 경우가 있다'고, 5.9%는 '도저히 납득하기 어렵다'고 응답해 승진 인사에 대한 불만이 심각한 수준임을 나타내었다. 승진에 결정적으로 끼치는 영향으로는 35.9%가 '지연・학연・혈연 등의 연줄'이라고 대답했고, 6.5%는 '금력'을 꼽아 일부 금품 수수에 의한 인사 가능성을 뒷받침했다. 또 승진에는 업무 수행능력(12.3%)보다 대인관계(14.7%)가 더 영향력이 있는 것으로 보고 있었다.

또 '승진 적체'문제는 공무원 조직 내 가장 큰 고민 사항으로 꼽혔는데, 승진적체의 원인으로는 '한 사람이 고위직을 오래 차지한다'가 47.5%, 소위 '낙하산식 인사'도 23.3%를 차지했다. 조사대상 공무원들 중 90.7%는 현재의 보수가 생계비에도 부족하다고 응답했으며 보수 인상의 필요성으로 '기본 생계비 보장'(39.5%), '공무원의 사기양양'(21.8%), '부정 부패의 척결'(21.4%) 등을 꼽았다.

미국 북서 국립생명보험회사〈the Northwestern National Life Insurance Company (1991)〉가 전국 규모의 조사에서 고용주와 피고용인 모두가 직무 관련 스트레스가 심신에 유해한 영향(deleterious effects of work-related stress)을 끼친다고 자각하고 있음을 밝혔는데 그 일부를 소개하면, 미국 직장인의 거의 46%가 대단히 또는 어느 정도 스트레스를 경험한다(very or somewhat stressful)고 보고했으며 그 반면에 27%만이 그의 생활에서 심각한 원인이 될 뿐이라고 반응했다. 이들 중에 거의 72%가 스트레스 관련 신체적・정신적 조건을 자주 경험한다고 보고했다(Ilgen, 1990).

23. 면역 기능이 떨어져 건강을 해치는 직장 여성이 늘고 있다. 남성 중심의 조직에서 뒤지지 않기 위해 일에 몰두하다 심한 스트레스를 받기 때문이다. 일본 요미우리 신문은 최

근 일본 스트레스 학회에 보고된 "**직장 여성의 스트레스와 면역 기능에 관한 연구**"라는 논문을 인용, 이와 같이 보도했다(1994).

여성 전문병원인 동경 마나토구 해원 메디칼 클리닉의 해원 원장은 2년에 걸쳐 만성피로, 두통, 우울증 등을 호소하며 내원한 20대에서 50대 여성 1백명을 대상으로 스트레스와 면역의 관계를 조사했다. 환자의 직업은 의사, 교사, 기업체·금융기관의 사무직 등이다.

혈액을 통한 면역기능 검사결과 이들 중 36명이 몸에 침입한 바이러스와 싸우는 자연살인(natural killer) 세포의 활성도가 현저히 떨어져 있었다는 사실을 밝혀냈다. 이들은 공통적으로 '완벽주의를 추구한다', '남에게 성실성을 인정받기 위해 싫다는 얘기를 못한다' 등과 같은 성격 경향을 보인 것으로 나타났다. 해원 원장은 "4년 전부터 이런 경향이 급증하고 있다는 사실에 주목해야 한다"고 강조했다.

전문가들은 '최근 몸의 상태가 안 좋다'고 느끼는 직장 여성은 먼저 내과에서 진찰을 받되 여기에서 이상이 없다는 말을 들어도 안심이 안 되는 경우 면역기능 검사와 정신과적 상담을 해보라고 권한다.

24. 벼슬자리에서 떠난 사나이가 있었다. 그는 저녁마다 거나하게 취해서 돌아왔다. 그리고 처자식에게 오늘은 어느 대감댁 잔치에 초대되었고, 내일은 또 아무개 대감댁에 불려가기로 되어 있다고 자랑했다. 아무래도 수상한 듯하여 하루는 아내와 딸이 몰래 그 뒤를 밟아보았다. 알고 보니 사나이는 모르는 초상집을 찾아가 술을 얻어 마시고 돌아다닌 것이었다. 중국의 옛 이야기다. 어떻게 보면 이것은 오늘의 월급쟁이들 이야기 같기도 하다. 직장이란 조금도 편한 곳이 아니다. 이 상전의 눈치를 보고, 저 상전의 비위를 맞춰나가야 한다. 그렇게 비굴해지는 자기 모습을 처자식들에게 만은 보이고 싶지 않은 것이 세상의 월급쟁이 남편들이다. 그것은 남자의 허영심이 아니다. 그러나 요새는 집이 직장에서의 스트레스를 풀어주는 포근한 자리가 못된다. 우선 아내의 바가지가 무섭다. 용돈도 아내의 눈치를 보아가며 타내야 한다. 40대가 되면 또 자식교육 걱정이 겹친다. 이제는 집이 아내와 자식들 중심으로 움직이고 있는 것이다. 이래서 일본에서는 특히 관리직 샐러리맨 사이에 '**귀가 공포 증후군**'이 생겨나고 있다는 것이다. 우리나라 TV에서도 '간 큰 남편 시리즈'에서 일그러진 남편상을 회화적으로 반영하고 있다. 스트레스는 40대 샐러리맨들에게 가장 심하다. 우선 한 시간 안팎의 통근 부담을 제일 많이 받는 것도 이들이다. 출근 시간이 빠르고 근무 시간이 제일 긴 것도 이들이다. 그렇지 않으면 낙오되기 때문이다. 필연적으로 잠자는 시간도 턱없이 모자란다. 술마시는 기회만은 많다. 여간 조심하지 않으면 몸이 결딴나지 않을 수가 없다. 그렇다고 하여 이제 와서 직업이나 직장을 바꿀 수도 없다. 최근에 발표된 어느 통계에 의하면, 40

〈그림 1-6〉 가장 스트레스 받을 때

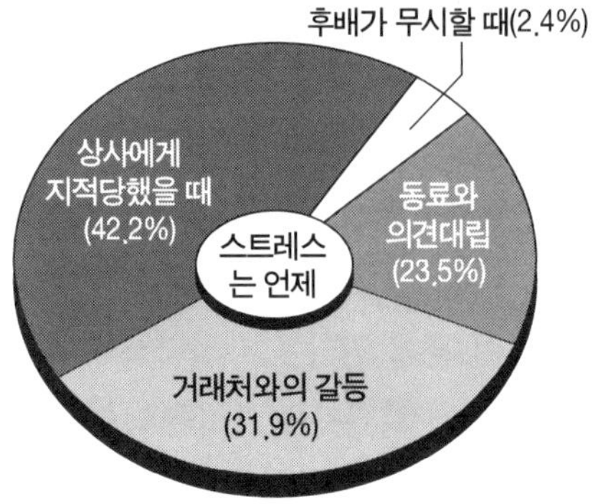

〈그림 1-7〉 스트레스 해소 방법

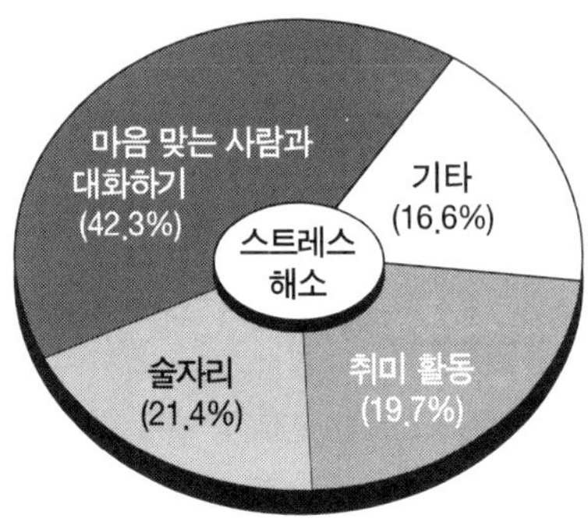

대 남자의 사망률이 여자의 3배 가까이나 높다. 당연한 얘기다. 아직 우리는 스트레스를 적당히 푸는 방법에 익숙하지 못한 것이다. 암의 발생률이 해마다 늘어나고 있다는 것도 이와 무관하지 않을 것이다.

25. 직장인들은 언제 가장 스트레스를 받을까? 대우인터내셔널이 2000년도에 사내 직원 170명을 대상으로 실시한 설문 조사 결과 10명중 4명이 넘는 42.2%가 "상사에게 지적당했을 때"로 대답했다. 이어 △ 거래처와의 갈등(31.9%) △ 동료와 의견이 맞지 않을 때(23.5%) △ 후배가 무시할 때(2.4%)의 순이었다(〈그림 1-6〉 참조).

'싫어하는 상사 유형'으로는[2] 54.4%가 '책임을 다른 사람에게 돌리는 책임 전가형'을 꼽았고 △ 무능력(22.8%) △ 결과 중시형(13.4%) △ 일 중독형(workaholic)(9.4%) 등의 순이었다. '싫어하는 후배'로는 △ 아첨형(27.8%) △ 잘난 척 하는 사람(27.2%) △ 개인생활 우선형(26.0%) △업무를 못하는 사람(18.3%) 등이 꼽혔다.

스트레스를 해소하는 방법으로는 '마음 맞는 사람과 대화하기' 가 42.3%로 가장 많았고 술자리(21.4%), 취미활동 (19.7%) 등이 뒤를 이었다. 1주일에 술자리를 갖는 횟수는 1～2회가 83.5%로 대다수였으나 '5회 이상'도 1.2% 가량 됐다(〈그림 1-7〉 참조).

상사의 질책으로 인한 정신질환과 직무 스트레스가 원인이 되어 자살한 사례가 우리나라와 일본에서 업무상 재해로 인정을 받은 법원 판례와 보상금을 지급받은 사례가 교사가 경험하는 직무 스트레스와 탈진의 경우에도 적용될 수 있는 충분하고 합리적인 이유가 될 수 있기 때문에, 교육계에서도 관련 대책을 수립하는 데 마땅히 반면교사로서 참고자료가 될 수 있다고 판단해 구체적인 실례를 소개한다.

---

2) 싫어하는 무능형 상사 때문에 받는 스트레스

"상사의 질책 때문에 발생한 정신질환도 업무상 재해에 해당된다" 서울행정법원 판결

차별대우와 상사의 질책 등 직장 내 불편한 인간관계에서 비롯된 스트레스로 인한 정신질환도 업무상 재해라는 판결이 나왔다. 서울행정법원 행정 3단독 박성수(朴省洙)판사는 2000년 6월 9일 "상사의 질책으로 말을 할 수 없는 함구증(緘口症)과 우울증을 앓게 됐으므로 산재로 인정해달라"며 C용역업체 직원 이모(34) 씨가 근로복지공단을 상대로 낸 요양불승인 처분 취소 청구소송에서 원고승소 판결했다.

재판부는 "상사 및 동료들과 갈등을 빚고 있던 원고가 상사로부터 업무수행 능력이 부족하다는 질책을 받은 뒤부터 언어장애가 일어난 사실이 인정된다"며 "원고의 업무와 직장 내 인간관계가 스트레스로 작용해 정신질환이 발병한 것으로 보이는 만큼 산재로 인정해야 한다"고 밝혔다. (한국일보, 2000. 6. 10, 제16271호)

日 "업무 스트레스 원인 자살도 산재(産災)" 노동성, 보상금 지급

일본 정부는 직장인이 업무상 스트레스로 고민하다 자살한 경우도 산업재해로 인정키로 했다. 일본 노동성은 1998년 11월 자살한 프로야구 오릭스 구단의 신인 선수 스카우트 담당 책임자 미와다 가쓰토시(三輪田勝利 · 53) 편성부장의 유가족이 제출한 노동재해보상금 신청을 심사, 이를 산업재해로 인정해 보상금을 지급키로 결정했다. 일본에서 과도한 업무상 스트레스에 의한 자살을 산재로 인정한 것은 처음이다.

노동성은 "미와다가 자살하기 직전에 업무에 대한 과도한 심리적 부담으로 식욕부진, 수면장애, 기억력 저하 등 심각한 스트레스 반응을 일으켰다"며 "이를 산업재해로 인정키로 했다"고 밝혔다. 미와다는 지난해 구단측이 드래프트회의에서 1위로 지명한 오키나와 수산고교 투수를 입단시키려 했으나 난항을 겪자 고민하다 오키나와현 나하 시내의 한 아파트에서 투신 자살했다.

일본 노동계는 노동성의 결정을 "근로자의 권익을 중시한 획기적 결정"이라며 환영했다. 그동안 일본 정부는 과로에 의한 자살을 원칙적으로 산재로 인정하지 않았으며 업무상 정신장애로 심신상실 상태에 들어 자살한 경우만 극히 예외적으로 산재로 인정했다. (동아일보, 1999. 8. 27, 제24285호)

'업무상 질병, 비관 자살도 산재(産災)' 서울행정법원 판결

업무로 인해 발생한 질병을 비관하다 자살한 경우도 업무상 재해로 인정할 수 있다는 판결이 나왔다. 서울 행정법원 행정 14부(재판장 성백현)는 2004년 2월 5일, "업무 때문에 생긴 질병을 비관하다 자살한 아들에게 업무상 재해를 인정해 달라"며 이 씨 부부가 근로복지공단을 상대로 낸 유족급여 등 부지급처분 취소 청구소송에서 이 씨 측에 승소 판결했다. 재판부는 판결문에서 "근로자가 업무상 질병으로 자살한 경우 질병의 정도와 증상, 신체 및 심리적 상황과 주위 상황, 자살 경위 등을 따져 업무와 사망 사이에 인과관계가 있을 경우 업무상 재해로 인정할 수 있다"고 밝혔다. 건설 공사 현장에서 일하던 이씨의 아들은 1996년 댐 광역상수도 공사장에서 철근 공사 중 넘어져 오른쪽 어깨가 자주 빠지는 증상이 생긴 후 치료를 받아오다 2000년 담당의사로부터 "더 이상 치료의 효과를 기대할 수 없다"는 말을 듣고 비관, 자살했다.

심혈관계 질환 스트레스, 사업주 예방조치 의무화

산업안전법령 개정

사업주는 앞으로 근로자의 신체적 피로와 정신적 스트레스 등에 따른 건강장해 예방조치를 의무적으로 시행해야 한다.

노동부는 2003년 8월 13일 뇌졸중 등 뇌 심혈관 질환을 유발할 소지가 있는 작업을 시키는 사업주의 일반적 의무조항에 질환 예방 의무를 추가로 명시해 산업안전보건법령을 개정했다고 밝혔다.

개정안은 장시간 근무와 야간작업을 포함하는 교대근무, 차량운전, 정밀기계의 조작 및 감시작업 등 직무 스트레스가 높은 작업에 종사하는 근로자에 대해 사업주는 스트레스 요인을 평가하고 개선 대책을 수립하도록 규정하고 있다. 이 개정안에 따르면 사업자는 또 뇌혈관 및 심장질환 발병 위험도를 주기적으로 평가해 금연과 고혈압 관리 등 건강증진 프로그램을 실시해야 한다. (경향신문, 2003. 8. 14, 제18079호)

이 개정안의 적용 대상이 업종과 직종이 육체 노동자인 생산직 근로자(blue collar)에 해당하는 것이고 노동 강도와 업무의 성질, 작업환경이 생산직 근로자와 화이트칼라(white collar)인 교사 간에 차이가 있을지라도 이 개정안의 법 정신과 방향 및 목적, 기대 효과가 교사, 교직계에도 적용될 수 있다고 필자는 판단한다. 즉 이 개정안이 명시한 신체적 피로와 정신적 스트레스는 교사도 경험하며 작업과 관련된 신체적 피로와 정신적 스트레스는 뇌졸중 등의 심혈관 질환과 인과관계가 있다고 해석되고 있다. 노동부가 근로자의 복지 확립과 증진을 위해서 근로자의 심신 건강과 근무조건 간의 인과관계를 고려하여 장애 예방 조치를 의무적으로 시행하도록 사업주에게 촉구하고, 책임을 지도록 법으로 뒷받침하고 있는 예에서 보듯이 교육부도 이제는 시급히 교직원에 관한 심신의 건강 보호, 관리, 지원법을 제정하여 교원의 복지를 증진하는 제도적 조치를 강구해야 한다고 연구자는 주창한다. 교사 개인

〈표 1-1〉 일반 직장인들의 직무 스트레스 원인

조직 특성과 과정	**조직 정책**	불공평하거나 부적합한 수행 평가 임금 불공평/타 전문직종에 비해 경제적 대우가 충분하지 않음 모호하거나 임의적인 대책 교대 작업 변경 빈번한 재배치 채용 전에 이상적인 직업이라는 설명에 현혹됨
	조직 구조	중앙집권: 업무추진(과제)에 대한 선택 결정에 참여기회 부족 (경력 관리상) 성장이나 발전의 기회 부족 (회사, 공장, 학교의) 규모 지나친 형식 위주의 조직 운영 지나친 전문화 및 업무의 분할 조직 단위의 상호 의존성
	조직 과정	불충분한 의사소통(하의 상달과 상의 하달, 횡적 의사소통 등) 업무수행에 대한 불충분하거나 부적합한 재투입 비효과적인 위임 문제가 많은 훈련(재교육) 프로그램
직무상의 요구 (job demands) 및 역할 특성	**근무 조건**	사무실이나 직장 분위기가 지나치게 혼란하고 무질서하다. 프라이버시가 없고 공간 배치가 부적합 소음 너무 덥거나 춥다. 조명: 어둡거나 번쩍거리나(현란) 부적합하다. 독성 화학 물질이 주위에 있다. 안전 위험 공기 오염(방사선 위험 포함) 근무처와 생활 근거지가 불일치
	대인 관계	(남의 감정, 권리 등에 대하여) 헤아려 보살핌이 없거나 불공평한 감독자(EQ가 모자라는 상사) 수용이나 승인(인정)이 부족 신뢰성이 부족 결정 위주의 분위기 책임성의 위임이 곤란 집단 내에서, 집단 간의 갈등
	직무 요구	반복 작업 시간 압력 및 마감시간 요구되는 기능 수준이 저질이다. 사람에 대한 책임감 실업: 과잉 고용(명퇴 · 감량 경영)
	역할 특성	역할 갈등, 역할 모호성, 역할 과부하/저부하 역할－지위 불일치(role-status-incongruency)

〈표 1-1〉 일반 직장인들의 직무 스트레스 원인(계속)

개인 특성과 기대	**경력 관계**	갈등/특질 중간 경력 위기 용도 폐기(쓸모없이 되어감, obsolescence) 어울리지 않는 기대 및 목표 직무 불안정
	개인 특성	A형 행동 양태 애매모호성에 대한 비 관용성 융통성 대 경직성 내향성 대 외향성 통제 소재(내부 통제 · 외부 통제) 장 의존성 대 장 독립성 성별 특성과 차이(gender difference)

출처: Brief, A. P. Schuler, R. S. & Sell, M. V. (1981). *Managing Job Stress*. Boston: Little, Brown & Company. 65-67, 자료를 보완하여 재구성함.

이 알아서 할 일이라든가 또는 현재와 같이 건강관리 협회에서 실시하고 있는 피상적인 건강진단 검진 방안으로는 기대하는 효과를 거둘 수 없다. 스트레스를 직업병으로 인정한 판례가 있고 산업재해 배상을 명한 사례가 교직원에게도 해당된다고 연구자는 해석한다. 상황이 이러한데도 교육부나 교직단체에서는 어떤 준비나 문제 제기, 상응하는 대책을 추진하지 않는 둔감성을 개탄한다.

"만성피로증후군도 건보대상" 법원, 적용 제외규정 없어 혜택 당연

'만성피로증후군'도 질병의 일종으로 건강보험 급여 대상에 해당된다는 법원 판결이 나왔다. 이에 따라 그동안 이 질환에 대해 건강보험을 적용받지 못해온 일부 환자들의 의료비 부담이 크게 줄어들 전망이다. 현재 만성피로증후군은 한국질병 분류에는 별도로 등록돼 있지 않다.

서울고법 특별 7부(재판장 이영애 부장판사)는 2003년 10월 15일 의사 박모 씨가 '만성피로증후군에 건강보험을 적용하지 않고 진료비를 받았다는 이유로 부당이득금을 징수하는 것은 부당하다'며 국민건강보험공단을 상대로 낸 소송에서 원심대로 원고패소 판결했다.

재판부는 판결문에서 "세계보건기구(WHO) 기준과 달리 우리나라에서는 만성피로증후군을 신경쇠약과 별도로 구분하고 있지는 않지만 정식 병명으로 등록된 신경쇠약의 일종으로 볼 수 있다"며 "만성피로증후군을 보험급여 대상에서 제외한다는 별도 규정이 없는 한 보험급여 대상으로 봐야 한다"고 밝혔다.

〈표 1-2〉 직무 스트레스와 관계된 심리 · 행동 증상과 조직에 끼치는 영향

심리적 영향	생리적 건강 증상	행동 증상	조직에 영향을 끼친 행동 증상
• 불안, 긴장, 당황감, 민감한 자극 감응성 • 욕구좌절, 분노, 원한(울분) • 정서적 과민성 및 행동 과다증 • 감정의 억제 • 의사소통의 효율성 저하 • 위축 및 의기 소침 • 고립 및 소외감 • 권태 및 직무 불만족 • 정신적 피로 및 지적 기능 저하 • 주의집중 장애 • 자발성 및 창의력 상실 • 자존감 저하, 짜증	• 심장 박동률 · 혈압 상승 • 심방혈관 질환(Cardiovascular disease) • 아드레날린 및 노르아트로핀 분비 증가 • 궤양과 같은 위장병 • 천식 같은 호흡장애 • 땀 분비의 증가 • 피부 질환 • 두통(편두통, 긴장성 두통) • 암 • 신체 상해 • 근육 긴장 • 수면 장애 • 사망	• 업무회피 및 업무 지연 • 전체적인 수행 및 생산성 저하 • 알코올 섭취 증가 및 약물복용 · 남용 • 직무에 대한 철저한 방해 • 공장 의무실의 출입 증가 • 우울증의 신호와 결합된 위축으로 소식(小食) • 공격성, 절도, 만행 • 가족 및 친구와의 관계 악화 • 자살 및 자살 기도	• 질 · 양적으로 수행력 저하 • 작업 관여도 저하 • 직무에 대한 책임감 상실 • 조직에 대한 관심 저하 • 동료에 대한 관심 저하 • 장기 결근 • 이직 • 사고발생 경향성

출처: Rice. P. L.(1992). *Stress and Health: Principle and Practice for Coping and Wellnees*. California Brooks/Cole Publishing Company. 183～186.

국민건강보험공단 관계자도 "건강보험 요양급여 기준 규칙에 비급여대상으로 명시되어 있지 않은 질병은 별도 규정이 없으면 모두 건강보험 급여대상으로 봐야 한다"고 말했다.

만성피로증후군은 통상 기억력 장애, 목 통증, 목 · 어깨 부위의 임파선이 붓는 현상, 근육통, 관절통, 두통, 잠을 자도 개운하지 않은 증세, 운동 후 피로감이 2시간 이상 지속되는 경우 중 4개 이상이 6개월 이상 지속될 때로 정의된다. 1997년 4월부터 만성피로증후군 환자를 진료해온 박 씨는 환자들에게 1회 진료에 13만5천～27만원의 진료비를 받아 왔다. 그러나 건보공단이 보험을 적용하지 않았다는 이유로 99년 5～6월 10억 여 원의 부당이득금 징수처분을 내리자 소송을 냈다.

26. 일본 노동안전위생법 개정 추진 "**스트레스 관리 대책도 회사 의무**"

일본 정부가 사원의 정신적 부담이나 스트레스 등 '마음의 병'에 대해 회사가 대책을 강구하도록 의무화할 방침이다.

일본 후생노동성(보건복지부 해당)은 직장 상사나 직장 내 전문의사가 종업원이 안고 있는 정신적 병이나 스트레스 등을 파악해 적절한 조치를 강구하는 것을 의무화하

는 내용의 노동안전위생법 개정안을 마련하기로 했다고 요미우리신문이 보도했다. 후생노동성은 올 여름까지 법 개정안의 구체안을 마련해 올 가을께 열리는 차기 정기국회에 개정법을 제출할 계획이다. 일본 노동법에는 "고용주가 노동자 건강을 배려해 일을 적절히 관리해야 한다"고 규정하고 있지만 스트레스 등 사원의 정신건강에 대해서는 강제조항이 없다. 후생노동성은 2000년 노동자의 심적 건강을 위한 지침을 마련해 제시했지만 노동자의 자살 건수가 연간 8000건에 달하고 있는 등 개선 조짐이 없어 회사가 사원들의 심적 부담 관리를 의무화할 필요가 있다는 판단에 이르게 됐다고 이 신문은 전했다.

후생노동성은 다만 스트레스를 받는 정도가 개인차가 있는 등의 문제가 있어, 앞으로 의사나 전문가들로 구성한 연구회를 만들어 구체적인 법 개정 사항을 논의할 예정이다. 또 관련법에 벌칙조항은 두지 않을 방침이다.

그러나 후생노동성은 벌칙 조항이 없어도 관련법을 개정해 놓으면 기업이 사전에 대책을 만들게 하는 효과를 볼 수 있을 것으로 판단하고 있다고 이 신문은 전했다. (도쿄/김웅철 특파원, 매일경제, 2004, 5, 3, 제11906호)

27. 요즘 일에 치여 못살겠다. 점심시간도 30분으로 줄었고 퇴근시간은 오후 10시가 기본이다. 월말이 다가오면 결산 때문에 밤 12시를 넘기는 일이 다반사다. 구조조정 이전에 7시면 퇴근하던 것과는 하늘과 땅차이다. 이렇듯 업무량이 폭주하다 보니 일에 대한 스트레스도 많아졌다.

이씨는 "힘들고 스트레스가 많아도 먹고 살려면 어쩌겠습니까. 시대가 그렇게 변했습니다"라고 털어놨다.

제조업체인 Y기계에 근무하는 김 씨(34)는 인력감축의 핵심부서인 인사팀에 근무하고 있었지만 인사팀 역시 구조조정의 태풍에서 예외가 될 수 없었다.

팀원이 4명에서 2명으로 줄어들었고 자연스럽게 1인 2역을 맡게 됐다. 업무영역도 직원의 인사관리에서 채용까지 떠맡게 됐다. 자기 계발은 고사하고 팀원과 대화할 시간조차 많지 않았다.

구조조정 이후 3개월 동안 오후 10시가 넘어 퇴근하는 일이 아주 흔했다. 시간이 갈수록 체력이 떨어짐을 느낄 수밖에 없었고 지금은 일정 부분의 일은 아예 하지 않는다고 한다.

인력구조 조정의 태풍이 휩쓸고 간 기업의 직장인들은 이렇듯 과도한 업무에 치여 자신을 돌아볼 여유조차 없어 정신적인 갈등을 겪고 있는 것으로 나타났다.

온라인 채용정보업체인 인크루트(www.incruit.com)가 직장인 824명을 설문조사한 결과 74%(612명)가 '외환위기 이후 회사에서 인력감축이 있었다'고 답했다.

인력 감축을 시행한 회사에 근무하는 직장인의 88%(536명)는 '구조조정 이후 업무량이 늘었다'고 답했다. 늘어난 업무시간은 2시간이 37.1%로 가장 많았고 이어 △3시간 29.1% △ 4시간 11.4% △5시간 5.0% 등으로 조사됐다.

이들의 하루 평균 근무시간은 △10시간 25.4% △12시간 20.5% △11시간 14.5% △9시간 11.0% 등으로 나타났다.

구조조정 이후 몇 사람의 업무를 넘겨받았는가를 묻는 질문에는 △1명 57.1% △2명 25.6% △3명 11.9% 등을 차지했다. 최소한 1인 2역을 하고 있기 때문에 근무시간이 늘어 날 수밖에 없는 구조다.

전체 응답자의 78%는 퇴근 시간이 늦어졌다고 답했으며 그 이유는 '업무량이 늘어서'가 71%를 차지했다. 단순히 윗사람의 눈치를 보는 것이 아니라 실제로 일이 많아서 퇴근이 늦어졌다는 것.

인크루트 이광석 대표는 "기업들이 업무 자동화를 통해 불필요한 업무를 줄이기보다는 단순히 비용절감 차원에서 인력을 줄이다 보니 남아 있는 직장인들의 업무량이 크게 늘어나고 있는 현실"이라고 말했다. (동아일보. 2004. 3. 4)

28. **직무 스트레스는 공공의 적**. 1991년 광고회사 덴쓰의 직원(당시 24세)이 과로와 스트레스를 못 이겨 자살하는 사건이 발생했다. 이 직원은 17개월 동안 거의 쉬는 날 없이 일했던 것으로 알려졌다. 유족들은 손해배상 소송을 제기했고 법원은 1억 6000만 엔을 지급하라며 유족의 손을 들어줬다.

당시 일부 언론에서는 이 사건을 계기로 '과로 자살'이란 말을 만들었고, 정부는 직장인의 정신건강 개선을 위한 노력을 기울이게 됐다. 일본 정부가 2003년 발표한 '제10차 노동재해방지계획'의 초점도 조울증 · 공황장애 등 스트레스 관련 질환에 맞춰져 있다.

우리나라 직장인은 외환위기 이후 기업 구조조정 바람이 몰아친 이후 강한 스트레스에 시달리고 있다. 국내 직장인의 95%가 스트레스에 시달리고 있다는 한 학회의 조사가 이 같은 사실을 뒷받침한다.

직장인의 스트레스는 지위 고하를 막론하고 모든 사람에게 고통을 준다. 한 통신회사 근로자들을 상담한 정신과 전문의는 소견서에서 "스트레스를 겪는 근로자뿐 아니라 스트레스를 가하는 관리자나 이에 암묵적으로 동조하는 다른 직원들의 정신적 건강도 우려된다. 그들도 당사자의 고통을 보며 언젠가 나도 저런 '고려장'을 당하지 않을까 불안해한다. 이런 상태에서 회사에 대한 충성과 보람찬 직장 생활을 기대할 수 있겠는가"라고 밝히고 있다.

하지만 우리 기업이나 정부는 아직 이 문제를 심각하게 받아들이지 않고 있다. 근로자 역시 "누구나 겪는 것인데 참아야 하는 것이 아니냐"며 가볍게 넘기는 경우가 많다.

스트레스는 방치할 경우 개인의 생명과 건강을 위협하고 막대한 경제적 손실을 입히는 '공공의 적'이 된다. 스트레스로 인한 문제를 줄이기 위해 기업은 직원의 스트레스 완화를 위한 투자를 늘려야 하고 비민주적인 조직문화도 바꿔야 한다. 정부도 이런 기업들의 노력을 지원하는 법적·제도적 장치를 마련해야 한다. (정철근, 중앙일보, 2005. 6. 25, 제12584호)

29. **현 직장서 정년 퇴직 38%, 30대는 73%가 도중하차.** 지금 다니고 있는 직장을 정년까지 다닐 수 있다고 생각하는 직장인은 5명 중 2명에도 못 미치는 것으로 나타났다.

한국갤럽이 2004년 4월 10일 전국의 직장인 316명을 대상으로 실시한 전화조사 결과를 보면, '지금 다니고 있는 직장을 정년까지 다닐 수 있을 것이라고 생각하는가'란 질문에 '다닐 수 없을 것'이란 비관적 전망이 62%로 다수였고, '다닐 수 있을 것'은 38%에 그쳤다.

현 직장에서 정년을 채우기 어려울 것이란 전망은 특히 30대에서 73%로 가장 높았고, 다음은 20대 69%, 40대 57%였다. 정년이 다가온 50대 이상은 29%였다. 직종별로는 블루칼라(65%)가 화이트칼라(60%)에 비해 정년을 못 채울 것이란 응답이 약간 더 많았다.

하지만 봉급생활자들의 직장 및 급여에 대한 만족도는 과거에 비해 높아지는 추세였다. 현 직장에 대해 전반적으로 '매우 만족'(30%), '약간 만족'(48%) 등, 대다수인 78%가 만족을 표시했다. 반면, '약간 불만'(15%), '매우 불만'(7%) 등 불만을 나타낸 직장인은 22%에 머물렀다. 지난 92년 갤럽조사에서는 봉급생활자들의 직장 만족도가 62%였다.

'지금 하는 일에 비해 월급이 어떻다고 생각하는가'란 질문엔 '많이 받고 있다' (3%)는 소수였지만, '적당히 받고 있다' (60%)가 '적게 받고 있다' (37%)에 비해 훨씬 많았다. 95년 갤럽 조사에선 급여 수준에 대해 전체 직장인의 58%가 불만이었다. (조선일보,

〈그림 1-8〉 현 직장에서 정년까지 다닐 수 있을까?

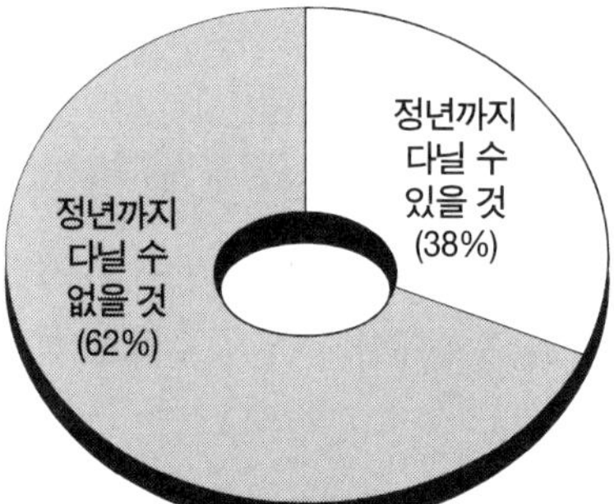

〈한국갤럽: 전국 봉급생활자 316명〉

2004. 4. 26, 제25922호)

30. 한국 직무스트레스학회가 전국 254개 사업체의 직장인 약 7000명을 조사한 결과(2004년) 73%는 잠재적인 직무 스트레스에 노출돼 있고, 22%는 심한 스트레스를 받는 것으로 나타났다. 이는 미국(40%)·EU(28%)보다 높은 세계 최고 수준이다.

하지만 근로자들은 혹시나 손해 볼까 우려해 자신의 업무상 스트레스나 질병을 드러내지 않는 경향이 있다.

대기업 영업팀장인 S씨(44)는 건강진단 얘기만 나오면 스트레스 강도와 혈당이 함께 높아진다.

업무상 과로와 스트레스에 시달리던 그는 3년 전 당뇨병 진단을 받아 혈당을 낮추는 약을 복용 중인데 이런 사실이 건강진단 결과를 통해 회사에 알려질까봐 속을 태우고 있다.

S씨는 "회사가 당뇨 발병 사실을 알게 되면 노동 강도가 높은 영업팀에서 나를 뺄 것 같다"며 "직장에서 건강진단 경비를 지원받으면 결과를 회사에 제출하도록 돼 있어 3년째 건강진단을 피하고 있다"고 했다.

최근 회사에서 제공한 스트레스 상담을 받은 C씨도 "스트레스는 대개 조직이나 상사에 대한 불만에서 오는 경우가 많은데 회사 측이 주선한 상담에서 애로사항을 솔직히 털어놓기가 쉽지 않다"고 말했다.

◆ **초보 수준인 대책** = 미국은 EAP 제도를 20세기 초 도입했다.

국내에서 이를 도입한 회사의 대부분은 듀폰·한국 IBM 등 외국계 기업이다. 반면 국내 기업 가운데 근로자 정신건강지원 프로그램(EAP)를 실시 중인 곳은 유한킴벌리·SK(주) 등 10곳도 채 되지 않는다.

한국의 직장인 대부분은 EAP 제도를 도입해야 한다고 생각하고 있다.

연세대 사회복지대학원 최수찬 교수팀이 지난해 6월 직장인 715명을 대상으로 한 설

〈그림 1-9〉 직장인의 직무 스트레스 보유율

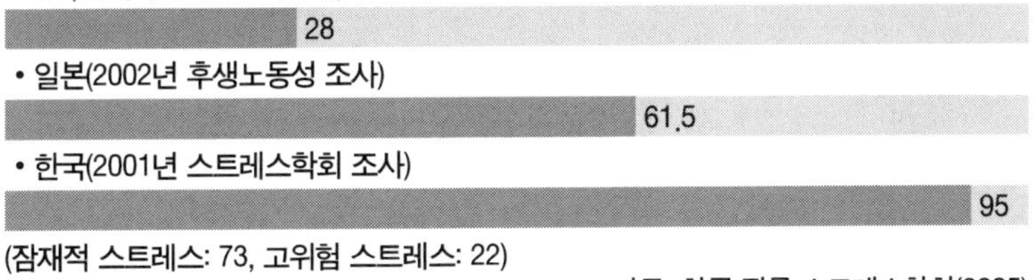

자료: 한국 직무 스트레스학회(2005)

문 조사 결과 87.7%가 'EAP를 도입할 필요가 있다'고 응답했다.

직장인의 스트레스 완화를 위한 법적·제도적 장치를 보완해야 할 필요성이 높아지고 있지만 우리나라는 아직 미흡한 수준이다.

2000년 개정된 산업안전보건법에 '근로자의 신체적 피로와 정신적 스트레스로 인한 건강장애를 예방하는 것'을 사업주의 의무로 명시하긴 했으나 강제 조항이 없어 선언적 의미에 그치고 있다.

31. **업무에 치이고 상사에 눌리고, 긴장-초조의 나날: 직장인 3명 중 1명 불안장애 위험.**

중소기업체의 중간관리자였던 40대 중반의 A씨는 2년째 정신과 치료를 받고 있다.

어느 날 갑자기 가슴이 두근거리고 불안해지기 시작했다. 초조감에 밤잠을 설치기까지 했다.

가족의 권유로 찾은 스트레스 클리닉. A씨는 불안장애라는 진단을 받았다. 후배는 치고 올라오는데 상사는 자신을 인정하지 않는다는 불안감이 병의 시초였다.

치료를 받았지만 불안감은 좀처럼 사라지지 않았다. 반복된 휴직 끝에 A씨는 결국 직장을 그만두어야 했다.

사회를 무서워하는 사회공포증, 사고를 당한 뒤 정신적·육체적 피해를 호소하는 외상 후 스트레스 장애, 범불안장애, 강박장애, 공황장애 등이 대표적인 불안장애다.

직장인 10명 중 1명 꼴로 불안장애 위험이 높다는 연구결과가 나왔다.

인제대 건강증진기금사업지원단이 2005년 8월 22일 보건복지부에 제출한 보고서에 따르면 직장인의 9.8%가 언제든지 불안장애에 걸릴 수 있는 '위험군'으로 분류됐다.

연구팀은 전국 3732명의 직장인을 대상으로 80여 개 항목을 조사해 정신건강 수준을 조사했다. 연구팀은 직장인을 △ 병에 걸릴 가능성이 낮은 건강군 △ 아직 위험은 낮지만 관리하지 않으면 병에 걸릴 가능성이 있는 잠재군 △ 위험군 등 3개 집단으로 나눴

〈그림 1-10〉 직장인의 정신건강 수준 (조사대상 인원: 3732명)

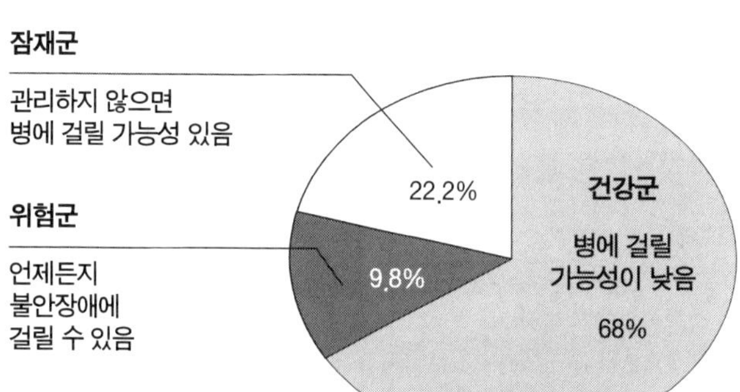

자료: 보건복지부

다.

그 결과 위험군 9.8%, 잠재군 22.2%로 전체의 32%가 불안장애 위험이 있는 것으로 나타났다.

특히 생산직 여성일수록 위험군이 많은 것으로 나타났다. 위험군을 성별과 직종별로 보면 사무직과 생산직의 위험군이 남성은 각각 2.4%와 3.9%, 여성은 각각 5.5%와 15.2%로 집계됐다.

연령별로 보면 남녀 모두 20대가 위험군이 가장 많았다. 다만 생산직 남성의 경우 30대가 가장 위험군이 많았다. 또 대체로 직장 근무 2~5년 차에 위험군이 몰려 있었다.

위험군의 정신건강 수준은 건강군과 비교해 4배 정도 악화돼 있었다.

정신건강의 악화 수준을 측정하는 조사에서 건강군은 평균 0.72점을 얻은 데 비해 잠재군은 1.80, 위험군은 2.71로 나타난 것이다.

연구팀은 불안장애의 원인에 대해 "사무직의 경우 높은 업무 강도와 장시간 근무, 상사와의 갈등, 수직적 위계질서 등이 요인이다"고 밝혔다. 생산직은 상사 또는 동료와의 갈등, 잦은 특근과 잔업 등이 주요인인 것으로 나타났다.

연구팀은 "기업은 수평적 직장 문화를 만들어야 하며 개인도 스트레스를 관리할 줄 알아야 불안장애를 막을 수 있다"고 해법을 제시했다. (김상훈, 동아일보, 2005. 8. 23, 제26154호)

쓴 소리 싫어하는 상사 왕따 1순위

'상사만 나타나면 하던 말 멈추기, 회의 때 입 다물기, 회식 자리에서 멀리 떨어져 앉기'.

LG 경제연구원은 2005년 11월 24일 보고서를 통해 상당수의 상사들이 부하직원들로부터 이른바 '왕따'를 당하고 있다면서 따돌림을 당하는 상사의 유형을 제시했다.

보고서에 따르면 "내 사람은 따로 있다."고 여기는 **인(人)의 장막형 상사**는 따돌림을 당하기 쉽다. 곁에서 달콤한 말만 하는 사람들만 챙기고 쓴 소리를 듣기 싫어하는 순간부터 바른 말을 하는 부하들은 사라지게 된다. 이런 상사는 겉으로는 외롭게 보이지 않지만, 몇몇 특정한 사람과의 의사소통만 있을 뿐 결국 나머지 구성원 전체와는 소외돼 있다.

"내 말이 곧 법이다."는 **폭군형 상사**도 대표적인 왕따 유형. 강압적인 방식으로 자신의 의견이나 방식만을 최선이라고 주장하면서 부하들에게 이를 강요한다. 부하들은 이런 상사를 두려워하고 멀리할 뿐 절대 마음으로 따르지 않는다. 그저 적당한 수준에서 일을 처리하고 심한 경우 아예 상사와의 접촉을 피하게 된다.

"난, 일밖에 몰라." 식의 **일벌레형 상사**도 소외 대상이다. 부하들은 회식 자리에서조차 업무를 놓고 타박하거나, 모든 이야기마다 결국 업무 이야기로 돌아가는 상사들을 마주하는 데 심한 압박감을 느끼게 된다.

"내 마음을 맞춰 봐." 식의 **햄릿형 상사**도 문제. 이런 상사들은 책임을 회피하기 위해 의사결정을 미루며 최상위 리더의 눈치만 보는 우유부단한 유형이다. 분명한 지침도 없이 과제를 부여하고, 결과에 대해 비판만 하다 보니 부하들은 "목소리를 내 봐도 소용없다."고 여기게 되고 결국 상사는 소외될 수밖에 없다.

"요새 젊은 사람들은 정말 이상해."라고 말하는 **세대착오형 상사**도 소외 대상이다. 상사와 부하 간에 세대차가 발생하는 것은 어쩌면 당연하며 조직의 다양성이라는 측면에서 바람직한 경우도 있다. 그러나 상사가 젊은 세대 부하들의 문화를 이해하려는 노력 없이 노골적으로 반감만 표시한다면 부하들로부터 외면당할 수밖에 없다.

혹시 당신도 직장인 우울증? 일이 손에 안 잡히고, 동료 관계도 힘들어져…
스트레스 우울증을 부르는 환경

- 통상의 근로기준 시간을 넘어 늘 장시간 근무해야 하는 직장
- 직장 간부층이 스트레스・우울증 등에 대한 인식 및 지식이 없을 때
- 부하 직원 등 타인에 대한 배려・이해가 없는 사람이 간부직에 있는 경우
- 급성장한 기업(과중한 업무 부담 위험)
- 최근 합병한 기업(업무량 증가, 새로운 환경, 직원 간 불확실한 역할 분담 등)
- 상시 구조조정 가능성이 존재하는 기업
- 상사가 최근 능률이 떨어지는 부하에게 비난만 할 때

※ 자료: 서울 백병원 정신과 스트레스 센터

이럴 땐 직장인 스트레스 의심

- 매사에 의욕이 안 나고 기분이 가라앉으면서 울적한 느낌뿐이다
- 이전에 기꺼이 즐겼던 사내 활동, 취미생활도 재미가 없다
- 특별히 피로할 이유(과로 등)가 없는 데도 늘 피로하고 몸이 무겁다
- 업무를 차일피일 미루고 마감일을 어긴다
- 업무에 10분 이상 집중할 수 없다
- 두뇌 회전이 잘 안 돼 일하는 속도가 이전보다 느리다
- 수면 장애가 있다(불면증 혹은 충분히 자도 항상 졸림)

• 뭔가 잘못될 것 같아 초조하다
• 식욕이 많이 변했다(주로 식욕감퇴, 간혹 폭식)
• 나는 회사에서 쓸모없는 존재란 생각이 든다(내가 일을 못해 동료나 선후배가 피해를 본다)
• 이렇게 사느니 '죽는 게 낫지 않나'란 생각도 든다
최근 2주간 12개 중 7개 이상에 해당되면 의사 상담 필요

서비스업 종사자 2~3배 위험, 숨기지 말고 적극 치료 받아야, 회사도 상담창구 개설 등 시급

직장인 우울증이 심각하다. 서울대 보건대학원에서 열린 한국직무스트레스학회에 따르면(2005) 직장인 10명중 1명이 우울증에 시달리는 것으로 나타났다. 구조조정과 기업합병 등 무한경쟁 시대를 맞아 직장인의 어깨가 갈수록 무거워진 탓이다. 직장인 우울증은 개인의 불행뿐 아니라 기업의 생산성에도 영향을 끼친다. 직장인들이 겪는 스트레스성 우울증은 어떤 모습이며 대책은 무엇일까.

◆ **서비스업이 가장 높아** = 직장인 우울증은 고객을 직접 대면하는 직종일수록 높다. 서울백병원 정신과 우종민 교수는 "직장인 스트레스는 교육계 종사자・공무원・기술직 등이 낮고, 오락・문화・식당・숙박업소 등에 종사하는 사람이 높다"며 "서비스 업종은 심한 경우 우울증 발생률이 평균보다 2~3배 높다"고 설명한다.

우울증 발병 연령도 점차 앞당겨지고 있다.

서울대병원 정신과 조맹제 교수는 "과거에는 30대 후반부터 40대에 이르는 직장인에서 주로 발병했지만 최근에는 20대 후반에서도 많이 발병하고 있다"고 설명한다. 기술의 발전이 빠른 데다 치열한 경쟁 환경에 젊은층도 예외는 아니라는 것이다.

문제는 우울증에 걸렸을 때 '정신력이 약하다' '정신과 치료가 필요한 사람'이라는 식으로 비난받는 게 두려워 드러내고 치료받지 않는다는 것. 또 '스스로 고쳐 보겠다'는 무모한 생각을 하다가 몇 달, 몇 년간 방치하는 경우도 흔하다.

가톨릭의대 정신과 채정호 교수는 "일본에서 업무 스트레스로 우울증을 앓다 자살한 22명의 직장인을 조사한 결과, 아무도 정신과 진료를 받지 못한 것으로 나타났다"며 "치통이 생기면 치과에 가듯 정신적으로 고통스러우면 정신과 치료를 받아야 한다"고 조언한다.

필자는 직장(학교 등 교육기관 포함) 내에 직무 스트레스와 생활 스트레스 상담 장치를 마련, 기능을 활성화시키는 것이 스트레스의 예방 및 치료와 관리에 도움이 된다고 생각한다.

◆ **직장인 우울증의 모습** = 업무 스트레스가 심해져 우울증에 걸리면 만성피로, 두통 등 여기저기 신체증상이 나타난다. 또 일을 제대로 수행하지 못해 의욕을 상실하고, 부서원 간 협조

〈그림 1-11〉 직장인의 스트레스*

*출처: 한국스트레스관리연구소, 스트레스 매니지먼트 세미나(1990. 9. 14)

도 어려워진다.

가정에선 이전보다 말수가 줄어들면서 대화가 사라지고, 짜증을 많이 낸다. 또 집안일이나 가족에게 무관심해지는 일도 많다.

이런 태도를 보일 때 가정이나 직장에선 '요즘 이 사람이 직장생활이 힘들고 스트레스를 많이 받는구나'라고 이해해 주는 마음가짐이 필요하다.

우 교수는 "스트레스성 우울증에 시달리는 사람에게 '갑자기 왜 이런 태도를 보이느냐' '너(당신)의 이런 태도는 문제가 많다'는 식의 질책은 절대 금물"이라고 강조한다.

◆ **스트레스성 우울증 예방** = 스트레스성 우울증은 업무와 관련이 있으므로 회사가 먼저 이를 개선하기 위해 앞장서야 한다. 우울증 상태에서 일을 하면 업무의 효율성이 떨어짐은 물론 창조적인 업무가 불가능해지고, 사내에서 직원 간, 부서 간 협업이 곤란해진다. 또 산업재해의 가능성도 커져 궁극적으로 회사가 불이익을 받는다.

가장 좋은 방법은 회사 내에 직무 스트레스 상담 창구를 만드는 일. 이때 회사 직원이 아닌 사람이 상담 역할을 맡는 것이 중요하다. 직원이 e-메일, 전화, 팩스 등을 통해 자신의 비밀을 유지하면서 손쉽게 상담받을 수 있어야 한다.

직장인 자신도 업무 능력이 떨어지고, 동료나 선후배와의 관계가 힘들다고 느껴지면 치료가 필요하다고 인식해야 한다. 또 평상시 취미활동, 운동, 복식호흡, 동호회 활동 등을 함으로써 자신에게 맞는 스트레스 해소법을 익혀야 한다. (황세희 의학전문기자, 의사, 중앙일보, 2005. 11. 30, 제12717호)

32. 미국 경영학회(American Management Association)는 하룻밤에 걸쳐 팩스를 이용해 회원들을 대상으로 직장에서 느끼는 심리적 부담감에 대해 조사해 보았다. 결과는 부정적이었다. 근무 시간 내내 느끼는 감정으로는 조사 대상자의 51%가 '좌절감'을 들고 있고 49.4%는 '스트레스'를 꼽고 있다. 부정적 감정을 일으키는 원인들에 대해 1점에서 5점까지 점수를 매기도록 하였는데 '주어진 시간에 비해 너무 많은 업무량'이 가장 높은 점수를 얻었다.

미국 보건위생성 산하 국립보건통계센터(National Center for Health Statstics)는 4000명의 근로자를 조사한 결과, 절반 이상이 조사가 있기 2주 이내에 상당한 스트레스 또는 중간 수준의 스트레스를 느낀 적이 있다고 답했다. 대부분의 경우는 업무와 관련된 스트레스였다. 분명 스트레스 문제는 만연해 있다. 갤럽이 조사한 전문직과 사무직 직원의 40% 이상은 매일 혹은 거의 매일 스트레스에 시달리고 있다고 한다. 영업사원과 판매사원도 비슷한 수준의 스트레스를 경험하고 있는 것으로 보고되고 있다.

근무 시간이나 생산성 요구와는 다르게 스트레스는 수량화하기가 어렵다. 그러나 스트레스를 경험하는 이들에게는 스트레스는 부인할 수 없는 실체이다.

업무 관련 스트레스에 의한 장기적 폐해에는 온갖 종류의 질환이 포함되어 있다. UCLA와 스톡홀름 소재 카롤린스카연구소가 10년에 걸쳐 1000명의 스웨덴 인들을 대상으로 연구를 실시한 결과, 업무 관련 스트레스는 "대장암 발생 확률을 5배 높인다."고 한다. 그리고 "6개월 이상의 실직 상태는 대장암 발생 확률을 2배 높인다."는 것이다.

캘리포니아대학교 데이비스 캠퍼스의 한 연구팀이 여성 변호사들을 대상으로 조사를 해본 결과, 주당 35시간 이상 일하는 변호사들은 그보다 적게 일하는 변호사들에 비해 "업무 관련 스트레스를 겪게 될 확률이 5배이고 또 유산할 확률은 2배가 된다"고 한다. 미시간대학이 1500명 가까운 간호사들을 대상으로 실시한 조사에서 1주일에 40시간 이상을 일했거나 높은 스트레스를 경험했을 경우 미숙아나 저체중아를 낳게 될 확률이 70~80% 높아지는 것으로 나타났다.

쾌적하지 못한 근무 여건, 무리한 업무 요구량, 더욱 심해지는 고용 불안정 등으로 인해 오늘날의 화이트칼라들은 항상 스트레스를 안고 살아간다. 서로에게 스트레스를 호소하는 경우도 많기 때문에 이제는 매일 듣게 되는 지겨운 신세타령 정도로 여기고 있다. 하지만 그 실상을 살펴보면 매우 심각하다. 스트레스는 편두통, 위궤양, 신경쇠약, 불면증, 손이 축축이 젖는 증세, 부정맥 등 여러 질환으로 직장인들을 괴롭히고 있다.

업무 관련 스트레스로 인해 미국 경제가 입는 피해는 연간 2000억 달러에 이르는 것으로 추산되고 있다.

10년에 걸친 가슨의 연구 성과에 비추어 보았을 때 화이트칼라들을 3개의 범주로 분류할 수 있다. 첫째로 위에서와 같이 새로운 기술로 인해 업무의 질과 양에 변화를 겪게 된 사람들이다. 두 번째 부류는 새로운 기술로 인해 일자리를 잃어가고 있는 사람들이다. (예컨대 1983년~1993년까지 현금 자동입출금기 때문에 18만 명 가까운 은행원들이 일자리를 잃었다.) 세 번째 부류로는 높은 수준의 기술과 경험 혹은 창의성을 요하는 분야의 종사자들로, 최소한 현재까지는 별다른 영향을 받고 있지 않은 사람들이다.

세 번째 부류에 속하는 사람들은 소수이다. 또 그 숫자도 비약적인 기술 발달로 10년 전에는 상상할 수조차 없었던 영역을 컴퓨터 및 전자기기들이 담당하게 되면서 점차 줄어들고 있는 실정이다. 동시에 기업들은 생산성 향상에 도움을 줄 수 있는 기술이라면 가리지 않고 활용하려는 모습을 보여 왔다. (때로는 신기술 도입을 위해 인원감축을 단행하기도 했다.)

제레미 리프킨은 『노동의 종말』에서 "과학 기술 발전에 따른 근로자 대량해고"의 결과로 미국이 지금껏 유례가 없는 심각한 문제에 당면하게 될 것이라고 경고하고 있다. (Fraser, 2002, 심재관 옮김, 2004. 131-132)

33. **정보화시대 지식 근로자는 산업혁명 직후 공장근로자와 닮은 꼴.**

요즘 미국에서 잘 나가는 지식근로자들은 시간을 절약하기 위해 일하러 나가면서 필요한 휴대전화 통화를 한다. 전화로 진행되는 회의에 참가하면서 e메일에 답신하고 오전 4시에 벌떡 일어나 유럽에 전화를 거는 일도 마다하지 않는다.

최근 미국을 중심으로 지식 근로자들의 근무시간이 늘어나는 등 이들의 노동 강도가 산업혁명 직후의 공장 근로자들과 다를 게 없다고 미국 경제전문잡지 비지니스위크 최근호(2005. 10. 3)가 보도했다.

지난해 미국 전체 남자 대졸 근로자 중 주당 50시간 이상 일하는 비율은 31%에 달했다. 이 비율은 1980년에는 22%였다. 근무시간이 줄어드는 전체 미국 사회의 추세와는 반대다. 특히 정보화혁명으로 지난 25년 동안 생산성이 70%나 향상된 점을 감안하면 이해하기 어려운 현상이다.

그러나 이들은 일한 만큼 돈으로 보상을 받는다. 주당 55시간 근무하는 근로자들은 지난 15년 동안 실질임금이 14% 증가했다. 반면 주당 40시간 일하는 일반 근로자들의

〈그림 1-12〉 주당 50시간 이상 일하는 남성 대졸자 비율(미국)

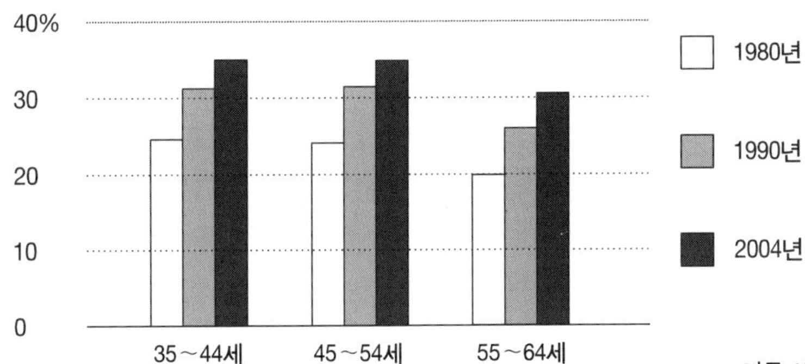

자료: 비지니스 위크

실질임금은 큰 차이가 없었다. 또 대졸자의 실질임금은 1980년 이후 300%가 급등했다.

비지니스위크는 지식 근로자들의 근무시간이 늘어난 배경으로 세계화와 인터넷을 들고 있다. 세계화와 인터넷으로 경쟁이 치열해지고 매니저급 이상 근로자들에 대한 통제가 강화되면서 지식 근로자들의 근무 강도가 높아졌다는 것이다.

이와 함께 e메일 등 각종 통신수단의 발달로 처리해야 할 일들이 많아진 것도 근무시간이 늘어나게 된 배경이 되었다. 맥킨지의 최근 조사에 따르면 회사 임원의 25%는 "각종 회의와 쏟아지는 e메일과 음성메시지를 모두 관리하는 게 사실상 불가능하다."고 답했다.

세계화의 첨병인 미국의 지식 근로자들은 더욱 혹사당하고 있다. 1991년 이후 일본 근로자들의 노동시간이 11%인 줄어든 것을 비롯해 프랑스(10%), 독일(6%), 한국(5%) 등은 노동시간이 크게 감소했지만, 미국은 노동시간이 2% 감소하는데 그쳤다. 그러나 이는 전체 근로자에 해당되는 이야기이고 잘 나가는 지식 근로자의 근무 강도가 더욱 높아졌다는 것이다. (공종식 특파원, 동아일보, 2005. 9. 30. 제26185호)

오늘날 우리나라에서도 기업체의 인사관리 운영에서 온정주의[3)]가 사라지고 있다.

지금까지 소개한 우리나라의 직장인들의 직무 스트레스가 가중되는 이유(〈그림 1-3, 1-4,

3) 온정주의란 노사관계를 대등한 인격자 상호 간의 계약에 의한 권리 · 의무 관계로 보지 않고 고용주의 온정에 따른 노동자 보호와 이에 보답하고자 노동자가 더욱 노력하는 협조 관계로 보며, 합리적인 계약관계 대신에 서로의 정감에 호소함으로써 노사관계를 원활하게 하려는 노무관리 방법(심재관, 옮김, 2004).

1-5, 1-6〉, 〈그림 1-14〉, 〈표 1-1, 1-2〉 참조)를 연구자 나름대로 분석해 보면,

첫째, 우루과이라운드(UR) 비준으로 95년부터는 국제화, 개방화에 따른 무한 경쟁이, 나아가서 국가 간에 경제 전쟁이 사회 모든 분야에서 현실로 나타나고 생활수준에 대한 기대치도 높아질 것이다. 따라서 이러한 시대적 무역환경, 경제구조 개편에 따른 추세에 부응하여 조직사회에서는 경쟁심, 도전적 성향, 강한 성취욕(승부욕), 적개심, 일벌레로 대변되는 'A형 성격'의 직장인을 더욱 더 필요로 하게 돼 40대 남성의 건강 조건·환경은 더욱 나빠질 전망이다. 기업체·직장인이 처한 독특한 우리나라의 기업문화도 직무 스트레스 유발 및 반응에 영향을 끼친다고 해석할 수 있다.

둘째, 선진국은 합리적이고 공정한 상황에서 경쟁(fair play)을 하는 사회인 반면, 우리나라는 비합리적이고 부당한 상황도 감수해야 하는 경우가 많기 때문이다. 부당한 경쟁을 해야 하는 경우에 받는 스트레스가 더 심각하다.

셋째, 선진국은 규정에 따라 행동하면 문제가 없는 반면 우리나라는 상황에 따라 행동기준이 변하는 경우가 많다. 규정대로 성실하게 일을 했으나 무능하다고 평가를 받기도 하고 혈연, 지연, 학연 등의 3연에 밀리면 편파적 인사를 당했다는 피해의식이 스트레스를 가중시키기도 한다.

넷째, 우리나라는 업무에 관한 중요한 일이 회사 내에서 공식적인 관계보다 비공식적인 인간관계(술자리, 테니스 또는 전술한 삼연에 의한 사교적 관계)가 맺어지는 일과 후 연회 석상에서 이루어지는 경우가 많아 과음과 과식을 하게 된다. 그 결과뿐만 아니라 각종 성인병에도 유해(有害)한 영향을 끼친다.[4]

다섯째, 우리나라 회사나 경영주는 그의 비합리적인 결정에 따라 갑자기 문을 닫는 경우가 많으며, 중견 직장인을 감원시키는 경우가 많다. 그래서 항상 실직의 불안 속에 지내야 하며 한번 실직한 40대는 새 직장을 얻기도, 새로운 일을 시작하기도 어렵다는 점이 정신적·신체적 위해요인이 된다.

여섯째, 기업마다 채택하고 있는 '혁신적인 신 인사제도' 태풍은 무사안일에 빠지기 쉬운 직장인들에게 경고를 울려 주고 있다. 이 신 인사제도의 공통된 기본 원칙은 '무능한 사원은 떠나라'는 것이다. 즉 종래의 연공서열·온정주의 승진과 동일 임금 체제에서, 냉혹한 연봉제(임금 계약제), 능력위주의 승진 제도 채택으로 하위직에 의한 사무수행 능력 평가, 일정기간 승진을 못하면 퇴직을 유도하는 40~50대의 화이트컬러 실업자 양산, 성별·학력에 관계없이 능력·개인 위주로 임원을 승진시키고 직속상사에게 부하 인사권 부여 등 가속화되

4) 흡연이 실명(失明)의 원인이 된다고 알려졌다(2004. 3. 19. MBC. 저녁 9시 News)

〈그림 1-13〉 신인사 흐름도

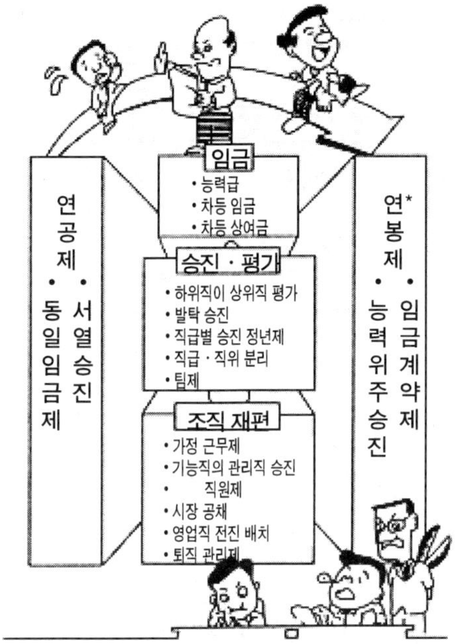

*이 문제를 **주간 조선**. 1997. 8. 14. 1465호에서 특집으로 다루고 있다.

고 있는 '인사 파괴' 제도화가[5] 직무 스트레스 유발 원인으로 강력하게 작용한다(〈그림 1-13〉 참조).

일반 직장인과 교사 간의 공통점은 둘 다 화이트칼라이고 봉급생활자이며 피고용인 신분이고 직장 내에서 일정한 위계질서가 있으며 나름대로의 직장 문화 및 공식 · 비공식적인 유대관계가 형성되어 있다는 것이다. 일반 직장은 다수가 남자로 구성되어 있는 반면 교직은 여성화 추세가 강하고 맞벌이 가정이 주류를 이루고 있다.

일반 직장인과 교사가 직종이 다르고, 근무조건과 인사관리 체계 및 신분이 다르다 할지라도 둘 다 직무 스트레스를 받는 것은 공통사항이다. 즉, 직무 스트레스는 교사만이 유일하게 받는 멍에가 아니다. 다만 일반 직장인과 교사가 받는 스트레스의 생태적인 측면(예컨대 유발요인, 반응양태, 손실효과, 대처기제)은 서로 다를 수 있다.

인간의 삶의 조건: 스트레스와 탈진은 선택인가, 운명인가

30년 뒤에 기계 의존 사회가 도래하면 쌓여 가는 인간의 스트레스로 인하여 기계 타도 폭동

5) 45정, 56도, 38선이라는 은유적 표현이 이것을 대변하고 있다.

〈그림 1-14〉 직무 스트레스의 원인과 해소법

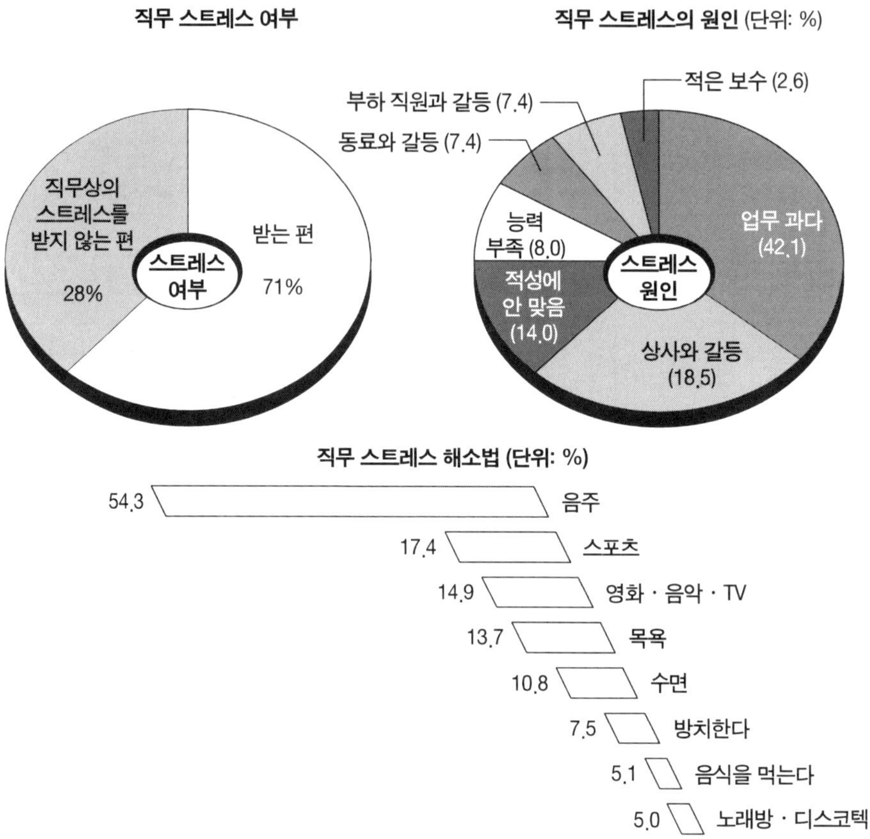

이 일어날 수도 있다는 충격적인 미래 예측이 발표되었다. 19세기 초에 영국의 수공업자들은 자신들의 일자리를 잠식하는 방직 기계를 파괴하는 폭동을 일으켰다. 사람이 아닌 기계를 타도 대상으로 삼았던 러다이트 운동은 고용주들의 잔인한 탄압으로 인해 진압되었지만 산업혁명의 기계화에 대한 인간의 반란으로서 현대사에서 무시할 수 없는 위치를 차지하고 있다.

미래학자들은 정보혁명에 대한 21세기 판 러다이트 가능성을 배제하지 않는다. 30년 뒤면 도래할 기계 의존 사회에서 인간들의 사회적 스트레스는 훨씬 커질 것이라는 지적이다.[6] 장기 고용보다는 임시 고용이 주류를 이루게 되면서 고용시장은 너무 역동적이어서 불안해진다. 부(富)의 불균형은 더욱 심화되면서 빈부의 양극화 격차는 더 벌어진다. 세계화의 덫을 연구자는 세계화로 인해 잘 나가는 자와 별볼일없는 사람들이 20 대 80의 사회를 만들게 될 것이라고 내다본다. 정치적, 사회적, 경제적 불만이 커지면 어떤 형태로든 분출된다는 것이 역

6) 기술 스트레스(technostress)가 이런 현상을 반영하는 용어이다.

사의 교훈이다. 대책을 세울 것인가, 방관할 것인가.

스트레스에 관한 신화

스트레스를 남녀노소, 사회 경제적 지위(SES), 종교, 인종과 무관하게 경험하는 삶의 화두로 보고 있는 지금, 오늘날의 스트레스에 관한 정보 자료가 학계에서나 일반 대중을 상대로 하는 매스컴에 범람하고 있다. 따라서 잘못 알려진 정보도 꽤 많다. 그 중 일부를 예시한다.

1. **모든 스트레스는 유해(有害)하며 나쁘다.**
   스트레스는 본질적으로 유해하기도 하지만 유익하기도 하다
2. **스트레스 관리의 목표는 스트레스를 제거하는 것이어야만 한다.**
   스트레스는 제거될 수도 있고 제거되지 않을 수도 있다. 스트레스 연구의 아버지로 칭송되는 Hans Selye 교수는 스트레스로부터 자유로운 상태는 죽음밖에 없다고 했다. 또 인간은 평생 달려야만 하는 경주마와 같다고 비유하기도 한다. 각성(arousal)이란 삶의 일부이다. 스트레스 관리의 목표는 유해한 스트레스를 줄이거나 치료・제어하는 방안, 절차, 기법을 구사하는 것이다.
3. **행복한(안락한) 삶이란(good life) 스트레스 발생 요인으로부터 자유로운 것을 뜻한다.**
   스트레스 유발요인은 심신 모두에서 발생된다. 자유(自由)는 공짜가 아니다(freedom is not free). 이 말은 미국 워싱턴 DC의 링컨 기념관 앞 광장에 조형되어 있는 한국전 참전 조형물에 새겨져 있는 명구(名句)이다. 평화는 지킬 힘이 있어야 유지된다는 함의(含意)를 음미해 보라. 자유는 주어지기도 하지만 획득되는 것이며 지킬 능력, 힘(power)이 있어야 유지되는 것이다. 엄동설한을 견뎌내야 봄이 되면 산천초목에 생명이 약동함을 경험한다. 인간 잠재 능력의 실현은 교육과 삶의 목적이기도 한데 감당할 만한 종류의 스트레스에 노출되고 제어할 수 있을 때 향유할 수 있다.
4. **스트레스가 없는 것이 안락한 삶이다.**
   반드시 그렇지는 않다. 적합한, 감당할 만한 도전, 위기 상황은 필요하다.
5. **어려운 상황 속에서도 노력하면 시련은 극복할 수 있다.**
   인간의 능력에는 가능성과 한계가 있어서 해결, 극복이 가능한 시련이 있고 노력해도 극복이 불가능한 시련도 있다. 노력한 만큼 보람 있는 성과가 나타난다는 그럴 듯한 신화가 있다. 그러나 이 신념은 두 가지 점에서 오류이다. 첫째는 인간의 적응 능력에는 가능성과 한계가―교육도 마찬가지이다―공존한다. 만약 신체적, 사회적, 심리적 압력이 자신의 동원 가능한 역량을 초과한다면 결과적으로는 지쳐서 활력이 소진될 수가 있다. Selye가 말한 일반 적응 증후군에서 본다면, 저항 단계에서 소진(exhaustion) 상

태에 이르게 된다. 두 번째는 열심히 노력하는 것이 항상 역기능적 스트레스를 유발하는 것은 아니다. 투병의 결과 건강을 되찾은 기쁨과 감사함을 경험하지 않는가.

6. **부정적인 스트레스는 유해한 영향을 준다.**

   부정적인 스트레스는 정신적, 신체적으로 본인과 타인에게 유해한 영향을 준다. 그러나 실패로부터 성공을 위한 교훈을 배울 수가 있다. 고진감래(苦盡甘來), 칠전팔기(七顚八起)의 함의(含意)에서 우리는 교훈을 찾을 수가 있다.

7. **신체 운동은 에너지를 고갈시키므로 다른 방법으로 스트레스에 대처하는 것이 옳다.**

   명상, 기도, 좌선, 가벼운 점진적(무리하지 않는) 유산소 운동은 스트레스 적응과정에서 에너지(活力)를 높여 준다.

8. **명상(meditation)에 열광하는 것은 반기독교적인 터무니없는 짓거리이다.**

   어떤 형태의 명상은 힌두교의 도사(導師, gurn)와 종교상의 숭배 의식과도 같이 행해지기도 한다. 그러나 명상 그 자체는 심신의 긴장과 이완 효과가 있는 스트레스 제어 방안이다. 명상을 통한 정신 집중하기(mental focus), 경전 외우기, 깊은 심호흡과 기도 등은 스트레스 관련 질병과 심리적 장애를 예방, 감소시키는 데 효과가 있다는 것이다 (Schafer, 2000, 17).

9. **스트레스는 성인(어른)들만 경험하는 것이다.**

   현대인들이 경험하는 스트레스는 이제 삶의 일부이며 남녀노소 가릴 것 없이 모든 인간이 겪는다. 따라서 그 영향이나 피해(손실)도 유사한 양상과 반응이 나타날 수 있다.

10. **스트레스는 적을수록 좋다.**

    반드시 그렇지는 않다. 어느 점에서는 도전과 경쟁, 위기상황은 나태함, 침체, 퇴행에서 벗어나도록 각성시키는 데 도움을 준다. 일찍이 Toynbee는 인류 역사(문명)는 도전과 응전의 산물이라고 말한 바가 있지 않은가!

11. **사람에 따라서는 스트레스를 심하게 받는 사람이 있고 반복되는 어려움, 스트레스를 운명이라고 생각한다.**

    유전(가족력)이나 사회환경이 압력(pressure)에 대하여 저항하거나 취약성, 즉 대처 능력에 영향을 준다. 그러나 환경과 생물학적 유전이 심각한 정신적, 신체적 장애의 경우를 제외하고 그 영향이 그리 광범위하지 않다. 시련과 스트레스는 운명일 수도 있고 선택일 수도 있으며 전화위복의 기회일 수도 있다.

2. 교육의 아노미 현상

아노미는 소외(疎外, alienation)를 뜻한다. 개인이나 조직이 가치나 규범을 상실하였을 때 생기게 된다. 아노미는 조직 구성원(개인)들이 고립감, 환멸감 그리고 이탈감을 갖게 하므로 조직이 분열되고 기능을 제대로 발휘하지 못하게 한다. 그런데 개인에게서 시작된 고립감, 환멸감, 이탈감이 이심전심, 분노, 적대감, 공격성, 공감대를 이루므로 집단이 가진 행동 특성(syntalitic)을 나타내는 데 주목하고자 한다.

이 아노미 상태에서는 교육적 응집성과 교육 조직의 온전성, 건강성이 유지되기 어렵다. 아노미는 조직 구성원들이 어떤 식으로든 조직과 단절될 때 나타나며 교사들의 교직 정체성을 위협한다. 교사 자신을 포함해서 교육인적자원부, 시・도 교육청, 각급 단위 학교장은 아노미의 실태와 그 파급효과, 대처 방안을 빨리 인식하고 수습해야 한다고 본다.

한국교육계의 위기라고 진단되고 있는 현실에 무지하고, 둔감하게 반응하면서 그 비싼 대가를 지불하게 될 것이 걱정된다. 둔감하다는 것과 위기 속에서 위기를 못 느낀다는 것은 무대책으로 일관하고 있음을 말한다. 열정, 에너지(活力), 창의력, 사기가 낮은 교육 환경에 불만이 있는 교사들이 교단과 학교를 지키고 있다면 우리나라의 앞날은 불행하게 전개될 것이다.

- 우리가 조국을 위해 할 수 있는 일 중에서 젊은이를 가르치는 일만큼 더 위대한 일이 어디 있는가?
- 모든 미국인이 세계에서 가장 훌륭한 교육을 받도록 하겠다.
- 우수한 학생, 우수한 교육, 우수한 교사는 공존한다.

위에서 예시한 교육 명언들이 심각한 교육 아노미 현상을 해결하는 데 지침이 될 수 있을 것으로 생각한다. 교단, 교사의 암울한 현실 때문에 교육 아노미 현상이라고 최근의 교육 위기 내지 교육 붕괴를 진단하게 된 근거로 다섯 가지를 들 수 있다. (1) 교육부의 정체성 위기, (2) 학교 사회의 무기력감, (3) 교사에게 만연되어 있는 직무 스트레스 (4) 공교육에 대한 불신 (5) 지나친 사교육 열풍.

2-1. 교육인적자원부의 정체성 위기

'교육부 무용론'(洪思重, 조선일보, 1999. 12. 24, 제24552호), '교육부가 먼저 변해야 한다'(鄭範模, 조선일보, 2001, 11. 1, 제25245호), '교육부 장관의 잦은 교체로 교육 정책 오락가락', '정부 교육 공약 이행 낙제점'(교육단체 총연합회, 2002. 4. 6), '준비 안 된 교육개혁, 국민 불신만 키웠다'(동아일보, 2001. 11. 23, 제24989호)로 표현된 교육계에 대한 언론의 걱정과 비판은 그 표적이 된 교육인적자원부의 위상이 흔들리고 있음을 알려준다. 그것의 관련 증거를 예시한다. 교육위기론, 심각한 교사의 직무 스트레스와 탈진 현상을 초래한 원인의 당사자가 교육부라는 것을 이들 자료를 통해서 알 수 있다.

교원 성과급―참스승 인증제 등 잇단 철회, 준비 안 된 교육개혁

정부가 '개혁'을 명분으로 추진해온 각종 교육 관련 정책이 혼선을 보이고 있어 교사와 학부모들로부터 "교육정책에 일관성이 부족해 혼란스럽다, 국민 불신만 키웠다."는 지적을 받고 있다. 교원정년 문제처럼 정치권과 관련단체의 힘에 밀려 혼선이 초래된 경우도 있지만 충분한 준비 없이 무리하게 추진하다 무산된 경우들도 적지 않다.

교사―학부모 반발에 오락가락

교원성과급제는 교사와 교원단체 등의 집단 반발에 밀린 대표적인 경우이다. 교육부는 당초 교직사회의 경쟁력을 유도한다는 명분으로 전체교사의 70%에 한해 성과급을 지급하는 계획을 추진했다.

그러나 전국교직원노조와 한국교원단체총연합회 등 교원단체들이 "성과 측정이 불가능한 교직의 특수성을 무시한 처사"라며 반발해 결국 2003년부터 모든 교사에게 수당을 지급하는 방식으로 후퇴했다.

중등교원 자격증 소지자 3,900여 명을 교육대학에서 일정 과정을 이수토록 한 뒤 초등교사로 충원하려던 정책도 교대생들의 반발로 교육대 특별편입학제로 바뀌었다.

교육부가 교직사회의 정서를 감안하지 않고 무리하게 추진하다 자진 철회한 대표적인 사례로는 '참스승 인증제'가 꼽힌다.

교육부가 98년 8월 학생, 학부모, 동료 교사로부터 존경받는 교사를 참스승으로 공식 인증하겠다고 발표한 '참스승 인증제'는 "누구는 가짜 스승이냐"는 교사들의 반발로 무산됐다. 같은 해 10월에는 촌지 문제 때문에 스승의 날을 5월에서 2월로 바꾸려다 "교직사회를 촌지나 받는 부도덕한 집단으로 매도한다"는 항의 때문에 철회했다.

학생들이 담임교사를 직접 선택하고 학부모가 교원을 평가하도록 한다는 제도도 비슷한 과정을 통해 사라졌다.

2000년 4월에는 문용린(文龍鱗) 당시 교육부장관이 TV에 출연해 "저소득층 자녀에 대한 과외비 지원 방안을 검토하겠다"고 했다가 "교육부가 과외를 부추긴다"는 비난이 일자 수일만에 없었던 일로 한 적도 있다.

국내 대학원을 세계 수준의 연구중심 대학원으로 육성한다는 목표로 추진된 '두뇌한국(BK)

21' 사업도 본래 목적을 달성하지 못하고 '지원금 나눠먹기'로 변질되고 말았다는 지적을 받고 있다.

교육 전문가들은 교육정책의 혼란이 이 지경까지 온 것은 김대중 대통령 정부 출범 초기에 교육부가 교사집단을 개혁 대상으로 몰아 이들의 반발을 초래한 것이 중요한 원인이라고 지적하고 있다. 교직사회에 대한 정부의 부정적인 태도 때문에 교사들은 교육부가 추진하는 정책이라면 거부반응부터 보이는 등 대부분의 정책이 실효를 거두지 못했다는 분석이다.

학부모 단체, 교원정년 연장 강력 반발

국회 교육위원회에서 교원 정년을 63세로 1년 늘리는 내용의 교육공무원법 개정안이 통과된 데 대해 학부모단체들이 반발하고 나섰다.

참교육학부모회와 인간교육실현학부모연대는 성명을 내고 "당리당략에 따라 교육공무원법 개정안의 통과를 감행한 한나라당과 자민련의 파렴치한 행태를 규탄한다"며 대통령의 거부권 행사를 촉구했다.

이들 단체는 또 "부적격 교사의 퇴출과 교원 평가시스템이 도입되지 않으면 부적격 교사 고발운동과 인터넷을 통한 교원 평가운동을 전개할 것"이라고 밝혔다.

한나라당의 인터넷 홈페이지에도 '시대착오적인 발상'이라거나 '누구를 위한 정년연장이냐'는 등의 비난 여론이 쏟아졌다.

한 네티즌은 "젊은 미취업 예비교사들은 갈 곳이 없어 버둥대면서 늙어가고 있는 마당에 시대에 역행되는 발상이 아닌가"라고 말했다.

전국교직원노조도 성명을 통해 "사립학교법 개정은 외면하고 정년 환원도 아닌 정년 연장 문제를 정략적으로 이용하는 한나라당을 규탄한다"고 밝혔다. (중앙일보, 2001. 11. 23, 제24989호) 학부모 단체의 이러한 움직임은 이들이 교사·교육 현안 문제에 대하여 압력 단체 역할을 하고 있음을 알려주는 것이다.

코너에 몰린 교육부

국가 교육정책을 총괄하는 교육인적자원부의 존립이 위태롭다. 유력 대선 후보들이 잇따라 '교육부 개혁'을 공언하고 있기 때문이다.

정몽준(鄭夢準) 후보는 2002년 11월 5일 '국민통합 21' 창당대회에서 "집권하면 교육부의 모든 권한을 지방자치단체로 이양하고 교육부는 평가·정보제공 기능만 하도록 하겠다"고 했다. 사실상 교육부 폐지나 다름없다. 정 후보는 "교육부가 관료화됨으로써, 학교가 본래 목적인 교육을 위해 존재하는 것이 아니라 '교육행정'을 위해 존재하는 것 같다"고 말했다.

한나라당 이회창(李會昌) 후보는 최근 한국교총 주최 '대선 후보 초청 토론회'에서 "조령모개식 교육정책, 교육부장관의 잦은 교체, 정권의 인기영합적 교육정책에 따른 혼선을 막아야 한다"면서 **'21세기 국가교육위원회'**를 설치하겠다고 공언했다. 교육기관 · 전문가 등이 참여해 중장기적 교육정책을 제안하고, 교육부는 이를 집행하도록 하겠다는 것이다. 두 후보의 얘기대로라면 교육부는 현재의 '부총리' 위상도 유지하지 못할 가능성이 크다. 교육부의 한 간부는 "정책 기능이 없는 중앙정부 부처가 무슨 쓸모가 있느냐"고 했다.

노무현 후보 역시 한국교총 토론회에 참석, "**교육부를 기획과 지원 중심으로 개편하고, 집행에 관한 사항은 지방과 단위학교의 자율에 맡기겠다**"며 교육부 개혁 의지를 표명했다.

이 때문인지 요즘 교육부는 어느 때보다 위기감이 팽배하다. "교육부가 없으면 교육정책이 더 엉망이 될 것"이라면서도 "이러다 차기 정권에서 교육부 자체가 없어지는 것 아니냐"는 불안한 목소리도 심심찮게 나온다. 교육부의 한 관계자는 "상황이 심각한데도 내부적으로 아무런 대책 마련도 안 하고 있다"며 불만을 나타냈다.

최근에는 일부 교육단체와 시민단체들이 '**교육개혁은 교육부 개혁부터**'라는 제목의 토론회를 열고 "올바른 교육정책을 위해서는 교육부 수술이 선행돼야 한다"고 주장했다.

교육부 내부에서는 이런 상황이 초래된 데는 교육부 자체에도 책임이 있다는 반성론도 조심스럽게 나오고 있다. (조선일보, 2002. 11. 8, 제25469호)

교육부 '黑白 갈등'

교육부에서만 통용되는 은밀한 농담에 '흑-백 갈등'이 있다. 일반 행정직 공무원과 교육 전문직 사이의 뿌리 깊은 반목을 빗댄 말이다. 한솥밥을 먹는 식구들끼리, 마치 미국의 흑인과 백인이 겪는 인종갈등과 유사한 감정을 갖고 지낸다는 사실은 자못 충격적이다.

이 갈등이 요즘 더욱 증폭돼 가고 있다. 정부 조직개편에 이어 곧 불어닥칠 부내 직제개편에서 전문직의 입지가 지금보다 더 축소될 것이 유력시되기 때문이다. 일반직이 주도하고 있는 직제개편 방향에 대해, 교육부 전문직은 물론 전국 교원들의 모임인 한국교총까지 잇따라 성명을 내며 반발하고 나서기에 이르렀다.

커져만 가는 양자 갈등의 연원은 전문직들이 행정직에 갖고 있는 강한 피해의식이다. 전문직은 일선 학교에서 20~30년씩 교사나 교감 경력을 쌓고 들어온 연구사, 장학사, 연구관, 장학관들이다. 교육 현장에서 일생을 바친 이들은 처음 연구사나 장학사로 발령 받은 후 행정직 주사(6급)와 똑같은 대우를 받기 시작하면서 첫 충격에 빠진다. 이후 연구관이나 장학관으로 승진하면 사무관(5급) 대우를 받게 된다. 50대 초반의 한 연구사는 "숙직 때 젊은 사무관의 보조원이 돼서 열 쇠꾸러미를 들고 방마다 자물쇠를 점검하러 다니노라면 비애감마저 든다"고 말했다.

전문직들은 또 그 동안 직제개편이 있을 때마다 전문직의 위상이 위축돼 왔다고 푸념한다. 실제로 장관이 주재하는 3실－7국장회의에 참석하는 10명의 고위직 중 전문직은 초・중등교육실장 1명뿐이다. 전문직 인사에 전문직이 전혀 간여할 수 없고, 교원정책실이나 지방교육행정국처럼 일선 경험이 요구되는 부서조차 전문직 과장은 하나도 없다.

행정직도 할 말이 있어 보인다. 행정직 간부가 전문직에 갖는 가장 큰불만은 업무 추진력과 기획력이 떨어진다는 점이다. "세상은 핑핑 돌아가는데, 전문직의 대응능력에는 문제가 있다"고 이들은 혹평한다. 이런 분위기 속에서 갈등은 진정되기는커녕 갈수록 부풀어 가고 있다. 급기야 전문직들의 불만을 담은 문건이 은밀하게 돌고 있을 정도다.

국가 교육정책을 총괄하는, 그래서 가장 '교육적'이어야 할 부처에서 벌어지고 있는 이 '흑-백 대결'을 이젠 더 이상 덮어두기만 해선 안 될 시점에 온 것 같다. (조선일보 1998. 2. 1, 제23955호)

교원 74%, "교육개혁 50점 이하" 공교육 위기(84%), 교직사회 침체(72%) 초래
교총, DJ정부 평가 설문조사

교원 10명 중 7명 이상은 '국민의 정부' 교육개혁을 50점 이하로 평가했다. 한편 10명 중 6명은 차기정부가 가장 중점적으로 다뤄야 할 교육정책 분야로 '교육재정 확충과 교육여건 개선'을 꼽아 차기정부는 현 정부와 달리 '묘수'를 부리기보다 '든든한 후원자'가 되기를 바랐다.

이것은 한국교총이 현 정부의 교육개혁에 대한 현장교원들의 인식을 알아보기 위해 지난 2002년 3월 13일부터 27일까지 전국 초・중등교원 2,240명을 대상으로 실시한 '**국민의 정부 교육 개혁 평가**' 설문 조사 결과 나타났다.

먼저 교육개혁을 100점 만점 기준으로 종합적인 진단 평가를 해 볼 때 몇 점 정도가 되느냐는 질문에 교원 대다수인 74.1%가 50점 이하로 매우 낮게 평가했다. 비교적 긍정적 평가라 할 수 있는 71점 이상은 3.2%에 그쳤다.

또 응답 교원의 60.1%는 교육개혁이 교육의 질적 향상으로 연결되지 못했다고 답했을 뿐만 아니라 84.4%와 72%는 각각 공교육의 위기를 부르고 교직사회를 침체시켰다며 현 정부의 교육개혁이 오히려 부작용만 양산한 것으로 판단했다.

교육의 질적 향상에 기여했다는 응답은 11.3%, 공교육 위기를 심화시키지 않았다, 교직사회를 활성화시켰다고 답한 비율은 3.7%, 1%로 극소수에 그쳤다.

교육개혁 추진 방식의 문제점으로는 교육여건 무시(28.8%), 경제논리의 지나친 강조(26.3%), 정부주도 밀어붙이기(17.2%), 현장 교원들의 참여 미흡(10.1%), 준비소홀・졸속추

〈표 1-3〉 현 정부의 교육정책 혼선 사례

정 책	주 요 내 용	현 상황
교원 성과급제	전체 교원의 70%에 차등 지급	모든 교원에 수당 지급으로 후퇴
초등교원 수급정책	중등교원자격증 소지자에 교육대 학점 이수 후 초등교원 발령	중등교원자격증 소지자 교육대학 특별편입학으로 변경
자립형 사립고	2003년 20개교 이내 시범 운영	2002년 5개교 시범운영으로 후퇴
스승의 날 변경	교사 학부모 촌지부담 해소	철회
참스승 인증제	훌륭한 교사를 정부가 인증	철회
학생 담임 선택제	학생 희망에 따라 담임 배정	철회
학부모의 교원평가	학부모의 평가를 인사에 반영	철회
저소득층 과외비 지원	저소득층 과외비 정부에서 지원	철회

출처: 신현석(2000). 한국교육정책 평가와 차기 정부의 과제. 서울: 교원단체총연합회

진(10%) 등의 순으로 대답했다.

사회적으로 커다란 논란을 부르고 있는 교원정년 단축에 대해 62.1%의 교원이 부정적 영향을 끼쳤다고 평가했다. 18.4%는 보통, 19.5%만이 긍정적 영향을 미쳤다고 응답했다.

그러나 학급당 학생 수 감축을 위한 7・20 교육여건 개선계획에 대해서는 엇갈린 반응을 나타냈다. 47%가 '부적절하다'고 응답한 반면 32.8%는 '적절하다', 20.3%는 '보통'이라고 평가했다. '교직발전종합방안에 포함됐다'가 일부 단체의 반대로 보류된 수석교사제의 경우 찬성 66.2%, 반대 14.9%로 찬성이 매우 높게 나왔다. 보통은 18.9%이었다.

정부 교육공약 이행 낙제점

현 정부가 내걸었던 교육공약의 이행률이 14%에 불과하다는 주장이 제기됐다. 고려대 교육학과 신현석 교수는 교원단체총연합회(교총) 주최로 2002년 4월 9일 한국프레스센터에서 열린 교육정책 토론회 주제발표를 통해 "국민의 정부가 제시했던 73개 교육공약 과제 중 실제 이뤄진 것은 10개로 이행률은 14%"라고 밝혔다.

신 교수는 73개 과제 중 만 5세 유아 무상 의무교육 등 21개는 이행 중이며, 우수교원확보법 제정 등 42개 과제는 답보상태이거나 착수조차 되지 않았다고 평가했다. 그는 공약이행이 미진한 대표적 사례로 '국민총생산(GNP)의 6%로 교육재정 확충'을 들었다. 외환위기라는 경제적 어려움이 있기는 했지만 문민정부 시절의 수준(GNP의 4.8%)에도 미치지 못한다는 것이다.

국회에서 여러 차례 입법논란을 거친 뒤 답보상태인 유아교육법 제정과 ▶ 대학교수회의 의결기구화 ▶ 우수교원확보법 제정 ▶ 수석교사제 실시 ▶ 종합교원양성체제 구축 ▶ 사학

진흥법 제정 등도 이행이 미진한 과제로 분류됐다.

신 교수는 공약사항 외에 현 정부 주요 교육정책 중 교육여건 개선사업 · 교원정년 단축 · 성과상여금제 · BK 21 등도 적지 않은 부작용과 문제점을 드러냈다고 비판했다. 무리한 교원정년 단축이 교원수급 실패로 이어졌고, 밀어붙이기식 교육여건 개선사업은 학교를 공사장화했다는 것이다. 그는 교육개혁 난맥상의 원인에 대해 "교육정책에 정치 · 경제 논리가 개입해 교육계가 정치적 이해집단의 각축장이 돼버렸기 때문"이라고 분석했다.

또 다른 주제 발표자인 교총 조홍순 교육정책연구소장은 "교육개혁의 목표와 원칙, 교육재정 투자계획, 교원전문성 강화대책 등을 담은 '교육개혁법'을 제정하고 초 정권적 기구인 '국가교육위원회'를 설치해야 한다"고 주장했다.

한양대 노종희 교수는 "개혁과제들을 백화점식으로 나열하기보다 중심주제를 선택해 정책적인 집중이 필요하다"고 지적했다. 교육개발원 유현숙 선임연구위원은 "교원의 전문성과 질

〈표 1-4〉 김대중 대통령의 교육 공약 추진 상황

교육 공약	추진 상황(1998년 2월 ~ 2002년 3월 말 현재)
▲ 각 계층이 참여하는 교육개혁추진단을 대통령 직속으로 상설화해 상향적 교육개혁의 지속적 추진	새교육공동체위원회(1998.7) · 교육인적자원정책위원회(2000. 10)를 설치했으나 형식적 자문기구화
▲ 실험학교와 대안학교 확대 지원	특성화 중학교 설립, 자율학교 시범운영 추진
교육재정 GNP 6%로 확충, 교육여건 우선적 개선	학교운영비 2001 GNP의 4.38%로 증액(99. 12) IMF 사태로 교육재정 GNP 4.3%로 삭감됐다가 최근 회복세
● 2002년까지 중학교 무상의무교육 확대 실시	중학교 의무교육 전면 실시(2001)
▲ 서울대 대학원 중심의 연구대학으로 전환	대학원 중심의 연구대학 운영을 위해 구조조정 착수(98. 8) 약학대학의 2+4 형태의 전문대학원 계획안 마련(2000. 2)
▲ 입시 위주 교육과정의 비중과 수준 · 분량을 국제적 수준에 맞게 개편하고, 선택과목 비중을 늘림	7차 교육과정은 여건미비와 통제 위주 정책으로 실효성 낮음
▲ 수능시험 과목과 수준 · 난이도 조정하는 등 입시제도 개선	99학년도 입시에서 선택과목제 · 표준점수제 도입(98. 3) 2002수능 난이도 혼란, 영역별 점수 활용
유아교육법 제정으로 유아교육 공교육화	유아교육법 제정 무산
▲ 만 5세 아동 무상의무교육 우선 실현	면 단위 이하 유치원 무상교육 실시 결정(99. 1) 유치원 학비지원 전국 확대(2000. 2)
우수교원확보법 제정, 수석교사제 도입, 교장임기제 · 교장초빙제 적극 확대	수석교사제만 교직발전종합방안에 포함된 뒤 장기 검토 과제로 보류
▲ 초등 36학급 이하, 중등 24학급 이하, 학급 당 학생 수 30명 선으로 감축	무리한 추진으로 문제 야기

●: 이행, ▲: 이행 중, 표시 없음: 미진 · 미착수 · 보류

출처: 신현석 (2003). 한국 교육정책 평가와 차기 정부의 과제. 서울: 교원단체 총연합회.

향상을 추진하고 학교단위의 자율성 확보와 책임 경영제를 통해 학교의 경쟁력을 높여야 한다"고 말했다.

필자의 판단으로는 역대 정부마다 시도해 온 교육개혁의 성공과 실패사례 원인, 대처 방안을 후속 교육개혁시에 참고할 필요가 있고 정치(정권) 논리나 경제 논리에 의해서가 아닌 교육 본질주의 논리와 필요성에 의해서 추진되는 장기적인(20년 장기간) 교육개혁이 필요하며 나열식보다는 선택과 집중이 필요하다고 생각한다.

김대중(金大中) 정부가 공약으로 내세운 교육정책 과제 가운데 14%만 제대로 이행되는 등 교육개혁 작업이 지지부진하다는 평가가 나왔다.

고려대 신현석(申鉉奭 · 교육학) 한국교원단체총연합회가 주최한 교육정책 평가 토론회에서 "현 정부가 제시한 10대 분야 73개 교육공약 중 제대로 이행된 것은 10개로 이행률이 14%에 불과하다"고 발표했다.

'한국 교육정책 평가와 차기 정부의 과제'라는 주제로 열린 이날 토론회에서 신 교수는 주제발표를 통해 "현 정부는 'GNP 6% 수준의 교육재정 확충'을 약속했지만 김영삼(金泳三) 정부 시절의 4.8%에도 미치지 못하고 있으며 공약 가운데 하나인 유아교육법도 제정되지 못하고 있다"고 지적했다.

그는 73개 과제 중 '만 5세아 무상의무교육 등 21개는 현재 이행 중이나 우수교원 확보법 제정 등 42개 과제는 답보상태이거나 착수조차 되지 않았다고 말했다.

〈표 1-5〉 김대중 정부의 주요 교육공약 추진 상황

교육 공약	추진 상황	비고
교육정책 실명제	책무성 보장장치 없어 실효 없어	×
2002년까지 중학 무상의무 교육	올해 중 1부터 연차적 실시	○
유아교육법 제정 및 공교육화	법제정 무산	×
만 5세아 무상교육	농어촌 유치원 무상교육, 유치원 학비지원 전국 확대	△
우수교원확보법, 수석교사제, 교장 임기제 확대	수석교사제만 교직발전방안에 포함됐다가 보류	×
교원자녀 대학학비 보조, 교원연금제, 무주택교원 지원 확대	교원연금 기여금 인상돼 교원복지 악화	×
교육여건 개선사업	무리한 추진으로 부작용 속출	△
각종 시험에서 학력 학연에 의한 차별 철폐	효과 없음	×
초중고 급식 확대	실직자 자녀 급식 지원	○
GNP 6% 교육재정 확충	4.3%로 삭감됐다 회복 추세	×

※ 점검기간: 98년 2월~현재, ○=이행, △=이행중, ×=미진 미착수 보류

출처: 신현석 (2003). 한국 교육정책 평가와 차기 정부의 과제. 서울: 교원단체 총연합회.

현 정부의 대표적인 교육개혁정책인 교원정년 단축은 교원수급을 제대로 예측하지 못해 교원 부족사태가 빚어져 퇴직교사를 재임용하는 등 정책 실패로 국가재정 부담만 가중시키고 교원의 사기를 떨어뜨렸으며 제7차 교육과정은 너무 이상에 치우쳐 교사의 부담만 늘리고 수준별 수업도 형식적으로 이뤄지고 있다고 지적했다.

신 교수는 "교육여건 개선사업, 교원성과상여금제, 두뇌한국(BK) 21사업 등도 현실을 무시한 채 무리하게 추진해 부작용만 낳았다"며 조목조목 비판했다.

신 교수는 정책실패의 원인으로 "여론을 지나치게 의식한 '포퓰리즘'과 정치 경제논리를 앞세운 교육개혁 때문"이라며 "뚜렷한 국가발전 목표를 갖고 교육의 본질을 중시하는 장기적 교육정책을 수립해야 한다"고 제언했다. 조홍순(曺興純) 한국교총 교육정책연구소장은 '차기 정부의 교육정책 과제'로 교육개혁을 계속 추진하기 위해 '교육개혁법'을 제정하고 초정권적인 '국가교육위원회'를 설치해 정권교체와 상관없이 교육정책을 일관성 있게 밀고 나가야 한다고 주장했다. 또 경북대 박종렬(朴鍾烈 · 교육학) 교수는 "교육개혁은 학교 현장에서 자율적으로 시행하고 사교육비를 공교육비로 전환하는 정책을 유도해 공교육의 질적 수준을 향상시켜야 한다"고 지적했다. 토론자로 나선 유현숙(劉賢淑) 한국교육개발원 선임연구위원은 "차기 정부는 교육논리에 입각한 인간개발을 위한 장기 비전과 사회적 합의 도출, 교육 공동체간의 신뢰 회복에 중점을 둬야 한다"고 말했다.

최순주(崔順柱) 서울 태량초등학교 교사는 "교육개혁은 학교 현장과 가까운 문제부터 점진적으로 추진해 나가는 것이 효율적"이라고 주문했다.

땜질식 교사수급, 백년대계는 없다―정년단축 · 연금고갈 맞물려 교육붕괴 우려

정년 단축으로 부족해진 초등학교 교사를 채우기 위해 올해에 이어 2000년에도 중등교사 자격증 소지자가 대거 교단에 진출했다. 그러나 이와 같은 땜질식 교원수급은 초 · 중등교육의 질과 교단의 사기를 떨어뜨리는 등 적지 않은 부작용을 초래할 것으로 우려되고 있다.

교육부는 2000년에 필요한 초등교원은 정년퇴직 961명, 명예퇴직 4,806명, 학급증설 등에 따른 신규수요 2,317명, 휴직 1,410명 등 모두 16,274명에 달한다고 밝혔다. 교육부는 필요한 초등교원을 신규임용 5,213명과 휴직자 복직 1,364명으로 우선 채운 뒤 나머지 9,697명은 중등교사 자격증 소지자를 뽑거나(6,195명), 명예퇴직한 교사를 초빙(3,502명)하는 방식으로 충원할 계획이라고 설명했다. 그러나 이것은 신규 임용자의 배에 가까운 교사가 신분이 불확실한 '기간제'로 채워짐을 의미하는 것이어서, 올해 교육현장에서 나타난 기간제 교사 채용에 따른 부작용이 확산될 것이라는 우려를 낳고 있다.

올 들어 상반기와 하반기에 중등교사 자격증 소지자 중 초등학교 기간제 교사로 채용된 인원은 6,200명, 또 퇴직교사 중 초빙형태로 채용된 교사도 3,500명이나 된다. 기간제 채용 교사가 97,000명이나 되는 것이다. 임시직 교사가 1년만에 전체 초등교원 정원(138,300명)의 7%를 차지하게 된 셈이다. 중등교사 자격증 소지자의 경우 단기간(2개월, 3백36시간)의 연수를 거쳐 초등학교에 투입되다보니 학생들의 발달수준에 맞는 교수－학습방법을 제대로 익히지 못하고 있다. 퇴직교원 중 기간제로 계약한 초빙교사의 경우도 오랫동안 교단을 떠나 있었기 때문에 수업감각에서 교육현장과 큰 괴리를 보이고 있다. 또 폐지되거나 축소되는 과목의 교사들을 교사수가 부족한 과목으로 돌려 전공과 무관한 과목을 가르치게 하면서 수업이 부실해지는 등 여러 가지 문제점이 나타나고 있다. 심한 경우 교과서 1학기 분을 한달 만에 끝내는 학교도 있다. 한편 중등학교의 경우에도 기간제 교사 등으로 내년에 채용하는 임시교사가 1,751명에 달해 정규교사 채용(6,136명)의 30% 가까이 된다.

2000년에도 정년 단축과 연금고갈・명예퇴직금 지급 중단이 맞물려 교단을 물러나는 교사가 1만 명이 넘을 것으로 예상돼 교사수급정책의 근본적인 수술이 없을 경우 교육현장 붕괴가 가속화할 것이라는 우려를 낳고 있다. (국민일보, 1999. 10. 19, 제3322호)

교육부장관 4년 간 7명 째 교체, 敎育정책 오락가락

2002년 1월 29일 개각으로 현 정부 들어 4년 동안 교육부가 무려 일곱 번째 수장(首長)을 맞게 되면서 안정과 일관성이 생명인 교육정책이 다시 한번 흔들리는 것이 아니냐 하는 우려와 비판이 일고 있다. 교육계에서는 백년대계(百年大計) 교육을 흐트러짐 없이 이끌어야 하는 최고의 책임자들이 평균 8개월만에 하차한 데 대해 "이유가 무엇이건 청소년과 나라의 장래를 위해 불행한 일"이라는 반응이다.

현 정부 교육부 장관 재임 기간

김대중 정부의 교육부 장관 중 재임기간을 1년이라도 넘긴 경우는 이해찬(李海瓚・1년 2개월)・한완상(韓完相・1년) 장관 두 명뿐이다. 이돈희(李敦熙) 장관은 5개월, 송자(宋梓) 장관은 불과 23일 만에 교체됐다. 교육부 장관의 부총리급 승격을 앞두고 특별한 이유 없이 취임 5개월만에 물러난 이돈희 전 장관은 퇴임 당시 "이제 겨우 업무를 파악해 일을 시작하려 했는데..."라며 불만과 아쉬움을 표시했었다(〈표 1-6〉 참조). 교육부 관계자들도 "업무파악, 국회준비, 지방순시 등에 적어도 3～4개월은 걸리므로, 신임 이상주(李相周) 장관이 정부의 남은 1년 동안 특별한 정책을 펴나가긴 힘들 것"이라고 전망하고 있다.

전교조는 20일 성명을 내고 "교육수장의 잦은 교체는 교육정책이 그만큼 장기적 안목에서 추진되지 못하고 있음을 반증하는 것"이라고 비판했다. 교육개혁시민운동연대도 "장관이 바

〈표 1-6〉 교육부 장관 재임기간

구분	성명	취임일	퇴임일	평균 재임일
6대	김진표(金振杓)	2005-01-28	현재	
5대	이기준(李基俊)	2005-01-05	2005-01-10	6
4대	안병영(安秉永)	2003-12-24	2005-01-04	378
3대	윤덕홍(尹德弘)	2003-03-07	2003-12-24	293
2대	이상주(李相周)	2002-01-29	2003-03-06	402
1대	한완상(韓完相)	2001-01-29	2002-01-29	366
42대	이돈희(李敦熙)	2000-08-31	2001-01-29	152
41대	송 자(宋 梓)	2000-08-07	2000-08-31	25
40대	문용린(文龍鱗)	2000-01-14	2000-08-07	207
39대	김덕중(金德中)	1999-05-24	2000-01-14	236
38대	이해찬(李海瓚)	1998-03-03	1999-05-24	448
37대	이명현(李明賢)	1997-08-06	1998-03-02	209
36대	안병영(安秉永)	1995-12-21	1997-08-05	594
35대	박영식(朴煐植)	1995-05-16	1995-12-20	219
34대	김숙희(金淑喜)	1993-12-22	1995-05-12	507
33대	오병문(吳炳文)	1993-02-26	1993-12-21	299
32대	조완규(趙完圭)	1992-01-23	1993-02-25	400
31대	윤형섭(尹亨燮)	1990-12-27	1992-01-22	392
30대	정원식(鄭元植)	1988-12-05	1990-12-26	752
29대	김영식(金永植)	1988-02-25	1988-12-04	284
28대	서명원(徐明源)	1987-07-14	1988-02-24	226
27대	손제석(孫製錫)	1985-02-19	1987-07-13	875
26대	권이혁(權彛赫)	1983-10-15	1985-02-18	493
25대	이규호(李奎浩)	1980-05-22	1983-10-14	1241
24대	김옥길(金玉吉)	1979-12-14	1980-05-21	160
23대	박찬현(朴瓚鉉)	1977-12-20	1979-12-13	724
22대	황산덕(黃山德)	1976-12-04	1977-12-19	381
21대	유기춘(柳基春)	1974-09-18	1976-12-03	808
20대	민관식(閔寬植)	1971-06-04	1974-09-17	1202
19대	홍종철(洪鐘哲)	1969-04-11	1971-06-03	784
18대	권오병(權五柄)	1968-05-21	1969-04-10	325
17대	문홍주(文鴻柱)	1966-09-26	1968-05-20	603
16대	권오병(權五柄)	1965-08-27	1966-09-25	395
15대	윤천주(尹天柱)	1964-05-11	1965-08-26	473
14대	고광만(高光萬)	1963-12-17	1964-05-10	146
13대	이종우(李鐘雨)	1963-03-16	1963-12-16	276
12대	박일경(朴一慶)	1962-10-15	1963-03-15	152
11대	김상협(金相浹)	1962-01-09	1962-10-14	279
10대	문희석(文熙奭)	1961-05-20	1962-01-08	234
9대	윤택중(尹宅重)	1961-05-03	1961-05-19	17
8대	오천석(吳天錫)	1960-08-23	1961-05-02	253
7대	이병도(李丙燾)	1960-04-28	1960-08-22	117
6대	최재유(崔在裕)	1957-11-27	1960-04-27	883
5대	최규남(崔奎男)	1956-06-08	1957-11-26	537
4대	이선근(李瑄根)	1954-04-21	1956-06-07	779
3대	김법린(金法麟)	1952-10-30	1954-04-20	538
2대	백낙준(白樂濬)	1950-05-04	1952-10-29	910
1대	안호상(安浩相)	1948-08-03	1950-05-03	639
전체				439

뀔 때마다 정책이 일관성을 잃어 국민 불신을 초래하고 있다"고 지적했다. (조선일보, 2002. 1. 30, 제25222호)

교육정책 주무 장관의 잦은 교체도 문제로 꼽힌다(〈표 1-6〉 참조). 현 정부 3년 9개월 동안 교육부장관은 모두 6명으로 평균 재임기간이 7개월에 불과하다. 교육에 대한 장관들의 철학도 달라 장관이 바뀔 때마다 전 장관의 정책이 폐기되는 사례가 많았다.

교원노조의 합법화를 계기로 이익집단의 목소리가 지나치게 커진 것도 교육정책의 일관성을 유지하기 어렵게 된 원인으로 꼽힌다.

정부가 교원단체를 인정하고 함께 동반자 관계를 구축해 나가는 것은 바람직하지만 정책개발 등에 서로 협조해야 할 교육부와 교원단체 간 힘겨루기만 거듭해 결국 교육부는 이들에게 끌려 다니는 모습을 보여줬다는 지적이다.

"스트레스 1위는 교육부총리"

'스트레스 1위는 교육부총리?'

노무현 대통령은 2004년 12월 27일 청와대에서 한완상 신임 대한적십자사 총재를 접견하는 자리에서 "내가 보기에 스트레스를 가장 많이 받는 장관은 교육인적자원부, 농림부, 보건복지부, 노동부 순서가 아닌가 싶다"고 말했다.

노 대통령은 환담 도중 교육부 총리를 지낸 적이 있는 한 총재가 "진짜 골치 아픈 스트레스는 교육부에 있을 때 받은 것 같다. 이 자리에 김근태(복지부) 장관도 있었지만 그 다음이 복지부, 3등이 노동부인 것 같다"고 말하자 이같이 답했다. (동아일보, 2004. 12. 28, 제25953호)

교육부 장관의 퇴진 운동

〈교육부 장관론〉

교육부는 국가단위 교육행정의 주무 부처다. 교육행정이란 교육에 필요한 인적 · 물적 자원을 지원하고 관리하는 공공적 활동으로서 포스드코오브(POSDCoRB)로 설명하면 교육기획 · 조직 · 인사 · 명령 · 보고 · 예산결산 활동을 의미한다. 교육부의 수장인 교육부 장관은 이런 교육행정을 총괄하는 국가교육의 최고 행정가다. 교육부장관의 활동과 과업을 교육행정의 개념으로 접근하고자 할 때 특히 우리나라 교육부장관의 위치는 다음 두 가지 점에서 각별한 주의를 요한다.

첫째, 교육부는 그 소관 예산규모에 있어서 정부예산의 25%내지 20%를 차지하는 가히 우리나라 최대의 중앙부처이고 그 수장인 교육부 장관은 정부부처의 장관들 중 가장 강력하고 중요한 존재라고 할 만하다. 둘째, 교육에 관하여는 전 국민이 저마다 일가견을 제시할 정도로 교육에 관심이 큰 우리나라 상황에서 교육부장관은 소관 인원인 교직원뿐만 아니라 교육에 대한 온 국민의 요구를 생각하면 허구한 날 잠 못 이루고 뒤척이는 존재일지도 모른다.

지난해 출범한 새 정부가 선택한 교육부장관은 교육 가족에게는 의외의 인물이었다. 무엇보다도 교육적 배경이 약했다. 교육자도 아니요 학자출신도 아닌 교육 문외한이라고 할 수 있는 인물이었다. 그러나 교육 가족은 이 때 "아, 대통령께서는 교육계를 개혁의 대상으로 보셨구나. 교육계에 부정과 비리가 많으니 개혁지향의 젊은 장관으로 하여금 맑게 만들겠다는 의지를 보이시는구나"라고 자성의 계기로 받아들였다.

당시 매스컴에 보도되던 국립 서울대학교 치과 대학의 교수임용 관련 금품수수 사건이 그 단적인 예로 교육 가족은 대통령의 의중을 십분 헤아리고 교육계의 발전을 염원했던 것이다. 이후 교육부장관은 불법과외를 근절시키겠다며 국가교육행정력을 온통 불법과외 적발에 집중시켰다. 다음에는 촌지교사 단속, 또 그 다음으로는 교사의 체벌금지 등으로 이어졌다. 이러한 일련의 활동 동인은 일반 국민 내지는 학부모의 요구라고 할 수 있다.

교육부장관은 일반 국민의 요구에 적극 부응하면서 결과적으로 소관 인원이자 교육의 핵심 주체인 교원의 사기를 현저히 저하시키고 말았다. 교원을 개혁대상으로 규정한 끝에 급기야 교직의 최대 메리트인 65세 정년보장을 무너뜨리기까지 했다. 교원인사를 회사원의 인사와 달리 취급한 명령은 경찰이 학교에 들어와 교사를 연행하는 세상을 만들었다. 이런 일들은 교육적 안목이 결여되고 교원에 대한 애정이 없는 데서 비롯됐다.

교원의 권위추락은 곧 학생의 인권에도 영향을 끼친다. 교권추락으로 학생, 학부모 만만세 구도가 이루어지는 듯했으나, 뒤를 이은 수원 모 고등학교에서 일어난 경찰의 수업 중 학생연행 사건은 교사의 권위가 추락하면서 학생의 인권도 동반 추락했음을 의미한다. 교원과 학생・학부모를 대립적 관계로 설정해서는 안 된다. 위기에 처한 병아리가 어미 닭의 날갯죽지에 몸을 피하듯 학생이 학교, 교사라는 어미닭의 날갯죽지에 깃들일 수 있도록 교사의 권위가 확립되고 교육에 대한 안목이 교육계를 이끌 때 비로소 교육공동체가 형성될 수 있을 것이다.

그동안 교육부장관의 교원에 대한 리더십은 아쉬운 점이 많았다. 교육적 배경이 약한 젊은 장관이 교육의 본질을 이해하고 교육적 안목과 교원에 대한 애정을 지니기가 쉽지 않았을 것이다. 앞으로 교육부 관료들이 전문적 조언을 통해 장관을 보좌하고 교직단체를 통해 교원들의 의견을 청취한다면 장관의 교육적 안목 형성에 큰 보탬이 될 것이다.

부디 교육부장관이 교육에 대한 일반 국민의 요구에 부응한 만큼 아니 그 두 세배로 교원의 아픈 곳을 헤아려주고 교원의 사기를 앙양시켜 주기를 바란다. 높은 사기 속에 사회적으로 존경받는 교원을 교실에서 보고 자라야 학생들 중 우수자원이 교・사대에 진학할 것이고 교직사회는 인재들로 충원될 수 있다. (류명혜; 서울대 강사, 한국교육신문, 99. 4. 12, 제1944호)

〈교육부 장관의 경우〉

40여 만 전체 교원의 3분의 2에 육박하는 26만여명이 가입해 있는 한국교총이 '**교육위기 극복을 위한 교육자 선언**'을 통해 이해찬 교육부장관의 퇴진을 요구하고 나선 것은 일찍이 없던 일로 충격적인 사건이 아닐 수 없다. 한국교총은 단순히 '선언'에 그치지 않고 이번 요구를 관철하기 위해 범국민 서명운동을 벌이는 등 실력행사를 벌이겠다고 배수진까지 치고 있다.

한국교총의 요구가 정당한 것인지 아닌지를 판가름하는 것은 대단히 어려운 일이다. 이번 요구가 정부의 교육개혁 추진에 대한 교원들의 누적된 불평－불만을 대변하는 측면 못지 않게 교직단체의 이해(利害)를 보호하려는 '정치적' 측면도 동시에 있기 때문이다. 그러나 교육개혁을 둘러싼 정부와 교총간의 갈등이 내연(內燃) 단계를 넘어서 이처럼 폭발하고만 상황만은 외면할 수 없다. 현정부 출범후 이 장관이 앞장서서 교육개혁과 교원개혁을 추진하면서 무리하지만 여러 가지 혁신적인 변화를 꾀했고, 개혁정책 대부분이 그 목표만은 국민의 공감(共感)을 살만한 것들도 있었다는 평가도 있다. 그러나 아무리 목표가 훌륭해도 방법이 합리적이지 못할 때는 '공감'이 '우려'로 바뀌게 마련이라는 데 문제가 있다.

이해찬 장관이 한국교총의 퇴진요구 대상이 된 사정을 한마디로 요약하기는 어려울 것이다. 다만 한 가지 분명한 것은 방법에서 너무 실덕(失德)을 했다는 점이다. 교원 정년단축 문제가 대표적인 사례다. 많은 교원들은 '교원개혁' 일환으로 정년을 단축하는 과정에서 이를 가장 강력히 주장하며 관철한 주인공이 바로 이 장관이라고 지목하고 있다. '교원과 함께 하는 개혁'이 아니라 '교원을 숙정대상으로 취급한 개혁'이란 주장이 제기된 것도 사정은 같다. 이 정부와 이 장관의 개혁내용이 아무리 '교육 기득권'의 문제들을 다루는 것이라고 하더라도 교육자들을 설득하고 이해시키면서 하는 것이 바른 길이지, 마치 점령군이 포고령 발표하고 밀어붙이는 식으로 할 수 없다는 것이 교육행정의 특성이라는 것을 이 장관은 너무 외면한 것 같다.

정부가 교총의 이번 선택에 대해 어떻게 대응할 것인지 예상하기는 어렵다. 섣불리 대응하다가는 긁어부스럼 격이 될 것이고, 그렇다고 묵살하려한다면 교육행정이 도전받는 가운데 교육현장의 갈등이 커질 가능성이 크다. 바람직하기로는 이 장관과 한국교총이 무릎을 맞대고 서로 잘잘못을 인정할 것은 인정하면서 허심탄회하게 문제를 푸는 것이다. 그것이 안 될 때는 이 장관의 또다른 선택만이 남는다. 공이 정부쪽으로 넘어간 만큼 하루빨리 현명한 선택을 해야 할 것이다. (조선일보, 1999. 4. 20, 제24348호)

교육부 무용론

"왜 학생은 개성을 잃어가나"

30세에 시카고 대학의 학장이 된 로버트 허친스는 24년간 학장과 총장으로 있는 동안 많은 교육개혁을 펴나갔으며 교과과정도 파격적으로 뜯어 고쳤다. 그는 물러나면서 이런 고별연설을 했다. "졸업증서를 받을 때에는 목표지향적이고 삶에 열성적이고 솔직하고 이상주의적이고 생각이 깊고 독립심이 강하던 청년들이 왜 다음해가 되면, 아니 바로 그 다음날로 따분하고 불성실하고 유약해지고 왜 판에 박은 옷차림을 하게 되는 것인가?"

대부분의 미국대학에서는 이사회가 총장을 고른다. 그래서 30세의 허친스가 총장이 될 수 있었다. 우리나라에서는 교수들이 직접 총장을 고른다. 겉으로는 대단히 민주적이다. 그러나 대학의 민주성이며 자율성은 여기서 멈춘다. 등록금, 입학정원, 학과, 교과과정 등에 관한 모든 것에 교육부의 인・허가가 있어야 한다. 허친스는 "모든 사람을 똑같이 생각하게 하고 똑같이 행동하게 만드는 힘들"을 이겨낼 만큼 대학교육이 단단하지 못하기 때문이라고 연설했다. 우리나라의 총장과 각급 학교장들은 허친스처럼 사회의 획일주의를 탓하기에 앞서 교육부의 권위주의를 탓할 것이다. 물론 그런 말을 감히 할 수 있는 용기가 있다면 말이다.

"정부가 아무것도 하지 않는 것이 교육개혁을 위해서는 최고의 약이라는 것이 역사의 교훈이다." 이렇게 노벨경제학상을 받았던 밀튼 프리드만이 말한 적이 있다. 미국에서는 40년 전과 비교해서 학생 1인당 정부의 교육지출은 3배로 늘어났다. 그럼에도 불구하고 학생들의 학력이 저하하고 있는 사실이 이를 뒷받침해준다고 그는 말했다. 미국의 교육부와 우리나라의 교육부와는 천지의 차이가 있다. 그런 미국에서도 지난 95년 초에 차라리 교육부를 없애는 것이 좋겠다는 의견이 나왔었다. 여기 앞장섰던 것은 다름 아닌 전직 교육부장관이었던 라말 알렉산더와 윌리엄 베네트였다. "교육부에 관한 한 워싱턴에서 내리는 결정들은 학부모, 교사, 15,000명의 지방교육위원회들이 내리는 결정들을 따르는 것이 아니다. 연방정부가 만드는 규제들은 전국에 퍼져 있는 5,000만의 각양각색의 어린이들의 욕구를 충족시키지 않고 있다." 이들에 의하면 교육부란 되도록 많은 예산을 타내서 공정하게 각급학교에 나누어 주는 역할만 하면 된다는 것이었다.

우리나라의 경우, 특히 각급학교가 자유재량으로 할 수 있는 것은 아무것도 없다. 가르치는 내용에서 가르치는 방법에 이르기까지 하나에서 열까지 교육부가 지침을 내리며 교장들은 이를 무조건 따라야 한다. 그렇게 쥐꼬리 만큼도 권한이 없는 교장이 제대로 지도력을 발휘할 수 는 없을 것이다. 일선 교사들이 자발성과 창의력을 발휘할 수 있는 여지도 물론 없다.

"주입식 교육정책 이제 그만"

21세기의 키워드는 개성과 창조력 그리고 다양성이다. 21세기의 거대한 항해(航海)를 위해 우리의 조종타(操縱舵)가 되는 것은 개성과 창조력이다. 이 때문에 일본에서는 **교육위기론**이 들끓고 있고, 그처럼 보수적인 영국까지도 개성과 창조력을 위한 새로운 교육제도의 모델 체인지를 서두르고 있다. 교육이란 교사와 학생, 그리고 교장이 일체가 되어 개성과 창조성을 발휘할 수 있는 분위기를 만들어내는 것이다. 단순히 지식을 전달하는 것이 교육이 아니다. 그런데도 우리나라의 교육부는 해묵은 주입식 교육정책에 매달린 채 오히려 교장과 교사와 학생들의 개성과 창조력을 위축시키고만 있다. 우리에게 지금 절실한 것은 그런 교육부에 교육을 맡겨도 좋겠는가하는 문제에 대한 진지한 토론이다. (조선일보 논설고문, 洪思重)

교육부장관의 '퇴진 운동'

교육부장관 퇴진운동이 다시 벌어지고 있다. 교육개혁시민운동연대 등 9개 교육단체는 지난주 국회를 통과한 사립학교법 등 3개 법안이 '개악 법안'이었다고 주장하며 김덕중장관의 퇴진서명 운동에 돌입했다. 이들은 김 장관 이외에, 법안을 직접 통과시킨 국회 교육위 소속 의원들의 사퇴도 요구했다. 김 장관의 경우는 주무 장관으로서 법안이 '개악'되는 것을 적극 막아야 하는 데도 수수방관해 개혁의지가 의심스럽다는 게 이유다.

지난 1999년 4월 한국교총이 주도한 전임 이해찬 장관 퇴진 운동은 한달 뒤 있는 5・24 개각에서 교육부장관을 경질하는 데 결정적 요인으로 작용했다. 당시 한국교총이 내세운 명분은 '현실을 고려하지 않은 무리한 개혁추진'이었다. 전임 장관이 개혁을 밀어붙이려다 퇴진요구를 받았다면 후임 장관은 '왜 교육개혁을 제대로 못하느냐'는 정반대의 사유로 퇴진운동의 도마에 올라 있다.

교육부 장관에 대한 일반적인 이미지는 어떤 것일까. 사람마다 다르겠지만 대체로 교육계를 대표하는 '큰 어른'으로서 교육에 대한 확고한 철학과 신념, 덕망, 포용력을 갖춘 인사가 아닌가 싶다. 또 눈앞의 인기나 실적에 연연하지 않고 장기적으로 국가에 이익이 되는 교육이 어떤 것인지를 찾아 소신 있게 밀고 나가는 사람이어야 한다. 이런 일을 해내려면 교육부장관은 무엇보다 교육계의 존경과 신뢰를 상실해서는 안 된다.

교육부 장관이 연달아 퇴진요구를 받는 현실은 안타깝기 그지없다. 교육계 전체가 뭔가 어긋나 있고 의사소통이나 정책수립을 위한 여러 장치들이 제대로 작동되지 않고 있음을 보여주기 때문이다. 원인은 여러 가지가 있을 수 있다. 대통령이 부적절한 인물을 기용했을 수도 개혁과정의 불가피한 부작용으로 볼 수도 있다. 그러나 분명한 것은 이처럼 교육계의 수장(首長)이 매번 불신을 받는 어수선한 상황에서는 절대로 교육의 21세기를 준비할 수 없다는 사실이다. (홍찬식 논설위원, 동아일보, 1999. 8. 20, 제24279호)

〈또 바꿨다〉

- 교육장관 1년만에 네 번 교체 "개혁 좋지만 업무 파악하다 끝나"

"수습(修習)을 갓 뗀 시점에서 새로운 자세로 일하려 했는데" "수장(首長)이 너무 자주 바뀌어 어려움이 많았을 것으로 생각됩니다.”

29일 퇴임한 이돈희(李敦熙) 전 교육부 장관은 정부 중앙청사에서 열린 이임식에서 잦은 장관 교체에 대해 이렇게 말했다. 그는 “일을 해보지도 못하고 지난 것 같다”고 아쉬움을 표했다. 지난 1년간 네 번째, 현정부 출범이후 여섯 번째로 교육계 수장이 교체됐다.

현 정부 들어 교육부 장관 재임 기간이 역대 문교・교육부 장관 평균 재직 기간이 1년 3개월의 절반 수준인 6개월에 불과할 정도인 단명이다. 이에 대해 교육계 안팎에서 교육개혁 정책 혼선 등 우려의 목소리가 나오고 있다.

이해찬(李海瓚) 장관이 그나마 1년 2개월을 재직했을 뿐이고, 송자 장관은 대기업 실권주 인수 문제로 23일 만에 물러나는 역대 최단명(最短命)기록을 남기기도 했다. 보통 장관에 취임하고 나면 각 실・국 업무보고를 받는데 2개월, 대통령 업무보고 준비에 1개월 국회 국정감사 준비에 2개월 정도가 걸린다. 6개월짜리 장관은 그러다 보면 재직기간이 끝나고 만다. 회원수 21만 여 명인 한국교원단체총연합회는 이날 성명서를 내고 “교육행정 수장의 잦은 교체는 현정부가 교육을 너무 쉽게 보고 있는 것이 아닌가 하는 우려를 낳게 한다”고 주장했다.

한국교총은 또 “미국은 라일리 전 교육부 장관이 클린턴 정부 8년 임기 동안 운명을 같이 했다”며 “교육장관의 교체가 잦다는 것은 교육의 표류 현상을 보여주는 것”이라고 주장했다. 전국교직원노동조합과 한국노총 산하 한국교원노조도 “국가 백년지대계인 교육정책의 일관성을 유지해야 할 교육부장관의 잦은 교체는 유감스럽다”고 밝혔다.

그러나 교원단체들은 이 같은 우려 때문에라도 신임 한완상 부총리가 교육개혁을 잘 이끌어 표류하는 교육정책을 바로잡아줄 것을 주문했다. 전교조는 韓부총리에 대해 “개혁적 조치를 꾸준히 실현한 인물로 평가할 만하다”며 “그의 임명은 교육개혁의 정책역량을 강화하겠다는 의지의 표현으로 판단한다”며 환영했다. 한국교총도 韓부총리에 대해 “교육문제를 원만히 이끌어 가리라는 기대를 갖게 한다”고 밝혔다. 교원노조도 “韓부총리가 교육당사자들과 현안을 함께 풀어나갈 수 있기를 기대한다”고 말했다. (중앙일보, 2001. 1. 30)

교사들도 교육부를 싫어한다

교원들은 도무지 교육부를 좋아하지 않는다. 관료들이 시시콜콜 규제나 하고 조령모개(朝令暮改) 식으로 제도를 고치기 때문이다. 교육의 백년대계를 위해선 교육부를 없애야 한다고 말한 교수출신 정치인도 있었다. 하지만 요즘 교육부에 대한 교원들의 불만은 통상적 수준을 넘어선 것 같다.

재정지원이란 당근을 미끼로 쉴 새 없이 내려오는 지침 때문에 일선 대학들은 완전히 지쳤다. 지난주에도 교육부는 대학원 중심대학을 육성한다고 발표했다. 매년 2000억원을 지원해서 핵심 분야 박사를 매년 2000명씩 배출할 것이라고 한다. 이런 산술 논리를 믿을 사람은 없겠지만 대학들은 그럴싸한 계획을 세워 돈부터 타내려고 한다.

교수들에게는 당근이라도 돌아오지만 초・중등 교사들에게는 채찍질만 내려오고 있다. 교권이 땅에 떨어져 학생들 가르치기도 힘든데, 수행평가인지 뭔지 하는 괴물 같은 장부도 챙겨야 한다. 이제는 교사 봉급을 실적과 성과에 따라 주겠다고 한다. 이런 저런 불평이라도 했다간 봉급 봉투가 얄팍해질 것이다.

이런 판국이니 금년 8월에 명퇴를 신청한 교사가 1만여 명이나 된다는 소식이 당연하게 들린다. '험한 꼴' 당하기보다는 퇴직금이나 타겠다는 교사들에게 누가 돌을 던질 것인가. 더 큰 문제는 남아 있는 사람들이 떠나는 사람들을 부러워하는 현상이다. 교원사회가 공동화(空洞化) 하고 있는 것이다.

엊그제는 교총이 이해찬 장관의 퇴진을 요구하고 나섰다. 교육을 이해하지 못하는 세 몰이식(式) 개혁이 교육을 죽이고 있다는 것이 교총의 주장이다. 교사들이 학교를 떠나고 교원단체가 교육부장관 퇴진을 요구하는 초유의 사태를 결코 우습게 봐서는 안 될 것이다. (조선일보, 1999. 4. 19, 제24347호)

반성문

아무리 큰 죄를 지은 사람이라도 죄를 뉘우치고 눈물을 흘릴 때는 누구라도 숙연해지지 않을 수 없다. 인간이 동물과 다른 것은 스스로 반성할 줄 아는 능력을 소유한 점이다. 사람들이 글로 남긴 반성의 기록은 무수히 많다. 세계 3대 참회록으로 꼽히는 아우구스티누스와 루소, 톨스토이의 참회록은 요즘도 널리 읽힌다. 이들의 진솔한 고백에서는 다른 문학작품에서 접하기 어려운 영혼의 향기가 묻어난다. 인류 역사에 위대한 업적을 남긴 이들도 한없이 나약한 내면을 지녔던 사실을 확인할 수 있다. 윤동주 시인의 '내일이나 모레나 그 어느 즐거운 날에 나는 또 한 줄의 참회록을 써야 한다.'는 시구는 언제 어느 때 읽어도 마음을 움직인다.

▷ 역사상 가장 눈길을 끈 반성문은 2000년 로마교황청이 발표한 것이 아닌가 싶다. 이 사과문은 유대인 박해, 십자군전쟁, 마녀사냥, 신대륙 학살 방조 등 2000년간 기독교의 뼈아픈 과오를 반성하고 있다. 독일이 제2차 세계대전 중 행한 유대인 학살에 대해 '광신적인 나치스트들에 의해서만 자행된 일이 아니며 독일인 수백만 명이 적어도 대충은 알고 있었다'며 스스로를 채찍질한 것은 과거사 반성에 인색하기 짝이 없는 일본과 좋은 대조를 이룬다. 사실 반성은 상당한 용기를 필요로 한다. 하지만 '뉘우침'과 '회개' 같은 단어들이 사람들의 입에 너무 가볍게 오르내리는 요즘 세태도 문제가 있다.

▷ 교육부가 5년간의 교육 정책을 반성하는 문건을 내놓은 것은 착잡한 기분을 불러일으킨

다. **'정책 결정과 집행에서 교육공동체 구성원의 참여와 공감대가 미흡했고 잦은 장관 교체로 교육 불신을 안겨 주었다'**는 것이다. 자존심 센 정부기관이 반성문을 쓰는 일이 좀처럼 없었기에, 교육행정이 그 동안 경직된 모습을 보였기에 자기 쇄신을 위한 긍정적 신호로 받아들이고 싶다. 교육당국이 앞으로 잘해 보겠다는 것을 매몰차게 외면하는 것도 방법은 아니다. 그래도 탐탁지 않은 것은 이 번 반성이 '진정한 회개'일까 하는 의구심이 들기 때문이다.

▷ 기독교 용어인 '회개'란 말은 '뉘우치고 고친다'는 뜻이다. 뉘우치는 것에 그치면 안 되며 잘못된 것을 바로잡을 때 회개의 진정한 의미가 성립된다. 이 번 반성문이 교육부가 새 정부에 잘 보이려는 제스처는 아닐 것이다. 과거의 실패를 되풀이하지 않겠다는 각오의 표현으로 보고 싶다. 당연히 그래야만 한다. 그러나 최종적인 판단은 유보할 수밖에 없다. 그들의 반성이 '회(悔)'에 머물지 '개(改)'로 이어질지는 좀더 지켜봐야 하기 때문에…. (홍찬식 논설위원, 동아일보)

교사 수업시간은 선진국보다 적은데 교육 행정조직은 '비대'

교원 1인당 주당 수업시간은 선진국에 못 미치는데도 교육행정조직은 불필요하게 비대화해 효율이 크게 떨어져 있는 것으로 지적됐다. 감사원은 지난 2003년 1월 **'교육행정조직 효율화 추진실태'**를 감사한 결과 교감이 필요 없는 소규모 학교의 35.6%가 교감을 두고 있다고 지적했다. 이에 따르면 교육인적자원부는 학생수가 100명 이하이거나 5학급 이내인 학교에는 교감을 두되 수업을 담당하도록 하고 있지만 '임의규정'으로 운영하고 있다.

그 결과 764개 소규모 초·중학교 중 2백 72개교(35.6%)에 교감이 있지만 이들 중 19.1%가 수업을 담당하지 않고 있는 것으로 나타났다. 또 51.8%인 217명이 주당 5시간 이하의 수업을 맡고 있는 것으로 조사됐다. 자릿수만 늘리는 식이 된 것이다.

교육부는 이에 대해 "승진기회를 늘려 교원 사기진작에 기여하고자 한 것이었지만 앞으로는 교감 대신 교과 전담교사를 우선 배치하겠다"고 해명했다. 감사원은 이와 함께 광주·대전·울산·제주도의 경우 학생수가 많지 않은데도 2~3개의 지역교육청을 설치해 인력과 예산을 낭비하고 있다고 지적했다(〈표 1-7〉 참조).

제주교육청의 경우 관할구역 유치원과 초·중학교 학생 수가 7만 6,806명으로 인천시 북부교육청(20만 348명)보다 훨씬 적은데도 3개의 지역 교육청을 두고 있었다. 이들 3개 지역 교육청은 127명의 직원을 두고 연간 16억 4900만 여 원의 운영비(인건비 제외)를 집행하고 있는 것으로 나타났다. 감사원은 이와 같이 비대화한 조직에도 불구하고 교원들이 실제 담당하는 수업시간은 다른 선진국에 비해 못 미친다고 지적했다.

초·중·고교의 주당 평균 수업시간은 경제협력개발기구(OECD) 회원국 평균(26.9시간)

〈표 1-7〉 교사 1인당 한국과 OECD국가의 주당 수업시간 비교

구분 / 국가별	평균	초등학교	중학교	고등학교		
				평균	일반계	실업계
24개 OECD국가 평균	731(26.9)	801(32.7)	716(26.0)	677(22.1)	662(21.6)	692(22.6)
미국	955(35.0)	958(39.2)	964(35.0)	943(30.8)	943(30.8)	943(30.8)
프랑스	716(26.6)	892(36.5)	634(23.0)	621(20.3)	589(19.3)	653(21.4)
독일	735(27.1)	783(32.0)	733(26.6)	690(22.6)	685(22.4)	695(22.7)
한국	554(20.5)	658(26.9)	507(18.4)	497(16.3)	492(16.1)	502(16.4)

단위: 시간. 괄호 안은 연간 수업시간을 연간 수업주수로 나눈 주당 수업시간
출처: 한국교육개발원. '2001 OECD 교육 지표'

에 못 미치는 20.5시간이었으며 공립학교 교원 1인당 연간 순 수업시간도 OECD 국가(회원국)평균인 731시간에 크게 못 미치는 554시간이라는 것이다. 또 감사원에 따르면 미국・독일 등은 교원의 최소 수업시간을 정해 놓은 데 비해 우리나라는 학교장 재량에 맡겨 두고 있다.

그 결과 초등학교의 경우 최저 주당 10시간만 수업하는 교사가 있는가 하면 최고 34시간을 수업하는 교사도 있어 업무 분배에 형평이 어긋나 있는 것으로 나타났다. (중앙일보, 2003. 9. 20, 제12041호)

교육붕괴에 관한 논란

〈"교실 바로 세우자" 일선학교에 자정(自淨)운동 번진다〉
교육붕괴 ▶ 학생－부모－교사 잇단 토론
- "막가파 학생 한 반에 몇 명씩 ... 체벌 힘들어"
- "현실성 없는 수업 외면 당해 ... 교사도 변해야"
- 수시로 바뀌는 교육정책 비판 목소리 많아

'교실 붕괴' 현상이 심각한 사회 문제화하고 있는 가운데, "**교실을 바로 세우자**"는 반성과 자정(自淨) 운동이 일선 학교에서 번져가고 있다. 교사와 학부모, 학생이 서로 머리를 맞대고, 교실붕괴를 막기 위한 지혜를 모으고 있는 것이다.

1999년 10월 26일 오후 서울고(교장 임동권) 강당에서 학생, 학부모, 교사 300여 명이 '**교실 모습 이대로 좋은가**'란 주제를 놓고 머리를 맞댔다. 김덕중(金德中) 교육부 장관도 예고 없이 참관했다. 교사, 학생, 학부모는 '갈 데까지 간' 교육현실을 개탄하면서 마음속의 허심탄회한 얘기들을 쏟아냈다.

이강호 교사(생활지도부장)가 무너지는 교실의 실태를 낱낱이 고발하자, 강당 안은 죽은 듯이 숙연해졌다. "교과서 등 교재를 준비하지 않는 학생이 수두룩합니다. 상습적으로 무단 결석이나 지각하는 학생이 늘고 있어요. 늦게 나와 아무 때고 집에 가버립니다. 수업 중 '죽이려면 죽이고 살리려면 살리라'는 식의 '막가파'학생도 한 반에 적어도 5명은 됩니다. 이런데도 체벌은 할 수 없는 상황입니다. 이 교사는 "얼마 전 퇴임한 선생님이 오죽했으면 **'버르장머리 없는 아이들과 수업을 하지 않아도 돼 정말 가슴이 후련하다'**고 얘기했겠는가"고 질타했다.

1학년 이상훈(17)군.

"수업시간에 3분의 1이상이 잠을 잡니다. 또 나머지의 절반 이상이 만화책을 보거나 휴대전화로 장난을 쳐요." 이군은 "정상적으로 공부를 하려는 학생들이 다수의 그렇지 않은 학생들에 의해 '범생'으로 놀림 받고, 오히려 바보스럽게 여겨지는 현실 속에서 가치관 혼란을 겪고 있다"고 무절제한 동료학생들의 행태를 꼬집었다. 2학년 학생회장 박동건(18)군은 "수업시간에 배우는 과목이 현실성이 떨어지는 것도 학생들이 외면하는 원인"이라고 진단한 뒤 "학생들이 수업을 방해해서는 안 되지만 선생님들도 달라져야 한다"고 주장했다.

학부모 오영순 씨는 "아이들이 버릇없고 제멋대로 된 데는 부모들의 잘못이 큰 만큼 가정교육의 기능을 되찾도록 하겠다."고 다짐했다.

교육부의 서투른 교육개혁에 대한 비판의 소리도 이어졌다. "수행평가에서 보듯, 교육부는 교실에서 어떤 일이 벌어지는지도 모르고 정책을 세우고, 전시용으로 포장된 번지르르한 결과만 가지고 판단한다."(학생) "학교 현장을 지키는 교사의 의견을 반영하기는커녕 교사를 개혁대상으로 삼고, 학교 현실을 앞질러가는 개혁으로 불신의 골만 깊게 만들었다."(교사) "정권이 바뀌거나 장관이 바뀔 때마다 교육정책이 달라져 우왕좌왕하는 현실에 직면할 때마다 혼란스럽고 당혹감을 느낄 때가 한두 번이 아니다."(학부모)

임동권 교장은 "이번 모임이 모두에게 무엇이 문제인가를 되돌아보는 기회가 됐을 것"이라고 말했다. 같은 날 오전 10시, 서울 언남고 (교장 김영권) 운동장에서는 '사랑과 존경의 어울 한마당' 행사가 열렸다. 교사는 학생을 사랑하고, 학생은 교사를 존경하는 학교풍토를 조성하는 계기를 마련하기 위해서 모인 것이다. 학생들은 "사제 간의 인간관계가 무너지고 배움의 터전인 학교가 붕괴되는 현실을 바라만 볼 수 없으며, 존경으로 스승의 가르침을 소중하게 받아들이자"라는 결의문을 채택했다.

교사와 학생들은 △ 매월 스승 찾아뵙기 날 지정 △ 외부인사 초청 교양강좌 개최 △ 인사 잘하기 △ 존경받는 교사되기 등 실천사항 이행을 다짐했다. 김영권 교장은 " '교실다운 교실'을 만드는 이 운동이 다른 학교에도 번져 참교육 풍토를 함께 만드는 계기가 됐으면 한다"고 희망했다. (조선일보, 1999. 10. 27)

교실붕괴와 교육개혁

학교는 무너지고 있는데...

"학교 다녀오겠습니다." 아이가 가방을 메고 등교길에 나섭니다. 이때 어른들은 "그래, 잘 다녀와라"하고 응대합니다. 수험생 자녀를 둔 부모는 "쉬어 가면서 공부해라"며 각별히 위로의 말을 건네기도 할 겁니다. 우리네 학부모는 아침마다 '아이가 학교에 공부하러 간다'고 믿는 편이지요. 학교가 배움터이니 그게 당연한 생각이겠지만 실제 다수의 아이들이 학교에서 딴짓을 하거나 책상 위에 엎드려 잠만자고 있다면 어찌하시렵니까.

첫 시간부터 "쿨쿨"

'열심히 교과서를 들여다보는 소수의 아이들, 여기저기서 하품하는 소리, 첫 시간부터 졸기 시작하는 아이들, 몰래 오가는 쪽지...' 현직 교사가 오늘의 학교 현실을 기록한 책자의 한 대목입니다. 초등학교 신입생 교실에서 벌어지는 해프닝이 아니라 현재 중고등학교에서 흔히 볼 수 있는 풍경이라고 합니다. 아이들은 '학교나 교사가 지겹다'며 강한 적개심을 드러내고 교사는 교사대로 '아이들이 무섭다'고 항변하지요. 이래저래 학교가 몸살을 앓고 있는데, 그런 실상이 바깥 세상에 알려지면서 충격을 던져주고 있습니다.

우리 학교교육의 문제는 널리 알려진 사실이죠. 입시 위주의 교육이다, 주입식 교육이다 해서 누구나 한마디씩 하지 않습니까. 그래서 교육 당국도 인성교육과 전인교육을 강조하면서 교육개혁에 골몰하고 있지요. 혼란이 있기는 하지만 입시제도가 자주 바뀌는 것도 그 때문이죠. 하지만 학교교육의 붕괴 현상은 입시제도를 바꾸고 교육비 예산을 증액한다고 해서 정상으로 복원될 성질의 것이 아니라는 데 문제의 심각성이 있습니다.

문제의 핵심은 요즘 아이들이 학교 자체를 거부한다는 점입니다. 교육 동기상의 위기라고 할까요, 학교 교육에 영 재미를 못 느끼고 있지요. 왜 굳이 학교를 가야 하는지, 왜 국어나 수학을 배워야 하는지에 대한 이유를 스스로 확인하지 못한 채 학교 탈출을 꿈꾸며 방황하고 있습니다. 이런 아이들에게 '왜 공부 안하느냐'고 다그쳐봐야 공염불이기 십상이죠. 그나마 다행이라면 성적 부진을 비관하여 자살하는 학생들이 분명 줄어들 것이라는 거죠. 저간에는 학교교육이 우격다짐을 통해서라도 아이들을 장악했지만 이제는 그런 힘마저 잃고 있지요.

'호랑이 선생님' 옛말

어느 면에선 종이호랑이의 모습을 하고 있는데 기실 '호랑이 선생님'이란 표현도 이미 옛말이 되었답니다. 아이들은 더 이상 '썰렁한' 어른들을 상대하려고 안합니다. 대신 소비대중문화가 내뿜는 현란한 빛을 불나방처럼 좇아갑니다. 거기서 새로운 우상을 발견하고 충성하지만 그것도 순간일 뿐 공허감은 그대로 누적되게 마련이지요. 따지고 보면 아이들도 매우 당혹스러운 처지에 놓여 있는 셈입니다.

학교의 붕괴는 어른들의 무능력을 반영합니다. 아이들을 제대로 기를 능력이 없다는 말도 되죠. 배움이 갖는 의미와 재미를 구체적으로 보여 주지 못하고 일방적인 군대식 교육에 의존했는데, 지금은 아이들 편에서 먼저 거부하는 형국입니다. 다음 세대의 참교육을 등한시하고 오로지 경쟁에서 이기는 것을 강조한 우리 사회가 이제 그 값을 톡톡히 치르고 있는 중이지요.

21세기는 지식기반 사회라고 합니다. 지식과 정보가 삶의 질과 문화의 수준을 좌우하는 시대라는 거죠. 정부도 교육에 21세기의 운명이 달려 있다고 보기에 교육개혁에 박차를 가하고 있지요. 한데 교육개혁의 중심이 대학에 쏠리다 보니 청소년 교육 현장은 그대로 방치되고 있다는 인상입니다. 정작 지식기반 사회의 '기반'은 청소년 교육을 통해 다져지는 것인데도 말입니다.

지금 북녘의 아이들은 '영양실조 세대'라고 불립니다. 성장기에 집단적으로 겪은 영양실조는 남북 이질화를 촉진하는 변수가 되리라는 진단도 있지요. 지금 남녘의 아이들은 학교교육 붕괴를 집단적으로 경험하고 있다는 의미에서 '**교육실조 세대**'라고 부름직합니다.

이 아이들에게 미래는 있는가, 과연 새로운 교육의 활로가 열릴 터인가. 이 물음은 새 천년을 앞두고 어른들이 먼저 풀어내야 할 공적 의제가 아닐는지요. (동아일보, 1999. 11. 1, 제24341호)

상급 학교로 갈수록 학교만족도 낮아져

학생 · 학부모 등 교육 수요자들의 만족도가 상급 학교로 올라갈수록 떨어지는 것으로 나타났다.

한국교육개발원이 2005년 9월 19일 발표한 '**2005년 교육 수요자 만족도 조사**'에 따르면 초등학생들의 학교만족도는 100점 만점에 71.48점을 기록, '보통' 수준인 60점보다 높았다. 그러나 중학생들은 60.62점, 일반계 고교생 58.59점, 실업계 고교생은 58.73점을 기록했다.

학부모들의 만족도도 초등학교는 72.84점이었으나 중학교 67.22점, 일반계 고교 65.04점, 실업계 고교 65.63점으로 상급 학교로 올라갈수록 낮게 나타났다.

항목별로는 학생의 경우 교우 관계에 대한 만족도가 76.43점으로 가장 높게 나타났다. 반면 진로 및 진학 지도(56.18점), 학교의 의사결정 참여 정도(58.57점) 부문은 불만족스러운 것으로 조사됐다.

학부모들은 교사의 열정과 지식 항목에 77.30점을 줘 만족도가 높았으나 진로 및 진학 지도 부문은 63.76점으로 만족도가 낮았다. 교사의 경우도 만족도가 초등학교 65.68점, 중학교

〈그림 1-15〉 학교에 대한 학생들의 만족도

100점 만점, 자료: 한국교육개발원

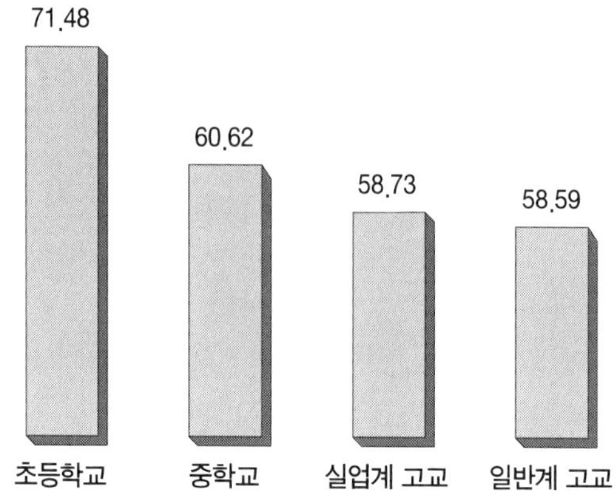

64.40점, 일반계 고교 63.85점, 실업계 고교 60.54점으로 상급 학교로 올라갈수록 낮았다.

항목별로는 학생들의 학력 향상 등 교직수행 성과에 대한 만족도가 72.69점으로 가장 높았으나, 생활지도 및 직무부담(49.97점), 학생들의 학습동기나 학업수행태도(57.69점) 등에 대해서는 불만족을 나타냈다.

전체적으로는 학부모의 만족도가 67.9점, 교사 63.74점, 학생 62.67점으로 모두 '보통'을 약간 웃도는 수준이었다.

교육개발원 김양분 교육통계정보센터 소장은 "상급 학교로 올라갈수록 입시 등에 대한 부담으로 인해 학생 · 학부모 · 교사의 만족도가 낮아지는 것으로 분석됐다"고 설명했다.

이번 조사는 우편으로 배달된 설문지에 대해 전국 443개 초 · 중 · 고교 학생 14,367명, 학부모 12,402명, 교사 10,479명이 5단계 척도(매우 불만족, 불만족, 보통, 만족, 매우 만족)로 응답해 이루어졌다. (경향신문, 2005. 9. 19)

그래도 해야 할 교육개혁

지난달 한국교원단체총연합회가 교육부장관 퇴진을 요구하는 서명운동을 벌였다. 보름이 채 안 된 기간에 교사 15만 명 이상이 서명했다. 30여 만 교원 중 절반 이상이 교육정책의 수장(首長)에 대한 불신과 교육개혁에 대한 강한 불만을 나타낸 중대한 '사건'이다. 이는 단지 교육계에만 국한된 사안이 아니라 개혁과 그에 따른 반작용이 어떤 형태로 나타나는지를 보여주는 중요한 사례라는 점에서 중시해야 할 대목이라고 본다.

한국교총이란 반세기 역사를 지닌 교원단체다. 그 전신이 대한교련이다. 보수적이고 때로는 어용단체라는 비난도 받아온 순하디 순한 단체다. 이 단체가 화가 난 것이다. 교원정년단축・수행평가・성과급제 등 교육부가 추진해 온 개혁정책들이 교육개선은 커녕 교육현장을 혼란에 빠뜨리고 교원들의 자존심을 짓밟는 '교육공황'을 몰고 왔으니 개혁책임자인 장관이 물러나야 한다는 게 교총 쪽의 주장이다.

나는 교육개혁이 막 시작된 지난해 11월 초 본란을 통해 교사의 자존심을 살리는 입장에서 개혁을 추진해야 한다고 주장한 바 있다. 개혁의 중요변수는 대학 무시험전형, 교원노조 합법화와 복수화, 교원정년단축이다. 모두가 개혁의 당위성을 지니고 있지만 개혁의 주체는 교사들이지 대통령도 장관도 아님을 환기시켰다. 교사를 개혁대상으로 몰지 말고 개혁주체로 맡겨야 개혁이 성공할 수 있다고 했다. 그러나 결과는 교사 1만 여 명이 무더기 명퇴를 신청하는 '교단 공황' 사태로까지 발전했다. 여기에는 공무원 연금이 줄어들 것이라는 계산도 작용했지만 차제에 관두자는 교사들의 허무주의가 크게 작용했다고 본다. 짓밟힌 자존심과 계산된 현실주의, 그리고 이를 충동질하는 단체 세불리기 작전 등이 복합적으로 작용해 장관사퇴서명으로 발전했다고 분석할 수 있다.

그렇다면 교육개혁 방향이 근본적으로 잘못됐고 교육부장관이 퇴진하면 교육공황 사태는 사라질 것인가. 나는 절대 그렇지 않다고 본다. 개혁방향은 바로 된 것이라고 나는 평가한다. 개혁방향은 크게 보면 두 가지다. 하나는 학교교육이 바로 서야 교육이 제대로 된다는 것이다. 암기 위주의 주입식 교육에서 창의성을 키우는 토론형 학교교육으로 바꾸고 이를 토대로 한 학교성적과 수행평가, 그리고 수능성적이 대학 전형자료로 다양하게 제공돼야 교육개혁이 시작될 수 있다는 방향 설정이다. 이것은 정부만이 주도할 일이 아니라 교사가 앞장서 주장하고 추진해야 할 교사 본연의 업무에 속한다. 이를 등한히 했으니 대입제도에 따라 학교교육이 흔들리고 학원이 번창하며 사교육비가 천정부지로 올라가지 않았는가.

두 번째 개혁방향이 교사의 자질・능력 향상이다. 농경시대의 교원교육을 받은 교사가 첨단시대의 아이들을 교육시키려면 부단한 자기계발과 재교육 과정을 거쳐야 한다. 달라진 시대환경과 바뀌는 교육여건에 합당한 교육을 하자면 교사 스스로 또는 교원단체가 부단한 노력을 해야 한다. 이런 노력의 흔적이 보이지 않으니 정년단축을 해서라도 새 피를 넣자는 주장이 국민적 여론으로 확산되는 것이다. 정년을 2, 3년 낮춘다고 교사 자질과 능력이 당장 개선되진 않을 것이다. 그러나 노력하지 않으면 교사도 퇴출될 수 있다는 위기의식 없이는 교원개혁은 이뤄질 수 없다고 본다. 이제 막 그 첫걸음을 뗀 데 불과하다. 교사들이 여기서 집단적으로 반발한다면 스스로의 개혁 자체를 거부한다는 말밖에 되질 않는다.

정부의 개혁방향이 옳다고는 하지만 힘이 있는 임기 초에 한꺼번에 몰아 붙여야 한다거나 자신의 재임 중 개혁을 달성했다는 한건주의 졸속개혁에 치우치면 개혁주체가 반개혁세력이 될 수 있다는 교훈을 정부도 겸허하게 받아들여야 한다. 그러나 절차상 불가피한 혼란을 기회로 개혁주체여야 할 교사들이 개혁 자체를 거부하고 개혁 추진 세력을 반개혁으로 모는 처사는 교사 스스로 개혁 주체임을 포기하는 행위다. 교원의 자질 향상을 위해선 교원양성 체계의 개편, 교직의 개방화·다양화를 모색해야 하고 능력중심의 승진·보수체계 도입으로 교사의 거름장치를 통해 거듭 태어나는 교사들의 부단한 노력이 있어야 한다.

개혁을 거부할 것이 아니라 개혁을 자신의 것으로 바꾸는 노력을 보여야 한다. 정년단축 하나로 개혁 끝이라고 손을 터는 교육개혁이어선 안 된다. 개혁 시작에서 생겨난 혼란을 교육주체들이 성공적으로 마무리할 때 개혁대상이 아닌 개혁주체로서 거듭 태어날 수 있다. 이제 개혁은 우리의 일상적 업무에 속한다. (권영빈 논설위원. 중앙일보, 1999. 5. 7)

교사들에게 만연되어 있고 교사의 신체·정신건강에 유해한 영향을 끼치는 직무 스트레스와 탈진, 또는 교육의 위기로 표현되는 오늘날 교육 문제의 상당 부분은 교육부의 교육정책 방향, 불신과 비난받는 교육부의 위상과 무관하지 않다는 것이 필자의 관점이다.

정운찬 총장의 교수사회 질책 옳다

정운찬 서울대 총장이 교수사회를 겨냥해 따끔한 소리를 했다. 정 총장은 강의를 특정일에 몰아넣고 강의가 없는 날은 아예 학교에도 안 가나는 교수들이 있는가 하면, 주중에 골프를 치거나 지나치게 해외에 자주 나가는 교수들도 있다고 적시했다.

지식기반사회에서 대학 경쟁력은 곧 국가 경쟁력이다. 이 때문에 중국, 일본 등 한반도 주변 국가들을 비롯해 세계 모든 국가들이 자국의 대학 경쟁력 제고를 위해 동분서주하고 있다. 정 총장의 발언에는 그럼에도 불구하고 우리 대학의 일부 교수들은 대학 경쟁력 강화를 위해 무엇을 할 것인지 고민도 하지 않은 채 '철밥통'에 안주하고 있다는 질책의 의미가 포함돼 있다.

올해 영국의 '더 타임스'가 발표한 세계 200개 대학 순위에 서울대가 93위에 이름을 올렸다. 우리나라 대학이 100등 안에 포함된 것은 처음이다. 지난해의 경우 서울대는 더 타임스의 발표에서 118위였고, 일본 도쿄대는 12위, 중국 베이징대가 17위였다. 스위스 국제경영대학원(IMD)에서 '대학교육이 사회의 요구에 부합하는 정도'를 평가한 항목에서는 우리나라는 60개국 가운데 52위였다. 우리 대학 경쟁력이 매우 뒤떨어져 있다는 방증이다. 이런 대학 수준으로 국가 경쟁력 강화는 기대 난망이다.

이런 지경이 된 데에는 여러 이유가 있겠으나 일부 교수들의 나태한 근무 자세도 주요 요인이라고 본다. 대학 경쟁력이야 어찌 됐든 주중 골프를 취미로 삼는 교수들이 있는 한 대학 경쟁력 향상은 요원하다. 비록 일부이겠지만 "외국 대학의 경우 노벨상을 받은 석학들도 학생들을 가르치는 데 게을리 하지 않는다"는 정 총장의 지적을 교수들은 새겨들어야 할 것이다.

교수로 임명되면 정년까지 보장받는 온정주의적 교수 심사 관행을 뜯어 고쳐야 대학 경쟁력이 강화될 것이라는 이야기도 적지 않다. 교수라는 직분에 충실하지 않을 경우 대학 경쟁력 약화는 물론 스스로 교수사회에서 도태되는 결과를 초래할 수도 있다. (조선일보, 2005. 11)

2-2. 학교 사회의 무력감

(1) 교사의 무기력 양태

만연하고 있는 우리 교육의 병폐가 중・고등학교뿐만이 아니라 초등학교 교실까지 급속히 확산되고 있다. 즉 중・고등학교 교육위기 현상이 초등학교에서도 빠른 속도로 번지고 있다. 이에 따라 국민교육의 근간이 되는 초등교육마저 무너져 내릴까 하는 우려의 목소리가 높아지고 있다. 이와 같은 초등교육의 위기는 단순히 대학 입시제도의 문제점에서 기인하는 것이 아니라 열린교육 등 교육방법론 논란, 초등교원 수급정책의 실패 등 다양한 원인들과 맞물려 있어 문제의 심각성을 더하고 있다. 그 결과 초등교육의 주요 목표인 인성(人性) 교육과 기초학력 배양 모두에서 실패하고 있다는 비판이 강력히 대두되고 있다. 아울러서 최근에는 2002년 1학기에 도입된 제7차 교육과정에 대한 타당성 논란으로 초등교육의 위상이 더욱 혼미를 거듭하고 있다. (허수용, 주간조선, 조선일보사, 2000. 11. 30, 제1630호)

학교 사회에서 교사들에게 만연되어 있는 무기력감의 사례를 알아보자.

학생주임이 학교에서 싸운 아이들을 데려다가 경위를 물었다. 갑자기 반바지 차림의 학부모가 구둣발로 지도실에 들어오더니 자기가 누구라는 말 한마디 없이 다짜고짜 한 아이의 멱살을 잡고 '야! 우리 아들 때린 놈이 너야!'하고 외쳤다. 학생주임이 말리자, 들고 있던 휴대전화를 책상 위에 탁 내려놓곤 '네 아들이 맞고 오면 참을 수 있어?'하며 선생님의 멱살을 잡았다. 다른 교사가 말리자 '너도 똑같은 놈이야!'하고 고래고래 소리를 질렀다.

'아동들이 휴대전화로 경찰에 신고한다지만 그렇다고 경찰이 학교에 달려와 교사를 잡아가다니 이러고도 학교에 붙어 있어야 하나?' 그런 보도를 보면 교직을 떠나고 싶다. 교과서나 학교 준비물을 챙겨오지 않는 아이들이 한 반에 10% 이상이 되고, 수업을 시작해도 책을 꺼내놓지 않는가 하면 수업 진행 중 교사의 허락 없이 마음대로 화장실에 가는 아이들도 많고 숙제를 해오지 않는 아이들이 한 반에 40명 중 10명꼴이다. 5, 6학년 아이들은 교사가 잘못을 지적해도 대들기 일쑤이다. 교사의 학생 통제력이 줄어들고 힘센 학생이 다른 학생들을 통제하는 경향이 나타나고 있다는 것이 교사들의 지적이다. 아이들이 교사보다는 힘센 아이 말을 더 잘 듣는 경향이 있다. 힘센 아이가 괴롭혀도 교사에게 알리는 아이들을 찾아보기 힘들다. 중・고교의 왕따 현상이 초등학교로 내려오는 듯한 느낌이라고 호소하고 있다.

아동이나 학부모에게서 교사에 대한 존경심도 거의 찾아볼 수 없게 됐다고 한다. 교사와 학생과의 유대감이 이전 같지 않다. 고학년의 경우 노골적으로 학원 선생님 실력이 더 낫다고 비판하기도 하고 요즘 아이들은 솔직히 선생님 알기를 우습게 생각한다는 것이 교사들의 견해이다.

공교육의 위기는 교사의 수업, 학생 통제력이 약화되고 교사의 사기와 의욕이 떨어진 데서 비롯되었으며 아울러서 교육개혁 추진과정에서 교사의 권위와 자존심이 상당히 훼손되었으며 따라서 교사를 업신여기는 분위기가 조성되었다. 서울대 이종재(李宗宰) 교수는 2001년에 교육부의 의뢰로 학교 실상에 대해 연구해 본 결과 중・고교 학생의 30% 정도는 정상적인 수업을 못하고 있었으며 65%의 교사가 힘들지만 노력을 하고 있다고 했지만, 15%는 교직을 떠나고 싶다는 결과가 나타났다고 밝혔다.

(2) 교사 문제

우리나라 중・고교 교사들은 서로 교육적 간섭을 꺼리는 '경계 유지', 학부모・학생과의 갈등을 피하려는 '방어와 보수', 그리고 여건에 순응하는 '무력감과 체념'이라는 문화를 갖고 있는 것으로 드러났다. 한국교육개발원이 ▶전국 중・고교 교사 1066명에 대한 의식조사 ▶두 달간의 서울 인정중・순정고 참여관찰 ▶전국 중・고교 교사 24명과의 면담 결과를 분석해 내 놓은 '**중등학교 교사의 생활과 문화**'**보고서**(2002)에 따르면 교사들은 교직 안팎의 특수한 환경 때문에 고립적・체념적 문화에 빠져들고 있다.

▷ **경계 유지** = 초임 교사 때부터 주로 시행착오를 통해 수업방법을 터득하는 교사들은 서로의 교육활동에 관여하지 않는 것을 불문율로 삼고 있다. 의식조사에서도 '교사들은 다른 교사의 수업, 생활지도, 학급경영 등에 관여하지 않으려 한다'는 문항에 91.6%가 '그렇다'고 응답했으며 '동료라도 다른 교사의 수업, 생활지도, 학급 경영에 관여해서는 안 된다'는 데도 54%가 '그렇다'고 답했다. 이처럼 교육활동에 경계를 유지하는 문화는 '다른 교사가 뭐라 할 수 없는' 교사 고유의 기준과 방침을 존중하는 생각 때문이다. 교육활동의 성과는 단기간에 나타나지 않고, 또한 그 효과도 특정 전략 때문이라고 변별해 내기 어려워 간섭을 꺼리는 것이다. 이것은 '교사의 능력을 객관적으로 평가하기 어렵다'는 응답률이 86.9%에 이르는 것에서도 입증된다.

▷ **방어와 보수** = 수업시간 중 학생들의 반발을 방어하기 위해 교사들은 새로운 수업방식을 꺼린다. 대신 즉시 답할 수 있는 질문 제기, 시험에 나올만한 지식을 암기하기 좋게 제시하고 교과서에 밑줄 긋기 등 일종의 '방어적 수업'이 고착화됐다. 이것은 준비 부족이나 시행착오로 학생과 학부모로부터 불만이 제기되는 상황을 원천적으로 봉쇄하려는 행위로 분석된다. '새로운 수업 방법을 시도하는 것은 부담스럽다'는 문항에 75.3%의 교사가, '교사는 변화보다 안정을 선호한다'는 문항에 84%가 '그렇다'고 응답한 것은 교직 사회의 보수성을 드러낸다.

학생들을 평가할 때 교사들은 논란의 소지를 없애려고 노력하는 등 더욱 방어적이다. Y고 ㄱ교사는 "영작을 하면 정확한 글이 없고 채점 기준이 모호해요. 그래서 제일 쉬운 게 단어를 주고 순서를 배열하는 거죠. 다른 학교도 그렇게 많이 해요"라고 말한다. 수행평가도 마찬가지다. H고 ㅂ교사는 "학생에게 항의가 들어오면 해명해야 하고 일이 아주 많아져요. 그래서 점수 차이를 많이 안 주고 아이들이 다 할 수 있는 걸로 해요"라고 토로한다.

▷ **무력감과 체념** = 교사들은 '자신들이 할 수 있는 일이 별로 없다'는 무력감과 체념에 빠져 있다. '교직생활을 하면 할수록 교사가 무력하다는 생각이 든다'는 데 80.3%의 교사가 '그렇다'고 응답했다. 예를 들어 교사들은 수업을 할 때 "중간이나 중상층에 맞출 수밖에 없다"고 말한다. 부진아에게 특별한 관심을 쏟기도 하지만 별 소용이 없다는 걸 알았기 때문이다. P고 ㅈ교사는 "밑의 층 애들은 몰라서라기보다 정말 수업이 싫어서 안 해요. 거기에 맞춰준들 할 의사가 없는 애들이니 참 난감하죠. 그러니까 중상층에 맞춰요"라고 말한다. 인정중 이수연 교사도 "못하는 애들 잡고 있으면 진도도 못 나간다"고 털어놨다. 또 교사들은 '상급 행정 기관이 학교에 요구하는 업무 중 전시성 혹은 형식적인 것이 많다'는 문항에 98%가 '그렇다'고 응답하면서도 '거스르면 갈등만 일으키는 일'이라고 체념한다. 그 과정에서 교사들은 상습적인 '위문서 제조자'가 되기도 한다. "한 육 칠십 퍼센트의 회신은 그냥 대충해 보내는 공문이다. 시간 안에 보내는 걸 원하지 정확한 것을 원하는 경우는 지금까지 못 봤다"는 S중 ㄱ교사, 그리고 "전 이제 거의 도사급이죠. 당장 한 개도 하지 않았는데 내일까지 보고서 내라고 하면 기차게 한다"고 털어놓는 K고 ㅇ교사의 말이 단적인 예다.

(3) 교사 문화 형성의 원인

교사 문화는 △획일적인 교육과정 운영 조직 △자원의 부족 △관료주의적 행정 △전문성 제고 지원체제 미흡 △입시제도 등 주로 교직활동의 외재적 조건들에 의해 형성된다. 학교의 교육과정 운영 조직은 여전히 획일적이어서 학생의 학습능력 차나 개인적인 관심을 존중할 여지가 거의 없다. 우수·부진 학생을 무시하고 수업을 "중간쯤에 맞출 수밖에 없다"는 교사들의 체념은 여기에서 나온다. 또 대규모 학교·학급에서 근무하는 교사들은 수행평가를 본래의 취지대로 실행하기 어려워 채점·관리가 용이한 방식으로 바꾼다. "제 각각 가르치는 400명의 리포트를 평가해야 하는데 그걸 확인하고 객관적으로 평가하는 것이 현실적으로 가능하겠느냐"는 G중 ㅇ교사의 말은 주어진 조건에 맞춰 임무를 수행해야 하는 교육환경을 대변한다.

더욱이 치열한 입시 제도 하에서 교사는 수행평가 점수 차를 최소화하는 방어적인 태도를 취하게 되고 무력감을 느끼기도 한다. 자율적으로 활용할 수 있는 시간 자원이 부족한 것도 교사들이 새로운 시도를 단념하고 소극적인 태도를 갖게 만든다. 수업 외에 교사들은 상급기관의 공문을 처리하고 학생들에게 잔신경을 써야 하며 체험학습 참가비 납부 상황 점검 등 전체 학생 관리업무를 우선 수행해야 한다. 수행평가, 학습자료 제작 등 수업 준비는 뒤로 밀릴 수밖에 없다. 가사노동을 해야 하는 여교원에게는 퇴근 후 시간도 내기 힘들다. I중 ㅎ교사는 "학교에서는 책 한 줄 못 봐요. 집에 와서 일과를 끝내고 밤 11시부터 공부해야 하는데 이젠 그게 잘 안 된다"고 말한다. 또 관료주의적 행정 행태는 눈에 보이는 것을 우선하는 학교 조직과 교직풍토를 조장한다. '우리 학교는 교육과정 운영이나 교사 업무 분담을 결정할 때 학생에게 미칠 교육적 효과를 일차적으로 고려한다.'는데 '그렇지 않다'고 응답한 교사가 44.8%에 이르고 '우리 학교는 수업이나 생활지도보다 행정 업무를 잘 처리하는 교사가 우대 받는다'는 문항에 '그렇다'는 교사가 57.2%에 달했다. 보여주기식 전시 행정은 신뢰와 존중을 못 받고 있다는 자괴감마저 느끼게 한다. B고 ㅈ교사는 "하는 일이 특기적성교육 강사료 계산하고 결재 맡고 애들 몇 번씩 만나고 하는 일인데 학원에서 일하는 사무원 같다는 생각이 든다"고 말했다. 양성교육이나 현직 연수, 장학지도 등 전문성 제고를 위한 지원체제 부실도 교사들의 변화 의지를 꺾는다.

교직 10년째라는 S고 ㅈ교사는 "이젠 대충 다 달달달 하니까 좀 다르게 수업을 해보고 싶은데 아직까지 그런 걸 제대로 배워본 것 같지는 않아서..."라고 말끝을 흐렸다. 교사들이 '수업방법 터득에 도움이 됐다'고 1순위로 꼽은 것이 '스스로 시행착오'(60%)인 반면 '대학의 양성교육'은 7.3%, 장학은 한 명도 꼽지 않았다.

3. 직무 스트레스의 손실 비용

영국에서는 매년 3억 6천만 근로 일수가 질병으로 인하여 줄어든 것으로 추산되었다. 이것은 연간 약80억 파운드의 손실을 사업장에 끼치는 것이다. 보건안전위원회에 따르면 적어도 소실된 날의 50% 정도가 스트레스와 연관된 것이다. 또한 미국의 경우에는 스트레스와 관련된 질병의 결과로서 연간 약 200억 달러의 손실 비용을 경영자들이 자신의 회사에서 부담하고 있는 것으로 추정된다. 통계에 의해서 스트레스가 직장에서 근로자가 장기 결근의 중요한 원인 중의 하나라는 사실이 밝혀졌다(Palmer & Ellis 외 , 1997. 139.140). 아마도 이 현상은 미국, 유럽에서 발견되는 특유한 직장 문화인 것 같다. 세계 보건 기구(WHO)가 정신건강을 주제로 하여 발표한 연례보고서에 의하면 세계 인구 4명 가운데 1명이 일생동안 1번 이상의 정신・신경 질환을 앓고 있지만 제대로 치료를 받지 못하고 있다. 현재 세계적으로 4억 5,000만여 명이 정신・신경질환에 시달리고 있으며, 환자들이 정신과에서 치료받는 것이 알려지면 창피하다는 생각에서 또는 치료 방법을 몰라서 전문의의 상담을 받지 못하다가 자살을 시도하는 경우가 1,000만에서 2,000만 명, 이 중에서 죽음에 이르는 경우가 100만 명에 이른다. 또

3대 정신질환인 정신분열증과 우울증, 간질 환자의 상당수가 적합한 치료를 통해 회복될 수 있으므로 정부 차원의 정책적 지원과 적합한 치료가 필요하다고 한다.

현대병으로 알려진 우울증으로 인해서 미국의 기업들의 손해가 연간 437억 달러(약 56조 원에 이른다는 계산이 나왔다. 미국 컨설팅 회사인 애널리시스 그룹에 의하면 기존 20~40대 직장인 중 20%가 우울증을 앓고 있다는 것이다. 우울증이 미국 경제에 끼치는 총 손실 비용(1994년)을 보면 치료비용 28%, 생산성 저하 28%, 결근 27%, 사망에 따른 손실 17%로 나타났다(월스트리트 저널, 2001년 6월).

국내에서는 질병으로 인해 발생하는 경제적 비용이 연간 36조 원에 이르는 것으로 계산됐다. 보건사회연구원 정영호 책임연구원이 월간 '보건복지포럼' 2001년 8월호에 발표한 '**질병의 경제적 비용 추계**'라는 보고서에서 추산한 것이다. 보고서는 1999년을 기준으로 병 때문에 36조 8,710억 원의 사회·경제적 손실을 봤다고 분석했다. 99년 국내총생산(GDP)의 약 7.6%에 해당하는 액수다.

질병을 치료하기 위한 입원 및 외래 진료비가 10조 7,370억 원, 치료받느라 일을 못함으로써 생긴 손실이 2조 2,444억 원이었다. 또 기대 수명에 이르기 전에 병사(病死)함으로써 생기는 소득손실액(16~69세 대상)도 23조 8,896억으로 추정됐다.

연령별로는 20대 3조 2,018억 원, 30대 5조 8,422억 원, 40대 7조 1,116억 원, 50대 5조 5,915억 원 , 60대 3조 967억 원으로 30~40대의 손실액이 많았다. 성별로는 남성이 26조 2,134억 원, 여성이 10조 6,576억 원이었다.

정 연구원은 "사회의 고령화가 급속히 진행되고 만성질환이 늘면서 질병으로 인한 사회·경제적 비용도 더 커질 것"이라며 "질병을 사전 예방할 수 있는 건강증진 사업이 절실하다"고 지적했다.

직원 심리 불안 연 60조 손실, 독일 슈피겔보도

독일 기업에서 직원들이 심리적 불안감으로 인한 연간 손실액이 최대 1천억 마르크(60조 원)에 달하는 것으로 조사됐다.

독일 시사주간지 슈피겔은 최근 쾰른 전문대학 볼프강 슈텍만 교수와 빈프리트 판제 교수의 연구 결과를 인용, 직장인의 90%가 직장 내에서 불안감을 느끼고 있으며 이들은 불안감을 해소하기 위해 술에 의존하거나 약물을 복용하고 심지어 아예 결근하는 경우도 있다고 보도했다. 두 교수들은 이와 같이 직장 내 인간관계를 파괴해 결국 생산성을 저해하는 불안감으로 인한 손실액은 연간 300억~1,000억 마르크에 이른다고 평가했다.

이 연구팀의 보고서는 불안의 종류에는 부정적 불안인 '거시불안'과 긍정적 불안인 '미시불안'

이 있다고 주장했다. 미시불안은 구체적인 행위를 앞둔 불안으로 직장인들의 자만과 경솔을 제어함으로써 아무런 준비 없이 회의에 들어가거나 고객 상담에 임하는 것을 막아주는 기능을 한다. 이에 반해 막연한 상태의 불안인 거시 불안은 직장인들이 상관이나 동료의 기대를 도저히 충족할 수 없다고 느낄 때 발생하며 치명적인 결과를 초래한다.

슈텍만 교수는 거시 불안이 커지면서 필연적으로 나타나는 현상들 가운데 하나는 "누군가를 따돌리는 것"이라고 지적했다. 따돌리기는 직장인이 직장 내에서 자신의 위치를 지켜낼 수 없다는 두려움에 빠질 때 발생하며 지위고하를 막론하고 모든 직원들에게 나타나는 현상이다. 이런 따돌리기를 당한 직원은 대부분 극심한 불안감에 사로잡히고 심지어 자살을 기도하기도 한다.

IMF형 실업자들이 겪는 고통처럼 경제난으로 인해 국민들이 체감하는 삶의 고통 지수(指數)를 수량화한 것이 **고통 지수**(misery index)이다. 실업률과 물가 상승률은 더한 데서 실질 국내 총생산(GDP) 증가율을 뺀 수치다. 물론 그 지수가 높을수록 고통이 심하다는 것이다. 대우 경제 연구소의 분석(1998. 11)에 따르면 IMF를 겪고 있는 우리의 고통지수는 20.9로 과거의 1.47보다 무려 12배나 높아졌다고 한다. 살아가기가 14배나 힘들어졌다는 얘기다. 이 자료에 의하면 한국의 고통지수는 OECD국가 중에서 최악이라는 것이다.

숭실대 경제학과 조우현(曺尤鉉) 교수는 한국개발연구원(KDI)이 발간한 한국의 고실업과 자유주의적 대응정책 연구보고에서 한국의 실업은 구미(歐美)보다 충격이 더 심하다고 진단하고 그 이유를 다음과 같이 밝혔다.

한국의 경우에는 남성은 사회 노동, 여성은 가사 노동이라는 가구 내 분업체계가 형성되어 있고 자녀들은 서양과 달리 25세 전후까지 부모에게 의존해 함께 살고 있기 때문에 남성의 실직은 가족 전체에게 큰 고통을 준다고 말했다. 특히 서구형 사회보장제도가 미비하기 때문에 남성 가구주의 실직은 한 가정의 생존기반을 위태롭게 했다. 따라서 실업으로 인한 고통지수는 서구형 고통지수보다 훨씬 심각하다고 할 수 있다는 것이다. 연구자가 느끼기에는 교육계에 폭풍으로 몰아친 이해찬식 교육개혁 정책으로 인해 교육계와, 교사들이 경험한 스트레스 고통 지수도 엄청나게 높을 것으로 인식된다. 한국교육 위기들은 미국을 위기에 처하게 한 국가론(at Risk Nation)과는 그 내용이 다르다.

지역별・직업별 스트레스 수준을 알려주는 다음 〈그림 1-16, 1-17〉을 보면 전국에서 강원도가 스트레스를 가장 많이 받고 있고 교사도 포함되는 화이트칼라의 스트레스도 매우 높은 것을 알 수 있다. 아마 1998년 6월에 우리가 경험한 IMF 충격과 무관하지 않은 것 같다.

〈그림 1-16〉 지역별 스트레스(단위: %)

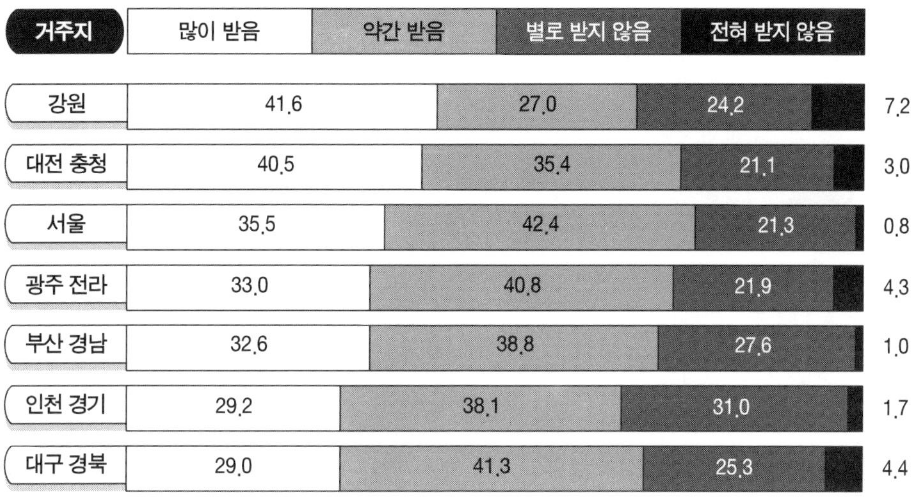

〈그림 1-17〉 직업별 스트레스

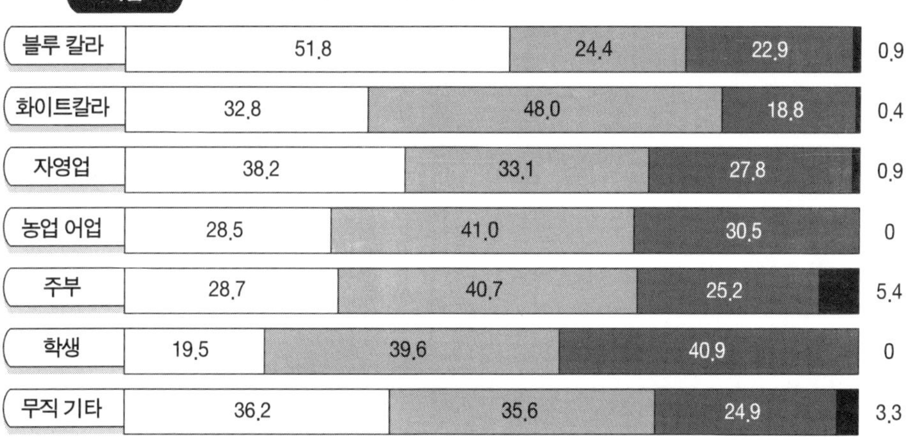

제 2 장

교사의 직무 스트레스

인생은 고달픈 거야,
거기에 익숙해져야 하는 거야.

본인이 이 기회에 교사의 스트레스나 탈진(burnout)에 대하여 관심을 갖고 토의해보자 하는 이유를 제시해 보면 다음과 같다:

1. 학교 내에서 교사들이 경험하는 스트레스에 관하여 관심을 기울어야만 하는 명백한 이유는 교사가 스트레스를 장기간 경험하게 되면 교사의 정신 · 신체 건강 쌍방의 변화를 촉진한다는 점 때문이다(Armes, 1985; Stratford et al., 1986).
2. 직무 스트레스(occupational stress)와 수반되어 발생하는 건강악화(ill-health) 사이의 관계는 매우 복잡한데 직무상의 스트레스가 많은 교사들의 건강 악화와 관련이 있다는 것을 밝혀주는 많은 증거가 있다.(Cox와 Brockley, 1984)
3. 교사의 직무 스트레스는 교사의 직무수행(job performance), 학생의 정신건강에 영향을 끼치기 때문에 학교나 교육행정 당국이 관심을 가져야 할 중요한 문젯거리이다. 즉 교사의 결근, 직무 만족도와 사기의 저하, 직무수행의 결정적인 관여(commitment) 소홀 등이 지적되고 있다. 즉 결과적으로 교육력 저하를 초래한다.
4. 교사들이 교직생활에서 느끼고 경험하는 어려움, 당황감(bewilderment)을 극복해내도록 조력하는 역할에 일조하기 위하여 연구를 하는 것이다.

5. 교사의 직무 스트레스나 탈진에 대한 연구는 이 문제에 직접·간접으로 관련이 있는 교육당국과 사회에 주의를 환기시키고자 하는 의도에서 수행하는 것이다. 즉 학부형, mass media, 지방, 국가, 교육관계 당국에게 오늘날 교사들이 당면하고 있는 새로운 문젯거리를 이해시키고자 하는 것이다. 교사의 직무 스트레스(Teachers Job Stress, TJS)나 탈진 문제가 발생·확산되는 중요한 요인으로 유관 기관이나 인사 지지의 부족(lack of support)을 꼽을 수 있다.
6. 교사의 직무 스트레스의 원인(source)에 대한 연구는 단순히(결과는 어떻든지 간에) 선의에서 행한 제안을 뛰어넘어 구체적으로 실천 가능한 행동계획안을 제안할 수 있기 때문에 중요하며 스트레스의 원인에 대한 과학적인 분석에 의해서만이 교사의 근무조건(teachers working conditions) 개선이 가능하다고 보기 때문이다.
7. 사기가 떨어진 군인은 전투에서 승리할 수가 없다(A demoralized army never won a battle). 이러한 명언은 질 높은 수업, 교사에 대한 호의, 교사의 채용, 교육의 질, 수월성 향상 노력에도 영향을 끼치며 적용된다고 해석할 수 있다. 실제로 OECD[7)]의 보고는 열악한 근무조건으로 인해서 교사들의 사기가 저하되어 있다는 것을 언급하고 있다.
8. 교사의 직무 스트레스는 교육·학교의 책무성, 근무의욕, 효율성, 교사의 정신건강의 저하를 발생시키는 요인이며 동시에 효과적인 해소 및 TJS의 관리도 기업화된 교육·학교 경영의 일부이며 책무(責務)이다.
9. 교사가 만성적이고 반복되는 직무 스트레스와 탈진을 경험하면 그가 소유하고 있는 재능을 제대로 발휘할 수가 없고, 교직에 전념하지 못함으로 인하여 애정이 상실되기 때문에 교육력의 저하가 발생되고, 불행하고 불만족스러운 교직생활을 하게 된다.

가설

1. 욕구좌절과 스트레스에 대한 반응으로 당사자는 더 열심히 일한다(Freudenberger).
2. 탈진되면 본인(교사)은 정신적 피로를 경험하며 학생과의 관계에서 냉담, 심한 무관심, 거리감(학생이 교사와 무관한 타인처럼 느껴지는)이 생기며, 냉소적이 된다.
3. 탈진은 가장 이상주의적이며 다정다감한 태도로 취업을 시작한 사람을 괴롭히기 쉽다.
4. 스트레스를 받는 교사들은 일반적으로 탈진을 경험한다.
5. 스트레스나 탈진 증후군은 예측과 예방, 치료, 관리와 대처가 가능하다.

---

7) OECD=Organization for Economic Cooperation and Development.

6. 스트레스나 탈진의 효과가 교직 발달 단계, 성, 학교 급별, 학교 조직 건강 수준에 따라 다르게 나타나는가.[8)]

교사의 직무 스트레스 연구의 문제점

교사의 직무 스트레스뿐만 아니라 탈진 연구를 한 관련 문헌 검토를 통해서 발견되는 문제점을 다음과 같이 예시할 수 있다(Freudenberger, 1974; Dworkin, 1987; Chemiss, 1980 a, b).

1. 교사들이 스트레스와의 관계에서 너무나 수동적이고 반응적인 것으로만 묘사되어 왔다. 직무 스트레스나 탈진은 반응을 얻기도 하고 관리・제어되기도 하며 대처하기도 하고 또는 방어, 회피되기도 한다. 긍정적 스트레스나 유쾌한 스트레스는 활발히 추구되고 부정적 스트레스는 사전 조치로 대처(예방, 관리)하는 책략, 아이디어, 기법, 프로그램에의 적용효과에 대한 연구는 부족하다. 또 직무 스트레스나 탈진을 의도적으로 만들어 낸다는 생각은 거의 하지 않았다. 아울러서 부정적 스트레스가 어떻게 긍정적 스트레스로 변환(transformation)되는 가에 대한－특히 (특수)교사를 대상으로 한－연구는 매우 부족하다.
2. 직무 스트레스나 탈진을 유발, 증가시키는 원인 분석을 생태학적 관점에서 설명을 하는 것이 주류였고 직무 스트레스나 탈진을 감소, 해소, 변환시키는 데 따르는 효과적인 처방(특히 교직에서)은 부족하다. 교사의 직무 스트레스나 탈진을 예방하거나 치료, 경감시킬 수 있는 가능성, 관리 방안 연구는 전무하다.
3. 산업체에서는 사무직 근로자에게 발생된 업무상 재해는 산재보험 및 손해배상 판결이 내려지고 있는 것이 현실이다. 역시 동일한 사건과 판례가 교직계에서도 발생할 수 있는 개연성이 나타날 수 있다고 보는데 이에 대한 필요성 제안이나 관련 연구가 전무하다.
4. 스트레스와 탈진 경험의 당사자인 교사 자신, 개별 학교 단위, 거대 조직인 교사 집단을 관리하는 시・도 교육청 차원에서 이에 어떻게 대처해야 하는가에 대한 고민을 하거나 관리 방안을 마련하는 노력, 필요성을 전혀 주창(主唱)하지 않고 있다.
5. 교육개혁이 교사의 스트레스나 탈진을 제공하거나 가중시키는 원인이 되기도 하지만 또 한편으로는 스트레스나 탈진을 감소시키는 효과도 있을 것인데 후자에 관한 연구와 처방이 부족하다.

---

8) 청소년기의 스트레스를 받으면 뇌 발달 저하가 초래된다고 알려졌다(KBS 2TV, 2003. 11. 11, 저녁 8시 3분, News)

6. 학생과 교사를 연구 · 실험 대상으로 검증되지 않은 어설픈 교육이론과 방법-주로 외국의 문화 이식적인 방안-을 도입, 적용하는 무모한 시도(예컨대, 교육개혁 차원에서 추진되는 제도 개혁)에 대해서 현장 교사들은 반발하고 있다.
7. 교육 효과가 검증되지 않은 이상론을 교육 현장 경험이 불충분한, 교육 현실에 둔감한 관변 학자들이 교육개혁이론과 방법만이 최선이라는 전제 하에 과거지사는 모두 잘못되어 있으므로 시정 · 개선해야 한다는 명제는 교육 권력으로 급격하게 밀어 부치는 문제점이 있고 시행착오나 오류에 대해선 책임을 지지 않는 문제점이 있다.
8. 기존의 문제점이 산적한 가운데 교육개혁 · 변화를 시도해야 한다는 명제 하에 또 다른 새로운 문제를 유발하게 되고 그로 인한 교사에게 역할 갈등, 역할 모호성, 역할 과중, 교육개혁 피로증후군으로 인한 직무 스트레스를 가중시킨다.

1. 교사는 교직에서 무엇을 원하는가

이러한 의문을 해결하기 위한 시도로 미국의 산업계에 종사하는 직장인들을 상대로 흥미 있는 연구를 했다. Lindahl(1949)은 근로자들이 직장에서 원하고 있다고 생각하는 항목들을 적은 목록을 일선 감독자들에게 나누어주고 또 직장인의 입장에서 중요도에 따라 순위를 매기도록 했다. 그리고 중요도에 따라 순위를 매기는 데 있어서 감독자 자신이 원하는 것이 아니라 노동자가 원하는 항목을 노동자의 입장에서 적도록 강조했다. 그리고 노동자 자신들에게도 같은 항목을 주고 직무에서 가장 원하는 것이 무엇인가를 그 중요도에 따라 순위를 매기

〈표 2-1〉 교사는 교직에서 무엇을 원하는가

교직에서 원하는 것	학교장	교사
좋은 근무 조건	4	9
상대방의 입장에서 일을 생각해 주는 것	10	2
일맞은 훈련	7	10
수행한 성과에 대한 충분한 평가	8	1
교사에 대한 학교장의 신뢰	6	8
좋은 임금	1	5
학교와 함께 성장하고 승진하는 것	3	7
개인적 문제에 대한 공감적 이해	9	3
직무의 안정성	1	4
흥미 있는 일거리	5	6

출처: Lindahl, L. What Makes a Good Job, *Personal*. vol. 25. January, 1949, 김남현(1991). 조직 행동의 관리. 서울: 경문사. 74에서 인용.

게 했다.(중요도는 1이 최고이고, 10이 최저이다) 이 책의 주제와 관련하여 집필의 편의상 감독자를 학교장으로, 작업자를 교사로 바꿔 소개한다.

〈표 2-1〉에 나타난 바와 같이 이 연구에서 학교장들은 일반적으로 임금, 직무의 안전, 승진, 근무조건 등의 순으로 교사들이 교직에서 가장 원하는 바를 지각하고 있으며 한편 교사들은 수행된 작업 결과에 대한 충분한 평가, 교사의 입장에서 일을 생각해 주는 것 그리고 교사의 개인적 문제에 대한 공감적 이해 등 친교나 인정에 대한 동기를 중요한 것으로 지각하고 있다. 그런데 여기에서 중요한 것은 학교에서의 지위(위상)에 따라 중요하다고 보는 대상이 다르다는 것이다. 학교·교육과 함께 성장하고 승진하는 것이나 흥미 있는 직무 욕구는 Herzberg의 동기 유발(위생요인) 요인들이다. 좋은 임금과 직무안정에 대한 선호도가 높은 것은 조사 당시의 시점(1949년)이 경제적 불황기였다는 점을 이해하면 반응에 납득이 간다.

〈표 2-2〉에서 보는 바와 같이 만족 요인과 불만족 요인을 교육계의 연구에서도 별개의 군으로 구분되고 있으나 산업체의 연구와 다른 몇 가지 사실이 지적되었다. 교육행정가들의 경우 직무 자체와 책임감이 중요한 동기 요인이 되지 못하고 있으며 부하(교사들)와의 관계가 중요한 위생요인이 되고 있음을 알 수 있다. 교사들의 경우에 승진의 기회가 매우 제한되어

〈표 2-2〉 두 요인설에 관한 세 연구결과 비교(수치는 %임)

관련연구 요인	학교장		교사			
	만족	불만	만족	불만	만족	불만
동기 요인						
1. 성취	41*	7	46*	7	30*	9
2. 인정	33*	18	17*	4	28*	2
3. 직무자체	26*	14	1	1	11	8
4. 책임	23*	6	2	5	7*	1
5. 승진	20*	11	9*	1	0	1
위생 요인						
6. 봉급	15	17	1	2	2	3
7. 성장 가능성	6	8	1	0	6	2
8. 부하와의 관계	6	3	11	34*	7	20*
9. 지위	4	4	1	0	0	0
10. 상사와의 관계	4	15*	5	12*	3	4
11. 동료와의 관계	3	8*	3	9*	1	15*
12. 기술상의 감독	3	20*	1	5*	1	10*
13. 정책과 행정	3	31*	3	15*	2	13*
14. 근무 조건	1	11*	0	3	2	6
15. 개인 생활	1	6*	0	1	0	5*
16. 직업 안정	1	1	1	0	0	1

* 5% 수준에서 의의 있는 차이

있기 때문이다. 또한 위생요인의 경우에도 교사들은 상사(교장, 장학사, 교육감)와의 관계보다는 학생과의 관계가 더 많은 문제를 가지고 있는 것으로 나타났다. 이것은 교직의 성격상 교사가 하루에도 수많은 학생과 상호작용 하는 반면 상사와는 거의 관계를 맺고 있지 않기 때문에 불가피한 현상이라고 풀이된다. 요컨대, 위의 두 연구에서 '작업자체'는 만족요인이 아닌 것으로 나타났다. 또한 Sergiovanni의 경우 '승진'이 만족 요인이 아닌 것으로, Schmidt의 경우는 '책임감'이 만족요인이 아닌 것으로 나타났다. 덧붙여서 또 하나 간과할 수 없는 사실로서, Herzberg가 위생요인이라고 주장한 '대인관계'가 Savage와 Wicktorm의 연구에서 오히려 동기요인으로 나타났다는 것이다.

Savage도 조지아주 교사들로부터 자료를 얻기 위해서 면접 방법을 사용했다. 일반적으로 결과는 몇몇 예외가 있지만 Herzberg의 발견을 뒷받침했다. 그리고 가장 명백한 것은 대인관계, 특히 학생과의 좋은 인간관계는 위생요인이라기 보다는 오히려 동기요인이었다는 사실이다. Wicktorm에 의한 캐나다에서의 또 다른 연구에서도 교사들 간의 인간관계가 위생요인인지를 결정하는 데 영향을 미치며, 그밖에는 대체로 Herzberg의 이론이 지지를 받는 것으로 나타났다. 그러나 교육 분야의 연구 중에서 Herzberg의 이론을 지지하지 않는 논문도 있다는 사실을 주목해야 한다. 교육계의 연구논문에서도 Herzberg와 다른 연구방법을 사용한 경우에는 직무 요인들이 만족과 불만족으로 양분된다는 그의 가설이 지지 받지 못한다.

이 자료로 인해 교사가 교육의 질, 교육의 수월성 실현에 핵심 자원이라는 인식 확산에 일조하기를, 교사의 웰빙, 교사의 신체・정신건강 증진을 도모하는 노력의 필요성과 그 책무성을 교육 행정 당국이 갖고 있다는 점을 각성하는 계기를 마련하는데 기여하기를 기대하면서 다음과 같은 소망을 밝힌다.

1. 교사들이 심각하게 경험하고 있고 교육계에 만연되어 있는 직무 스트레스와 탈진이 교사와 교육력을 위협하는 심각하고 중대한 새로운 질병이며 이것이 교직 건강성과 웰빙을 유린하고 있는 위험한 세력이라는 것을 교육계와 사회 일반에 알리는 계기가 되기를 바란다.
2. 많은 교사들은 더 이상 일반 대중과 학부모, 학생, 언론매체의 존경을 받지 못하며 긍지와 자부심도 갖지 못하고, 교직 생활이 힘들다는 것을 인정하고 있으며,
3. 교사에 대한 비난, 공교육 불신, 교실 붕괴, 학생 지도의 한계를 경험하면서 불만족스런 교육 여건 속에서도 2세 교육에 전념해 온 무명의 교사들 다수가 얼마나 지쳐있는 지를 교육에 이해관계가 있는 기관(예: 교육인적자원부)과 사람들, 일반 대중이 이해 해 주기를 기대한다.
4. 스트레스와 탈진, 명예 퇴직, 전직, 이직이 교사에게 불명예스러운 용어가 아니다.

5. 한국교총이 이 연구를 하도록 연구비 지원을 한 것은 2000년대 초반에 교사의 직무 스트레스와 탈진에 관해서 지대한 관심을 보이기 시작했다는, 아울러서 앞으로 적극적으로 관련 활동(예컨대, 예방과 관리, 치료, 대책 수립 및 추진)에 대한 의지 표현의 전조(前兆)라고 긍정적으로 해석할 수 있다.
6. 교사가 경험하는 스트레스와 탈진은 교사들의 삶의 모든 측면－학생, 동료 교사, 행정가와 가족 그리고 친구와의 관계, 가족・부부 관계－에 부정적인 영향을 끼친다.
7. 학생이 평가의 대상이 되듯이 교사와 학교장도 평가 대상이 되어야 한다. 단, 배척・제외시키기보다는 끌어안기, 지원이 조건이 선행되어야 한다. 당근과 채찍이 병행되어야 하지만 당근이 우선되어야 한다.
8. 교사가 교육의 질, 교육의 수월성에 핵심자원이라는 인식 확산에 일조하기를 기대한다.
9. 현직 교사의 (정신건강을 포함한) 자질을 점검하는 제도가 필요하다.
10. 교사가 변해야 교육 개혁이 성공한다.
11. 직무 스트레스를 산재로 인정하는 판례가 있었는데 이 판례가 교직계에 시사하는 함의(含意)를 무시해서는 안되며 다수의 교사들이 경험하는 스트레스나 탈진이 교직에 만연되어 있으며, 그 예방과 치료, 대처를 위한 어떤 노력과 대책이 강구된 바 없고 무방비로 노출되어 있음을 알리는 계기가 되기를 바란다.
12. 필자가 확신하기로는 교육・학교의 중요한 목표들 중의 하나는 교사들의 정신건강을 증진하고 보호하는 것이라고 생각한다. 정신과 의사인 Girdano와 Everly(1979)는 건강을 유지하기 위하여 중요한 조건이라고 할 수 있는 것은 현대사회에 만연된 부산물 즉 과도한 스트레스와 긴장(tension), 탈진이 끼치는 유해한 영향을 최소한으로 유지하면서 사회・조직・직장에서 조화를 이루고 마음 편하게 더불어 살아가는 능력의 발달・유지라고 했다. 전문적으로 말하면, 우리 모두는 스트레스 유발을 감소시킬 수 있는 능력을 소유하고 있으므로 동시에 스트레스와 관련된 질병을 예방할 수 있는 능력도 소유하고 있다. 그러나 교육계를 살펴보면 안타깝게도 스트레스를 예방 및 감소, 대처, 치료하기 위한 잠재능력과 자원이 결코 충분할 정도로 개발되지 않고 있다.

따라서 이 연구의 강조점은 교사의 직무 스트레스와 탈진이 만연되고 심각하다는 것과 교육에서 가장 중요한 인적 자원인 교사가 건강해야만 학생도 건강하게 자랄 수 있도록 교육할 수 있다는 것이므로 교사집단의 스트레스 양상의 현황을 알리고 스트레스 예방과 감소, 대처를 위하여 동원 가능한 잠재능력의 개발과 대책 수립의 필요성, 스트레스 유발요인(stressor)과 관련된 유관변인의 분석과 교사의 정신건강에 대한 관심의 제고를 환기시키고자 하는 것이 의도이다.

13. 교사를 존경하고 대접이 좋은 직장(학교), 학생에게 즐거움을 안겨주는 학교 및 사회적 분위기는 어떠한 것이어야 하는가에 대하여 교육 관계자들은 관심을 가져야 한다고 보는데, 이 연구는 이에 관한 문제 제기의 계기가 될 수 있을 것으로 보인다.

교육계나 학교 조직 내에서 교사들이 경험하는 직무 스트레스에 관하여 관심을 기울여야 만하는 명백한 이유는 교사에게 만연되어 있는 스트레스를 장기간 반복해서 경험하게 되면 교사의 정신・신체건강 쌍방의 변화, 학교 조직 내의 부정적인 영향을 초래한다는 점 때문이다. 또 교사가 교육의 발전을 위하여 기여할 수 없게 된다. 직무 스트레스에 수반되어 발생하는 건강악화(ill-health), 학교에 끼치는 효과, 학교 조직 건강(school organizational health)에 끼치는 영향 사이의 관계는 매우 복잡한데 직무상의 스트레스가 많은 교사들의 건강악화와 관련이 있다는 것을 밝혀주는 많은 증거가 있다.

14. 교사의 직무 스트레스는 교사의 건강뿐만 아니라 직무수행에 심각한 영향을 끼친다. 즉 교사의 결근, 이직, 직무 만족도의 저하, 직무수행의 결정적 관여(commitment) 소홀 등이 지적되고 있다. 이런 점에서 ILO에서 펴 낸 교사의 근무조건과 채용(Employment and condition of work of teacher, 1981)이라는 연구보고서, UNESCO/ILO의 교사의 사회・경제적 지위에 관한 권고문(Recommendation Concerning the Status of Teacher, 1966)과 UNESCO report(United Nations Education, Scientific and Cultural Organization "Higest newses found in teacher," *UNESCO courier*, 1954. 5. 25)를 이용하여 많은 전문가들이 교사의 직무 스트레스에 관하여 다각도로 연구를 추진한 바 있으며 아울러 학교・교육환경이 우리사회에서 교사들에게 가장 스트레스를 심하게 주고 있다는 것은 이미 알려진 바 있다. 스트레스로 인해 많은 교사들이 시달리고 있으며 그에 대한 대책 수립의 필요성이 역설되고 있으나 우리나라에서는 대학원 수준에서 소수의 연구자에 의하여 개별적으로 연구가 이루어졌을 뿐이다. 그러나 교총(구, 대한교육연합회)같은 교직 단체나 연구기관(예: 한국교육개발원)에서조차 교사들의 직무 스트레스나 탈진에 관하여 정책 연구가 별로 이루어지지 않고 있다.

교사의 직무 스트레스에 대한 연구는 이 문제에 직접, 간접으로 관련이 있는 교육당국과 학교사회에 그 심각성과 유해한 효과에 대한 주의를 환기시키고자 하는 의도에서 수행되어야 하는 것이다. 즉 학부형, 매스미디어, 국가, 지방, 교육관계 당국을 비롯하여 교사 자신들에게 오늘날 교사들이 당면하고 있는 새로운 문젯거리를 이해시키고자 하는 것이다. 교사의 직무 스트레스나 탈진 문제가 발생, 확산되는 중요한 요인으로 교육관련 유관기관이나 관련 인사의 지지 부족(lack of support)을 꼽을 수 있다.

15. 만연되어 있는 교사의 직무 스트레스는 학교의 책무성, 근무의욕, 효율성을 저하시키고 교사의 정신건강 약화를 발생시키는 위협요인이며 아울러서 교육력의 약화를 초래한

다. 따라서 **직무 스트레스의 효과적인 해소 및 관리**(management)**도 기업화된 교육 · 학교 경영의 일부라고 볼 수 있고** 교사의 직무 스트레스에 대한 연구는 단순히(결과는 어떻든지 간에) 선의에서 행한 제안을 뛰어넘어 구체적으로 실천 가능한 (사회적 지지에 의한) 행동 계획안을 제안할 수 있을 것이며 직무 스트레스의 원인에 대한 과학적인 분석에 의해서만이 결국 교사의 근무조건(teachers working conditions)의 개선이 가능하다고 보기 때문에 이 자료를 펴냈다.

16. 교직이 스트레스를 일으키거나 교사가 스트레스를 받는 직업이라는 것을 지적하고 있는 선행연구를 근거로(UNESCO report, 1954) 그 실상과 관련된 중재 변인을 확인하기 위하여 자료를 집필했다.
17. 교사가 세속적인 권위, 지위, 부, 돈(금전), 명예 지향적인 과시성 소비문화와 가치 지향적인 생활양식에서 이방인(outsider)으로 고고한 위치를 고수해야 하는 상황에서도 많은 수고를 아끼지 않으면서 국가, 사회, 교육발전에 남다른 공헌을 해 오고 있음에도 불구하고 많은 교사가 열악한 근무조건에서 봉직하면서 스트레스에 시달리고 있다. 이에 대하여 학교나 교육행정 당국에서 어떤 대책도 제시하지 않는 등 둔감성을 자랑하고 있는 것이 안타까워 교육적인 문제제기와 대책수립의 계기를 마련하려는 의도에서 이 자료를 집필했다.
18. 교사가 경험한 직무 스트레스와 긴장(tension)과 연관된 문젯거리는 교육현장에서 실재하며 교사의 직무 스트레스는 만연되어 있고 교사 자신에게는 물론이고 학생들에게도 심신에 잠재적으로 유해하고(Loate와 Thoresen, 1970, p. 76) 교육력의 약화를 초래하므로 교육계에는 교사가 직면하는 스트레스의 실상, 과정, 결과, 대처 방안 등에 관심을 갖는 것이 필요하다. 이러한 필요성에 부응하기 위하여 이 자료를 펴냈다.
19. 과중하고 장기간 지속되는 직무 스트레스는 교사 각 개인에게 신체적, 심리적, 행동상에 심각하고 부정적인 영향을 끼치며 심지어 건강악화를 초래하여 수명에 영향을 주고 이러한 영향으로 인하여 교사가 학교 조직에 능동적으로 공헌하지 못하게 되며 의욕과 사기를 떨어뜨려 교육력의 저하를 가져온다는 점에서 문제제기의 여지는 충분히 있는 것이다.
20. **교사의 권리와 책임**에 관한 규정의 제정이 필요하다. 교육부와 교총에서 필요한 노력을 하기를 기대한다. 교사의 권한을 강화하는 내용이 포함되는 것이 소망스럽다.

교사의 직무 스트레스와 탈진이 교사의 생산적인 교육활동과 교사 자신의 심신의 건강, 사기, 직무 만족도, 학교의 조직 건강에 유해한 영향을 준다는 점을 인식하고 관련 대책을 마련하는 각성의 전기가 되기를 기대해 본다.

미국의 전국교육협회(NEA)는 교사 탈진과 스트레스 문제를 1979년 회의의 중심 주제로 정해서 심도 있는 논의와 대책을 수립, 추진한 노력과 비교하여 그로부터 30여년이 지난 2000년대 초반에 와서 한국교육계 동향에 견주어 보건데, 교총이 처음으로 교사의 직무 스트레스와 탈진문제에 관해서 관심을 기울인 것은 만시지탄(晩時之歎)의 느낌이다.

사기가 떨어진 교사, 교직(생활)에 불만족한 교사, 스트레스와 탈진에 시달리는 교사, 이상적인 교육관을 상실한 교사가 많고 이러한 상황과 의식 구조가 교사의 집단 특성(syntality)이라면 교육 개혁, 교육의 효율성, 조직 건강은 성공할 수 없을 것이다. 병든 군인이 전투에서 승리할 수 없는 것처럼, 스트레스와 탈진에 의해서 교사의 신체적・심리적 건강이 손상되면 즉, 교육 경쟁력을 병든 교사에게서는 기대할 수 없을 것이다.

2. 교사의 직무 스트레스(TJS) 정의 및 모형

저자들이 관심을 갖고 탐구, 분석하고자 한 문제 및 문제의식은 다음과 같다.

1. 스트레스와 탈진은 심리학적으로 어떻게 설명되고 있는가.
2. 스트레스와 탈진의 증상과 반응 유형은 무엇인가. 서로 어떠한 관련성이 있는가.
3. 교사들 중에서 얼마의 비율이 탈진을 경험하는가.
4. 타 직종의 직장인들과 비교해서 교사들의 스트레스와 탈진을 경험하는 강도는 어떠한가.
5. 스트레스와 탈진의 강도가 학기 중에 또는 근무지역에 따라서 어떻게 달라지는가.
6. 교사의 직무 스트레스와 탈진에 관한 심리학적, 교육학적 연구가 많이 이루어졌으나 교사들이 경험하는 스트레스와 탈진의 원인 및 반응양태, 대처 방안, 결과에 대하여 충분하고 구체적이며 자세한 증거가 부족하다. 이 기회에 대처 방안에 대한 제안을 하고자 한다.
7. 교사가 어떻게 스트레스를 경험하는가.
8. 스트레스를 경험한 교사들이 그들의 직무나 교직 자체에 대하여 어떻게 느끼는가.
9. 스트레스가 어떻게 탈진으로 변하는가.
10. 스트레스가 발생했을 때 교사 자신과 학교 당국, 학교장, 교육청에서 교사의 정신건강과 학교 조직 건강의 효능성 차원에서 어떻게 유기적으로 대처하는지 또는 대처해야 하는지에 관해서 연구되었거나 방안이 강구, 제안된 바가 없다.
11. 교사가 경험하는 스트레스와 탈진 수준과 강도, 지속성은 교사의 효능성, 전문성 개발, 사기, 교육의 계속성에 직접적으로 엄청난 충격을 초래하는 데도 교육(학)계에서는 대

체로 둔감하게 방관하고 있다.

12. 교사가 받는 스트레스와 탈진은 교사의 정신・신체 건강 및 조기 은퇴(또는 명퇴)와 어떤 관계가 있는가.
13. 스트레스와 탈진을 경험한 교사들에게서는 정체성 위기, 교직에 헌신적 몰입을 (의도적으로) 소홀히 하게 되고, 교직에 대한 이상적 소망(예: 인사의 모습)의 실상과 허상에 대한 회의, 비난, 조소, 건강악화 등이 나타나는데 이에 대하여 교육계는 무지, 둔감한 상태에 있다. 이러한 부정적 반응(효과)을 감소시키고 긍정적인 효과로 전환시키는 노력과 대처를 위해서 교사 개인과 학교 조직, 정부와 교육청 등 교육행정 차원에서 어떻게 노력해야 하는가.
14. 연구자는 직무 스트레스와 탈진 문제 관리 방안 모색과 추진에 있어서 치료보다 예방이 우선이라는 관점을 주장하는 바인데, 이미 발생된 직무 스트레스와 탈진을 개인과 조직 차원에서 관리, 치료, 회복하는 임무와 책임을 결코 소홀히 해선 안된다는 점도 아울러서 경시되어선 안 된다고 역설하는 바이다.
15. 직무 스트레스나 탈진은 오로지 교사만 경험하는가, 다른 직장인과 비교했을 때 상호 어떠한 차이와 특징이 있는가.
16. 교사들이 경험하는 직무 스트레스와 탈진의 원인 및 효과는 무엇이며 이를 어떻게 모형화할 수 있는가.
17. 직무 스트레스에 의한 손실과 결과는 어떻게 설명되고 있는가.
18. 교사의 직무 스트레스와 탈진이 교사들의 업무수행에 어떤 영향을 주는가.
19. 교사의 스트레스와 탈진이 심신의 건강에 어떤 영향을 주는가.
20. 사무직 근로자들이 경험하는 스트레스가 업무상 재해에 해당한다는 법원 판결이 나와 산재보험과 손해배상을 받은 판례가 나와 있는데 이 판례가 교직 문화, 근무조건에 시사 하는 바가 무엇인가.
21. 교사 집단의 교직 문화의 특성과 교사의 직무 스트레스 간의 인과관계(유관성)는 어떻게 나타나는가.
22. 교사의 직무 스트레스 유발원인 제공자로서 교육부의 위상을 어떻게 설명할 수 있는가.
23. 직무 스트레스와 탈진은 선택인가 또는 운명인가.
24. 스트레스를 산업재해로 인정한 법원판례가 교사의 직무 스트레스와 탈진문제 대처 방안 추진에 있어서 어떤 시사점을 제시해주는가.

필자는 이 자료에서 초・중등 교사가 주관적으로, 개인적・집단적으로 경험하는 직무 스트레스와 탈진이 교육력과 경쟁력 제고 및 교사의 심신 건강과 복지에 매우 유해(有害)하다는 점과 효과적인 예방 · 치료 대책을 마련, 추진해야 한다는 것을 주창, 호소하는 바이다. 학교 조직과 교직 사회 상황 및 국가의 교육 정책의 방향과 내용을 교사의 직무 스트레스와 탈진의 원인으로 상정하고 대처 방안을 모색하는 시도를 했다.

2-1. 스트레스에 대한 정의

Wood(1996)는 거시적(macro), 미시적(micro), 중심적(meso) 요인을 자유롭게 혼용하면서 스트레스를 개념화했다. 그의 견해에 의하면, 스트레스는 다차원적 현상(multi-dimensional phenomenon)이며 다수준적 현상(multi-levelled phenomenon)으로서 개인적(미시적) 요인과 상황적(situational, 중심적 · meso) 요인 및 구조적(structual, 거시적 · macro) 요인들이 스트레스 생성에 개입한다는 것이다. 스트레스는 개인이 경험하는 현상인 동시에 사회적 요인에 의해서도 발생된다. 개인적 요인 속에는 성격, 몰입(결정적 관여 · commitment, 일 그 자체를 중시하고 일하기를 꺼리지 않으며 일이 삶에서 차지하는 가치를 존중하며 열심히 일하겠다는 자세 즉 일(과업)에 주인의식을 갖고 자발적으로 일에 몰두하는 태도와 성향), 직업과 역할 및 가치 등이 포함되며 상황적 요인에는 학교 조직, 교사의 문화(teacher culture)와 교사-학생 간의 (갈등)관계 등이 포함되고 학교 내의 대규모의 개혁과 수업에 대한 평가 등이 관련된다.

이러한 설명에서 스트레스를 추상적 수준으로 다루기보다는 거시, 미시, 중심적 요인 개념을 혼용해서 구체적, 실재적 개념으로 설정, 건강심리학적 기반을 토대로 설명을 했다. Woods(1996)는 정치적 체제, 학교와 교실 구조, 과정에 의해서 교사의 직무 스트레스와 탈진이 발생된다고 해석했다. 그의 정의는 상황적 맥락을 중시했으나 인간관계 상의 갈등 관리 맥락을 무시한 문제점이 있다.

Handy(1995)는 (현대) 사회적 환경과 개인의 주관적인 경험 사이의 관련성에 역점을 두어 스트레스를 정의했다. Finenman(1995)은 스트레스에 대한 사회적 측면과 스트레스 관련 질환을 관련시키는 견해를 제시했다.

Finenman(1995)는 다음과 같은 주장을 했다.

> 스트레스에서 개인적인 경험은 개별적으로 결정되는 현상이며 조직 내의 문화적, 정치적 환경을 통해서 표현된다. 스트레스는 (학교) 조직의 사회적 구조인 권력, 지위, 통제 능력의 차이에 따라 영향을 받으며 조직 구성원인 직장(개인)과 조직 건강에 해악을 끼친다.

스트레스는 평범하고 일상적인 것이지만, 그것을 명확하게 정의할 수 있는 성질은 쉽게 찾을 수 없다(Goldberg, 1983).

교사들이 느끼는 스트레스를 연구하기 위해, 우리가 '스트레스'란 용어를 통해 무엇을 가리키려 하는지 상식적으로 이해한다는 사실을 명백히 해야 할 필요가 있다. 스트레스에 대해 읽거나 이해하려고 시도하는 사람들의 주요 문제는 스트레스가 서로 다른 많은 의미를 가지고 있고, 그런 의미들은 때때로 서로 배치되거나 혼란을 초래한다는 것이다. '스트레스'란 단어는 대체로 다양한 상황 속에서 사용되는 일종의 통용어로 대부분의 사람들은 그 단어에 의해 무엇이 지시되는지 정의하지 않는다.

스트레스란 단어의 사용에 대한 비판들 중 다수가 실제로 스트레스가 무엇인지에 대해 현재 통용되는 사고의 정확한 감각을 갖고 있지 않다는 사실을 문제 삼는다. Selye(1983)는 또한 개념으로서 스트레스는 '너무 잘 알려졌다는 사실과 너무 적게 이해되었다는 두 가지 사실의 상반된 축복'을 받았다고 지적했다. 이해하기 어려운 본질을 가진 것으로서 스트레스의 이런 양상은 스트레스에 대해 한 가지로 정의하는 데 실패함으로서 더 강화되었다. 즉 이 설명은 스트레스의 성질과 기능에 대해 학자들 간에 공통된 의견 제시보다는 서로 다른 이견(異見)을 제시하고 있다는 것을 의미한다. Cox(1978)는 그 사실에 대해 다음과 같이 논평했다.

스트레스는 일반인이나 전문가 모두에게 똑같이 익숙한 개념이다. 그것은 일반적인 상황에서 사용되었을 때 모두에게 이해되지만 더 정밀한 설명이 요구되는 상황에서는 극히 소수의 전문가나 연구자에 의해서만 이해되고, 여기에서 모든 문제가 비롯되는 것이 확실해 보인다. 우리는 이 장에서 스트레스의 정의에 대해 근본적인 수준에서 더 명확한 개념을 제시하고, 이 책의 전반에 걸쳐 우리가 연구를 수행하는 방식과 거기에서 발견된 사실들을 해석하는 과정 모두에 이를 적용하며, 그에 따라 스트레스에 대해 더 명백한 이해를 제공하고자 한다.

겉으로 보기에 사람들이 동의하는 한 분야는 '스트레스 유발요인(stressor)' 및 '긴장(strain)'의 정의와 관련된 영역일 것이다(Beehr and Franz, 1986). '스트레스 유발요인'은 그 환경에서 자극으로 작용하는 것이고, 본질적으로 신체적이거나 심리적 혹은 행동적인 자극 중에 하나이다. '긴장' 반응은 개인의 건강상의 질환이나 혹은 행복의 척도이다. 특히 이 연구에서 흥미를 갖는 것은 교사의 직업에서 초래되며 교직 환경에서 발생하는 스트레스 요인들로 결과적으로는 교사들이 경험하는 긴장을 초래하는 것들이다.

스트레스 현상을 볼 때, 스트레스는 개인에게 긍정적인 결과와 부정적인 결과 모두를 줄 수 있다는 사실을 알 수 있다. 어느 정도까지는 스트레스가 자극제로 작용하여 긍정적인 결과를 초래할 수 있다(예: 새로운 대응 기술이나 능력이 개발될 수 있다, Hoover-Dempsey and Kendall, 1982). 하지만 개개인은 자신에게 적절한 스트레스 수준을 발견할 수 있어야 한다는 사실이 중요하다. 주목해야 할 사항은 하나의 사건이 모든 개인에게 똑같은 정도의 스트레스가 되지 않는다는 것이다. 그것이 '어떤 사람에게는 양식이 되는 것이 다른 사람에게는 독'이 되는 경우일 것이다. 개인의 어떤 특성(예: 성별, 교육, 성격적 특징, 사회적 환경, 과거 경험)

은 모두 스트레스가 되는 경험을 구성하는 것들에 관련된 차이를 초래한다. 따라서 이 연구는 스트레스에 대한 개인의 반응과 경험을 악화시킬 수 있는 개인적 측면들을 통합하는 것을 목표로 할 것이다.

스트레스를 개념화하는 데 있어서 더 큰 혼란은 스트레스의 존재와 본질을 연구하는 데 적용된 방법의 다양성에 기인한다. Payne 등(1982)은 다음과 같이 표현했다. 정의와 개념상의 명확성, 스트레스와 관련된 자기 보고에 대한 의심스러운 인과적 추론과 때로는 검증되지 않은 행동을 권장하는데 문제점이 존재했다. 이것은 스트레스 현상에 대한 이해가 여전히 제한적이란 사실을 의미한다. Pearlin 등(1981)은 적용된 방법이 스트레스 반응을 가장 확실하게 반영하는 인간의 기능(예: 생리적 혹은 심리적, 행동적 기능)속에서 관찰될 수 있는 스트레스의 특정한 발현(예: 어디에 초점을 맞추고 있는가)에만 헌신한다고 주장했다.

스트레스 연구에 대한 또 다른 비평은 그런 연구들이 상호연관성을 지닌 자료에 지나치게 의지한다는 사실에서 비롯되었으며, 그런 의존으로는 인과성에 대한 추론에 제약이 생기고 중간에 개입하는 변수들의 역할과 적절한 통제집단의 결여, 소급적인 연구의 이용을 고려하지 않게 된다. 그러므로 Kasl(1983)이 결론을 내린 것처럼, 스트레스에 대한 네 가지 접근법이 등장했다.

- 환경 속에서 수동적으로 제공되는 것으로서의 접근
- 그 환경에 대한 평가로서 접근
- 환경에서 조건에 대한 능동적인 반응으로서 접근
- 환경적 요구와 그런 요구를 충족시키려는 개인의 능력 사이에 상호작용의 몇 가지 형태로서 접근

이 연구에 적용된 방법은 위에 요약된 Kasl의 관점과 같은 노선에 따라 관련 자료를 수집, 분석하는 것을 목표로 한다.

직무 스트레스의 연구에서, 연구자는 다음 세 가지 접근법 중 3번에 집중했다.

1. **종속 변수, 즉 반응으로서 스트레스.** 여기서는 평온하지 않은 상황이나 환경 예를 들어, 업무 전환, 유해한 환경들이 될 수 있는 자극에 대한 반응으로서 스트레스에 집중한다. 반응은 생리적이거나 심리적, 행동적인 것일 수 있다.
2. **독립 변수, 즉 자극으로서 스트레스.** 연구자들은 개인적인 인식이나 경험 등을 통해 어떤 평가를 내릴 수 없는 낯선 현상으로서 스트레스에 관심을 집중한다. 여기서 스트레스는 파괴적인 환경적 작용물이다.
3. **중재 변수로서 스트레스, 즉 상호작용주의 접근.** 이 접근법은 개인에게 강변된 상황에 대한 그

들의 인식과 반응 방식의 중요성을 강조한다. 따라서 이것은 개인과 환경 사이에 적응 부재, 부조화(misfit), 선행사건과 그에 대한 반응, 자극과 반응 접근법을 반영한다 (Fisher, 1986).

위의 세 가지 접근법은 일반적인 영역을 포함하지만, 이 접근법들이 제안하는 정의와 스트레스 현상 연구에 적용하는 방법상에는 주요한 차이가 있다.

2-2. 교사의 직무 스트레스와 탈진을 해석하는 관점

1. 교사가 경험하는 직무 스트레스와 탈진에 관해서 교사와 교육부 간의 **대립과 갈등 관계로 지각한다**: 즉 교육부나 시 · 도 교육청을 교사에게 직무 스트레스와 탈진의 원인을 제공한 가해자로 지각한다. 국가(교육부)의 교육 정책(예: 교육 개혁의 향방)에의 영향이 교사들에게 직무 스트레스와 탈진의 원천인 것으로 해석한다.
2. **희생자 가설**: 즉 교육제도, 관습, 기득권, 학교 환경, 조직 문화의 피해자, 관료적인 교육 행정 체제, 교사 개인의 취약성, 소인(예: A형 성격), 부적응성, 자아 강도가 약하고 강인하지 못하거나 교직 문화에의 사회화 미숙 때문에 발생한다. 지나치게 헌신, 열정적으로 일하는 교사, 이상주의자가 직무 스트레스와 탈진을 많이 받는다.
3. **숙명론 가설, 체념론**: 직무 스트레스는 교직의 구조와 기능상 평교사, 교감, 학교장의 위치에서 불가피한 생존 조건이며 교사는 직무 스트레스와 탈진에서 벗어 날 수 없다. 직장인이 직장에서 두 가지 선물을 받는다: 월급과 직무 스트레스. 긍정적인가 부정적인 스트레스인가, 많이 받느냐 적게 받느냐의 차이이지 직장인이 직무 스트레스에서 자유로울 수 없다. 그러니 전화위복의 기회로 승화시키기. 위기는 곧 기회라는 관점. 엄동설한을 견뎌낸 나무가 봄에 새싹이 돋아나지 않는가. 겨울이 오면 봄이 머지 않으리. 시련 뒤에는 희망이 있다는 비관론과 낙관론이 교차하는 관점이다.
4. **교사 자신이 원인을 제공**: 스트레스나 탈진에 민감하게 반응하는 교사. 교사의 직무 스트레스와 탈진을 어떤 관점으로 해석하든지 간에 교사가 직무 스트레스나 탈진을 경험했거나 시달린다거나 궁지에 몰려 있다는 것이 당사자인 교사가 졸렬하다거나 천박한 교사의 변명이나 불만, 푸념으로 해석하는 것은 올바른 관점과 태도는 아니다.

교사들 중에서 만연되어 있는 직무 스트레스에 대한 연구를 하면서 이 자료에서는 teacher stress라는 용어보다도 교직에서의 직무 스트레스(job stress in teaching)라는 용어를 사용했다. 이에 관한 많은 연구를 오랫동안 해온 바 있는 Kyriacou(1987)는 교직에서의 직무 스트레스를 다음과 같이 정의했다.

teacher stress는 「교사로서 그의 직무수행의 어느 국면에서 야기된 긴장, 욕구좌절, 불안, 분노와 의기소침(tension, frustration, anxiety, anger and depression)과 같은 불쾌한 정서를 교사가 경험하는 것」이라고 정의했다. 이 정의는 널리 인용되고 있다.

D'Arienzo, Moracco 및 Krajewski(1982. p. 6)는 직장 환경에서의 스트레스의 원인으로 지각되는 것이거나 또는 스트레스의 원인이 되는 그 무엇(어떤 것)이라고 정의했다.

이와는 달리 Cichon과 Koff(1980)는 Teacher Stress를 「학교 환경에서 지나친 요구나 위협을 지각한 상태로 교사가 경험하는 광범위한 개인적・정서적인 증세」로 정의했다.

교사의 직무 스트레스에 관한 보다 포괄적인 정의 가운데 하나가 Moracco와 McFadden (1980)에 의해 제시된 것이 있다:

「교사의 직무상황 결과로 생기는 생리적 변화를 동반하는 심리적 평형상태(psychologi- cal homeostasis)의 변화로서 교사에 대한 요구가 자아 존중감이나 안녕에 위협으로 지각되므로 평형상태를 유지하기 위하여 사용되는 심리적 대처기제에 의하여 조정된 것」으로 정의했다. 근본적으로 이 정의는 스트레스 유발요인이 교사의 자아 존중감이나 안녕에 위협을 주는 것으로 평가될 때만이 스트레스를 유발하는 것으로 가정했다.

이들 정의를 참고로 해서 김정휘(1991, 30)는 교사의 직무 스트레스를 다음과 같이 정의했다.

> 교사로서 그의 직무수행 국면에서 사람, 사물, 사건(person, thing, event)과의 관련성 속에서 간헐적으로 반복해서 발생되는 불유쾌한 정서적 영향들(예컨대: 분노, 의기소침, 긴장, 불안, 울화, 짜증, 욕구좌절, 갈등, 적대감, 불행감, 절망, 낙담, 무력감, 슬픔, 비통함, 억울함)과 생리적 효과를 경험하게 되는 반응 증후군(response syndrome)을 말한다. 이러한 반응 증후군은 그 개인의 자존심, 안녕(행복이나 마음의 평정), 건강, 책무성, 수행을 위협하고 적응 장애를 초래한다. 교사가 만성적으로 자주 경험하는 심각한 직무 스트레스의 결과 탈진을 경험할 수 있다.

이것은 스트레스 개념을 부정적으로 지각하는 것이다.

스트레스의 성질을 해석하는 관점을 요약 제시하면 다음과 같다.

1. 교사(직장인) 개인과 상황변인과의 상호작용의 결과(산물)로 해석

예: Lewin의 행동공식, B=f (P・E)

P는 성, 나이, 근무 연수, 학력, 경력, 직책, 결혼 유무, 심신의 건강, 성격

E는 교직에서의 요구조건, 교수-학습 상황, 학교장, 동료 교사와 학부모 간의 인간관계, 유관기관 관련인사, 수행해야 할 (기대되는) 입무의 수준・양・성질, 교육과정, 근

무 지역, 직무 만족도, 사기 관련 요건, 조직 건강, 교사 복지, 학교 컨설팅이 해당된다.
B는 순기능 · 역기능적인 직무(생활) 스트레스 반응 또는 과소 · 과대 스트레스

2. 교사 개인과 상황변수간의 인과변수로 해석. 예컨대, 상황이나 사건, 사회, 사람에 대한 지각 향성이나 해석.

교직에서의 스트레스(stress in teaching)라는 말씨가 teacher stress라는 말씨(어법, phrase) 보다 더 강조되어 쓰이고 있는데 이 말의 뜻은 "교직이라는 특별한 상황에서 교사 개인들에게서 발생되는 stress 증상이나 그에 따른 영향"을 의미하기 때문이다. 그래서 이런 경향을 반영한 여러 연구 자료가 발표된 바가 있다.

Cole, M., and Walker, S.(Eds.) (1989). *Teaching and Stress.*

Dunham, J. (1984) *Stress in Teaching.*

D'Arienzo, R. V., Moracco, J.C., and Krajewski, R. J. (1982). *Stress in teaching.*

Farber, B. A. (1991). *Crisis in Education: Stress and Burnout in the American Teacher.*

Humphrey, J. N. Humphrey, J. H. (1986). *Coping with stress in teaching.*

Travers, C. J. and Cooper, C. L. (1996). *Teachers under Pressure: Stress in the Teaching Profession.*

Trendall, C. (1989) *Stress in teaching and teacher effectivevess: a Study of teachers cross mainstream and special education.*

Troman, G. and Woods, P. (2001). *Primary Teacher's Stress.*

R. Vandenverghe, and A. M. Huberman (Eds.) (1999). *Understanding and Preventing Teacher Burnout: A Sourcebook of International Research and Practice.*

Yvonne Gold and Robert A. Roth (1993). *Teachers Managing Stress and Preventing Burnout: The Professional Health Solution.*

그런데 정의를 내리는 데 있어서 스트레스 그 자체의 조건보다는 스트레스 유발요인(stressor)에 초점을 집중시키는 경향이 있다(Humphrey & Humphrey, 1986. 9). 그래서 스트레스란 무엇이며 어떻게 이것이 인간 유기체에 영향을 끼치는가에 대한 풍부한 설명이 범람하고 있다.

교사의 스트레스 과정에 대한 상이한 모형(model)이 여러 전문가들에 의하여 제시, 논의된 바 있는데 여러 연구자들(Kyriacou와 Sutcliffe, 1978; D'Arienzo, Moracco와 Krajewski, 1982; Moracco와 McFadden, 1980)은 스트레스의 기존 모형들 대부분이 매우 유사하고 술어(nomenclature)를 단순히 바꾸어서 표현을 달리 대치한 것이라고 평했는데 이 기회에 교사의 직무 스트레스 모형 세 가지를 제시한다(〈그림 2-1, 2-2, 2-3〉 참조).

이 교사의 직무 스트레스 모형에 의하면(〈그림 2-2〉 참조):

〈상자 1〉은 잠재적인 스트레스 유발요인(stressors)을 뜻한다. 여기에서 세 가지 구성요소

〈그림 2-1〉 교사의 직무 스트레스 모형 1

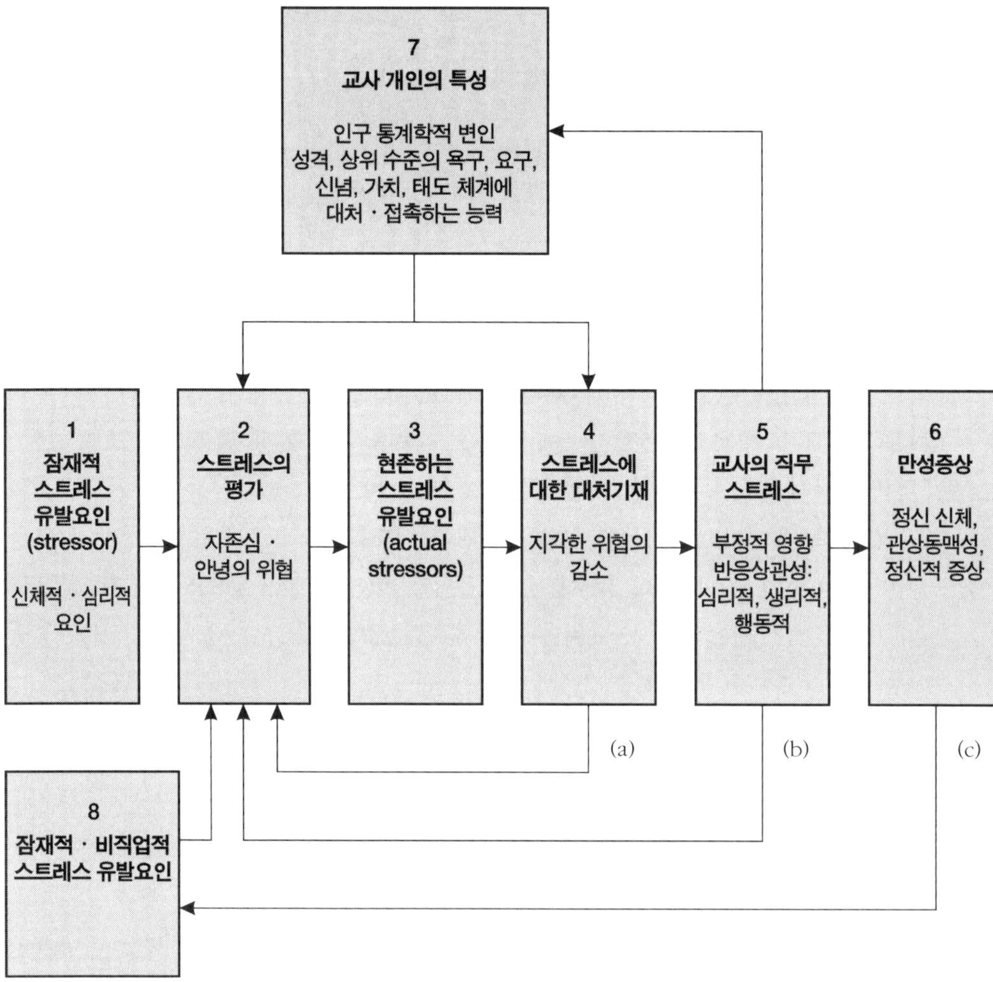

출처: Kyriacou, C., Sutcliffe, J.(1978). A Model of Teacher Stress. *Educational Studies*, March, 4, 1-6.

(사회 · 직장 · 가정 스트레스)를 스트레스 발산(發散)의 자원으로 해석을 했다(〈그림 2-2〉 참조).

〈상자 2〉는 평가기제인데 잠재적인 스트레스 유발요인이 현실적(actual)이게 되는 것을 결정하고 교사가 이용하는 것을 뜻한다(〈그림 2-1〉 참조).

〈상자 3〉은 만약에 스트레스의 잠재적인 출처가 교사의 안녕이나 자존심에 위협이 된다고 이해한다면 이러한 잠재적인 스트레스 유발요인은 교사에 따라서 다르게 영향을 끼친다는 점에 유념하는 것이 중요하다(〈그림 2-1〉 참조).

〈상자 2〉는 각 교사의 평가기제는 상이한 영향력(성별, 연령, 과거경험)에 의하여 조정(중

〈그림 2-2〉 교사의 직무 스트레스 모형 2

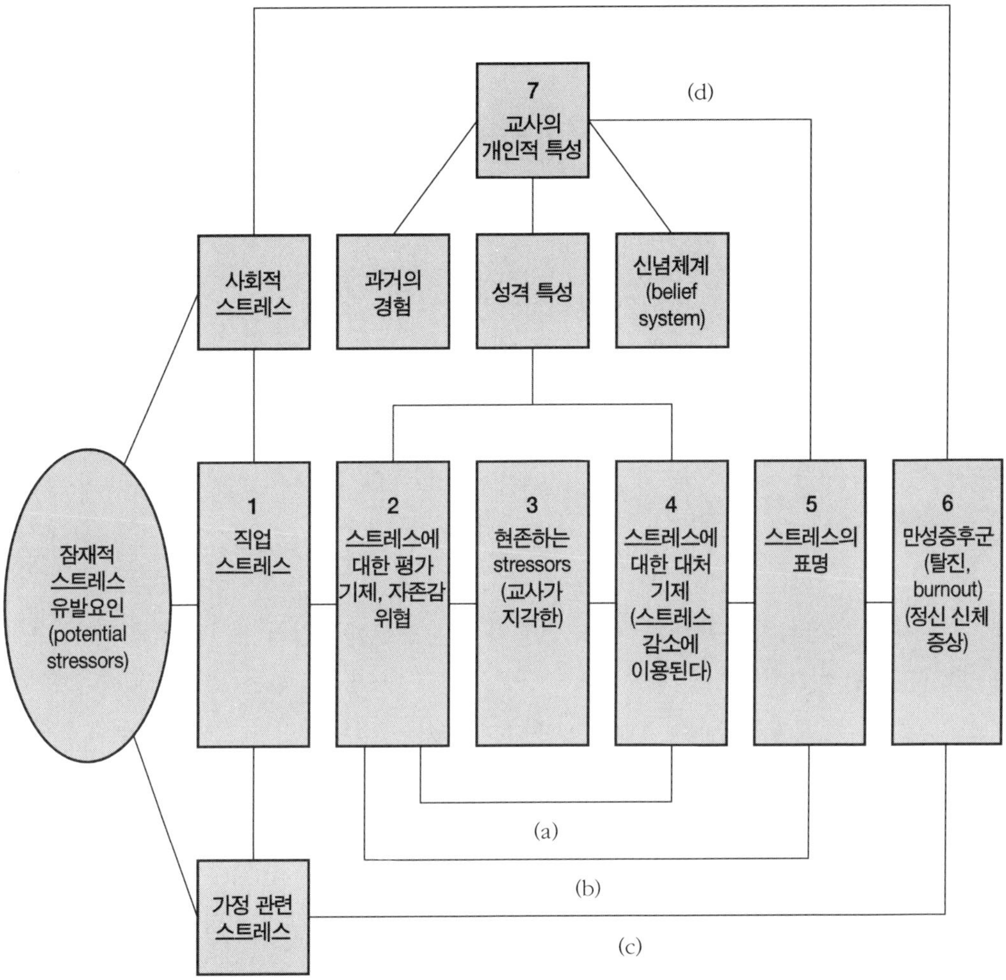

출처: Moracco, J., & McFadden, H. (1980) counselor's role in reducing teacher stress. Unpublished research report. Auburn University를 인용한, D'Arienzo, R. V., Moracco, J. C. & Krojewski, R. J. (1982). *Stress in Teaching*, Washington, D.C. University Press of America. p. 13-14에서 재인용.

개)된다(〈그림 2-1〉 참조).

〈상자 7〉을 교사의 개인적 특성으로 설명할 때 중요하게 상술, 토의를 필요로 한다. 〈상자 3〉에서의 현실적인 스트레스 유발요인으로 표현된다면 그의 자존심이나 안녕에 위협이 되는 것으로 교사가 지각하게 된다. 즉 이러한 상황이 전개된다면 그것들은 현실적인 스트레스 요인이 된다(〈그림 2-2〉 참조).

〈상자 2〉의 평가기제가 직업의 요구사항에 부응해야 한다는 것을 또는 그 욕구가 상위욕구와의 갈등을 교사가 느끼든, 느끼지 않던 간에 교사에게 지대한 영향을 준다.

스트레스 유발요인을 교사가 위협으로 지각한다면 대처기제〈상자 4〉가 스트레스를 감소시키는 데 얼마나 성공적일 수 있는가가 매우 중요하다.

스트레스를 일으키는 사건이 얼마나 효과적으로 교사의 스트레스로 표명되는가를 암시하는 것이 〈상자 5〉인 스트레스 표명이 나타내주고 있다.

〈상자 6〉은 만약에 교사가 효과적으로 대응기제를 이용한다면, 스트레스의 행동, 심리, 심리적 표명은 유예되고 간소화될 수도 있다는 것을 뜻한다. 이 모형에 의하면 스트레스의 유예된 표명은 경우에 따라서 탈진(burnout)을 야기하고 만성 증상(상자 6)을 일으킨다는 것도 밝히고 있다(〈그림 2-1, 2-2〉 참조).

앞에서 밝힌 바대로 개인적 특성은 스트레스를 받은 교사가 어떻게 성공적으로 대처할 수 있는가를 중요하게 결정한다. 즉, 개인적 특성, 과거경험, 성격 특성, 신념체계는 스트레스가 얼마나 심각하게 표명되는가를 결정한다. 만약에 이들 특성이 적합한 대응기제를 제공하지 않는다면 당사자는 '스트레스→탈진' 과정상의 매우 심각한 영향들을 경험하게 될 것이다. 스트레스와 탈진은 서로 관련이 있으나 동의어(equrvalent terms)는 아니다. 스트레스가 심하면, 피로나 탈진 상태에 빠지며 활력(energy), 융통성, 풍부한 기량의 상실을 겪게 된다. 그래서 탈진은 전반적으로 무기력, 자아통제력 상실, 고립무원, 압도당하는 것(저항할 수 없는 상태)를 느낀다. 이 모형은 후론할 Kyriacous와 Sutcliffe(1978)의 교사의 직무 스트레스 모형을 다소 변형・제시한 것이다.

이들 정의를 종합・분석해보면 스트레스 유발요인과 스트레스 반응성(reactivity)의 결합(combination)으로 교직에서의 스트레스를 정의하고 있는 것을 알 수 있다.

Kyriacou와 Sutcliffe(1982. p. 11)이 제시한 교사의 직무 스트레스 정의 및 관련 모형(〈그림 2-1〉의 모형)은 부정적 영향(negative affect)에 대한 반응으로 교사의 직무 스트레스를 정의하고 있다. 여기에서 부정적 영향은 잠재적으로 병리적, 생리적, 생화학적 변화에 의하여 교사에게 통상적으로 수반되는 분노나 우울증을 말하며 병리적, 생리적, 생화학적 변화란 체내의 혈액 속에 부신피질자극 홀몬(ACTH)의 방출이나 심장박동률의 증가를 뜻하며 이것은 교직(teacher's job)의 측면으로부터 야기되고 자존심이나 안녕의 위협을 야기하는 요구를 지각하므로 전달된다. 이것은 〈그림 2-1〉에 제시한 교사의 직무 스트레스 모형을 개념화한 것이고 동시에 최신 접근방법들을 종합한 모형을 제시하려는 의도에서 모형화했다고 밝혔다.

이 모형(〈그림 2-1, 2-2〉 참조)은 교사의 직무 스트레스의 경우 스트레스의 원인(stressor)이 직장(교직)에서 비롯된다기보다는 잠재적 스트레스 유발요인(potential stressors)과 개인적 특성이 교사의 직무 스트레스의 선행요건이라는 것을 공히 시사하고 있다.

(〈그림 2-1〉에서) 〈상자 1〉은 교직의 객관적인 측면일 수가 있다. 예컨대 너무 많은 업무,

학생, 훈육 등은 〈상자 5〉를 발생시키는 결과를 야기할 수 있다. 〈상자 1과 2〉를 교사가 최초로 지각함으로써 교사의 직무 스트레스를 이끌어 낼 수 있다. 〈상자 2와 7〉은 교사에게 가해진 요구(demands)에 대처하거나 부응하기 곤란한 경우를 인지하는 것(주로 상위수준의 needs와의 갈등)이고 요구에 대한 교사의 평가는 교사 개인별 특성(예컨대 A형 등)과 요구에 대한 교사의 지각 향성을 뜻한다. 잠재적 직업 스트레스 유발요인은 결과적으로 교사의 직무 스트레스 〈상자 5〉를 일으킬 수 있는 교직의 객관적인 측면(근무부담의 과중이나 학습지도 전문가로서 역할 수행에 따르는 역할갈등, 문화실조성 스트레스 등)을 말한다. 잠재적 직무 스트레스 유발요인은 교사의 자존심이나 안녕(마음의 평정·행복감)에 위협을 주는 구성요소가 된다고 교사가 처음으로 지각하는 경우이다. 어떤 사상을 스트레스 유발요인으로 지각하느냐 그렇지 않은가에 대한 평가는 흔히 두 가지 방식으로 이루어진다.

첫째, 교사가 해결해야 할 요구사항에 대처하거나 마주치지 못할 것이라고 느끼는 경우에 대한 평가

둘째, 상위수준의 욕구(higher order needs)와 관련된 교사의 갈등을 해결해야 하는 요청에 대한 평가(Beehr, Walsh & Taber, 1976)

그런데 교사가 해결해야 하는 요구사항(demands)에 대한 평가는 교사가 하게 마련인데 그것은 교사의 개인별 특성〈상자 7〉과 교사가 해결해야 할 요구사항에 대한 교사의 지각 향성 사이의 상호작용에 의해서 좌우된다. 이 모형에서 말하는 요구는 교사가 스스로 부과한 것일 수도 있고 타인에 의하여 부과된 요구일 수도 있다. 삶이나 직장생활에서 안녕에 대한 매우 강력한 위협은 역할기대를 실망시키는 것에 대한 두려움, 자존심, 타인의 눈총, 무능하다는 것 때문에 해고되지 않을까에 대한 두려움과 관련된다.

개인별 특성은 전기적 세부사항(예: 성, 나이, 교직경험 등)과 성격 특성(예: 불안, 과오를 저지르기 쉬운 성격, 융통성·완고성, TABP), 상위수준 욕구(예: 자아실현 욕구)같은 요구(demand)에 대처하거나 맞서는(meet) 능력 및 신념, 태도, 가치체계(teachers-beliefs-attitudes-values system)가 가장 중요한 요건이다. 여기에서 교사의 현존하는 능력이 스트레스 평가를 부분적으로 결정한다기보다는 교사가 해결해야 할 요청에 대처하거나 맞서는 교사 자신의 능력에 대한 교사의 지각향성이 평가에서 중요시되어야 한다고 보고 있는 점에 유념해야 한다는 것이다. Lefcourt(1976)는 인간이 그의 환경을 제어(control over)할 수 있고 그 자신이 지각하는 정도는 사람마다 다르다는 것을 지적했다. Averill(1973)은 스트레스 유발요인에 대한 제어력이 부족하다고 교사가 지각하는 것은 스트레스 발생의 필요조건이라고 주장했다. 이러한 평가는 잠재적 스트레스 유발요인에 의하여 영향을 받지만(생활위기나 건강악화 같은) 직업의 구체적인 측면은 아니라는 것이다. 이러한 스트레스 유발요인은 잠재적이고 비직업성 스트레스 유발요인으로 호칭할 수 있다〈상자 8〉. 교사에게 위협을 조성하고 있다고

평가되어진 잠재적 직업 스트레스 유발요인은 〈상자 3〉에서 현존하는 직업 스트레스라고 호칭했으며 현존하는(actual) 직업 스트레스 유발요인은 잠재적 직업 스트레스 유발요인의 부분 종합(subset)으로 개념화한 것이지 무엇이 잠재적 직업 스트레스 유발요인이 되는가에 강조점을 둔 것은 아니다. 환언하면 현존하는 직업 스트레스 유발요인은 교사의 근무환경에서 고정되게 찾아낼 수 있다. 〈상자 4〉의 대처기제는 교사 개인에 의한 현존하는 직업 스트레스 유발요인을 다루는 것으로 도입했다고 밝혔다. 이 모형에서 있음직한 반응 및 만성증상〈상자 6〉은 스트레스가 인간의 원래의 적응능력보다 강도가 너무 크거나 장기간 지속되면 스트레스 증후군이라고 불리는 여러 가지 신체적・정신적 질환을 유발하게 됨을 암시한다.

교사의 직무 스트레스 모형은 주로 부정적인 영향에 대한 반응(분노나 우울과 같은 것)과 교사의 직무 스트레스〈상자 5〉와 상관이 있는 반응으로 간주될 수 있는 여타의 현상에 의해서도 통상적으로 수반되는 부정적인 영향으로 명확하게 개념 정의하고 있다.

교사의 직무 스트레스에 수반되는 생리적・생화학적 변화에 대한 잠재적이고 병리적인 성질은 정신신체증상(psychosomatic symptoms, 예: 위궤양)을 유발할 뿐만 아니라 관상동맥성 심장병(CHD)과 정신질환과 같은 많은 만성증상을 일으킨다(〈상자 6〉 참조). (Cooper & Marshall, 1976)

그리고 4개의 중요한 재투입 환선을 〈그림 2-2〉에 각각 a, b, c, d로 표시하여 제시했다. 첫째 대처기제로 부인(denial)이 잠재적 스트레스 유발요인에 대한 교사의 평가에 영향을 끼칠 수 있는 현존하는 스트레스 유발요인을 다루는 교사에 의하여 활용된다(Lazarus, 1966). 만약에 대처기제를 현존하는 스트레스 유발요인에 성공적으로 이용했을 때 잠재적 스트레스 유발요인의 상태를 감소시킬 수 있다(Houston, 1973)고 보고서 이것은 환선 (a)로 표시했고, 둘째로 교사의 직무 스트레스 그 자체는 직접 평가에 영향을 끼치는데 이것을 환선 (b)로 표시했다. 교사가 심하게 교직을 불만족스럽게 여기면, 부차적으로 자존심이나 안녕에 위협이 되는 것으로 이것은 환선(c)로 표시했으며 잠재적인 또는 비직업적 스트레스 유발요인 그 자체는 건강악화의 원인이 될 수 있다. 환선 (d)는 교사 개인이 과거 요구에 대처하거나 대결하는 데 실패했다는 사실 역시 교사 개인이 새로운 요구에 대처・대결하는 그의 능력에 대한 미래의 평가에 영향을 줄 수 있음을 시사하는 것이다. 교사의 직무 스트레스에 대한 정의와 모형은 지각된 위협을 감소시키기 위하여 활용되는 대처기제에 의하여 그리고 교사의 자존심이나 안녕에 대한 위협으로 평가되는 것에 의하여 중재되는 반응증후군(response syndrome)으로서 교사의 직무 스트레스를 개념, 정의했다.

교사의 직무 스트레스에 대하여 유의미한 연구를 할 수 있도록 여기에서 제시한 정의와 모형은 이미 연구를 통해서 파악한 상황들을 통합, 제시한 것이다. 앞에서 제시한 여러 가지 직무 스트레스 모형들은 공통적으로 다음과 같은 중요한 변인들을 포섭, 통합하고 있음을 발견

할 수 있다(〈그림 2-2, 2-3〉 참조):

1. 부적합한 행동으로 진행하거나(ongoing) 결과로 일어날 수 있는 스트레스 유발요인
2. 스트레스에 대한 대처 자원 및 대처 책략
3. 건강과 관련된 결과 및 직장(조직)의 구조적 풍토
4. 관여자(participants)의 특성이 스트레스를 수정하거나 대처과정, 성별 특성, 개인차 변인, 학교별 특성(초・중고, 남학교, 여학교, 공・사립, 학생의 성별 특성)구조 등이 무엇을 발생시켰는가를 설명해야 한다는 것이다.

이러한 다양한 변인들의 상호작용에 의한 결과(반응)의 산물이 직무 스트레스라는 것을 이들 스트레스 모형은 밝히고 있다. 앞에서 제시한 교사의 직무 스트레스 모형은 공통적으로 잠재적 스트레스 유발요인과 현존하는 스트레스 유발요인을 구별하고 있다. 그런데, 흔히 교육환경에서의 스트레스 유발요인 또는 학교 조직에서의 스트레스 유발요인이라는 용어를 쓰는 경우도 있는데 어떻게 표현이 되든지간에 이것들이 ① 교사의 직무 스트레스 수준에 영향을 끼치며 ② 교사의 개인적 특성(〈그림 2-1, 2-2〉에서 상자 7)에서 비롯되는 스트레스와 교육환경에 대한 반응(대처전략)을 포함하여 반응적 스트레스(reactive stress)라고 말한다. 이와 관련하여 Maslach(1978)와 Lazarus(1966)는 이 반응적 스트레스를 조직에 대한 개인의 인식 기능으로 가정했고 환경적 반응 스트레스는 정서적 고갈, 비인간화, 개인적 업적(emotional exhaustion, depersonalization, personal accomplishment)으로 세분했다(Hubert, Gable, Iwaniki, 1990. p. 187).

학교 교사들에게 만연되어 있는 직무 스트레스 즉 교사의 직무 스트레스(teacher job stress)에 대한 연구는 아직 발달의 초기 단계에 있다.

스위스의 Lana 대학의 Tellenback와 그의 공동연구자들은(1983. p. 20) **교사의 직무 스트레스: 탐색모형 설정**이라는 논문에서 다음과 같은 특이한 모형을 설정했다. 이 모형(〈그림 2-3〉 참조)의 특징은 이웃의 특성(지역사회에서 스트레스 유발요인의 발생 빈도에 영향을 끼치는 학교에 대한 사회적 맥락)을 중시한다는 것이다. 이 모형에서 교사의 특성은 상이한 인구통계학적 특징을 말하며 이것은 상이한 정도의 직무 관련 스트레스 유발요인에 노출되어 있다. 잠재적 스트레스가 현존하는 스트레스로 발전될 것인가 여부는 교사가 그에게 가해지는 요구에 대한 교사의 평가와 지각 향성에 의존한다.

교사가 이러한 요구에 대처하지 못하거나 실패하는 것은 그에게 매우 중요한 결과를 초래하며 이러한 요구는 교사의 상위수준의 필요(need)에 대한 갈등을 야기한다는 것이다.

그 외에 비직업적 스트레스 유발요인도 직무 스트레스에 직・간접으로 작용한다고 설명했다. 앞의 Kyriacou와 Sutcliffe 모형에서 이용되지 않은 개념은 일반적인 긴장(general strain)

〈그림 2-3〉 교사의 직무 스트레스에 대한 개념 모형

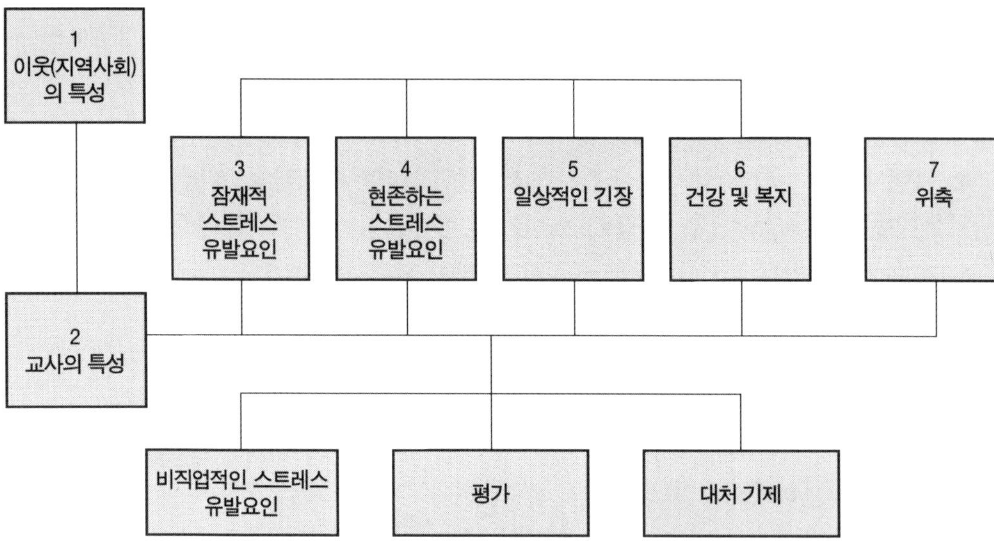

출처: Tellenback, S. Brenners, S-O. Lofgren, H. (1983). Teacher stress: Exploratory model building. *Journal of occupational psychology*, 1965-33.

이다. 이것은 교사의 건강과 안녕(well-being)에 영향을 끼치는 것으로 상정되며 정신장애와 정신 신체적으로 조건화된 증상(psychosomatcially conditioned symptoms) 모두 건강에 포함되어 있는데 이것이 위의 일반 긴장에 의해서 영향을 받는다는 것이다. 이 모형에서 건강(6)은 Kyriacou와 Sutcliffe의 모형에서 교사의 직무 스트레스와 만성 증상과 일치한다.

Tellenback 등의 모형에서 위축(7)은 계획인 결근(absenteeism)과 심리적 위축(주로 직장 불만의 표명)을 뜻하는 것이다. 이러한 과정은 여러 가지 대처기제가 스트레스 유발요인의 영향을 경감시키는 것으로 가정했다. 예컨대 여기에서 스트레스 완충효과로 기능하는 사회적 지원은 잠재적 스트레스가 현존하는 스트레스로 발전하는 것을 예방해 준다.

개인의 성격도 실재하는 스트레스 유발요인과 일반 긴장상태로 축적되는가 여부를 결정하는 데 중요하다. 그러나 일반 긴장 상태가 정신 신체적 증상이나 정신착란을 유발하지는 않는다.(여기 모형에서 간과해 버린 직장과 무관한 스트레스 유발요인의 평가를 비롯하여 대처과정이 직무 스트레스 과정을 중재하는 것으로 가정했다.)

교사의 직무 스트레스 모형을 이해함에 있어서 유념해야 할 점을 Trumbull과 Appley(1968, p. 22)는 다음과 같이 제시한 바 있다. 즉

1. 교사 개인과 그를 둘러싸고 있는 환경 사이에 상호작용의 역동성 즉
   - 당사자(교사)가 스트레스 유발요인에 직면하기 이전의(before) 이미지

• 스트레스 반응방식 중에서(during)
• 스트레스를 경험한 다음에 이어서(following)

말하자면 어떻게 그 개인이 변화되었으며 좋아졌는가 또는 나빠졌는가, 발생되는 스트레스 유발요인을 어떻게 다루었는가를 유념해야 한다는 것이다.

2. 이러한 평가차원은 평가상의 개인별 차이가 있으며 그것은 실존하는 경험, 지식, 활용 가능한 자원, 실행의 차이에 영향을 받으며 자아 효능감과 자존심의 변차에도 영향을 받으며 대처양식의 선택이 교사 개인마다 다르고 사회적 지지는 스트레스의 영향을 개선, 경감시키는 요인이라는 것이다.

하여간, 교사의 직무 스트레스에 대한 거의 모든 모형은 스트레스를 야기하는(trigger) 주위의 상황에 대하여 교사의 지각이 중심역할을 한다는 것을 인정하고 있다(Payne와 Fletcher, 1983; Tellenback et al., 1983). 이것은 어느 면에서 명백하게 유사한 상황 속에서도 어찌해서 교사들이 상이한 수준의 스트레스를 경험하게 되는가를 설명해 주는 것이다. 추측컨데, 이들 교사들이 많은 위협을 느끼는 직무환경을 지각하게 되면, 그 교사는 엄청난 수준의 스트레스를 경험하게 되리라는 것을 가정할 수가 있다. 따라서 어느 의미에서 스트레스는 구경꾼(지켜보는 사람, 눈여겨보는 사람, beholder)의 눈이라고 할 수 있다. 물론 어느 특정 교사 한 개인이 직면하고 있는 애로사항의 수준을 객관적으로 평가한다는 것은 용이한 일이 아니라는 것을 말한다.

교사의 직무 스트레스 모형을 비롯하여 여타의 직무 스트레스 모형은 스트레스 유발요인 즉 선행요인(조직 내・외의 요인), 개인 특성(개인차), 스트레스 반응과 증상의 결과 등 과정적 맥락을 이해하는 데 도움이 된다.

Hembling과 Gilliland(1981)에 의하여 Canada에서 이루어진 연구에서 학년도(學年度) 동안에 스트레스 주기(cycle)가 존재한다는 가설을 세웠다. 이들은 교사들 중에서 각 학기말과 학년말(at the end of each term and at the end of the school year)에 스트레스 발생률이 가장 높은 것으로 나타났다고 보고함으로써 가설을 입증했다(〈그림 2-4〉 참조). 이 기간에 스트레스가 증가하는 이유는 전(前) 학기 동안에 축적된 긴장(tension)에 기인하고 학년말에는 시험 및 학기말 총 학사업무를 정리해야 하기 때문인 것으로 생각된다. 이 연구는 또한 직무 스트레스 수준이 어떻게 축적되는지를 보여주고 교사 개인의 안정성을 회복하고 재충전을 위해서 방학의 중요성, 필요성을 강조했다.

핀란드인들을 대상으로 한 조사(Ojanen, 1982)에서 발견된 사실은 초등학교 저학년 교사들의 스트레스 증상은 10월에서 11월 사이에 발생한다는 사실을 보여 주었다. 비록 두 연구 모두 계몽적이기는 하지만, 어떤 방법론도 학년도의 서로 다른 시기에서 교사들의 스트레스 수

〈그림 2-4〉 초 · 중등학교 교사와 교장이 지각한 월별 스트레스 평균치

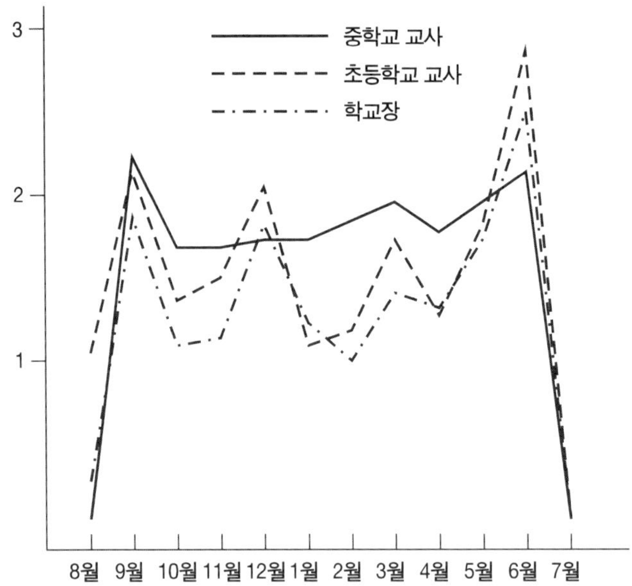

출처: Hambling, D. W. and Gilliland, B. (1981). Is there an identifiable stress cycle in the school year? *The alberta Journal of Educational Research* 27(4), 324-30을 引用한 José Esteve(1989) Teacher Burnout and Teacher Stress. M. Cole, and S. Walker. (1989) (eds.) *Teaching and Stress.* Milton Keynes: Open University Press. 22에서 재인용.

준에 대해 실질적인 측정을 적용하지는 않았다.

이후의 연구는 종단적인 방법을 사용했다. 미국에서, Fleishut(1985)는 펜실베이니아 주에서 1년간 초등학교 교사들의 스트레스 유형을 조사했다. 그 연구의 목적은 한 학년 과정 동안 선정된 5회의 기간에서 81명의 초등학교 교사들이 느끼는 업무 관련 스트레스의 기원과 강도를 조사하는 것이다. 여기서는 교사들의 스트레스가 학년이 시작될 때(9월)과 크리스마스 휴일이 지난 후(1월)에 가장 높았고 11월과 3월, 5월에 가장 낮다는 사실이 발견되었다. 그 연구에서 또한 실제 스트레스는 학년 초(9월부터 11월)에 증가하다 크리스마스가 지난 후(1월) 감소하고, 3월에 서서히 증가하다 5월에 다시 정점에 도달한다는 사실이 밝혀졌다. 뉴욕 주의 교원 노조(NYSUT, 1980)에 의해 수행된 조사에서도 새 학년이 시작되는 첫 주에 스트레스가 가장 높은 것으로 나타났다.

교사의 직무 스트레스에 관한 신화

1. **스트레스성 질환에 잘 걸리는 교사는 그렇지 않은 교사에 비해 심약(心弱)하고 유능하지 못한 교사이다.**

제도, 관행, 권위, 기득권, 경직된 관료주의, 교직문화의 희생자일 수 있다.

2. **권한과 행정 역량을 발휘할 수 있는 학교장, 교감보다 평교사가 더 많이 스트레스를 받는다.**
   평교사만큼 학교장, 교감도 스트레스를 받는다. 교장, 교감 때문에 교사가 스트레스를 받기도 하지만 그 역(逆)도 성립한다. 적과의 동침이라는 영화 제목으로 비유할 수 있다.
3. **교사는 학교장과 교감선생님으로 인하여, 아동(학생)은 교사로 인하여 스트레스를 받는다.**
   스트레스를 받는 당사자(교사, 아동)의 취약성, 적응 유연성(resilience)의 취약성, 문제해결 능력에 문제가 있어서 즉 본인의 소인적 결함이나 문제에 의해서 자생적으로 발생되기도 한다.
4. **스트레스는 심신의 건강에 유해(有害)하고 불가항력적인 장애물이다.**
   긍정적 스트레스(Eustress)로 또는 역전의 계기(전환점)로 이용, 정복할 수 있다. 전화위복, 위기 는 곧 위험과 기회가 공존하는 것이라는 말이 스트레스 대처(극복) 방안에도 유효하게 적용된다. 즉 스트레스는 숙명이 아니라 선택일 수 있다. 스트레스는 극복, 해결, 예방이 가능하며 상황, 사례에 따라 조력이 필요하다.
5. **스트레스는 어른(성인)만, 남자만 경험한다.**
   남녀노소 구분 없이, 신분의 귀천에 관계없이 누구나 경험할 수 있다. 동물도 스트레스를 경험한다고 알려져 있으며 최근에 가축 복지학(조선일보, 2004. 3. 12, 제25884호)이 관심을 끌고 있다. 부인은 남편이 없으면 오래 산다는 이론이 있는가 하면 남자는 아내가 있어야 오래 산다는 이론도 있다. 남편과 아내는 영원한 동반자인가 적인가.

3. 교사들의 직무 스트레스에 의한 손실과 결과

의학 교과서에는 스트레스가 만병의 근원임을 밝히고 있으며 스트레스 관련 정신・신체 질병의 종류를 예시하고 있다. 따라서 스트레스로 인하여 발생된다고 알려져 있는 스트레스성 질병의 종류를 소개하고 교사의 경우에 발생된다고 밝혀진 스트레스성 직업병을 예시한다.

스트레스를 받게 되면 노르에피네프린(NE), 코디솔(cortisol), 성장호르몬(GH), 남성호르몬(testosterone) 등이 과도하게 분비된다. 이들 호르몬을 스트레스 호르몬이라고 한다. 이들 스트레스 호르몬은 자율 신경계에 악영향을 끼쳐 소화가 되지 않고 근육을 긴장시키며 어지러움, 고혈압, 두통, 대소변 장애, 성기능 장애 등을 일으킨다. 또한 스트레스를 많이 받는 사람들은 백신을 맞아도 소용이 별로 없다. 백신을 맞아도 면역기능이 떨어져 있어서 항체 생성능력이 저하되기 때문이다. 스트레스는 무서운 존재다.

쉽게 말하면 스트레스 호르몬은 우리의 몸 상태를 계속 긴장하게 만들고, 나아가 이러한 호르몬이 만성적으로 분비되어 몸이 놀라게 되는 것이다. 또한 지방질에 영향을 끼쳐서 비만하게 되고 핏속에 지방질이 많다 보니 동맥경화, 심근경색 등을 잘 일으키게 된다.

스트레스 호르몬과 놀란 자율 신경계는 면역기능을 약화시킨다. 신경 쓰고 나면 감기에 잘 걸리는 것은 이런 현상 때문이다. 비슷한 이유로 다른 감염성 질병에 잘 걸리게 된다. 감기뿐 아니라 몸에서 기생하면서 살고 있던 헤르페스 바이러스, 결핵균 같은 균들이 우리 몸에서 활개치게 된다.

T세포와 인터루킨-2라는 것이 있다. 외부에서 균이 들어왔을 때 면역기능을 발휘하도록 만드는 세포와 물질이다. 스트레스를 받게 되면 이 T세포와 인터루킨-2가 정상적으로 분비되지 않고, 과도하게 분비되거나 적게 분비되어 면역기능을 혼돈시킨다. 혼돈스러운 면역세포들은 착각현상을 일으켜 균을 공격하기보다는 우리 몸을 공격하기도 하고 균을 친구같이 여기기도 한다.

또한 스트레스를 받게 되면 자연살해 세포(NK cell) 능력이 떨어진다. 자연살해 세포는 내 몸에서 이상한 물질이 생기면 잡아먹는 세포이다. 즉 암 세포같이 비정상적인 세포가 출현할 경우 이를 인식하여 잡아먹는 세포이다. 스트레스는 이 자연살해 세포의 능력을 떨어뜨려 암 발현을 촉진시킨다.

스트레스는 신체 장기별로는 어떤 영향을 미칠까?(이상혁, 2003)

심장—분노 조절 못하면 협심증 · 고혈압 등 유발

급성 심근경색과 같은 심장질환은 스트레스와 밀접한 연관이 있다. 특히 스트레스로 인한 분노 조절을 잘 못하는 사람들은 협심증, 심근경색, 고혈압 등을 잘 일으킨다. 다른 사람들이 자신보다 일을 더 잘하는 것을 못 참고 스포츠를 즐기더라도 이길 때까지 경기를 하는 사람들은 성격이 지나치게 경쟁적이기 때문에 본인이 스트레스를 받는다.

이런 사람들이 경쟁의식을 느낄 때 혈압이나 맥박 수는 보통 사람들보다 높다. 이런 작용이 지속되다 보니 심혈관계에 지속적으로 무리를 주어서 치명적인 심장병을 일으키게 되는 것이다.

스트레스는 또한 심장을 관장하는 신경에 영향을 끼쳐 잦은 실신을 일으킬 수도 있으며 기존 맥박이 불규칙하게 뛰는 부정맥이란 병을 악화시키기도 한다. 부정맥이 있다가 갑작스러운 충격을 받은 후 쓰러지는 사람들을 TV 드라마에서 많이 보았을 것이다. 부정맥을 가진 사람들은 스트레스 조절에 특별히 신경을 많이 써야 한다.

스트레스가 심장에 영향을 끼치게 되면 치명적일 수 있기 때문에 심장질환이 있는 분들은 가까운 정신과 전문의에게 스트레스 조절에 대한 상담을 꼭 받아보는 것이 좋다.

폐—기관지 천식 · 과호흡 증후군 일으켜

기관지 천식도 스트레스와 연관이 많다. 천식 발작을 경험한 사람은 이 천식 발작이 다시 생길까봐 걱정한다. 공포감을 주는 것이다. 이 천식은 의존욕구가 많은 사람에게 잘 생긴다고 한다. 스트레스가 생겼을 때, 의지할 곳이 없으면 천식 증상이 잘 생기며 이를 조절해 줄 때 천식 증상도 좋아진다.

천식은 알레르기를 일으키는 물질에 의해 유발되기도 하지만 스트레스를 과도하게 받고 있을 때 증상이 더욱 나빠지는 것이다. 폐는 자율 신경계에 영향을 받기 때문에 스트레스가 자율 신경계에 영향을 미치면 천식 발작까지 일으킬 수도 있다.

과호흡 증후군 또한 그러하다. 과호흡 증후군은 갑자기 숨을 몰아쉬는 증후군이다. 즉 지나치게 호흡을 많이 하게 되어 몸에 이온(ion)상태가 바뀌게 되고 실신이나 근육 경축 등을 일으키는 증후군이다. 실제로 응급실에 근무하는 사람들은 과호흡 증후군 환자를 많이 본다.

과호흡 증후군이 있을 때 의사가 해주는 것은 안심을 시켜주고 비닐봉투로 호흡을 시키는 것이 고작이다. 이런 간단한 처치만으로 과호흡 증후군은 교정된다. 심리적인 요소가 치료에 많은 영향을 기칠 수 있기 때문이다.

위 · 십이지장 ― 신경성 위염에서 위 · 십이지장 궤양까지

신경성 위염은 위염 중에서 특별한 원인 없이 생긴 위염을 일컫는다. 정식 명칭은 아니지만 환자들이 이해하기 쉬워 의사들이 주로 설명해 주는 말이다. 실제로 며칠 신경을 쓰고 나면 위염이 생기거나 악화되는 경우를 많은 사람들은 경험한다.

약을 먹으면 그때뿐이고 약을 먹지 않으면 계속 소화가 잘 안된다. 내시경으로 검사해도 약간 위가 헐었다고만 할 뿐 몸에 큰 이상은 없다고 한다. 이럴 때 본인의 스트레스가 무엇인지 생각해 보아야 한다. 실제로 스트레스 조절 약물을 복용했을 때 이런 신경성 위염이 좋아지는 연구 보고들이 나타나고 있다. 스트레스를 받고 있으면 코티솔, ACTH 등 스트레스 호르몬이 분비되어 위산과 위의 움직임에 악영향을 미친다.

나아가 더 심한 질병인 위궤양, 십이지장 궤양도 스트레스로 인해 생길 수 있다. 스트레스가 과중하면 위염 단계를 지나 궤양이 생기게 된다. 과거 정신분석학자들은 무의식적으로 스트레스로부터 벗어나 보살핌이나 사랑받기를 바라는 마음이 궤양으로 나타난다고 이야기했다.

사랑 받고 싶은 욕구를 만족하지 못한 경우 스트레스를 받게 되고 이것이 위, 십이지장 궤양으로 나타나게 되는 것이다. 상담을 통해 혹은 약물을 통해 이 욕구를 극복하게 되면 좋아질 수 있으며 긴장, 불안 이완요법이라든지 호흡법 같은 스트레스 조절법에 의해서도 어느 정도 좋아질 수 있다.

대장 ― 갑자기 설사 또는 변비…약 먹어도 효과 없어

과민성 대장 증후군은 스트레스를 받은 경우 갑자기 자율신경의 일부인 미주신경의 활성화로 인해 설사나 변비를 일으키는 경우다. 시험을 본다든지 중요한 발표를 앞두고 갑자기 배가 아파 화장실에 가야 하는 경우가 특징적인 예다.

과민성 대장 증후군은 내과 의사들이 난처해하는 병 중 하나다. 특별히 약을 써도 좋아지는 것이 별로 없기 때문이다. 스트레스를 조절해야 좋아지는데 섣불리 정신과에 가보라고 말하면 환자들이 화를 내기 때문에 단순한 약을 지어주고 만다.

심한 병 중 하나인 궤양성 대장염(ulcerative colitis)은 강박적인 사람들에게 잘 생긴다. 어린 시절부터 어머니와의 관계에 문제가 많은 사람에게 빈발하는 것으로 알려져 있다. 어머니가 환자 자신의 일을 모두 조절하고 개입하는 경우에 환자 자신이 스트레스를 받게 되고 이 스트레스가 이런 심각한 병을 초래하게 되는 것이다.

또한 꼼꼼하게 일 처리를 하지 않으면 못 참는 사람들은 자신의 성격으로 인해 스트레스를 받는다. 다른 사람들은 대충해도 되는 일도 꼼꼼하게 처리해야 불안이 가시기 때문이다. 이런 사람들이 궤양성 대장염을 잘 일으킨다.

교감 신경계		부교감 신경계
동공확대, 건조함, 먼 곳 응시	**눈**	동공축소, 촉촉함, 가까운 곳 응시
소름이 돋음	**피부**	소름이 돋지 않음
타액분비 저하	**입**	타액분비 증가
촉촉함	**손바닥**	건조함
폐활량 확장	**폐**	폐활량 축소
심장 박동수 증가	**심장**	심장 박동수 감소
근육에 최대로 공급	**혈액**	내장기관에 최대로 공급
활동 증가	**부신**	활동 감소
억제됨	**소화력**	자극됨
최고조	**성적인 기능**	각성

간 – 술로 문제 해결하려 할 때는 간 손상

스트레스 자체가 간을 손상시킨다는 증거는 별로 없지만 실직, 이혼과 같은 스트레스를 겪는 남자들은 술로 문제를 해결하려고 하는 경우가 많아 간 손상이 많다. 실제 알코올 의존(중독)과 같은 병을 앓는 환자들 거의 대부분이 알코올성 간질환(지방간, 간경변, 간암) 등을 동시에 앓는다.

생식기 – 생리전 불쾌감 · 성기능 장애 유발

생리 전(前) 증후군 같은 질병은 여성의 70% 이상이 경험하는 스트레스성 질환이다. 생리

전 증후군도 생리 전 불쾌 장애 수준이 되면 생리에 대한 극도의 공포감이 들고 직업 사회생활에 장애가 온다. 실제로 어떤 환자는 생리를 피하려고 임신을 계속하려고 한 사례도 있다. 스트레스를 조절하는 항우울제를 복용할 경우 생리 전 증후군 환자들은 80%이상 호전을 보고 한다.

성기능 장애도 두드러지는데 40대 남자에게서 흔한 특징 중 하나다. 위에서 치이고 아래에서 받치면서 탈진되고 자신감을 상실하는 것이다. 아내에게도 자신감을 상실하게 되고 생물학적 욕구는 있으면서도 성기능을 발휘하지 못하여 부부간에 불화까지 초래한다.

머리 — 스트레스와 밀접…긴장하면 두통 심해져

편두통이나 긴장성 두통도 스트레스와 매우 밀접한 연관이 있다. 스트레스를 받게 되면 머리와 목의 근육이 수축하게 되어서 머리에 피가 잘 안 통하게 된다. 이 현상 때문에 머리가 아프게 되는데 이를 긴장성 두통이라고 한다. 오후가 되면서 더욱 심해지는 두통은 긴장성 두통의 특징 중 하나이다. 오전부터 스트레스가 쌓이다가 오후가 되면 머리의 긴장상태가 계속되어 증상이 나타나는 것이다.

췌장 — 자율 · 독립 추구하는 사람은 주의를

흔한 질병인 당뇨는 스트레스 조절을 잘 하면 좋아지는 질환이다. 당뇨약은 당을 조절하는데 가장 주요한 치료법이다. 하지만 당뇨 환자는 스트레스가 별로 없으면 당 수치가 좋아진다. 무의식적으로 자율과 독립을 추구하는 사람들에게 스트레스가 올 경우 당뇨병이 잘 생긴다는 보고도 있다.

사지 — 류마티스성 관절염은 스트레스와 관련성 커

갱년기 여성(주부)의 적인 류마티스성 관절염도 스트레스와 관련이 많다. 또한 만성 통증의 경우도 심리적인 스트레스와 연관이 많다는 연구들이 많다.

살 — 스트레스는 비만의 원흉

비만도 스트레스와 연관이 많다. 스트레스 받으면 많이 먹는 사람들이 있다. 스트레스를 입으로 해결하려고 하기 때문이다. 구순기적 욕구(oral need)라고 정신의학적으로 이야기하는데 애정의 욕구와 관련이 있다고 한다. 스트레스를 받게 되면 한 살 단계에 해당하는 구순기적 상태로 퇴행해서 입으로, 먹는 것으로 해결을 하려 하기 때문이다. 자꾸 먹다 보니 비만이 생긴다.

경영자 10명 가운데 7명가량은 각종 질환으로 고생하고 있는 것으로 나타났다(〈그림 2-5〉 참조). 삼성경제연구소의 최고경영자(CEO)회원 대상 유료 사이트 SERICEO(www.ser-

〈그림 2-5〉 나를 괴롭히는 질병

자료: 삼성경제연구소(2005)

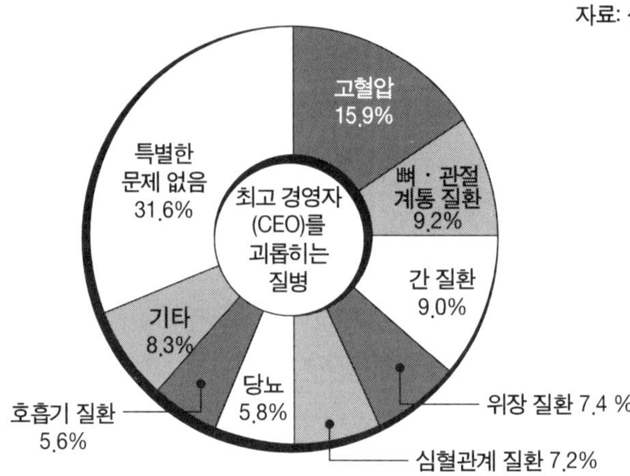

iceo.org)가 회원을 상대로 설문조사한 결과 총 446명의 응답자 가운에 68.4%가 고혈압과 간질환 등 각종 병에 시달리고 있었다. 가장 많은 질환은 고혈압(15.9%)이며, 퇴행성 관절염 등 뼈 · 관절 계통의 질환 (9.2%)이 뒤를 이었다. 간질환(9.0%), 위장(7.4%)이나 동맥경화 등 심혈관계 질환(7.2%)도 적지 않았다. CEO들이 병을 지니고 사는 것은 기업의 생존과 관련된 중요한 결정을 내리는 과정에서 극심한 스트레스에 시달리고 있기 때문인 것으로 풀이된다. 건강에 특별한 문제가 없다는 응답은 31.6%에 그쳤다. 삼성경제연구소 관계자는 "경쟁이 갈수록 치열해지면서 CEO들이 심신을 돌보지 않고 과로하는 경우가 적지 않다"고 말했다. (조선일보, 2005. 6. 6, 제12567호)

회사에 다니면서 '스트레스를 거의 받지 않는다'면 국내에서 5%안에 속하는 행복한 직장인이다. 한국 직무 스트레스학회가 전국 254개 사업체 직장인 약 7000명을 조사한 결과 73%는 잠재적인 직무 스트레스를 받는 것으로 나타났다. 이것은 미국(40%) · EU(28%)보다 높은 세계 최고 수준이다.

하지만 근로자들은 혹시나 손해볼까 우려해 자신의 업무상 스트레스나 질병을 드러내지 않는 경향이 있다.

스트레스도 업무상 재해 해당–사무직 근로자 소송 급증

일상화된 야근, 쏟아지는 일거리와 상사의 질책, 매일 찾아 오는 술자리.

주당 근무시간이 다른 나라에 비해 월등히 높은 빽빽한 근로환경 속에서 한국의 직장인들은 괴롭다. 높은 노동강도에서 오는 심리적 부담과 스트레스는 **'술 권하는 사회'**에서 굳어가는 간과 위로 누적된다. '피로여 가라'를 외치며 각종 영양제도 찾아보지만 과로에 대한 불안감은 쉽게 사라지지 않는다.

실제로 직장에서의 스트레스나 과로로 인한 질병과 이로 인한 사망률은 계속 늘고 있는 추세다. 또 이를 업무상 재해로 인정해 달라는 소송도 늘고 있다. 특히 업무상 재해의 범위가 탄광에서의 진폐증이나 공장기계의 오(誤)작동으로 인한 사고 등 '블루칼라'의 문제에서 사무직(화이트칼라) 근로자의 스트레스로 인한 정신적·육체적 재해로 확대되고 있다.

2000년 6월 폐암으로 사망한 최성창(崔成昌) 전 대검찰청 공안 3과장의 부인 김모씨는 16일 공무원연금관리공단을 상대로 남편의 사망을 업무상 재해로 인정해 달라며 서울행정법원에 소송을 냈다. 김씨는 "남편이 조폐공사 파업유도 사건 등 국민적 관심이 쏠리는 중요한 사건의 총괄 책임자로 근무하면서 정신적, 육체적 스트레스를 받아왔다"며 "과중한 업무가 20년 동안 누적돼 사망했는데도 업무상 재해로 인정하지 않아 유족보상금을 지급하지 않는 것은 부당하다"고 주장하고 있다.

법원은 이와 같은 소송에 대해 업무상 재해의 범위를 폭넓게 해석, 적극적으로 인정하려는 경향을 보이고 있다. 서울행정법원은 2004년 12월 지속적으로 술을 마시다 96년 간암에 걸려 사망한 인천 모 경찰서 형사계 강모 경장(사망 당시 49세)의 경우도 업무상 재해로 인정했다.

김 경장이 마신 술은 20여 년간 살인과 강도 등의 강력 사건을 맡으면서 쌓인 피로와 스트레스를 해소하기 위한 것이었으므로 술로 인한 간암과 업무와의 인과관계가 인정된다는 것이다. 그러나 이런 종류의 질병이나 사망이 무조건 업무상 재해로 인정받는 것은 아니다. 무엇보다 재해가 회사 등 사용자의 관리 책임 하에 업무수행 과정에서 발생했으며(**업무 수행성**), 그 업무가 재해를 유발할 만큼 과중했거나 위험을 내포하고 있다(**업무 기인성**)는 사실이 규명돼야 한다.

질병의 일차적인 발생 원인이 업무와는 상관이 없더라도 그 수행과정에서 악화, 사망에 이르렀다면 역시 업무상 재해에 해당된다. 또 과로나 스트레스는 오랜 기간 쌓여 지속적으로 적용하는 것인 만큼 근무현장을 떠난 이후의 사고도 업무와 관련이 있는 것으로 인정된다.

인과관계가 입증되면 자살도 업무상 재해에 포함된다. 법원은 2005년 5월 21일 전기줄에 목을 매 자살한 수도꼭지 연마공 구 씨의 유족이 근로복지공단의 '업무외(外) 재해' 결정에 불복해 제기한 소송에서 유족의 손을 들어줬다. 구씨가 1998년 3월 10여 년간 일해오던 분야에서 생소한 주조과로 일방적 전보조치된 뒤 긴장과 부담감 때문에 결국 1년여 만에 자살에 이르렀다는 점을 인정한 것이다.

행정법원의 한 판사는 "개인의 건강상태나 근무환경 등에 따라 판결내용이 달라지기도 한다"며 "업무특성상 직접적, 의학적인 재해 원인을 밝히기 어려운 경우가 많아 결론을 내리기 어렵다"고 말했다.

실제로 우울증과 적응 장애 등 정신질환으로 인한 산재 승인 건수는 2000년 27건에서 지난해 104건으로 늘어났다. 과로와 스트레스가 원인인 뇌졸중·심장병 등 뇌심혈관계 질환 산재 승인 건수도 2000년 1,950건에서 2004년에는 2,285건으로 증가했다.

인터넷 취업 포털 '잡링크'가 2005년 4월 직장인 2,083명을 대상으로 설문 조사한 결과 전체 응답자의 81.7%(1,702명)가 '직장에서 받는 스트레스로 인해 질병을 앓은 적이 있다'고 대답했다. '스트레스의 정도가 심해 병원 등에서 치료받은 적이 있다'는 응답도 39.6%(674명)나 됐다.

한국 직무 스트레스학회가 2001년 조사한 우리나라 직장인의 스트레스 보유율은 95%로 미국(40%), 일본(61%)보다 월등히 높은 수준이다. 특히 국내 직장인의 22%는 고위험 스트레스에 시달리고 있는 것으로 조사됐다.

스트레스는 국가경제에도 심각한 피해를 주고 있다. 산재와 의료비 지출이 늘고, 직장과 업무에 대한 근로자의 애정이 식어 기업 경쟁력에도 악영향을 미친다.

인제대 백병원 스트레스 센터는 스트레스로 인한 피해액을 추정한 결과 2004년 국내총생산(GDP) 손실이 최소한 11조 3,650억 원에 이른다고 밝혔다. 인제대 우종민 교수는 "업무와 관련 있는 정신 관련 질환 고위험군 비율(전체 인구의 4.6%)에 미국 산업안전보건원의 정신질환 고위험군 생산성 저하율(30~50%)을 적용한 직접 손실액"이라며 "개인적인 의료비까지 감안하면 손실액은 더 커질 것"이라고 설명했다. 미국 산업안전보건원은 스트레스로 인한 미

〈그림 2-6〉 스트레스 관련 산업재해 증가

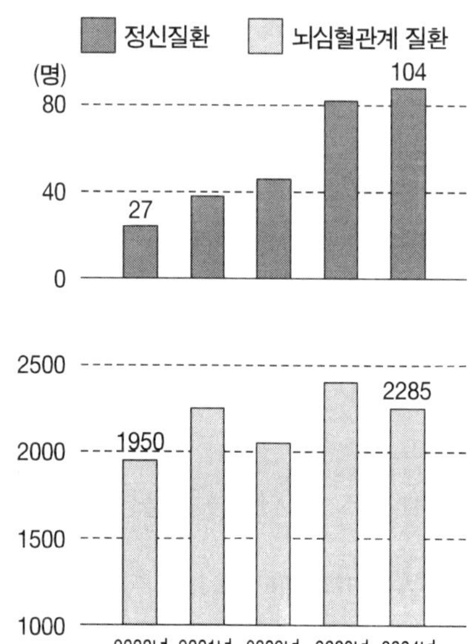

※산재 인정 건수 자료: 근로복지공단

〈그림 2-7〉 스트레스로 인한 경제 손실 추정치

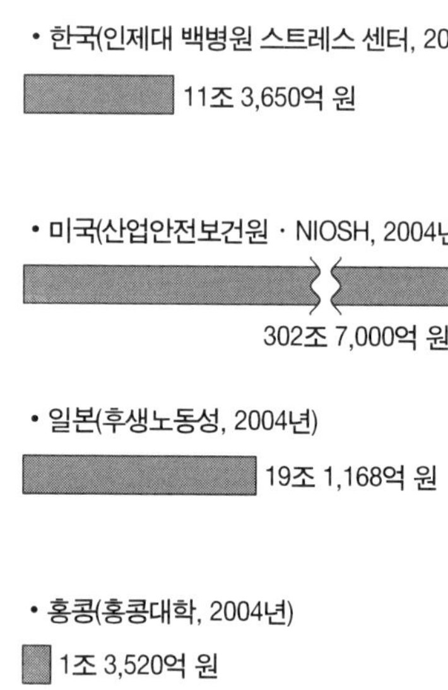

※2005. 6. 23 환율 기준

(출처: 중앙일보, 2005. 6. 24, 제12583호)

국의 경제적 손실이 연간 3,000억 달러(약 300조 원)에 이른다고 추정하고 있다. (중앙일보, 2005. 6. 24, 제12583호)

4. 교사들의 직업병

초・중・고등학교 교사들은 다른 직업을 가진 사람들에 비해 류머티스성 관절염, 다발성 경화증 같은 자가면역질환에 걸릴 위험이 다소 높은 것으로 밝혀졌다.

미국 코네티컷대학 보건센터의 지역사회의학 교수 스티븐 월쉬 박사는 의학전문지 '류머스티스병학' 최신호(2001)에 발표한 연구보고서에서 직업이 초・중・고등학교 교사였던 14만 3천명과 다른 직업을 가졌던 71만 7천명의 사망진단서 자료를 비교 분석한 결과 이와 같은 사실이 밝혀졌다고 말했다. 월쉬 박사는 사망원인이 13가지 자가면역질환중 하나인 경우는 교사들이 2.3%인데 비해 다른 직업인들은 1.7%로 밝혀졌다고 말했다. 자가면역질환은 여성 교사들에게 많았지만 남성 교사들도 자가면역질환에 걸릴 위험이 큰 것으로 나타났다고 월쉬 박사는 밝혔다.〈강원도민일보, 2001. 8. 1, 제2659호〉

매년 '스승의 날'이 돌아오면 교사들은 그동안 길러낸 제자들을 생각하며 삶의 보람을 찾게 된다. 하지만 자신의 건강을 살펴보면 군데군데 금이 간 곳이 많다. 그 동안 제자들 교육에 힘쓰느라 건강관리에 제대로 관심을 기울이지 못했기 때문이다. 이른바 '**교사의 직업병**'이다.

교사들의 병은 오랜 기간 천천히 쌓여 어느 새 만성으로 변해 있는 것이 특징이다. 많은 교사가 호소하는 질환은 목과 어깨 부위 통증. 과다한 목소리 사용과 판서로 인해 목이 쉬거나 어깨 근육이 뭉치고 단단해진 탓이다. 하루 종일 장시간 서서 일해야 하는 직업의 속성상 하지 정맥류도 교사들에게서 흔히 발생되는 직업병의 일종이다. 이런 증상은 대부분 교사들에게 나타나지만 섣불리 진단할 수는 없다. 교사에 따라 원인과 증세가 다양하게 나타나기 때문이다. 교사들에게 흔한 직업병의 종류와 원인, 치료법 등에 대해 알아보겠다.

성대 질환. 일반인에 비해 직업상 목소리를 많이 사용하는 교사들에게서 많이 발병한다. 증상별로는 성대결절과 성대폴립이 대표적으로 성대결절은 여자, 성대폴립은 남자에게서 더 자주 발견된다. 높은 톤으로 힘을 잔뜩 줘 소리를 낼 때는 성대에 국소 출혈 및 염증이 생겨 굳은살(결절)로 발전한다. 반면 낮은 톤으로 소리를 낼 때는 성대 점막 아래 모세혈관의 파열로 혈종이 발생, 결과적으로 물혹(폴립)이 생긴다.

성대 결절은 목소리의 안정과 위생지도, 발성훈련 등의 음성치료로 치유되는 경우가 많다. 하지만 지나치게 목소리를 혹사하는 경우엔 음성치료만으로 완치가 어렵다. 때문에 현미경 후두미세수술에 의해 정상 성대로 되돌린 뒤 발성훈련으로 재발을 막는 치료법이 쓰이기도 한다. 성대 폴립도 수술 후에 음성치료를 한다. 성대질환을 예방하려면 가급적 일 이외에 얘기하는 시간을 줄이고 목소리에 무리하게 힘을 주지 말아야 한다. 연기, 분진, 먼지 등을 들이마시지 않도록 하고 목이 건조하지 않게 실내 습도를 적절히 유지하며 수분을 충분히 섭취한다. 피로, 과로, 수면부족 상태에선 발성을 제한하고 스트레스는 후두 기능의 과도한 긴장을 유발하므로 주의해야 한다. 목에 무리가 따르는 담배, 술, 커피, 초콜릿 등과 자극성 음식을 삼가는 것이 바람직하다.

해맑은 이비인후과 이화식 원장은 "쉰 목소리가 2~3주 이상 지속되거나 객혈이 동반되고 조금만 말을 많이 해도 목이 아픈 경우에는 전문의의 검사를 받아 보아야 한다"고 말한다.

상당수의 교사가 많은 시간을 수업하느라고 목소리를 과다하게 사용해서 성대 이상이 나타났다고 이비인후과 의사가 진단한 바 있음이 밝혀졌다(스승의 날에 MBC 저녁 9시 뉴스, 2005. 5. 15). 성대 손상으로 병원을 찾은 환자 4명 중 2명은 교사였다. 매일 4~5시간 전 교과지도를 위한 수업을 하는 교사는 목이 성할 수 가 없다. 이 뉴스에 의하면 내원 환자 890명 중 260명이 교사였는데 성대 결절, 성대 폴립이 발생된 것을 발견했으며, 성대가 손상된 경우 말을 안 하고 쉬어야 하는데 현실은 그렇지 못하다. 필요한 처방으로 마이크 사용, 소금으로 목을 축이는 것, 교사가 수업 중에 큰소리를 내지 않도록 학생들이 교사를 도와주어야 한다고 권고했다.

분노 등 스트레스 요인이 성대 결절을 일으키는 데 영향을 미치는 것으로 나타났다. 강북삼성병원 이비인후과 진성민 교수와 정신과 오강섭 교수팀은 성대결절로 진단된 주부 41명과 정상인 주부 35명을 대상으로 정신진단 검사를 실시한 결과, 성대결절이 있는 환자 그룹에서 스트레스·강박증·우울증·분노 등 정신요인이 의미 있게 많았던 것으로 조사됐다. 특히 스트레스가 큰 영향을 미쳤고 다음으로 강박증, 분노 순이었다. 성대결절이란 성대에 혹 모양의 굳은살이 생기는 병으로, 주로 목소리를 많이 쓰는 가수·목사·**교사** 등에게서 잘 생긴다. 성대결절이 오면 쉰 목소리가 나고, 목소리가 쉽게 피곤해져 사회생활에 지장을 받는다. 연구팀은 이와 같은 요인에 대해 사람이 스트레스를 받거나 분노하게 되면 대부분의 경우 음성의 강도가 커지고 성대 점막의 움직임이 빨라져, 성대에 강한 마찰을 일으키게 되기 때문이라고 설명했다.

전성민 교수는 "이러한 과정이 지속적으로 반복되다 보면 성대결절로 진전될 수 있다"며 "성대결절을 예방하기 위해서는 자주 목을 쉬게 해주고 편안한 목소리를 내주는 것이 좋다"고 말했다.

우리나라 교사 대부분이 목이 불편하다고 느끼고 있으며, 3분의 1정도는 목이 심하게 아파 병원에서 진료를 받은 적이 있는 것으로 조사됐다. 성균관의대 강북삼성병원 이비인후과 진성민 교수가 서울과 중부지역 초·중·고 교사 946명(남 462명, 여 484명)을 조사한 결과,

77%가 목이 불편하다고 응답했으며, 36%는 목이 심하게 아파 병원에서 진료를 받은 적이 있다고 응답했다.

목이 불편한 증상으로는 말할 때 통증이 있다(28%), 목소리가 갈라진다.(22%), 쉽게 목소리가 쉰다.(21%) 목소리의 높낮이 조절이 어렵고, 음폭이 제한된다.(19%) 등이었다. 전체 교사의 5%는 목소리가 항상 쉬어 있었다. 진 교수는 음성장애의 예방과 자가치료를 위해 다음 11가지를 권장했다.

1. 충분한 휴식을 취하고 곡류나 단백질이 풍부한 음식을 섭취할 것. 여성의 경우 임신 중이거나 생리기간 중에는 지나친 목소리 사용을 삼갈 것.
2. 환기가 잘 되도록 환경을 조성하고, 먼지나 연기 등 유해물질을 최소화할 것.
3. 아침에 일어나 5～10분에 걸쳐 서서히 소리 강도를 높이는 워밍 업을 할 것.
4. 하루 6～10잔 정도(약 1ℓ)의 물을 마실 것.
5. 수업 시작 전 카페인이 함유된 커피, 콜라, 사이다와 끈적끈적한 분비물을 유발하는 우유 등을 마시지 말 것.
6. 학생들을 집중시키기 위해 큰 목소리로 말하기보다는 자로 칠판을 두드리거나 손뼉을 쳐 학생들의 시선을 모을 것.
7. 많이 떠드는 학생 등 자주 주의를 줘야 하는 학생은 교단 가까이 앉힐 것.
8. 교실용 마이크를 적절히 사용할 것.
9. 술, 담배, 건조한 장소는 피할 것.
10. 거담작용이 있는 레몬을 6조각으로 나눠 수시로 먹을 것.
11. 목과 성대 부분을 상하게 하기 쉬운 뜨거운 음식인 탕 종류의 음식을 삼갈 것.

근막통증 증후군. 필자도 6개월 이상 고생한 바 있는 근막통증 증후군은 특정 부위의 근육을 과도하게 사용하는 경우 잘 나타난다. 주로 목 뒷부분의 어깨 부위에 많이 생겨 목디스크나 오십견으로 오인되기도 한다. 대부분 쑤시고 타는 듯한 근육 통증을 수반하는데, 근육을 수축시키는 아세틸콜린이라는 물질이 분해되지 않고 계속 남아 있어 근육을 이완시키지 못하기 때문이다. 급성 근막통증 증후군은 물리치료나 통증 부위에 부분마취제를 주사함으로써 쉽게 치료할 수 있지만, 3～4개월이 지나도 통증이 가라앉지 않고 만성이 되면 보톡스 주사요법이 효과적이다. 예방을 위해서는 평소 스트레스를 피하고 올바른 자세를 유지하는 습관이 중요하다. 신정형외과 신규철 원장은 "교사들은 편히 쉬는 것이 힘든 직업이기 때문에 통증이 심한 경우에는 근육 경련-통증을 줄여주는 국소 고정과 온찜질, 진통소염제 투여 등의 비수술적 치료(보존적 치료)를 받는 것이 좋다"고 설명했다.

정맥류. 종일 서 있는 시간이 많은 사람들에게 생기기 쉬운 질환이다. 다리 부위의 푸른 혈관이 튀어나오고 꼬일 뿐 아니라 가는 실핏줄이 늘어나면서 우선 보기에 좋지 않다. 통증, 피곤함, 저림, 부종 등의 다양한 증상이 나타나며 흔히 밤에 자다가 쥐가 나기도 한다. 그대로 두면 주변의 작은 혈관이 늘어나고 피부가 갈색으로 변하며 혈전정맥염 피부궤양과 같은 심각한 합병증이 생길 수 있으므로 조기 치료가 중요하다. 치료법에는 혈관경화요법과 외과적 수술 등이 있다. 혈관경화요법은 약물을 정맥류에 주입한 다음 약 3주간 압박하는 방법이다. 시술 시간은 30분 내외이며 시술 후 곧바로 일상생활이 가능하다. 외과적 수술의 하나인 정맥절제술은 환자가 치료를 받고 혼자 걸어서 집으로 갈 수 있기 때문에 '보행 정맥절제술'로 불리기도 하다. 종로 S & U피부과 김영걸 원장은 "정맥류를 예방하기 위해서는 가급적 서 있는 위치를 자주 옮기며 자리를 바꿔주는 게 좋지만 한 자리에 오래 머물더라도 무게를 발가락과 발꿈치로 번갈아 가며 옮기는 습관을 들이도록 해야 한다"며 "오래 서 있어야 하는 때에는 탄력 있는 스타킹을 신는 것도 도움이 된다"고 말했다.

많은 교사들이 신체적인 질환으로 인해 괴로움을 호소하고 있다(〈표 2-3, 2-4, 2-5〉 참조). 〈표 2-3, 2-4, 2-5〉에서 볼 수 있듯이, 교사의 병은 스트레스나 탈진과 밀접하게 관련이 있거나 불안과 우울증, 조울증에 연관된 것이 대부분으로, 끊이지 않는 바이러스성 질환이나 가슴,

〈표 2-3〉 교사들이 지난 12달 동안 앓았던 심한 병

병 명	n	%
끊이지 않는 바이러스성 질병(감기, 근육통성 뇌척수염(ME) 등)	71	19.19
등 질환(척추변성증 등)	49	11.86
불안과 우울증	43	10.41
장과 위(과민성대장 증상 등)	41	9.93
가슴과 폐(감염과 통증 등)	35	8.47
목과 목소리	27	6.54
고혈압	26	6.30
심한 두통과 편두통	23	5.57
천식	20	4.84
눈이나 귀와 관련된 질병	20	4.84
피부 알러지(대상포진 등)	14	3.39
암 관련된 질병	13	3.15
궤양	12	2.91
심장질환	12	2.91
탈진	5	1.21
부비강염	5	1.21

출처: Travers, C. J. and Cooper, C. L(1999). *Teachers under Pressure: Stress in the Teaching profession*. London: Routledge. 109.

〈표 2-4〉 다른 직업군과 비교한 교사의 정신적인 질병

집단		n	평균	SD	t	p
			부유 불안			
여자	교사	730	7.1	4.0		
	일반인	415	5.4	3.5	7.42	0.001
	세무 공무원	131	6.9	3.9	0.56	N.S
	일반의사	335	4.5	3.3	10.98	0.001
	치과의사	85	6.5	3.5	1.42	N.S
남자	교사	1,052	5.7	4.0		
	일반인	340	2.8	2.8	14.26	0.001
	세무 공무원	185	5.0	3.6	2.44	0.05
	일반의사	1,439	3.7	3.0	14.30	0.001
	치과의사	399	5.1	3.6	2.86	0.05
			불안에 수반되는 신체적 증상			
여자	교사	730	5.3	3.3		
	일반인	415	5.7	3.3	2.02	0.05
	세무 공무원	128	4.2	3.0	3.64	0.05
	일반의사	335	2.7	2.2	15.37	0.001
	치과의사	85	3.7	2.7	4.65	0.001
남자	교사	1,052	4.7	3.2		
	일반인	340	4.3	3.0	2.27	0.05
	세무 공무원	185	3.8	3.3	3.73	0.01
	일반의사	1,439	2.4	2.3	21.70	0.001
	치과의사	399	3.4	2.7	7.73	0.001
			우울증			
여자	교사	730	5.6	3.3		
	일반인	415	4.4	2.5	6.85	0.001
	세무 공무원	130	4.9	3.0	2.26	0.05
	일반의사	335	3.4	2.4	11.95	0.001
	치과의사	85	3.7	2.8	5.37	0.001
남자	교사	1,052	5.1	3.5		
	일반인	340	3.2	2.3	10.20	0.001
	세무 공무원	184	4.0	3.0	4.10	0.001
	일반의사	1,439	2.9	2.7	17.30	0.001
	치과의사	399	3.9	3.0	6.10	0.001

〈표 2-5〉 점수가 노이로제 환자나 또는 그 이상인 교사의 비율

하위척도 측정	노이로제 환자 (평균)	교사(%)
	남(133명)	
부유 불안	9.7	20.7
신체적 불안 증상	8.0	20.1
우울증	7.7	25.0
	여(173 명)	
부유 불안	11.0	23.8
신체적 불안 증상	8.9	19.6
우울증	7.6	26.2

출처: Travers, C. J. and Cooper, C. L(1996). *Teachers under Pressure: Stress in the Teaching profession.* London: Routledge. 111-112.

목, 간, 그리고 장에 관계된 질병 등이다. 또한 등이나 어깨에도 문제가 있었다.

미용사, 항공기 정비사, 은행원은 치매를 조심하는 게 좋겠다.

미국 국립직업안전보건연구소의 로버트 파크 박사는 미국인 260만 명의 사망기록부를 분석해 직업과 질병의 관계를 분석한 보고서를 '**산업의학 저널**' 최신호(2005년 8월)에 발표했다고 로이터 통신이 19일 보도했다.

신경질환을 중심으로 작성된 이 보고서에 따르면 미용사, 항공기 정비사, 은행원이 알츠하이머병(노인성 치매)에 걸릴 확률이 높은 것으로 나타났다. 생물학자, **교사**, 성직자는 파킨슨병 위험 직종으로 나타났다(〈표 2-6〉 참조).

또 65세 이전에 발생하는 조로성(早老性) 치매는 각 산업분야의 상품분류직 종사자, 성직자 등 종교기관 근무자가, 루게릭병은 미용사, 수의사가 걸릴 가능성이 가장 큰 것으로 확인됐다. 하지만 이들은 심장질환 등 일반적인 질병에 걸릴 확률은 낮았다.

파크 박사는 "유전적 요인도 있지만 독성물질 노출 정도 등 환경적 요인도 적지 않은 것 같

〈표 2-6〉 질병과 위험 직업

질병		위험 직업
퇴행성 신경질환	알츠하이머병(노인성 치매)	미용사, 항공기 정비사, 은행원
	파킨슨병	**교사**, 생물학자, 성직자
신경질환	조로성 치매	각 산업의 상품분류직 종사자, 성직자
운동 신경질환	루게릭병	미용사, 수의사

다."고 말했다. 예를 들어 농약에 노출되는 농업 종사자, 망간이 함유된 가스를 흡입하는 용접공은 파킨슨병 발병률이, 염색약 같은 화학물질에 노출되는 미용사는 치매와 루게릭병 위험이 높았다는 것이다.

하지만 그는 성직자, **교사**, 은행원의 퇴행성 신장질환 발병률이 높은 것은 어떻게 해석해야 할지 모르겠다고 말했다. (동아일보, 2005. 8. 20, 제26152호)

병가로 인한 단기결근의 정도는 특별히 높지 않았다. 그러나 수업을 위해 보강을 해야 하기 때문에 다른 직원에게 피해를 주게 된다는 점을 많은 교사가 학교 결근에 부가된 문제로 밝혔다. 다시 학교로 돌아오면 업무와 책임이 여전히 남아 있어서, 교사가 업무에서 벗어나 있는 일을 더 내키지 않아 하기도 한다. 학교에 교사를 대신할 보강교사가 충분치 않은 경우도 종종 있다. 게다가 가정이 있는 여교사가 대부분인데 그들은 혹시나 자녀가 아플지 모르는 상황에 대비해 그런 시간을 아껴두려고 한다.

교사들에게 학교는 쉴만한 상황이 안 되서 아픈 데도 일하러 갔던 때를 되돌아보게 했다. 그 과정에서 많은 수의 교사가 죄의식 때문에 그랬다는 사실을 알게 되었다. 아마도 이것이 결근할 것인가 말 것인가를 결정하고 있는 듯했다. 교사는 그들이 필요하거나 하고 싶을 때 쉴 것이라고 여기지 말아야 한다.

〈표 2-3, 2-4〉에는 다른 직업군에 비교된 남녀 교사의 각 부분 평균 점수와 표준편차가 나타나 있다. 이 표를 통해, 교사의 정신적인 질병 수준이 다른 '스트레스가 강한' 직업군에 비교해 볼 때 대부분의 측면에서 더 높다는 것을 알 수 있다. 교사의 점수가 다른 집단에 비해 별 차이가 없는 유일한 경우는 여교사의 부유 불안 수준뿐이다. 여교사는 여자 세무 공무원(Cooper와 Roeden, 1985)이나 치과 여의사(Cooper 외, 1987)와 유사한 수준의 부유 불안에 시달린다. 그러나 이 두 집단 역시 스트레스가 강한 직업이며 평균 점수가 모두 높다는 것을 간과해서는 안 된다.

정신질환 교사, 검증절차 없어

교단이 앓고 있다.

심한 우울증과 정신분열증을 비롯해 정신질환 경험이 있는 교사들이 무방비 상태로 학생들을 가르치는 것으로 드러나 충격을 주고 있다. 무엇보다 이들 교사들에 대한 체계적인 관리시스템이 전혀 구축되지 않아 총체적인 점검이 시급한 것으로 지적됐다.

국회 교육위원회 소속 한나라당 이주호 의원은 2005년 9월 22일 전국 국공립 및 사립학교 교사의 정신적 질병 실태를 조사한 교육인적자원부의 자료를 공개했다.

이 자료에 따르면 2003년부터 지난 6월말까지 정신적 질병으로 휴 · 면직 처리된 교사는 전국적으로 358명에 달했다(〈그림 2-8〉 참조).

특히 이 가운데 248명이 일정 기간 휴직한 뒤 교단에 복귀했으나 아무런 검증 절차를 밟지 않은 것으로 드러났다.

따라서 이들이 휴직 기간에 제대로 진료를 받았는지, 정상으로 회복됐는지, 복직한 뒤 꾸준히 진료를 받고 있는지조차 확인할 길이 없는 실정이다.

현행 교육공무원법은 정신질환으로 휴직한 공무원이 복직할 때 별도로 담당의사의 진단서나 소견서를 제출해야 한다는 규정을 두지 않고 있어 보완책이 뒤따라야 한다는 지적이다.

게다가 이번에 드러난 숫자는 2년 6개월 동안 정신질환으로 휴직한 교사들만을 대상으로 조사한 것이어서 전체 규모가 어느 정도인지는 파악조차 못하고 있는 형편이다. 교육부가 고교와 유치원 · 특수학교에 재직 중인 교사를 대상으로 정신적 질병 실태를 조사한 것도 이번이 처음이기 때문이다.

이들 교사 가운데 3명은 숨졌다. 명예퇴직한 교사는 5명이었지만 39명은 스스로 사직서를 썼다.51명은 아직 휴직 중이다. 이 가운데는 지난해 9월1일자로 휴직한 뒤 1년이 넘도록 여전히 교단으로 돌아오지 못한 교사도 있다. 짧게는 1~2개월, 길게는 1년까지 휴직했다가 학교로 돌아온 교사는 지난 6월 말 현재 248명이다.

현직에 있는 교사들이 앓고 있는 질환은 우울증과 조울증이 많았다.135명이 이 질환으로 휴직했다. 이 가운데는 세상을 살아가는 의욕을 모두 상실한 상태로, 죽음도 두려워하지 않는 심한 증세의 '주요 우울증'을 겪은 교사가 7명이었다. 지난 2005년 2월 영화배우 이은주 씨도 이 질환을 앓다가 스스로 목숨을 끊었다. 전문가들은 이런 질환을 앓고 있는 교사들이 제대로 치료받지 않고 학생들을 가르치면 위험하다고 조언하고 있다.

신경정신과 전문의인 이종섭 다사랑병원장은 "정신 질환을 앓았다는 이유만으로 교단에서 퇴출시키자고 한다면 굉장히 무리한 태도"라면서 "2~3개월 집중적으로 입원 · 통원 치료하

〈그림 2-8〉 현직 교사의 정신질환 유형(단위: 명)

2005년 6월말 현재

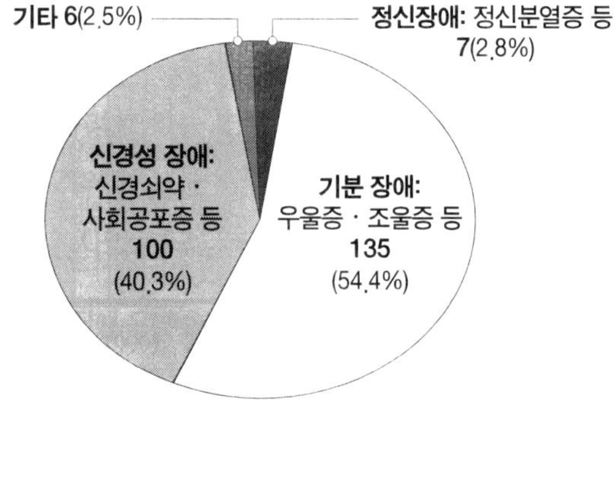

자료: 교육인적자원부

고 이후에 규칙적으로 전문의 진료를 받으면 얼마든지 학생들을 가르칠 수 있다."고 말했다. 이 원장은 그러나 "주변 눈치를 보고, 소문을 두려워하느라 정신병원에 가지 않고 집에서 단순히 휴식만 취하다 병을 더 키우는 사례가 많다."고 우려했다.

이 의원은 "2003년 이후 신체 · 정신 질환으로 휴 · 면직 처리된 교사 2411명 가운데 750명은 '공무상 질병'이 인정될 정도로 교단에서 병을 얻는 일이 많다."고 진단했다. 이어 "교육부 계획대로 이들을 무조건 '부적격 교사'로 판단해 퇴출해서는 안 되며 교사들이 '절대로 걸려서는 안 되는 질병'과 '잘 걸리는 질병'을 건강진단 항목에 추가하는 등 체계적인 대책을 마련해야 한다."고 지적했다. (서울신문, 2005. 9. 22)

증세로 알아보는 교수들의 질환―스트레스성 질환

일반적으로 교수들은 연구와 강의 그리고 행정 등의 과도한 업무부하, 끊임없는 두뇌활동 등으로 스트레스성 질환에 활짝 노출돼 있다. 그러나 신체적 증후가 나타나더라도 바쁘게 돌아가는 일 때문에 병원까지 가기 힘들 때가 많다. 자가 진단할 수 있는 지식을 갖추는 것이 중요하다.

교수들이 자주 앓고 있는 스트레스성 질병들의 종류, 증세, 원인 대처 방안 등을 간략히 알아본다.

- **긴장성 두통 · 편두통**: 스트레스와 강박증이 주요 원인이다. 뒷머리와 목줄기 부분에 통증이 오며, 팔다리, 얼굴 등의 감각 이상이나 심하면 구토증을 동반한다. 뒷머리가 가볍게 아플 정도라면 하룻밤 푹 자는 것으로 해결되지만, 구토 증세가 있으면 빨리 병원에 가서 의사와 상담해야 한다.
- **우울증**: 성취욕이 높은 지식인의 특성상, 연구가 잘 풀리지 않거나 남들에게 인정받지 못할 때 심리적 조정이 잘 되지 않아 교수들은 쉽게 우울증에 빠져들기도 한다. 우울증의 대표적 증세로는 수면장애, 식욕 및 소화장애, 체중변화, 두통 등의 증세로 나타난다. 항우울증 치료와 함께 주변 환경을 긍정적으로 조성하는 것이 중요하다.
- **만성 피로**: 한자리에서 움직이지 않고 오랫동안 일을 하는 사람들을 괴롭히는 질병이 만성피로 증상이다. 이것은 특정 부분만 움직이고 몸 전신을 골고루 사용하지 않기 때문에 나타날 수가 있다. 우선 잠들기 전 몇 시간 동안은 음식물 섭취를 삼갈 것을 권하며, 유연성 운동이나 유산소 운동을 해야 한다.
- **심장질환**: 혈관 속 노폐물 축적, 동맥의 노쇠, 수축이완 과정에서의 압력, 근육이상 등이 대표적이다. 특정 기간 스트레스를 집중적으로 받을 경우에 심장에 이상이 올 수 있으며, 고칼로리 식습관과 과도한 음주도 주요 원인이다. 조용한 휴식이 좋다.

- **과민성 대장 증후군**: 가정, 직장에서 심한 스트레스를 받은 경우에 발생한다. 설사와 변비, 불규칙적인 배변과 복통, 복부팽만 등으로 나타나므로 기질적 질환과 구별하기 어렵다. 배변에 장기간 이상징후가 있을 경우 내시경 검사나 X선 조영술을 받아볼 것을 권한다. 정신심리학적 상담도 필요하다.
- **위장질환(소화불량 · 위궤양)**: 스트레스로 인한 심장질환, 전신적인 질환, 정신적인 질환이 소화불량과 함께 위장질환을 일으킨다. 특히 잘못된 식습관과 술담배의 과다소비로 이어질 경우 직접적인 위장질환의 원인이 된다. 식욕부진, 복부팽만감, 조기 포만감, 트림, 구토, 위산역류, 가슴앓이 등이 일반적인 증세다. 대처 방안으로는 약물복용보다 생활습관 개선과 식이요법 개선을 권한다.
- **불면증**: 연구에 대한 압박감이나 시간강사의 경우에는 고용에 대한 불안정 등이 불면증으로 이어지는 경우가 많다. 또한 야간 연구작업이나 잦은 해외출장도 주요한 병인이다. 가슴이 답답하고 한숨을 쉬거나, 식욕부진과 두통을 호소한다. 대처방법으로는 강박관념을 없애는 것이 첫걸음이며, 수면제 복용은 피한다. 일정시간을 정해두고 수면을 취하며, 근육이완 요법이나 따뜻한 샤워도 효과적이다.

〈표 2-7〉 심리 · 사회적 스트레스에 의하여 악화되거나 관련된 또는 원인으로 생각되는 심리 · 생리적 장애

정서적 반응:	불안, 불면증(insomnia), 긴장성 두통(tension headaches), 노화(aging), 성적 무기력(sexual impotency), 신경증, 공포증, 알코올 중독증, 약물 남용, 학습 문제, 일상적 권태(general malaise), 우울증, 자존심 저하
정신 신체적 반응	본태성 고혈압, 심방의 부정맥(auricular arhythmias), 위궤양, 대장염(colitis), 천식, 만성 통증, 여드름, 말초성 혈관질환(peripheral vascular disealse)
스트레스에 의하여 유발된 기질성 질환:	간질, 편두통(migraine), 포진(작은 수포가 집합하여 피부표면에 나타나는 염증성 질환, herpes), 후두염이나 협심증(angina), 관상동맥 혈전증(coronary thrombosis), 류머티스성 관절염(rheumatoid arthritis)
심리적 · 순응적 적응문제	직업 불만족, 전직 · 장기 결근, 교실 학습에 대한 불안, 기억력, 사기 저하, 불만, 빈번한 언쟁, 갈등, 욕구좌절, 가출, 주의 집중 장애, 왜곡된 사고, 선택 결정의 곤란(우유부단), 기억력 장애, 부정적 · 자기 비판적 사고의 증가, 엄청난 비극에 의한 사고, 교직에 대한 회의, 학습된 무력감.
사회적인 문제	만성 실업, 청소년 비행(사회적으로 바람직하지 않은 행동: 사회 경제적 빈곤 및 불안정)
행동적인 문제	불안을 일으키는 상황의 회피, 사교적으로 위축, 지나친 음주, 흡연, 약물 복용, 수면장애, 잠자리에서 빨리 깸, 공격성이나 짜증(irritation)의 증가, 과오(실수)를 저지르기, 활동 수준에서 우울상태의 증가, 강박 경향의 증가, 성적인 관심의 상실, 식사 습관의 변화

출처: Brown, B. B.(1980) Perspectives on Social Stress. H. Selye (ed.) (1990). *Selye's Guide to Stress Research*, Vol. 1. New York: Van Nostrand Reinhold Company. 31.

- **알코올성 간 질환**: 교수들의 상당부분이 30~50대의 남성들인데, 긴장과 스트레스를 알코올 섭취로 해소하는 경우가 많다. 알코올 섭취는 곧 간 손상으로 이어진다. 쉽게 피로해지고 식욕부진과 헛배부름이 나타난다. 지방간으로 발전하는 경우가 많은데, 이 경우 술을 끊는 것이 최선이며, 그렇지 않으면 간은 재생능력을 상실하게 된다.
- **비만**: 과식, 과음하는 교수가 늘고, 불규칙한 식사습관에 많이 노출되고 있다. 단 음식과 짠 음식, 기름진 음식을 피하는 것 뿐 아니라 음주도 삼가야 한다. 운동요법을 병행해 근육과 신진대사를 늘려 지방을 줄이는 것이 좋다.
- **고혈압**: 흡연, 음주, 스트레스, 과다한 염분섭취에서 비롯된다. 전신쇠약, 신경질, 가슴앓이, 호흡곤란, 피로감 등의 증세가 나타난다. 완치는 어려우므로, 지속적으로 혈압검사와 투약을 해야 한다. 염분섭취를 낮추는 식습관 개선이 반드시 요구된다. (교수신문, 2003. 10. 6, 제286호)

지금까지 제시한 설명과 자료 〈표 2-3, 2-4, 2-5, 2-6, 2-7〉을 통해서 파악할 수 있는 중요한 사실은 의과대학 교재에서 강조하고 있는 바와 같이 스트레스가 만병의 근원이라는 점을 다시 확인할 수가 있으며, 동시에 무시하거나 방치해서는 안 된다는 것을 알 수 있다. 즉, 스트레스 관리에 관한 대처 방안이 필요하다는 것을 알 수 있다. 스트레스 관리에 관한 대처 방안은 교사 개인차원과 조직(기관) 차원에서 유기적이며 제도적으로 추진되는 것이 기대하는 성과를 거두는 데 효과적인 처방이 될 수 있다. 이 점에 관해서는 뒤에서 구체적으로 다루고자 한다.

5. 교사들이 경험하는 직무 스트레스와 탈진의 원인

5-1. 교사로 하여금 스트레스를 받게 하는 조건들

교사의 80%가 무력감을 느끼고 있으며 중・고교 교사(1,066명)의 다수가 교단을 떠나고 싶다고 한다(38%, 한국교육개발원). 학생은 대들고 학교에서 잠자고, 부모는 따지고, 초・중・고 교사 10명 중 7명이 교직 생활에 만족하지 못하고 있으며(한국교원단체총연합회, 2001), 스승의 날이 우울하고 부끄러운 사도의 길, 교권침해가 잇따르고 성적평가, 보고용 공문서 작성 등 잡무가 많고 현직 교사들 다수가 담임마저 기피를 해서 학교마다 골머리를 앓고 있다는 호소는 교사가 엄청난 직무 스트레스를 받고 있음을 알려주는 증거이다. 교사로 하여금 직무 스트레스를 받도록 원인 제공을 한 주무기관에서 해법을 제시해야 한다고 보는데 그런 시도를 했다는 소식을 들은 바가 없다. 대처 방식은 문제중심적 대처와 반응중심적 대처로 구분할 수 있는데 전자는 원인제공을 한 관련기관이, 후자는 교사 개인이나 개별학교 차원에서 해결

〈그림 2-9〉 교직을 그만두고 싶은 충동 정도

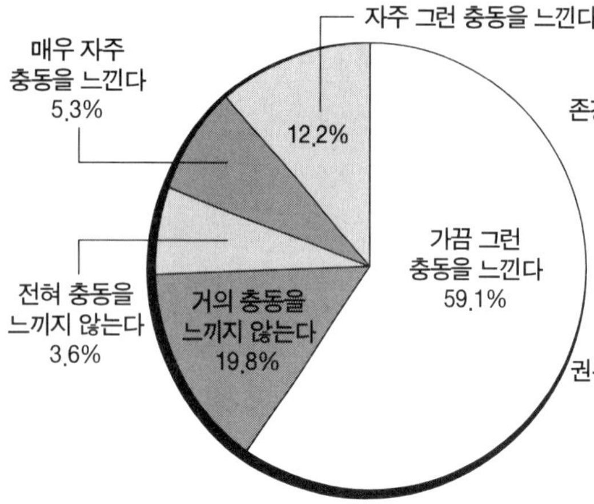

〈그림 2-10〉 교직을 그만두고 싶은 이유

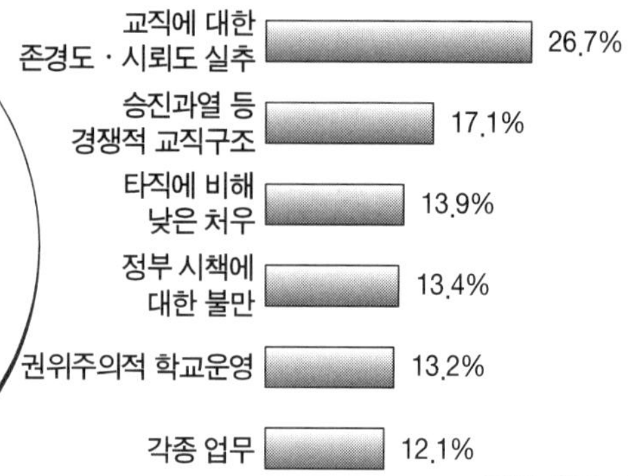

자료: 한국교총

과 대처가 가능하다고 본다.

다음에 소개하는 내용은 필자가 교대생들에게 『**교사의 직무 스트레스 연구**』라는 책을 읽고 리포트를 제출하게 했는데 그 중에서 충격적인 내용을 발견하고 발췌 인용하는 것이다.

고 3때 담임 선생님이셨던 분이다. 항상 담배에 찌들어 한숨만 푹푹 내쉬시던 선생님. 선생님께서 내게 처음 교대를 추천해 주시면서 하신 말씀이 있다. "내가 이 직업에 회의를 느끼고 있으면서 너한테 교대 가라고 말해도 되는 건지 모르겠다." 그때 난 아무 것도 모르고 교사가 얼마나 좋은 직업인데 그러시냐고 말하자 선생님께선 웃고 마셨다. 그 후 난 이 대학에 특차로 붙어 다른 친구들이 정시 원서 쓰는 걸 돕느라고 한 10일간 계속 담임 선생님과 일을 했었다. 그때 본 선생님의 직무는 정말 대단했다. 물론 고 3 담임이라는 특별한 위치에 계셨긴 했지만 정말이지 하시는 일이 너무나 많았다. 난 옆에서 잔무 보는 일만 했는데도 하루가 지나면 녹초가 될 지경이었다. 선생님께 일이 많아 힘드시겠다고 내가 말했을 때 선생님께선 차라리 이렇게 바쁜 게 낫다고 하셨다. 사립이어서 그런지 선생님께선 교장선생님이나 여러 주임선생님들께 많이 시달리시는 것 같았다. 선생님께서 책임지고 있는 반 아이들, 수업 외에 책임지고 있는 잡무, 그 사이에서 알게 모르게 얼마나 많은 스트레스를 받으셨을까?

서울 K고에서 수학시험을 치른 다음날 일이다. 한 학부모가 학교에 전화를 걸어 따지듯 목소리를 높였다. "아니, 수능시험 쉽게 내는 거 모르나요. 내신성적 나쁘면 어떻게 하라고 어려운 문제를 냅니까!" 잠시 후 또 다른 학부모의 전화. 이번엔 사정이 정 반대다. "이게 중학교 시험이지, 고등학교 시험입니까? 우수학생만 불리하지 않나요?"

교직 생활 33년째인 이 학교 정모 교감은 "시험 치르고 나면 이런 일이 한두 번이 아니다"면서 "학교 운영하기 정말 힘들다"며 깊은 한숨을 내쉬었다. 탈출구가 보이지 않는 학교를 떠나고 싶은 건 학부모나 학생만이 아니다. 제멋대로 길러진 버릇없는 학생들, 남이야 어떻든 자기 자식은 잘되어야 한다고 요구하는 학부모, 학교 현실도 모르고 하인 부리듯 일방적으로 지시만 하는 교육당국…. 교사들은 "분필을 놓아버리고 싶은 때가 한두 번이 아니다"고 이구동성으로 말한다.

서울 H여고의 영어시간. 수업 시작하자마자 한 학생이 "화장실가면 안돼요?"라고 손든다. "안 돼"라고 했더니, "왜 안 되나요?"하고 마구 따진다. 옆에서는 아예 안면몰수하고 떠든다. 한 학생에게 "그렇게 영어수업 하기 싫으면 넌 수업시간에 네가 정말 마음에 드는 공부 해봐라"고 했다. 다음 시간에 그 학생은 수업시간에 십자수를 시작했고, 다른 학생들도 반항하듯 같이 십자수를 놓고 있었다. 유모 교사(35)는 최근 겪은 일을 이렇게 전하며 "수업시간은 무법천지이고 교사들에겐 악몽"이라고 고개를 저었다. 수준이 천차만별인 학생들, 한 반에 50명인 거대교실 앞에서 교사들은 어쩔 수 없는 한계를 절감한다.

우리나라 초·중·고교 교사 10명 가운데 7명은 교직 생활에 만족하지 못하고 학생이나 부모, 사회가 교사에 대한 존경심이나 예우도 낮다고 생각하는 것으로 나타났다. 한국교원단체총연합회는 스승의 날을 앞두고 지난달 전국 초중고교 교사 2,669명을 대상으로 설문 조사한 결과 교직 생활에 만족한다는 응답은 30.7%이었다고 발표했다(2000). 조사 대상의 42.3%는 교직생활이 '그저 그렇다', 27%는 '만족스럽지 않다'고 대답했다. 만족도를 떨어뜨리는 고충으로 '학사행정 업무 및 잡무처리'(59.2%), '교과 지도 부담'(32.9%)을 든 교사가 많았다.

교사에 대한 존경심과 예우를 묻는 질문에 '대체로 낮다'(49.5%)와 '아주 낮다'(21.8%)는 부정적인 응답이 71.3%이었다. 예우가 높다고 생각하는 비율은 2.4%에 불과했다. 학부모보다 교육행정기관, 국가기관 및 자치단체가 예우를 저해한다고 지적한 교사가 많았다. 교사들은

〈그림 2-11〉 교직생활에 만족하십니까?

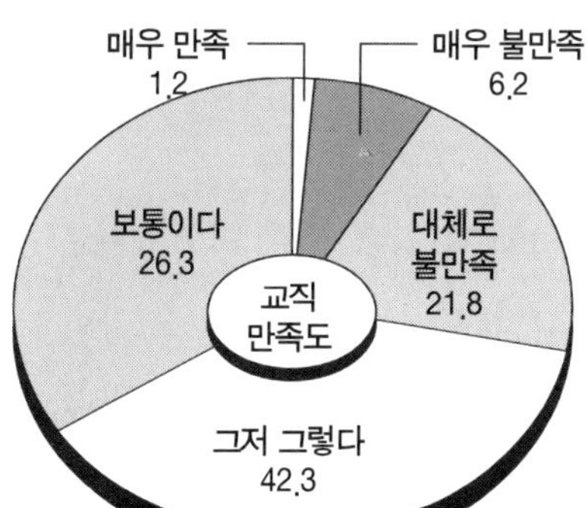

〈그림 2-12〉 교사에 대한 존경심과 예우 수준

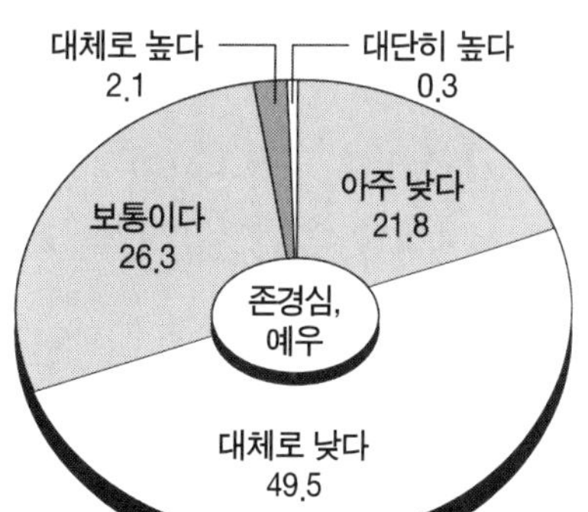

(단위: %)

또 학교 생활과 관련해 학부모의 지나친 간여를 막고 학생들의 교권 경시태도를 바로잡아야 하며 교원들간 갈등이 해소되어야 한다고 지적했다.

자녀가 교직을 택했을 때 '찬성한다'는 교사는 7.5%, '반대한다'는 19.3%이었으며 대부분(73.2%)은 자녀의 판단에 맡기겠다고 응답했다.

한편 10대의 포털 사이트인 '스쿨아이넷(www.schooli.net)'이 전국 초중고교 회원 1561명을 대상으로 '난 이런 교사가 싫어'라는 주제로 조사를 한 결과 '이유 없이 때리거나 온 힘을 다해 때리는 교사'라고 답한 학생이 29.4%로 가장 많았고 이어 △몸 만지는 교사(27.9%) △남녀 차별하는 교사(23.1%) △수업만 열심인 교사(16.5%) △수업 중 딴 짓하는 교사(2.9%) 등의 순이었다.

사제지간(師弟之間)의 갈등 문화

학실련의 조사결과(1999. 9)는 학교가 더 이상 신뢰와 이해가 아닌 불신과 대립으로 무너지고 있음을 입증하는 것이어서 충격을 주고 있다. 교원・학생・학부모가 서로의 관계를 단순히 가르치고 배우는 관계 또는 불신과 대립의 관계로 인식하고 있다는 것이 학교 공동체라는 말을 무색케 할 정도이다.

1. **사제(師弟) 간의 상호 신뢰 수준.** 조사 결과에 따르면 초등・중학교(43.1%, 49.4%) 교원보다 고교(63.1%) 교원이 사제관계를 단순히 가르치고 배우는 관계도 생각한다는 답변이 많았다. 학교 수준이 높아질수록 사제관계가 사무적으로 변질되고 있다는 증거다. 학생들은 학교 소재지별로 차이가 있었는데 예상과 달리 특・광역시(33.3%)나 일반시(25.9%)보다 읍・면 지역 학생(43.2%)에게서 이와 같은 반응이 나타났다.
2. **불신의 원인.** 교원, 학생, 학부모간에 뚜렷한 인식차를 드러냈다. 교사들은 불신의 원인을 정부 주도의 교육개혁과 부작용(55.6%), 언론의 학교 불신 조장(22.9%) 학생의 기본예절 및 생활 습관 결여(13.4%)에서 찾았지만, 학생과 학부모들은 일부 교원의 자질과 자기 계발 부족(각각 34.9%, 38.3%)을 첫째 원인으로 제의했다. 그러나 학생(23.9%)과 학부모(21/8%) 역시 정부주도의 교육개혁과 부작용을 두 번째 원인으로 지적해 신뢰관계와 정부의 교육정책이 상당히 밀접한 관련이 있는 것으로 분석되었다.
3. **교사가 존경받지 못하는 이유.** 서로 간에 지각의 차이가 나타났는데 당사자인 교사는 정부의 교원 경시, 사기 저하 정책(64.1%)과 체벌금지, 학부모의 학교 교육 참여 등 수요자 중심 교육 정책(15.9%)을 압도적으로 지적한 반면 학생과 학부모는 소위 문제 교사에게 원인이 있다고 반응한다.

학생들은 교사의 전문성 부족 및 학생지도 방법의 문제(35.7%), 체벌 금지 등 수요자 중심 정책(17.2%), 일부 교원의 촌지 수수 등 교육 부조리(34.7%), 교사의 전문성 부족(29.5%), 정부의 교원 경시, 사기 저하 정책(10.6%), 순으로 지적했다. (한국교육신문, 1999. 9. 2)

이러한 연구 결과는 교사의 교권이 교육부, 학생과 학부모, 언론에 의해서 도전 받고 있다는 것을 알 수 있다. 학부모는 제 자식 귀한 줄만 알았지 그토록 귀한 자식을 맡아 가르치는 교사는 귀하지 않다는 극단적인 자식 이기주의가 교단붕괴, 교권추락에 일조(一助)한다고 볼 수 있다.

교총은 「**교사가 바라는 학부모상**」을 다음과 같이 소개했는데 빗나간 자식 사랑의 실상을 파악할 수도 있다.

1. 자녀 앞에서 교사에 대한 험담이나 잘못된 언행을 하지 않는 사려 깊은 부모
2. 학교 수업을 불신하고 학원 수업을 더 신뢰하는 그릇됨을 보이지 않는 부모
3. 내 아이만 우대하고 잘 지도해 주기를 바라지 않는 배려심 있는 부모
4. 내 아이의 단점을 먼저 얘기하고 도움을 청하는 넉넉한 마음을 가진 부모
5. 아이 때문에 상담을 요청하면 교사의 설명을 듣기보다 촌지를 내밀고 가버리는 등 교사에게 모멸감을 주는 행동을 하지 않는 부모
6. 교장실에 전화부터 걸어 해결하겠다는 경솔함을 보이지 않는 부모
7. 나는 어쩔 수 없으니 선생님이 잘 알아서 지도해 달라며 자녀교육을 방임하려는 태도
8. 자신의 사회적 지위나 경제적 부를 과시하거나 교사를 가르치려 들지 않는 부모 역(逆)으로 학부모들도 학부모가 바라는 교사상을 제시할 수 있는 여지도 있을 수 있다고 판단된다.

Lens와 Schops(1991)는 고교교사들은 학생(불량학생, 정서-행동 장애, 품행장애, 적대적·반항적 장애 학생, 인격 장애학생)과 학부모들이 교사에게 직무 스트레스와 탈진을 유발하는 가장 중요한 원천이라고 밝혔다. 고약한 학부모의 유형을 저자가 예시하면 1) 자녀교육에 무관심한 학부모와 2) 사소한 체벌이나 안전사고를 이유로 교사를 협박, 무고, 금전적 배상요구나 법에 제소하겠다고 교사를 괴롭히는 부모, 3) 자녀교육에 지나친 관심과 열의를 나타내는 학부모들, 4) 교사의 권위를 무시, 비난하는 부모이다.

이런 학부모들은 교육(활동)에 대한 간섭이 심하고 사사건건 참견, 비난을 일삼고 교사보다 아는 체를 하며 교사를 신뢰하지 않고 학생(자녀)의 시각을 믿는다.

스승의 날, 우울한 師道

"스승의 날 제자들 얼굴도 못보고 집에서 쉬라니요. 아이들과 함께 수업하던 스승의 날이 그립습니다." 인천 D초등학교 교사 나모(28 · 여)씨는 지난해에 이어 올해(2004~2005년도)도 스승의 날 임시휴교를 하게 되자 참담한 마음을 감출 수가 없다. 스승의 은혜에 감사한 마음을 표시하는 '스승의 날'에 촌지나 선물수수에 따른 잡음을 피하기 위해 학교장 재량으로 임시휴교 조치를 내리는 학교가 늘고 있다. 지난해에 이어 올해도 경기도에서만 175개교, 서울시내 초 · 중 · 고교의 10% 정도가 임시휴교에 들어갔다.

이와 같은 스승의 날 임시휴교에 대해 대부분의 교사들은 불쾌한 반응을 보이고 있다. 노동절이나 어린이날처럼 순수한 의미에서 휴식을 위해 하루 쉬는 것이 아니라 불미스러운 오해를 피하기 위해 억지로 쉬는 것처럼 보이기 때문이다. 서울 S중학교의 한모(45) 교사는 "교사들의 자정 운동으로 예전에 비해 촌지가 많이 사라져가고 있는 상황에서 눈가림식 휴교는 교사들을 돈이나 밝히는 집단으로 몰아가는 듯한 인상을 줄 수 있다."며 "깨끗한 스승의 날을 만들기 위해 노력하기보다 문제를 피하기만 하는 것은 해결책이 아니다"고 지적했다. 또 서울 H초등학교의 박모(33) 교사도 "교사들이 하루 쉬면 몸은 편하겠지만 마음에 더 큰 상처를 입는다."며 "고사리 손으로 만들어 준 색종이 꽃을 가슴에 달고 아이들과 함께 하던 정겨운 스승의 날이 다시 오길 바란다."고 말했다. 특히 교사들의 이런 자괴감은 일부 학부모들이 "스승의 날 휴교를 해도 선물을 미리 준비하든지 택배로 보내는 실정에서 눈 가리고 아웅 하는 것 아니냐"는 볼멘소리를 할 때면 더욱 커진다. 또 어린 초등학생들이 "스승의 날이라고 선생님은 놀고 싶어서 학교를 휴교하는 것 아닌가요"라고 물어올 때는 아예 말문이 막힌다.

학생 십여 명 달려들어 선생님 짓밟고 주먹질

한 교사가 학생들에 의해 교실에서 집단폭행을 당했다고 15일 '스승의 날'에 공개해 충격을 주고 있다. 광주 모 고교 김모(31) 교사는 "지난 12일 오전 11시 20분 3학년 5반 교실에서 학생들 십 수명에 의해 교실 바닥에 넘어진 상태에서 주먹으로 맞고 발로 짓밟혔다"고 사건 3일 만에 폭로했다. 김 교사는 가슴에 멍이 들고, 발이 부어오른 상태이다. 문제의 학급은 특수목적고의 예능계 반이다.

김 교사는 "함께 시험감독으로 들어간 동료 교사(61)에게 반말로 대꾸한 남학생(18)의 목과 머리를 때리고 머리카락을 잡고 교실 밖으로 나오던 상황에서 폭행 당했다"고 말했다. 한 학생이 김 교사의 한쪽 팔을 비틀었고, 순식간에 학생들은 김 교사를 에워싼 상태에서 넘어뜨리고 집단 폭행했다는 것이다. 김 교사는 소동이 벌어지면서 옆 교실 교사들이 달려와 간신히 교실을 빠져나왔다고 했다.

김 교사는 "교실 앞에서 공동 시험감독인 동료 교사가 남학생 3명에게 교실로 들어가자고 말하면서 어느 학생과 승강이가 벌어졌는데, 그 학생이 반말로 대답하는 것까지는 참았지만, 옆에 있던 다른 학생이 'xx놈이 x병하네'라고 말하는 등 도저히 가만히 있을 수 없는 상황이었다"고 했다. 이러자 김 교사는 주의를 환기하기 위해 "눈감아라"고 했지만, 욕을 한 학생은 눈을 부릅뜨고 말을 듣지 않았다고 했다. 김 교사가 이 학생의 목덜미와 머리를 손바닥으로 내리치며 머리를 잡고 교실 밖으로 나가려던 상황에서 학생들이 에워쌌다는 것이다.

학교측은 '스승의 날' 행사를 포기하고, 이 학급 학생 36명(남5, 여31)에게 폭행 여부에 대한 진술서를 받았으나 모두 부인했다. 학생들은 진술서에서 "평소 선생님들이 우리 반을 미워했는데, 처음 보는 선생님이 친구 목을 때리고 머리채를 잡고 나가는 것을 보고 달려나가 선생님 손을 잡았을 뿐, 폭행하진 않았다"고 적었다. 어느 교사는 "평소에도 이 반 학생들 일부가 교사에게 반말하며 거칠게 행동해 교사들이 심리적으로 크게 위축됐다"고 주장했다.

김 교사는 "당초 조용히 사건을 처리하려고 했지만 학생들이 폭행사실을 전면 부인하는 어처구니없는 사태로 발전해 도저히 묵과할 수 없어 공개하기로 했다"고 밝혔다. 그는 "스승을 공경하라고, 교권을 보장하라고 말하지는 않겠다"며 "인간으로서 생명의 위협을 느끼면서 교실에 들어갈 수 없다는 사실을 말할 뿐"이라고 했다. (조선일보, 2001. 5. 16, 제25000호)

'스승이 살아 있는 사회' 되려면

올해(2002년) 스승의 날 주제는 '스승이 살아 있는 사회'다. 교육위기를 극복하기 위해서는 우리 모두가 스승의 정신으로 돌아가야만 가능하다는 뜻에서 정해진 것이다. 한국교총이 전국 교사들을 대상으로 공모한 교육주간 표어도 '**존경받을 수 있는 스승, 스승을 존경하는 사회**'로 선정됐다. 교육의 백년대계가 제대로 이뤄지려면 스승의 권위가 바로 서야 한다.

그러나 지난 수 년 동안 정부는 스승을 개혁의 주체가 아니라 개혁의 대상으로 폄하함으로써 교육자들의 마음에 큰 상처를 입히고 말았다. 교육자들이 자존심과 의욕을 잃은 결과 나타난 것은 공교육의 급속한 붕괴였다. 스승의 날을 맞아 문을 닫는 학교가 늘어난 까닭도 스승 존중의 미풍양속이 사라져 버렸기 때문이다. 스승의 날은 부작용 때문에 폐지됐다가 1982년 교원 사기 진작책으로 되살아났다.

하지만 언제부터인가 스승의 날은 학부모와 교사, 학생 모두에게 부담스러운 날이 되고 말았다. 교육부마저도 5월 한 달을 '촌지 없는 달'로 정하고 스승을 뇌물과 연결시킴으로써 스승의 날이 곤혹스런 날로 변해 버렸다. 이런 현상은 교육의 장래를 위해서도 매우 염려스러운 일이다.

스승 자신도 과연 스승으로서 자기의 직분을 다했는가를 이 기회에 반성해 보아야 한다. 선생님들은 제자들에게 과연 얼마나 사랑을 베풀었는지 되돌아 볼 필요가 있다. 스승의 사랑이 제자들의 가슴을 울려 자발적인 존경을 이끌어내야만 진정한 전인교육이 이뤄질 수 있는 것이다. 여기에는 물론 학부모와 사회의 노력도 필수적이다. 위기의 한국교육을 되돌아보고 교육 정상화의 의지를 다지는 하루가 되었으면 한다. (세계일보, 2002. 5. 15, 제4328호)

교사 권위, 흔들려선 안 된다

지금 교직 사회가 불안, 갈등, 혼돈 속에서 크게 흔들리고 있다. 교실붕괴에 이어 교무실 붕괴가 일어나고 있다.

교직원간의 폭행 사건이 잇따르고 학부모에 의한 교권 침해 사례도 늘고 있다. 교사의 교감 폭행사건에 이어 이번엔 교감이 교사에게 주먹질한 사건이 일어났다. 학부모가 교장에게 폭력을 휘두른 사건도 발생했다. 교사가 수업 중인 학생을 불러내 성추행하는가 하면, 한 여교사가 잃어버린 돈을 찾는다며 자기 남편을 사복 경찰관으로 꾸며 교실에서 어린 학생들에게 지문을 찍게 한 일도 벌어졌다.

법 경시풍조 교권 위기 불러

정치가 엉망이고 경제가 위축되고 사회가 어지러워도 학교만은 신성한 곳으로 여겨 왔고, 그러기에 "스승의 그림자도 밟지 않는다"고 하지 않았던가. 어쩌다 이 지경이 되었는지 모르겠다.

이런 현상이 벌어진 근본 원인은 무엇인가. 첫째, 우리 사회 전반의 법 경시 풍조, 둘째, 교원들의 책임의식의 결여, 셋째, 합리적 토론문화의 부재, 넷째, 집단행동의 정당화, 다섯째, 정부정책에 대한 불신 등을 들 수 있다.

한마디로 무법천지다. 학교에서 학교장의 영(令)이 안 선다. 교사 앞에서 교장의 영이 안 서니 학생 앞에서 교사의 영도 안 선다. 아이들에게 법을 지키라고 가르치면서 교사 자신은 법을 지키지 않는다. 법의 존엄성이 권위주의라는 이름으로 매도되면서 탈법, 편법이 판친다.

심지어 2000명이 넘는 교사가 불법적인 집단 연가로 교육감 지시에 항명해도 징계하지 못하면서, 초중고교 교장협의회장이 판공비 명세를 제때 제출하지 않았다고 징계를 하는 판국이다. 전교조가 탄핵 반대 성명을 내고 특정정당 지지성명을 냈다고 엄벌 운운하지만 이것을 믿는 사람은 그리 많지 않다.

이것이 오늘의 세태다. 학교사회의 갈등과 혼란을 추스를 방법은 과연 없는가.

첫째, 우리 사회의 민주시민 교육을 다시 시작해야 한다. 가정과 학교에서 어릴 때부터 규칙을 지키는 습관을 몸에 배게 하고 남을 배려하는 마음을 갖도록 한다. 교과서의 지식이 아니라 가정과 사회의 생활 체험을 통해 타인의 의견을 존중하고 절차와 과정을 중시하며, 더불어 생활하는 태도를 길러 국제시민의 역할을 다할 수 있게 한다.

둘째, 교원정책을 획기적으로 개선해야 한다. 러시아의 교원 정책은 자본주의적인 데 반해 우리나라 교원정책은 사회주의적이라 할 수 있다. 러시아에서는 신규 교사 채용 때 대학 재학 중의 성적과 품행에 따라 3단계로 나눠 수습 발령을 내기 때문에 같은 날 취직해도 초봉이 다르다. 수습기간 2년 이후 정식 발령을 받을 때도 그간의 성적에 따라 3단계로 봉급을 달리 받는다. 러시아의 철저한 경쟁체제에 반해 우리나라는 철저한 평등주의다.

셋째, 부적격 교원을 가려내는 장치가 마련돼야 한다. 일본은 부적격 교원의 리스트를 작성하고 1, 2차 경고를 거쳐 전직하거나 또는 교직을 떠나게 한다. 우리나라 교사의 10%가 자질 없는 교사라는 조사 보고서가 있다. 40만 교원의 5%에 해당하는 2만명만 교직에서 축출해도 청년실업 문제를 획기적으로 해결하고 학교사회의 기강을 바로 잡을 수 있다.

넷째, 우수한 교원에 대한 사기진작책이 마련돼야 한다. 미국 영국 프랑스 일본이 이미 교원의 성과와 능력에 따라 보수를 차등 지급하는 제도를 마련하거나 시행하고 있다. 일본은 인재 확보법을 제정해 일반 공무원보다 경제적 처우에서 교원을 우대하고 있다.

다섯째, 어느 경우에도 교권은 지켜져야 하며 교원의 권위는 존중돼야 한다. 실제 문제 교사는 극소수이며 문제교장 또한 예외적인 현상이다. 권위주의를 청산하려다 권위를 잃게 해서는 안 된다. 학부모라 할지라도 불법 부당한 방법으로 교권을 침해하는 행위에 대해선 철저히 응징해야 한다. (김진성, 동아일보 시론, 2004. 4. 5, 제25726호)

교사들 담임기피, 학교마다 '골머리'

'담임교사 구합니다.'

새 학년을 맞아 일선 중고등학교마다 교사들의 담임기피로 골머리를 앓고 있다. 교사들의 담임기피 현상은 까다로워진 학생평가방법의 도입과 함께 최근 교권침해 사건이 잇따르면서 '담임은 고생만 하는 자리'라는 인식이 확산되고 있기 때문이다.

서울 서초구 서초고등학교는 3개 학년에 모두 36명의 담임이 필요하지만 최근 교사들을 상대로 지원을 받은 결과 신학기에 담임을 지원한 교사는 20여명에 불과했다. 다른 학교도 사정은 마찬가지이다. 대부분의 학교에서 담임희망자가 학급수의 60~70%에 지나지 않아 나머지는 비희망자에게 강제로 '할당'해야 할 형편이다. 담임 기피의 가장 큰 이유는 학생지도의 어려움 때문이다. 교사들은 "요즘 학생들이 가뜩이나 교사의 말을 듣지 않는 데다 체벌금지 등 교육당국의 각종 개혁시책이 실시되면서 학생지도에 큰 어려움을 느끼고 있다"고 입을 모았다. 그러나 현재 일선 학교에서 지급하는 '담임수당'은 매월 3만원에 불과하다.

서울 S중학교의 고 모 교사(29 · 여)는 "담임을 맡을 경우 비담임에 비해 잡무가 거의 2배에 달한다. 교육현장에서 촌지봉투도 점차 사라지면서 교사들 사이에서 '한 달에 3만 원 더 받자고 그런 고생을 하겠는가'라는 인식이 퍼지고 있다"고 말했다.

교육현장, 이대로는 안 된다

OECD에 가입한 후 선진국을 모방하는지 우리 교단도 급속히 변하고 있다. 그러나 좋은 모습보다는 언짢은 모습이 더 많은 듯하다. 이름하여 세계화, 정보화 교육을 한다고 초등학생까지 너도나도 어학연수를 떠나고, 체험학습은 무조건 여행을 가야한다고 생각하고 있다. 또 아이들은 사이버 음란물과 범죄 사이트에서 헤어나지 못하고 있다.

세상이 변해도 교육의 기본 틀은 변하지 말아야 한다. 지식 암기 위주의 교육에서 탈피한다고 지필 시험을 없애고 수행평가만이 옳다고 인식하고 있지만, 그 결과 아이들은 과제수행에 더 큰 부담을 느끼고 있다. 또 시험의 공포에서 벗어난 것 같지만 학부모들은 학력 저하를 우려해 아이들을 학원으로 내몰고 있고 공교육은 점점 설자리를 잃고 있다.

아이들의 실력은 제자리인데 각종 대회에서 받아 오는 상을 보면 금상, 최고상, 대상, 특상 등 무엇이 가장 위인지 알 수도 없고 학교 성적표도 서술식으로 장점만 골라 쓰다보니 성적표를 받아본 부모들은 자녀의 수준을 가늠할 수도 없게 됐다. 종전에는 방과후에 아이들과 교실 환경도 꾸미고 예습과제도 해결했으며 벽 신문도 만들었다. 또 숙제를 안 해온 아이는 남아서 시키고 부진아도 지도하면서 선생님과 만남의 시간이 있었다.

그러나 지금의 학교를 보라. 급변하는 시대에 맞춰 가르치고 배우는 일만으로도 빡빡한 풍경이다. 또 사교육비를 줄인다고 실시하는 특기적성 교육에는 학원강사나 자원 인사 일색이고 수업이 끝나면 아이들은 공교육에 불신을 품고 학원으로 가기 바쁘다. 교사와 인간적인 대면의 기회를 점점 잃어가고 있는 것이다. 이렇듯 교사의 자리가 밀려나다 보니 선생님의 존재는 점점 무의미해져서 학부모들도 교사를 우습게 여긴다.

며칠 전 어떤 교사가 너무 억울하다며 교무실에 와서 하소연을 했다. 내용은 이렇다. 학생이 머리에 빨갛게 물을 들이고 와서 지적을 했다고 한다. 그랬더니 오후에 학부모가 전화를 걸어 '당신이 뭔데 머리에 물 좀 들인 것까지 간섭하느냐'며 '내 아들 내 맘대로 할 테니 당신은 공부나 가르쳐라'고 육두문자를 쓰더란다. 이래가지고 어떻게 교육을 하란 말인가. 언제부터 우리 사회가, 우리 부모들의 인식 수준이 이 모양이 됐는지 안타깝다. 그래서 요즘 자유학교, 대안학교, 탈학교가 유행처럼 번지고 있다. 과연 이것이 선진국형 민주화요, 교육개혁인가? 이 정도의 국민 수준에, 학급당 40명이 넘는 교실에서 그 어떤 개혁을 바랄 수 있겠는가. 그런데도 교육당국은 담임 선택제를 들먹이고 수요자 중심 교육만 하라니 탁상행정이라는 비난을 받아 마땅하다.

국가의 공권력도 시위대에 밀리는 현실에서 힘없는 교권만을 부르짖어 봐야 소용없을 줄 알지만 학부모들이 지켜주지 않고 세워주지 않는 교권 속에서 아무리 소신껏 지도해봐야 성과를 기대하기란 사상누각이 아닐 수 없다. 이것뿐인가. 얼마 전 학부모 한 분이 신발을 신은 채 교무실에 들어왔다. 그것을 발견하고 신을 벗을 것을 요구했더니, '그 분은 왜 큰소리를 치느냐'며 쿵쾅거리고 나간 일이 있었다. 정말 허탈한 심정이었다.

이처럼 교육 현장은 가르칠 권리마저도 무너지고 있다. 그런데 그 사실을 왜 윗분들만 모르고 계신지 궁금하기 짝이 없다. (장행남, 전남 목포이로초등교 교감, 한국교육신문 2001. 3. 12, 제1029호)

초 · 중 · 고교 월 1회 토요휴업, 일선교사들 불만 높다, '주 5일 근무' 행정직과 형평성 논란

'학교는 수업 중, 교육부와 교육청은 쉬는 중?'

현재 정부가 실시하고 있는 초 · 중 · 고교의 제한적인 주 5일 수업제에 대해 현장 교사들의 불만이 높아지고 있다.

지난 2005년 7월 1일 공무원들에 대한 주 5일 근무제 확대 실시 이후 학교는 경찰 · 소방직과 함께 예외가 적용돼 한달에 한번씩만 토요휴업을 실시하고 있기 때문이다.

최근 교육인적자원부와 단체교섭에 들어간 한국교원단체총연합회(교총)은 올해 주요 교섭사항 134개 항 중 핵심 협의대상에 지난해에 이어 또다시 '교원 주 5일제 조기 도입안'을 내놓았다.

교총에 따르면 현재 초 · 중 · 고의 각 학교 행정실 공무원은 물론 상급 행정기관인 교육부, 각급 시 · 도 교육청의 장학관 등 행정직 교육공무원들은 모두 토요일에 휴무를 하고 있다. 이에 따라 토요일에 교사들이 민원업무를 직접 처리해야 하는 경우가 자주 발생하면서 교사들과의 형평성 시비는 물론 전반적인 행적 공백을 낳고 있다.

서울 개원중학교의 A 교사는 "누구보다 휴식이 필요한 많은 교사들을 주 5일 근무제에서 제외한 것은 학교를 교육기관으로서보다는 보육시설로 보는 발상"이라고 주장했다. 그는 7월 이후 사회 각 분야의 주 5일 근무제 확산으로 토요휴업일에 등교하는 학생들의 비율도 당초 10%선에서 지금은 거의 찾아 보기 어려울 정도로 격감했다고 전했다.

그러나 주무부처인 교육부는 교육과정 개편과 수업시수 조정, 예산문제 등을 들어 완전한 주 5일 수업제 전면 실시 일정을 밝히지 못하고 있다.

요지경 교단

서울 강남의 S중학교 과학교사 K(31)씨는 최근 한 업체로부터 황당한 e메일을 수차례 받았다. 이 업체는 '교사들이 승진 점수를 얻기 위해 응모하는 각종 연구대회 출품 작품을 외주 제작하는 곳'이라고 소개한 뒤 200만 원 정도만 내면 전국대회 1등급을 보장하겠다고 꼬드겼다. K씨는 얼마 후 컴퓨터에 서툰 50대 교사가 이런 방법으로 교육용 소프트웨어 공모전에서 높은 점수를 받아 승진했다는 얘기를 전해 듣곤 말문이 막혔다.

교사들의 각종 연구대회 출품 작품을 직접 만들어주고 관련 정보를 제공하는 '교사승진 대행업체'가 잇따라 등장, 교사들을 유혹하고 있다. 일부 교사들은 이들 대행업체 덕에 승진에 성공하고 있는 것으로 알려져 교사들의 도덕성과 교육 당국의 관리 부실이 도마 위에 오르고 있다.

실태 및 현황. 교육부가 주관하는 전국 규모 연구대회는 교육용 소프트웨어 공모전 등 해마다 15～16차례이다. 전국대회에서 1등급에 오르면 교육대학원 5학기를 마치고 논문을 통과한 것과 같은 연구점수(1점)를 얻는다. 대회별 1등급은 10～100명 정도이고 이를 따내기 위해 대회마다 1,000～20,000명이 몰려 치열한 경쟁을 벌인다.

사정이 이렇다 보니 대행업체에 줄을 대는 교사들도 적지 않다. 이들 대행업체는 서울 시내에만 5～6개 곳이며 이들은 주로 학교 홈페이지 등에서 얻은 e메일을 이용, 교사들에게 은밀히 접근한다. 승진 대행비는 보통 200만～300만 원으로 부담을 덜어주기 위해 3～4차례에 걸쳐 나눠 받기도 한다. 전문 프로그래머와 연구대회 전문 기획사 등을 보유하고 있는 이들 업체는 전국대회 1등급을 받을 때까지 계획서부터 최종 작품까지 풀 서비스를 제공한다. 또 보안유지를 위해 대회가 끝나는 즉시 신상에 관련된 모든 자료들을 폐기하는 것으로 알려지고 있다. 외부 도움을 받은 사실이 적발되면 합격이 취소되고 3년 동안 대회에 응모할 수 없기 때문이다. 대행업체인 J사 관계자는 "승진 대행은 보안이 우선인만큼 신상이 드러나지 않도록 조치하고 있다"며 "최근 들어 교사들의 문의가 부쩍 늘었다"고 전했다.

문제점 · 대책. 승진 대행은 교사들의 도덕성 시비는 물론, 일반 교사들의 피해까지 우려돼 교육당국이 단속에 나서야 한다는 목소리가 높다. 서울 Y중 음악교사 B모(여 · 32)씨는 "대회 응시를 위해 CD롬 타이틀 제작방법을 아무리 열심히 배워도 대행업체의 전문 프로그래머를 통해 작품을 만든 경쟁자를 어떻게 상대할 수 있겠느냐"며 "올해 서울시 교육 자료전 응모를 포기했다"고 말했다.

그러나 교육당국은 무대책이다. 교육인적자원부 관계자는 "주관 기관에서 철저한 검증을 거치기 때문에 전문가의 작품은 판별할 수 있다"며 "교사들을 불신할 수만은 없지 않느냐"라고 말했다. 이경희(李京喜) 전교조 대변인은 "교사 승진체계의 약점을 악용한 얄팍한 상술"이라며 "평가방법 개선이 시급하다"고 지적했다. (한국일보, 2002. 4. 1)

중 · 고교 교사 · 학부모 72%, "학생이 스승 존경하지 않아"

선생님들의 대다수는 '요즘 학생들이 선생님을 존경하지 않는다'고 생각하는 것으로 나타났다.

한국갤럽은 중 · 고등학교 교사와 중 · 고교생 자녀를 둔 학부모 등 438명을 대상으로 최근 전화 여론조사를 실시했다. 이 조사에서 '학생들이 선생님을 존경하지 않는다'는 응답이 교사와 학부모 모두 72%에 달해, 스승에 대한 학생들의 존경심이 사라졌다는 견해가 일치하고 있었다. 이에 비해 '존경한다'는 응답은 교사와 학부모 각각 26%, 25%에 그쳤다.

교사로 재직한 지 '5년 이하'인 교사들은 절반가량인 48%가 학생들이 존경하고 있다고 생각하고 있는 반면, 재직 연수 '25년 이상'인 교사들은 학생들이 존경하고 있다는 응답이 21%에 머물러, 교직에 오래 종사할수록 학생들의 존경심이 약하다고 평가하는 것으로 나타났다. 학부모의 경우에는 학생들이 선생님을 존경한다는 응답이 읍 · 면지역(34%)에 비해 대도시(19%)에서 더 낮았다.

하지만 '선생님들의 학생에 대한 애정'에 대해선 교사와 학부모의 생각이 달랐다. 교사들은 학생에게 '애정을 지니고 있다'(69%)는 응답이 다수였고, '애정을 지니지 않고 있다'(28%)는 소수였다. 반면, 학부모들은 '선생님들이 학생에게 애정을 지니고 있지 않다'(57%)가 다수였고, '애정을 지니고 있다'(38%)가 소수였다. 교사들 스스로는 학생에게 애정을 지니고 있다고 생각하는 비율이 높지만 학부모들은 이를 인정하지 않으려는 경향이 높다는 조사 결과였다. '학생에게 애정을 지니고 있다'는 응답도 재직연수 '5년 이하'교사들은 79%였지만, '25년 이상' 교사들은 55%에 그쳐서, 연령에 따라 차이를 보였다. (조선일보, 2004. 3. 1, 제25874호)

교장과 학부모가 교사를, 교사가 교장과 학부모를 보는 시각

1. 일부의 교사들이 자신들의 전문가적 소양과 능력을 보호, 주장하는데 필요이상으로 방어적이다.
2. 일부의 교사들이 학부모들을 신뢰하지 않고 반감을 갖고 대한다.
3. 교사들이 위축되는 이유는 (교사보다 지위가 높은) 교육관계자의 제안이 명령(제시)이 되고 대화가 경시되며 무례한 학부모와 학생의 언행, 존경심 부족이 직무불만이나 사기저하, 스트레스와 탈진의 원인이 된다.
4. 많은 교육행정가와 관리자들이 자신들의 지위를 보호하기 위하여(보신주의) 기꺼이 교

사들을 매도한다는 점을 많은 교사들이 지적한다.

5. 행정가들에 의해서 너무 자주 교사들이 의사결정 과정에서 무시당한다고 교사들은 불평한다. 학교장의 지시대로 운영되면서 교직원 회의를 통해서 합의하에 추진하는 것으로 포장된다는 것이다.
6. 교사 자신들의 권위, 지식, 직업상의 특권에 대한 도전 또는 자신들의 능력에 대한 신뢰의 부족을 끊임없이 인내할 수 있는 교사는 거의 없다. 교사들은 학교 운영위원회, 학부모, 언론 매체의 기대를 받고 있는 한편 학교가 잘하지 못할 때 교사들은 교육행정가들의 손쉬운 희생양이 된다고 불평한다.
7. 행정가들은 자신의 지위・신분상의 처신(공든 탑)과 학생의 성공(실력향상, 면학분위기 조성, 상급학교 진학)에 대한 가장 명백한 지표(시험 점수)를 제외한 모든 것은 안중에 없다고 교사들은 문제를 제기한다. 교사들은 행정가들이 너무나 자주 교사들의 직무에 심오한 영향을 끼치는 결정도 현장 교사들을 배제함으로써 교사들을 비전문가로 대우하며, 시험 점수를 향상시키는 기술적인 탐구로 교육을 제한함으로써 교사들을 비인격화시킨다고 생각한다.
8. 교사 평가제를 도입하여 교사의 교육력, 경쟁력을 드높여 낙후된 공교육력을 제고시키겠다는 최근의 교육부 발표(2004, 2)는 교사에게 또 다른 스트레스를 가중시키는 이유가 된다.
9. 학부형과 학생을 교사평가에 포함시킴으로써 교사들에게 또 다른 상전이 생긴 것이다. 교사의 신상에 막강한 영향력을 행사하는 권한이 주어짐으로써 교사가 비굴하게 이들의 눈치를 살펴야 하고 존중해야 하는 역기능의 발생이 우려된다. 아울러서 여러 선생님에게 배운 학생들이 선생님의 자질을 비교, 판단할 수 있는 안목이 있지만 상식 수준에 불과하고 지식의 구조화, 무엇이 더 중요하고 왜 배워야 하는지 선수지식이 후행학습과 어떤 관련성이 있는지에 대한 과정적・맥락적 판단능력이 불충분하고 미숙한 학생에게 평가하도록 위임한다는 것은 여러 가지 위험 요소를 내포하고 있다. 또 평가상에 균형감각, 신뢰성, 공정성, 공・사 구별의식을 어떻게 담보하느냐도 문제가 될 수 있다. 교사평가보다는 수업평가 위주로 하는 것이 바람직하다.
10. 교사들은 많은 부모들이 어떤 유의미한 방식으로 교육을 후원하지 않는다고 불평하는 한편 학부모들은 교사들 다수가 일류교사가 아니며 스트레스나 탈진은 변명과 책임회피 구실이며 교육자로서의 책무와 사회의 기대를 포기하고 있다고 비난한다. 다수의 학부모들이 교사를 신뢰하지 않고 비판을 한다.
11. 학교 행정가들은 다수의 교사들이 단지 급여에만 관심이 많고 교수법의 개선, 생활지도에 필요한 전문성과 자질 개발 노력은 불충분하다고 불평한다.

이해관계 당사자들 간의 갈등과 반목은 편견인가 진실인가, 갈등의 결과와 끝은 어디인가 성찰이 필요한 화두이다.

교직생활에서 가장 괴로울 때

교직생활 중 가장 괴로울 때를 질문한 결과에서는 「사회적으로 대접받지 못할 때」가 20%로 가장 많은 응답을 했다. 그 다음으로 「학생들이 말을 안들을 때」(16.3%) 「교장 · 교감의 간섭이 심할 때」(15.8%) 「학생이 사고를 저지를 때」(14.4%) 「열심히 가르쳐도 성적이 오르지 않을 때」(13.3%) 「학부모가 부당하게 간섭할 때」(11.8%) 순으로 나타났다. 「불우한 학생을 도와주지 못할 때」도 5.2%나 돼 교직생활 중 교원들이 느끼는 고민이 다양함을 보여주었다(〈표 2-8〉 참조).

교육의 위기와 관련된 문제를 거시적 원인과 미시적 원인으로 구분 제시할 수 있다. 거시적 원인을 교육의 위기, 교육이 흔들린다고 표현되는 작금의 사태를 중심으로 설명한다.

1. 훌륭하고 재능 있는 교사들 다수가 교직을 떠났으며 유능한 인재들이 교직을 택하도록 자극하는 유인체제 부족
2. 정부의 교육 정책의 목표와 방향
3. 만연되어 있는 교사 직무 스트레스와 탈진 및 교사의 정신 · 신체 건강 악화의 심각성과 그 효과, 사후 대책 마련에 둔감한 교육 행정 당국과 교직단체
4. 교육 당국의 교사 불신
5. 갈등과 파행을 일삼고 교육 현장을 정치 교육의 장으로 이용하는 운동권 교직 단체의

〈표 2-8〉 교직 생활 중 가장 괴로울 때

구 분	전 체	초등학교	중학교	고등학교
열심히 가르쳐도 학생성적이 오르지 않을 때	13.3	12.9	13.8	13.2
학생들이 말을 안 들을 때	16.3	11.5	18.9	18.6
학생들이 사고를 저지를 때	14.4	13.1	17.4	13.0
불우한 학생을 도와주지 못할 때	5.2	5.0	5.5	5.2
교장, 교감의 간섭이 심할 때	15.8	19.9	14.7	12.2
학부모가 부당하게 간섭할 때	11.8	14.7	12.3	8.7
사회적으로 대접받지 못할 때	20.0	19.5	14.4	25.9
기타	3.2	3.4	3.0	3.3
계	100.0	100.0	100.0	100.0

출처: KEDI(1995) 「국민교육 의식 조사 연구」

행태
6. 교사들의 호응을 얻지 못하는 교육 개혁
7. 교육개혁의 필요성에 호응하지 못하고 기존의 교육 체제에 안주하고자 하는 교사의 둔감성
8. 학생, 학부모로부터 외면당하고 불신 받는 공교육
9. 싸구려 공교육
10. 최근의 초등 교사 부족사태에 땜질식 처방으로 일관하는 교육당국의 대응 방식, 교사 양성, 충원, 유지에 관한 청사진을 마련・대처하지 못하는 교육 행정
11. 교직 단체가 교육부 장관 퇴진 운동을 벌이게 된 오늘의 교육 현실
12. 교육 당국의 교사 불신 시각
13. 자질 부족 교사에 대한 퇴출 장치가 없는 교육계
14. 학생・학부모로부터 외면당하고 불신 받는, 사교육에 떨어지는 공교육 경쟁력
15. 교사의 신체・정신건강, 교사 복지에 둔감한 교육 정책
16. 너무 자주 바뀌는 교육부 장관 자리
17. 교육부 무용론이 주장되는 교육 현실[9)]
18. 학교 사회의 무력감

교사의 직무 스트레스와 탈진의 원인을 연구하기 위하여 교사를 대상으로 한 사례 연구를 통해서 자서전(전기)을 분석한 바에 의하면(부록~자료 참조), 행정 직원과의 관계: 교사/학생 관계: 학교/지역 사회 관계: 학교장의 지도력 특성: 학교 조직: 근무조건: 학교 분위기와 기풍(school ethos), 실패한 학교(failing schools)라는 수치와 부끄러움을 자아내는 공적 명명에 기인한 학교 효율성을 표적으로 한 학교 개선(school improvement) 관련 교육 정책이 결국 교사의 직무 스트레스와 탈진의 원인으로 작용한다는 것을 알 수가 있다.

필자가 판단하는 교사의 직무 스트레스의 원인을 예시해 보면 다음과 같다.

1. 직무 스트레스, 탈진과 직무 불만족의 만연율
2. 개인적 소인－성격 요인, 생활 변화(예: 근무지 이동, 결혼, 자녀 출산 등), 인구 통계학적 요인, 교사의 성장 발달사, 출생 순위, 성별, EQ 수준, SES 수준
3. 학교 조직과 업무 관련 요인－화날 때 자신을 통제하기, 교육 행정상의 둔감성, 관료

9) 노무현 정부 이후 두 번째 국내 교육 행정의 수장이 된 안병영 교육부총리는 취임 인터뷰에서 그 동안 우리 교육은 국민에게 희망과 용기보다는 좌절과 실망을 안겨줬다고 자평(自評)한 것처럼 교육부 무용론이 제기되는 것이 오늘의 교육 행정의 위상이다.

조직의 무능력, 비이성적이거나 무관심한 학부모 또는 지나치게 간섭 (개입)하는 학부모, 일반 대중의 비난, 비자발적인 근무지 이동, 과밀 학급 및 과대 학교, 통합 교육, 교육의 책무성에 대한 대중의 요구, 과도한 문서처리 업무, 자율성과 전문가 의식의 상실, 불충분한 급여, 승진 기회 부족, 다른 성인들로부터의 고립과 심리적 공동체 의식 결여, 불충분한 준비, 물리적 시설에 대한 불평,[10] 역할 모호성, 역할 갈등, 역할 부담

4. 국가의 교육 정책(national education policy)의 향방과 그 효과
5. 언론 매체(예: 방송, TV, 신문, 잡지)의 비난과 영화와 TV 드라마에 부정적으로 비쳐진 학교와 교사 이야기[11]

Troman과 Woods(2001, 머리글)는 초등학교 교사의 스트레스(Primary Teacher's stress)에서 교사들이 교직에서 경험하는 스트레스의 원인을 세 가지로 대별했다.

1. 국가의 교육 정책의 효과
2. 업무와 학교 조직의 변화
3. 개인적 소인

이들은 스트레스의 원인, 효과, 스트레스를 경험하는 사례 소개, 경험한 스트레스로부터 회복과 스스로 거듭나기(self-renewal), 스트레스 관련 질병을 경험한 것으로 진단된 교사 면담 기록 등을 진솔하게 연구한 바 있다.

Travers와 Cooper(1996)는 「압력을 받고 있는 교사: 교사들의 직무 스트레스 연구

---

10) 서울 시내 초・중・고교의 과대 학교와 과밀 학급 문제가 여전히 심각한 것으로 알려졌다. 서울시 교육청이 2003년 10월에 교육 위원회에 제출한 행정 사무 감사 자료에 따르면 학급당 학생수가 평균 42명 이상인 초등학교가 31개교, 중학교는 6개교이며, 고교는 학급당 학생수가 40명 이상인 학교가 11개 학교로, 이 중에 예술고와 체고는 평균 50명에 달해 콩나물 교실을 연상케 했다. 역촌 초등학교는 50.5명, 신서 초등학교는 48.2명이다. 50학급 이상 과대 학교도 초등교는 122개교, 고교는 31개교에 달하는 것으로 나타났다. 이중 38개 초등교, 4개 고교가 60 학급 이상이고, 12개 초등교는 70학급 이상이며 강서구 관내 신정 초등학교는 유일하게 85학급이었다.

11) 학교・교육・학생・교사를 다룬 영화나 드라마가 점차 늘어나고 있다. 영화 여고 괴담을 비롯해 두사부일체, 선생 김봉두, 드라마로는 학교 시리즈, 로망스와 상두야 학교가자 등이 학교를 무대로 삼고 있는 대표작들이다. 영화나 드라마가 묘사하는 학교나 교사, 교육의 모습은 대부분 현실과 많이 동떨어졌을 뿐 아니라 부정적인 면에 치우쳐 있다. 교육 현실을 왜곡하고 극적인 재미만을 추구하고 비현실적인 내용이 공교육을 불신하게 만드는(한국교육신문, 2003. 10. 27, 제2151호) 교육의 역기능을 상행위에 이용하기보다는 죽은 시인의 사회, 홀랜드 오퍼스, 엠페리어 클럽, 언제나 마음은 太陽과 같은 진솔하고 감동적인 영화를 제작할 만한 역량이 국내에서도 가능하다고 연구자는 판단한다.

(*Teachers Under Pressure: 게tress in the Teaching Profession*)」 보고서에서 영국의 현직 초・중・고교 교사들이 경험하는 스트레스의 원인을 다음과 같이 예시했다.

1. **구조적(잠재적) 요인**: 역할 갈등, 역할 모호성, 역할 과중(과소), 학생(고객)에 대한 책임, 역할 준비성(교수－학습지도 준비), 상・하급자, 교생 실습생 역할 조정(개입), 동료 교사와의 관계, 경력 개발(career development)과 경력 관리
2. **조직 구조와 분위기**: 선택・결정에 참여, 수행력 평가, 조직 문화
3. **가정과 직장의 접점**: (중요한 직업에 종사하는) 맞벌이 부부, 직업과 가족(생활)과의 관계

Farber(1991, 37-71)는 교사의 직무 스트레스와 탈진의 원인을 다음과 같이 분류했다.

1. **교사의 개인적 취약성(위험 요인)**. 성격 요인, 생활 변화의 영향, 인구 통계학적 요인
2. **조직(직무－관련) 요인**. 학생 폭력과 탈선, 학급 경영과 훈육 및 감정 이입, 분노(angry)의 제어, 교육 행정에 대한 둔감성, 관료적 무능, 비합리적・무관심한(둔감한) 부모, 대중의 비난, 원하지 않은 전근, 과밀 학급, 통합교육(장애학생을 정상 학급에 정치하는 것), 교육의 책무성에 대한 대중의 요구, 자율성과 전문성 의식 결여, 불충분한 급료, 불충분한 교수－학습 준비, 물리적 시설에 대한 불만, 역할 갈등, 역할 모호성, 역할 과중/과소, 상・하급자, 교생 실습생, 동료 교사와의 역할 조정 관계와 갈등, 경력 개발(career development)
3. **조직 구조와 분위기**. 선택－결정에 참여 못함, 수행력 평가, 학교의 조직문화, 학생들의 진보나 교사들의 생활 수준 제고보다 자신의 권능・신상의 이익(예: 보신주의)에 더 관심을 나타내는 교육 행정 관료들, 학교장, 교감의 지도력 행태

김정휘(1998, 751-754)는 교사의 직무 스트레스 모형론에서 13개 요인을 원인으로 제시했다(〈그림 3-5〉 참조).

1. **인간관계 갈등**: 학교장・교감과의 관계, 학부모와의 관계, 학생과의 관계, 동료 교사와의 관계, 교권침해, 지역 사회 유관 인사와의 관계
2. **교육의 구조적 기능과 조직**: 학교와 교육청, 교육부의 행정 조직 구조, 근무 조건, 교사 대우, 인사 관리
3. **학생 지도와 훈육**: 교수・학습 지도 여건, 학급 경영(관리)
4. **교사의 개인적 소인**: 교사 개인의 특성과 성장 발달사, 교사 집단의 장인 정신 결여, 사명감 분석, 교직관, 지위 지향형 대 과업지향형 교사의 성향
5. **국가의 교육 정책 향방에 의한 효과**: 정권 차원에서 시도되는 교육 개혁의 추진 방향과 내용

6. **매스컴 · 언론 매체의 부정적 교육관과 이상적 교육관 위주의 사회의 큰 기대**
7. **공교육력 저하:** 교사 · 학생(아동) · 부모로부터 불신 받는 공교육력, 싸구려 교육

교육은 구조적으로 원래 스트레스를 받기 쉬운 직업이다. 교사들은 자주 항상 상호 충돌적인 역할 수행을 요구받는다. 몇 가지를 예시하면 양질의 학습 · 교육을 시키는 것, 교실에서의 질서 유지, 훈육 업무, 학생들의 사회적 · 정서적 안녕에 신경쓰고 챙기는 것, 학생들, 행정가, 학부모, 지역 사회의 이해관계와 관련된 충돌적인 기대를 만족시키고 조화를 추구하는 것 그 외에 문제 제기는 이미 오래 전에 논의와 담론(discourse)이 있어 왔으나 행정 당국 관계자의 둔감성 때문에 시정되지 않고 있는 잡무(보고용 공문서 처리) 환경 정리 등 무수히 많다. 교사들이 마주해야 하는 가장 중요한 도전은 직장 내부에 뿌리 깊은 정신분열증(built-in schizophrenia of the job, 90)을 관리하는 것이다.

〈표 2-9〉의 자료는 스트레스나 탈진의 원인을 교사 개인의 조건 형성된 변인(personal conditioning variables)과 학습된 반응의 갖춤새(a set of learned responses)로서 성격 소인(personality dispositions)에 귀인시켜 해석하고 있다. 이러한 생각은 안정된 성격 프로필(예: 개인의 행동 성향, 대처 양식과 순응 능력)이 인간이 스트레스나 탈진에 어떻게 반응하는 가에 영향을 준다는 것을 가정하는 것이다. 그리고 개인의 이러한 행동 특성이 직장 근무 환경

〈표 2-9〉 교사의 직무와 관련된 원인으로 확인된 스트레스

- 수업과 무관한 과다한 사무 처리와 그에 대한 심리적 부담이 지나친 것
- 다루기 힘든 문제 학생(troublesome students)지도 및 학급 경영상의 문제
- 학교 · 학업 · 교사에 대한 학생들의 부정적인 태도
- 시간 압력(예: 업무처리 마감시간, 퇴근시간 전 업무완료 등과 관련된 시간 관리)과 연루된 시간 stress
- 과밀 학급이나 과소 학급 및 추가적인 업무(장학 지도나 과외 · 특별 활동)
- 부적당한 급료 또는 불만족스런 근무조건(거주 · 출퇴근 교통문제)
- 학생들의 교내 폭력과 야만성(vandalism) 및 장학사 · 학교장과 대립되거나 갈등
- 교실 내에서의 수업지도에 필요한 교육자료 부족 및 불만족스런 수행에 대한 통지
- 학습지도 기능의 부족 및 학생들의 수행능력 부족
- 부적합한 교육 행정 시책, 교육문제 해결이나 개혁에 참여 부족
- 수업에 필요한 준비물을 챙겨서 학교에 오도록 자녀를 보살피지 않는 부모
- 수학의 어려움을 제기하는 학생을 나무라는 데 많은 시간을 소비하는 일
- 학생들의 학습동기 유발 곤란
- 직무상의 불만족, 직업 안정성 결여, 정년 퇴직
- 협조가 아닌 경쟁적인 직장 분위기 및 폐쇄적인 조직 환경, 모호한 역할
- 시대에 뒤떨어져 쓸모없이 되어감(obsolescence) 및 직장 생활을 통한 자아실현 기회 부족

출처: McBride, G., Teachers, Stress, and Burnout, R. E. Schmid, L. M. Nagata, (Eds.). (1983). *Contemporary Issues in Special Education.* New York: McGraw-Hill Book Company.
Payre, M. A. Furnham, A. (1987). Dimensions of Occupational Stress in West Indian Secondary School Teachers. BR. J. EDU. PSYCHOL. 57. 141-150. 1987. 141에서 재인용.

〈표 2-10〉 개인 측면에서 본 직무 스트레스의 원인

1. **심리적 조건(성격 특성과 행동 특성)**
   - A형 행동 특성
   - 자아 욕구
   - 정확하고 분명히 일을 처리·완결 욕구 / 애매 모호성을 용인하지 못함
   - 내향성 / 외향성 또는 통제 소재가 내부 / 외부 지향성
   - 인정 추구형
   - 방어형
   - 지능
   - 유능성
   - 과거에 스트레스 경험 유·무
   - 인내심, 끈기 유·무
   - 개인 내적 갈등
   - 자존심
   - 동기 /목표 / 포부 수준
   - 전형적 불안 수준
   - 가치관(종교, 대인 지각, 외모)
   - 개인적 업무 표준
   - 완벽주의 욕구
   - 직업과 생활에서 다른 중요한 측면에 대한 만족도
2. **신체적 조건**
   - 신체적 적합성 / 건강
   - 다이어트·식사 습관
   - 운동, 업무, 수면, 긴장이완 양태
3. **인생단계 특성**
   - 인간 발달 단계
   - 가족 생활 주기 단계
   - 직업 단계
4. **인구 통계학적 변인**
   - 나이·교육·선·인종·사회경제적 지위·직업, 부업

출처: Beehr, T. A. and Newman, J. E.(1978). Job Stress Employee Health and Organizational Effectiveness: A Facet Analysis, Model and Literature Review, *Personal Psychology*, 31: 665-669.

에 대한 개인의 지각향성에 중요한 영향을 준다는 것이다. 이러한 점을 요약하여 Beehr와 Newman(1978)이 〈표 2-10〉과 같이 제시했다.

교직의 특수성 때문에 교사와 일반 직장인들이 겪는 직무 스트레스 간에 차이가 있다.

어떤 유형의 교사가 스트레스나 탈진을 잘(덜) 받는가를 교사의 발달·성격 특성과 관련성이 있다는 전제 하에 논의를 전개할 수 있다. 이 문제는 강력한 스트레스나 탈진을 잘 받

는, 취약한 교사의 특성 선행 요건들, 즉 스트레스 반응의 예고 지표, 위험 요인들과도 연관성이 있다.

앞에서 소개한 스트레스와 탈진의 원인론 중에서 Farber(1991), Travers와 Cooper(1996) 및 김정휘(1998)의 견해를 절충하여 무엇 때문에 교사들이 스트레스와 탈진을 경험하게 되는가를 소개한다.

1. 이상주의적이며 열정적 · 헌신적인 교사들.
2. 강박관념이 있으며 열정적이고 이상주의적이고 헌신적인 매맞은 교사 증후군(battered teacher syndrome)을 경험하는 교사들. 이들 교사는 자신을 몰입시켜 직무에 강렬히 임하며 자신의 노력에 상응하는 대가가(보상이) 주어지지 않으면 심하게 실망과 분노를 나타냄(Bloch, 1977).
3. 대도시 중심지에서 또는 저소득자 거주 지역에서 이상주의를 지니고 직무에 헌신하는 교사들.
4. A유형의 사람들(적극적, 경쟁적, 열성적, 변덕스러운)이 스트레스에 대한 반응으로 심리적인 증상을 발전시키기 쉽다.
5. 탈진은 또한 자아실현 욕구와 자존심과 같은 상위 욕구(higher-order needs)와 관련이 있다.
6. 자신의 목표(승진, 전직, 전근)에 대한 접근의 상실.
7. 자아 강도가 낮은(low ego strength, 자기 자신과 미래에 대한 확신이 없는) 교사.
8. 통제 소재(locus of control)가 외부 지향적인 교사, 즉 자신의 운명, 행 · 불행, 삶의 희로애락이 외부의 거대 세력에 의해서 지배, 좌우된다고 믿는 교사들.
9. 애매모호함을 잘 견디지 못한다. 애매모호함에 대한 관용성(창의성이 높은 사람의 특성임)이 낮은 교사.
10. 적응의 우수성이 취약한 교사, 여기에서 적응의 우수성이란 높은 자존심, 자기 확신, 참을성(강인함)이 높음을 지칭함.

5-2. 교사의 개인적 소인

(가) 교사의 개인의 성격 유형과 정서 지각 향상이 스트레스에 끼치는 영향

강렬한 외부적 통제 소재에 놓여 있는 교사들이 내부적 통제 소재가 강한 교사들보다 업무에서의 긴장과 당혹감을 더 느끼기 쉬우며 개인적인 성취감을 덜 느끼게 된다는 것이다(Capel, 1989; Dworkin, 1987). Bacharach와 그의 동료들은(1986) 너무나 되풀이되는 일을 하도록 길들여져 있는 것이 초등학교 교사들의 불안, 생리적인 문제와 관련이 있다는 것을 발견했다. 그러나 중등학교 교사들에게는 해당되지 않는다. 학생들의 낮은 성취가 초등/중등학교 교사들의 정서적인 고갈, 비인격화와 관련이 있다는 것을 발견했다.

이 방면의 연구에 의하면 A형 사람들은 30~40대에 심장마비를 일으킬 확률이 높은 반면, B형 사람들은 노년기 이전에는 심장마비를 일으키는 경우가 매우 적다고 한다. 특히 A형 행동 중에 냉소적 적개심은 분노나 신경질, 타인에 대한 불신이 그 특징이다. 이 냉소적 적개심을 가진 사람들이 스트레스를 받는 경우에 숨이 가빠지고 심장 박동수가 증가하며 근육 긴장 등의 증상을 보이는데 이것들은 모두 관상동맥 심장병(CHD)과 관련이 있다. 이 분야의 자료들은 A형 특유의 적개심이 이들이 유아기 때 부모로부터 충분한 사랑을 받지 못해서 다른 사람에 대한 믿음이 결핍된 결과라고 해석하고 있다.

최근에 와서 새롭게 주목을 받고 있는 것이 C형 행동유형이다. 이들은 내성적이고 완고하며 불안 초조해하는 성격으로 정서 표현을 잘 하지 않는다. 연구 결과에 의하면 이런 유형의 사람들은 각종 암에 잘 걸리는 것으로 나타났다(〈표 2-11〉 참조).

교사의 성격과 교사들이 경험하는 스트레스와의 관계에 대한 조사는 대체로 연구에서 무시되었고 특히 A형 행동 양식의 측면에서 그렇다. 특히 중요성을 갖는 두 개의 연구로 Prett(1976)의 연구와 Kyriacou와 Sutcliffe(1979b)의 연구가 있다. 앞에서 언급된 연구에서, Prett은 124명의 초등학교 교사에 대해 아이젱크 성격 검사(Eysenck Personality Inventory: EPI)를 실시하고, 보고된 스트레스에 대한 측정과 신경증 및 외향성 양쪽 모두에 상당한 상관성이 있음을 보고했다. 이 결과를 신경증과 관련하여 해석할 때 한 가지 문제가 발생하는데, 스트레스는 신경증 점수와 정적인 관련성이 있다는 사실이 발견되었고 그 점수는 사람이 스트레스를 느낄 때 증가하여 개인적 성향의 유사한 측면을 측정한다는 사실을 제안하기 때문이다(Humphrey, 1977).

Cox 등(1978)에 의한 연구는 100명의 영국 교사들과 100명의 상응하는 준직업인의 경험과 행동을 세 개의 설문지를 이용해서 조사했다. 특정한 질병(예: 당뇨병), 평가된 일반 건강 상태, 입원 기간, 관상동맥질환과 관련된 위험요인들, 흡연, 음주, 취침, 비만과 관련된 정보를 일반 건강 설문지(GHQ)를 이용하여 수집했다. 추가하여, 젠킨스 활동도 조사(Jenkins Activity Survey: JAS)를 'A형' 성격을 측정하는 데 이용했다(Jenkins et al. 1968). 세 번째로 적용된 수단은 일반 복지 설문지(General Well-being Questionnaire)로 Cox 등(1978)에 의해 고안되었다. 세 종류의 설문지에 대한 두 피험자 집단의 응답을 비교했을 때, 그들은 두 종류의 차이점을 발견했고 모두 GHQ에 있었다. 결과는 여성 교사가 남성 교사들과 교사가 아닌 집단보다 더 장시간 수면을 취하고, 교사 집단이 비교사 집단보다 음주량이 적다는 사실을 보였지만, 성격적 차이는 발견되지 않았다.

성격의 변수로, 왜 개인들이 동일한 작업 환경과 관리자와 교육적, 경험적인 배경에서도 같은 스트레스 요인에 서로 다르게 반응하는지를 설명할 수 있다고 한다(Bloch, 1977; Cichon and Koff, 1980; Farber, 1991a; Gable, and Iwanicki, 1990; Ianni and Reuss-Ianni, 1983; Mayou, 1987). 직업적인 스트레스를 참을 수 있는 개인적 능력으로 두 가지가 중요한다.

(1) 통제의 소재

Rotter(1966)는 내부적인 통제냐 외부적인 통제냐의 믿음에 따른 개인간의 차이가 탈진이 이루어지는지의 여부에 영향을 끼친다고 하였다. 어떠한 일이 그들 행동의 결과라고 믿는 사람들은 내부적인 통제를 믿는다. 일들이 자신의 통제 밖에서, 운명이나, 행운, 아니면 다른 사람들에 의해서 이루어진다고 믿는 사람들은 외부적인 통제에 믿음을 나타낸다. 외부적인 통제의 존재를 믿는 교사들이 탈진의 가능성이 더 높다는 사실이 알려졌다(Cedoline, 1982; Farber, 1991a; Kyriacou, 1987; Lortie, 1975; McLaughlin et al., 1986). 그래서 이들 변수들은 전형적으로 교사 탈진에 관한 논의의 주제가 되는 것이다. 두 개의 연구만이(Lutz and Maddirala, 1990; Mazur and Lynch, 1989) 외부적인 통제의 존재가 초등, 중등학교 교사들의 탈진에 끼치는 영향을 직접적으로 다루었다. 이들 두 연구는 탈진 개념의 감정적 피로 측면에 중요한 영향을 주는 것을 보여준다. 두 개의 관련 연구가 통제의 존재와 탈진의 요인들 간의 연관성을 다루었다. Caper(1992)는 외부적인 통제의 존재와 감정적인 피로 사이의 .45의 상관계수를 밝혔는 데 반해서, Lunenburg와 Cadavie(1992)는 .15로 밝혔다. 게다가, Luneneburg와 Cadavie는 외부적인 통제 존재와 비인격화, 개인적인 성취 각각의 관계에 .24, −.29의 상관계수를 밝혔다.

130명의 영국 초등학교 교사에 대한 연구에서, Kyriacou와 Sutcliffe(1979b)는 여러 저자들에 의해 밝혀진 통제 소재(locus of control)의 효과를 조사했다. 통제 소재는 사람들이 자신에게 잠재적 위협이 되는 상황에 대한 통제력이 부족하다고 인식하는 정도와 관련되어 스트레스를 느끼는 위치이다. 이것은 요구에 대처할 수 있는 능력이 없거나 사용 가능하고 적절한 대응 기구가 부족한 데서 기인된 것이다. 그들은 자체 보고된 교사 스트레스와 로터 내-외 통제 척도(Rotter Internal-External Locus of Control Scale: I-E Scale, Rotter 1966) 사이에 관련성을 찾았다. 조사에 리커트 척도(Likert Scale, 즉 강한 긍정에서 강한 부정에 대해 1～5점을 부여)가 적용되었고 자가보고 교사 스트레스와 외적 영향 사이에 상당한 상관성을 얻었다. 그러므로 외적 통제를 나타내는 교사들은 고도의 교사 스트레스를 보고했다.

(2) 자존심

많은 연구들은 자존심이 탈진과 강하게 관련되어 있다고 한다(Farber, 1991a; Hogan and Hogan, 1982; Ianni and Ruess-Ianni, 1983; Maslach, 1982a; Motowidlo, Packard, and

Manning, 1986). 대부분의 사람들이 사회적인 동의를 필요로 하기 때문에, 사회적인 반응으로 받아들여지는 어떠한 일도 스트레스를 줄 수 있다(Hogan and Hogan, 1982). 또한, 자존심이 적은 사람들은 다른 사람들보다 거부 반응에 더 겁을 먹게 된다. 그래서 이들은 스트레스와 탈진에 더욱 취약하게 되는 것이다. 비록 사례연구와 문헌 연구들이(가령, McLaughlin et al., 1986; Phillips and Lee, 1980) 낮은 자존심을 가진 교사들이 선행하는 요인들(가령, 행정가들로부터의 지원의 결여)의 결과이며, 이것에 직업적인 스트레스가 첨가된 것이라고 밝혔지만, 최근까지 단 하나의 연구(Friedman and Farber, 1992)만이 자부심과 탈진의 관계를 실증적으로 검증하였다.[12] 이스라엘 초등학교 교사들의 사례에 기초하여, Friedman과 Farber는 이들 두 변수 사이의 −.45의 상관계수를 밝혀냈다. 또한 자존심이 탈진의 중요한 예언지표이기는 하지만, 그 방향성은 역의 관계라고 하였다.

전반적으로, 문헌 검토는 조직 변수와 성격 변수가 교사들의 탈진에 중요하다는 상당한 증거를 보여주었다. 이들 예언적 관계들의 생생한 요약이 〈그림 3-2〉에서 제시했다. 어떠한 연구들은 탈진을 전반적인 개념으로 간주하고 있지만, 다른 것들은 감정적 피로, 비인격화, 그리고 개인 성취의 감소라는 세 가지 측면 중 하나에 특정하게 집중하고 있기 때문에, 탈진은 일차원 모델이나 다차원 모델로 만들어질 수 있는 것이다. 개별적인 구조적 경로와 관련된 표시는 예견되는 관계의 방향을 나타낸다. 〈그림 3-2〉 관련 자료에서 도출해 낸 교사 탈진에 대한 개요 모형 참조.

(3) 스트레스 관련 정서 지각 향성

스트레스 관련 정서 지각에 민감한 교사와 둔감한 교사 간에 반응 효과에 차이가 나타난다는 것이다. 즉 동일한 스트레스라도 정서적으로 민감한 교사와 둔감한 교사 간에 다르게 반응한다. 정서적으로 민감한 사람들은 덜 민감한 사람들보다 스트레스에 대해 보다 더 높은 수준의 우울, 절망감, 자살에 대한 생각을 표현하는 식으로 더 강한 영향을 받는다.

왜 정서적으로 민감한 사람들이 다른 사람을 보다 스트레스에 대해 비적응적인 반응을 더 많이 보이는가? 적어도 두 가지의 가설이 있다. 둔감성 가설(insensitivity)에 따르면, 민감하지 않은 사람들은 스트레스를 주는 생각들이나 다른 요인들을 다 함께 무시해버림으로써 성공적으로 억압한다고 한다(Ciarrachi, Deane and Anderson, 2000).

이 가설은 민감하지 않은 것이 그들을 스트레스로부터 보호해 주므로 사람들에게 유익할 수 있다는 것을 암시한다. 이와는 반대로 혼란가설(confusion hypothesis)은 정서지각이 낮은 사람들은 사실 스트레스에 민감하지만 그것이 자신들에게 악영향을 끼치고 있다는 사실을 단

12) 하지만, 이 연구의 초점은 자신의 교육 능력에 대한 인식과 학생, 교장, 학부모들과 같은 다른 사람들 사이의 불일치에 있다.

순히 인식하지 못하는 것이라고 제안한다(Ciarrachi, Deane and Anderson, 2000). 개념의 정의상 덜 민감한 사람들은 자신들의 느낌에 대해 더 혼동하여야 하며, 그것이 자신의 생활에 어떤 영향을 미치고 있는가에 대해 낮은 이해를 보여주어야 한다. 이 두 번째 가설은 민감하지 않다는 것은 개인에게 해가 된다고 제안하는데, 이것은 자신이 기분이 좋지 않다는 사실을 인식하지 못하고 따라서 상황을 바꾸기 위해 아무런 노력도 하지 않을 것이기 때문이다.

(나) 스트레스 반응에 대한 행동 양식의 기여도

A형 행동 양식(Type A behavior, TAB)

A형 행동 양식은 비록 교사의 스트레스에 관한 한 그것의 효과는 별로 조사되지 않았지만, 가장 널리 연구된 '인간 기반' 특성 중에 하나로서 스트레스 관계에 영향을 줄 수도 있다(Ivancevich and Matteson, 1984). 행동의 특정 '양식들'이 심리 사회적 스트레스 요인들과 긴장들 간의 관계성에 영향을 줌으로써 중재자로 작용한다는 사실이 발견되었다(Van Dijkhuizen and Reiche, 1980). Friedman과 Roseman(1959)은 A형과 B형이라는 개념을 연구하여 이것은 '스트레스성 질환'(즉, 관상동맥성 심장질환)을 보이기 위한 그들의 연구에서 대상이 된 환자들과 연결된 태도, 감성적 반응, 행동 유형의 집합이라고 제안했다. 그들은 A형 행동 양식과 관상동맥성 심장질환 사이의 강한 상관성을 발견했다(Friedman and Roseman, 1974). A형이 어떤 성격 특질이 아니라 그보다는 명시적 행동의 집합 즉, 개인이 상황에 대응하는 방식에 가깝다는 사실을 이해하는 것이 중요하다. 하지만, 이 유형은 또한 인간적이고 환경적인 요구의 존재 하에서 생성된 습관적 대응 기제(habitual coping mechanism)이기도 하다.

A형 행동 양식의 개념. 1950년대 말, 심장병 학자인 의사 Friedman과 Roseman(1959)은 그들의 관상동맥성 심장질환 환자들이 특정한 행동 유형과 감성적 반응들을 공유하는 사실을 관찰하고, 그것들을 A형 행동(Type A behavior: TAB)으로 명명하면서, '행동 및 감성 콤플렉스'로 묘사했다. 이런 행동 양식은 적대감, 공격성, 경쟁심, 시간적 긴급성에 대한 감각과 관계있다. 환자들은 또한 잠시도 가만히 있지를 못하고 정력적이며 성취 지향적이다. 더 명백한 특성은 조급함과 폭발적인 대화 양식, 빠른 운동 근육의 움직임, 일을 하지 않거나 휴식 중일 때 죄의식과 불안, 참을성이 부족한 태도가 일반적 경향 등이다. A형 인간은 자신의 인생행로상에 있는 장애물을 빨리 제거하지 못하게 방해를 받는 것을 좋아하지 않는다. A형 현상에 대해 독자들이 더 이해를 높이는 최선의 방법은 Bortner(1969) 설문지를 작성해서 자신이 A형인지 B형인지를 분석해 보고 그 다음 A형 식별법에 대해 기술한 몇 가지 논평을 읽어보는 것이다.

A형 행동과 측정법

당신과 가장 잘 맞는 행동 양식의 정도에 따라 (1-11) 사이의 숫자에 동그라미를 치시오.

약속에 무관심하다.	1 2 3 4 5 6 7 8 9 10 11	결코 늦지 않는다.
경쟁심이 약하다.	1 2 3 4 5 6 7 8 9 10 11	매우 경쟁심이 강하다.
주로 남의 이야기를 듣는 편이다.	1 2 3 4 5 6 7 8 9 10 11	다른 사람이 말하려는 바를 예상한다(끄덕임, 이야기를 빨리 끝내도록 유도한다).
결코 조급해해 본 적이 없다(심지어 압력・독촉을 받을 때에도).	1 2 3 4 5 6 7 8 9 10 11	항상 서두른다.
느긋하게 기다릴 수 있다.	1 2 3 4 5 6 7 8 9 10 11	기다리는 것을 못 참는다.
한 번에 한 가지만 한다.	1 2 3 4 5 6 7 8 9 10 11	동시에 여러 가지 일을 하면서 다음에 무엇을 할지 생각한다.
생각을 많이 하고 느리게 말한다.	1 2 3 4 5 6 7 8 9 10 11	빠르고 강하며 단호하게 말한다.
다른 사람이 어떻게 생각하든 자신만 만족하면 된다.	1 2 3 4 5 6 7 8 9 10 11	다른 사람의 인정을 바란다.
동작이 느리다.	1 2 3 4 5 6 7 8 9 10 11	빠르다(식사, 걸음)
안이하다.	1 2 3 4 5 6 7 8 9 10 11	철저하다(자기 자신이나 타인을 강하게 밀어 붙인다).
감정을 표현한다.	1 2 3 4 5 6 7 8 9 10 11	감정을 숨긴다.
다른 일에 관심이 많다.	1 2 3 4 5 6 7 8 9 10 11	집안과 직장 외에는 관심 없다.
야망이 적다.	1 2 3 4 5 6 7 8 9 10 11	야망이 크다.
일상적이다.	1 2 3 4 5 6 7 8 9 10 11	일이 진전되기를 열망한다.

이제 14개 질문에 대한 당신의 점수를 합산한다.

점수대: 70 이하는 B형, 70～89는 B＋형, 90～110은 A형, 110 이상＝A형

출처: 보트너(Bortner, 1969)

A형 식별법

A형은 다음과 같은 특징을 갖는다.

1. 사건이 발생하는 속도에 따라 조바심을 느끼거나 다른 사람 앞에서 드러내고 특히 다른

사람이 빨리 말하도록 재촉하는 것을 억제하는 데 어려움을 느낀다. 그들은 말하고 있는 사람에게 매우 빠르게 반복해서 '우후, 우후' 혹은 '그래, 그래, 그래'하는 식으로 맞장구치는 경향이 있다. 이것은 말하는 사람을 서두르게 하는 효과가 있다. 그들은 또한 다른 사람의 말을 중간에서 대신 끝내는 경향이 있다.

2. 쓸데없이 일상적인 대화에서 다양한 핵심 단어를 폭발적으로 강조해 말하는 습관을 가졌고 시작할 때보다 끝낼 때 말하는 속도가 훨씬 더 빨라져 있는 경향이 있다. 이것은 심지어 자신이 말하는 데 걸리는 시간 동안에도 안절부절못하고 공격성이 내재해 있음을 의미한다.
3. 항상 움직이고 걷고 식사를 빨리 하는 경향이 있다. 사실 그들은 모든 일을 서둘러 하려고 노력한다.
4. 다른 사람이 이야기하는 것을 들으면서 그것과 관계없는 다른 일을 생각하는 식으로 동시에 두 가지 이상의 일을 하려고 시도하는 경우가 많다. 비슷한 유형으로, 만약 시간을 보내기 위한 오락거리나 어떤 즐거운 일을 하면서 동시에 업무나 직업상의 문제를 생각한다면(예를 들어, 아침을 먹으면서 빨래를 말리거나 운전을 한다면, 우리는 그들을 구분할 수 있다), 이것은 '다상성(多相性: 여러 가지 상으로 존재하는, polyphasic)' 활동이라고 불리며 A형의 가장 일반적 특질 중에 하나이다.
5. 특정한 암시적 특성과 몸놀림 예를 들면, 신경질적인 안면 근육의 경련, 강조를 위해 주먹을 휘두르거나 손바닥으로 탁자를 내리치는 행위에 의해 구분될 수 있다.
6. 모든 대화가 그들 자신과 그들이 관심을 갖는 것으로 되돌아오기를 원하는 경향이 있다. 만약 이 전략이 효과가 없다면, 그들은 듣고 있는 척은 하지만 실제로는 자기 혼자만의 생각에 빠져 있다.
7. 그들이 휴식을 가지려고 하거나 불과 몇 시간이라도 아무 일 없이 있을 때, 거의 언제나 모호한 죄의식을 느낀다.
8. 그들이 한창 일할 때는 흥미롭거나 소중한 일과 만난 지 얼마 되지 않아서 더 흥미롭고 소중한 것이 나타난다.
9. 점점 더 짧은 시간에 점점 더 많은 일을 하려고 계획한다. 이것의 부산물은 그들로 하여금 자신의 계획을 망칠 수 있는 예상치 못한 일을 점점 더 못 참게 된다는 사실이다. A형 성격의 핵심적 측면은 만성적인 시간적 긴박감이다.
10. 그들과 같은 유형을 만나면 동정심을 보이지 않고 오히려 A형의 타인을 만났을 때 그들에게 도전해서 경쟁하는 경향이 있다. 이런 상황은 그들이 가진 모든 적대감과 경쟁심 을 불러일으키게 된다.

반면에, B형 행동 유형에는 이런 특질이 없다. 시간적 긴급성이나 조급성을 느끼지 않으며, '자유롭게 떠다니는' 적대감을 품지도 않는다. 휴식을 위해 즐기며 '죄의식을 느끼지 않고 휴식을 취한다.' 세월아 네월아, 이런들 어떠리 저런들 어떠리, 천천히, 느림의 미덕의 전형이다.

A형 행동과 직무 스트레스. 그들의 업무 환경에서 어떻게 A형 행동의 교사를 구분할 수 있을까? Brief 등(1983)을 근거로, 다음과 같은 사람이 A형 행동의 교사로 구분될 수 있다.

- 그들은 마감 시한과 과도한 업무 상황 속에서 장시간을 지속적으로 일한다.
- 퇴근 후에 집으로 일을 가져가며 주말에도 일하고, 휴식을 갖기란 불가능하다.
- 종종 휴가를 줄이고 일하러 돌아오거나 휴일조차 갖지 않는 일벌레(workaholic)이다.
- 자기 자신 및 타인을 대상으로 항상 경쟁하고 있으며 또한 자신을 고도의 때로는 비현실적 기준에 맞도록 몰아간다.
- 업무적 상황에서 좌절감을 느낀다.
- 업무 활동과 자신의 학생들에게 민감하다.
- 근무하고 있는 학교의 교장이 오해한다고 느낀다.

오늘날 교사들에 대한 압박 · 교사의 전문성 · 교육력이 무시되고 교사 평가제 도입, 부적격 교사 퇴출에 대한 무성한 담론이 증가하는 가운데, 교사들은 아마 점점 더 많은 이런 A형의 증상과 행동을 보이거나 발달시키게 될 것이다. 어느 의미에서는 생존경쟁(survival game) 차원에서 일벌레(workaholic)형 교사이기를 요구하게 될 것이다.

(다) 스트레스나 탈진을 덜 받는 교사

1. 환경, 운명, 진로에 대한 반응을 통제할 수 있다는 신념 및 태도를 갖고 있는 교사
2. 자신이 스트레스와 탈진에 대처하고 완화, 경감시킬 수 있는 긍정적이고 생산적인 능력이 있다고 믿는 교사
3. 직무상의 요구와 개인적 능력 사이의 적응에 우수성이 돋보이는 교사
4. 자기 자신에 대한(능력에 대한) 확신이 강한 교사
5. 높은 자존심, 자기 확신, 강인함, 참을성이 있는 교사
6. 스트레스나 탈진에 의해 자신의 삶을, 야심을, 희망을 포기, 좌절하기에는 그동안의 삶의 과정에서 너무 값비싼 대가를 치뤘거나 억울하다고 생각하는 교사

스트레스나 탈진을 잘 받는 또는 민감하게 반응하는 위험(예고) 지표를 교사의 개인적 속성에 관련된 특성이나 차이에 따라서 구분하는 이러한 방법이 직관적인 판단의 신뢰성에 대한

〈표 2-11〉 어떤 사람이 스트레스를 더 잘 받는가

A 형	B 형	C 형
• 경쟁욕에 강한 집착 • 강인하고 원기왕성한 성품 • 만사를 신속하게 수행(처리) • 직장에서 업무 처리시에 승진을 의식하고 사교적 관계 · 출세에 대한 노력 • 노력 · 수행에 대한 공적의 인정을 원한다(수단 · 목적 지향적이다). • 대인관계 · 사건에 대해 쉽사리 분노를 느낌. • 강제에 의하여(예: 휴일, 휴가, 가사, 사고관계로) 일을 안하게 되면 안절부절 못한다. • 말을 빨리하고 식사도 빨리한다. • 업무마감 시간을 엄수한다. • 안면근육이 굳어있고 근엄함 • 서둘고 조바심을 내고 안달한다(바가지형) • 과업지향적(일벌레) • 동시에 여러 가지 일을 추진하는 왕성한 정력의 소유자	• 일하거나(업무처리) 유희(놀이)에서 비경쟁적이다. • 안이한(쉽고 편한) 해결 방안을 선호한다. • 조직적이고 서두르지 않으며 침착하게 업무 처리. • 직장이나 사회적으로 현재 위치에서 충분히 만족(야망이 없다). • 그의 수행(노력)에 대해서 공적 인정을 원하지 않는다(과정 지향적이다). • 분노 표현(각성)이 느리다. • 휴식기간(휴일)을 한가롭게 즐긴다. • 말을 천천히 한다. • 식사할 때 · 움직일 때 · 운전할 때 서두르지 않음. • 업무처리가 다소 늦어도 당황하지 않고 끈기 있게 기다린다. • 안면 근육의 긴장이 이완되어 있고 친근감을 준다. • 한 번에 한 가지 일만 처리할 때 매우 만족해 한다.	• 일 중독증과 조급형인 A형과 세월아, 네월아(이런들 어떠리 저런들 어떠리) 형인 B형의 중간형. • 스트레스에 대한 자신의 이해와 노력으로 스트레스를 잘 관리하고 해결, 이용할 줄 아는 상당히 이상적인 성격의 소유자이나 이런 사람은 극히 소수이다. • 심리학자들은 인간의 행동 양식(A · B · C형)에 따라서 스트레스가 다르게 표출된다고 밝히고 있다. • A형은 보스형이 아니라 참모형이라고 한다. 심장병, 위장병, 신장병, 당뇨, 변비, 요통, 뇌졸중 심장마비로 쓰러질 확률이 매우 높다. • B형은 무사안일, 복지 부동형, 인생을 즐길 줄 알고 스트레스에 둔감형이다.

출처: 김정휘, 주영숙 공저(1998). 교육 심리학 탐구. 전정판. 서울. 형설출판사. 772.

의미 부여의 중요성이 또 다소 설득력이 있다는 것이 인정될 지라도 전술한 의견에 대하여 해석을 조심스럽게 해야 한다는 점을 Farber(1991, 47-48)는 다음과 같이 지적했다.

첫째, 스트레스와 탈진이 자존심이 낮은 교사들에게 한정된 현상이라는 것은 사실과 거리가 멀다.

둘째, 이들 연구의 상호 연관된 성격으로 원인과 영향의 방향을 판단하는 것이 어렵게 된다. 낮은 자존심은 탈진의 결과이며 원인 요인은 아니라는 것은 전적으로 타당하다.

셋째, 교사의 탈진을 자존심의 결핍과 같은 성격 결함으로 귀인시키는 것은 희생자 비난하기(blaming the victim)의 생각[13]이 옳다는 잘못된 판단을 하게 될 위험을 수반한다.

13) 희생과 비난하기(blaming the victim) 이론은 문제 발생의 원인을 가해자가 희생자에게 귀인시키는 것을 말한다. 즉 회사 설립자의 방만한 고비용 저효율의 부실 경영에 의해 회사가 구조 조정을 하게

Bloch(1977)는 강박관념이 있으며 열정적이고 이상주의적이며 헌신적인 교사들은 자신이 설명한 질환인 **매맞은 교사 증후군**(battered teacher syndrome)을 경험하기 쉽다는 것을 주장했다. 이러한 교사들은 자신을 업무에 몰입시켜서 직무에 강렬하게 임하며 자신들의 노력에 대하여 즉시 대가가(보상이) 없으면 심하게 실망한다. 이러한 현상은 대도시 중앙에 위치하고 있는 저소득자 거주 지역에서 이상주의를 지니고 직무에 헌신하는 교사들에게서 공통적으로 나타날 수 있다는 것이다. 그러나 교직과 교사에 대한 이상주의와 헌신에의 긴장은 대도시의 저소득자 거주 지역에 근무하는 교사들만이 아니라 농・어촌, 벽지 등 지방에서 근무하는 순진한 새내기 교사들도 갖게 되는 교심(敎心)이다.

교사 개인의 이상주의 교육관과 헌신 지향적 가치관을 추구하는 데 따르는 긴장과 이것이 교육 현장의 여건과 비교했을 때 지나치게 높거나 비현실적인 목표였다는 인식 즉 이상과 현실간의 엄청난 격차가 있음을 지각하는 경우에 따르는 좌절감, 무력감은 전문적으로 돕는 사람의 공통된 함정인 탈진의 강력한 선행인자(powerful antecedent)이다.

스트레스 관련 문헌들은 A유형(Type A)의 사람들이 스트레스에 대한 반응으로 심리적인 증상을 발전시키기가 쉽다고 설명하고 있다(Travers와 Cooper, 1996, 65-69; Farber, 1991, 45-46). A유형의 행동 특징(Type A behavior, TAB)은 적극적이며 경쟁적이고 열성적이며 조급하고 변덕스러우며 B유형에 비하여 욕구좌절을 잘 참아내지 못하고 자신들의 노력이 성공적이지 않거나 다른 사람들의 방해에 의하여 부당하게 양보되어 제대로 인정받지 못한다고 인식했을 때 더 분노하고 스트레스를 받기 쉽다. 적개심, 공격성이 강하다. A유형의 성격은 학급 경영을 하면서 항상 실현될 수 없는 주관을 가지고 있다. 이들은 과업・성과 지향적이므로 일 중독증(workaholism) 증상을 가지고 있으며 이것이 탈진하기 쉬운 성질의 원인이 된다.

A형 성격 유형의 직장인들은 실제로 성취 가능한 목표 이상을 수행하려고 애쓰며 자신의 분노와 충동을 잘 다스리지 못하는 편이다. 반면에 B유형은 여유가 있고 천하태평형이며 느긋하고 서두르지 않는 편이다. 이들은 무사안일, 안전 추구형이고 불가능한 것을 결코 시도하지 않고 시키는 일이나 하는 직장인이며 A유형의 사람들처럼 세상 만사를 도전적인 것으로 받아들이지 않는다. A형에게는 노르에피네프린, 아드레날린류의 호르몬이 과다하게 분비되어 비정상적인 심장리듬, 심장 박동수 증가, 고혈압 등의 원인이 되며 심장마비를 일으키는 응혈을 촉진시킨다.

조급하고 화를 잘 내는 사람은 그렇지 않은 사람에 비하여 고혈압 발생가능성이 84%나 된

되었음에도 불구하고 종업원의 무능, 자질 부족 탓으로 해고되었다고 책임을 종업원에게 전가하는 오류를 초래할 수 있다.

다. 명상, 참선, 음악치료, 긴장이완 훈련 등이 고혈압을 낮출 수 있다는 것이다(KBS 저녁뉴스, 2003. 11. 7, 9:00 뉴스)

(라) 교사의 스트레스 경험에서 성의 영향

두 가지 특징이 오랜 세월 동안 교사를 다른 전문가 혹은 준 전문가 집단들과 구분지었다. 이 특징 중 첫 번째는 그런 집단(간호사를 제외하고) 중에서도 여성의 절대수가 가장 크다는 것을 나타내는 특징이고, 둘째는 남성과 비교해서 여성이 우세하지만 압도적 우세를 갖지는 않는다는 특징이다(Kelsall, 1980).

교직에서 여성이 우세하다는 사실은 만약 스트레스에 대한 반응에서 성별에 의한 효과가 있다면, 교사들이 경험하는 스트레스의 본질과 수준에 대한 중요한 의미를 갖는다. 여기서 우리는 성별이 경험된 스트레스의 유형과 수준, 결과에 영향을 주기 때문에 성별 효과의 문제를 (a) 보편적 직업 스트레스와 (b) 교사라는 전문직으로 인한 스트레스 속에서 언급한다. 추가적으로, 성별과 스트레스의 조정자들 사이에 상호작용이 존재할 수도 있다(즉, A형 행동과 대응 유형).

연구들은 양성이 모두 경험하는 스트레스를 강조하지만, 특정 연구들은 여성 특유의 스트레스를 보였다(예: Nelson and Quick, 1985). 이들 요인들은 남성들도 부딪칠 수 있지만, 아마 여성보다 적을 것이다. **여성 특유의 스트레스 요인**들에는 차별(예: 전통적 차별, 그들의 특수한 직업 계획 요구, 낮은 급료, 조언과 지원의 상대적인 부족), **고정관념화**(예: 특정한 성격적 특질의), **결혼과 업무 간의 경계**(예: 자녀 양육, 경력과 가정 사이의 충돌), **사회적 고립**(모성 회피, 남성에 대한 유혹, 애완동물, 요조숙녀의 굴레, Davidson and Cooper, 1983) 등이 포함된다. 관리자 수준의 관점에서, 여성 관리자는 특히 직업 불안정성(즉, 해고에 대한 불안), 직장 내의 정치, 경쟁, 팀워크와 상호 지원의 부족으로 초래되는 스트레스 요인들에 의해 영향을 받는다는 사실이 발견되었다(Davidson and Cooper, 1992).

관련 연구 자료들은 교직에서 스트레스 경험은 성별에 따른 차이가 있으며, 이들 중 하나는 직업 만족도와 관련되어 있다는 사실을 가리킨다. 연구자들은 여성 교사들이 교실 환경과 학생들의 행동에 관련된 불만족을 남성들보다 더 크게 느끼는 반면, 남성 교사들은 직업적 평가와 자신의 경력상 상황에 대한 관리, 참여, 요구에 대해 더 큰 불만족을 보고했다(Kyriacou and Sutcliffe, 1978b; Laughlin, 1984). 또한 여성은 일반적으로 더 큰 직업 만족도를 보고하는 경향이 있었다(Maxwell, 1974; Laughlin, 1984; Patton and Sutherland, 1986). 하지만, 전반적 직업 불만족의 최고 수준은 규모가 큰 종합 학교의 남성 교사들에 의해 보고되었다. 초등학교의 여성 교사들이 가장 낮은 직업 불만족도를 보고했다(Cox et al., 1978).

남성과 여성의 차이를 해석하는데 제기되는 문제들 중 하나는 여성 교사들은 초등학교 교사가 되려는 경향이 있고, 초등학교와 중학교에 있는 여성 교사들 사이에는 직접 비교가 전혀 없다는 점이다. 학교 종류에 대한 이와 같은 성별 성향은 여성이 전반적으로 남성보다 더 높은 만족도를 나타내는 이유를 설명할 수 있고, 그것은 아마 그들이 대체로 초등학교에서 추출된 표본이고 어쨌든 더 높은 수준의 만족도를 나타내는 경향이 있다는 사실에서 기인되었을 것이다(Rudd and Wiseman, 1962; Maxwell, 1974; Laughlin, 1984; Patton and Sutherland, 1986). 문헌들로부터 높은 수준의 만족도를 보고한 교사들이 높은 수준의 스트레스를 보고했다는 사실도 명백하고(Kyriacou, 1987) 따라서 만족도가 높은 여성이 가장 적게 스트레스를 느끼는 것이 아니라는 사실이 뒤따른다.

정신적 복지의 측면에서, 연구에 의해 두통과 눈물고임, 피로는 여성 교사들이 높았다(Kyriacou and Sutcliffe, 1978b; Dunham, 1984b). 여성 교사들의 감성적 표현에 관련된 요점은 그들이 아마 이것을 대응 기구로 이용하고 그들의 남성 동료들보다 개방적인 감정 표현이 더 쉽다는 사실을 발견했을 수 있다는 것이다. 더 당황스런 변수는 여성 교사들이 스트레스를 인정하는 데 더 능력 있다는 사실이다. 부가하여, 연구 결과 그들은 남성들보다 더 '사소한 분위기' 장애와 우울증으로 시달리고 있으며, 비록 거기에는 정신과 의사들에게 진료를 받은 경우들 중에 여성의 경우가 우세하지는 않더라도, 그렇다는 사실이 발견되었다(Goldberg and Huxley, 1980).

젊은 여성은 젊은 남성에 비해 스트레스를 잘 견딘다는 사실이 밝혀졌다. 독일 뒤셀도르프 대학의 올리버 볼프 박사는 미국신경학회 연례회의(2003)에서 이와 같은 이유는 여성 호르몬인 에스트라디올 때문이라고 밝혔다. 볼프박사는 58명의 남녀 20대 대학생을 각각 두 그룹으로 나누어 스트레스를 받아 스트레스 호르몬인 코르티솔 분비가 높아진 그룹과 그렇지 않은 그룹을 대상으로 단어 암기력 테스트를 실시했다. 그 결과 코르티솔 분비가 증가한 남학생은 그렇지 않은 남학생에 비해 성적이 현저히 떨어진 반면 여학생은 코르티솔 분비량 증가 여부와 상관없이 성적의 차이가 나타나지 않았다고 밝혔다. 볼프박사는 "여성의 난소에서 생산되는 에스트라디올이 스트레스에 대처하는 데 중요한 역할을 한다는 사실을 보여주는 결과로 폐경 여성도 합성 에스트로겐을 투여하면 스트레스에서 벗어날 수 있을 것"이라고 말했다.

과학자들은 인간을 포함한 모든 동물들이 스트레스에 부닥쳤을 때 싸움 혹은 도망을 준비한다고 믿어 왔다. 그러나 최근 새로 발표된 연구 결과에서 학자들은 여성들이 스트레스에 대해 매우 다른 반응을 보인다고 주장하고 있다. 여성들은 싸움이나 도망을 준비하기보다는 아이들을 돌보거나 주위의 도움을 구하는 방식을 택한다는 것이다. 학자들은 인간뿐만 아니라 동물에게도 나타나는 이러한 남녀 차이는 남녀간의 호르몬 차이에 기인한 것이라고 밝혔다.

이 새로운 이론은 여성들이 고혈압, 알코올 중독 등 스트레스와 관련된 질병에 남성들보다 더 강한 이유를 설명하는데 도움이 될 것으로 보인다. 학자들은 또 원시사회에서 사회적인 측면이 더 강조되는 여성들의 스트레스 반응이 여성들과 자녀들의 생존율을 높이는 역할을 했을지도 모른다고 주장하고 있다. 캘리포니아대 로스앤젤레스 캠퍼스의 심리학 교수인 셰리 테일러 박사는 "싸움 아니면 도망이라는 방식은 기본적으로 다른 사람들에 대한 적극적인 보호와는 관련되어 있지 않다"면서 "자녀들을 보호해야 하는 여성들은 주위 사람들과의 사회적 연대를 통해 더 많은 보호를 받을 수 있었다"고 말했다. 테일러 박사는 동료들과 함께 실시한 이번 연구결과를 학술지 「심리학 리뷰(*Psychological Review*)」에 기고했다. 이번 연구 결과는 아직 과학적인 확인 절차를 거쳐야 하지만, 만약 생리학과 행동 연구 분야에서도 남녀간의 이러한 차이가 확인된다면 스트레스 연구의 방향이 크게 바뀔 것으로 보인다. 테일러 박사는 한 학생으로부터 동물들의 스트레스에 대한 연구가 대부분 수컷 생쥐들을 대상으로 한 것이라는 말을 우연히 들은 뒤 이번 연구를 시작하게 되었다. 테일러 박사는 동료들과 함께 지금까지의 연구들을 조사한 결과 인간의 스트레스 연구 역시 주로 남성들을 대상으로 하고 있다는 것을 발견했다. 그리고 전투를 할 것인지 아니면 항복할 것인지를 고민하는 고독한 전사의 이미지가 여성들의 스트레스 반응에 대한 심리학 연구결과와 맞아 떨어지지 않는다는 사실도 알아냈다. 테일러 박사팀의 연구에 따르면 스트레스에 대한 반응에서 남녀 차이가 나타나는 것은 남성 호르몬인 테스토스테론이 옥시토신이라는 호르몬의 작용을 억제하는 반면 여성 호르몬인 에스트로겐은 옥시토신의 작용을 강화하기 때문이다. 옥시토신은 모성적 행동 및 사회적 연대 행동과 관련된 호르몬이다. (동아일보, 2000. 5. 24, 제24518호)

비록 교직 경험에서 여성과 남성을 다르게 보는 것이 중요하더라도, 성별 간에 스트레스의 표현을 해석할 때 주의를 기울여야 하고 우리가 실제로 학교 유형 효과를 측정한 것이 아니라는 점을 보장할 수 있도록 통제가 가해져야 한다.

연령/성별 상호작용이 결근율 및 직업을 그만두려는 결정과 관계가 있다는 것이 드러났다. 젊은 여교사는 동료들보다 더 높은 자발적 결근율을 보이고 특히 자녀를 둔 결혼한 여성 동료들에 비해 높은 비율을 보인다(Simpson, 1962, 1976). DES의 조사(1973b)에 따르면, 젊은 여교사들은 남성들보다 더 자주 교직을 떠나려는 희망을 보고하는 경향이 있고, 비록 그런 결정 이면에 있는 논리는 부정적(Nias 1985)이기보다 긍정적(즉, 임신)일 수 있더라도 그렇다. 하지만 이런 발견과 대조적으로, Kyriacou와 Sutcliffe(1978b)는 비록 그들 역시 여교사들이 교직을 떠나려고 의도하는 가장 공통적인 이유가 임신이란 사실을 발견했지만, 남성보다 더 적은 여성들이 교직을 떠나려는 의도를 보고한다는 사실을 발견했다. 이 문제는 여교사들의 동기에 대해 더 큰 직관을 얻기 위해 더 자세한 조사가 필요하지만, 순전히 모성적 이유에서 보다 직무 스트레스가 여교사가 교직을 떠나도록 결정하게 만든다는 것이 사실일 것이다. 이들 연구에서 남성은 빈약한 급료, 부족한 승진 가망성, 전반적 불만족을 교직을 떠나려는 이유로 제시했다.

스트레스의 실제 원인으로 돌아가서, 493명의 오스트레일리아 교사들에 대한 Laughlin (1984)의 연구에서 여성은 학생과 교과과정 상의 요구와 관련된 스트레스를 더 많이 보고했고 반면 남성은 참여와 직업적 인정을 강조했다. 그들의 관심사에 있어서 차이에 대해 적절히 기록된 설명은 여성이 높은 직위에 대단히 적게 나타난다는 것이다.

여성과 관리직에 대해 풍부한 연구가 있는 반면, 여교사들이 부딪치게 되는 문제에 대한 조사는 대체로 무시되어 왔다. 교직자들은 이 직종에 대단히 많은 여성이 존재한다는 사실을 근거로 더 세밀한 연구를 요구한다. 따라서 이것이 교직은 많은 여성들이 종사하고 있는 직업이기 때문에, 남성과 여성에게 (a) 직업적 지위를 획득하고, (b) 업무에 관련된 스트레스 결과의 측면에서 좋은 기회를 제공한다. 교육에서 관리직 여성의 부재는 교직에서 여성은 남성 동료들이 도달한 똑같은 지위에 오르지 못한다는 사실을 암시한다(DES, 1976). 켈살(Kellsal, 1980)은 DES의 조사를 언급하면서, 다음과 같은 사실을 밝혔다.

교육의 어떤 주어진 부분 내에서... 여성이 그들이 가진 수적인 세력에 비해 고위직에 적은 몫을 차지한다는 사실이 명백하다. 그러므로 비록... 여성이 잉글랜드와 웨일스에서 중학교 정식 교원의 43%를 차지하고 있음에도, 그들 중 단지 18%만이 교장의 지위에 있을 뿐이다.

이러한 사실은 우리나라의 경우와 비슷하다. 즉, 교직의 여성화가 초・중등학교에서 주류이지만 고위직(교장, 교육장, 장학관 등)은 남자가 다수를 차지하고 있다.

그러므로 교원 조직이 출산 휴가의 측면에서 여성에게 유리하지만, 교직에서 승진하는 데 여 교사에게 어떤 장벽이 있는 것처럼 보인다. 그래서 이 책의 뒷부분에서 우리가 언급해야하는 문제의 종류는 교직 경험에서 성별의 영향에 관한 것으로 다음과 같은 것이 될 것이다.

1. 관리직의 위치에 얼마나 많은 여성이 있으며 급료와 관리직 위치에 대한 인적 구성에 의해 측정된 지위는 어느 수준인가?
2. 직업 만족도, 정신건강, 업무와 관련하여 보고된 압박이 스트레스 결과에 반영된 것으로서 여성의 교직 경험에 어떤 차이들이 주는 효과는 무엇인가?

이런 종류의 문제나 의문들은 업무에서 교사들의 경험에 대한 연구에서 간과되어 왔다.

(마) 교사 개인의 생활 조건 변화

생활 조건의 변화는 교사의 직장과 형태 그리고 일년 안의 심한 질병이나 병의 시작 사이에는 유의미한 생활과 관련된 스트레스나 탈진의 영향을 받게 한다. 개인의 사연 많은 생활에서의 변화 횟수와 관련성이 있는 것으로 밝혀진 바 있다(Holmes와 Rahe, 1967). 긍정적인 변화

(결혼과 승진)와 부정적인 변화(사별이나 이혼, 채무자)는 모두 상당한 스트레스를 초래한다. 근무지역의 차이 때문에 별거, 자녀 임신과 출산 및 양육, 이사와 전근, 고부간 갈등 등은 본인에게 상당한 스트레스를 준다. 공선후사(公先後私), 공・사 분리 등의 윤리 규범이 있으나 이것을 따르기가 쉽지 않다.

교사의 근무 조건이 구조적으로 순환제 근무 제도에 영향을 받게 되어 있으므로 정해진 기간에 따라 근무 지역이 바뀌게 되어 있어서 자의 반, 타의 반 현 근무지에서 다른 지역으로 이동, 전근을 하는 데 따르는 공사 간의 부담도 직무 스트레스의 원천이 된다.

임신 3~6개월 때에 스트레스・불안을 자주 겪은 여성이 출산한 아이는 나중에 문제아가 될 가능성이 크다는 연구결과가 나왔다고 미국의 의학뉴스 전문통신 헬스데이 뉴스 인터넷판이 2004년 7월 16일 보도했다. 임신 12~22주에 불안과 스트레스가 반복되면 아이가 나중에 '주의력 결핍 과잉 행동장애(ADHD)'나 불안 등의 행동장애를 나타낼 위험이 크다는 내용이다.

벨기에 로이벤 가톨릭대학 심리학 교수 베아 반 덴 베르겐 박사의 논문이다. 스트레스나 불안을 느낄 때마다 이것이 즉각 태아에 영향을 끼친다는 게 아니라 이러한 일이 지속될 때 그 축적 효과가 문제가 된다는 뜻이라고 그는 말했다. 그러나 임신 말기의 스트레스는 행동장애와 연관 없는 것으로 나타났다.

연구는 어머니 71명을 대상으로 첫 아기의 임신 중 겪은 스트레스와 불안에 대해 조사하고 이어 그 아이들이 8~9세가 됐을 때 행동장애 또는 불안장애가 있는지 평가하는 방식으로 이뤄졌다.

그 결과 임신 중 스트레스와 불안이 ADHD에는 22%, 행동장애에는 15%, 불안장애에는 9%의 영향을 끼치는 것으로 분석됐다. 이 연구결과는 미국의 아동심리학 전문지 '아동발달' 최신호(2004년 7, 8월호)에 발표됐다.

(바) 인구 통계학적 요인들

인구 통계학적 변인들 중 몇 가지는 교사의 스트레스와 탈진의 발생과 연계되어 있다. 여러 선행 연구 자료에 근거하여 예시하면 다음과 같다.

1. 직무 스트레스와 탈진은 여성보다 남자에게서 더 잘 일어나기 쉽다[14](Anderson과

---

14) 아마도 관련 연구에서 일관된 결과는 남성이 여성에 비하여 스트레스와 탈진에 더 취약하다는 것을 밝혀주고 있다. 피상적으로 여성은 남성에 비하여 더 잘 회복하며 교직에서 제기되는 무수한 압박에 더 잘 준비되어 있거나 기질적으로 이것을 더 잘 처리할 수 있다는 단순한 결론을 내릴지도 모른다.

Iwanicki, 1984; Birmingham, 1984; Burke와 Greenglass, 1989). 역시 이와 동일한 결과가 김정휘, 서대식(2003, 146)의 연구에서도 나타났다. 이 연구에서 직무 스트레스의 하위 요인을 학생지도, 상급자와의 관계, 근무 조건, 동료 교사와의 관계와 교사 복지 문제, 인사 관리에서 발생되는 스트레스로 구분해서 남・여 교사를 비교했을 때에도 전반적으로 남자 교사가 여교사들에 비해서 스트레스가 더 높았다.

2. 직무 스트레스와 탈진은 나이 많은 사람보다 40세 미만의 직장인에게서 더 잘 일어나기 쉽다(Anderson과 Iwanick, 1984; Farber, 1984; Martin, 1988; Gold, 1985). 김정휘, 서대식(2002)이 초등학교(강원지역) 교사들을 대상으로 연령에 따른 직무 스트레스를 평가한 결과에서도 20~50대 연령층 중(10년을 급간으로 조사)에서 20~30대 교사들이 가장 높은 스트레스를 느끼고 있는 것으로 나타났다.
3. 직무 스트레스와 탈진은 중학교, 고등학교 교사들에게 더 일어나기 쉽다는 것이 일관되게 밝혀지고 있다(Anderson과 Iwanick, 1984; Burke와 Greenglass, 1989; Farber, 1984; Martin, 1988).
4. 중학교나 고등학교에 재직하고 있는 30대 남성 교사들이 교직 선택으로 진로를 결정한 것을 가장 후회하기 쉽다는 것이 밝혀졌다. Schwab와 Iwanicki(1982)는 이러한 요인들은(예: 성별, 나이, 담당 학년) 교사들 사이의 탈진 수준을 예측하는데 유용한 유일한 배경 변수들이라고까지 주장한 바 있다.
5. 독신 교사, 대규모(거대) 학교에서 근무하는 교사와 교외나 시골 벽지학교보다 도시학교에 재직하는 것이 교사를 스트레스나 탈진을 경험하게 할 위험에 빠뜨리게 하는 환경조건이라는 것이 지적되고 있다.
6. 몇몇 연구들은 40세 미만의 교사들이 스트레스와 관련된 질병에 가장 위험하다는 것을 보여주고 있다. 20대 교사들은 이상주의 교육관이 강해서 교육 현실에 대하여 비현실적인 기대를 더 많이 갖고 있기 쉬우며 20~30대 교사들은 더 나이 든 교사들에 비하여 안정되고 헌신적으로 직업의 정체성을 형성하는 과정에 적극적으로 관여하고 있기 쉽다. 따라서 이 두 연령 집단은 모두 자신의 직업 선택이 현명했는지에 대한 의문-자아 정체감 위기에 대한 지각 향성-을 제기하는 스트레스에 특별히 취약할 수 있다.
7. 인지 부조화 이론(Cognitive dissonance theory)은 교직에 계속 남아 있기로 결정한 더

그러나 이러한 해석의 신뢰성은 회의적이며 미국의 경우에 남자 교사들이 초등학교보다는 중학교와 고등학교에 더 많이 재직하고 있으며 일반적으로 더 다루기 어려운 학생들이 있는 학급을 맡고 있다. 남교사가 삶에서의 압박감과 학생 지도상의 대가 부족으로 스스로 지쳤다고 느낄 수 있으며 학생과 학부모들의 불신, 소외와 낭패감에 대처하는 데 무기력한 반응이나 자신이 보잘 것 없는 존재라는 부정적인 자아 개념 또는 자아 효능감 지각에 의한 결과라고 해석할 수 있다.

나이 든 교사들이 자신들의 결정이 덜 매력적이거나 덜 현명하게 보이도록 만드는 직무 관련 스트레스나 개인적인 증상에 관심을 덜 기울이는 경향이 있다고 주장한다. 즉 이 인지 부조화 이론에 의하면 자신의 분야에서 절대적으로 헌신하는 교사들은 자신들의 교직 환경 속에서 스트레스나 탈진보다는 만족을 더 발견하기 쉬우며 스트레스를 개인적인 것으로 덜 인식하기가 쉽다. 이와 관련하여 또한 중요하게 관심을 기울여야 할 요건은 교직에 극도의 불만을 느낀 더 나이든 중견 또는 원로교사들은 이미 교단을 떠났다는 것이다.

8. 미국에서는 역사상 대부분의 교사들이 전형적으로 2・30년 이상 교단에 머물러 있지 않았다(Elsbree, 1939). 그러나 오늘날에 와서는 초・중・고교 교사들이 교단에 오래 장기 근무를 하는 경향이 일반화되어 있기 때문에 앞선 시대의 교사들에 비하여 이 시대의 현직 교사들이 스트레스와 탈진을 더 많이, 자주 경험할 기회가 더 많아졌다.
9. 초등학교(강원지역) 교사들을 대상으로 담당 학년에 따른 직무 스트레스를 조사한 결과 고학년 담당 교사가 저학년 담당 교사보다 스트레스를 더 받는 것으로 나타났다(김정휘, 1991).
10. 근무 연수에 따른 직무 스트레스 평가(강원지역 초등학교 교사) 결과를 보면 교직 경력 11~20년인 교사가 가장 직무 스트레스가 높았고 31년 이상인 교사가 가장 낮은 스트레스를 보였다(김정휘, 1991).

(사) 통합교육(mainstreaming)

장애가 있기 때문에 교육적으로 특별한 지도를 필요로 하는 아동(children with special need)을 정상 학급에 정치시켜 공부하도록 하는 문제는 이 문제에 대한 준비가 불충분하고 이들에 대한 교육적 필요성에 대해 아는 바도 없으며 통합 교육의 당위성에 대하여 부정적인 시각을 갖고 있는 둔감하고 무지한 교사의 편견에 의해서, 정상 아동이 장애 아동에 대한 편견, 차별의식, 소수의 장애 학생을 위한 과감한 투자나 배려를 하지 않는(못하는) 단위 학교의 감각(의지), 장애 학생의 배려 차원에서 별도의 보조 교사를 배치하지 못하는(하지 않는) 행정 조치 등이 어우러져서 실질적인 통합 교육의 성공이 기대만큼 달성되지 못하고 있다. 따라서 교육(학습지도)과 훈육 및 학급 경영이 더 어렵게 된다.

가장 중요한 문제는 가르치는 데 따르는 일상적인 직무 스트레스가 교실 내에 한 두 명 또는 소수의 정서적, 인지적, 신체 장애 아동, 특히 주의집중 장애가 수반된 과잉행동장애(ADHD) 아동과 ADHD와 품행장애(CD) 또는 적대적 반항 장애(ODD)가 합병증으로 병존하거나 자폐 아동, 학습장애(LD) 아동이 섞여 있음으로서 필연적으로 증가되고 악화된다는 사실이다. 미국의 캘리포니아 지역의 교사 집단은 단일한 최고의 스트레스 원천으로 통합 교육을 지적했다(Broiles, 1982).

통합 교육의 필요성과 기대 효과로 거론되는 이유는 장애 학생과 정상 학생들이 어려서부터 만나는 새로운 기회를 가짐으로써 심리적으로나 교육적으로 유익하고 더불어 살아갈 수 있는 이웃이라는 인간미를 배양할 수 있는 기회가 된다는 것이지만(그 효과에 대하여 항상 논란이 제기되고 있다) 또 다른 현실은 가끔씩이라도 추가적인 책임과 장애 학생들이 요구하고 제공받아 마땅한 주의와 배려, 지원에 대처하는 자원과 능력, EQ(감성지능)를 정규학급 교사가 가지고 있지 않다는 것이다. 좋든 싫든 장애아동을 정상학급에 편입하는 것은 불가피한 대세이지만—.

또 통합교육 방법이 인도적인 조치이지만 담당하는 교사들에게는 추가적인 스트레스로(설령 대가가 있기는 하지만) 부담을 가중시킨다는 점은 인정되어야 한다. 우려되는 것은 통합교육이 고비용 저효율을 초래하게 되지 않을까 하는 것이다. 통합 교육의 효과를 제고시키기 위해 문제점과 개선 방안 조사가 필요하고 후속 조치가 필요하다.

(차) 교육의 책무성[15]에 대한 대중의 요구

자녀를 학교에 보내고 있는 부모를 비롯하여 교육 평론가들, 식견 있는 일반 대중들이 교사들에게는 직무를 성공적으로 수행해야 할 책무성(accoutability)이 있다고 생각하는 것은 어느 의미에서 타당해 보인다. 결국 시민들이 납세를 통하여 교사들의 급여를 지급하므로 발전된 성취 수준을 기대할 권리를 가져야 한다. 그럼에도 불구하고 교사들의 입장에서 해석할 때에는 교육의 책무성에 대한 요구는 너무나 자주 교육에 대하여 거의 알지 못하거나 심지어 교육의 가치를 제대로 잘 알지 못하는 인물들에 의하여 교사들의 자율성과 전문가 의식, 사기를 손상시키는 수단이 된다.

책무성(責務性)은 너무 자주 표준화된 학력 검사에 의해 명시된 성적과 유사한 용어로 보여진다. 즉 학력검사 성적이 우수하면 교사가 능력이 있는 것으로, 성적이 나쁘면 교사가 실력이 없는 것으로 즉 학생의 학업성적과 교사의 유능성(실력)을 동일시하여 보상과 처벌로 대응하는 것이 책무성의 실례이다. 이와 관련된 사례를 소개한다.

---

15) 30명의 학생들과 하루 여섯 시간씩 공부하는 초등학교 교사의 경우, 기껏해야 학생 1인당 12분을 보낼 수 있다. 150명의 학생과 하루 5시간씩 공부하는 고등학교 교사의 경우 학생 각자와 2분 이상은 보낼 수 없다(진동섭 옮김(1993), 교직 사회—교직과 교사의 삶—서울: 양서원, 204).

日 '실력부족' 수학교사 첫 퇴출

일본 오사카 교육위원회는 교사로서 활동하기에는 실력이 턱없이 부족한 현직 고등학교 수학교사(45)를 면직 처분했다고, 산케이 신문이 보도했다(2002). 일본에서 교사가 '실력부족'으로 교단에서 퇴출당하기는 이번이 처음이라고 신문은 전했다.

오사카 고교에서 수학을 가르쳐 온 이 교사에 대해서는 9년 전부터 "수업을 이해하기 어렵다"는 등 학생과 학부모들의 불평불만이 끊이질 않았다고 이 신문은 전했다. 교사로서의 능력을 의심받은 그는 고교입시에 출제된 문제를 푸는 테스트를 11차례에 받았으나, 모두 합격점에 들지 못했던 것으로 나타났다. 이들 테스트 가운데 80점 만점에 합격점이 40점인 고교 이과 수학 테스트에서, 그는 24점밖에 얻지 못했다는 것이다.

한국계 여교사 제니퍼 유, 美 최우수교사 賞 수상

한국계 1.5세 초등학교 여교사 제니퍼 유(한국명 유정은) 씨가 미국의 가장 우수한 교사들에게 수여되는 '밀켄 교육자상'을 수상했다고 LA타임스와 ABC방송 등 미 언론이 보도했다.

밀켄 교육자상은 캘리포니아주 샌타모니카에 본부를 둔 밀켄재단이 미 전역의 각급 학교와 교육구가 추천한 교사들을 대상으로 심사해 상을 주기 때문에 '교사들의 아카데미상'으로 불린다. 상금은 2만 5000달러.

다섯 살 때 미국으로 이민, UCLA학부와 대학원에서 각각 심리학과 행정학을 전공한 유씨는 올해로 교사경력 10년째다. 담당 학생들의 높은 학업 성취도 달성과 7년 전부터 운영하고 있는 간질학생 여름캠프에서 헌신적으로 봉사한 점등이 높이 평가됐다. 유씨는 "힘든 이민생활에도 불구하고 자녀교육에 힘쓴 부모님들이 이 자리에 섰으면 좋았을 것"이라고 수상소감을 밝혔다.

많은 부모들은 교육의 질은 교사의 역할 및 자질과 함수작용관계(function)가 있다고 믿고 있다. 따라서 교사는 현행 교육제도에서 학생들의 수행력 저하에 원인 제공을 한 속죄양(scapegoat)이 되고 있다. 교사가 학생들에게 높은 기대를 하면 학생들이 결국 수준 높은 성취를 하게 된다는 교사의 기대와 학생의 성취 간의 유의미한 관련성을 심리학자들은 설득력 있게 설명하고 있다(Dusek, 1985, xiii).

영국에서도 교육개혁 차원에서 학생들의 실력에 문제가 있는 것으로 나타난 경우 학교를 폐교하거나 교사를 퇴출시키는 교육정책을 추진하겠다고 선언한 바가 있다. 영국에서나 우리나라에서 시도된 교육개혁이 교사들에게서 반발과 저항을 받은 이유는 교사를 개혁의 동반자가 아니라 개혁의 대상자로 간주하고 추진된 것과, 교직의 구조적 특징이 변화와 계속성의 축으로 구성되어 있는데 그 균형이 변화보다는 계속성 쪽으로 기울어져 있는 생태적 속성과, 예측된 미래와 기대 지향적이라기보다는 전통적인 사고와 행동 방식에 깊게 뿌리를 내리고 있는 교사(교직) 문화의 영향이 작용했다고 해석할 수 있다.

그러나 자의 반・타의 반 추진되는 교육개혁의 명제는 교사가 변해야 교육개혁이 성공한다는 것이다. 교사들은 학부모들만이 교사에 대한 동정심이나 후원이 부족한 것이 아니라고 생각한다. 교사들은 학생, 학부모, 행정가(학교장, 장학관, 연구사, 교육 관료들) 그리고 매스컴과 사회로부터 전문가로서 존경을 받지 못한다(미국의 전직교사들, 1986, 39; 김정휘, 교육마당, 2000, 5).

전문직 군에 속하는 의사와 변호사들도 비난을 받고 있지만 그들의 성취는 대개 주목할 만하며 그들은 금전과 명성으로 걸 맞는 보답을 받고 있다. 그러나 같은 전문직에 종사하는 무명의 교사들은 회의를 나타낸다. 어디에서 자신들의 성취와 어려운 직무에 대한 인정과 대접을 받을 수 있는가? 우리나라나 미국, 영국이 공통적으로 교사들의 다수가 자신들에 대한 대중적 이미지에 결코 만족하지 않는다. 한국의 경우 스승의 날과 관련하여 제기되는 온갖 사연이 어제－오늘－미래의 교사 위상에 대한 진면목을 사실적으로 보여준다.

우리나라의 수백만의 아동과 청소년에 대한 교육을 떠맡으며 때로는 사회화를 시키면서 국가・사회를 안정시키는 데 기여하는 많은 무명(無名) 교사들의 노고와 성공에 대해서는 거의 칭찬과 격려를 하지 않으면서 실패와 잘못에 대해서는 성찰(省察)을 요구하는 침소봉대, 비난을 한다.

자녀교육을 학교와 교사에게 위임한 학부모 단체와 운동권 세력이 주류인 교직 단체가 교사・교육 흔들기에 앞장 서 활동하기 때문에 전문가로서의 교사의 위상이, 자존심이 추락하는 데 많은 기여를 했다.

미국에서 괄목할 만한 학문적 업적을 일궈온 재미 한국계 학자들이 2003년 11월 27일 한국교육을 완전한 실패로 규정하고 특단의 조치를 촉구하는 공개서한을 채택했다. 국내의 공교육 붕괴 현상을 보다 못해 재미학자들까지 나선 것이다. 이들은 현재 한국 교육이 한국인의 저력과 가능성을 고갈시키고 있으며 한국의 총체적 위상을 높이는 데 오히려 걸림돌이 되고 있다고 주장했다.

모든 가정이 사교육으로 자녀를 교육시키느라 엄청난 심리적・재정적 압박을 받고 있으며 자녀교육을 위해 조국을 등지는 이산가족까지 양산하고 있는 현실을 지적했다. 이들은 또 한국 교육은 사회에 보탬을 주는 시민을 육성하는 데 철저히 실패했으며 자신의 맹목적 야심만 좇는 지식계급만 생산해 왔다며 교육의 실패는 미래 한국의 재앙을 예고하고 있다고 경고했다. 이러한 공개서한 채택에 주도적인 역할을 한 장석정 교수(일리노이 주립대학, 경영학)는 한국의 파행적 교육을 그대로 놔뒀다가는 나라가 망하겠다고 걱정을 한 재미 원로학자들이 생각을 같이 했다고 모임 취지를 밝혔다.

맞벌이 부부 교사의 경우에 직장에서나 가정에서 실존적인 문제를 모두 원만하게 대처하기가 너무 힘들고, 배우자 · 가족과 다투거나 학교에서 고단한 하루하루를 보내야 한다는 호소를 한다. 올바른 스승상을 묘사했다고 하여 많은 시청자에게 감동을 일으킨 바 있는 교육영화 「홀랜드 오퍼스」의 대사 내용 속에 부인이 남편인 오퍼스 선생님에게 '당신은 학교에서는 학생들로부터 존경받는 훌륭한 교사인지는 몰라도 장애아들을 둔 아버지, 가장인 남편으로서는 실격'이라고 투정하는 장면이 나오는데 이 말은 지각 있는 교육행정 당국자가 음미해야 할 내용이라고 생각한다.

아마도 교직생활 속에서 지속적인 과도한 업무와 책임에 압도당하고 그에 따른 배려의 부족 때문에 교사가 가장으로서 가정생활에 소홀하기 쉬운데, 이런 상황이 맞벌이 부부, 아울러서 스트레스와 탈진과 관련되는 경우 그 피해 효과는 심각할 수 있다.

교사가 교사를 명예 훼손

교총 교권위원회 및 교권옹호기금운영위원회는 2003년 12월 10일 11건의 교권 침해 사건을 심의하고 이 중 5건에 대해 100～250만원의 소송비용을 지원하기로 했다. 이번에 변호사 선임료를 보조하기로 한 서울 Y여고 P교감은 지난해 10월 H학생의 사주를 받은 A학생이 교감에게 성추행을 당했다는 허위 진정서를 서울시교육청 홈페이지에 올려 고초를 겪었다.

사실 확인도 하지 않고 성추행을 기정사실로 보도한 언론, 방송사에 더해 전교조 교사들은 학교에 성명서를 배포하고 P교감이 사는 아파트 단지에서 시위와 유인물을 배포하기도 했다. 이 사건은 A양과 부모가 H양의 사주로 허위 사실을 올렸다고 인정하고 교육청 홈페이지에 사과문까지 올려 일단락됐고, P교감은 KBS와 MBC를 상대로 정정 보도 요구 및 손해배상청구 소송을 제기한 상태다. 또 전교조 교사들에 대해서는 명예훼손으로 형사소송을 진행중이다.

대전 C여고 Y · C교사는 전교조 소속 교사에게 손해배상청구 소송을 당하고 이에 반소한 경우다. 지난해 5월 학교에 전교조 소속 3학년 부장 P교사의 공금횡령 및 착복의혹을 제기하는 투서가 배달된 게 발단이 됐다. 이에 P교사는 이 학교 Y · C 교사를 배후로 지목하고 무고 및 명예훼손으로 대전지검에 고소했으나 무혐의 처분되자, 이에 두 교사를 상대로 손해배상청구 소송을 제기했다.

오히려 P교사는 대전시교육청 조사에서 불법사실이 확인돼 견책 처분을 받았고, Y · C 교사는 P교사의 근거 없는 고소에 맞서 P교사를 상대로 손해배상청구 소송을 진행 중이다. 이밖에 교총은 학교법인 측으로부터 위법한 해임처분을 받은 경기 D고 교감, 과장되게 부풀려진 체벌을 이유로 학부모로부터 손해배상과 사직을 요구받은 서울 J여상 S교사, 경북 G대학의 불합리한 재임용 탈락에 대해 재심을 청구한 K교수의 교권과 명예회복을 위해 변호사 선임료를 보조하기로 했다. (한국교육신문, 2003. 12. 22, 제2159호)

교사 폭행 학부모 英, 처벌 강화

영국 정부가 학부모의 폭력에 시달리는 교사들을 보호하기 위해 적극적으로 나섰다. 영국 교육부는 2일 "교사에게 폭력을 쓰거나 폭언을 한 학부모는 기소돼 최고 5천 파운드(9백 만원)의 벌금이나 6개월 이하 징역을 받게 될 것"이라고 밝혔다.

스티븐 트윅 영국 교육장관은 "교사를 폭행하거나 모욕하는 행위가 학교 내에서 일어나는 것을 절대 허용하지 않을 것"이라고 강조했다. 회원이 16만명인 영국 교사노동조합인 교사강사연합회(ATL)에 따르면 지난 해 학부모 등의 폭력을 신고해 온 교사의 수는 1998년보다 4배나 늘어난 1백 25명, 그러나 실제론 훨씬 더 많다는 것이 교육현장의 목소리다.

이처럼 가파르게 늘어나는 교사 폭행에 대처하기 위해 영국 교육부는 이미 "폭력 학생과 학부모를 무조건 고소하는 불관용 정책을 도입하겠다"고 예고했었다. 교육부는 새로운 정책을 널리 알릴 포스터도 공개했다. 학교와 지하철・병원 응급실 등에 붙여질 포스터는 "우리는 학교가 학생과 교직원들에게 안전한 장소가 되도록 만들 것입니다. 만약 당신이 학교에서 누군가를 협박하고 공격하거나 위협적인 행동을 한다면 즉시 쫓겨날 것이며 기소될 것입니다"라는 강한 경고의 메시지를 담고 있다.

'부적격 교사' 기준 놓고 이견

"상습적 체벌 교사도 교단에서 배제시켜라."(**참교육학부모회**)

"기준이 모호하다. 학부모들에게서 무차별적으로 무고(誣告)를 당할지 모른다."(**전교조**)

"신체 질환자가 어떻게 부적격 교원인가. 기준이 뭔가. 일종의 인격 모독이다."(**한국교총**)

"기준은 수업을 할 수 있는지 여부다."(**교육인적자원부**)

2005년 8월 9일과 11일 교육부・교직단체・학부모단체 사이에 '**부적격 교사 퇴출**'을 둘러싼 격론이 일었다. 교원 평가 등 당면한 교육 현안을 다루기 위해 조직된 '**학교교육력 제고를 위한 특별협의회**'의 실무자・대표자 회의에서다. 이 기구에는 주요 교직・학부모 단체가 참여하고 있다. 당초 6월 협의회가 구성될 때만 해도 '부적격 교사 퇴출'에는 모두가 공감하는 듯했다.

하지만 협의회가 가동된 지 한 달여가 지난 지금도 "무엇이 부적격인가"에 대한 합의조차 이뤄내지 못하고 있다.

부적격 교원을 어떻게 처리할지에 대해서도 현격한 입장 차이가 좁혀지지 않고 있다. 이에 따라 9월 초부터 부적격 교원 퇴출 시스템을 가동한다는 교육부의 계획이 파행 위기를 맞고 있다.

◆ **"용어 통일도 안 됐다"**=교육부는 부적격 교사의 기준을 ▶성적 조작, 성범죄, 촌지 등 금품수수 같은 도덕적・윤리적 문제가 있는 교원 ▶민・형사, 행정상 중대 비리, 범법 행위를 저

〈표 2-12〉 부적격 교원 퇴출을 둘러싼 입장 차이

쟁점	교육부	교원단체 (한국교총 · 전교조 · 한교조)	학부모단체 (참교육 학부모회 · 인간교육 실현 학부모회)
부적격 교원의 정의	• 성적 조작, 성범죄, 금품 수수(촌지 등), 시험 문제 유출로 도덕적 · 윤리적 문제를 일으킨 사람 • 민 · 형사 행정상 중대 비리 · 범법 행위를 저지른 사람 • 약물 · 알코올 중독, 정신적 장애, 고질적인 신체질환 등으로 직무 수행이 곤란한 사람 • 상습적이고 심각한 신체적 폭력으로 물의를 일으킨 교사	• 민사상 범법 행위 제외 • 정신적 · 신체적 질환의 구체적 기준 필요 • 상습적 · 중대한 폭력 행위를 저지른 사람 제외	• 교육부 안에 동의 • 상습적이고 심각한 신체적 · 언어 폭력 행사 교사 포함 • 3회 이상 징계 처분 파면 · 해임자 포함
부적격 교원에 대한 조치	• 성적 조작 · 성범죄 · 금품 수수자는 중징계(감경 안 됨) • 중대한 범법 행위자 교단 추방 • 정신적 · 신체적 질환자 직권 휴직 · 면직 • 성폭력 교사 처벌 수위 강화† 중과실일 때 정직 → 해임 고의적일 때 해임 → 파면	• 금품 수수 등의 감경 대상 제외 반대 • 중대 비리 · 범법 행위자 교단 추방 반대(위헌 소지) • 정신적 · 신체적 질환자 명확한 판별 기준 마련	• 교육부 안에 동의 • 상습적이고 심각한 신체적 · 언어 폭력 행사자 중징계(감경 안 됨)
별도 판정기구 설치	• 시 · 도 교육청 산하 부적격 교원 심사위원회 설치(위원 중 학부모 포함) • 학부모의 부적격 교원 조사 민원 제기 가능	• 기존의 교원징계위원회가 있으므로 별도 기구 설치 반대(교총) • 무고당한 교원 보호 대책 없음	• 학부모 참여 심의기구 둬야 • 학부모의 민원제기 쉽게 해야
기대 효과	• 부적격 교원 배제 • 학생 학습권 보호 • 전체 교원의 신뢰 회복	• 무고한 민원으로 선의의 교원 피해 우려	• 교육부 안에 동의

† 성폭력 교사에 대한 처벌 수위가 한 단계씩 높아진다.

교육인적자원부는 2005년 8월 5일 성폭력 · 성희롱 행위를 한 교사의 징계 수위를 높이는 내용의 '교육공무원 징계양정 등에 관한 규칙' 개정안을 시행한다고 밝혔다. 개정안에 따르면 비위 정도가 무겁고 중과실인 성폭력 · 성희롱의 경우 지금은 정직에 그치지만, 앞으로는 해임토록 했다. 고의적인 성폭력 · 성희롱에 대해서는 파면 또는 해임하던 것을 파면으로 강화했다. 또 성폭력 · 성희롱 행위를 한 교사는 훈장 등 정부 포상을 받았더라도 징계를 낮춰주지 않기로 했다.

교육부 관계자는 "그동안 성폭력 행위에 대한 온정주의적 관행으로 '처벌이 솜방망이 식으로 허술하다'는 비난을 받아왔다"며 "교단으로부터 성희롱과 성폭력을 뿌리 뽑기 위해 징계 수준을 크게 높였다"고 밝혔다.

지른 교원 ▶약물 · 알코올 중독, 정신적 장애, 고질적 신체질환 등으로 직무수행이 곤란한 교원으로 정하고 이를 협의회 참여 단체에 알렸다.

하지만 한국교총은 '비위 교원', 전교조는 '부정 · 비리 교원'으로 용어를 정하자고 주장하고 있다. '부적격'이란 용어가 모호하므로 '중대한 범법 행위자'로 범위를 좁히자는 것이다.

하지만 학부모단체는 "교육부 기준을 좀 더 확장해야 한다"고 반발했다. 참교육학부모회는 '상습적이고 심각한 신체적 · 언어 폭력', 인간교육실현학부모연대는 '학생에 대한 성범죄 행위, 상습적 · 중대한 폭력행사'도 포함시킬 것을 요구했다.

학부모 단체의 의견에 교직단체들은 "기준이 모호해 받아들일 수 없다"며 강하게 거부하면서 사실상 회의가 겉돌기 시작했다.

교육부의 촌지 수수 기준에 대해서도 이견이 표출됐다. 한국교총은 '중징계에 해당하는 금품수수', 전교조와 한교조는 '과도한 금품수수'로 범위를 좁혀야 한다고 주장했다.

◆ **"영구 배제냐, 복귀 가능한가"**=교육부는 성적 조작, 성범죄, 촌지 등 금품수수의 비리를 저지를 경우 무조건 중징계(파면 · 해임)하도록 규정을 개정키로 했다. 시 · 도 징계위원회 등에서 중징계가 경징계(견책 · 주의 · 경고)로 낮춰지는 일(감경)을 원천적으로 봉쇄하겠다는 의도다.

실제로 2003년부터 최근 3년간 촌지 수수, 성적 조작 등 교원 비리 1219건 중 86% 이상이 견책 · 감봉 등 경징계를 받았다.

심지어 최근 울산시교육청이 학부모를 성추행하고 학교에서 흉기를 들고 난동을 부린 교사에게 정직 2개월의 징계를 내려 물의를 빚기도 했다.

이와 같은 비리 교원 영구 배제 원칙에 대해 학부모단체는 찬성 의사를 분명히 했다.

하지만 한국교총 측은 "성적 조작, 성범죄는 몰라도 금품수수 등은 징계를 완화하는 대상에서 제외해서는 안 된다"며 반대했다. 전교조도 "정신적 · 신체적 질환을 앓고 있는 사람은 치료받은 뒤 복귀할 수 있도록 하고, 전직 · 명예퇴직을 유도하는 방안을 마련해야 한다"고 맞섰다.

◆ **무능 교원 처리 문제는 논의조차 못해**=수업지도 능력이 뒤떨어지는 무능 교원(실력이 부족한 교원)은 어떻게 할지와 같은 근본적인 문제는 다뤄지지 않고 있다.

부적격 교원 문제가 이처럼 관련 단체의 이해관계에 휩쓸려 제자리걸음을 계속할 경우 2005년 2학기 시범 운영 예정인 교원 평가가 무산될 우려마저 제기되고 있다.

상습적이고 심각한 신체적 폭력을 교육적인 수용 한계를 넘어 학생에게 행하는 중대하고 심각한 신체적 가해자로 규정, 교육적인 목적의 체벌과는 구별했다. 부적격 교사를 퇴출시키지 않으면 학교장을 문책하겠다는 것이 교육부의 지침이다.

일본의 경우 2001년부터 '지도력이 부족한 교원'을 찾아내 '연수와 재교육'을 받게 하고 그래도 나아지지 않는 교사는 퇴출시키는 제도를 시행하고 있다.

'문제교사' 영구퇴출 제도화: 교육부 '부적격 교원 대책' 의미·전망

교육인적자원부가 2005년 9월 5일 발표한 '부적격 교원 대책'은 문제 교사를 교단에서 퇴출하고 다시 임용될 가능성을 원천봉쇄하는 제도적 장치를 마련했다는 데 의미가 있다.

하지만 무능력 교사를 퇴출대상에서 제외시켜 부적격 교사 퇴출을 교육력 제고의 수단으로 활용하려 했던 당초 계획에서 후퇴했다는 지적을 받고 있다. 이번 대책을 둘러싸고 학부모 단체가 '속빈 강정'이라고 비난하고, 교직단체 역시 교사들의 사기를 저하시킨다며 반발, 추진과정에 진통이 예상된다.

그동안 성적조작이나 금품수수 등으로 사회적으로 물의를 일으킨 교원에 대해 교육계의 온정주의 때문에 솜방망이 징계에 그쳤다는 비난이 많았다. 실제로 최근 3년간 성적조작, 촌지 등 금품비리, 성희롱이나 성폭행 등으로 징계를 받은 교사 190명 가운데 65%(124명)가 경징계를 받았다. 또 해임 파면 등 중징계를 당하더라도 교원소청심사위원회 심사에서 감경받거나 3~5년이 지나면 슬그머니 다시 교단에 돌아오는 사례가 되풀이되면서 교직사회에 대한 학생과 학부모의 불신은 더 깊어졌다.

따라서 교육부는 부적격 교원에 대해 중징계, 감경 배제, 재임용 금지 등으로 실효성 있는

〈그림 2-13〉 부적격 교원 처리 어떻게 되나

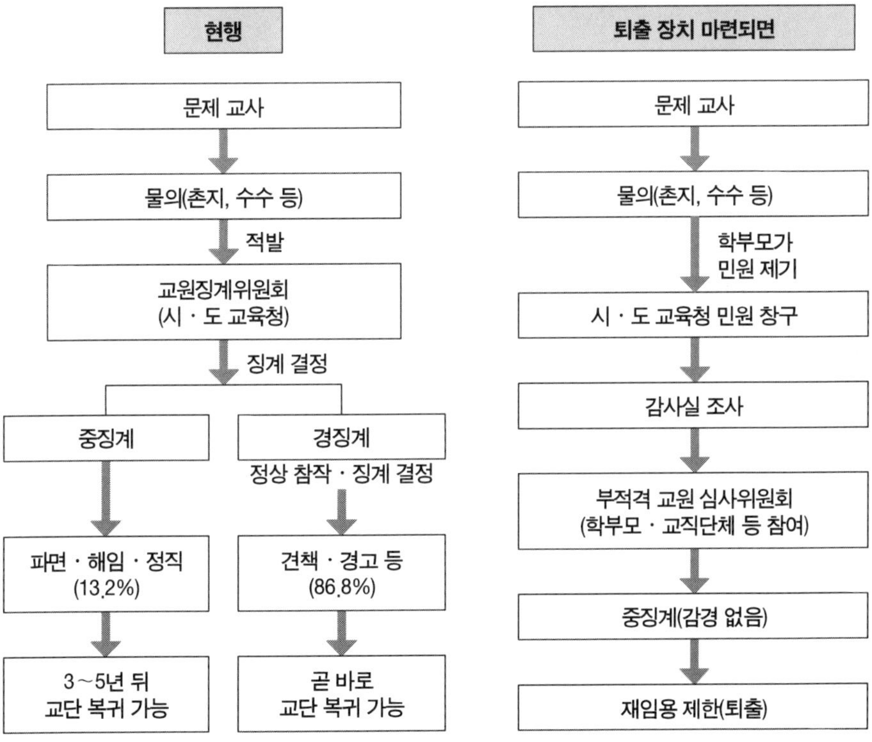

〈그림 2-14〉 부적격 교원 처리 절차

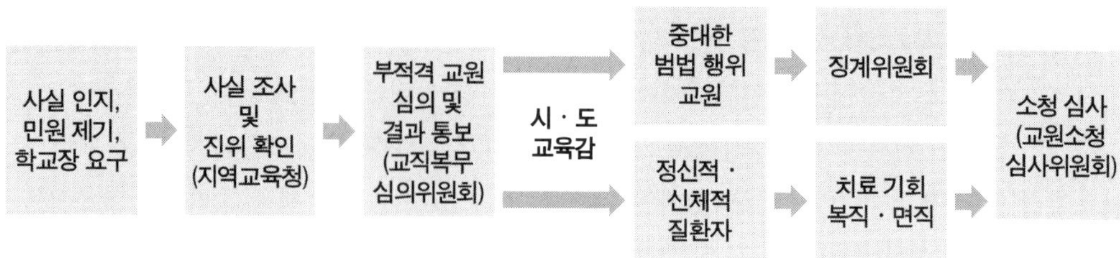

• 재심의 요구: 시 · 도 교육감은 7일 이내에 해당자에게 심의 결과를 통보하고 해당자는 통보받은 날로부터 7일 이내에 교육감에게 재심의를 요구할 수 있다.

출처: 교육인적자원부

대책을 마련함으로써 학생들의 학습권을 보호하는 동시에 교직사회의 신뢰를 되찾을 것으로 기대하고 있다.

학교를 사랑하는 학부모 모임은 이날 논평을 내고 "그동안 학생과 학부모들이 꾸준히 제기한 무능력 교사에 대한 처리문제는 왜 명확히 명시하지 않는가"라며 반문하고, "임용 당시 지식수준에 안주하며 자기계발에 소홀한 게으른 교사들은 부도덕한 교사 못지않게 그 피해와 해악이 큰 존재"라고 주장했다.

교직단체의 반대를 무릅쓰고 '상습적이고 심각한 신체적 폭력'을 부적격 교사 범주에 포함된 것도 논란의 소지를 안고 있다. 교육부는 그 범주를 수용 한계를 넘어 학생에게 행하는 중대하고 심각한 신체적 가해로 규정, 교육적 목적의 체벌과 분명히 선을 긋고 있지만 여전히 그 경계가 불분명하기 때문이다.

또 정신적 · 신체적 질환 등으로 인해 직무 수행이 곤란한 교원에게는 우선 병가와 연가, 청원 휴직 등으로 최대한의 치료 기회를 준 뒤 그 결과에 따라 직무 수행이 어렵다고 판단되면 휴직 · 면직 등의 방법으로 교단에서 배제키로 했다.

그러나 공무로 인한 정신적 · 신체적 질환자에 대해서는 공무상 휴직 등 치료와 명예퇴임 등을 지원하고 장기요양 기간을 현행 1년에서 6개월 정도 연장하는 방안을 관계 부처와 협의할 방침이다.

공무원과 학부모 · 교사 · 시민단체, 법률 전문가 등으로 구성된 교직복무심의위원회가 각 시 · 도 교육청에 설치돼 부적격 교원에 대한 사안을 심의한다. 또 시 · 도 교육감이 특별한 사유가 없는 한 교직복무심의위가 심의한 내용을 이행하도록 하는 제도적 장치도 마련된다.

교육부는 이와 함께 부적격 교원에 대한 조치과정에서 발생할 수 있는 무고가 보복, 폭로성 민원 등에 의한 교권침해를 막기 위해 민원실명접수, 해당 교원에게 진술 기회 부여, 재심의 요구 등의 절차를 마련할 계획이다.

교원단체, 부적격 교사 퇴출 앞장서야

부적격 교사를 교단에서 퇴출시키는 방안이 교원단체들의 반발로 파행을 겪고 있다. 교원단체들이 부적격 기준에 반대해 합의에 이르지 못하고 있기 때문이다. 이에 따라 다음 달부터 실시하려던 일정이 차질을 빚을 공산이 커졌다.

교원단체들이 분명하고 공정한 기준을 요구하는 것이 잘못된 것은 아니다. 문제는 이를 빌미로 부적격 교사 퇴출제도의 도입 자체가 무산될 우려가 있다는 점이다. 기준이 모호하고 미흡하면 명확하고 공정하게 바꾸면 그만이다. 그러나 교원단체들이 내심 제도 도입에 협력할 의사가 없다면 기준을 몇 가지 고치는 것으로 원만한 합의가 이루어지기를 기대하기 어렵다.

교원단체들은 당초에 무능 교사의 퇴출을 포함한 종합적인 교원평가제에 격렬하게 반대했다. 이와 같은 교원단체들의 반발에 밀려 대안으로 나온 것이 부적격 교사의 퇴출제도다. **비리와 범법을 저질렀거나 정신적 · 신체적 질환이 있는 교사들만이라도 교단에 설 수 없도록 하자는 것이다. 진작에 했어야 할 일이고, 공교육에 대한 신뢰를 유지하는 최소한의 조치다. 이런 점에서 교원단체들은 오히려 유능하고 성실한 대다수 교사들의 권위와 자부심을 지키기 위해서라도 부적격 교사들의 퇴출에 앞장서야 한다.** 이 판에 상습적이고 심각한 폭력을 행사하는 교사를 부적격 대상에서 빼야 한다거나 중대 비리나 범법 행위자마저 교단에 머물 수 있도록 해야 한다는 교원단체들의 주장은 지나치다.

우리는 무고한 교사가 무분별한 민원이나 괘씸죄로 엉뚱하게 퇴출돼서는 안 된다고 생각한다. 이는 합리적 기준과 공정한 구제절차를 마련함으로써 해결할 수 있다. 교원단체들은 온정주의에서 벗어나 진정한 교권을 확립하겠다는 의지만 있다면 부적격 기준을 마련하는 것은 어렵지 않을 것이다.

교원단체들은 차제에 무능한 교사를 솎아내는 전면적인 교원평가제의 도입에도 적극 협력할 필요가 있다. 교사의 능력을 평가해 확실한 상벌을 하는 것이야말로 우리 교육과 교사들이 살 길이다. (중앙일보 사설, 2005. 8. 13, 제12626호)

'터미네이터'의 교사 개혁

미국 캘리포니아는 1921년 미국에서 처음으로 교사 종신재직제(Tenure)를 채택한 주(州)다. 교사 지망생은 2년의 수습기간을 별 탈 없이 보내면 평생을 보장받는다. 캘리포니아의 교사 종신제는 곧 미국 전역으로 확대돼 오늘에 이르렀다.

미국이라고 해서 수백만 교사 중에 부적격자와 함량 미달자가 없을 리 없다. 술에 취해 수업을 하는 교사도 있고, 학생 질문에 제대로 답변을 못하는 교사도 있다. 이런 교사 비율이 5%에서 최고 18%에 이른다는 통계가 있다. 그러나 교육당국이 이들을 몰아내기란 사실상 불가능하다. 엄격한 해고 요건을 충족시키기도 어렵고, 당사자가 이의를 제기하면 부지하세월의 소송이 이어진다. 이 같은 단단한 '철밥통' 뒤에는 막강한 양대 교원노조가 있다. 400만 명의 미국 교원 중 200만 명이 NEA(미국교육협회)에, 130만 명이 AFT(미국교사연맹)에 가입해 있다.

이런 난공불락의 아성에 일전(一戰)을 선포하고 나선 사람이 아널드 슈워제네거 캘리포니아 주지사다. 그는 지난 2005년 3월 **교사 개혁 법안**을 전격 상정했다. 신임교사 수습기간을 2년에서 5년으로 늘리고, 이후 직무평가에서 2년 연속 낙제점을 받을 경우 해고 대상에 포함시키는 내용이다. 교원노조의 격렬한 반대를 뚫고 법안은 지난 6월 주의회를 통과해 오는 11월 8일 주민 찬반투표를 앞두고 있다. 현재까지 여론은 슈워제네거 편이다. 그의 지론은 분명하다. "**캘리포니아주 아이들의 학업성적이 왜 바닥을 기는가? 능력과 자질이 없는 교사들이 종신제 뒤에 숨어있기 때문이다. 교육을 살리는 길은 우수한 교사에게는 보상을, 나쁜 교사에게는 불이익을 주는 것뿐이다.**" 미국은 지금 초미의 관심 속에 '터미네이터(끝장내는 자)'의 **초강경 교사 개혁 드라이브**를 주시하고 있다.

미국과 우리는 비슷한 부분이 많다. 우리 교사들의 62세 정년은 종신보장보다는 못할지 모르지만, 미국 교사들이 보통 55세 정도부터 은퇴를 시작하는 것을 감안하면 결코 짧지 않다. 까다로우나마 일정한 해고 절차를 갖고 있는 미국에 비해 우리 교사들의 '철밥통'이 더하면 더했지 못할 게 없다. 미국의 문제교사들처럼 우리나라의 문제교사들 또한 상당수가 교원노조의 보호막 속에 들어앉아 있다. 우리 교직사회에서는 이런 도피성 교원노조 가입을 "보험 든다"고 표현한다.

엊그제 **교육부는 부적격교사 퇴출 방안을 발표했다. 거기에는 성적조작 · 금품수수 · 상습폭력 · 정신질환 같은 지극히 당연한 '부적격 사유'들은 들어있으나, 학생을 제대로 안 가르치거나 못 가르치는 불량 · 무능력 교사를 어떻게 할 것인지에 대한 언급이 없다.** 이들을 솎아내는 방법은 엄격한 평가뿐이건만, 될 듯 말듯 변죽만 울리던 교원평가제는 또다시 기약 없는 표류에 들어갔다.

교원평가를 반대하는 쪽의 논리는 장황하다. 하지만 "**그러는 당신은 엉터리 교사에게 당신 자식을 맡길 용의가 있는가**"라는 한마디면 제압 가능한 말의 성찬일 뿐이다. 심지어 교사들 자신까지도 새 학기가 되면 자기 자식이 이상한 담임, 실력 없는 선생을 만날까봐 노심초사하는 것이 현실이다. 숫자가 많건 적건 그런 문제교사 한 사람이 수백명의 우리 아이들, 나아가 나라의 미래를 망치는 것이다.

해야 할 일은 이처럼 분명한데, 서슬퍼런 운동권 출신 이해찬 총리도 교육부장관 시절 평가제 말만 꺼내놓고 실패했다. 대학교수 출신인 안병영 교육부총리는 어렵게 불씨만 살리다 말았다. 산전수전 다 겪은 행정관료 출신 김진표 부총리가 뒤를 이어받았지만, 그도 이제 그럭저럭 손 드는 분위기다. 우리에게도 '터미네이터'가 필요한 것인가. (김형기 기획취재부장, 조

선일보 시론, 2005. 9. 8, 제26347호)

질환자는 퇴출 아닌 보호대상

교육부는 퇴출을 전제로 한 부적격 교원의 범위를 (1) 성적 조작, 성범죄, 촌지 등 금품 수수 등에 의한 도덕적 · 윤리적 문제 교원, (2) 민 · 형사상, 행정상 중대 비리 · 범법 행위 교원, (3) 약물, 알코올 중독, 정신 장애 과도한 폐쇄 성향, 고질적 신체 질환, (4) 폭력 교사 등으로 직무 수행이 곤란한 자를 제시했다. 이들 요건에 해당하는 교사들은 교단을 지키며 계속 교육자로서 교직에 봉사하는 것이 부적합하므로 교직을 떠나도록 조치하겠다는 것이 교육부의 방침인 것 같다.

이런 저런 이유로 교직 단체는 이런 방침의 시행을 반대하는 것 같고 언론은 시행을 찬성하고 있다.

이 대책안의 시행에 앞서 몇 가지 검토가 필요하겠다고 생각되는 의견을 제안하고자 한다. 필자가 보기에는 위에 예시한 부적격 교원의 범위 요건이 결과 위주로, 그리고 이러한 결과는 오직 교원에게만 책임(잘못)이 있는 것으로 판정을 하고 대처하고자 하는 데 문제가 있다. 이 논의에서는 부적격 교사의 범위를 명시한 전술한 네 가지 요건 중 세 번째 요건에만 한정시켜 논평을 하고자 한다. 심리학에서 결과를 가지고 원인을 추론하는 설명방식을 귀인이론(attribution theory)이라고 한다.

결과에 대한 원인의 해석 방식에 의하면 어느 특정 교사가 약물, 알코올 중독, 정신 장애, 과도한 폐쇄 성향, 고질적인 신체 질환 등으로 직무수행이 곤란한 지경에 이르게 되어 결국 부적격 교사로 판정되면 교단을 떠나게 하는 조치로 과연 교육의 책무성의 소임을 다하는 것이냐에 회의적이다.

인간 행동의 원인을 심리학에서는 개인적 특성, 인간을 둘러싸고 있는 환경 특성 그리고 인적 특성과 환경간의 상호작용 효과〈B＝f(P · E)〉에 의해서 결정된다고 해석한다. 즉 개인의 내재적 조건과 외재적(환경) 조건 그리고 이 양자의 상호 작용에 의해서 인간은 행동하고 사고하며 살아간다는 것이다. 이들 간에 인과관계(因果關係)가 성립한다고 해석할 수 있다. 인과관계란 원인 없이 결과가 나타날 수 없음을 시사한다. 3번 요건을 결과라고 보는 필자는 이러한 결과를 초래한 근원(sources), 교직 환경 특성을 분석한다면 과연 교육부와 시 · 도 교육청은 책임이 없는가 하는 것이다. 부적격 교사 (3)의 요건을 결과로 보고 관련 당사자를 피해자로 해석한다면 가해자는 누구인가.

교장의 지위, 재량권을 이용하여 부당하게 교사를 괴롭히는 가학성, 공격 성향의 관리자, 교사 사이에 갈등 관계를 조성하는 성격에 결함이 있는 교사와 정신장애가 있는 교사도 부적격 교사의 요건에 해당한다.

10, 20, 30, 40년 동안 교직에 봉직해 오면서 자의 반, 타의 반 교사가 경험했던 과로, 피로, 직무 불만족, 사기 저하, 직무 스트레스와 탈진, 심리적・신체적 질환과 갈등을 건실하게 해소, 위로, 치료, 예방을 위한 조치와 배려, 대책이 교육계에서 언제 시행된 적 있었는가.

상사의 질책 때문에 발생한 정신 질환 또는 업무 스트레스로 인한 질환이나 자살을 산업재해로, 만성피로증후군도 건강보험 급여 대상이라고 법원이 인정했다. 직장인의 신체적 피로와 정신적 스트레스 등에 따른 건강 장해에 관한 예방 조치를 사업주는 의무적으로 시행해야 한다는 것이 노동부의 지침이다. 이와 같은 법원 판례와 노동부가 밝힌 직장인에 대한 정신・신체 건강에 대한 보호・관리 예방에 따른 사업주의 책임에서 교육부와 시・도 교육청은 과연 자유로운가 즉 교육계와는 무관한 사안인가 필자는 그렇지 않다고 본다.

제2, 3의 부적격 교사 발생을 예방하는 데 교육부의 책임이 크다고 생각한다. 따라서 교육부는 교직에 진출할 당시에는 적격교사였으나 어떤 원인-과정-결과로 부적격 교사가 되었는가를 규명, 진단, 처방적(예방과 치료) 대책 마련을 위해 종단적, 생태학적인 연구를 추진해서 부적격 교사가 양산되는 것을 예방, 치료하는 노력을 해 주기 바란다. 원인 진단 없이 결과만으로 재단, 처리하는 것은 아울러서 당근은 없고 채찍만으로 교원 인사관리를 하겠다는 것으로 균형 감각을 상실한 해법이다.

교육복지(edutopia) 실천 방안 속에 학생 복지만 있고 교사를 위한 복지 정책이 없는 발상을 제안하는 교육부에는 책임이 없는가.

여름・겨울 방학 때 실시하고 있는 형식적인 교원 연수가 전적으로 학생(아동)에 대한 학습지도 역량을 강화시키는 연수로만 진행되고 교사 자신의 정신・신체 건강 증진을 위한 연수는 빠져 있는 현행 교원연수 운영체제 속에서 교사 복지, 교육 복지는 실종되고 있다. 즉 연수 방식이 학생을 위한 연수와 교사를 위한 연수로 확대, 개편되어야 하며 동시에 교장, 교감, 장학사 등 관리직 연수 내용도 현대 감각에 맞게 실질적인 내용 위주로 확대, 개편되어야 한다.

한국 교원은 우수한 자질이 있는 인적 자원이 교직에 진출하고 있지만 재직하는 동안 능력을 계발할 수 있는 제도적 장치가 부족하다는 점을 OECD가 지적했는데, 바로 이 점이 부적격 교사 양산을 조장하는 또 다른 원인이 된다. 교사를 위한 연수는 실종되고 오로지 학생(아동)만을 위한 현재의 현직 연수 체제(운영 방식, 연수 프로그램의 내용과 방법)로는 부적격 교사의 양산을 예방하거나 치료 효과를 기대할 수 없다.

정부 각 부처 가운데 교육부 장관이 제일 많이 스트레스를 받는 것 같다는 당국자의 논평이 있었는데 장관만이 아니라 전국의 초・중등 교사가 심각한 직무 스트레스나 탈진을 경험하는 것은 우리나라뿐만 아니라 일본, 영국, 독일, 프랑스, 미국의 교사들에게 공통적으로 나타나는 세계적인 현상임을 확인할 수 있다. 그러나 구미 국가에서는 관련 단체(예: NEA, ILO)들과 전문가들이 함께 고민하고 치료・예방 대책 수립에 적극 나서고 있다. 이런 노력이 필요한 것은 (3)번에 해당하는 부적격 교사 양산을 줄이고 치료하는 데 가시적인 효과를 거둘 수 있을 것으로 기대되기 때문이다.

신체적・정신적 질병이 직업병으로 알려진 경우에도 부적격 교사로 퇴출시키는 것이 온당한 조치이며 이에 따른 교육부와 시도교육청은 책임이 없는가? 평가자는 평가 대상자보다 우수해야 하고 평가 결과에 책임을 져야 한다.

부적격 교사 대책안의 필요성을 어느 정도 공감하지만 당근(끌어안기)와 채찍(배척하기)을 병행해서 선택의 여지를 줘야 한다. 땜질식 처방이 아니라 네가티브 접근에서 파지티브(positive) 접근 위주의 교원 자질 개발과 교원 복지 대책이 포함된 교원 안전망 속에서 종합적인 접근이 필요하다. (김정휘, 한국교육신문, 2005. 9. 5, 제2237호)

실력이 부족한 교사도 부적격 교사 요건에 포함시켜 다뤄야 한다.

(카) 인간관계 문제: 추락하는 교권

인간관계가 삶의 실체이고 삶의 근본이며 과정이고 결과이다. 따라서 사연 많은 인간의 삶에서 인간관계에 얽힌 사연이 스트레스와 탈진의 원인이 되고 있다. 그리고 학교 생활・업무에서 초래된 스트레스나 탈진이 가정으로 전이(轉移, transfer)되는 특징이 있다. 탈진의 영향이 가정으로 전이될 때 알코올 중독, 약물이나 마약 즉 물질 오・남용을 통한 경제적 소모, 탈진한 희생자의 신체적・정신적 건강 악화, 무시당하고 학대받는 가족 구성원들, 가족 구성원의 활동・생활에 대한 현저한 무관심, 가족간의 의사소통의 부족, 냉담 등 평상시답지 않은 태도가 나타난다.

인간관계 갈등

교사 ↔

- 학교장, 교감, 행정가(교육청 관계자)
- 동료 교사
- 학생(아동)
- 학부모
- (지역 사회의) 유관인사
- 교내 행정실 직원
- 맞벌이 부부[16](증가하는 이혼율)

---

16) 맞벌이 부부가 모두 서로에 대한 배려나 자유시간을 박탈당하고 있다고 느낄 수 있으며 누가 누구를 돌 볼 것인가에 대한 끊임없는 타협과정이 계속될 수 있다. 제기되는 논쟁은 빈번하게 가사 책임, 자

제자 · 학부모한테 모멸감 받을 때 "교직에 회의 느낀다"

대부분의 교사들은 제자나 학부모로부터 모멸감을 받을 때 교사라는 직업에 대해 크게 회의를 느끼는 것으로 나타났다. 유니텔 원격교육연수원이 전국 16개 시・도 초・중・고 교사 207명을 대상으로 실시한 설문조사 결과에 따르면 '**교직을 떠나고 싶거나 직업에 회의를 느꼈을 때는 언제인가**'라는 질문에 44.6%가 '제자나 학부모로부터 모멸감을 받을 때'라고 답했다. 31.5%는 '교단이 무너지는 사건이 발생했다는 뉴스를 들었을 때', 9.8%는 '열심히 가르친 보람이 없을 때'(성적도 안 오르고 비뚤어진 제자를 볼 때), 5.4%는 '교사가 수업하는데 학생들은 딴짓할 때' 등이라고 밝혔다(앞의 그림 참조).

반면 '교사가 가장 행복한 순간'은 72.8%가 '학생들로부터 깊은 신뢰와 존경을 받았을 때', 22.8%는 '졸업한 제자가 뜻을 이루고 찾아왔을 때', 4.3%는 '학부모로부터 감사 편지나 전화를 받았을 때'의 순으로 답했다.

'**이런 학부모는 자중해줬으면**'(중복 응답) 하는 질문에는 '교사를 무시하는 학부모'(73.9%)가 가장 높게 나타났고 '학교 보다 학원・과외를 중시하는 학부모'(64.1%), '자녀 학교생활 또는 인성 교육에 무관심한 학부모'(50%)로 조사됐다. 이밖에 '수업・학교 운영에 대한 간섭'(39.1%), '돈이나 선물로 해결하려는 태도'(33.7%), '자녀에 대한 부탁으로 잦은 방문이나 전화'(23.9%), '학교 모임 참여가 소극적인 학부모'(8.7%)등의 순으로 나타났다.

반대로 '**이런 학부모는 많았으면**' 하는 점에서는 '교사의 교육방향을 믿고 따라주는 학부모'(91.3%), '자녀 지도에 대한 표현과 상담 의뢰'(80.4%), '부모 참여 학교・학급 모임에 적극 활동'(45.7%), '교사가 풀기 어려운 문제를 앞장서 해결하는 학부모'(45.7%)등이 꼽혔다.

'**교사가 당황스러울 때**'라는 주관식 질문에는 '학생 말만 믿고 교사를 오해하거나 무시할 때', '학생지도에 최선을 다했는데 결과가 안 좋아 책임 추궁을 당할 때', '학생들로부터 학교 부조리 등 답하기 난처한 질문을 받을 때', '학생의 경제적 어려움을 알면서 돕지 못할 때' 등 다양한 의견이 나왔다. (한국교육신문, 2002. 5. 20, 제2084호)

학부모가 교사 집단 폭행, "매맞는 교권에 경악‥근본대책 세워야"

시위참여로 결석한 학생들의 출석처리를 요구하는 학부모들이 교감과 교사 2명을 집단 폭행한 사건이 발생해 충격을 주고 있다. 2001년 10월 16일 오전 서울 신정여상 2층 교무실에 이 학교 학부모 20여명이 지난 4월 16일 이후 1개월간 지속된 재단 비리관련 학내분규 과정에 참가한 학생들의 정상 출석 처리를 요구하며 한 시간에 걸쳐 난동을 부렸다.

율권, (경제권, 육아)에 대한 권한의 분담 문제로 갈등이 발생한다.

이 과정에서 진 모 교감(57)은 학부모들에 에워싸여 멱살을 잡히고 목덜미와 뺨을 수 차례 맞았으며 폭언과 욕설을 당하는 수모를 겪었다. 학부모들은 또 이를 제지하던 홍 모 교사(47)에게는 목을 조르고 유리 창가로 밀어붙이는 행패를 부렸으며 얼굴에 상처를 내기까지 했다.

사건 발생당시 학교는 대청소 중이어서 대부분의 교사들이 교무실을 비운 상태였으며 몇몇 여교사 등이 겁에 질린 채 관경을 지켜봤을 뿐 이를 막지 못했다. 이때 학부모 김 씨가 "너 이름이 뭐냐. 학생이 잘못하면 교사가 때리듯이 선생이 잘못하면 학부모가 때리는 것이다"라며 책상 위를 뛰어 올라 위압적인 자세로 쫓아오자 이 교사는 이를 피하기 위해 교무실을 급히 벗어났다.

김씨와 학부모들이 "저 X 잡아라"고 외치며 뒤쫓아 왔고 이 교사는 1층 행정실로 대피하려던 순간 김씨가 이 교사의 머리 뒷부분을 밀쳐 문 모서리에 이마와 입술이 부딪히는 상해사고가 발생했다. 현장에 있던 한 학생은 이 교사가 피를 흘리는 가운데도 김씨가 교사의 멱살을 잡고 폭언과 욕설을 가한 것으로 진술하고 있다. 중상을 입은 이 교사는 인근병원으로 후송돼 22바늘을 봉합하는 응급수술을 받고 입원했으며 폭력을 행사한 김씨는 출동한 경찰에 연행됐다.

한국교총은 사건 발생 후 곧바로 진상 조사에 착수했으며 이 사건을 학부모에 의한 부당한 교권침해 행위로 규정하고 언론에 제보하는 한편, 관할경찰서를 방문해 엄중한 사법적 조치를 요구했다. 교총은 또 성명을 내고 "학부모들이 자녀의 장래를 걱정하는 심정은 이해하지만 불법시위 등에 참여한 학생들의 출석인정을 요구하며 교원을 폭행한 것은 실추된 교권의 단면을 보여주는 사건"이라며 "대다수 건전한 학부모와 학생들의 학습권 보장과 재발방지를 위해 이번 사건에 대해 엄중한 사법적 조치가 뒤따라야 한다"고 밝혔다.

학교사랑실천연대(위원장 이선정)도 성명을 내고 사태의 발생에 대해 개탄하고 교권확립의 필요성을 주장했다. 이날 교총과 서울교련은 입원중인 이 교사를 방문해 위로금을 전달하고 법률적 대응 등을 포함한 전반적인 지원방안을 약속했다.

현재 김씨는 상해를 가한 혐의로 불구속 입건 중에 있으며 이 교사의 주장에 대해 "스스로 도망가다 넘어져 다쳤다"고 해명하고 있는 것으로 알려지고 있다. 한편 신정여상을 비롯해 같은 법인내 5개교 교원들은 20일 이 사태에 대한 진상규명과 철저한 수사를 촉구하는 탄원서를 청와대 등 관계기관에 제출했다. (한국교육신문, 2001. 10. 22, 제2057호)

"내쫓긴 자는 분개하고 남은 자의 사기는 떨어져"

교원정년 단축으로 공교육이 심각한 위기상황에 직면한 가운데 정년 환원만이 오늘의 교육위기를 극복할 수 있다는 공감대가 확산되고 있다. 게다가 민주당과의 공조파기 후 제 목소리를 내기 시작한 자민련과 한나라당이 교원정년 원상회복 내지 63세 연장안을 추진, 연내 성사 여부가 교육계 최대 관심사가 되고 있다.

이런 가운데 전국 14개 교장단체 모임인 '한국국・공・사립초・중・고교장회협의회'가 지난달 25일 '교원정년원상회복비상대책위원회'를 구성, 교원정년 원상회복에 총력을 기울이기로 결의하고 본격적인 활동에 들어갔다. 비대위 위원장을 맡은 강호봉 서울 잠실고 교장으로부터 향후 계획을 들어본다.

—비대위는 어떻게 구성됐나.

"지난달 전국규모의 14개 교장회회장이 세 차례 모임을 갖고 교원정년 원상회복 당위성과 활동방향을 담은 발기문을 채택했다. 14개 교장회가 공동의 목표를 위해 뜻을 합치기는 처음이다. 비대위는 14명의 교장회장이 공동대표를 맡고 지도 위원회와 대외활동, 자료수집 등을 담당할 8개의 부서를 두었다. 실무 담당자만도 40명이 된다. 비대위는 비상설기구로 12월 10일까지 활동하게 된다."

—기한 내에 가시적 성과를 얻을 수 있나.

"정년단축이 공교육 붕괴의 가장 큰 원인이라는 사실이 입증되고 있다. 이제 교육계뿐 아니라 일반 국민들도 원상회복의 당위성을 공감한다고 생각한다. 정부와 국회는 이를 외면할 수 없을 것이다. 또한 우리의 활동은 단번에 목표를 이루지 못하더라도 원상회복의 불씨를 정치권 등 요로에 깊이 인식시키는 효과를 거두게 될 것으로 믿는다"

—원론적이지만 정년단축의 폐해는 무엇인가.

"경제적 논리가 교육의 특수성과 전문성을 깔아 뭉개버렸다는데 있다. 이것은 전 교원의 자긍심에 대한 일종의 테러다. 그렇다고 경제적 성과는 거뒀나. 일시에 많은 교원을 내쫓다보니 98년부터 지난해까지 4조원 이상의 연금기금이 소요됐다. 재정이 파탄위기다. 떠난 자는 분개하고 남은 자의 사기는 땅에 떨어졌다. 교육붕괴가 바로 거기서 시작된 것이다."

—정년 환원의 당위성을 밝혀 달라.

"교원의 무너진 자존심을 회복시키지 않고는 공교육 정상화를 기대할 수 없다. 정부는 무능하고 파렴치한 사람으로 몰아 원로 교사를 내몰았으니 그에 대한 응분의 반성을 해야 한다. 교직은 대학교수나 법관 못지않게 전문성이 요구되는 직업이라는 사실에 정년 환원의 당위성이 있다. (한국교육신문, 2001. 10. 22, 제2057호)

(차) 가르치는 보람을 잃어버린 교사

고교 평준화 30년. 전혀 수준이 다른 학생들을 한 교실에 모아놓고 가르쳐야 하는 교사들은 좌절하고 있으며 가르쳐도 모르는데—수업 의욕이 안생긴다고 탄식하고 있다. 즉 상위권 및 하위권 학생들은 중간 학력 학생에 맞춰 수업하는 교사들을 외면하기 일수고 학생들의 수준 차를 다 감안해 강의하기는 불가능함을 아는 교사들은 힘겨워한다. 학생들뿐 아니라 교사들도 평준화의 희생자들인 셈이다.

많은 교사들이 가르치는 보람을 잃어버린 것을 안타까워했다. 서울 청담고교의 한 교사는 모의고사 점수가 200점씩 차이나는 아이들을 모아놓고 도대체 어떻게 가르치라는 것이냐며 여러 학력 수준의 학생들을 모아 놓으면 하위권 학생들이 덕을 봐야 하는데 실제로는 그 누구도 공교육의 덕을 보지 못하고 있다고 말했다. 그는 학생들이 학원에서 모든 것을 배워오는 현실에서 이젠 교직의 보람도 사라졌고 기회만 되면 교직을 떠나고 싶다며 한숨을 쉬었다.

(카) 학생 훈육: 화(anger)가 날 때 자신을 통제하기

이 문제는 교사의 학생 훈육(student discipline) 문제와 관련되어 있으며 학생 훈육 문제는 교사의 직무 스트레스를 발생시키는 유력한 원인으로 알려져 있다. 품행장애(conduct disorder), 적대적 반항적 장애(oppositional digence disorder), 분열적 학생(disruptive students)[17]들을 다루기 위한 교사들의 선택은 대개 아주 제한적이며 교실 내에서의 불만과 좌절을 효과적으로 다루는 방법을 모색하는 것을 교사가 잘 알지도 못할 뿐만 아니라 그 상황 자체가 화나는 것일 수 있다. 학생들에게 소리를 지르는 것은 성숙한 반응도, 특별히 효과적인 반응도(비록 일시적으로는 일부 부적합한 행동을 진정시킬 수 있지만) 아니다. 사실 드물지 않게 그것은 역효과가 있다.

그럼에도 불구하고 분열적인 학생들에게 비난을 퍼붓거나 화내고 싶은 마음은 너무나 강력할 수 있어서 그러한 충동을 통제하려는 노력은 필연적으로 가공할 만하다. 위에 예시한 세 유형의 학생들을 훈육하는 데 있어서 화를 내지 않는다는 것은 도를 닦는 경지의 성숙한 인품과 자제력이 요구되는 매우 어려운 숙제이다.

Sutton(1984)은 교사들의 모든 스트레스 원천 중에 학생 훈육 문제가 직무 불만족의 전반적인 척도와 가장 큰 상관관계가 있다는 것을 발견했다. 어느 교사는 매 수업 시간마다 25분은 불량학생을 다루는데 보내야 하기 때문에 가장 우수한 아동을 돌 볼 시간이 부족하다. 또 이들을 제대로 다루는데 교사의 능력에 한계가 있다. 문제투성이의 말썽꾸러기 아동(학생, 청소년)을 화내지 않고 37세답게 처신하는 것은 어려우며 면전에서 교사를 비웃는 열세 살짜리를

17) 미국의 경우에 연방 정부가 재정 자원을 하는 전국 학교 안전 센터(National school safety center)는 학교에서 매년 3백만 건의 청소년 범죄가 일어나고 있다고 주장한다(Farber, B.A , (1991). *Crisis in Education: Stress and Burnout in the America Teacher*. San Francisco: Jossey-Bass Publishers, 52).

공자같이 다루기가 어렵다고 호소하고 있다.

(타) 과도한 공문서 처리

미국과 영국, 한국에서 공통적으로 이 문제가 교사들에게 중요한 스트레스의 원천이 되며 이미 그러한 사실이 교육계에서는 공공연하게 잘 알려져 있으나 아직 경감이나 근절을 위한 뚜렷한 대책 마련이 안 되고 있는 교육계의 난제이다. 미국의 경우에, 국가교육통계센터(The National Center for Education Statistics)는 1989년에 전형적인 교사(typical teacher)는 수업시간(25.5 시간)과 가정에서의 공문서 처리(Paperwork) 업무(24.9 시간)에 거의 동등한 시간을 분배하여 주당 50.4시간을 일한다는 자료를 발표하였다.

초·중학교 교사/"잡무가 '수업준비의 2배'"/서울중부교육청 설문

우리나라 초등학교와 중학교 교사의 2명 중 1명은 다음날 수업을 위한 준비시간보다 시설관리 보고용 공문서 작성 등 교육과 직접적인 관련이 없는 업무에 들이는 시간이 두 배 이상 많은 것으로 나타났다.

또 초등과 중학교 교사 모두 교장이나 교감보다는 친근해야 할 학생들로부터 가장 심한 스트레스를 받고 있으며 학급운영의 가장 큰 어려움은 학생수가 많은 것이라고 응답했다.

이것은 서울중부교육청이 초등학교 교사 238명과 중학교 교사 234명을 대상으로 교사의 직무수행 실태에 대해 설문조사를 실시한 결과다.

초등교사는 다음날 수업준비시간에 대해 30분~1시간이라고 응답한 교사가 47.7%, 중학교사 역시 30분~1시간이 54.1%로 가장 많았다.

그러나 환경정리 또는 시설관리에 들이는 시간은 1시간~1시간 반을 쓰는 초등교사가 39.6%, 중등교사가 38.5%로 수업준비보다 교육 외적인 데 더 많은 시간을 쓰고 있는 것으로 조사됐다.

특히 초등교사(63.7%)와 중학교사(68.2%)의 3명 중 2명은 연구활동이나 교재연구를 위한 학교 외부의 연수를 거의 하지 않는 것으로 나타났다.

한편 초등교사의 63.3%, 중등교사의 55.5%가 각각 교사에게 가장 스트레스를 주는 집단으로 학생을 꼽았고 그 다음으로는 교장이나 교감, 동료교사 순으로 응답했다.

초등과 중학교사 모두 학생들로부터 스트레스를 받게 되는 것은 학급당 인원이 너무 많기 때문이라고 응답했다(동아일보, 1996, 3. 13. 제23137호).

지난 2003년 4월 윤덕홍 교육부 총리가 학교 현장의 소리를 듣겠다며 서울 경복고교를 방문했을 때 교사들은 교육 당국이 1년 동안 일선 학교에 보내는 공문서만 3,700건이며 그 중엔 운동장이 몇 개나 되는 가를 매년 보고해야 하는 경우도 있다고 따졌다. 교육 당국이 간섭과 규제로 시어머니 노릇을 하는 바람에 교사들이 본연의 업무인 수업에 집중할 수 없다는 하소연이 제기되었다.

실제로 서울 시내 한 고교의 2002년 문서대장을 확인해 보니, 지난 1년간 내려온 공문이 총 5,544건이었다. 방학 4개월과 일요일을 빼면, 하루 평균 25건의 공문들이 학교로 내려온 셈이다. 단순한 공지・안내 공문도 많았고 학생용 책걸상 현황 제출 같은 단순보고・통계를 요구하는 공문도 상당수였다.

고교 교육과는 전혀 상관없는 중소기업 제품 구매실적 보고(1월 23일), 세계 물의 날 주민소유 지하수 관정 대청소 실시협조(3월 25일)등과 같은 공문도 있었다. 따라서 교육에 실제로 필요하거나 도움이 안 되는 공문서를 받을 때마다 내가 교사인지 동사무소 직원인지 되묻게 된다고 탄식한다.

2002년 한국 교육 개발원의 조사에서는 상반기 동안 한 고교에 전달된 공문 중 수업이나 교사 활동・학생 활동과 관련된 공문은 전체의 32.8%에 불과한 것으로 나타났다. 이와 같은 공문 공해에 대해 교사들은 교육 행정 편의 및 관행(49.6%), 교육 행정 기관의 권한 유지(22.3%) 등을 교육 규제가 완화되지 않고 있는 대표적 이유로 꼽았다.

잡다한 보고용 공문서 처리 업무가 교사들에게 심각한 스트레스로 지각되는 심리적 근거를 예시하면 다음과 같다.

1. 전문직으로 인식되고 있는 교사의 위상을 손상시킨다. 문서 처리 업무는 비전문적 업무이며 교사 본연의 업무는 아니다.
2. 교사 본연의 업무인 교수・학습 준비, 연구에 투자해야 할 노력, 시간, 기회를 앗아간다. 때때로 공문서 처리 업무 요구는 일과 중에 수업시간이나 수업 준비 시간을 방해하면서 긴급한 정보자료를 보고해 달라고 요청하는 형태를 띤다. 따라서 수업시간 중에 (불가피하게 자습을 시키면서) 교사가 긴급한 회신을 요청하는 보고서 작성에 몰두해야 한다.
3. 교사 자신들도 외부 요청에 의해 마지못해 공문서 작성을 하면서도 보고를 위한 문서 내용을 불신한다. 대체로 문서 내용 자체가 탁상 문서 처리 업무인데다가 교사가 담당 업무는 많고 바쁜 상황에서 단순 보고용 공문서 처리를 형식적으로 하기 때문이다.
4. 전문가로서 교사의 신분과 자긍심을 모욕하는 처사다. 즉 교사의 역할을 탁상 공문서 처리에 매달리게 하는 사무직원으로 격하시킨다고 교사들은 불만을 제기한다.
5. 해법은 사무 전담 직원을 교무실(행정실이 아니라)에 배치해서 교사가 해왔던 공문서

처리를 전담하도록 한다.

6. 행정기관(예: 시・도교육청 등 상급기관)의 문서 통제 기능을 강화하여 불요불급한 공문서 작성을 강요하는 업무 자체에 교사가 얽매이지 않도록 획기적 방안을 실천한다.

(파) 행정상의 둔감성과 교육계의 부패

교사들의 문제 제기에 따르면, 행정가는 후원적이지도 않고 학교와 교사의 업무・신상과 관련된 문제에 둔감하다는 것이다. 일반적으로 교사들은 행정가들이 교사의 자율권과 효율성을 손상시키는 관료적인 규칙과 규정을 고수하는 사람으로서 적대적인 역할을 하고 있는 것으로 본다. 행정가는 학교・교육・교사・학생에게 제공할 유용한 피드백을 가지고 있지 않은 것으로 즉 후원적이지도, 고취시키지도 또는 적절하게 도전적이지도 않은 것으로 교사들은 지각하고 있다. 지방과 도시학교 모두에서 다수의 교사들은 행정가들이 교사들이 필요로 하는 도움을 주기보다는 더 많은 문제 유발에 일조하는 것으로 인식한다.

이상적으로 교육행정가들은 스트레스를 감소시키고 최적의 근무 조건을 조성하기 위하여 교사들의 후원자가 되어야 한다. 그러나 불행하게 그들은 문제의 해결책이 아니라 문제의 일부로 보여진다. 교사들이 경험하는 스트레스와 탈진은 교장의 과잉・과소 참여, 왜곡된 카리스마, 위기 관리보다는 회피형・보신주의에 길들여진 지도력에 의해서 발생한다.

학교장・교감이 받는 스트레스를 교사들도 인지하는 EQ가 필요하다는 것을 행정가들도 주문하고 있다.

(하) "사학・교육부 부패 심해"

국무조정실 '교육분야 부패' 여론조사
국민 70% "촌지수수 줄었다"
대학교수 63% "부패정도 과거와 비슷"

국민의 정부 출범 후 교육분야의 부패 정도는 타 분야보다 비교적 깨끗해졌다는 것이 국민들의 여론인 것으로 나타났다. 특히 대부분의 국민들은 교원의 촌지문제가 줄어들었다고 보고 있으며, 교원과 관련된 비리 발생의 주요 원인은 교원의 사회경제적 지위가 낮은데서 비롯되고 있다고 응답해 주목을 끌고 있다.

부패가 가장 많이 발생하고 있는 기관에 대해서는 고등교육의 경우 사립대(29%)에 이어 교육부(26.4%)가 지목되어 일선 국・공립 초・중등교(4.5%)보다 월등한 불신감을 보이고 있다. 이것은 지난해 국무총리 국무조정실의뢰로 교육개발원과 충남대가 공동 연구해 최근 펴낸 '**교육 분야 부패방지 대책**' 보고서에 실려 있는 여론조사의 주요 내용이다.

연구팀은 교육 분야 부패 실태에 관한 국민의식을 알아보기 위해 초・중등분야(교사, 학부모, 공무원) 2,122명, 고등교육 분야(교수, 학생, 직원) 623명을 대상으로 여론조사를 실시했다.

- **현재의 부패 정도 인식**: 현재의 교육 분야 부패정도 인식에 있어서 초・중등분야 응답자들의 42.5%는 '별로 없다'고 했으며 '보통이다'라는 응답은 31.6%였다. 이에 비해 '다소 심하다'는 21.8%이고 '매우 심하다'는 3.8%에 불과했다.

  같은 질문에 대해 고등교육 분야는 좀 더 심각한 반응을 보였다. '매우 심하다(19.5%)'와 '다소 심하다(46.7%)'에 대다수 응답자가 지지를 보내고 있는 반면 '보통이다(20.9%)'는 응답율이 낮아 초・중등분야와 크게 대조되었다.
- **타 분야와의 비교**: 교육 분야와 타 분야와의 부패척도 비교에서도 긍정적 답변이 나왔다. 초・중등분야의 경우 교육 분야가 '훨씬 깨끗하다(22.5%)'거나 '비교적 깨끗하다(39.9%)'고 했으며 '비슷하다(27.5%)'와 '심하다(9.6%)'는 상대적으로 적었다.

  같은 질문에 대해 고등 분야의 응답자들은 '훨씬 깨끗(6.9%)'하거나 '비교적 깨끗(27.4%)'한 반면 '비슷(43.6%)'하다거나 '심하다(22%)'고 답해 고등교육 분야 관련자들의 부패 체감도가 초・중등 분야보다 높은 것으로 나타났다.
- **'국민의 정부' 출범 후 부패수준**: 이 정부 출범 후 부패발생 경향에 대해 초・중등분야의 응답자들은 '크게 줄었다(21.4%)'거나 '약간 줄었다(35.6%)'고 해 절반 이상이 줄어들었다고 했으며 이어서 '변화가 없다(40.9%)'고 응답했다. 이에 반해 '늘고 있다(6.9%)' 순으로 응답했다. 같은 질문에 대해 고등교육분야 응답자들은 62.5%가 '변화가 없다'고 했으며 '약간 줄었다(25.4%)', '크게 줄었다(5.1%)', '약간 늘었다(4%)', '크게 늘었다(2.9%)'순으로 응답했다.
- **부패발생 기관**: 부패가 많이 발생하고 있는 기관에 대해 초・중등분야 응답자들은 사립 초・중고(20.7%), 사립대(18.4%)에 이어 교육부 본부(17.6%), 공립 초・중교(12.8%), 사설학원(11.7%), 시・도 교육청(10.6%) 순으로 응답했다.

  교육부에 대한 불신의 폭은 고등교육분야 응답자들에게서 더욱 크게 나타났다. 즉 사립대(29%)에 이어 교육부 본부(26.4%)를 지목해 사립 초・중등교(14.4%), 시・도교육청(10.8%), 지역교육청(5.8%), 국・공립대(2.5%)를 크게 앞질렀다.
- **부패발생 원인**: 교원과 관련된 비리 발생의 원인은 교원의 사회경제적 지위가 낮은데서 비롯되고 있다는 생각이 널리 퍼져있다. 즉 교원과 타 직종간의 보수비교 인식에 대해 34.9%의 응답자가 '매우 낮다'고 했으며 25.8%는 '약간 낮다'고 한 반면 '비슷하다'는 17.3%이고 '높다'는 23%에 불과했다.

촌지수수에 대해서도 긍정적 답변이 나왔다. "많이 줄었다(36.7%) '와 '다소 줄었다(32.3%) '등 대부분 응답자들이 줄어들었다고 한 반면, '변화 없다(22.7%) '와 늘었다(6.3%)'는 응답자가 적었다. 교사의 촌지수수에 대한 인식에 대해서는 응답자의 70.8%가 '촌지수수는 바람직하지 않다'고 했다. 이어서 촌지는 '존경이나 감사의 표시(29.9%)'이며 '오랜 관행이며 별문제 없다(2.7%)'라고 했다. 이에 반해 '자녀의 불이익 방지나 특별배려' 때문에 촌지를 준다는 사람은 5.6%에 불과했다.

- **교원승진 관련 개선 사항**: 교원승진과 관련 개선되어야 할 분야에 대해 응답자의 38.6%가 근평제도를 꼽았다. 이어서 인사권자의 재량권 남용(27%), 연구점수 제도(19.6%), 승진명부 작성 방식(10%)을 꼽았다. (한국교육신문, 박남화 기자)

3년간 교원징계 1219명 살펴보니: 성적 비리 32건, 금품 비리 123건

내신 조작이나 부실한 시험 관리와 같은 교사들의 성적 비리가 최근 3년간 32건이나 적발된 것으로 나타났다. 또 촌지 수수와 횡령 등 교사들의 금품 비리도 같은 기간 123건이 발생한 것으로 드러났다. 그러나 이와 같은 비리 사건으로 파면・해임 등 중징계를 받은 교사의 비율은 10명 중 1명꼴에 불과해 비리 교사에 대한 징계제도 개선이 필요한 것으로 지적됐다.

한나라당 이주호 의원은 교육인적자원부로부터 제출받은 최근 3년간(2002년 5월～2005년 5월)의 교원 징계 현황을 분석한 결과 이와 같이 나타났다고 6월 23일 밝혔다.

이 의원에 따르면 이 기간에 각종 이유로 징계를 받은 초・중・고교 교사는 ▶초등학교 459명 ▶중학교 329명 ▶고등학교 430명 등 모두 1219명에 이른다. 이 가운데 국・공립 교사가 85.4%, 사립 교사가 14.6%로 국・공립 교사가 대부분을 차지했다.

3년 동안 적발된 성적 비리 사건 32건은 고등학교가 17건으로 가장 많았는데 이 가운데 14건(82.4%)이 사립학교에서 발생했다. 내신성적이 대입과 직결되는 고교의 경우 성적 비리가 대부분 사립학교를 중심으로 발생한 것이다. 반면 중학교의 성적 비리 사건은 10건으로 8건이 공립학교에서 발생했다.

금품 비리 사건(123건)의 절반 이상인 63건이 초등학교에서 발생했고 고교에서 40건, 중학교에서 21건이 발생했다. 금품 비리는 전체적으로 사립(20.3%)보다는 공립(79.7%)에서 더 많았던 것으로 분석됐다. 이 기간에 성관련 범죄로 징계 받은 교사는 56명이었다. 그러나 주요 비리 사건으로 파면・해임 등 중징계를 받은 교사 비율은 성적 비리는 12.5%, 금품 비리는 8.1%에 그치는 등 솜방망이 처벌에 그친 것으로 나타났다.

이 의원은 이와 관련, "현행 교사 징계제도는 비리 교사를 척결하기에는 미흡하다"며 "객관적인 교원 징계 기준을 확립하고 교육청 징계위원회에 학부모 대표를 참여시키며 징계사건조

〈그림 2-15〉 비리 유형별 교원 징계(2005년)

(단위: 명)

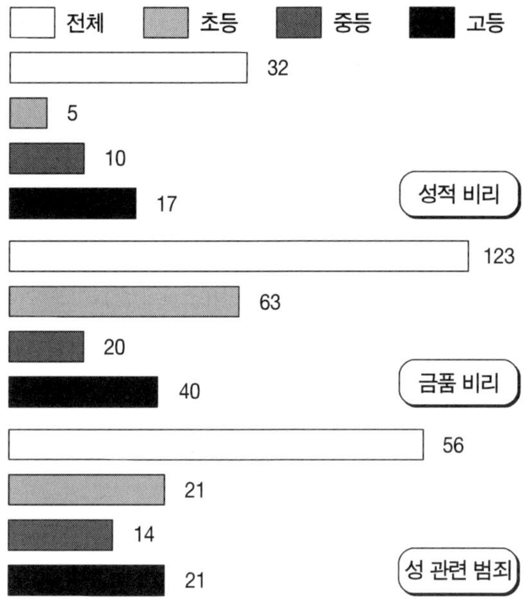

자료: 교육인적자원부

사에도 학부모 대표를 참여시키는 등의 비리 교사 징계제도 개선이 필요하다"고 지적했다. (중앙일보, 2005. 6. 24, 제12583호)

(거) 師大출신, 초등교사 임용

교대 · 사범대 '자존심 대결'

중등교사 자격증 소지자를 1년간의 단기연수를 통해 초등교사로 만들려는 이른바 '중초(中初)교사' 임용 논란이 사범대와 교육대 간의 자존심 대결로 번지고 있다. 교육대 재학생 및 졸업생들은 "초등교사를 아무나 하느냐"며 사범대 출신의 초등교육 비(非) 전문성을 부각하려 하고 있다. 이에 맞서 사범대 재학생 및 졸업생들은 "초등교육이 교대의 항구적인 전유물이냐, 왜 초등교사는 반드시 교대를 졸업해야만 하느냐"며 반박하고 있다.

교육부 홈페이지(www.moe.go.kr)에는 '중초교사' 임용계획이 알려진 후 서로를 비방하고 공방(攻防)을 벌이는 글들이 매일 수십 건씩 올라오고 있다. 홈페이지에 글을 올린 '최지현'씨는 "교대생들이 중초교사를 이렇게까지 반대하는 것은 교육의 발달 저하를 우려하는 게 아니라 자신들의 자리에 위기감이 느껴져서 그런 것이 아닌가"라고 주장했다. '학부모'씨는 "당신들(교대생)이 버리고 간 도서벽지 자리에 (중등교사자격증 가진) 중초들이 가 기간제 교사를 하고 있다. 중초교사를 뽑는 데는 교대생들이 도서벽지를 외면하는 것도 이유가 아닌가"라고 교대생들의 도시선호 현상을 지적했다.

'중초 찬성'은 "교대생이란 이유로 졸업만 하면 100% 임용된다는 게 말이 되는가"라고 따졌다. '학부모'는 "4년제 대학이 유치원 교사와 중등교사를 양성하는 데 유독 초등교사는 왜 양성을 못하는가. 4년제 대학에도 초등교육과를 만들어야 한다"고 주장했다.

반면 '교대생'이라 밝힌 한 네티즌은 "자신이 초등학교 학부모라면 아이를 교대 출신에게 맡기겠느냐, 사대 출신에게 맡기겠느냐"고 반문했다. '동생'은 "사대생들이 교사 부족 현상을 이용해 교육부의 정책에 찬성하는 기회주의를 보이고 있다"고 비난했다. '타도양성소'는 "중등시험에 탈락한 실력 없는 사람들이 초등교사로 오는 것을 반대한다"고 주장했다.

초등교사 임용시험에서 맞대결하자는 공방도 뜨겁다. 이른바 '중초교사'는 교대생과 임용시험을 함께 치르지 않고 별도의 시험으로 치를 예정이어서 이들 간의 경쟁은 없을 예정이다. 김진섭 씨는 "이번에 중초 들어올 사람들이 실력이 있다면 교대생과 당당히 붙어보자"고 제안했다.

대학입학 당시의 수능 성적을 내세우며 자신들이 더 우수하다는 주장도 나온다. 그러나 '편입생'이라 밝힌 네티즌은 "잘못은 정부가 저질렀는데 왜 교대생과 사대생이 서로 비방해야 하는가"라며 양측을 꾸짖었다. 아이디 '참교육'은 "왜 이렇게 비정상적으로 진행하는가. 학급당 학생 수를 꼭 2003년까지 줄여야 하나. 2005년까지 줄이면 무슨 큰일이 나는가"라고 항변했다.

중등교사 자격자 초등 전환 극한 대립

교원 증원 · 학생 수 감축을 핵심으로 한 정부의 교육여건개선사업 골격이 흔들리고 있다. 전국 교육대 4학년생들이 올해 11월 25일로 예정돼 있는 2002학년도 교원임용고사를 거부키로 24일 결의했기 때문이다. 서울은 이번 시험에서 초등학교 850명, 특수학교 24명, 유치원 27명 등 모두 901명의 교사를 선발한다.

교대생들이 실제로 임용고사를 거부할 경우 내년 교원수급 계획은 차질을 빚고 교사부족 현상이 초래될 전망이다. 범 정부 차원에서 추진되고 있는 학급당 학생 수 감축 계획의 실현도 불가능해진다.

전국 교대 4학년 대표자협의회는 이날 서울교대에서 기자회견을 열고 "교원대 초등교육과를 포함해 서울교대 등 전국11개 교대 4학년생이 올해 임용고사 거부 찬반투표를 실시한 결과 전체 학생 4,894명 가운데 4,218명(투표율 86.1%)이 투표에 참가해 80.6%인 3,400명이 임용고사 거부를 찬성했다"고 밝혔다.

교대생들의 임용고사 거부는 교육부가 초등학교 학급당 학생 수를 2003년까지 35명(현재 39명)으로 낮추기 위해 부족한 교사를 중등교사 자격증 소지자로 충원하려는 계획을 추진하자 아예 이를 무산시키겠다는 의도다.

교대생 상당수가 끝내 임용고사에 응하지 않을 경우 교육부가 2005년에 초등학교의 교원수를 2,540명 더 늘리려는 계획은 실현이 불가능해진다.

게다가 퇴직·명퇴·휴직을 통해 교단을 떠나는 교원 2,600여 명의 빈자리가 생겨나지만 이를 채울 수도 없게 된다. 교대생이 아니면 충원할 인적자원이 없기 때문이다.

하지만 교육부는 "다른 대안이 없다"며 25일 중등교사격증 소지자를 초등교사로 전환키로 최종 확정, 발표한다.

교육부 관계자는 "교대생들이 자신의 장래와 관련된 임용고사를 쉽게 거부할 수는 없을 것"이라며 "중등교사자격증 소지자의 초등전환은 대상자 숫자를 줄이고 서울 등 대도시가 아닌 교사 부족현상이 극심한 지방에서만 실시토록 하는 방안을 내놓겠다."고 말했다.

(너) 교사의 학습된 무력감

초·중·고 교사 80%, "소신 펼치기엔 너무 무력"

우리나라 초중고 교사들은 교직 선택에 대한 만족도와 교직 수행에서 느끼는 성취감이 상당히 높음에도 불구하고 교사들이 무력감을 크게 느끼는 것으로 나타났다.

한국교육개발원이 2001년과 2002년, 초등교사 1,066명, 중학교사 652명, 고교교사 431명을 설문 조사한 결과에 따르면 '교사로서 소신을 펼치기에는 무력하다'는 문항에 79.1%의 초등교사와 80.2%의 중등교사가 '그렇다'고 답했다.

이런 결과는 '나는 교직을 선택하기를 잘했다고 생각한다'는데 초등교사의 82.4%, 중등교사의 74.8%가 '그렇다'고 답한 부분이나, '나는 교직을 수행하면서 성취감을 느낀다'고 초등교사 75.2%, 중등교사 62.2%가 응답한 부분과 다소 모순되는 것으로 주목된다.

이에 대해 연구를 수행한 류방란 부연구위원은 "교사들은 자신의 본질적 활동인 학생들을 가르치는 일이나 그것이 가져오는 성과 등에 대해서는 만족하지만 자신의 현실적인 능력이나 여건에 비해 과도한 기대가 주어진다거나 자신의 교직 활동에 관련된 중요한 결정에 영향력을 미칠 수 없다는 인식을 갖는 것으로 보인다"고 설명했다.

실제로 '교사에 대한 사회적인 기대가 교사의 능력이나 여건에 비해 크다'는 문항에 대해 초중등 교사의 81.4%가 '그렇다'고 응답했고, '교사들이 행사할 수 있는 권한보다 부담해야 할 책임이 더 크다'는 데도 거의 대부분인 94.6%의 교사가 '그렇다'고 응답해 이 같은 사실을 뒷받침했다.

또 초중등 교사들은 교직의 특수성을 상당히 강하게 인식하는 것으로 드러났다. '교사의 교육 활동 능력을 객관적으로 평가하기 어렵다'는 문항에 초등교사의 97.2%가 '그렇다'고 답했고, 중등교사들도 '교사의 능력은 객관적으로 평가하기 어렵다'는데 86.3%가 고개를 끄덕였다.

그러나 '같은 경력의 교사라면 차등적인 보수를 받아서는 안 된다'는 문항에 대해서는 초중등 교사 간에 인식 차가 존재했다. 이에 대해 초등교사는 14.3%만이 '그렇지 않다'고 답한 반면, 중등교사들은 39.6%가 '그렇지 않다'고 답해 차등 보수에 대한 긍정적 답변이 초등의 세 배 가까이 됐다.

한편 초중등 교사들은 '상급 행정기관이 학교에 요구하는 업무 중에 전시성 혹은 형식적인 것이 많다'는데 초등교사의 95.1%, 중등교사의 97.9%가 '그렇다'고 답해 대부분이 공감했다. 이와 관련 초등교사의 89.9%는 '시급하게 처리해야 할 행정업무로 수업에 지장을 받는 경우가 있다'고 답했다. 도 '교육청의 장학지도가 교사의 수업 및 생활지도 능력 향상에 도움이 된다'는 데도 초등교사의 83.4%, 중등교사의 87%가 '도움이 안 된다'고 응답해 개선 요구가 높았다.

한편 초등교사들은 '가르칠 교과내용이 너무 많다(91.4%)', '교과 내용이 아이들의 수준에 비해 어렵다(74.8%)', '모든 교과를 다 잘 가르치기는 어렵다(94.3%)', '다인수 학급에서 모든 학생을 잘 지도하기란 어렵다(97.6%)'고 답했다.

(더) 교사의 성별, 교직경험, 학교 교육환경이 교사들이 경험하는 스트레스 수준에 영향을 준다.

비인격화의 측면을 제외하고 교사의 탈진에 있어서 성차가 관련성이 있는가 유무에 관해서는 일관된 결과가 제시되고 있지 않다. 그러나 초・중등학교에서 남자 교사들이 여교사보다 훨씬 더 높은 비인격화 경향을 나타내고 있다는 점을 여러 관련 연구자료가 제시하고 있다(Anderson과 Iwanicki, 1984; Burke와 Greenglass, 1989; Byrne, 1991; Greenglass와 Burke, 1990; Ogus, Greenglass와 Burke, 1990). 고객들에게 서비스를 제공하는 직업에 종사하는 남자보다는 여자들에게서(Maslach와 Jackson, 1981), 초등학교와 대학 교수들에게서(Byrne, 1991) 더욱 높은 수준의 정신적 피로가 보고된 바 있는데 이에 반해서 Anderson과 Iwanicki (1984)는 그 반대가 사실이라고 했다.

그러나 다른 연구자들은 특정한 성차가 없다는 의견을 제시했다(Maslach와 Jackson, 1986; Russell 등, 1987; Schwab와 Iwanicki, 1982).

개인적인 성취의 감소를 크게 느끼는 것은 고등학교 여교사들(Anderson과 Iwanicki, 1984)과 대학 교수(Byrne, 1991), 그리고 일반적으로 사람들을 상대하는 직업(Maslach와 Jackson, 1981)에서 발견된다. 그런가 하면 초・중등학교 교사들 간에 유의미한 차이가 없다는 보고도 있었다(Schwab와 Iwanicki, 1982; Russell 등, 1987). 884명의 캐나다 초등학교 교사를 대상으로 한 연구에서 Long과 Gessaroli(1989)는 남교사가 여교사보다 결국 탈진 경향성과 관련되는 직무 스트레스가 매우 심한 것으로 나타났다고 밝혔다. 마찬가지로 Beer와 Beer(1992)는 미국의 정규 초·중등학교 교사와 특수학교 교사를 대상으로 연구한 바에 의하면 남교사가 여교사보다 스트레스 수준이 높은 것으로 나타났다고 했다. 그러나 이들 연구 결과와 상반되는 연구 결과가 제시된 바 있는데 Capel(1992)은 405명의 영국 초·중등학교 교사의 경우 유의미한 성차가 보고되지 않았다고 밝혔다.

교사의 성별에 따른 스트레스의 심각성 정도와 경험 빈도 그리고 탈진의 수준상의 나타난 차이를 검토해보면 남교사가 여교사에 비해 대우 및 근무 여건에서 야기되는 스트레스를 더욱 심각하게 받아들이며 수업지도 및 잡무에서 비롯되는 스트레스를 자주 경험하는 것으로 나타났다(강학구, 1996). 이러한 연구 결과는 교사의 스트레스 항목표(Teacher Stress Inventory)를 사용해서 연구한 McHandy(1982)와 김정휘와 고홍화(1994)의 연구 결과와 상반된다.

여교사에 비해 남교사가 더 심하게 자주 스트레스를 받는 현상은 이것이 남교사로 하여금 교직을 이직하거나 전직하게 촉진하는 또 다른 영향으로 작용하는 것으로 해석할 수도 있다.

한편 탈진의 경우는 여교사가 남교사에 비해 더욱 심한 정서적 고갈을 경험하는 것으로 밝혀졌다. 이러한 사실은 여교사가 남교사에 비하여 더욱 심한 탈진을 경험한다는 McHandy의 연구 결과를 지지해 준다. 이것은 여교사의 경우 욕구좌절 감당력이나 교직에서의 적응력이 취약하다거나 직무 스트레스를 해소, 경감하는 데 따르는 방안들이 남성만큼 다양하지 않은 데서 나타나는 현상으로 해석할 수 있다. 그리고 감성지능(emotional intelligence, EQ)에서 여교사가 더 민감성이 나타난다는 추론과도 관련이 있을 것으로 판단된다. 우울증도 남성의 8%, 여성의 17%가 평생에 한 번은 경험하는 마음의 감기로서 가장 흔한 정신 질환이다.

사람들을 보살피고 고객의 요구에 응대해야 하는 직업에 종사하는 남자보다는 여자들에게서(Maslach와 Jackson, 1981), 초등학교와 대학의 교육자들에게서(Byrne, 1991) 더욱 높은 수준의 정신적 피로가 보고된 바 있다. 그러나 Anderson과 Iwanicki(1984)는 그 반대가 사실이라고 했다. 또 특별한 성차가 없다는 연구도 있다.

개인적 성취의 감소를 크게 느끼는 것은 고교 여교사, 대학 교수와 사람을 많이 상대해야 하는 직업 종사자에게서 나타난다. Russell등 (1987)은 초등학교와 고등학교 교사들 사이에 별다른 차이가 없다고 했다.

영역 특정의 연구들[18]에 더하여, 탈진의 일반적인 개념과 관련된 성차에 관한 세 가지 연구

---

18) 일반적인 탈진의 개념보다는 Maslach와 Jackson(1984)에 탈진의 세 가지 측면에 관한 연구들 참조.

가 있으며, 그 결과들은 매우 복잡하다. 884명의 캐나다 초등학교 교사들을 대상으로 한 Long과 Gessaroli(1989)의 연구는, 여자에 비하여 남자들이 더 큰 직업 스트레스와 탈진의 경향을 보인다고 하였다. 동일하게, Beer와 Beer(1992)는 미국의 일반/특수 초등, 고등학교 교사들에 관한 연구에서, 특수 고등학교의 남성 교사들이 여성 교사들보다 심한 스트레스를 보인다고 하였다. 하지만, 이들 연구에 반하여, Caper(1992)는 405명의 영국 초등학교/고등학교 교사들의 조사에서 성차가 별반 드러나지 않는다고 하였다

젊은 여교사들과 중학교 교사들은 반항적인 학생, 불량행동을 하는 학생에게서 남성 교사들과 초등학교 교사들은 교과 과정에서 잡다하게 많은 것을 요구하는 것들이, 중견 교사들은 직업의식의 부족 때문에 직무 스트레스를 심하게 받는다는 것이다(Travers와 Cooper, 1996, 63).

여성 특유의 스트레스 유발요인들에는 차별(예: 전통적 차별, 그들의 특수한 직업 계획 요구, 낮은 급료, 조언과 지원의 상대적 부족), 고정 관념(예: 여성 고유한 성격), 특질, 결혼과 업무간의 경계(예: 자녀 양육, 직장에서 경력과 가정 사이의 갈등), 사회적 고립(모성 회피, 남성에 대한(의한) 유혹, 애완 동물 취급, 요조숙녀의 굴레, Davidson과 Cooper, 1983)등이 포함된다.

관리자 수준의 관점에서 여성 관리자는 특히 직업 불안정성(즉, 해고에 대한 불안), 직장 내의 정치, 경쟁, 팀워크와 상호작용의 부족으로 초래되는 스트레스 요인들에 의해서 영향을 받는다는 것이 발견된 바 있다(Davidson과 Cooper, 1992).

관련 연구들은 교직에서 스트레스 경험은 성별에 따른 차이가 있으며 이들 중 하나는 직업 만족도와 관련되어 있다. 연구자들은 여교사들이 교실 환경과 학생들의 행동에 관련된 불만족을 남자 교사들보다 더 심하게 느끼는 반면 남자 교사들은 직업적 평가와 자신의 경력 관리와 개발, 참여, 요구에 대해 더 큰 불만족을 경험한다는 것을 보고했다(Kyriacou와 Sutcliffe, 1978; Laughlin, 1984). 직업 불만족의 최고 수준은 규모가 큰 종합학교 남자 교사들에 의해 보고되었다. 그러나 초등학교의 여성 교사들이 가장 낮은 직업 불만족도를 보고했다(Cox, et. al. 1978).

관련 자료는 높은 수준의 직업 만족도를 보고한 교사들이 역시 높은 수준의 직무 스트레스를 보고했다는 사실이 명백하고(Kyriacou, 1987), 따라서 직무 만족도가 높거나 사회적 지지를 많이 받는 여성이 가장 적게 스트레스를 느끼는 것이 아니라는 점은 유념할 만하다.

(러) 나 이

탈진에 관한 정서적 고갈 요인을 촉발하는 유력한 변인이 나이라는 것이며 교직 경력이 적

은 젊은 교사들이 나이든 장기 근속한 교사보다 유의미하게 높은 수준의 정서적 고갈(emotional exh넌ustion)이 나타났다는 자료도 있다(Anderson과 Iwanicki, 1984; Maslach와 Jackson, 1981; Russell et al., 1987).

Maslach와 Jackson(1981)은 나이 를 인간에게 서비스하는 직업 종사자와 비교했을 때 젊은 교사들이 개인적 성취에 대한 지각 향성이 유의미하게 저하되었다는 것을 또 Pierce와 Molly(1990)는 젊은 직장인들이 비인간화 점수가 유의미하게 높았다고 발표했다.

나이는 탈진의 세 가지 요소 중 감정적 피로와 관련해서 매우 현저하게 차별화하는 변수이다. 젊은 교사들이 나이 많은 동료들에 비해서 훨씬 더 높은 수준의 감정적 필요를 보이는데 반하여(Anderson and Iwanicki, 1984; Maslach and Jackson, 1981; Russell et al., 1987; Schwab et al. 1986), Byrne(1991a)는 이러한 현상이 단지 대학 교수들에게만 해당된다고 하였다. 탈진 증상의 다른 두 가지 측면에서는 일관적이지 못한 결과가 나왔다. Maslach와 Jackson(1981)는 젊은 종사자들에게서 훨씬 더 적은 개인적인 성취감에 대한 인식이 있다고 하였다. Byrne(1991a)는 초등학교와 대학의 교육자들에게서 동일한 결과를 보고하였다. 하지만, Maslach와 Jackson(1981), 그리고 Pierce와 Molloy(1990)가 젊은 연구대상자들에게서 매우 높은 수준의 비인격화 경향을 발견한데 반하여, Byrne(1991a)는 이 측면에서 별다른 차이점을 발견하지 못하였다. Anderson과 Iwanicki(1984), 그리고 Schwab와 Iwanicki(1982)는 이들 측면과 관련된 심각한 연령에 따른 차이를 발견하지 못하였다.

마지막으로, 이탈리아와 프랑스의 초·중·고등학교 교사들의 탈진과 관련된 문화적 차이의 흥미 있는 연구에서 Pedrabissi, Rolland, Santinello(1993)는 나이라는 것이 비인격화와 감정적 피로의 측면에서 매우 큰 영향을 끼치는 것으로 보여주었다. 30세가 되기 전에는 이탈리아와 프랑스 교사들의 비인격화 수준이 매우 차이가 나지만, 이러한 차이점은 나이가 들어갈수록 줄어들게 된다. 반면에, 근무경력의 초창기(가령 서른 살 이전)에 이들 두 문화 집단 사이의 감정적 피로 수준에서의 중요한 차이점은 별로 없지만, 이러한 차이점이 이후에는 두드러지게 된다(30세 이후).

나이 변인과 스트레스와의 관련성을 살펴보면 젊은 교사들(23~35세)이 일반적으로 36~45세와 45~65세의 교사들보다 스트레스를 덜 받고 더 만족한다는 것이 나타났다. 다소간 스트레스를 지속적으로 경험한 교사들의 대부분은 가장 나이가 많은 교사들이다. 교직에 가장 만족하지 못하는 교사들은 중간 연령층 집단들이다. 또 여교사들이 남자교사들 보다 스트레스를 덜 받고 교직에 만족한다. 그러나 사무직 근로자들의 경우는 이와 다르게 나타난다. 남자들이 여자들보다 더 직업에 만족하는 것으로 나타났다.

(머) 직무 스트레스에 대한 교사의 반응 유형

필자는 교사들이 자의 반, 타의 반 어떤 원인으로든지, 그 성질과 파급 효과가 어떻든지 간에 스트레스를 경험할 때 나타나는 반응 유형에 따라 그 영향은 차이가 있을 것으로 상정한다.

1. 직무 스트레스에 적극적(능동적) 또는 소극적(수동적)으로 반응하는 교사
2. 스트레스를 다스리거나 참으려는 교사
3. 스트레스를 피하거나 이용하려는 교사
4. 스트레스를 자초하는 교사, 취약한(무력한) 교사
5. 스트레스에 둔감한 교사
6. 적응유연성(resilience)이 우수하거나 낮은 교사
7. 성품 또는 인생관이 낙관적 · 긍정적이거나 비관적 또는 부정적 · 적대적인 교사 또는 장 의존적 · 장 독립적인 교사

또는 문제 제기자(문제 발견자), 문제 해결자로도 구분할 수도 있다. 예시한 이러한 반응유형과 스트레스 대처 양식 및 그 효과에 대한 검증은 이뤄진 바가 없다.

(버) 경력 연수(Years of Experiences)

탈진에 있어서 근무 연수는 중요한 변수인 것으로 보인다. 하지만, 연구 결과들은 매우 빈약하고, 일반적으로 이러한 개념을 별로 잘 증명하지 못하고 있다. 세계적으로 봐서, 844명의 몰타 초등학교 교사들에 관한 연구에서 Borg와 falzon(1989)은 20년 이상의 경력을 가진 교사들이 낮은 경력의 교사들에 비해서 더욱 높은 수준의 스트레스를 나타낸다는 것을 보여주었다. 하지만, 반대로 Malik, Mueller, Meinke(1991)는 166명의 미국 초중등학교 교사들의 예를 통해서 근무 연수가 직업적인 스트레스에서 별반 커다란 영향을 미치지 못한다는 것을 보여주었다. 더욱 구체적으로는 Anderson과 Iwanicki (1984)가 13~24년 범위의 근무기간을 가진 교사들이, 다른 교사들에 비해서 매우 더 낮은 수준의 개인적인 성취의식을 가진다는 것을 보여주었다. 정서적 피로와 비인격화의 측면에서는 별반 특별한 발견이 보고되지 않았다(Schwab와 Iwanicki, 1982a를 볼 것).

(서) 결혼/가정 상태(Marital/Family status)

결혼/가정 상태 변수와 관련된 연구들은 일관성을 보여주지 못하고 있다. 가령, Maslach와

Jackson(1986), Schwab와 Iwanicki(1982a)는 초등, 고등학교 교사들에게 있어서 결혼 상태가 별반 중요한 영향을 미치지 않지만, 가정 상태는 매우 중요한 영향을 미친다는 것을 보여주었다. 분석의 특정한 수준에서, Pierce와 Molloy(1991)는 초등학교와 고등학교 교사들이, 자녀가 없는 교사보다 자녀가 있는 교사들이 비인격화를 더 경험한다는 것을 보여주었다. 이것은 결혼해서 자녀를 길러 본 교사가 모성애로 표현되는 인간미가 더 높고 인간관계에서 남을 배려하는 심성인 감성지능(EQ)을 발휘하여 학생(아동)을 지도하고 교직 생활에 임하는 것으로 역할 수행이 기대되기 때문에 미혼 교사보다 기혼 교사가 인간미를 더 발휘하는 것으로 생각해온 고정관념, 상식과는 어긋난 결과이다. Russell 등(1987)은 결혼한 초등학교 남성 교사들이 여자 동료들이나 다른 모든 고등학교 교사들보다 더욱 높은 수준의 개인적 성취감을 느낀다는 것을 보여주었다.

(어) 학교 수준

초등학교 교사들보다 고등학교 교사들 사이에서 탈진이 더 심하게 나타난다는 확실한 증거가 현재로서는 제시되지 않았다(Anderson and Iwanicki, 1998; Beer and beer, 1992; Burke and Grenglass, 1989b; Feitler and Tokar, 1982; Schwab and Iwanicki, 1982a; Schwab et al., 1986). 게다가, 탈진의 특정한 측면에 대한 연구를 보면, 중등학교와 고등학교 교사들이 초등학교 교사들보다 높은 수준의 비인격화와 낮은 수준의 개인적 성취를 경험하고 있다(Anderson and Iwanicki, 1984; Russell et al., 1987). 도시의 고등학교 교사들이 수준 높은 스트레스를 경험하는 것으로 알려진 바 있다.

(저) 교육받는 학생의 유형

어떤 유형의 학생들이 교사들에게 높은 수준의 스트레스와 당혹감을 안겨준다고 생각하는 것은 합리적일 것이다. 전형적으로, 이들 학생들은 별도의 관심, 훈련, 그리고 특별한 보살핌을 필요로 한다(가령, 언어나 학습 장애). 교사 탈진의 일화적인 연구들을 보면, 학생들과의 직접 접촉의 정도가 강하기 때문에, 특수학교 교사들은 일반 교사들보다 더 탈진에 취약할 수 있다. 그렇지만, 연구 결과들은 일관성을 보여주지 못하고 있다. 가령, Beck과 Gargiulo (1983)와 Bensky, Shaw, Grouse, Bates, Dixon, 그리고 Beane (1980)은 일반 학생들을 상대하는 교사들이 학습 장애 학생들을 다루는 교사보다 더 높은 수준의 탈진을 경험한다는 것을 발견하였다. Olson과 Matuskey(1982)는 이들 두 집단의 교육자들 사이의 중대한 차이점을 발견하지 못하였다.

하지만, 최근의 초・중・고등학교 및 대학교 교육자들에 대한 연구에서, Byrne(1991b)은 학생들의 유형이 고등학교 교사에게는 감정적 피로, 그리고 고등학교, 대학교 교육자들에게는 개인적 성취감에 많은 영향을 끼친다는 것을 발견하였다. 특히, 직업학교 학생들을 다루는 교사보다는 정규 학업에 종사하는 학생들을 다루는 교사들이 더 높은 수준의 정서적인 피로를 느낀다고 밝혔다. 재미있는 것은, 비록 일반 학생을 다루는 고등학교 교사들이 평균적으로 다른 학생들을 다루는 교사들과 비교하여 감소된 개인적 성취감을 느끼기는 하지만, 그 차이점이 그렇게 큰 차이를 보여주지는 않는다는 것이다. 하지만, 대학교 수준에서, 학부 학생들을 가르치는 교수와 대학원 학생들을 가르치는 교수들 간의 차이는 매우 심하다. 대부분 학부 학생들을 다루는 교수들이 확실히 더욱 높은 수준의 개인적인 성취를 느낀다.

(처) 조직적 요인들

(1) 역할 갈등(role conflict)

개인이 동시에 둘 이상의 비일관적이며 갈등적인 역할 수행에 대한 기대를 느끼는 것. 두 개의 정당한 역할이 상반되는 (양립할 수 없는) 요구에 의해서 발생되었을 때 존재한다. 역할의 모호함(role ambiguity)은 교사 탈진의 중요한 결정인자인 것으로 규명되었다(Cunningham, 1982, 1983; Kyriacou, 1987; Kyriacou and Sutcliffe, 1977a). 다른 요인들로는 과중한 업무, 빈약한 교실 환경, 낮은 수준의 의사결정 권한, 그리고 상급자와 동료들의 지원 부족 등이 있다. 각 요인들에 관련된 실증적인 연구들은 다음과 같은 결과를 보여준다.

역할 갈등이란 한 쪽의 압력에 대응하는 것이 다른 쪽의 압력에 대응하는 것을 어렵게 하는 식의 두 개 혹은 그 이상의 압력이 동시에 일어나는 것을 의미한다(Kahn, Wolfe, Quin, Snoek, and Rosenthal, 1964). 교사들의 역할 갈등들의 공통적인 예들은 1) 수행할 업무량과 정해진 시간 안에서 현실적으로 가능한 일의 질, 2) 다양한 능력 수준을 지닌 학생들로 구성된 큰 규모의 학습 요구를 충족하는 것과 각 개별 학생들의 요구를 충족하는 것, 3) 학생들의 학습 문제를 해결하는 데 긍정적인 행동을 취하는 것과 학부모와 행정가들로부터의 부정적이거나 중립적인 입장에 대처하는 것 등이 있다.

경험적인 발견들에 따르면, 역할 갈등은 직무 스트레스를 유발하고 궁극적으로는 교사들 사이에 탈진을 유발하는 결정적인 요인이라고 한다(Bensky et al., 1980; Capel, 1992; Jackson et al., 1986; Pettegrew and Wlof, 1982; Proctor and Alexander, 1992; Tosi and Tosi, 1970; 하지만, 반대되는 발견으로는 Burke and Greenglass, 1993을 볼 것). 탈진의 다차원적인 측면을 탐구하는 연구들은 역할 갈등이 감정적 피로에 상당히 연관되어 있다는 것을 보여준다(Burke and Greenglass, 1995; Jackson et al., Pierce and Molloy, 1990; Starnman and Miller, 1992; Schwab and Iwanicki, 1982b).

역할 갈등은 일관성이 없고 상반되거나 또는 부적절한 요구가 주어졌을 때 발생한다. Sutton(1984)은 교사들이 경험하는 역할 갈등의 두 가지 공통된 원천을 구분, 지적했다. 교사들은 학생들에게 양질의 교육을 즉 수월성 실현을 위한 교육을 제공할 것으로 기대된다. 그러나 그들은 최상의 교육 방법이나 이용 가능한 교육과정 관련 교재나 교육 자료를 제공받지 못한다. **교사에게는 훈육(규율)을 유지할 책임이 있지만 그렇게 하기 위한 권한은 가지고 있지 않다.** 교사들은 전문적 일의 영역 밖의 업무를 하도록 지시 받았을 때 역할 갈등을 경험할 수 있다.

이 역할 갈등은 또한 교사의 가치관이 동료 교사나 학교장이나 교육청 관리의 가치관과 상충할 때 발생할 수 있다. 예컨대, 통합 교육 차원에서 특수한 욕구가 있는 아동들(children with special needs)을 정상아동만 모여 공부하는 일반 학급에서 통합 교육하도록 시설이나 관련 교육 자료 지원은 이뤄지지 않는 상태, 교사의 심성, 의지, 가치관과는 동떨어진 상태에서 아무 사전 연수나 준비가 없이 일방적인 행정 명령으로 조치가 이뤄졌을 때 교사들은 역할 갈등을 경험한다. 수업 진행 과정에서 한두 명의 특수 아동에게 주의를 기울여야 할지 또는 다수의 정상 아동에게 주의를 기울여야 할지 균형과 조화를 어떻게 마련하고 준비하며 대처해야 할지 곤혹스러워 한다.

서울대학교에서는 소수의 장애학생에게 입학허가를 했고 공부하는 데 최소제한환경을 마련하기 위해서 즉 접근할 수 있는 권리를 누리도록 억대의 경비를 투자해서 기존 시설을 개・보수했으나 연세대학교에서는 소수의 학생을 교육시키기 위해서 배려할 수 있는 준비가 미흡하다는 이유로 특수 학생 입학을 불허한 바 있다.

장애 학생의 통합교육 문제와 비슷하게 훈육문제를 일으키는 학생 지도 문제에 분노를 나타낸다. 즉 말썽꾸러기 지도에 관심과 노력이 필요하지만 이러한 배려가 건실하게 학교생활을 잘 하고 있는 다수의 정상적인 학생에 대한 지도와 관심을 앗아가게 되므로 교사들은 우선순위를 어디에 둘 것인지 고민하고 있다.

미국 Michigan의 200명의 교사를 대상으로 한 Sutton(1984)의 연구에서는 역할 갈등이 직무 불만과 두 번째로 높은 상관관계를 가지고 있음이 발견되었다. 열 세가지 스트레스 유발원인 중에 학생 훈육 문제만이 더 높은 상관관계를 보였다.

교사와 교장, 교감, 동료 교사, 장학사, 부모, 학생간의 가치관, 관점과 교육철학의 갈등, 책임과 권한의 모호성에 따른 갈등이 학교의 기능과 구조상 상존(常存)하고 있으나 감소시키기 위한, 해결을 위한, 갈등관리를 위한 노력・조치가 부족하고 둔감하게 반응하는 문제가 더 심각하다.

공문서(잡무) 처리에 많은 시간과 능력을 빼앗기게 되므로 교사본연의 임무인 교재 연구나 수업 준비를 위해 필요한 노력을 하지 못하는 역할 갈등이 발생된다.

역할 과중은 학교에서 일하는 교사들이 호소하는 가장 공통적인 불만중의 하나이다. 교사 한 사람이 담당, 처리해야 하는 업무가 많아 1인 3역의 역할을 수행해야 되는데다가 학교 규모에 관계없이 해야 하는 업무는 큰 학교/작은 학교를 구분하지 않고 대동소이하기 때문에 일손이 많은 큰 학교는 나눠 할 수 있지만 소규모 학교에서는 그 많은 과중한 업무를 몇몇 사람이 다 해내야 하기 때문에 업무(잡무)에 치여 수업 지도와 연구를 소홀히 하게 된다.

(2) 역할의 모호함

역할 모호성은 권리, 책임, 임무, 의무에 관한 명확하고 일관적인 정보 자료와 지원의 부재, 불충분한 것. 당사자에게 기대하는 역할 수행이 무엇인지, 어떤 역할 수행을 기대하는지 명확하지 않을 때 발생된다. 이 역할 모호성은 모호한 조직의 목표, 역할 정의, 임무 수행에 관한 기대와 관련이 있다. 즉 역할을 효과적으로 수행하려면 무엇을 어떻게 해야 하는지가 불명확한 것과 관련이 있다. 이것은 임무의 완수 경험과 결말을 경험할 기회가 없는 것으로부터 한 사람의 일이 즉각적이거나 직접적인 결과를 가져오지 못하는 것으로부터 발생한다. 이 역할 모호성은 성공 경험이 일정하지 않고 변칙적으로 보일 경우에 발생할 수 있다. 역할의 모호함은 노동자의 책임, 권리, 목표, 지위, 혹은 의무와 관련된 명확성의 결여와 관련이 있다. 다른 요인으로는 임무와 기술의 복잡함의 증대와 계속되는 급격한 조직의 변화가 있다(Farber, 1991a). 직무 스트레스에 가장 큰 영향을 미치는 것으로 영국의 경우 교사들이 자주 언급하는 것은 1) 학생의 행동에 관한 명확하지 않고 일관되지 못한 정책, 2) 변화하는 정부의 요구에 따른 커리큘럼과 교육적인 접근의 재구성 요구, 3) 학생, 학부모, 행정가, 그리고 일반 대중들에 의해서 낮게 평가된다는 인식 등이다(Blase and Matthews, 1984; Cedoline, 1982; Farber, 1991a; Ginsberg and Bennett, 1981; Holdaway, 1978; Iwanicki, 1983; Kyriacou and Stucliffe, 1977a; McLaughin et al., 1986).

Schwab와 Iwanicki(1982b)가 역할의 모호함이 역할 갈등보다는 강하지 않을 것이라고 하였지만, 일반적으로 이것은 탈진의 중요한 요인의 하나로 보고된다(Bacharach, Bauer, and Conley, 1986; Bensky et al., 1980; Pettehrew and Wolf, 1982; Schwab and Iwznicki, 1982b; Tosi and Tosi, 1970). 하지만, 다차원 수준에서의 경험적인 연구들은 일치하지 않는다. 비록 역할의 모호성이 개인의 성취 감소에 대한 중요한 예언지표라는 점에서는 일관되지만(Pierce and Molloy, 1990; Schwab and Iwanicki 1982b; Starnaman and Miller, 1992), 다른 두 측면에 대한 예견에서는 상당히 복합적이다. 두 개의 연구(Bruke and Greenglass, 1995; Schwab and Iwanicki, 1982b)에서 역할의 모호성이 감정적인 피로의 중요한 예언지표라는 것이 밝혀지기는 했지만, Pierce와 Molloy(1990)는 또한 이것이 비인격화의 중요한 예언지표라고 하였다. 결국, Friesen과 Sarros(1989)는 이러한 예언이 중요하지 않은 것이라고 결론 내렸다.

(3) 업무 과다(work overload)

업무 과다는 양적인 요인과 질적인 요인으로 구성된다(Cooper and Marshall, 1987a; French and Caplan, 1972). 양적인 과다는 너무나 많은 요구와 너무나 적은 시간으로 수행을 효과적으로 해내는 것을 불가능하게 되는 것이다. 질적인 과다는 일의 복잡함이나 만족스럽게 완수하기에는 너무나 어려운 일을 일컫는다. 교사들은 지속적으로 과다 업무가 주요한 스트레스 요인이라고 호소했다. 중요한 요인에는 과다한 서류작업, 이질적인 학습능력을 지닌 학생들로 이루어진 지나치게 큰 학급, 지도, 시간 제한의 부과, 그리고 특정 기술 영역 이외의 것을 가르쳐야 하는 필요 등이 있다. 이들 업무 과다에 대한 경험적인 검증으로부터 이들이 일반적으로 탈진과 교사들의 스트레스에 그리고 구체적으로는 감정적인 피로에 영향을 미쳤다는 결과가 나왔다는 것을 관련 선행 연구가 밝혀주고 있다.

근무 부담은 스트레스의 또 다른 원천이다. 일반적으로 스트레스는 과다업무와 관련성이 있는데 이것은 시간이 허용하는 것 이상의 어려운 작업을 해야 한다고 인식하는 것이다. 과다 업무에는 질적인 차원과 양적인 차원이 있다. 양적인 과다업무는 수행해야 할 일의 양과 페이스를 말한다. 질적인 과다 업무는 수행해야만 할 업무의 어려움과 특징을 말한다. 시간제약과 업무 부담과 수행에 대한 기대가 겹쳐질 때 잠재적인 스트레스 요인이 된다.

학교장, 교감, 장학관(사)이나 동료 교사와의 관계에서 스트레스나 탈진이 발생한다. 장학 중심이 아니라 관리중심의 지도력을 발휘하는 경우 상급자(학교장)의 의견, 판단, 지시만이 최선이라는 독선이 교사들에게 심각한 스트레스를 유발한다.

교사의 직무 스트레스와 역할 모호성, 역할 갈등(role conflict)과 역할 과중간의 유관성을 종합적으로 고찰 · 소개하면 Farber(1991, 68-71)는 다음과 같은 세 가지 문제들이 교사의 직무 스트레스와 탈진 유발에 가장 크게 일조한다고 했다. 즉 불충분한 급여, 교직과 교사에 대한 존경과 감사 부족, 그리고 아마도 가장 중요한 것은 능력에 대한 자신감 부족 예컨대 교사로서 자신의 위상(신분)이 보잘 것 없다는 느낌. 이런 느낌, 지각향성, 정서의 충격으로 교사 자신들이 직무에서의 효능성, 자존심이 저하되고 사기와 의욕이 상실된다.

여기에서 예시된 조건들 이외에 영국에서는 여러 연구자들이 제안했지만 우리나라에서는 교육 관계자들에게서 무시되고 있는 직무 스트레스 유발요인으로 유력하게 중시되어야 할 것이 교육개혁으로 인한 교사의 충격과 반감을 필자는 추가한다.

역할 모호성, 역할 갈등, 역할 과중 문제가 교사의 직무 스트레스와 탈진을 경험하게 하는 유력한 요인이라는 것을 여러 연구자들(Farber, 1991, 68-71; 김정휘, 1991; 김정휘, 서대식, 1992)이 제안하고 있다.

역할 모호성은 직장인으로서의 권리, 책임, 업무 수행 방법, 목표, 지위 또는 책무성과 관련

〈그림 2-16〉 역할 갈등의 전형적인 예. 어떤 요청에 따라야 하는지 선택 · 결정이 고민스럽다.

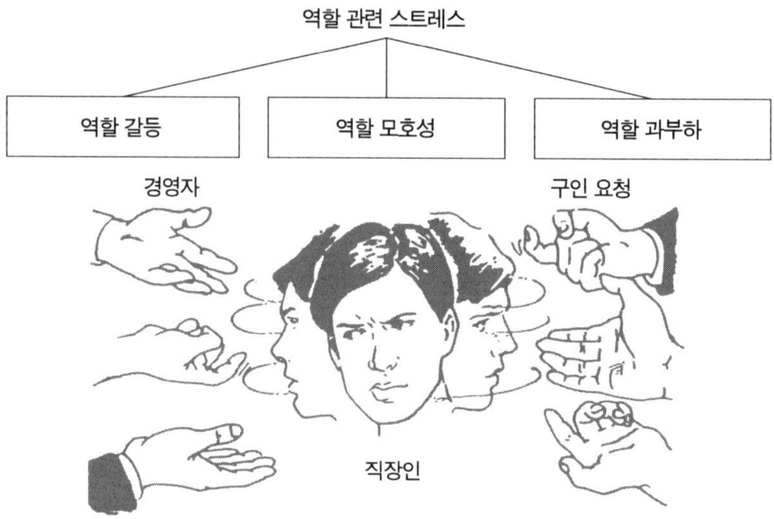

된 역할의 명료성의 부족과 관련된 요건이다. 비록 어떤 점에서는 교사의 직무는 아주 명백하게 규정되고 있지만(예: 학생을 잘 가르쳐라, 학교 경영 평가에서 좋은 평가를 받아야 한다) 다른 측면에서는 모호성과 학생, 동료 교사, 학교장, 교육청 관리, 학부모와 의견 대립이 만연되어 있다.

많은 교사들이 나 자신이 유능하고 성공적이라고 생각할 수 있으려면 얼마나 많은 학생들을 상대로 얼마나 많은 성취를 해야 하는가, 학교 당국에서는 무엇을 어떻게 지원해 줄 것인가라고 자문한다. 그리고 부모들은 자녀교육을 학교에 위임하고도 관심이 없거나 또는 관심이 지나쳐도, 반 아동들을 훈육하는 것이 교사의 책무성에 관련된 업무가 아닌가. 학생들에게 지적 영양분을 제공하고 가치관을 주입하는 것이 교사의 직무의 본질이 아닌가. 내가 문서나 처리하는 사무직원인가 가르치는 것을 본분으로 하는 교사인가 나 자신이 헷갈린다. 교육당국은 교사의 권한, 권리를 강화시켜서 교육력을 제고하고 추락한 교사의 권위를 회복시키는 노력은 왜 안 하는가. 이러한 질문에 답변하는 것은 사려 깊은 사람들에게는 쉽지가 않다.

(4) 교실 분위기(classroom climate)

교실 분위기(가령 환경)은 교사들이 교육을 대하는 태도에 커다란 영향을 끼친다(Cross, 1987; Holdway, 1978). 그래서, 이러한 분위기의 손상이 직업 스트레스를 가져온다는 것이 놀라운 것은 아니다. 특히, 학생들의 규율 문제, 학생들의 무관심, 낮은 성취, 그리고 학생들에 의한 언어적 · 육체적인 모욕 등이 교사 스트레스의 주요 요인이다(Blase, 1986; Blase and Pajak, 1985; Bloch, 1977; Borg, 1990; Cedoline, 1982; Evers, 1987; Farber and Miller, 1981;

Ginsberg and Bennett, 1981; Greenberg, 1984; Hiebert, 1985; Holland, 1982; Ianni and Geuss-Ianni, 1983; Iwanicki, 1983; Kyriacou, 1987; Lortie, 1985; Litt and Turk, 1985; Phillips and Lee, 1980; Cakharov and Farber, 1983; Weiskopf, 1980). 관련된 경험적인 발견들은 학생들의 규율과 태도, 그리고 모욕이 교사 탈진에 있어서의 중요한 상관계수라고 밝혔다(Backarach et al., 1986; Borg et al, 1991; Cichon and Koff, 1980; Holdaway, 1978; Olson and Matuskey, 1982; Punch and Tuettemann, 1990).

탈선과 탈진 구조 모두를 해체하였던 보다 특정한 시각에서 볼 수도 있는데, Hoerr와 West(1992)는 "공통적인" 탈선(경고는 없지만, 또한 영원히 없어져 버리지는 않을 예견가능하고, 반복적인 행위)가 탈진의 감정적인 측면과 비인격화 측면에 가장 관련이 있다고 한다. "위기시의" 탈선은 비인격화에만 관련을 맺고 있다.

문헌 연구를 통해서 보면, 전세계적으로 학생들의 탈선이 교사의 직무 스트레스의 주요한 원인이 된다. 1,024명의 나이지리아 교사와(Okebukola and Jegede, 1989) 710명의 몰타 교사(Borg et al., 1991)(그리고 두 개의 국가연구-하나는 북아일랜드[*the Rodgers Report* (NI), McGrath, Houghton, and Reid, 1989에서 인용])에 관한 최근의 연구는 불량한 학생들의 태도와 행위가 교사들의 주요 스트레스 요인들 중에서 수위를 차지하고 있다. 이처럼, 5,000명 이상의 미국과 캐나다 교사들에 대한 연구는 교사들 중의 63%가 학생들의 규율 문제가 업무 환경 중에서 가장 스트레스를 주는 요인이라고 하였다 한다(Kuzsman and Schnall, 1987). 실제로, 이러한 대규모의 발견은 Borg와 Riding(1991a, 몰타), Brenner, Sorbom, and Wallius(1985, 스웨덴), Fletcher와 Payne(1982, 영국), Laughlin(1984, 오스트레일리아), Makinen과 Kinnunen(1986, 핀란드), Payne과 Furngam(1987, 바르브도스), Phillips와 Lee(1980, 미국)와 함께 학생들의 규율의 문제가 전세계적으로 교사들의 정신건강과 근무조건, 복지에 해로운 영향을 주는 첫째 문제라는 것을 명확히 밝혀준다.

마지막으로, 545명의 몰타 고등학교 교사들에 관한 연구에 기반해서, Borg와 Riding (1991a)은, 학생들의 탈선의 결과로 이루어진 졸렬한 교실 분위기가 나이든 교사들보다는 젊은 교사들에게 더 많은 스트레스를 준다고 하였다. 또한, 444명의 바르바디아의 고등학교 교사들에 관한 연구에서, Payne과 Furnham(1987)은 열악한 교실 환경이 남자보다는 여자 교사들에게 더 많은 영향을 준다는 것을 밝혔다(O'Conner and Clarke, 1990, 일반적으로 오스트레일리아 교사들에 대하여).

(5) 의사결정(decision making)

교사들에게 스트레스를 주는 또다른 중요한 요인은 자신들의 업무의 질에 직접적인 영향을 주는 의사결정 참여의 결여이다(Bacharach et al., 1986; Blase and Matthews, 1984;

Cedoline, 1982; Evers, 1987; Farber, 1991a; Ginsberg and Bennett, 1981; Iwanicki, 1983; Portie, 1975; McLaughlin et al., 1986; Matale, 1993; Phillips and Lee, 1980; Ricken, 1980). 조직의 의사결정 과정에 참여한다는 것은 고용인들의 사기, 동기, 열의, 자기신조, 그리고 전반적인 직업의 만족도를 유지하는 중요한 요인이 되고 있다(French and Caplan, 1972). 그리고 역할 갈등과 모호성을 줄이는데도 중요한 요인이 된다(Maslach and Jackson, 1984). 일반적으로 교사들이 그들과 직접적으로 관련된(가령, 정책변화, 실행규칙, 커리큘럼 변화, 학생들의 규율과 관련된 문제) 문제들에 대한 의사결정에서 최소한의 참여만이 허용된다는 것은, 그들의 사기, 직업 만족도, 통제의 정도, 그리고 자기 신조 등의 저하를 의미한다(Cedoline, 1982; Farber, 1991a; Ginsberg and Bennett, 1981; MaGarth et al., 1989; McLaughlin et al., 1986). 시간이 경과함에 따라 이러한 효과는 축적되어서 직무 스트레스가 되며, 결국은 탈진에 이르게 된다.

(6) 사회적인 지원(social support)

교사 탈진에 관한 연구는 행정가들의 지원의 결여를 자주 지적하였다(Blase and Matthews, 1984; Dworkin, 1987; Evers, 1987; Farber, 1991a; Farber and Miller, 1981; Greenberg, 1984; Iwanicki, 1983; Kyzsman and Schnall, 1987; McLughlin et al., 1986; Matale, 1993; Phillips and Lee, 1980; Ricken, 1980; Sakharov and Farber, 1983). 하지만, 현재까지의 발견들에서 확정적인 것은 없다. 몇몇 경험적인 증거들이 관리 지원과 교사들의 탈진에 관한 매우 긍정적인 연관성을 입증하였지만(Bacharach et al., 1986; Litt and Turk, 1985; Sarros and Sarros, 1992), Burke와 Greenglass(1993)는 중요한 관련성이 없다고 하였다. 하지만, 관리 지원의 측면을 넘어서, 동료들의 지원은 직무의 스트레스를 감소시키는데 유용하다는 상당한 증거가 제시되었다(가령, Cunningham, 1982, 1983; Farber and Miller, 1981; Maslach and Jackson, 1984). 그럼에도, 최소한 하나의 연구(Cecil and Forman, 1990)에서 동료 근무자들의 지원이 교사들의 스트레스 감소를 위한 접근법으로는 효과적이지 않다는 것이 제시되었다

전반적으로, 사회적인 지원에 대한 발견들에 대한 설명은 이론적으로나 수치상으로서의 합리성을 지니고 있다. 이론적으로, 이들 발견들에서는 사회적인 지원은, 다양한 근무와 관련된 사회적인 지원의 측면들이 각기 다르게 교사들의 탈진에 영향을 준다는 다차원적인 개념이라는 것이 제시되었다(Brenner et al., 1985). 확실히, 보다 많은 개념 타당성의 검증이 필요하며, 이것은 이 개념의 이론적인 구조 이해를 위해서 더욱 필요하다(Thoits, 1982). 수치상으로는, 문헌상의 많은 혼란들이 개별 연구 계획에 주어진 다른 함수들로부터 발견된다. 가령, 어떠한 연구자는 사회적인 지원을 스트레스와 탈진의 예견에 있어서의 독립 변수로 취급한 반면에, 다른 연구자는 이것을 매개변수로 사용하였다(Brenner et al., 1985).

(커) 교육 개혁으로 인한 스트레스

세계의 많은 나라들이 특히 선진국들이 앞다퉈서 교육개혁을 시도하고 있다. 우리나라도 새 정부가 들어설 때마다 여러 가지 당위성, 필요성, 명분을 제시하면서 의욕을 갖고 교육 개혁을 시도해 왔다.

기존의 교육 체제와 관행을 바꾸고 변화된 새로운 모습으로 교육 체제를 운영해 보고자 시도하는 교육개혁 운동이 초·중·고교의 현장 교사들에게 엄청난 직무 스트레스와 탈진을 경험하게도 하지만 또 한편으로 체질적으로 보수적, 현상 유지 지향적인 교사들에게서 냉소적·소극적 대응을 유발하기도 하는데 그 이유는 기존의 관행과 전통을 고수하고자 하는 학교 조직이나 교사 의식의 보수적인 태생적 특성 때문에 야기되는 현상으로 보인다.

학교 조직 또는 교육의 양태는 시대·사회적 변화에 비교적 덜 신속하게(느리게) 대응하는 한편 구조적으로 학교 조직은 조직 일반이 갖고 있는 공통된 속성을 공유하고 있으면서도 다른 조직 유형과 구별되는 학교 조직 자체만의 특성을 가지고 있다(송병은 외 역, 1970, 40). 즉 학교 조직은 교육을 독점한 기업체와 같으나 체제유지와 존속은 자생적인 노력과 경쟁에 의하지 않고 외부기관 즉 국가나 지방자체 행정기관으로부터 전적인 지원을 받아 이루어지기 때문에 경쟁이 필요 없다. 그 결과 학교는 조직의 생존 여부가 성취에 의존하지 않기 때문에 외생적 변화에 대한 관심과 욕구가 제한되어 있다. 그리고 학교의 효율성이 사실상 도전 받지 않기 때문에 학교의 생산성의 질과 효율성을 측정하기 위한 기준이 거의 발달되지 않고 있다.

그 외에 교사들은 개혁 지향적이라기 보다 보수주의 성향이 강해 목적형 교육기관의 장점인 동시에 단점이기도 한 온상조직(domestic organization)의 문화 속에서 교사 스스로 변화에 대응, 도전하기보다 안주하는 경향이 강하다.

교육 개혁이 시도하는 변화는 새로운 역할과 업무수행에 관한 기대를 가져올 수 있으며 이것은 개인이 수행할 것으로 기대되는 다른 역할이나 직무와 충돌을 가져올 수 있다. 또한 변화는 학교 조직의 목표, 조직 내에서 개인의 역할과 업무의 성질과 종류, 새로운 역할을 수행하는 데 있어서 요구되는 지식과 기술에 관한 불확실성과 모호감이 발생될 수 있다.

변화는 무능력하다는 느낌을 만들어 낼 수 있다. 가령, 업무에서의 역할 변화에서 변화는 교사 개인의 지식, 기술, 경험, 반응 양식의 충당성(appropriateness)과 적합함에 대한 확신에 대한 도전이 될 수 있다. 교육개혁이 초래하는 변화는 교사들이 변화하는 기술과 업무수행의 기준을 따라잡기 위한 질적, 양적인 업무 과다로 연결될 수가 있다. 또 변화는 개인이 자신의 근무 환경에 영향을 줄 수 있는 분별력과 자신감, 자아 효능감(예전의 업무 수행 방식이 더 이상 필요치 않은)을 위협할 수 있다.

교육개혁은 조직 내에서의 개인의(위계) 질서와 의미를 만들어주는 신념, 가치, 애착, 가정들에 도전하면서 스트레스와 탈진을 초래할 수 있다. 변화는 과거의 관행, 질서에 대한 인지적이고 정서적인 도전, 기득권이나 역할, 지위의 상실, 재정의를 동반한다. 교육개혁은 옛날 것은 잊어버리고 새로운 관행을 배워야 하고 새로운 코드에 맞춰서 일을 처리해야 한다는 것을 의미한다.

교육개혁이 초래하는 심각한 충격은 교사들이 그동안 개발, 축적한 경험과 능력, 기술이 계속 쓸모 있는지 여부에 대한 의문과 정체성 상실・혼동으로 나타난다.

변화는 기존의 관행을 배격하는 기초에서 출발하므로 새로운 요구를 만들어 내고 역할 과다와 역할 갈등을 초래한다. NAIES로 인한 교육계의 갈등이 이 점을 반증한다.

Dunham(1992)은 1988년에 영국 교육개혁법 연구(Study of the United Kingdom's Educational Reform Act of 1988)에서 교육 개혁이 교사 개인의 자율권과 자기 결정권(individual teacher autonomy and self-determinism)을 위협하고 전국적으로 표준화된 교육과정과 평가 시스템을 개발, 시행한 것이 교사들 사이에서 무기력한 느낌(sense of powerlessness)을 유발했음을 발견했다고 보고했다. 동시에 역할 갈등과 업무과다를 초래하였다는 것이다. 부적합한 준비와 지원 속에서 교육개혁이 급진적으로 강행되는데 따른 불만이 심각하다는 점도 지적했다. 영국의 경우 변화 속에 잠재된 문제점으로 ① 교사가 오랜 교직경험에 의해 경험적으로 중요하다고 생각하는 것에서부터 표준화된 평가가 측정하는 것으로 교육력의 중심이 이동하는 것 ② 이러한 표준적인 교육 측정과 평가는 교사들의 전문적인 판단을 학생의 수학능력상의 발달 추이를 행정적인 측정으로 대체하게 됨으로서 ③ 교육의 자율성과 교사의 전문성의 감소가 나타나는 것이 지적되기도 한다. 따라서 교사 자신의 교수－학습 업무가 단순작업(deskilled)으로 추락하게 되었다는 것이다.

국민의 정부 출범 이후 교육부는 교원사회의 기본틀을 연공서열식 수직문화에서 수평식 능력주의 문화로 바꾸는 데 초점을 맞추고 새 교육 문화를 정착시키겠다고 시도한 교육 개혁이 그 추진 과정에서 얼마나 충격적인 교육 흔들기, 교육 위기의 원인을 제공하고 후유증이 현재까지 지속되고 있음을 볼 때 어설픈 교육 개혁의 폐단과 그에 따른 교사의 직무 스트레스와 탈진이 그 어느 때보다 심각한 상태에 있다는 것은 잘 알려져 있다.

교육 개혁 효과와 관련해서 스트레스가 발생되는 것은 개혁 자체의 특성과 개혁을 겪는 교사 개인의 성향, 자질에 달려 있다.

교육 개혁이 교사의 스트레스나 탈진을 제공하거나 가중시키는 원인이 되기도 하지만 또 한편으로는 스트레스나 탈진을 감소시키는 효과도 있을 수 있는데 후자에 관한 연구와 해법이 부족하다.

학생과 교사를 연구・실험 대상으로 검증되지 않은 어설픈 교육이론과 방법－주로 외국의 문화이식적인 방안－을 도입, 적용하(려)는 무모한 시도에 대해서 현장 교사들은 반발하고 있다.

교육개혁의 명분 하에 교육 효과가 검증되지 않은 이상론을 교육 현장 경험이 불충분한, 교육 현실에 둔감한 관변학자들이 교육 개혁 이론과 방법만이 최선이라는 명제 하에, 과거지사는 모두 잘못되어 있으므로 시정·개선해야 한다는 전제 하에서 교육권력으로 급격하게 밀어부치는 문제점이 있고 시행착오나 오류에 대해선 교육 관료들이 책임을 지지 않는 문제점이 있다.

기존의 문제점이 산적한 가운데 교육개혁·변화를 시도한다는(~해야 한다는) 명제 하에 또 다른 새로운 문제를 유발하게 되어 교사에게 역할 갈등, 역할 모호성, 역할 과중으로 인한 직무 스트레스를 가중시킨다.

(터) 학교장(관리자)과의 관계에서 발생하는 스트레스: 마찰형 인간성

학교에서 교사가 학교장이나 교감과의 관계에서 발생하는 스트레스와 조직 구조나 학교 자체의 분위기와 관련된 스트레스 사이에 상당히 많은 부분이 중첩되어 있다. 그러나 여기에서는 교사의 직무 스트레스와 매우 중요하게 관련되어 있는 관리자의 개인적 성격과 관련된 교사의 직무 스트레스에 관해서 분석적 설명을 하고자 한다. 교육 행정 영역에서 학교장의 지도성 유형에 관한 다수의 연구가 이루어지고 있는 것으로 아는데 그 지도성 유형의 근원(성격·학습·타고난 기질·가치관과의 유관성)과 효과(순기능·역기능 관계) 및 처방적 방안을 행동과학적으로 연구한 자료는 부족한 것 같다.

학교 행정의 관리자인 학교장이 교사에 의해서 스트레스를 받을 수도 있지만 이들이 교사들에게 스트레스를 유발할 수도 있는데 그 정도나 수준으로 볼 때 후자가 더 심각한 문제가 되고 있다.

관련 연구 결과에 의하면 학교의 업무 환경 속에서 특정 개인(상급자)이 타인(하급자)에게 부당한 스트레스를 초래할 수 있고 그 이유는 그들이 사회적 상호 작용 속에서 인간 관계에 의한 감정과 감수성을 인식하지 않기 때문에 나타난다는 것이다(Sutherland와 Cooper, 1991). Levinson(1978)은 이런 유형의 인간을 설명하기 위해 마찰형 인간(abrasive personality), 고약한 상사, 골치 아픈 상사라는 호칭을 사용했다. 이러한 유형의 인간은 대체로 성취지향적이고, 지적이며, 추진력이 강한 반면 감성지능(EQ)이나 감성적 상황과 관련될 경우 매우 비효율적이다. 만약 어떤 관리자(교장)가 이런 유형의 성격 소유자라면 그 부하들에게 스트레스가 생길 수 있다는 사실이 제안되었다. 예컨대, 위에서 예시한 성격유형의 인물이 교장이라면 그가 완벽주의자이고 자기중심적이라면 그는 교직원들이 자신을 부적당하고 느끼게 만들고, 그들 사이에 분쟁을 조장할 가능성이 있다.

관련된 사례의 또 다른 특징은 지도력의 형식에 대한 것으로서 이것은 어떤 종류의 직업에

서든 피고용인의 직무 스트레스에 잠재적인 근원이 될 수 있다. 권위주의적 형식의 지도자를 만났을 때 나타나는 효과는 일찍이 Lewin 등(1939)에 의해 잘 기록된 바 있다. 예컨대, 학교장이 자신의 결정 또는 성과에 대한 재투입을 장려하거나 참여하는데 시간을 할애하지 않고 훌륭한 업무 실적에 대해 포상하지 않는다면, 학교장과 교사들의 관계는 위험에 빠지게 된다. 이런 유형의 지도력 형식에 대한 반응은 수동적이고 억압적인 것(예: 혈압 수치가 상승하는 결과를 초래하는 것) 또는 분노와 대립의 외향적 표출(예: 공격성)까지 다양하다. 이것은 같은 학교에 소속된 모든 교사들에게 스트레스, 즉 경험하는 상황을 만들어 낼 수 있다.

필자는 학교장(행정가)의 성격 유형과 업무추진 방식(예: 과업 중심적 지도력 대 지위 지향적 지도력, 변환적 지도력)이 교사의 직무 스트레스나 탈진 발생원인에 있어서 과업 수행능력보다 더 강력한 위력과 영향력을 발휘한다고 생각한다.

(퍼) 맞벌이 가정(dual－career couples)

교사에게 압력을 가중시킬 수 있는 가정생활의 또 다른 측면은 맞벌이 부부의 경우이다. 맞벌이 가정이 부닥치는 중요하고 심각한 문제들 중의 하나는 그들에 대한 사회적 태도의 문제이다. 맞벌이 가정이라는 용어는 사회학자인 Rhona와 Rapoport(1971)에 의해서 처음 사용되기 시작했는데 이들은 가정의 두 주도자가 모두 직장 생활을 하면서 동시에 가족관계를 유지하는 가정을 묘사했다. 이 맞벌이 가정의 구성원들이 경험하는 스트레스 유발요인들의 일부가 Lewis와 Cooper(1989)에 의해서 다음과 같이 기술한 바 있다.

1. 갈등－남성과 여성(부부)의 전통적인 역할에 대한 기대에 의해서 발생한다.
2. 과부하－부부가 가정과 직무상의 요구를 어떻게 감당할 수 있는가?
3. 역할 순환의 어려움(role cycling dilemma)－그들은 어떻게 중요한 행사의 일정(예: 업무 변화)을 조정하여 배우자 모두가 동시에 과부하를 느끼지 않도록 할 것인가.
4. 어려운 문제들간의 관계－맞벌이 부부는 보통 대등한 관계에 대한 역할 모형을 찾을 수 없고 그래서 그들 자신과 친구, 부모들의 전통적인 기대에서 벗어나는데 어려움을 느낄 수 있다.
5. 양성 평등의 딜레마－비록 맞벌이 부부가 평등에 대한 감각을 유지하고자 시도하겠지만 예를 들어 한 배우자의 업무가 재배치되어야 하는 것 등의 상황이 발생할 때 문제가 발생할 수 있다(자녀 양육, 가사 분담, 경제적 소득에 대한 관리).

맞벌이 부부가 경험하는 스트레스는 교사의 직무 스트레스 현상의 한 특징으로 고려되어야 한다. 그러나 이에 대한 연구와 대책은 전무하다.

(허) 관리자들이 경험하는 직무 스를레스[19)]

Cooper와 Melhuisn(1980)는 교육계의 관리직 행정가(교장)들이 심장 발작을 일으키게 만드는 일련의 특징들을 식별했다.

1. 자신들의 업무가 끊임없이 시간 압박 속에 있다는 믿음과 함께 경쟁적이고 공격적이며 참을성이 부족하고 조급한 성격 특성(예컨대, A형 행동 특징).
2. 최근에 발생한 업무상의 변화로 시간과 성과를 엄청나게 요구하는 것.
3. 사회적 지원도 부족하고 사무적인 조직 분위기 속에서 이루어지는 업무상의 일.
4. 교장의 개인적인 가치가 조직적 가치와 상충되는 상황의 당사자가 되거나 개입해야 할 입장.
5. 보신주의의 유지를 위협하는 충격적이거나 돌발적인 사건의 발생

영국의 학교장들은 학교에서 경험하는 스트레스로 인해 정신－신체적으로 파멸해가고 있다고 알려진 바 있다. 즉 수 백 명의 학교장들이 신경 쇠약으로 고통받고 있으며 교육계 내·외에서 제기되는 변화(예: 교육개혁)에 대응하기 위해서 술과 담배, 약물에 의존하고 있다고 알려졌다(The Daily Express, 1991. 4. 21). Cooper와 Kelly(1993)에 의해서 수행된 연구에 의하면 영국 전역에 걸쳐서 초등과 중학교 교장을 비롯한 또 고등 교육기관의 이사들을 포함한 2,638명을 대상으로 직무 스트레스를 평가했다. 개인적·직업적 인구 분포, 직무 스트레스의 근원, 정신건강, 직무 만족도, 대응 전략에 대한 자료들이 수집되었다.

이들 자료들을 사회과학 통계분석 패키지(SPSS)를 이용한 일원 변량법, 이원 변량법, 중다 변량법을 통해 분석되었다. 이들은 고등 교육 기관에서 초·중등 교육기관 수준으로 이동할수록 직무 불만족과 정신건강상의 문제가 커지는 것을 발견했다. 이에 덧붙여 초등학교를 제외하고 중등 및 고등학교 여성 교장들이 비록 그것이 필연적으로 정신건강상의 문제로 발전하지는 않더라도 남성 교장들에 비해 상당히 심한 직무 불만에 시달리는 것이 발견되었다. 반면 남성 교장들은 여성 교장들보다 정신건강이 더 안 좋은 것처럼 보였다. 이들은 직무 스트레스의 두 가지 근원이면서 직무 불만족과 정신건강 악화의 중요한 예언 지표가 되는 요건이 업무량 과다와 교직원과의 인간관계라고 결론을 내렸다. 우리나라에서 관리직 즉, 학교장과 교감이 경험하는 직무 스트레스 관련 연구는 부족한 것 같다.

(고) 연령과 교직경험(경력)은 직무 스트레스에 대한 교사의 반응을 조절할 수 있는 중요한

19) 중간 관리자인 교감이 경험하는 직무 스트레스 실상을 소개한 부록 1 참조.

변인이다.

미국의 경우, 교직에 진출할 지 5년 내외의 새내기 젊은 교사들의 다수가 이직하며 고령의 교사들에게는 교육 과정 개정에 따른 교수–학습 지도가 큰 스트레스로 작용한다(Travers와 Cooper, 1996, 63). 그 외에 고령의 교사들은 PC 등에 의한 교무 업무 처리에 익숙지 않아 경험하는 기술 스트레스(techno-stress)가 심각한 상태이다.

연령과 교직 경험연령과 교직 경험은 교직에서 스트레스 정도와 수준, 내용과 연계되어 있으며 새내기 교사들은 이 점에서 직무 스트레스가 가장 심하다고 해석할 수 있다. 그 이유는 교직 경험이 짧고 아직 학교 업무에 숙련되게 대처하는데 요구되는 지식과 업무 처리 요령에 미숙하고 부족한 점이 많기 때문일 것이다(Travers와 Cooper, 63).

젊은 교사들에게는 학생이, 중년기 교사들은 경력 개발과 관리가, 중년기를 지난 장년기 교사들은 실제 수업지도 자체가 걱정거리로 등장한다. 관련 문헌들은 중년 교사들은 정체성과 관련된 삶의 위기(crisis in life)와 관련하여 신체적, 정신적 노화와 연결된 두려움, 불안을 경험하는 시기가 중년기의 특징인데 이러한 중년기 발달 양태가 누적된 스트레스나 탈진과 복합되는 경우 당사자로서는 감당하기가 매우 힘들고 곤혹스럽다. 숙련되고 경험이 풍부한 교사들도 그들이 과거에 개발, 축적된 대응 기술이 교육 개혁 후에는 대부분 쓸모 없게 되었음을 깨달았을 때 충격과 고통을 받을 수가 있다(Dunham, 1984).

(노) 자아 효능감에 대한 평가도 교사에게 심한 스트레스를 받게 한다.

조직 행동은 상・벌 기제에 의해서 운영, 관리되는 것이 상례인데, 인사관리상 구조적으로 교사는 학교장으로부터 평가를 받게 되어 있다. 승진(경력 관리)을 해야 하는 교사는 경력 평정 그 자체가 엄청난 스트레스를 유발하는 원인이 된다. 또 예측가능하지 않고 불명확한 승진 규정 자체가 불만과 원성을 자아내는 필요악이다. 연구자는 많은 교사들이 승진 규정 때문에 희비가 교차되는 것을 안쓰럽게 지켜보면서, 특정 인물이 계속해서 특전, 혜택을 누리고, 소외되는 사람은 계속 찬밥신세가 되는 현실에서 이 시대에 구국의 영웅으로 존경받는 이순신 장군이 생존하셨다면 장군이 되지 못했을 것으로 판단한다. 학교장과 학생, 학부모에 의해 우수하다고 높은 평가를 받은 교사가 동료 교사보다 더 높은 수준의 스트레스를 받았다는 보고도 있다(Similansky, 1984).

맥아더 장군 휘하에서 장래가 기대되지 않는 군인으로 평가받았던 아이젠하워가 2차 세계대전에서 연합군을 승리로 이끌어 그 인기로 미국 대통령이 되었고, 링컨 대통령 시절 남북전쟁시 북군의 사령관이 되어 북군의 승리로 종전을 이끌고 통일된 미국 건설에 기반을 제공했던 그랜트 장군도 한때 알코올 중독자이며 무능한 군인이라는 비난을 받았던 인물이었다. 그는 쓸모없다고 버림받은 인물이었다. 그러나 남북 전쟁에서 북군이 이기고 통일된 미합중국을 건설하기 위해서 그랜트 장군의 역량이 필요했던 것이며 그 원대한 뜻을 이뤘다. 장래성 있는 인물을 발견해서 키워놓는 것도 교육계의 지도자인 학교장의 역할이며 책임이다. 승진과 관련된 인사와 평가도 미시적・거시적 평가, 상호평가 체제로 전환하는 노력이 필요하다. 현행 교원 평가체제가 오로지 승진을 위한 평가 위주로 되어 있는 평가 방안을 획기적으로 바꿔야 한다.

또 교육의 차원에서 보면, 관리직에 있는 상관들이 무능력하거나 더 형편없다는 개념을 뜻하는 딜버트 신드롬(Dilbert syndrome)도, 즉 교사의 자아 효능감과 스트레스 간에 유의미한 관계가 있을 것으로 생각된다.

'재수없는 XX'... 수시로 책상이동─미운털교사 3년 '왕따'

한 사립고교의 경영진・교장・간부교사들이 학교비리와 관련, 바른말을 잘하는 한 평교사를 3년 넘게 집단 따돌림(왕따)을 시켜온 것으로 알려져 교육계에 충격을 주고 있다.

서울 관악구 봉천동 ㅅ고등학교(학교법인 ㅎ학원)에 재직중인 김모 교사(35)는 이와 같은 정신・신체적 폭력을 견디다 못해 2000년 3월 30일 이 학교 재단법인과 교장・교감 등 8명을 상대로 서울지법에 손해배상 청구소송을 냈다. 김교사는 6일 경향신문 기자를 만나 "재단비리 척결을 주장한 뒤 학교측과 간부교사들이 인간으로서는 도저히 견딜 수 없는 언어 폭력과 신체폭력을 가했다"고 주장했다.

김교사에 따르면 1997년 초 김교사가 기부금 입학비리 등의 척결을 지적하자 학교측이 김교사를 고립시키는 식으로 따돌리기 시작했다. 99년 6월 학교측이 학생 실기지도에서 장부조작으로 조성한 16억원의 자금을 학교부지 매입에 사용했다는 의혹이 교육방송을 통해 보도되고 서울시 교육청의 특별감사가 이어지자 학교측은 평소 바른말을 잘하는 김교사를 의심, 집단 따돌림을 노골화했다.

김교사는 이사장이 99년 8월 제보자 색출을 명목으로 모든 교사들을 강당에 모아 놓고 김교사를 제보자로 지목, 일부 동료 교사들의 동조 박수를 유도했다고 말했다. 이후 몇몇 간부교사들은 "방송보도에 제보자임을 자백하고 그만둘 것"을 강요했으며 김교사가 교무실에 앉으면 "재수없는 xx"등의 폭언을 하기도 했다는 것이다. 당시 횡령사건과 관련한 검찰수사 결과 이사장은 공금전용(사립학교법 위반) 혐의로 불구속 기소됐고 그의 부인인 교장 등은 기소유예 처분을 받았다.

김교사는 "학교비리 문제를 함께 제기한 교사 5명이 협박에 못이겨 모두 학교를 떠났다"고 학교측을 비난했다.

이에 대해 이 학교 한 간부교사는 “의도적으로 김교사를 ‘왕따’시킨 적은 없다”며 “학교비리를 없애기 위한 방법상의 견해차가 있었을 뿐”이라고 해명했다. 이사장과 교장・교감은 ‘출장’, ‘신병’ 등의 사유로 자리를 비웠다. 전교조는 이날 “김교사에 대한 집단 따돌림은 학내비리를 감추기 위한 반교육・반인권적 작태”라며 교육당국의 철저한 감사를 촉구했다. (경향신문, 2000. 4. 7, 제17029호)

6. 교사의 직무 스트레스와 탈진에 관심을 갖게 된 계기

1. 신임(새내기) 교사들이 5년 내에 교직을 그만 두는 비율이 평균 40～50퍼센트로 늘어나 위기 의식을 느꼈다(미국).
2. 전체 현직 교사 중의 상당히 많은 비율이(26% 추정) 향후 5년 내에 전직이나 은퇴가 예상된다(미국).
3. 교직에 불만과 사기가 떨어진 교사들이 다른 직업으로 전직하거나 다수의 중견교사들이 (명예) 퇴직함으로서 수요－공급의 차질이 발생되어 교육공동화 현상이 초래될 것이 예상된다(미국과 한국).
4. 교사 자신이 몸은 교직에 있으나 마음은 교단을 떠난 이반 현상은 교직 자체가 일반인의 존경도 받지 못할 뿐만 아니라 학부모・학생으로부터도 존경을 못 받고 교사들도 교직에 대한 자부심을 갖지 못하며 질병이 발생된다(미국과 한국).
5. 초등학교 교사의 사기(morale)와 직무 만족도(job satisfaction) 연구에서 학교장・교감의 행동과 행정 담당 교직원과의 사무적인 관계에 관한 상황적－특수성 변인이 교직에서의 교사들의 만족/불만족에 영향을 주는 주요 요인(key factors)임이 밝혀졌는데 이 요인들은 조절・제어・관리 가능하다는 점을 발견했다(영국).
6. 초・중등학교 교사들이 전반적으로 교육개혁에 의한 충격[20]으로 인해서 직무 스트레스와 탈진을 심각하게 경험하고 또 많은 교사들이 이직했다(영국과 한국). 영국과 미국, 한국에서 공통적으로 교육개혁이 다수의 교사들에게 직무 스트레스와 탈진의 원인으로 지각되고 있음이 밝혀졌다.
7. 교사들이 다른 전문직 종사자보다 특히 남자 교사가 스트레스와 탈진을 심하게 많이 받는 경향이 있다(네덜란드).

---

20) 한국에서는 교육개혁의 필요성, 방향, 내용은 옳게 설정되었다. 그러나 교사를 교육개혁의 동반자로 접근하지 않고 개혁의 대상자로 간주, 접근함으로서 반감을 갖게 했고 추진 방법이 잘못 시도되었다는 문제점이 지적되고 있다.

8. 교사－국가간의 관계가 기존의 협조적인 국면에서 교육개혁 시도로 인해서 20C 초에 불신(distrust), 짐짓 겸손하게 행동하거나 정면에서 맞대결(confrontation)하는 기간이 지난 후에 교육계는 투쟁의 세기(a century of struggle teaching)를 주목하게 된 것이므로 교육 개혁, 교사의 직무 스트레스, 교사의 수요・공급, 교사의 사기와 직무 불만족과 만족, 이직(은퇴) 문제는 사회・역사・심리학적 맥락에서 이해, 접근이 필요하다는 각성과 지적이 교육계에서 제기되었다(영국).
9. 교사의 정서와 교직 문화(cultures of teaching)에 대한 평가에서 같은 학교에서 근무하는 동료 교사, 학교장・교감, 학부모와 장학관(사)들 즉 성인들 사이의 불만족스러운 사회적 관계가 교사들로부터 적대적인 정서를 인출(引出, elicit)한다는 점이 알려졌다. 즉 교육 관계 이해자(성인)들 간의 불편한, 갈등적인 인간관계가 교사를 교직계에서, 직장에서 집단 따돌림(bullying in the workplaces)시키고 있다는 것이 알려졌다(영국).
10. 영국에서는 공립학교의 교육수준을 향상시키는 교육개혁이 진행중이다. 정부는 학교의 책임을 강조하고 학교는 학생들의 학력을 일정 수준 이상으로 향상시키지 못하면 폐쇄된다. 따라서 교사는 이런 교육의 책무성(責務性, accountability)의 한 축을 담당하고 있기 때문에 이와 같은 압박(pressure)으로부터 자유로울 수 없고 따라서 스트레스를 안 받을 수 없다(영국, 2000. 1. KBS 1TV 특별 기획 「세계는 교육 혁명 중」).
11. 유능한 젊은이가 교직으로 진출하려고 하지 않고 현직 교사들의 다수가 교단을 떠나서 영국과 프랑스에서는 교사 가뭄 현상 때문에 교육 당국자들이 대책 수립에 고민을 하고 있고 아울러서 직무 스트레스의 또 다른 원인이 되고 있다. 영국, 프랑스, 미국에서도 교직이 혐오 직종으로 전락하고 있는 이러한 현상의 실태를 소개한다.

영국의 사례

'바닥을 친' 교직 호감도로 인해 2001학년도에는 3000여 명의 외국인 용병(?) 교사가 수입되는 일까지 벌어졌다. 지난해 일군의 교장들이 교사 알선기관의 주선으로 호주와 뉴질랜드로 나가 교사를 모셔온 일이 '캥거루 작전'이라는 별칭으로 언론의 비난을 받았다.

세인트 네오츠 소재 종합중등학교 '어널프 커뮤니티 스쿨'의 조 파작(Joe Pajak) 교장은 올해 여러 명의 외국인 교사를 채용했다. 몇 년 전부터 보조교사, 시간강사, 전직교사를 활용해 땜질 처방을 해왔지만 사정은 계속 악화됐다. 같은 사정의 인근 학교 교장들과 신문에 교사모집 광고를 냈지만 자격을 갖춘 교사는 한 사람도 없었고 결국 교사 알선회사에 문을 두드려 어렵게 용병 교사를 수입해 왔다.

하지만 많은 용병 교사들이 생소한 교육환경 때문에 일년 이상 근무하기를 꺼리고 있어 이들 교장은 매년 알선 회사의 문을 두드려야 할 형편이다. 이 때문에 영국 정부는 교사들을 유인하고 이탈을 막기 위해 갖가지 당근책을 시행하고 있다. 교원양성 과정에 등록하는 학생들에 대한 학비면제, 생활비 보조, 일반교사의 몇 배에 해당되는 봉급을 받을 수 있는 '슈퍼 티처'제도, 주택 구입비 무이자 대출 및 장기 저리 융자 등 획기적인 지원책을 마련했다.

하지만 최근 설문 결과, 교직은 이미 '혐오 직종'이 돼 버렸다. 교직양성과정 등록 학생의 중도 이탈률이 5%로 증가했고 나머지 학생들의 40%가 교직에 들어가지 않겠다고 응답했다. 또 신임 교사들의 40%는 3년 이내에 교직을 떠나겠다고 밝혔다.

그 원인은 교사에게서 자율권을 박탈한 '정부 주도의 개혁'과 '박봉'이다. 정부가 제시한 당근책은 교원양성과정 지원자나 경력 7년 이상의 교원을 대상으로 한 것이어서 경력 6년 이하의 교원에게는 전혀 혜택이 없을뿐더러 월급 인상폭도 타직종에 비해 매우 미미한 실정이다.

그러나 돈 문제보다는 교사들의 '박탈감'이 더 큰 원인이다. 1980년대 후반부터 시작된 보수당 정부의 중앙집권적 개혁과 이를 이어받은 토니 블레어 노동당 정부의 국정교과과정에 대한 강조 및 잦은 교과내용 변동, 수리력 · 문해력 향상 강조, 성과급 제도가 추진됐고, 이에 대해 교사들은 "우리는 항상 불가능해 보이는 목표를 성취하도록 강요받고 있어 부담스럽다"는 불만을 토로하고 있다.

특히 스스로 교육내용과 교재를 결정하고 교안을 짤 수 있는 자율권을 가졌던 교사들이 '성취도 향상'이라는 정부의 목표에 내몰려 단순 지식 전달 노무직으로 전락한 것은 교사들에게 일하는 재미를 박탈해 '사표 러시'의 주원인이 되고 있다.

프랑스의 사례

프랑스는 현재 전후 1세대 교원들의 무더기 은퇴와 젊은 세대들의 교직경시, 기피현상이 맞물려 사상 최대의 교원 수급난에 봉착해 있다. 제2차 세계대전 이후 70~80년대 기용됐던 전후 1세대 교사들의 연령이 대부분 50세 내외가 됐고 이들이 전체 교원의 50%에 육박한다는 사실은 큰 위협이 되고 있다. 학교급 별로는 50대에 이른 교원 수가 초등은 41.5%, 중등은 43%, 대학은 51~54%에 이르고 있는데, 특히 초등교사 대부분이 50세에 조기 은퇴하는 경향이 있어 세대교체 문제가 시급한 실정이다.

프랑스 교육부는 올해부터 매년 3만 5000명의 교사가 은퇴를 시작해 향후 10년간 현직 교사 · 교수의 절반이 교직을 떠날 것으로 예상하고 있다. 이에 따라 2001년부터 2005년까지 16만 5000명의 교원을 신규 임용할 비상 계획까지 세웠다. 하지만 프랑스 대학생들에게 교직은 비전 없고 보람을 찾을 수 없는 '3D'업종일 뿐이다.

1990년대 이후 학교폭력, 무질서가 난무하면서 교사들의 학생관리, 통제가 마비됐고 그 앞에서 개인적인 무능함만을 느끼게 되는 일터가 된 것이다. 이 때문에 학생들은 보다 겸허하게 꾸준한 노력을 요하거나 봉사와 희생이 필요한 분야는 기피하고 첨단 기술, 상경무역, 응용과학 계열에만 몰리고 있으며 신규 임용된 교사 중 많은 수 가 재직 1, 2년 차를 넘기지 못하고 사임하고 있다.

발등에 불이 떨어진 교육부는 혁신적인 유인책을 속속 제시하고 있다. 교직을 희망하는 대학 입학생을 사전 선발해서 2년간 학비를 전액 면제해 주는 '사전 채용제'가 2001년 9월부터 도입되었다. 또 대학 지원자들이 전공학과를 선택하기 한달 전인 9월초부터 각 학과목별 교원공석을 미리 공고하기로 했고, 심지어 잭끄 랑 현 교육부장관이 직접 출연하는 '교원급구' TV 광고가 방송되고 있다. 하지만 이와 같은 노력에도 불구하고 전문가들은 젊은 세대의 교직 기피현상을 막을 수 없을 것으로 전망하고 있다.

지금까지의 설명에서

1. 교직이 매력 있는 직업이 될 수 있도록 혁신적인 근무 조건 개선책의 추진.
2. 교사의 직무 분석과 학교 경영 진단・평가 및 학교 컨설팅(교장의 지도력 평가를 포함한) 도입
3. 직무 스트레스와 탈진, 예방과 치료, 교원 복지・우대책을 강구해서 기피 직종이라는 인식을 바꾸는 노력과 대책이 필요하다.
4. 교직 유인 체제와 동시에 현직 교사의 교직 만족도 제고 노력이 필요함을 시사 받을 수가 있다.

7. 교직을 떠나는 교사와 그 이유

교직(教職)은 인생에서 앞서가기를 원하는 유능한 젊은이들에게는 대단히 전망이 기대되는 미래가 되지 않는다고 Fiske(1982)는 말한 바 있다. 그러나 정치 지도자들은 국가 발전에 있어서 교육의 중요성과 기여도를 역설한다. 누구 말을 옳다고 수용해야 할 것인가.

많은 네덜란드 교사들은 조기에 이직한다(Heus와 Diskstra, 1999, 269). 미국의 경우 신임 교사들이 최초 5년간 50%의 교사가 그만 둔다[21]. 새내기 교사 중에서 적어도 80%는 2년째까지는 교단 잔류하고 그 후의 감소추세는 교직에 진출한 지 6년 후에 남교사의 30% 이하, 여교

21) 교직 생활을 오래 하지 않은 새내기 교사들이 이직하는 것은 탈진보다는 교직에의 요구를 감당해 낼 능력의 부족이나 그들 스스로가 교직이 적성에 맞지 않는 즉, 교직을 잘못 선택한 것으로 여기기 때문인 것으로 해석했다(Graham, 1999, 285).

사의 50%이하만이 교단에 잔류하며 전체 교원의 1/3의 이직이 5년 이내에 발생한다. Heyns(1988)에 의하면, 1976~1985년까지 10년 사이에 교사 생활을 시작했던 현직 교사 중 전국 표집에서 적어도 1년 이상의 경력을 갖춘 교사들 중에 거의 과반수가(44.7%) 1986년에는 더 이상 교사가 아니었다(Farber, 1991). 초임 교사의 다수가 5년 이내에 교직을 떠나지만 다수가 교단에 복직한다.

> 잉글랜드, 웨일즈, 그리고 북미 지역에서 교사들의 탈진이 이전보다 더 심각해졌다는 것은 확실한 것으로 보인다(Graham, 1999, 286).

교직을 떠난 대다수의 교사가 탈진한 것은 아니며 직무 스트레스와 탈진이 퇴직 가능성을 증가시키는 조건인 것은 사실이지만 경제적, 정신적 대가의 부재가 아마도 더 두드러진 요인이라고 할 수 있다. 그 외에 직무 자체가 자극이 부족하고 도전과 전망(예: 승진)이 불투명하며 대가가 만족스럽지 않다(예: 적은 급여)고 느낀 결과 이직하게 된다는 것이다(Farber, 1991,). 그 외에 미국이나 우리나라에서 공통적으로 나타나는 원인으로 열악한 근무 조건(예컨대, 지나치게 많은 잡무 처리와 비교육적 업무, 오랜 근무 시간, 직무 수행 상에서 결정권 부족, 학생 훈육 문제－규율・질서 잡기), 교육행정 관련 문제(예: 후원 부족), 존경 부족(예: 학생, 부모, 지역사회, 언론・방송매체로부터－), 조직상의 제약 때문에 학생들을 효과적으로 다루지 못한다는 무능력, 정년 단축과 연금법 개정에 의해서 발생된 기대(예상) 이익의 손실, 도서 벽지 학교에서 근무하는 것을 원치 않는 젊은 교사들의 수도권 선호 경향 등을 예시할 수 있다.

> 경제적 대가가 불충분할 때 교단을 떠나지만 오히려 이것이 결정적 요건이라기보다는 사회・심리적 대가, 예컨대 교직에 대한 이해 관계 당사자(학생・부모・유관인사나 기관・언론・방송 매체)의 존경이나 인정을 받지 못하는 것, 직무 자체의 도전, 유능하고 성공적으로 교사 역할을 수행한다는 자아 효능감 부족이나 만족감 결여가 더 결정적인 이유가 된다는 진단이다(Farber, 1991). 탈진은 이직 교사의 8%와 (잠정적) 퇴직 교사의 6%가 교단을 떠나는 주된 이유로 언급되었다[22]. 수치상으로는 예상보다 적다.

교사의 이직 이유에 관한 조사 자료를 소개하면 다음과 같다.

1. **열악한 근무 조건**: 지나치게 많은 잡무(보고용 공문서 처리), 비교육적 업무, 오랜 근무 시간과 과중한 업무 부담(역할 과부하), 직무 수행 상에서 결정권 부족, 승진 기회 부족과

22) 관련 교사에게 제시된 질문은 선생님께서 (1) 교단을 떠나게 한 주된 사실은 무엇이었습니까(전직교사), (2) 교단을 떠날 것을 심각하게 고려하게 만든 결정적 이유는 무엇입니까(현직교사).

예측 불가능하고, 불명확한 승진 규정(승진 규정을 개정, 시행하고자 하는 경우 2-3년 전에 사전 예고제를 실시하고 구(旧) 규정에 맞춰서 승진을 위한 경력 개발 및 관리를 해 왔던 교사들의 기대이익에 반하지 않도록 즉, 행정편의 위주의 인사관리 방침에 의해 불이익이 없도록 2-3년 정도 유예기간을 적용해야 한다), 학생 지도 문제(불량 학생 훈육과 학습 동기 부족), 후원은 부족하고 간섭과 지시 위주의 교육 행정, 교직과 교사에 대한 존경 부족.

2. **급여에 대한 불만**: 수고한 만큼의 대접을 못 받는 조건
3. **직무의 자극 부족**(경력 개발과 관리 기회 부족)과 **도전이 불충분**

Heyns(1988, 30)에 의하면 교단을 떠나는 교사들은 교육환경이 열악하고 문제가 많았던 학교에서 가르치는(재직했던) 교사들이 아니라 가장 바람직한 교육 환경에서 가르쳤던 일부 교사들이라는 것이다. 그녀는 공립학교에 비해서 사립학교에서, 도시학교에 비하여 교외학교가 그리고 소규모나 중간 규모학교에 비하여 거대학교에서 교사의 자연 감소율 즉 이직율이 더 높다는 것을 발견했다. 매우 놀랍게도 그녀는 지적(학습) 능력이 낮거나 혼합적인 학생들(또는 SES가 중하층이거나 혼합적인 학생들)을 가르친 교사들보다 능력이 우수하거나 평균적인 능력을 가진 학생들을 가르쳤던 교사들이 더 많이 교직을 떠나는 것을 발견했다.

미국에서 나타나는 현상이지만, 이러한 결과는 상식에 어긋나는 것이다. 사람들은 가장 척박하고 억압적인 환경에서 지도하기에 곤란한 학생들을 가르치는 교사들이 자연 감소(이직)율이 가장 높은 것으로 생각하고 있기 때문이다. 따라서 퇴직하는 교사들이 반드시 스트레스를 심하게 경험했거나 탈진한 교사들이라고 단정할 수 없다는 것과 교직 밖에서 보다 더 나은 대우를 받을 수 있는 직업을 선택할 수 있는 여지가 있거나 근무 조건이 더 좋은 직업으로 전직할 만한 장점, 선택 가능성이 있는 사람이 전직을 고려한다고 해석할 수 있다. 유념할 것은 교직에서 다른 직업으로 전직했다가 다시 교직으로 진출한 사람은 스트레스나 탈진이 적다는 점이다.[23] 이러한 설명이 설득력이 있다는 점을 인정하면서도 반복해서 자주 경험하는 만성적인 직무 스트레스나 탈진과 욕구좌절 감당력(frustration tolerance)이 취약한, 자아 강도가 약한 교사들이 이직이나 조기 퇴직 또는 명퇴를 한다고 연구자는 해석한다. 아울러서 직무 스트레스나 탈진이 교사에게 만연되어 있고 교사의 정신·신체 건강을 해치고 교육력 저하, 사기, 직무 불만족의 원인이라는 것이다. 따라서 당사자인 교사 개인·개별 학교와 고용주인 교육부, 시·도 교육청 차원에서 교사의 직무 스트레스와 탈진을 예방, 해소, 치료를 위한 관리

23) 연구자의 관점은 사회에서 나름대로 직장 생활했던 경험이 있는 사람이 다소 나이 들어 교직에 진출한 교사(교직과 여타의 사회 직장의 근무조건을 비교할 수 있는 경우)나 복직한 교사도 스트레스나 탈진이 적을 것으로 보인다.

책략과 프로그램을 마련하고 추진하는 노력을 해야 한다고 본다.

산업체 근로자의 경우 과로사, 과로로 인한 직무 스트레스를 직업병으로 인정, 산재판결이 내려지고 있는 판례는 직장인의 스트레스와 고용주의 책임에 유관성을 인정한 것으로 해석할 수 있으며 따라서 다수의 교사들이 호소하고 있는 직무 스트레스나 탈진의 원인을 제공한 귀책 사유와 고용주인 국가(정부) 당국의 책임으로부터 교육부와 시・도 교육청이 자유로울 수 없다고 연구자는 판단한다. 미국의 관련 자료는 교사들이 교직에 만족을 느끼거나 불만이 있거나 간에 양쪽이 모두 교단을 떠나는 직무 스트레스의 원인이 된다는 것을 밝히고 있다. Herzberg의 동기 위생 이론에 의하면 높은 직무 만족과 높은 스트레스를 직장인들은 동시에 경험하지만 그러나 이 양자는 독립적으로 존재한다고 해석한다.

교직에서 불만족 또는 매력 즉 유인 자극이 부족하여 젊은 또 유능한, 경륜이 풍부한 교사가 교직을 떠나는 이직현상도 걱정해야 할 문제이지만 Farber(1984)에 의하면 미국의 경우에 전체(도시와 교외학교 모두의) 교사의 2/3가 자신이 가르치는 학생에게 전념하여 열심히 가르치고 교직에 대단한 애착을 갖고 있지만 Kaiser(1981)가 언급한 대로 상당한 비율의 도시학교 교사들이 교직에 전념한 적이 결코 없다 또는 단지 드물다라고 고백을 하고 미국에서 과반수 이상의 교사가 교단을 떠날 것을 진지하게 고려하고 있다는 사실이 1985-1986년의 미국 교사의 대도시 생활 조사의 수치와 일치한다고 발표되었는데 이에 대한 고찰이 필요하다. 교사가 교직에서 너무 열정적으로 애착을 갖고 헌신, 희생, 봉사하는 즉 인간 중심주의 교육학자들이 주장하는 자신의 도구화가 오히려 직무 스트레스나 탈진의 원인이 될 수 있다는 희생자(피해자) 이론을 그대로 해석하면 교사가 학생과 일정한 거리를 두고 대하고 다소 소홀히 가르치고 지치고 피곤하지 않도록 적당히 요령껏 근무하는 것이 오히려 스트레스와 탈진을 예방, 경감하는 방안이 될 수 있다고 합리화하는 것이 올바른 판단인가 또는 구조적으로나 기능적으로 직무 스트레스를 받게 되어 있는 것이 교직이므로 탈진-열정 연속체(burnout-enthusiasm continuum)의 중간에 있는(즉 스트레스는 받지만 탈진하지 않는) 근무 태도[24]가 현명한가. 1학기나 금년에 탈진하면 2학기나 내년에 교단을 지킬 수 없고 학생을 가르칠 수 없지 않은가. 탈진되어 교단을 떠나게 되면, 심신에 병이 생기면 어디서 누가 보상해 주고 보호를 받을 수 있는가.

일만 열심히 하는 일 중독증은 인생을 파괴할 뿐 아니라 회사 입장에서도 별 도움이 되지 않는다고 한다. 일 중독자 치료 프로그램(Workaholic Anonymous; WA)에 참여한 내과의사 마이크는 일 중독은 그 동안 직장이나 사회가 환영하는 중독이었다며, 그러나 일 중독자들은 자신의 심신 건강을 해치거나 조직(또는 직장)에 대해서도 너무 신랄하고 냉소적으로 변해 도

24) 이에 관한 요령, 기법 개발과 심도 있는 연구가 필요함.

리어 조직을 좀먹을 수 있다고 말했다. WA에서 규정하는 일 중독자란 일에서 얻는 자기 성취감에 빠져 건강을 돌보지 않고 휴가(휴식)를 미룬 채 오로지 일에만 몰두하여 매일 과도한 업무 일정에 시달리는 완벽주의적・과업 지향적 직장인이다. (조선일보, 2006. 3. 31, 제26521호)

Farber(1991, 125)는 많은 교사들이 전념과 헌신을 감소시키는 것은 계속해서 교단에서, 교육계에서 근무할 수 있는 여력(extra energy)을 축적, 절약, 확대, 재생산할 수 있는 기반을 유지하게 한다고 느끼도록 하는 심리적 수단을 제공한다고 해석했다. 다만 문제는 이해 관계 당사자(학교장, 시・도 교육청 관계자)는 전혀 이런 점을 아랑곳하지 않고 제도적 장치 없이 교사 본인이 알아서 요령껏 자구책을 마련, 대처하도록 방치, 무관심하다는 것이 성찰을 필요로 하는 문제다. 신임 교육인적자원부 안병영 부총리가 주창하는 새로운 발상인 교사평가제에서 상술한 점을 고려한 통찰력이 전혀 보이지 않아 걱정이 앞선다.

교사들의 직업 만족도

많은 교사들은 어린이와 같이 생활하는 것을 좋아하기 때문에, 어린이를 돕기 위해서, 자신의 능력을 발휘하기 위해서, 좋은 급여와 직업 안정성 때문에 교직을 택했다. 동심의 세계에서 그들에게 긍정적 영향을 끼치고 삶을 형성시키는 기회를 주기 때문에 교육계에 진출해서 학생들의 성공에서 보람을 느끼기 때문에 교직을 택했다고 하면서도 교직을 떠날 것을 고려하고 있는 양가감정을 가지고 있다. Herzberg(1971)의 동기 위생 이론에서 시사받을 수 있는 것처럼 직무 만족과 직무 스트레스 요인은 대개 서로 독립적으로 존재한다고 했는데 일부 교사들에게서 이 점을 확인했다는 연구 결과가 제시된 바 있다.(Kyriacou, 1987) 교직 생활에서 직무 스트레스와 탈진 문제를 경험하고 있음에도 불구하고 많은 교사가 여전히 직업으로서 종사할만한 가치가 있으며 때로는 가슴 뭉클한 기쁨과 보람을 느끼기도 한다고 고백한다.

이러한 사례는 1988년 Time지의 표지기사인 「누가 우리 자녀를 가르치고 있는가」에서 명확하게 설명된 바 있다. 전구가 켜지는 순간, 교사들이 그 순간을 위해서 산다고 하는 것. 이것이 그들이 교사이지 배관공이나 은행 투자가가 안 되게 하는 이유라는 것이다. 어린이의 해맑은 눈빛과 표정, 알았어, 이해했어, 학기 동안 평균적으로 그러한 순간은 다만 몇 차례에 불과하지만 교사에게 이러한 경험은 평생 잊을 수 없는 순간이다(Tifft, 1988, 64).

뉴욕 타임스 연구(Fiske, 1982)에 따르면 교직에 만족하는 교사는 여 교사, 29세 미만이거나 50세 이상인 교사, 교육을 덜 받은 교사, 초등학교 교사, 영재학생을 가르치는 교사, 치료교육 담당교사들이었다. 미국 교사의 대도시 생활조사(Harris 와 공동연구자들, 1988)에서는 남자 교사(40%)보다 훨씬 더 많은 여교사가(54%) 매우 교직을 만족해 했다. 20년 이상 재직

〈표 2-13〉 다른 직업군과 비교한 교사의 직업 만족도

집단	n	평균	SD	t	p≤
교사	1790	59.6	15.1		
세무 공무원	185	62.0	15.8	2.1	0.005
일반인 표준	340	74.6	11.3	19.2	0.0001
간호사	104	72.8	11.6	9.9	0.0001

출처: Traver, C. J. and Cooper, C. L. (1996). *Teachers Under Pressure: Stress in the Teaching Profession*. London Routledge. 101.

한 교사가(55%) 경력이 5년 미만인 교사(48%), 5～9년 경력인 교사(49%), 10～19년 경력인 교사(48%)보다 매우 만족해했다. 불만족해 한 교사들은 이미 교직을 떠났다는 점을 고려해서 이 결과를 해석해야 한다. 교단에 진출하기 전에 다른 직업을 가져 보았거나 관심사를 실현하기 위하여 다른 삶을 살았던 교사들이 압박감을 덜 느끼며 업무상의 긴장으로부터 더 잘 벗어날 수 있다.

교사들이 호소하는 교직에 대한 불만족은 직무 스트레스와 탈진에 직・간접적으로 부정적인 영향을 주므로 양자간의 유관성을 파악하는 일은 매우 중요하다. 영국의 조사자료에 의하면 (Travers와 Cooper, 1996, 101) 교사들이 교직에 상당히 불만족을 나타내고 있음을 알 수 있다. 이 자료에 의하면 직업의 외재적인 면(봉급, 승진 기회, 근무 환경)에서 교사의 직업 만족도가 세무 공무원, 일반인, 간호사보다 떨어진다는 것이다(〈표 2-12〉 참조) 반면에 교직에서 호감을 보이는 몇 가지 부분은 업무처리 방식을 선택할 수 있는 자유와 다양성 특히 동료 교사에 대한 것들이다.

그 외에 근무하는 학교에 격려, 지원해 주는 동료 직원의 존재가 있다는 것이 직무 스트레스를 줄이거나 극복하는 중요한 요소가 된다는 사실을 많은 교사들이 느끼고 있음이 밝혀졌다. 교사들은 학교 외부에서 보다는 오히려 학교 휴게실이나 교무실에서 고민을 호소하고 어려움을 나누며 심리적 격려를 받았다. 교사가 수행하는 일은 상당히 고립되어 있기 때문에 이러한 관계 속에서 동료 선・후배 교사들과 나누는 유모와 덕담은 직무 스트레스와 탈진을 해결하는 중요한 방법이 된다. 이러한 사실에 비추어 볼 때 교사들이 교직에서 느끼는 만족은 직업의 내재적 측면과 관련된 부분에서, 직무 불만족은 교직의 외재적 측면에 관련된 부분에서 경험한다는 것을 알 수 있다.

관련 자료를 예시하면 다음과 같다.

성별에 따라 비교해 보면, 여 교사가 남 교사에 비해 직업 만족도가 현저하게 높다. 남・녀 교사가 서로 유사한 수준인 근무환경에 관련된 부분을 제외한 모든 만족도에서 동일하게 나

타났다.

A형 행동양식으로 지목된 교사는 B형의 교사보다 직업 만족도가 더 낮았다. 학교 유형에 따라서는 초등교사가 중등교사보다 더 높은 직업 만족도를 보였다. 이러한 현상은 직업 그 자체의 내재적 만족도를 제외한 모든 측면에서 나타난다. 그러나 이러한 고비는 초・중등 양쪽에서 남자 교사가 내재적인 근무 만족과 근무 환경의 수준이 비슷하고 초・중등의 여교사가 근무 환경과 관련하여 비슷한 성향을 갖는다는 사실에 비추어 볼 때 성별에서 오는 차이로 보인다.

8. 교직에서 스트레스의 역학

교사의 직무 스트레스를 조사한 많은 연구에서 고수준의 스트레스를 경험한 교사들의 비율을 추정하려는 시도가 있었다. 그 결과는 상당히 큰 분포를 보여서 보고서들이 결론을 내린 수치가 30에서 90%까지 차이가 날 정도였다(예: Hawkes and Dedrick, 1983; Lauglin, 1984). 영국에서 조사는 교사의 5분의 1에서 3정도가 심각한 스트레스를 느끼고 있다는 사실이 발견되었다(Sparks, 1983). 첨가하여, 미국 교육협회(National Education Association, NEA)에 의해 수행된 조사에서 미국 교사들 중 70%가 중간에서 상당한 수준의 스트레스를 경험했다고 보고했다(Coates and Thoresen, 1976).

시카고 교원노조(1978)에 의해 수행된 연구에서 56%의 교사들이 신체적 질병을 경험하고 26%는 스트레스와 연관된 정신적 질환을 경험했다고 보고했다는 사실이 발견되었다. 미국 교육협회의 조사 또한 교사의 스트레스에 대한 주요 원인에 대한 증거를 보여준다. Tunnelcliffe 등(1986)은 오스트레일리아 서부 지역의 교사들은 자신들이 엄청난 스트레스 속에서 근무하고 있다고 생각한다는 것을 보고했다. 그 연구를 수행한 사람들은 '교사의 직무 스트레스와 그것을 처리하는 효과적인 방법의 탐색이란 문제는 만성적인 것이 되었다'고 주장했다.

하지만 이와 대조되는 사실도 많이 있다. 예를 들어, Feitler와 Tokar(1982)가 미국의 오하이오주 공립학교의 교사 3,300명을 대상으로 수행한 최근 조사에서 단지 16%의 대상자만이 자신의 일이 '매우 스트레스가 된다' 혹은 '극도의 스트레스를 준다'라고 응답했다. 추가하여, 벤츠 등(Bentz et. al. 1971)은 학교 교사들을 포함한 몇 개의 집단을 조사하여 단지 교사 세 명 중 한 명의 비율로 그저 '가벼운' 혹은 '중간 정도'의 정신적 증상을 보고했고 교사들의 전반적인 정신건강이 다른 집단에 비해 약간 더 좋은 상태였다. Hiebert 와 Farber, (1984)는 그것이 스트레스를 받는다는 것에 대한 '기대'를 높일 수 있기 때문에 교직이 스트레스를 받는 직업이라고 선언할 때 주의가 필요하다는 사실을 강조했다. **이것은 교사들이 스트레스에 의해 초래**

된 장애에 매우 취약하다는 것을 의미한다. 그들의 의문은 교사들의 스트레스와 관련된 71가지 항목의 검사에 근거를 두었고 교직이 스트레스를 많이 받는 직업이란 주장에 대해 실험적인 증거가 적다는 사실을 암시한다.

영국과 미국에서 몇 가지 발견된 사실들이 서로 모순됨에도 불구하고, 전체적인 결과는 모든 교사들이 어느 정도 직업적인 스트레스를 경험하고 있다는 것을 암시한다. 그렇지만 Fimian(1982)이 설명한 것처럼, 스트레스가 되는 사건의 발생 빈도와 발생 강도는 각 교사들마다 차이가 있다.

각 개인의 전기적 특성(즉, 개인의 심리학적 특성), 상황의 요구(즉 강도와 기간), 과거의 경험을 비롯한 개인에 대한 평가의 차이에 따라 잠재적 스트레스 요인은 실재적 스트레스의 유발자가 될 수 있다. 다음 장의 주제는 개인으로서 교사의 역할을 그가 경험한 스트레스의 관점에서 검토하는 것이다.

결국, 교사의 복지, 건강한 상태(well-being)에서 스트레스가 되는 사건의 영향은 생리학적 반응과 심리학적 반응, 사회적 반응들 속에 있는 차이의 중재 효과에 의해 크게 달라질 것이다(Krause and Stryker, 1984).

Hiebert와 Farber(1984)가 영국에서 수행한 연구에서 비록 교사들의 스트레스가 학교들 간에 크게 차이가 있지는 않았지만, 보고된 스트레스의 수준은 학교들 간에 대단한 차이가 있다는 사실을 보여 주었다. 교사의 스트레스에 대한 문제와 관련된 우려가 증가하는 것은 주로 교사와 학생들 사이에 작용하는 관계에서뿐만 아니라 교사들의 정신과 신체적 복지 모두에 대한 만성적인 직업적 스트레스의 부정적 측면의 인식이 점점 널리 퍼지는 데서 비롯되었다. 이런 자각은 또한 교육의 질뿐만 아니라 교사들 직장 생활의 질의 개선이 이루어지는데 도움이 되었다(Kyriacou, 1987). 교직에서 스트레스에 의한 비용과 결과를 우리는 다음 장에서 더 자세히 다룰 것이다.

제 3 장

교사의 탈진

일이 즐거울 때 인생은 낙원이 되지만,
일이 의무로만 느껴지면 인생은 지옥이 된다.

—막심 고리키

1. 탈진의 정의

사회적으로 직장인들의 탈진에 대한 최초의 관심은 1970년대에 과중한 노동 강도와 그에 환멸을 느낀 인간을 상대하는 직장인들(human service workers)이 경험한 위기(crisis) 발견에서 연구가 시작되었다. 즉 탈진에 관한 위기(crisis) 의식에서 연구가 시작되었다. 탈진에 관한 초기의 해석들은 주로 직업적인 환상의 붕괴(collapse of the professional mystique)에 초점이 맞춰져 있었다.

어떠한 부문의 직업에 진출하는 사람들은 그들의 훈련과정과 일반적인 문화적 배경(예: 교사 문화 대 학생 · 학교 문화)을 근거로 하여 추상적으로 비현실적인 기대를 갖게 된다. 이러한 문제는 점차 교육 수혜자들의 삶을 향상시키기 위한 서비스 제공자들의 가치와 인간을 상대하는 조직의 구조와 기능 수행의 한계 사이에서 충돌이 있는 곳에 집중되었다.

Woods(1999)는 업무 요구량이 강화되면서 교사들은 보다 적은 자원을 가지고 더욱 많은 일을 하도록 요구받고 있는 반면에 그들의 노력에 대하여 보다 적은 보상과 인정만을 받고 있다고 주장했다. Farber(1991)는 이것이 탈진으로 진입하는 나선형의 하락(downward spiral)의 시작이 될 수 있다고 주장했다. 교사들은 이러한 모순을 느끼면서 교사들의 노력이 공적으로 인정받는 결과(보상)와 비례하지 않는다고 느끼게 된다는 것이다.

오랫동안 탈진은 인간관계가 강조되는 직업에 종사하는 직장인에게 스트레스와 관련된 중요한 문제로 인식되어 왔다. 이들 직업에서는 공급자와 수혜자 사이의 관계가 업무의 중심이 되고, 그 일의 특성(이것이 서비스건, 치료건, 교육이건)은 매우 감정적일 수 있다. 교육이 가장 대표적인 경우일 것이다. 학생 지도에 열정적이고 지도적이며 도덕적인 서비스를 제공하는 것은 필연적으로 서비스 공급자, 즉 교사의 감정개입에 대한 요구를 하게 된다.

Cherniss(1976)는 탈진이란 근본적으로 직장인들이 고객에게 주고 있다고 느끼는 것과 그 대가로 받고 있다고 느끼는 것 사이의 지각의 불일치에 의하여 일어난다고 했다.

Freudenberger(1980, 17)는 후에 자신의 한 저서에서 초기 정의를 수정하여 탈진은 자기자신 또는 사회의 가치관에 의하여 부과된 다소 비현실적인 기대에 부응하려는 지나친 노력의 결과라고 했다. 지속적으로 낮은 강도(强度, strength)의 사건에 대한 반응기간을 거쳐 점진적으로 나타난다(Savick와 Cooley, 1983)는 것이다.

Farber(1991, 24)는 탈진은 노력(투입)과 대가(산출) 사이의 현저한 불일치에 대한 개인의 인식(지각)으로부터 일어나는 직무와 관련된 증후군이며 이러한 인식은 개인, 조직, 그리고 사회적 요인들에 의하여 영향을 받는다. 탈진은 불안해하고 요구가 많은 고객을 일대 일로 상대하는 사람들에게 가장 자주 일어나며 전형적으로 학생에 대한 위축과 냉소주의(cynicism), 정신적・육체적 피로, 그리고 성급함, 근심, 슬픔, 그리고 저하된 자존심과 같은 다양한 심리적인 증상으로 특징지어진다고 정의했다.

고홍화와 김정휘(1994, 40)는 **직무 탈진은 스트레스가 작용한 긴장의 형태로서 고질적이고 반복적인 스트레스의 원인에 대응하기 위한 정신적 소모성 증후군이다. 여기에서 정신적 소모성이란 좀 더 극단적인 긴장 상태로서 개인에게 감정, 관심, 신뢰, 흥미 및 정신적인 상실을 가져오는 증상으로 피로감, 지침, 성급함, 좌절감, 권태감, 소외감을 수반하는 것을 말하는데 직무 스트레스는 이러한 직무 탈진 상태를 유발한다. 즉 탈진은 조절(제어), 경감, 해소되지 않은 만성적인 스트레스와 스트레스에 대한 완충작용이 없고 후원체제가 없는 난감한 상황에 대한 결과이다**라고 설명했다.

탈진은 다양한 부정적인 스트레스 유발요인과 상황에 대한 성공적이지 못한 대처 과정의 마지막 단계라고 정의했다(Farber, 1991, 32). 탈진은 경감되지 않은 스트레스에 장기간 노출되거나 효과적으로 스트레스에 대처하지 못해서 나타나는 결과이다(Dworkin, 1987). 따라서 **학교 업무에 헌신, 봉사, 노력, 개입이 소홀해지고 학생지도, 상담 면에서 감정이입이 약해지고, 학생과 부모, 행정가와의 관계를 못마땅하게 생각하고 그렇게 대한다. 아울러서 업무 수행에서 덜 창의적이고 주도**

력이 떨어지며 아동을 보살피는 심성이 약해지고 교과목 지도에 관심이 약해진다.

교사와 학교, 학생, 교직, 교육에 대한 정서적 · 심리적 거리가 멀어지고, 심신의 질병, 피로, 교육력 · 생산성의 저하가 나타난다. 이러한 탈진은 직장인과 고용주에게 1970년대 이래로 심각한 문제로 인식되어 왔다.

저자의 생각은 탈진 경험은 교사로 하여금 교직과 학생, 교육에서 분리 · 소외된 존재(즉 몸은 교직에 있으나 마음은 교단을 떠난 심리 상태)가 되어 교육력(예: 교수－학습 지도력과 열의)의 저하, 교직 몰입, 직무 충실도, 저하, 헌신 · 봉사가 사라진 역기능을 초래하기 때문에 심각한 문제가 된다는 것이다.

Freudenberger는 그럼에도 불구하고 탈진 상태에 있는 직장인이 여전히 성실하고 열심히 일한다고 해석했다－단순 반복적이며 기계적인 일을 하더라도.

Maslach와 Pines는 탈진 상태에 있는 직장인이 줄 것이 아무 것도 더 이상 남아 있지 않다. 그래서 더 이상 아무 것도 주지 않는다. 이들이 말한 두 가지 양상에 교사가 모두 해당되지만 Farber(1991, 11)는 후자의 모습에 해당하는 교사를 연구했다.

탈진은 노동자 소외(works alienation)라는 개념과 혼용되어 왔다. 일부 연구자들은 탈진을 대인 서비스 직무에 종사하는 사람들에게 사용하고 있으나 노동자 소외는 산업체에서 일하는 사람에 대하여 사용해 온 관행을 더 선호하기도 하는데 Karger(1981)와 Dworkin(1989)을 포함한 그 밖의 저자들은 이들은 사실상 동일한 현상이라고 주장한다. 즉 산업체나 대인 서비스 종사자(교사 포함)들 모두에게 영향을 끼치는 비인간화의 과정으로부터 발생하는 일종의 가치 붕괴, 즉 아노미와 같은 증상이라고 했다. Cherniss는 노동자 소외－직장인의 에너지를 일에서 물러나게 하여 그 밖의 다른 것에 투입하게 하는 과정－는 탈진의 결과 중 하나라는 입장을 취하고 있다. 1844년에 Marx는 노동자 소외를 오늘날 심리학 · 교육학계에서 일반적으로 쓰고 있는 탈진에 대한 현재의 설명을 미리 암시하는 반성으로 설명한 바 있다(Farber, 1991, 29). 노동자 소외에 관한 Marx의 견해가 교사 · 교육 · 학교 · 학생간의 만남(encounter)을 명제로 하는 경우 그의 개념 구안의 적용이 부적합하다는 견해를 Farber(1991, 29-30)는 다음과 같이 제시한 바 있다.

첫째, 전문직 종사자의 역할과 기능을 계층 분석(class analysis)하는 것은 그 자체가 부적합하다. 무엇보다도 먼저 대인 서비스 전문가들은 자기자신의 도구와 생산수단을 가지고 있다는 점에서 예외가 된다. 이러한 의미에서 그들은 전적으로 소외되지 않았으며 그들의 일, 활동, 그리고 창의성의 근원은 대개 동일하다.

둘째, 노동자 소외는 전문가의 탈진과는 부정확한 유의어이다. 노동자 소외는 비록 환멸과 절망과 같은 유사한 요소를 포함하고 있으며 탈진과 같이 비록 사회여건의 부산물이지만 사회 · 경제적인 결정주의에 배타적으로 초점을 맞춤으로써 탈진을 정의하는데 일조하는 돕는 사람과 도움을 받는 사람의 관계에서의 특유한 긴장을 놓치고 있다.

상술한 견해와 다른 이견(異見)이 제시되기도 하는데 즉 탈진한 많은 교사들이 지나친 헌신이나 열정으로 인하여 반드시 교사 자신이 고통을 받는다거나 하는 것은 아니며 이들이 언제나 더 열심히 일한 것은 아니었다는 것이다(Farber, 1991, 29-30).

스트레스나 탈진은

1. 정신질환, 정신이상, 광기(madness)가 아니다.
2. 품행 장애가 아니다.
3. 성격 장애, 인격 장애가 아니다.
4. 직무 스트레스를 직업병으로 인정한 판례에서 예방, 치료와 관리를 위한 노력과 대책 수립에 교육계와 정부(교육부)가 나서야 한다는 교훈을 배워야 할 것이다. 이렇게 주장하는 이유는 정부가 교육공무원의 임용권자이기 때문이다.

2. 탈진의 본질

탈진(burnout)은 원인과 증상이 인간 관계 즉 그 속성상 사람과의 접촉이 많은 사회적 직업(social professions, 예컨대 교사, 간호사, 목사, 판매원, 정신건강 직종, 심리 치료 상담 전문가, 신체건강 직종(외과의사, 노인의학전공의사), 가정 또는 개인적인 보호 직종, 관리・감독자 등) 종사자에게 고유하게 나타나는 특정적인 것이므로 직업병(職業病, professional disease)이라고 할 수 있다. 그러나 탈진으로 이끄는 정확한 기제(機制, mechanism)와 진행 단계에 관한 학계의 합의는 없다.

교육, 교사, 학교에 대한 학생들의 냉담함, 반항, 신체적・언어적 모욕, 그리고 교사들의 욕구불만, 불안은 탈진과 관련이 있다. Bacharach와 그의 동료들은(1986) 우수한 학생들과 함께 생활하는 교사들이 더 많은 불안과 생리적인 문제를 경험한다는 점을, 그리고 Byrne(1994)은 동일하지 않은 능력을 지닌 학생들이 중등학교 교사들의 정서적 피로와 연관이 있으며 학생들의 낮은 성취가 초・중등학교 교사들의 정서적 고갈, 비인격화와 관련이 있다는 것을 발견했다.

탈진의 본질을 전문가들은 각자 어떻게 설명하고 있는지를 소개하면 다음과 같다(Farber, 1991, 5-32).

2-1. Freudenberger의 심리학적인 접근 방법

탈진의 본질에 관해서 이론적인 심리적 구안 개념뿐만 아니라 사회・조직 환경 현상으로 인식되는 시각이 있다. 이것은 탈진의 원인, 증상, 치료과정, 권고되는 임상적인 접근, 치료방법과 관련된 연구 및 처방으로 다루어진다.

Freudenberger(1974)의 접근 방안이 여기에 해당된다. 그는 탈진을 너무 열정적으로 교사가 자신을 돌보지 않고 일(헌신)하는 데서 나타나는 피로한, 지친 상태라고 진단했다. 이러한 증세는 다른 사람들(예컨대 교사가 학생을, 간호사가 환자를)을 돌보려는 너무나 지나친 욕구에 과다 투자한다고 느끼는 사람들에게서 특징적으로 나타나는 것이다.

미국의 뉴욕에서 개업의로 활약하고 있는 임상심리학자인 Herbert Freudenberger는 탈진 사례를 설명한(명명한) 최초의 전문가였다. 1973년과 1975년에 심리학 전문 연구지에서 그는 탈진 증후군(burnout syndrome)이라는 현상을 설명했다. 아울러서 그는 1960년대에 주로 만성적인 약물 남용자의 영향을 언급하기 위하여 약물로 탈진이라는 용어를 사용했다.

당시에 탈진에 대한 개념은 자신의 개인적인 욕구를 도외시하고 지나치게 집중적으로 일하여 발생된 피로한 상태를 강조하는 것이었다. 그는 이러한 상태는 헌신적이고 업무에 전념하는 사람들－지나치게 많이, 지나치게 오랜 기간 동안 그리고 지나치게 열심히 일하는 사람들－에게서 나타난다고 했다.

아울러서 자신의 욕구와 소망을 부차적으로 간주하는 사람들 그리고 세 가지 측면으로부터－즉 자신의 내부로부터, 대인 서비스를 요구하는 고객(client)으로부터, 그리고 시달리게 하는 행정직원, 학교장들로부터 헌신에 대한 압박감을 느끼는 사람들에게서 가장 빈번하게 발생한다고 단언했다. 이러한 압박감은 다시 죄책감을 낳으며, 이들 직장인들이 더 큰 에너지를 발휘하도록 자극한다는 것이다.

Freudenberger에 의하면 탈진은 근본적으로 너무 열심히 돕는 사람과 너무 많이 대인 서비스를 요구하는 고객 사이의 불행한 상호작용의 산물이다. 이러한 명료한 진술은 현재에는 주목할 만한 것은 아니다. 근본적으로 Freudenberger는 탈진을 이해하는데 임상적인 접근방법을 택하였으며 그는 탈진의 원인론, 증상, 임상적인 전개 과정을 설명했고 대처 방안을 이용할 것을 권고하였다.

그러나 Cherniss와 Krantz(1983)는 탈진은 과도하게 헌신하는 병(disease of overcommitment)이라는 Freudenberger의 견해에 동의하지 않았다.

탈진의 개념은 Freudenberger(1974)가 처음 제시했는데, 그는 이것을 인간의 직업적(수행) 기능이 지친 상태라고 기술했다. Maslach와 Jackson(1981)은 탈진을 측정하는 데 있어서 가장 광범위하게 사용되는 Maslach 탈진 검사(MBI)를 개발했다. 그것은 세 가지의 심리적 차원으로 구성되어 있는데 심신의 지침, 성취감의 상실, 탈인격화(depersonalization)가 그것이다. 첫 번째는 탈진이 지친 느낌을 나타낸다는 Freudenberger의 견해를 반영한 것이다. 사람들은 너무 지쳐서 일에 정열적으로 몰두할 수 없다고 보고한다. 탈진에 대한 Maslach와 Jackson의 두 번째 차원은 개인이 자신의 목표를 달성할 수 없다고 느끼는 것으로 표현된다. 개인의 노력이 만족스러운 결과를 낳지 못하는 것이다. 다시 말해서 자신의 일을 무의미하게 보는 것이다. 마지막으로 탈진은 일하는 사람(이 경우에는 교사)과 손님(혹은 학생)이 정서적으로 분리된다. 학생들을 가치 있는 한 사람으로 보지 않고 지나치는(거쳐가는) 과정이나 귀찮은 존재로 보는 것이다. 더 나아가서 탈진한 교사는 자신의 실패감을 학생의 잘못으로 돌리게 된다. 따라서 학생을 자신의 목표달성을 방해하는 적으로 간주한다. 호주와 캐나다의 교사를 표본으로 한 Friesen 등(1988)의 연구에 의하면 MBI에 의하여 측정된 탈진의 차원은 일치를 보이지 못할 뿐 아니라 동일한 요인에 의해 야기된다고 한다. 그들의 연구에서 직무와 관련된 스트레스는 탈개인화나 성취감의 결여보다는 지친 느낌과 더욱 더 관계가 있다는 것이 밝혀졌다.

2-2. Maslach와 Pines의 사회 심리학적 접근 방법

Maslach는 인간성 상실(dehumanization)과 비인간화(인격상실, depersonalization)를 다룬 Philip Zimbardo가 저술한 1970년대 초기의 논문에 영향을 받았으며 사실상, 같은 해(1973)에 Freudenberger는 심리학 전문 연구지(journal)에 탈진(burnout)에 대한 논문을 처음으로 발표하였으며 Maslach는 미국 심리학회(American Psychological Association, APA) 모임에서 전문가의 직무와 관련된 스트레스(특히 과중한 업무)가 어떻게 고객을 비인격적으로 다루게 할 수 있는지를 지적하는 논문을 발표했다.

Maslach와 Pines는 나중에 Maslach의 탈진조사 척도의 이론적 구안 개념이 된 세 가지 탈진의 반응 양태를 전문직 근로자를 대상으로 질문지와 면담방법을 통해 조사, 확인하였다.

첫째, **정신적 피로 증상**: 탈진 · 고갈된 느낌.

둘째, **인격상실**: 정서적으로 경직된 느낌, 의뢰인 · 고객을 비인격적인 존재로 취급하는 것, 고객을 무관심 · 냉담하게 대함.

셋째, **본인의 개인적인 성취의 결여**: 직장이나 사회에서 또는 사적으로 자신의 위상이 비효과적이고 부적합한 존재라는 느낌.

Maslach와 Freudenberger는 탈진의 두드러진 증상에서 세 가지 즉, 정신적 피로와 냉담성, 탈진 과정의 초기에 나타나는 초기 증상으로 일 중독증(workaholism)에 대하여 주목했다.

Maslach와 Pines는 탈진은 알코올 중독, 절망, 그리고 자살 욕구와 밀접한 상관관계가 있다는 것을 발견했다. 이들은 탈진은 가장 이상주의적이며 다정한 태도로 취업을 시작한 사람들을 가장 괴롭히기 쉽다고 강조했다.

사회 심리학적인 접근(Maslach와 Jackson, 1981)의 시각은 탈진으로 이끌 수 있는 환경적인 조건을 규명하려는 주제에 관하여 연구 지향적으로 접근하려는(research oriented approach) 시각이다. 이 접근에서는 직무 스트레스가 어떻게(예컨대, 과다 업무로부터 유발되는) 정신적인 피로, 고객(학생)에 대한 기계적인 대응, 성공에 대한 능력의 감소라는 인식을 유발하는 지에 관심을 갖고 연구하고 있다. Maslach와 Jackson은 이들 탈진의 세 가지 측면을 정서적 피로, 비인격화, 그리고 개인 성취의 감소라고 호칭했다. Freudenberger가 탈진을 직장인들이 보다 많은 노력이 필요한 문제로 보았다면 Maslach는 고객을 비인간적인 방식으로 대하려는 경향에 수반되는 직장인들을 장기 결근으로 이끈다는 견해를 나타냈다.

Freudenberger는 탈진한 직장인도 여전히 성실하고 열심히 근무하고 있다고 해석했지만, Maslach와 Pines(1981)는 이들은 더 이상 줄 것이 아무 것도 남아 있지 않으며 더 이상 아무 것도 주지 않는다고 설명했다(Farber, 1991, 14).

사회학적 관점에서는 탈진을 일으키는 데 있어서 스트레스 혹은 distress의 중요한 역할을 무시하지는 않았다. 그러나 중점을 사회적이고 인구통계학적인 요인과 학교상황에서의 요소와 교사를 탈진시킬 가능성이 높은 요건에 둔다. 무의미감과 무력감에 대한 강조는 탈진에 대한 심리학적인 관점에서도 나타나는 것인데, 사회학자들 사이에서는 더 만연해 있다. 탈진을 특정 역할에 대한 소외의 형태로 생각하는데, 보통 스트레스 유발요인에 의해 야기되며 이 스트레스 유발요인은 사회적 구조와 학교의 조직 구조로부터 유래하는 것이다. 따라서 사회학자들은 구조적이고 조직적인 변화로 탈진을 줄일 수 있는 기제로 본다(이 설명은 직무 스트레스와 탈진 관리 및 대처 방안 추진에 매우 중요하고 실제적인 방안을 제시한 것이다).

소외의 형태로서 교사의 탈진은 현실과 기대사이에 지각된 차이의 산물인데, 보통 교사의 임용 전 연수 기간이나 교실에서의 경험 중에 생기게 된다(Dworkin, 1985, 1987; LeCompte and Dworkin, 1991). 많은 사람들이 학생(아동과 청소년)들의 인생에 중요한 전기를 만들어 주려는 염원을 가지고 교직을 선택한다. 교육현장에 나가기 전에 교사는 보통 아이들을 교육할 수 있고 영향을 끼칠 수 있다는 기대를 가지며, 새로운 교육과정을 개발하고 학생들의 학습을 평가하며, 학급을 통솔하고 교훈을 유지하며, 학생들에 대한 역할 모델과 대리부모 노릇을 하는 계획을 세운다. 무엇보다 중요한 것은 교사의 전문적 지위와 자율성에 대한 가정이다. 그러나 Cherniss(1976) 등과 Sarason(1977)은 교육 현장에서 자율성을 극단적으로 제약하는 근무조건으로 인해 사범대학에서 교육전문가를 양성하는데 실패했다고 보았다. 교사들은 과도한 서류업무, 학생들, 그들의 부모, 그리고 다른 교사에 대한 대비를 하지 않았으며, 행정가들은 학습에 관해서는 관심이 없는 것으로 보이며, 따라서 교사와 학생들 사이에 심각한 계층적 문화적 차이가 존재하고, 지역사회가 교사를 존경하지 않게 되는 것이다. 이 점은 매스컴에서 교육의 부정적인 측면을 지나치게 과대 보도하는 경우에서 발견한다. 그러므로 교사 탈진은 도시의 대규모 학교에서 심각하며, 특히 교직경험이 적은 교사들 사이에서 그러하다(Cedoline, 1983; Russell 등, 1987; Dworkin, 1987).

심리학적이고 사회학적인 패러다임에서 동의하는 것은 Seeman(1975)의 소외차원과 같다. 무의미, 실존적 공허감, 무력감, 고립감, 무규칙성, 그리고 소외감이 그것이다. 그러나 대규모 도시 교사의 표본에 근거하여 Dworkin(1987)은 무의미감과 무력감은 이 탈진한 도시 교사들의 중심적인 반응이라고 결론지었다. Dworkin은 교사의 탈진을 '자신의 일을 무의미하고 일을 의미 있게 만들 수 있는 변화에 영향력을 행사할 수 없다고 느끼는 것으로 특징 지워지는 역할로부터의 극단적인 소외의 형태'라고 정의했다(1987, p.28). Dworkin과 Townsend(1991)는 MBI와 Dworkin 자신의 검사를 사용하여 경험이 많은 교사들 사이에서 사회적 탈진의 무의미감과 무력감 요소가 증가함에 따라 심리적 탈진의 지침과 탈인격화 요소는 감소한다는 것을 밝혀냈다. 결과적으로 소외로서의 탈진은 심리적인 요소인 지침으로부터 교사를 격리시킬 수 있는 경험이 많은 교사들에게는 대처기제가 될 수 있다는 것이다.

2-3. Cherniss의 조직의 관점

Maslach와 Pines는 전술한 탈진의 본질에 관한 설명에서 모두 직무 성격(job characteristics)은 개인이 탈진하기 쉬운 경향을 결정하는 중요한 결정요건이라고 주장하였다. 예를 들면 그들의 연구에서는 직원 1인당 높은 고객의 비율과 장시간 계속하여 고객을 직접 상대하는 것 모두가 스트레스와 탈진의 다양한 지표와 정적인 상관관계가 있다는 것이 밝혀졌다. 탈진의 원인학(etiology of burnout)을 이해하는 이러한 접근 방법－탈진은 직무 환경의 특정한 측면과 연계시키려는 시도－은 Cary Cherniss에 의하여 중요하게 그리고 광범위하게 연구가 되었다.

Cherniss는 미국의 Yale 대학에서 Sarason과 공동으로 쓴 대학원 논문의 영향을 받았으며 조직의 성격과 사회 문화적인 환경이 직무에 대한 사람들의 반응에 어떻게 영향을 끼치는지를 보여주기 위하여 이들 모두에 초점을 맞추었다. Cherniss는 교사와 같은 공익 전문가(Public professionals)의 직무에 본질적으로 수반되는 심리적 스트레스는 다음과 같은 두 가지 요소에 의하여 불가피하게 과장된다고 했다: 전문가의 직무(수행)의 성격을 변하게 하는 사회적인 변화와 기초적인 대인 서비스를 제공하면서 관료조직에 남아 있는 도전이 그것이다.

Cherniss의 이론을 해석해 보면 전문적인 교사(교직)에 대한 많은 사람들의 기대가 비현실적이고 너무 이상론 위주이므로 이에 수반하여 환멸과 탈진의 느낌이 조성된다고 주장할 수 있다. 흔히 교직의 매력을 다음과 같이 예시하고 있다. 조력관계의 대인 서비스가 1) 변함없이 흥미롭고, 2) 잘 준비되어져 있는 능력이며, 3) 감정이입의 심성이 있는 다정한 사람들이 하는 일이며(performed by sympathetic and compassionate people), 4) 유연하고 자율적이며, 5) 동료애(collegiality)를 느끼게 하는 직업이며, 6) 만족감과 감사하는 마음으로 일하는 것이다라고 간주되는 전문직의 신비성(professional mystique)을 믿고 있다. 그러나 미사여구로 포장된 이 신비성 가정이 일부 교사에게는 진실이고 일부 교사에게는 허상으로 지각되고 있다는 것이다. 후자의 경우를 논해 보면, 직무 수행상의 자율성이 낮고 교사들은 자신의 고객인 학생을 선택할 수 없으며(역으로 학생도 교사를 선택할 수 없다), 교사 본연의 교수~학습지도, 생활지도 업무와 무관한 행정적이고 사무적인 업무를 거절할 수 없으며 극히 제한적・예외적인 경우를 제외하고는 교육 정책에 영향을 끼칠 수 없고 의견을 반영시킬 수 있는 의사소통 체제가 막혀 있다. 인사권자의 강력한 권위에 비해 교사는 고독하고 약자이다.

스트레스와 탈진에 관한 전문 연구자들처럼 Cherniss(1990)도 탈진이란, 근본적으로 종사자들이 주고 있다고 느끼는 것과 그 대가로 받고 있다고 느끼는 것 사이의 불일치(mismatch)에 의하여 일어난다고 생각하였다. 그는 이러한 불일치는 다음과 같은 두 가지 매우 다른 상황이 촉매 작용을 일으킨다고 언급했다. 즉 개인이 과도한 자극을 받는 환경(예를 들면, 지나치게 많은 학생을 담당한 교사) 또는 개인이 제한적인 자극과 도전에 직면한 환경(예를 들면, 수년 동안 같은 학년이나 과목을 가르치는 교사)이 그것이다.

Cherniss(1990)는 탈진은 도움을 주는 사람이 적극적인 문제 해결을 통해서 경감시킬 수 없는 스트레스와 긴장을 경험할 때 시작된다고 했다. 그는 탈진의 증상을 다음과 같이 예시했다.

1. 학생(고객)에 대한 동정심과 인내심을 상실하고 교직(직장)에서 근무조건과 관련된 자신들의 어려움에 대하여 고객을 객관화해서 비난한다.
2. 그들은 변화나 개혁에 대한 자신들의 이상주의와 낙관주의를 상실한다.
3. 그들은 점점 더 직무(교직) 이외의 일에서 삶의 충족감(fulfillment)을 발견하려고 노력한다.

Maslach가 탈진 현상에 포함된 세 가지 요소들(정신적 피로, 인격 상실, 그리고 개인적인 성취 부족)이 서로 독립적이며 하나의 주된 탈진 사실을 낳도록 결합될 수 없다고 단언할 정도로 Cherniss는 자신이 식별한 세 가지 양상은 반드시 같이 일어난다고 보았다.

Cherniss는 탈진은 도움을 주는 사람이 적극적인 문제 해결을 통해서 경감시킬 수 없는 스트레스와 긴장을 경험할 때 시작된다고 했다. Cherniss는 개인, 조직, 그리고 사회적 상황 차원에서 탈진의 근원이 있다고 주장했다. 돕는 사람들 개개인의 기대와 목표의(돕는 관계에 대한 이상적인 관념) 상호작용, 거대한 관료 조직에서 일하는 제도적인 제약, 그리고 그러한 직무의 성격에 대한 일반인들의 인식(전문직의 신비성)을 조사한 후에 Cherniss는 탈진에 대한 이례적인 포괄적인 모형을 개발했다.

2-4. Sarason과 공동 연구자들의 사회 · 역사적 관점

탈진을 사회・역사적인 시각(Sarason, 1983)에서 보는 관점이 있다. 이것은 개인이나 조직보다는 사회 전반이 탈진의 촉진에 끼치는 영향을 강조한다. 사회 안전망을 붕괴시키는 재난 예컨대, IMF사태, 미국의 세계무역센터(WTC) 붕괴, 가뭄이나 홍수, 해일, 태풍, 삼풍백화점이나 교량 붕괴, 수많은 국민이 지진에 사망한 비극이 발생된 이란의 불행과 같은 사태가 발생된 상황에서는 사회 전반이 탈진과 학습된 무기력 상태에서 우왕좌왕하게 된다.

전술한 관점의 공통적인 요인은 사회・역사적 조건(social historical conditions)이 탈진의 발생에 영향을 준다는 것이다. 이러한 논거는 직무에서 충족감을 발견할 가능성은 적어도 특정 사회의 전통, 가치관, 그리고 역사적 맥락에 의하여 결정된다. 이러한 점은 Yale 대학교의 Seymour Sarason에 의하여 조사한 바 있다.

Sarason은 탈진은 개인적인 특징이나 개인 내부적 요인에 의하여 발생되는 것이 아니라 그보다는 더 큰 사회의 특징을 반영하는 복잡한 심리적 특징이라고 설명했다. 그는 제2차 세계대전에 뒤이은 급격한 사회 변화를 직무와 관련된 결과에 초점을 맞추어 연구했다. Sarason에 의하면 세계 대전의 여파는 무한한 추가 자원과 무한한 개인의 잠재능력이라는 두 가지 인식에 기초한 일반적인 낙관주의 시대를 재촉하였다. 그것은 급격히 증가하는 기대, 경제적인 성공에 대한 희망, 사회적 이동성, 그리고 개인적인 성장의 시기였다. 동시에 개인의 욕구에 대한 새로운 이러한 강조는 공동체와 분리된 개인, 상호 후원적인 망과 자아를 확인하는 관계의 불필요성에 대한 신화를 형성하는데 일조하였다.

Sarason은 교사가 경험하는 탈진을 소홀히 다루거나 방치하거나 도외시하는 등 둔감하게 다루는 것이 위험하고 무책임한 처사라고 판단했는데 필자가 보기에는 교사의 탈진이 교사의 교육력과 경쟁력 저하의 원인이 된다는 점 때문에 전문적인 대책이 필요하다고 생각한다. 즉 탈진상태에 있는 교사는 자신의 직무에 강한 헌신을 더 이상 할 수 없으며 비인간적인 교직 문화와 교직 사회가 무기력과 의존심을 가져다주었으며 개인적인 성공 동기를 좌절시켰다고 교사들은 지각하게 된다.

Sarason과 그외 여러 연구자들(Lasch, 1979; Packard, 1992; Slater, 1976; Yankelovich, 1981; Farber, 1983)은 탈진 현상의 출현을 제2차 세계대전 이후에 미국 사회에서 발생한 가족, 직무, 그리고 사회 구조의 변화와 연계시키려는 시도를 하였다. 이러한 변화에는 재화(財

貨)의 생산에 대한 강조에서 소비에 대한 강조로의 변화, 대규모 조직과 관료제도의 성장, 도시 재개발과 교외로의 이주, 가족과 산업의 잦은 이동, 증가하는 이혼율과 가정 붕괴, 그리고 점점 더 일시적이고 비인간적이며 분리된 사회 관계, 권력층의 부정・부패, 물신주의 만연, 실업률 증가, 위기관리 시스템의 실종 등 실존적 위기 등이 영향을 준다.

지금까지 예시한 여러 전문가들의 탈진의 본질에 관한 설명 중 어느 누구도 관련 대처 방안에 관한 제안을 하지 않아서 아쉬운 느낌이다.

우리의 문화는 즉각적인 만족을 요구하지만 들뜨고 영구적으로 충족시킬 수 없는 욕구 상태에서 살아가고 있는 상당수의 자기 도취적인 사람, 마당 발, 손을 잘 비비는 사람, 술 상무 등 요령 좋은 사람을 양성하였다. 이러한 개인들은 지역사회 사건에는 무관심하며 다른 사람들의 삶에 개입하는 것을 꺼리며 자아가 불확실하고 그리고 순간을 위한 삶(live for the moment)을 살겠다고 결심한다.

Farber(1991)가 지적한 바와 같이 개인주의는 일반적으로 소외감과 격리감을 낳을 뿐만 아니라 바로 그 본질로 인하여 스트레스를 완화시킬 수 있으며 탈진을 막아 줄 심리적인 공동체 의식이나 심지어 단체 조직의 후원체제의 형성을 방해한다.

교사의 직무 스트레스와 탈진의 발생 및 치료와 예방에 직・간접으로 영향을 끼치는 요인들을 모형으로 예시하면,

1. 정치적, 교육 정책적, 경제적 상황과 학교의 구조적, 기능적 생태론(ecology of the school)
2. 직무 수행상의 과제의 질(task qualities)
3. 교육 행정 조직 또는 학교 조직의 특성
4. 교사의 개인적 또는 교사 집단의 자질 및 그 특성
5. 탈진에 대한 완충, 개입에 따른 처방

탈진은 정서적 고갈(피로, emotional exhaustion), 비인격화(depersonalization), 성취력 감소(diminished accomplishment) 반응으로 나타나며 이들 반응은 교사의(교육자로서의) 행동, 학생에 대한 지각 향성과 평가에 부정적인 영향을 줄뿐만 아니라 학생 행동과 학습성과(learning outcomes)에 부정적 효과를 야기한다는 것을 그리고 이들 요인들이 순환적 관계에서 기능한다는 점을 〈그림 3-1〉이 알려주고 있다(Maslach와 Leiter, 1999, 297).

이 그림에 의하면 교사가 경험하는 탈진은 교사와 학생들의 행동과 경험에 부정적으로 기여하는 요인으로 간주되며, 다른 한편으로 탈진은 사회적 환경과 학교 구조에 고유한 특질로부터 업무 자체의 속성, 교사와 학생들의 개인적인 특징까지의 다양한 요인들에 걸쳐서 영향을 받는다는 것을 묘사했다.

〈그림 3-1〉 교사의 탈진 모형

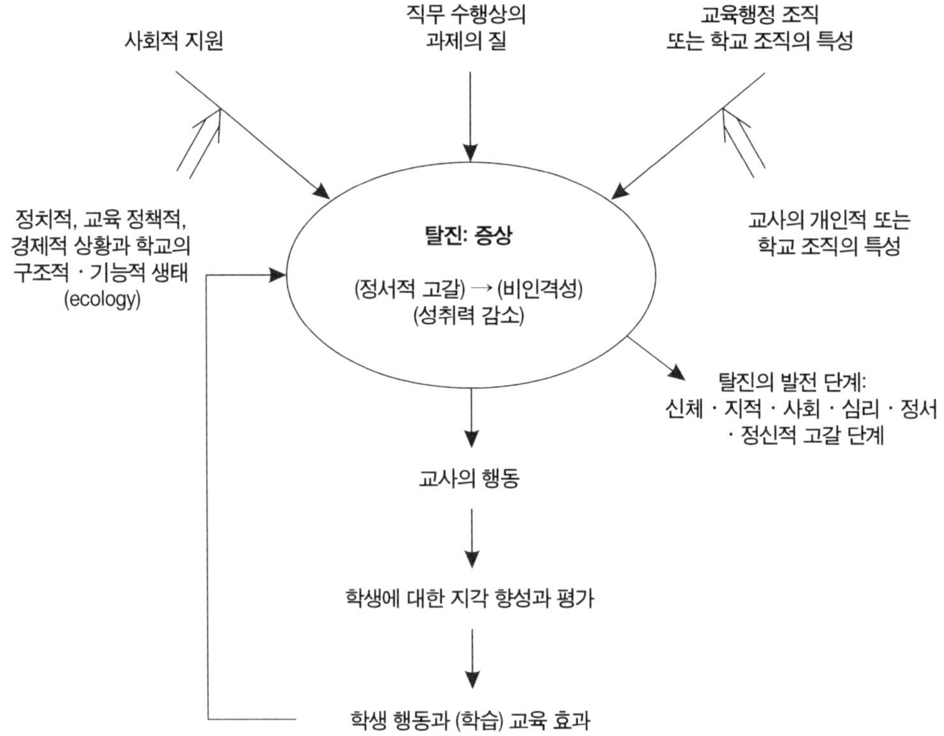

출처: Maslach, C. and Leiter, M.P., Teacher: A Research Agenda. R. Vandenberghe, and A. M. Huberman, (Eds.) (1999). *Understanding and Preventing Teacher Burnout: A Sourcebook of International Research and Practice*. Cambridge: Cambridge University Press. 297.

이 모형은 학생들을 교사들의 영향력 범위에서 수동적인 객체로 묘사하지 않는다. 학생들의 행동으로부터 교사 탈진을 향한 화살이 암시하는 것처럼 학생의 행동은 교사의 주관적인 경험에 중요한 요건이 된다. 교실에서 혼란스런 행동, 멸시, 주의산만과 같은 학생들의 행동은 교사 탈진을 악화시킬 수 있으며, 반면에 학생들의 성공과 교사들에 대한 지원은 그 상황을 예방하거나 완화시킬 수 있다. 이 모형은 교사－학생 관계를 상호작용적이고 양방향적인 측면으로 지각했고 교사 탈진에 있어서 이러한 관계가 지니고 있는 중심성을 인정하는 것이다.

탈진 모형(〈그림 3-1〉 참조)에서 교사의 개인적인 자질은 상호작용 변수로 간주된다. 즉, 교사 개인의 성격 특성과 교사 집단의 특성, 교직에 대한 동기 부여가 높은 교사들, 남다른 교직에 대한 열정과 헌신적인 교사들, 통제 소재의 향방, 적응 유연성(resilience), 성과, 교사 개인의 성장 발달사와 교육철학, 가치관, 행동유형과 성격 등은 직무 스트레스와 탈진에 매우 중요한 요인이다.

학교의 조직 특징으로서 학교의 의사결정 환경은 교사들이 자신의 업무를 통해서 교사의 실존적 가치를 실현할 충분한 통제력을 유지할 수 있는 범위를 결정한다. 자기 업무의 적합성에 대하여 만족하는 정도가 탈진과 관련이 있다.

연구자들이 탈진의 다섯 가지 발전 단계를 밝혀냈는데, 신체적 · 지적 · 사회적 · 심리 · 정서적, 그리고 정신적 단계가 그것이다(Cedoline, 1982, pp. 23-37). 각 단계마다 다양한 증상이 나타나는데, 피로와 지친 느낌이 첫 번째 단계에서 가장 공통적인 점이다. 두 번째 단계에서는 일을 하면서 이롭지 못한 결정을 하고 강박적인 생각을 한다. 세 번째 단계에서는 사회적으로 움츠러들고, 냉소적이고, 과민해지며 거칠어진다. 네 번째 단계에서는 거절하고, 비난하고, 화를 내며, 우울해진다. 마지막 단계에서는 일을 잘 못하고, 집중할 수 없으며 근무의욕을 상실하며 결근하고, 회피하려 하고, 학생들의 요구를 위협으로 간주한다.

탈진에 대한 다양한 견해 중에서 중심적인 것은 Cedoline(1982)이 지적한 스트레스 (혹은 distress), 혹은 Cherniss(1980)가 지적한 긴장의 역할이다. 스트레스의 몇몇 수준은 대부분 인간적인 시도를 특징으로 하는 반면에, 개인이 위협적이고 역기능적인(다시 말해서 distress) 것으로 지각하는 과도한 스트레스는 그것을 극복하려는 노력을 방해하는 경향이 있다. 스트레스와 탈진 사이의 연결고리로 인하여 몇몇 연구자들이 '호환성이 있는(interchangeably)'이라는 용어를 사용하게 되었다(예를 들어, 1985년도 Riggar의 스트레스와 탈진에 대한 연구, 혹은 1978년도 Kyriacou와 Sutcliffe의 연구를 참조 요망). 그러나 Farber(1984) 및 Pines와 Aronson(1988)은 스트레스 자체가 탈진을 유발하는 것은 아니라고 지적했다. 인간은 기본적으로 스트레스에 쌓인 환경에서 성공하고 성취할 수 있는데 거기에서 의미 있는 일을 하고 있다는 느낌을 받는 것이다. 그러나 Pines와 Aronson(1988)은 하는 일이 의미가 전혀 없는 것으로 보일 때 싫증을 느낀다고 보고했다. Pines 등(1981)은 탈진을 결국에는 지루함을 낳는 것으로 개념을 정의했다(〈그림 3-2〉 참조). 이런 관점에 관한 적합한 비유로서 맥심 고리키가 그의 산문집에서 다음과 같이 언급한 명언이 연상된다(김정휘, 주영숙, 1998, 703). 일이 즐거울 때 인생은 낙원이 되지만 일이 의무로만 느껴지면 인생은 지옥이 된다.

심리학적인 관점은 일반적으로 임상적인 관점이고 탈진 문제에 대한 임상적인 해결을 제시한다. 보통 탈진을 distress의 최종적인 산물로 보는데, 따라서 긴장과 탈진을 감소시키기 위한 스트레스 감소 전략을 제시한다(예를 들어, 1976년의 Spaniol과 Caputo, 1980년의 Cherniss, 1982년의 Cedoline의 연구를 참조).

아직까지는 탈진에 대해서 임상적인 해결책이 제시되고 있지 않지만 많은 연구자들이 스트레스를 과중한 업무, 역할 갈등, 역할 모호성 등이 혼합되어 야기되는 상승된 스트레스의 산물로 보고 있다. Kahn 등(1964), Schwab와 Iwanicki(1982), Haney와 Long(1989)은 과도한 업무요구와 상호 배타적인 요구, 그리고 모순되고 자원이 고갈된 상태에서의 요구, 혹은 개인이 다른 사람과 협동할 수 있는 충분한 권위를 갖지 못하는 것이 부정적인 스트레스(distress)를 유발시키고 결국에는 탈진을 초래한다고 보았다. 그 연구자들은 역할과 조직변인에 초점을 맞추어서 탈진에 대한 사회학적 관점이 시작될 수 있는 단서를 제공했다.

전반적으로 문헌 검토는 조직 변수와 성격 변수가 교사들의 탈진에 중요하다는 상당한 증거를 보여주었다. 이들 예언적 관계들의 생생한 요약을 〈그림 3-2〉에서 제시했다. 어떠한 연

〈그림 3-2〉 교사의 탈진과 교육 활동과의 관련성에 대한 개념 모형

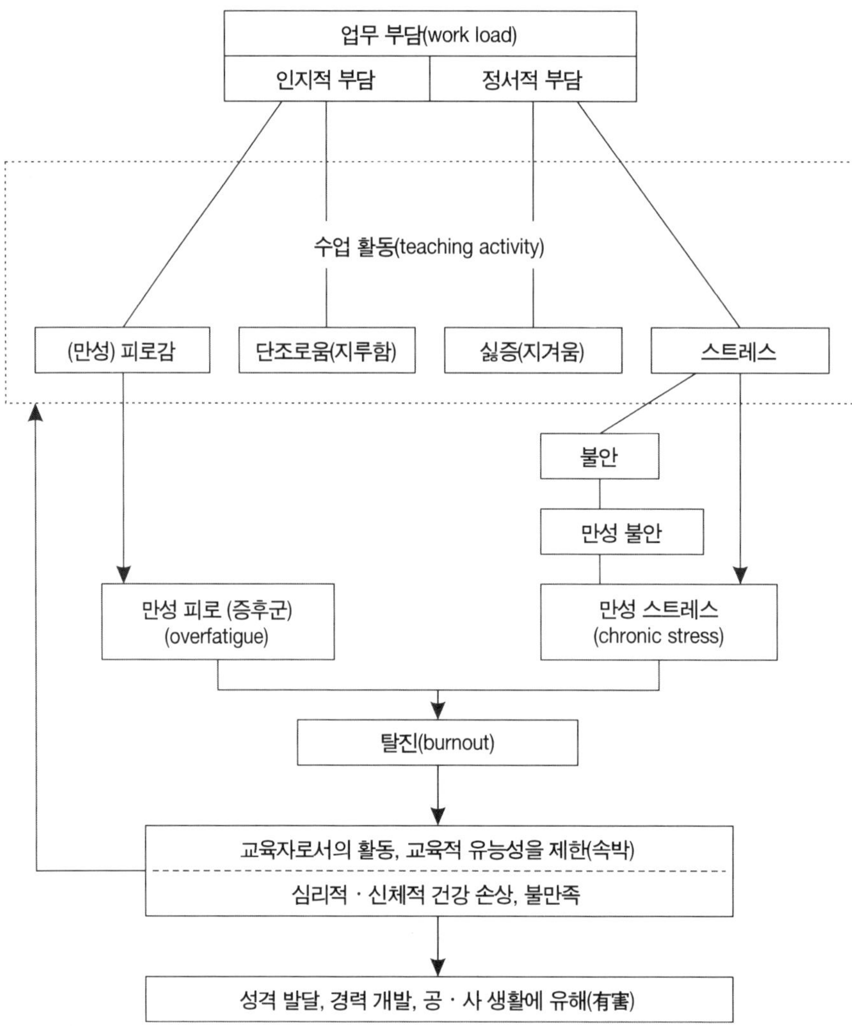

출처: Rudow, B. Stress and Burnout in the Teaching Profession: European Studies, Issues, and Research Perspectives. R. Vandenberghe A.M Huberman (Eds.) (1999). *Understanding and Preventing Teacher Burnout: A Sourcebook of International Research and Practice*. Cambridge University Press. 49

구들은 탈진을 전반적인 개념으로 간주하고 있지만, 다른 것들은 감정적 피로, 비인격화, 그리고 개인 성취의 감소라는 세 가지 측면 중 하나에 특정하게 집중하고 있기 때문에, 탈진은 일차원 모델이나 다차원 모델로 만들어질 수 있는 것이다. 개별적인 구조적 경로와 관련된 표시는 예견되는 관계의 방향을 나타낸다. 〈그림 3-2〉 관련 자료에서 도출해 낸 교사 탈진에 대한 개요 모형 참조.

만성 피로와 만성적이고 반복되는 스트레스는 탈진을 유발하는 유의미한 선행 조건이다. 또 불안, 긴장, 중압감과 스트레스 사이의 구분은 동의미로도 쓰이기 때문에 모호하다. 이 모형은 스트레스와 긴장, 성격 발달 사이에 유의미한 관련성을 보여준다. 스트레스와 탈진이 교사(개인)의 성격 발달과 그의 공·사생활에 부정적인 영향을 또는 위기를 초래한다는 것을 암시한다.

누가 탈진을 경험하는가

- 너무 열심히 돕는 사람
- 너무 열심히 일하는 직장인, 사람(가장)
- 너무 열심히 돕는 사람과 너무 많이 요구하는 고객 사이의 갈등 관계에서 발생~서로 간의 상호작용(相互作用)의 산물
- 너무 많이 주고 자신을 돌보기를 소홀히 한 사람에게서 나타남
- 헌신-희생-봉사-사명감의 미화(美化) 속에서 그리고 자신의 도구화 개념 속에서 교사가 받는 불리한 점
- 직장인이 자신의 개인적 욕구를 도외시·무시·방치하고 지나치게 집중적, 열정적으로 몰입하여 일하기 때문에 피로한 상태를 말한다. 이러한 상태는 헌신적이고 직장 업무에 전념하는 사람들 즉 지나치게 많이, 지나치게 오랜 기간과 시간, 노력을 투입하여 지나치게 열심히 일하는 사람들. 그리고 세 가지 국면으로부터-즉 자신의 내부로부터, 서비스를 요구하는 고객으로부터, 업무 수행 과정에서 시달리게 하는 행정 직원들로부터-헌신에 대한 압박감을 느끼는 사람들에게 가장 빈번하게 발생한다고 Freudenberger(1974)는 단언했다.
- 대인 서비스 직업 종사자(예: 교사, 간호사, 민원 창구 공무원, 백화점 여종업원, 은행 창구 여직원)에게서 많이 나타남.
- 지나치게 몰두하고 과잉 헌신하는 사람들[25)]

25) 정신분석학자인 Harvey Fischer는 이들은 높은 자존심에 완강하게 매달린다고 주장했다. 그는 이러한 사람들은 직업상 성공가능성을 극대화시키기 위하여 자신의 신체 건강과 사생활을 돌보지 않은

• 교직에 대한 너무 큰 기대와 그 실현이 불가능하다는 것을 인지했을 때

탈진의 진행 과정

Everly와 Feldman(1985)은 탈진의 중요한 원인으로 관료화된 (교육행정) 분위기(bureaucratic atmospheres)와 계속적이고 간헐적으로 반복되는 과중한 근무 부담(heavy workload) 두 가지를 지적한 바 있으며 탈진의 진행과정을 〈표 3-1〉, 〈표 3-2〉와 같은 세 가지 단계로 구분, 제시했다.

탈진이 어떻게 발생, 진행되는가를 설명하는 네 가지 모형이 제시되고 있으나 어느 것도 만족스럽지는 않다.

(1) Edelwich와 Brodsky(1980)의 모형

탈진의 진행과정을 네 단계로 분명하게 구분해서 설명하고 있다.

- **열정**: 드높은 희망과 왕성한 에너지, 비현실적 기대
- **정체감**: 여전히 직무 수행을 계속하지만 자신의 개인적인 욕구에 더 큰 중점을 둔다.
- **욕구좌절**: 비효율을 느끼며 다른 사람에게 분노를 나타내고 그리고 정신적, 육체적, 행동상의 문제를 경험하기 시작한다.
- **냉담**: 도전을 피하면서 필요한 최소한의 일만을 선택적으로 한다.

이들은 자신의 모형에서 정체감과 욕구좌절의 단계 사이에 명백한 구분은 할 수 없다고 했으나 그럼에도 불구하고 탈진을 경험한 교사들의 경험담을 들어보면 대개 욕구좌절은 타성의 상실에 선행하며 그들이 정체감이라고 말하는 상태보다 강도가 약하다. 이 모형은 널리 인용되지만 실증적으로 입증되지 않았으며 어느 특정 전문가 집단의 탈진 진행과정을 이해하기 위하여 적용해 보기에는 한계가 있다.

(2) Spaniol과 Caputo(1979)의 모형

이 모형은 탈진의 진행 과정상의 각 단계마다 다른 등급의 탈진 충격이 나타날 것을 상정하면서 탈진 증상의 성격과 강렬함에 초점을 맞춤으로써 탈진 과정을 조사했다. 따라서 이 모형은 탈진 증상의 지향성 모형이라고 할 수 있다.

- **자극 과민성**: 대・소 사건에 대한 걱정, 욕구좌절감, 지나치게 예민한 반응과 행동

채 모든 불평등에 대항하여 이기려고 필사적으로 노력한다. 이들에게 직업은 자기자신, 자아의 연장, 분신(分身)이며 성공적으로 수행되어야 한다. 그러나 Farber(1991, 89)는 교직에 대한 교사들의 헌신과 전념은 탈진과 긍정적으로 상관관계가 없다는 것을 발견했다.

〈표 3-1〉 탈진의 세 가지 진행 단계

단계 1: 스트레스 각성(Stress Arousal · 다음에 예시한 증상 중 적어도 두 개에 해당)

1. 지속적인 자극 과민성
2. 끊임없는 불안 반응
3. 주기적으로 고혈압
4. 수면 중에 이를 갈기(Bruxism: Grinding your teeth at night)
5. 불면증(Insomnia)
6. 망각
7. 가슴이 두근거림(탈진, 심계항진 · 心悸亢進, Heart Palpitation)
8. 평상시와는 다른 심장 리듬
9. 주의 집중 장애
10. (편) 두통

단계 2: 에너지 유지(보존) (다음에 예시한 증상 중 적어도 두 개 이상이 관련)

1. 업무 처리를 늦게 함
2. 업무 추진 일정에 따라 수행하지 않고 미루는 버릇(Procrastination)
3. 3일의 주말을 요구한다.
4. 성적 욕구가 감소하거나 흥미 상실
5. 아침에 피곤함을 지속적으로 호소한다.
6. 직장에 늦게 복귀한다.
7. 사회적 위축(친구나 가족으로부터)
8. 냉소적 태도 (cynical attitude)
9. (자주) 분노(원망) 한다(자주 화(火)를 낸다).
10. 알코올 소비가 증가(음주량, 음주 횟수가 늘어남)
11. 커피, 차, 콜라 소비, 흡연량이 증가
12. 냉담(apathy)

단계 3: 고갈(기진맥진, Exhaustion, 다음에 예시한 증상 중 적어도 두 개 이상 관련)

1. 만성적인 슬픔 또는 우울증†
2. 만성적인 위통(소화장애)과 배변 문제
3. 만성적인 신체적 · 정신적 피로
4. 만성적인 두통
5. 사회에서 낙오되기를 바람
6. 친구, 직장(일), 가족으로부터 멀리 떠나 있기를 (자신을 속박하는 관계로부터 벗어나 자유로운 신분이 되기를) 바람
7. 자살 시도(감행)를 바람

출처: Everly Occupational Stress Management. In G. Everly and R. Feldman. (Eds). (1985) *Occupational Health Promotion*. New York: Wiley. 186.

주: 이들 세 가지 단계는 통상적으로 계열적으로 일어나지만 1단계에서 3단계로 진행되는 등 진행과정에서 어떤 단계가 중단되기도 한다.

†양극성 장애(조울병)의 조증치료제인 쎄로켈(쿠에티아핀)이 우울증 치료에도 효과가 있다는 임상실험 결과가 미국 정신의학회(APA)지 최신호(2005)에 발표된 바 있다. 미국의 케이스 웨스턴 리저브 대학병원의 양극성 장애 연구소 공동소장인 조셉 켈러 브리스 박사는 쎄로켈이 양극성 장애의 두 가지 증상, 즉 조증과 우울증 모두에 효과가 있는 것으로 나타나서 한 가지 약물로도 조울증을 치료할 수 있는 가능성을 보여주었다고 이 연구의 의의를 밝혔다.

- **피로, 냉소주의, 자신의 효능성에 대한 염려, 변덕스러운 기분**: 일상적이고 지속적이며 벗어나거나 극복하기가 어렵다. 자존심 저하, 직무 수행과 대인관계 접촉을 기피, 두통, 소화계통 문제 발생, 퇴직을 고려함과 같은 심리적 · 신체적 문제 전반적이며 강렬하고 치료가 어렵다.

이들 증상이 왜 발생하고 발달한 정신 내적, 인간관계 그리고 사회적 상황을 도외시하고 증상을 분리시켜 탈진을 이해하려고 시도한 문제점 때문에 과정적 맥락을 중시하는 상징적 상호작용 학파의 관점에서 볼 때 한계가 있다.

(3) Golembiewski, Munzenrider와 Carter(1983)의 모형

이들은 스트레스와 탈진을 반복 경험하면 인격 상실이 변함없이 가장 먼저 발생하고 그 뒤를 이어 개인적인 성취 감소가 이어지며 뒤따라서 정신적 피로가 발생한다고 주장했다. 이들은 Maslach의 탈진 조사 검목표(MBI)의 세 가지 구성 요건을 이용하여 탈진에 대한 실증적으로 진보된 모형을 제안했다.

(4) Farber(1991, 35)의 모형

교사의 탈진 의 진행 과정을 다음과 같이 묘사했다.

1) 교직에 대한 열정과 헌신을 하는 것에서 2) 개인적, 직무관련, 그리고 사회적 스트레스 요인에 대하여 좌절과 분노로 반응하며, 이것은 다시 3) 나 자신이 또는 나라는 존재가 보잘것없다는 즉 무가치한 존재(inconsequentiality)라는 느낌을 낳으며, 이것은 4) 헌신을 기대하고, 그 후에는 5) 다양한 신체적(두통, 고혈압 등), 인지적(그들은 비난받아 마땅하다, 나는 스스로를 돌 볼 필요가 있다.), 정서적(자극 과민성, 슬픔, 우울증)증상에 대한 취약성을 증가시키며 이것은 대처하지 않으면 6) 고갈의 느낌과 주의의 결핍이 발생할 때까지 확대된다.

3. 탈진과 유관개념의 차이

탈진과 우울증, 스트레스 사이의 관련성에 관하여 다음과 같은 의견이 제시되고 있다.

첫째, 우울증 증상과 탈진 증상이 유사하다는 의견이 제시되고 있다. 그 이유는 이 둘 사이에 상당한 상관관계가 있다는 것을 그 근거로 제시하고 있다.

둘째, 탈진의 증상으로 우울증이 설명되고 있다. 그러나 양자 사이의 병인(病因)은 서로가 다르다.

셋째, 우울증 증상[26]과 탈진 증상이 다르다는 것이다. 즉 Freudenberger는 우울증은 죄책

26) 우울증은 유전적인 요인과 환경적인 요인 양쪽이 관계하고 있다는 이론이 제시되었다. 공포, 치욕, 욕구좌절 등의 스트레스가 우울증의 발생 원인이 된다고 알려져 있지만, 같은 경험을 하고도 우울증이 나타나는 사람과 무관한 사람이 있는데 이런 차이는 왜 나타나는 것일까. 영국의 런던 킹스칼리지의 아브 샬롬 카스피 박사 팀은 항우울증 약이 작용하는 세로토닌 트랜스포터(5-HTT) 유전자에 주목하였다. 5-HTT 유전자의 전사에 관계하는 부위의 길이에는 짧고 긴 두 가지가 있다.

감을 수반하는 반면 탈진은 일반적으로 의식적인 분노 상황에서 발생한다는 것이다. 또 Farber(1983)는 탈진 증상은 적어도 초기에는 전면적인 증상이라기보다는 상황-특수적인 경향(situation-specific tendency)을 띤다. 즉 한 영역에서는 탈진하지만 다른 영역에서는 잘 기능한다고 주장한다.

넷째, 탈진이란, 스트레스의 결과 즉 스트레스 진행과정의 마지막 단계의 증상이라는 것이다. 스트레스 연구의 아버지인 Selye(1956, 1976) 박사는 일반 적응 증후군(GAS) 이론에서 이러한 관점을 주장했다.

다섯째, 탈진과 관련시켜 우울증을 설명하는 경우 스트레스에 의한 우울증을 뜻한다.

심리학적 측면에서는 탈진의 증상이 다음에 예시한 우울증의 증상과 유사한 점이 있다고 설명이 되고 있다: 절망감, 무력감, 공허함, 그리고 슬픔, 심신의 병(hopelessness, helplessness, emptiness and sadness: psychosomatic complains－수면 장애와 식욕 부진, 에너지 결핍, 성욕 감퇴: 우울증).

사실 Meier(1984)가 일찍이 언급한 바와 같이 우울증은 탈진의 증상으로 열거되어 왔다. … 탈진의 최종 단계로서 … 그리고 탈진과 유의어로서 우울증이 제시되어 왔다. Meier는 탈진과 우울증 사이에 상당한 상관관계가 있음을 언급한 바 있다. 즉 탈진과 우울증은 많은 사람들이 유사한 정서 상태를 경험하는 것이며 … 그러나 서로 다른 病因(aetiologies)을 가지고

샬롬 카스피 박사 팀은 897명의 피험자를 5-HTT의 길이에 따라 대립 유전자의 한 쪽만 짧은 경우, 양쪽이 모두 짧은 경우, 양쪽이 긴 경우 등 3개 그룹으로 분류하여 스트레스를 받은 피험자와 우울증 발병률을 조사했다. 그 결과 양쪽이 모두 긴 그룹에서는 스트레스 경험 횟수와 우울증 발생률의 상관성이 보이지 않았다.

우울증은 5-HTT 유전인자의 전사에 관계하는 부위의 길이라는 유전적인 요인이 환경적인 요인과 서로 관계하여 발병한다고 연구팀은 결론을 내렸다(Newton, 2003. 11. 8. (주)뉴턴 코리아).

전업 주부의 절반이 우울증을 앓고 있다는 조사 결과가 발표되었다. 대한 우울・조울병 학회는 2003년에 20～60세 전업 주부 572명을 대상으로 전화 질문을 실시한 결과 49퍼센트가 가벼운 정도 이상의 우울증을 앓고 있는 것으로 나타났다고 밝혔다. 세계적으로 여성의 우울증 유병률은 25퍼센트 정도이다. 특히 당장 전문적 치료가 필요한 중증 이상의 우울증을 보인 주부가 21%, 자살 충동을 느껴봤다고 응답한 주부도 14%나 되었다. 학력별로는 중졸 이하의 학력을 가진 주부(64%)가 고졸 이상의 학력 주부보다 우울증세가 좀더 심한 것으로 나타났다. 전업주부 뿐만 아니라 맞벌이를 하는 가정주부의 다수가 우울증을 경험하는 것으로 나타났다. 주부 우울증이 가정을 파괴한다고 경고하고 주의를 기울일 것과 대책 마련을 촉구하고 있다. 세계 보건기구(WHO)는 우울증이 2020년에 인류를 괴롭힐 세계 2위의 질병이 될 것이라고 전망한 바 있다. 우리나라 역시 전 국민의 8%인 약 320만 명이 매년 우울증에 시달린다는 통계가 있을 만큼 우울증은 현대인을 괴롭히는 정신병이다. (주간조선, 2004. 3. 18.)

있다(217)고 결론을 내렸다.

또 탈진의 결과로 나타나는 증상 중의 하나라는 노동자 소외(work alienation)와 탈진이 혼용되어 사용되기도 했다. **노동자 소외**란 산업체(예: 공장)에서 일하는 사람에 대하여 사용하고 있는데, 노동은 노동자 외부에 놓여 있으므로 … 그는 자신을 확인하지 못하고 자신을 부인하며 만족을 느끼지 못하고 불행해하며, 자신의 신체적·정신적인 에너지를 자유롭게 개발하지 못하고 신체를 상하게 하고 정신을 황폐시킨다. 즉 소외는 자기가 타인처럼 느껴지는 의식 상태를 말한다.

직무 불만족은 일의 분열, 일터 내부의 경쟁, 그리고 노동자의 자율성의 상실, 선택·결정권에서 제외되는 데 대한 반작용으로 볼 수 있다. Selye(1956, 1976)는 스트레스 반응에 대한 대처 기제를 설명하는 개념으로서 일반 적응 증후군(General Adaptation Syndrome, GAS)이라고 명명한 스트레스에 대한 단계 이론을 제안했다. 이 GAS는 스트레스의 진행 과정의 마지막 단계의 증상으로서 탈진을 제시했다.

Selye 박사의 GAS에서 소개된 고갈(exhaustion)은 스트레스에 대한 경계－저항을 통해서도 제거되지 않으면 대처에 심신의 에너지가 소진된다는 것이다.

이 기회에 일거리 없이 대기 발령을 받아서 우울증이 발생된 직장인에게 산업재해(産業災害) 판정을 받은 사례를 소개한다. 일본이나 한국에서 공히 과로, 업무과다(over load)에 따른 우울증이나 직무 스트레스가 산재로 인정된 사례가 많지만 일거리가 없어서 우울증이 발생되고 이것이 스트레스를 유발하며 이러한 현상을 산재로 인정한 사례는 희소한 경우이다.

회사가 할 일을 주지 않아 사원이 우울증에 걸렸다면 이는 산업재해에 해당한다는 결정이 일본에서 나왔다. 과로에 따른 우울증이 산재로 인정된 경우는 많지만, 회사가 할 일을 주지 않은 데서 비롯된 우울증이 산업 재해로 인정되기는 이번이 처음이다. 2003년 11월 2일 마이니치 신문에 따르면 가나가와현 요코 하마니시 노동사무소는 최근 후지사와시에 사는 남자 사원(36)과 현내에 거주하는 다른 남자 사원(35) 등 두 명의 우울증을 산업재해로 인정했다.

건강식품 관련 회사에 근무하는 두 사람은 2001년 4월 다른 사원 20명과 함께 자회사로 옮기라는 명령을 받았으나, 이를 거부한 끝에 다음달 인사에서 인사부 소속 발령을 받았다. 회사는 이들에게 일거리를 주지 않은 것은 물론, 전화와 PC도 없는 자리에 종일 앉아 있게 했으며 몇 달 후에는 칸막이를 둘러쳐 격리 상태로 만들었다. 36세의 남자 사원은 3개월 후부터 두통과 구토 등의 증세를 보인 끝에 경증 우울증 진단을 받았다. 나머지 한 명도 우울증 진단을 받았다.

교사의 직무 스트레스나 탈진에 관한 문제제기, 원인, 반응양태, 효과, 대처·관리 방안 모두는 인간의 실존, 삶의 의미 즉 무엇을 위해 사는가, 무엇이 중요한가, 나는 무엇을 하는 사람인가, 누구인가에 대한 실존적인 고민과 몸부림인 것이다.

스트레스와 탈진의 개념구안(conceptual scheme)에 대한 혼란과 개념을 평가하는 방법론적인 한계

스트레스와 탈진을

1. 널리 퍼지는, 전염되는 비극적, 부정적인 삶의 일부로 보는 시각이 있다.
2. 이들 용어 자체가 진의(眞意)가 불분명한 상태에서 남용되고 있다.
3. 직장인의 경우에 게으름과 방종, 근무 태도 불량, 근무 태만에 대한 편리한, 의도적인 변명이나 구실이 되고 있다.
4. 이것들이 자기 영속적인 경향이 있어서 탈진의 진행 과정을 정지시키는 것이 쉽지 않다.
5. 개념상으로는 스트레스와 탈진을 구분해서 다루고 있으나 실제상으로는 구분하기가 어렵다(Farber, 1991). 두 개념의 경계는 실제로 확실한 구분이 어려우며 탈진과정에서도 강렬한 스트레스를 경험하기가 쉽다. 만성적인 스트레스는 전형적으로 탈진 증상과 유사하다고 지적되고 있다.
6. 무엇이 탈진을 구성하는가에 대한 합의된 견해가 없다.
7. 탈진이 발생했는지 여부에 대한 측정이 쉽지 않고 탈진 증상과 원인이 개인마다 다르고 탈진 진행 과정에 대한 전형적인 절차에 대한 명시(明示)가 불확실하다.
8. 대중 언론과 전문적 문헌 모두가 미국의 경우에는 대개 스트레스를 탈진과 혼동하거나 동일시하고 있는 것을 지적할 필요가 있다(Farber, 1991, 30). 우리나라의 경우에는 탈진에 관한 언급이 적고 주로(부정적) 스트레스 위주로만 다뤄지고 있다. 심리학적으로 해석할 때 비록 두 개념이 유사하지만 의미가 일치하지는 않는다.

탈진은 더 흔히 스트레스 자체의(돕는 전문직에 아마도 불가피한 것) 결과가 아니라 조정되지 않은 스트레스의－스트레스를 받으면서도 핑계・구실이 없으며 완충작용이 없고, 후원체제가 없는 것－결과이다.

대개 간과되는 것은 스트레스는 긍정적 스트레스와 부정적인 스트레스로 과잉 스트레스와 과소 스트레스로 구분되고 있다는 것이다(〈그림 3-3〉 참조).

우리나라에서는 주로 부정적 스트레스에 대한 담론이 매스컴에서 화제 대상이 되고 있다.

사연이 많은 삶을 누리면서 인간은 스트레스로부터 자유로울 수 없으며 우리나라에서는 부정적 스트레스 위주로 스트레스 문제를 다루고 있고 정도와 양과 성질의 차이가 있을지언정 남녀노소, 신분, 사회 경제적 지위, 직종에 관계없이 인간은 누구나 스트레스를 받는다. 스트레스에 정복당하거나 패배자가 되기보다는 이용을 하고 가치 있게 활용, 관리하는 지혜가 필

〈그림 3-3〉 스트레스의 유형(types)

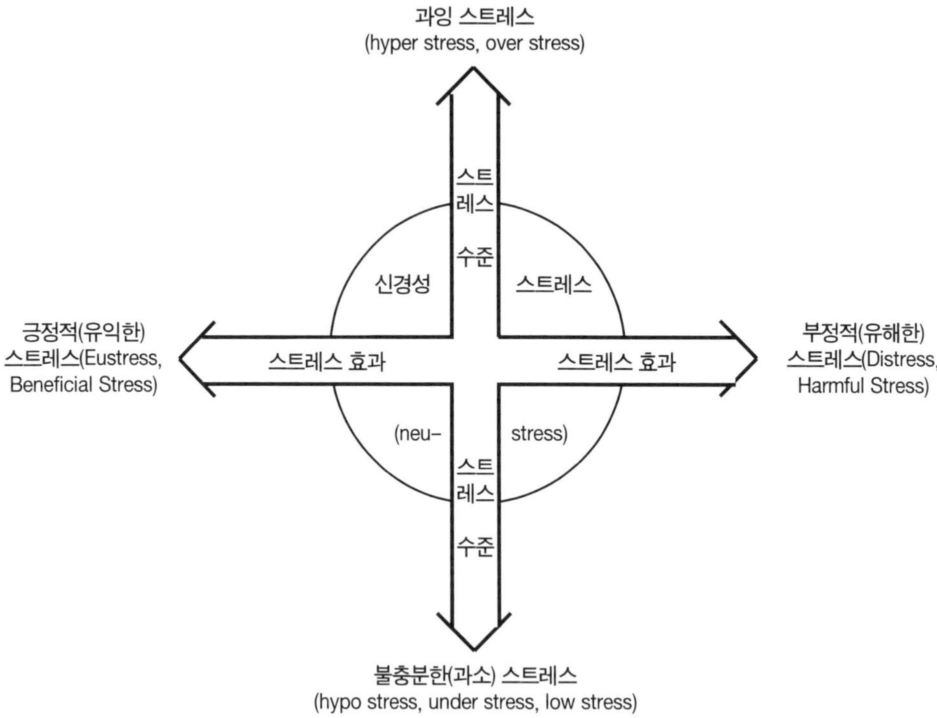

Selye(1974)의 스트레스의 네 가지 기본 변인

출처: 4 Basic variations of stress/ Gen. Adaptation synd. from *Stress without Distress* by Hans Selye, N. D. Copyright ⓒ 1974 by Hans Selye.

요하다. 인간 생존과 스트레스는 불가분리의 관계가 있다.

Selye(1956)가 50년 전에 언급하였던 사실인데 스트레스는 환경의 요구와 개인의 대응 능력 사이에 상당한 불균형(지각으로나 현실 실제상으로)이 발생할 때 나타난다. 환경의 요구가 증가하거나 개인의 대응 능력이 감소함에 따라 스트레스의 가능성은 부정적 경험－그리고 궁극적으로는 탈진 상태에 영향을 끼치는 것－이 되기가 더 쉽다는 것이다.

스트레스와 탈진을 동의미인 것으로 착각하고 혼용하는 것이 잘못된 것이라는 점을 지적하면 첫째, 잘못은 아마도 교사의 탈진에 관한 관련 자료에 대한 부족에서 교사의 스트레스 원천에 대한 자료로 대체되는 데서 기인한 것 같다. 둘째, 스트레스를 받는 교사들은 변함없이 탈진한 교사가 된다는 묵시적이고 틀린 가정에 근거한 용법에서 비롯된 것이다.

탈진은 다양한 부정적인 스트레스 여건에 대한 성공적이지 못한 대처 과정의 마지막 단계로 간주하는 것이 타당한 의견이다. 그리고 만성적인 스트레스는 전형적으로 탈진과 현저하게 다르지 않기 때문에 즉 만약 점검, 조정, 개입, 관리되지 않은 상태로 방치되면 탈진의 마지막 상태로 진전되기 때문에 그리고 만성적 스트레스나 탈진은 공통적으로 심신의 건강과 건강 악화를 초래하기 때문에 둘 다 중요하게 다뤄져야 할 문제이다.

4. 탈진 문제의 중대성

비록 연구자들이 비율이 높다는 것에는 일치를 보이고 있지만 공・사립학교 교사들의 탈진 비율을 정확하게 측정하기란 쉬운 일이 아니다. 더군다나 대부분의 연구자들이 탈진 수준보다는 스트레스를 평가한다. Litt와 Turk(1985)는 대학 교수의 38%가 자신의 직업이 삶에 있어서의 주된 스트레스 원인이라고 느끼는 데 반해, 공립학교 교사의 경우는 79%가 그렇게 느낀다고 보고했다. 스트레스의 수준은 학교가 위치한 지역과 사회에 따라 다양하다(Menlo와 Poppleton, 1990). 국제교육 비교 문화 연구회가 1986년부터 1988년까지 다섯 개 국가에서의 직무태도를 연구한 결과 서독, 영국, 미국, 일본, 싱가포르의 교사 10내지 1%만이 스트레스의 수준이 낮거나 스트레스가 없는 것으로 나타난 데 반해, 서독의 교사 21%가 상대적으로 스트레스가 없는 것으로 나타났다(Poppleton, 1990). 거기에다 1/3 내지 그 이하의 교사들(영국의 경우는 겨우 15%)이 자신이 몸담고 있는 학교 교사의 사기가 괜찮은 편이라고 보고했다(Poppleton, 1990). 위의 연구에서 탈진 문제는 언급되어 있지 않다.

탈진에 대한 많은 연구가 좁은 지역을 대상으로 했거나 사례연구이기 때문에 일반화하는 데 문제가 있다. Cedoline(1982)은 미국에서 교사의 탈진율이 10%에서 80%인 곳까지 조사를 하였는데 그 범위가 너무 넓어서 가치가 없었다.

Dworkin(1987) 및 Le Compte와 Dworkin(1991)은 도시와 그 변두리 지역의 교사에 대한 자료에 의거해서 교육 개혁이 이루어지기 전의 탈진율이 37.3%라는 결론에 도달했는데, 이 경우에는 교사의 책임을 더 요구하며, 개혁 후의 비율은 64.1%였다. 도심 교사의 탈진율이 변두리 교사의 탈진율보다 약간 높았다. Kalekin-Fishman(1986)의 대도시 중등 교사에 대한 연구에서 이스라엘 교사들 사이에 탈진이 만연해 있다고 결론지었다. 그러나 비율은 구하지 못했다.

몇몇 연구자들은 MBI의 요인을 국가별로 비교해 보았는데, 탈진율을 확인했다기보다는 탈진이 갖고 있는 요인들 사이의 차이점을 결정했다. Sarros(1990)는 호주의 교사들이 미국의 교사들보다 탈진에 있어서 정서적으로 지친 측면이 덜한 반면, 캐나다의 교사보다는 더한 것을 발견했다. 반대로, 탈진의 탈인격화 형태의 비율은 미국의 교사에게서 가장 높은 반면 호주와 캐나다의 교사의 경우에는 모두 낮았다. 마지막으로, 호주의 교사는 개인적 성취감의 감소로 가장 고통 받고 있었고, 그 다음이 캐나다의 교사, 그리고 미국의 교사 순이었다. 유감스럽게도 국내에서는 교사의 탈진 상태에 대한 연구 자료가 부족하다.

5. 탈진하기 쉬운 교사

탈진이 산업 사회의 도시 학교에서 만연하는 현상이지만, 모든 교사가 똑같이 탈진에 민감한 반응을 보이는 것은 아니다. 심리학자들은 성격과 개인적 요인을 탈진 가능성과 구별해 온 반면에, 사회학자들은 집단, 조직, 그리고 사회 구조적 요인에 초점을 맞춰왔다.

(1) 개인적 요인

많은 심리학자들이 다른 사람보다 스트레스를 극복하지 못하는 성격의 소유자를 탈진하기 쉬운 유형으로 간주해 왔다. Kahn 등(1964)은 신경질적인 사람과 내성적인 사람이 교직에서 더욱 스트레스를 느끼며, 직업의 이상에 대한 실망을 느끼기 쉬울 것이라고 제안했다. 그들은 또한 융통성이 있고 민주적인 사고자(극단적인 조직의 요구에 대해 보통 'no'라고 말하지 않는 사람과 경직되고 독재적인 행정가 밑에서 힘든 일을 하는 사람)는 경직된 학교체제에서 가르치게 될 때 스트레스의 증가를 느끼고, 탈진할 가능성이 많다고 했다. 마지막으로, Mazur와 Lynch(1989)는 A형 성격의 소유자(긴장 완화에 문제가 있는 사람)뿐만 아니라 통제의 소재를 외부에 두는 사람(자신의 인생에 있어서 기회가 운명이나 영향력 있는 타인에 의해 통제된다고 믿는 사람)들이 B형 성격의 소유자나 통제의 소재를 내부에 두는 사람보다 탈진 가능성이 높다고 경고했다. Kyriacou(1980)의 연구에서의 미국 교사와 Dworkin(1987)의 연구에서의 영국 교사는 통제의 소재가 외부에 있는 경우 탈진 가능성이 높은 것으로 나타났다.

(2) 인구통계학적이고 조직적인 요인

인구통계학적인 요인은 교사가 속한 거대한 사회 혹은 직업현장(학교)에서 자신의 사회적 지위에 영향을 끼치는 구성 범주이다. 그러한 요인에는 연령, 교직경력, 인종, 민족성, 사회계층, 성별 등이 있다. 조직적 요인에는 학교의 규모(학교의 관료화 정도), 가르치는 수준의 정도, 학교 조직의 건강성과 효율성, 학교장의 경영 스타일 등이 있다.

일반적으로, 탈진은 5년 이상의 경력 교사보다는 경험이 적은 교사에게서 자주 나타나는 병폐이다(Cedoline, 1982; Dworkin, 1987; Mazur와 Lynch, 1989). Cherniss 등(1976)은 임용 전에 적절한 연수를 받지 않으면 신규 교사들은 많은 문제를 겪게 되고 탈진 가능성이 높아진다고 보고했다. Russell 등(1987)은 여러 가지의 보고된 스트레스 원인(탈진의 원인)이 연령과 경험에 따라 감소한다는 것을 발견했다.

인종적 고립이 또한 탈진의 원인이 된다(Dworkin, 1987). 미국의 도시지역 학교에서 백인들이 교외로 이사 가거나 자녀를 사립학교로 전학시킴에 따라 도시의 백인 학생들은 소수인

종이 되어버렸다. 많은 백인 교사들이 학생들 사이에서 자신은 인종적으로 고립되었음을 발견하며 심지어는 위협까지 느끼는 것이다. 마찬가지로, 백인이 다수인 교외 지역 학교의 소수 인종 교사들은 인종적 고립감을 보고한다. 부모가 백인 교사를 선호하게 되면 학생들은 그것을 배우고 결과적으로 소수 인종 교사는 소외감을 느끼는 것이다. 그러나 교외 지역의 소수 인종 교사는 다수 인종 교사보다 탈진을 경험할 확률이 낮을 수도 있는데, 그것은 부분적으로 인종적 소외가 교외의 소수 인종 교사에 대해서보다 도심의 백인 교사에 대해서 심하다는 사실에 기인한다(Dworkin, 1987).

그 외에 도시 지역뿐만 아니라 도서, 벽지, 농·어촌 등 지역적 고립 지역이나 문화적 소외 환경도 스트레스나 탈진의 원인일 수 있다는 것이 저자의 생각이다.

교사와 학생들 사이의 사회적 계층의 차이를 미국의 도시지역 학교에서 자주 볼 수 있는데 이것은 인종에 상관없이 교사에게 문화적인 충격감을 준다(Le Compte, 1985). 대부분의 공립학교 교사들이 중산층 출신인 데 반해(Dworkin, 1980), 도시지역 학교 학생의 대부분은 노동자나 하류층 출신이다. 이러한 차이는 생활 양식, 기대, 포부, 가치관, 심지어는 의사소통방식까지 반영한다(Le Compte와 Dworkin, 1991 참조). 많은 부모들이 교사를 가까이 하기 어렵고 책임감이 없다고 느낀다(Richardson-Koehler, 1989). Ogbu(1974)는 중산층의 교사가 저소득층이나 하류층의 학생을 위해 방과 후에 공부를 가르쳐도 부모들은 감사함을 나타내지 않았다고 지적했다. 실제로 교사보다 소득이 낮은 학부형은 교사가 충분한 봉급을 받고 있기 때문에 따로 감사할 필요가 없다고 느낀다. Kyriacou(1980)와 Sutcliffe(1978)의 연구에서는 영국의 도심지역 학교 교사에게서 유사한 좌절감을 발견하였다.

탈진과 성별 사이의 관계에 대해서는 증거가 혼합되어 있다. 캐나다의 남자 교사(Burke와 Greenglass, 1989)와 미국의 남자 교사(Russell 등, 1987)는 교사 역할과 관련된 스트레스를 더 많이 보고하고 있으며, 여자 교사에 비해서 탈진으로 인한 탈개인화를 더 많이 경험하는 것으로 보고하고 있다. 이 연구에서 여자 교사는 남자 교사보다 사회적 지원을 더 많이 경험하는 것으로 보고하고 있으며, 이러한 지원이 탈진의 가능성을 감소시켰다. 그러나 중다 모델 상에서 성별의 차이는 소멸된다(Dworkin).

학교의 규모 또한 관료화의 정도에 영향을 끼친다. 다시 말해서, 관료화의 정도가 증가함에 따라 교사들의 고립감 또한 커진다. 그것은 역할 갈등, 역할 모호성, 그리고 궁극적으로 교사의 탈진을 유발하며, 따라서 교사는 조직의 여러 계층으로부터 하달되는 명령에 복종하도록 강요받는 것이 된다. Jackson(1968) 및 Maslach와 Pines(1979)이 소규모 학교에서 스트레스가 적고 탈진율이 낮은 것을 발견한 데 비해, Russell 등(1987)은 학교의 규모가 클수록 탈진율이 높은 것을 발견하였다.

탈진이 학급 및 학교의 규모와 관계가 있다면 그 비율이 중등학교에서 가장 높을 것이라고 예상할 수 있는데, 일반적으로 규모가 큰 중등학교는 높고, 규모가 작은 편인 초등학교에서는 낮다. 그러나 그러한 자료가 최종적인 것은 아닌데, 학년과 탈진의 관계가 복잡하다는 것이다. 몇몇 조사자들은 중등학교의 여교사들이 초등학교 교사들보다 높은 수준의 탈진의 탈개인화 정도를 보고하였다는 점을 지적했다(Russell 등, 1987). 반대로, Anderson과 Iwanicki (1984)는 학년과 탈진 사이의 곡선관계를 지적하였는데, 중학교 교사가 초등학교나 고등학교 교사보다 더 높은 탈진율을 보였다는 것이다. 다른 조사자들은 중학교 교사가 직무 스트레스가 높은 반면에 초등학교 교사는 탈진율이 높다는 것을 발견하였다(Dworkin, 1987). 그 이유는 초등학교 학생들이 교사에게 많은 인간적 관계를 요구하기 때문이다. 초등 교사는 같은 학생들과 하루 종일(자유시간은 없다) 마주 대해야 하는 것이다. 그러한 관계가 스트레스를 주는 것이다(Jackson, 1968).

몇몇 연구자들은 학교장의 학교 경영 스타일이 교사의 사기와 탈진율에 상당한 영향을 끼친다고 지적하고 있다(Kyriacou, 1980; Murphy와 Paddock, 1986; Dworkin, 1987; Firestone과 Rosenbaum, 1988; Dworkin등, 1990). 교장의 경영 스타일이 권위적이거나 자유방임형인 경우가 민주적인 경우보다 교사 탈진율이 높다(Murphy와 Paddock, 1986). 거기에다, 교사들이 원(기대)하는 교장의 경영 스타일과 실제의 경영 스타일이 불일치하는 경우에도 탈진이 발생한다(Dworkin, 1987). 나아가서, 교사가 지각하는 학교장의 경영 스타일이 교사 자신들을 지원하지 않고 학교의 여러 결정에서 자신들은 쓸모없고 소외된다고 느끼는 경우에도 탈진이 발생한다.

6. 교사의 탈진, 전직 및 파멸(entrapment)

공립학교 교사의 전직률은 평균 전직률을 상회하는데 그것은 여성들이 주로 일하는 비전문직의 이직률과 비슷하다(Price, 1977). 미국에서, 1980년대 교육 개혁의 결과로 교사에 대해 더 많은 책임과 사무량을 요구하게 되고(Le Compte와 Dworkin, 1991), 보수가 좋은 여타 분야의 직업을 구할 기회가 많아짐으로 해서(Mark와 Anderson, 1985) 전직률이 증가했다. 그러나 교실을 떠난 교사의 1/3이 교직과 다른 직업 사이를 왔다 갔다 했다(Heyns, 1990).

탈진은 직업을 그만두고 싶다는 열망에서 비롯된다(Calamidas, 1979; Cherniss, 1980; Cedoline, 1982; Dworkin, 1987). 그것은 또한 높은 결근률과도 관계가 있다(Calamidas, 1979). 그러나 탈진으로 인한 실제적인 전직은 없는 것 같다(Cherniss, 1980; Jackson et al., 1986; Dworkin, 1987). 실제로 거의 탈진한 교사도 그만두지는 않는다(Jackson 등, 1986). 전직은 교직 이외의 직업을 구할 기회와 밀접한 관계가 있는 것 같다. 유사한 분야에서 능력을 발휘할 수 있는 전문 기술을 가지고 있는 교사(예를 들면, 수학, 과학, 산업미술, 경영 등)를 제외하고는, 교직에 머무르는 한 대부분의 교사는 재교육을 받거나 낮은 지위, 열악한 봉급을 감수해야만 한다(Dworkin, 1987; Le Compte와 Dworkin, 1991).

국제 교육 비교문화 연구회에서 5개국을 대상으로 한 연구에서 1/2에 약간 못미치는 수의 서독과 미국 교사, 영국 교사의 1/5가량, 일본과 싱가포르의 교사의 1/5 이하가 기회가 주어진다면 다시 교직을 선택하겠다는 결과를 보였다(Poppleton, 1990). 그럼에도 불구하고 Poppleton(1990)은 미국 교사의 2/3와 일본과 싱가포르 교사의 3/4이(영국과 서독에서의 결과는 알려지지 않았다) 교직을 선택하겠다는 반응이 나타났다.

탈진이 되면, 그만두기를 원하지만(많은 교사가 한때, 이직이나 전직을 심각하게 고려한다) 다른 직장을 구할 수 없기 때문에, 많은 교사들이 원하지 않아도 교직에 머무르는 것이다. 실제로 도시 지역의 공립학교 교사에 대한 5년 동안의 추적 연구에서 Dworkin(1987)은 그만두기를 원하는 탈진한 교사의 거의 3/4이 교직을 떠나지 못하는 것을 발견하였다. 다른 연구의 결과에 의하면 탈진 교사의 37%가 그만두기를 원했지만 만족스러운 다른 직업을 찾지 못했다(Le Compte와 Dworkin, 1991). 그들은 명백하게 함정에 빠진 것이다.

이러한 함정은 교사와 학교 모두에게 문제가 있음을 나타낸다. 교사에게 있어서는 혐오하는 직업을 계속함으로 해서 발생하는 개인적이고 정서적이며 정신적・물질적인 소모와 관계되는 인간적인 문제이다. 학교에 있어서는 구조적인 문제이다. 교사가 함정에 빠지는 것은 교직원들의 문제를 악화시킨다. 많은 봉급을 주어야 하는 경력 교사를 봉급이 적은 신규 교사로 대치하는 방식으로 전직을 통하여 예산상의 균형을 맞추려고 하는 교육청에서는 일선의 교사들이 그만두고 싶어하지만 그렇게 하지 않는다는 것을 알았다. 더구나, 가장 어려운 문제는 학생들의 실력을 높이기 위하여 새로운 프로그램을 도입하는 데 있어서, 자신의 학생을 무시하며 학생지도나 수업지도 그리고 교육력의 제고에, 교직 자체에 관심이 없는 탈진한 교사에게 의지해야 하는 것이다.

탈진 증세는 대개 5단계로 나타나는 것으로 구분한다.

- 탈진의 초기 증세인 1단계인 **신혼기**는 열성적이던 일이 점차 재미가 없어지고 의욕도 떨어지기 시작한다.
- '**연료 부족기**'로 표현되는 2단계는 탈진 증상이 눈에 띄게 나타난다. 만성 피로가 심해지고 수면장애를 보이며 때때로 약물복용을 하게 된다.
- 3단계는 각별한 관리를 하지 않으면 탈진 증세는 5단계로 치닫기 쉽다. **만성 증상기**인 이 단계는 과도한 일로 인해 질병을 일으킬 위험이 높고 분노와 우울증 등 심리적 증세를 보이기 시작한다.
- 4단계인 **위기**에 이르면 급성 질병이 발생, 출근하기 힘든 지경에 이르게 된다. 심리적으

로는 자신을 의심하고 쉽게 비판에 빠지며 중요하지도 않은 일에 강박적인 집착을 보이는 것이 특징이다.

- **절망기**인 5단계는 관상동맥경화, 뇌출혈 등 치명적인 질병을 일으킬 만큼 신체적 문제가 심각해진다. 정신과 의사들은 내원환자 중 복통, 두통 등으로 병원을 찾았다가 결국 정신과로 오는 환자의 20% 이상이 심한 탈진과 스트레스를 겪는 40대 직장인이라고 말한다. 그러나 충분한 휴식 · 운동 · 취미 · 대화 등으로 과로와 스트레스를 잘 관리하면 탈진 상황과 만성피로증후군은 얼마든지 벗어날 수 있다고 충고한다.

푹 자고 나서도 쉽게 피로가 풀리지 않고, 항상 몸이 나른하며, 매사에 의욕이 떨어지는 증세가 흔히 만성피로증후군(CFS)으로 알려져 있으나 관련 질환도 많아 의학자들도 진단이 어렵다.

뚜렷한 원인을 알 수 없는 전신 권태증이 계속되는 현대인의 기병(奇病)인 만성피로증후군(CFS) 환자가 일본(日本) 전국에서 120명이 된다고 일 후생성 연구반이 밝혔다(1992. 2. 25, 조선일보, 제21911호).

연구반이 최근 3개 의료기관을 통해 실태를 조사한 결과 확인된 CFS 환자 120명은 남성 53명, 여성 67명으로 여성 쪽이 약간 많았으며 연령은 16세에서 62세까지 널리 분포되어 있었다. 발병 지속 기간도 최단 6개월에서 20년까지 크게 차이가 있는 것으로 나타났다.

이들은 적합한 치료법이 없어 주로 대증요법에 의존하고 있는 실정이며 비타민 C의 대량 투여방법 등으로 환자의 10% 가량은 증상회복을 보이고 있는 것으로 알려졌다.

한편 동 연구반이 CFS의 실태 조사를 위해 작성한 진단 기준 시안은 미국 방역센터의 진단 기준을 참고한 것으로,

1. 일상생활에 지장을 줄 정도로 강한 피로가 6개월 이상 계속된다.
2. 미열이 난다.
3. 림프절이 붓는다.
4. 능력이 저하된다.
5. 건망증이 생기고 주의 집중력이 저하된다.
6. 불면증이 생긴다.

등 11개 항목 중 6개 이상의 증상이 나타난 경우이다.

'어느 정도 쉬어도(휴식을 취했음에도) 낫지 않고 일상생활에 막대한 지장을 초래하는 원인 불명의 피로가 6개월 이상 계속될 때'

이것은 미국 질병통계센터(CDC)가 내린 만성피로증후군(CFS)의 정의인데 과로나 특정 질

〈그림 3-4〉 만성피로 자가 진단법

- **질문 1.** 쉬면 좋아지는가? → **육체적 · 정신적 과로**
- ↓
- **질문 2.** 한기를 느끼거나 머리카락이 잘 부서지고 체중 증가와 피부가 건조해지는가? → **갑상선 기능 저하증**
- ↓
- **질문 3.** 얼굴이 창백하고 자주 어지러우며 숨이 가쁘고 가슴이 두근거린 적이 있는가? → **빈혈**
- ↓
- **질문 4.** 집중하기 어렵거나 우유부단해지고 두통과 성욕 감퇴, 의욕 상실감이 있는가? → **우울증**
- ↓
- **질문 5.** 불면증, 임신 초기, 독감회복 시기, 알코올 중독인가?
- ↓
- **만성피로증후군**

환 등 명확한 원인이 있어서 발생하는 피로는 제외된다.

최근 미국 질병관리센터(CDC)가 전반적인 CFS의 진단 기준을 제시해 전문가는 물론 일반인들의 관심을 끌고 있다(〈그림 3-4〉 참조).

만성 피로의 원인. 바이러스 · 정신적 원인 · 면역 이상 등이 제시되고 있으나 정확한 원인은 밝혀져 있지 않아 독립된 질병이 아니라고 주장하는 의학자도 많다.

- **바이러스 설**: E · B 바이러스, 사이토메가로바이러스, 허피스바이러스, 레트로 바이러스

〈표 3-2〉 만성 피로 증후군(CFS)의 진단 기준

대(大) 기준
1. 6개월 이상 끊임없이 재발하는 피로・권태감(일상생활 중 50% 이상이 손실)
2. 정신・신체 증세로 보아 세균 감염증 등의 다른 증세로 생각되지 않는다.

소(小) 기준
1. 다음과 같은 자각 증세가 있다.
   - 미열 또는 오한
   - 인두통(咽頭痛)
   - 림프절의 통증이 수반되는 부어오름
   - 근력 저하
   - 근육통 없는 불쾌감
   - 가벼운 작업 뒤 24시간 이상 계속되는 전신 권태감
   - 두통
   - 부어오르지 않는 이동성 관절 통증
   - 정신신경 증상(광선 과민증, 건망증, 흥분, 혼미, 사고력 저하, 집중력 저하, 우울상태 중 한 가지 이상)
   - 수면 이상
2. 신체 소견(적어도 1개월 이상 간격을 두고 2회 이상)
   - 미열
   - 인후염
   - 림프절의 압통(壓痛) 또는 부어오름

※ 대 기준 2항목 + 소 항목(자각증세 6항목 + 신체 소견 2항목) 혹은 대 기준(2항목) + 소 기준(자각 증세 8항목)에 해당되면 만성 피로 증후군으로 진단

등이 원인균으로 제시되고 있다. 그러나 E・B 바이러스 이외에 임상적으로 연구된 것은 아직 없다.

- **정신적 원인**: 심한 스트레스・우울증과의 관계가 논의의 쟁점이 되고 있다. 대다수의 CFS 환자는 실제로 우울증 등의 정신질환을 갖고 있으며 그렇지 않은 환자도 점차 2차적으로 우울증을 일으킨다는 의학자도 많이 있다. 일본의 최근 조사에서도 이 환자의 50～80%가 우울증 등의 정신 질환을 갖고 있다고 보고하고 있다. 또 대다수의 환자가 CFS 발생후에 우울증과 불안 증세를 나타냈다는 것이다.
- **면역 이상**: 인체 면역계통 이상에서 발생한 알레르기성 질환이 있었던 환자에게서 이 증세가 많았다고 하여 하나의 원인으로 등장하고 있다.

치료. 추정되는 원인에 따라 정신과적 요법과 약물 요법을 쓰고 있다.

- **정신과적 요법**: 스트레스・우울증 등에 따른 정신의학적 요법으로 신경 정신과 의사와의 상담이 필수적이다.

〈표 3-3〉 만성 피로 증후군(CFS)의 증상

증상	백분율(%)
피로	100
집중력 장애	90
두통	90
인후통	85
림프절이 아픈 경우	80
근육통	80
발열감	75
관절통	75
수면 장애	70
정신과적 문제	65
알레르기	55
복통	40
체중 감소	20

- **근육 주사**: 유산 마그네슘의 근육 주사가 환자의 기력과 정서를 개선하고 통증 완화에도 큰 효과가 있는 것으로 분석되고 있다.
- **기타**: 적당한 운동 프로그램을 작성해 규칙적으로 반드시 여러 사람과 함께 가벼운 스포츠 등 운동을 시키는 요법이 효율적인 것으로 평가받고 있다.

"나 회사 안가", "왜, 피곤하니까" - 고달픈 현대인의 상징인 샐러리맨의 심정을 나타내 준 이 광고는 많은 이들로부터 공감을 받았다.

실제로 병원에 와서 "늘 피로해요"라고 호소하는 사람이 많다. 의학적으로는 일상생활에 지장을 주는 만성피로가 다른 신체적・정신적 불편함을 동반할 때 '만성피로증후군(CFS)'이라고 한다. 이 증세는 이제까지는 어떤 감염이 주된 원인일 것으로 인식되어 왔다. 근거는 만성피로를 느끼는 사람들을 대상으로 조사했을 때 이 증세가 생기기 이 전 어떤 질환에 감염되어 있었다는 결과에 의한 것이다. 그러나 미국의 의학전문지 「랜싯」 최근호(1995)는 만성피로가 반드시 감염이 원인은 아니라는 결과를 낸 논문을 실었다. 이에 따르면 영국 왕립의과대학의 정신과 교수인 웨슬리 박사팀은 18~45세 사이에 감염증상이 있었던 환자 1,199명과 비감염자로 수술 받은 환자 1,167명을 대상으로 6개월 후 추적 관찰을 했다. 결과는 감염 증상이 있었던 그룹에서 9.9%, 비감염자 그룹에서 11.7%의 환자가 만성피로를 호소해 통계학적으로 두 그룹 간에 차이가 없음을 나타냈다.

이것은 일반적으로 감염이 만성피로를 유발할 가능성은 아주 적다는 것이다. 물론 이 결과가 E-B 바이러스 등에 의한 특수 질병이 만성피로를 호소하는 환자 중 2~3 정도에서 심하지는 않지만 어느 정도의 우울증상이 동반된다는 것은 알려져 있던 사실이다.

따라서 이번 결과는 피로감이 환자의 심리상태와 좀더 밀접한 관련이 있지 않을까하는 가능성을 제시해 준 것이라고 할 수 있다.

최근에 **『오슬로의 그물: 만성 피로 증후군 유행성에 대한 미궁의 내막』**(*Osler's Web inside the Labyrimth of the Chronic Fatigue Syndrome 〈CFS〉 Epidemic*, Crown, 1966)을 펴낸 Hillary Johnson은 이 책에서 CFS의 증상으로 초기에 전신을 엄습하는 무력증과 함께 메스꺼움, 두통, 인후통, 근육통, 불면증 등이 나타나며, IQ 저하, 치매(dementia), 공간 감각 상실 등 두뇌 손상으로 악화된다고 설명하고, 심한 경우에는 자살을 기도하기도 하는데 1995년 미국 하버드 대학 조사에 따르면 CFS에 감염된 미국인은 모두 2백만 명에 이른다는 것이다. 그러나 현재까지 만성피로증후군(CFS)의 원인과 증상, 감염 경로, 반응 양태에 관해서 알려진 것보다 미지의 과제로 도전과 탐색이 요구되는 질환이라고 보는 것이 타당할 것이라는 견해를 밝혔다.

지나친 정신적 스트레스는 뇌의 노화와 학습능력・기억력 등의 감퇴를 초래한다는 연구결과가 나왔다.

로스앤젤레스 타임즈 최근호(1991. 5)에 따르면 미국 켄터키 대학의 필립 박사팀은 최근 쥐를 이용한 스트레스 실험에서 장기간 과도한 스트레스를 받은 쥐는 아드레날린・코티손 등 이른바 '스트레스 호르몬'이 과도하게 분비, 결국 뇌세포를 손상시킨다는 사실을 확인했다는 것이다.

특히 이 실험에서 늙은 쥐의 경우 스트레스가 뇌세포를 괴사시킨다는 새로운 사실이 밝혀져 치매(노망)가 스트레스에 의한 뇌세포의 기능 정지 때문일 수도 있다는 추측을 낳고 있다.

미국국립노화연구소장의 프랭클린 박사는 '이번 연구에서 주목할 점은 뇌의 여러 부분 중 치매가 일어나는 부위인 '변연계'에서 바로 뇌세포의 괴사가 확인 되었다는 것 '이라고 말한다.

일명 '해마'라고도 부르는 변연계는 학습・기억을 담당하는 뇌의 부위로 학자들은 몸이 피로하면 감기 등이 쉽게 찾아들 듯이 변연계가 스트레스 등으로 과도한 자극을 받으면 여러 공격인자에 의해 쉽게 망가지는 것으로 추정하고 있다. 공격인자로는 뇌혈류의 순간적인 흐름 정지, 저혈당, 뇌의 내・외부에서 나오는 화학물질 등이 지목되고 있다.

아드레날린・코티솔・엔케팔린 등 스트레스 호르몬은 몸이 외부로부터 정신적・육체적 스트레스를 받을 때 이를 방어하기 위해 분비되는 호르몬으로 고혈압・골다공증・심장병 등의 한 원인 물질로 종종 거론되어 왔다. 우리나라의 교육 환경 속에서 교사들이 경험하고 있는 직무 스트레스의 발생 원인과 외국의 선행 연구자료가 밝히고 있는 자료를 묶어서 〈표 3-4, 3-5, 3-6〉와 〈그림 3-5〉에서 소개했다.

〈표 3-4〉 교사의 직무 스트레스 유발요인

연구자	교사의 직무 스트레스 유발요인
Needle 등(1980)	직무내용, 근무조건, 동료들과의 관계, 승진기회, 경제적 보상, 자원의 적합성(resource adaquacy), 조직 내에서의 역할과 지위
Kyriacou와 Sutcliffe(1978)	학생들의 불량한 행동(pupil misbehavior), 열악한 근무조건, 시간압력, 천박한 학교 기풍(poor school ethos)
Cox(1977)	연수와 경력개발(career development), 업무의 본질, 물리적 근무환경, 학교조직 내에서의 하위 체계, 학교와 지역사회 관계에서의 갈등
Wanberg(1984)	사회적, 조직적, 개인적 원인
Cooper(1986)	직무의 강도, 조직 내에서의 역할, 업무상의 관계, 경력개발, 조직구조와 분위기, 가정과 직장 경계
김정휘(1991)	관료적 운영, 권위 상실, 인간관계상의 불화와 갈등, 낮은 대우, 과부하 학급관리, 학생지도, 역할갈등, 과소시간, 압력[27]
김정휘(1998)	학급경영과 학생훈육, 인간관계(학교장, 교감, 동료 교사, 학부모와의) 갈등, 수업지도, 진로지도상의 문제, 근무조건과 대우, 교육행정기관이나 학교 조직구조, 교육기능 본연의 문제, 교사 개인의 특성 및 성장 발달사, 교사집단의 장인정신 부족, 인사관리 및 교권 침해의 양태, 매스컴의 부정적인 교육관, 사회의 기대, 교육에 비판적이거나 무관심하거나 냉담한 부모의 태도, 승진기회의 부족과 예측, 불가능하고 불명확한 승진기준, 물리적으로 열악한 근무환경과 자원의 부족[28], 사대출신을 초등교사로 임용, 인사권자의 재량권 남용, 학교유형[29]과 교장의 지도성, 교사의 개인적 소인(성격유형, 인구통계학적 요인), 역할갈등. (그림 3-5, 표 3-5 참조)
Wanberg(1984), Clark(1980), Brenner 등(1985), Russell (1987), Needle 등(1980)	동료 교사와의 갈등, 학교장·행정관료들과 교육당국, 학부모, 지역사회 유관기관과 인사, 학생들과의 인간관계나 업무수행상의 관계, 훈육과 학습지도

관련 연구자들이 제시한 교사의 직무 스트레스(Job Sterss)의 내용을 소개하면 〈표 3-4〉와 같다.

27) 역할갈등, 역할과 부하, 역할 과소. 시간 압력, 인간관계 갈등은 직무 스트레스의 예고 지표로 간주된다.

28) 국제 노동기구(ILO)의 보고서와 뷰레우스(Breuse)보고서(1984)에서 교육 현장에서 교육자원 부족은 필연적으로 단지 교육 기자재의 부족만을 의미하는 것이 아니라 공간의 문제는 관리가 부실하고 낡은 건물들, 천박한 교구들, 부족한 냉·난방 시설과 적합한 대지 부록 등을 의미한다고 했다. ILO(1981). *Employment and Conditions of Work of Teachers*. Geneva: International Labour Organization.

29) 학교의 유형은 초·중·고교, 남·여학교, 공학, 학교의 크기와 소재지, 학생 대 교사비율, 학교 분위기, 시설규모. Breuse, E.(1984) Identification de las Fuentes de Tension en ei Trabajo. Profesional del Enseniante. in J. M. Esteve(ed.). Professores en conflicts. Narcea. Madrid.

김 정휘(1998)는 교사의 직무 스트레스의 원인과 양상을 〈표 3-5〉와 같이 구체적으로 예시했다.

〈그림 3-5〉 교사의 직무 스트레스 모형

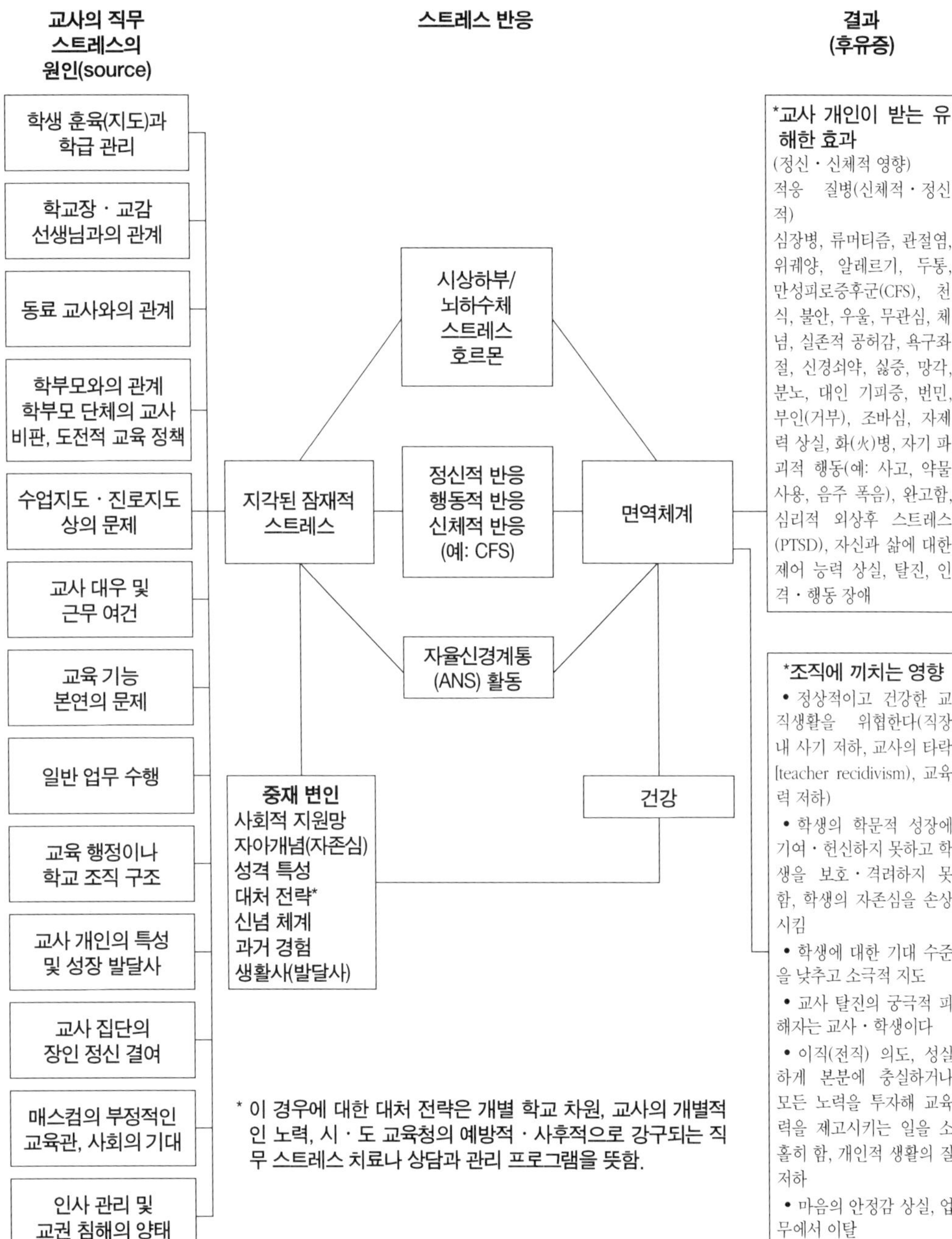

〈표 3-5〉 초 · 중 · 고등학교 교사의 직무 스트레스의 원인

교사 대우 및 근무 여건	교육 기능 본연의 문제	교육 행정이나 학교 조직 구조	교사 개인 특성 및 성장 · 발달사
• '교사의 제자리 찾기' 운동이 요구되는 상황 • 근무처와 생활 근거지가 불일치(따라서 본의 아니게 가족과 별거 • 타전문직과 비교해서 경제적 대우가 불충분 • 교사의 전문성 결여 • 유명무실한 교내 인사자문위원회 • 문제가 많은 재교육(연수)(예: 찜통 더위와 씨름하는 하계 연수, 전달 위주의 강습) • 보수는 불만, 교직에는 보람 • 학부모의 몰이해 • 대접 못 받는 원로 교사 • 임신 · 출산 휴가에 따른 제약 • 뛰는 정보화시대에 기어가는 일선학교(예: 교사 24명에 1대, 92명에 교무실 전화기가 3대 — 학교 정보화를 가로막는 장애 조건) • 교원들의 신분상의 고충 ‣ 보수(호봉, 수당, 경력 인정 등) ‣ 인사(임명, 승진, 전보, 징계, 상훈 등) ‣ 자격(취득, 변경, 취소 등) ‣ 복무(휴가, 연가, 휴직 등) • 교사를 사무직원으로 착각하게 하는 교육 현실	• 교사의 전문성보다 행정의 전문성이 중시되는 교육력 우세(교육부의 흑백 갈등 구조) • 국가발전 지원세력의 우선순위에서 교육의 중요성 무시 • 교육계 부조리(사학 재단 행정가, 교사에 의한 교직 윤리 추락. 예: 상문고, 의정부 복지고) • 경제발전에 걸맞지 않는 교육환경 • 과중한 사교육비 대 빈약한 공교육비 • 입시 준비 교육이 교육의 순기능을 위협(교육은 없고 입시만 있는 교육환경) • 의무는 공립교 수준이고, 혜택은 불평등하고, 신분의 위협을 받는 사립학교 교사 • '값싼 교육' 탈피가 절실하다. (한국교육신문사설. 94. 6. 15) • 사학 관계자들의 다수가 반대하는 무리한 사학법 개정	• 사무직원-교사와의 갈등 • 거대학교 및 소규모의 학교 • 교사의 고령화/교직의 여성화 • 교사 1인당 학생수 과다 • 비민주적인 관료, 권위 위주의 학교 운영 • 보신주의가 만연된 교육행정 관료 • 교육부(청)와 한국(시 · 도) 교총과 협력 체제 미흡 • 교육행정에 있어서 교육보다 행정이 우위인 것(관리직이 상전 노릇하는 것) • 교감이 경리 업무에 관여하지 못하게 되어 있는 현행 제도 • 관리직이 학교장, 교사를 골탕 먹인 일을 무용담으로 자랑하는, 즉 교육행정의 실권이 관리직에 의해 행사되는 풍토 • 교육논리가 아니라 행정 우선주의에 따라 업무처리 • 교장 · 교감 자질 향상에 별 도움이 안 되는 자격 · 현직 연수 • 요직을 독점하는 특정 세력	• 불안 수준 • 신경증 성향 • 건강 상태 • A형 행동 양태 • 성별 차이에 따른 특성 • 성격 양태(personality patterns)(외부 권위에 순종형, 고독형, 인내심이 강한 사람) 위에 예시한 사람들이 더 심한 스트레스를 받는다. • 생물학적 소인(biological predisposition) • 학습사(learning history), 성장 발달사 • 적응 지원 • 가족 문제(예: 자녀 교육) • 자극 민감성 • 가치관, 의식 구조 • 교직 경력 및 학교 급별 나이 수준 • 과업 지향형보다는 지위 · 출세 지향형의 직업관 • 교장(교감)병에 중독된 교사 • 확고한 교직관, 신념, 철학, 헌신 · 봉사, 인지적 타당성(cognitive validity)이 부족하고 人師보다 經師가 더 많은 교육 현실

〈표 3-5〉 초·중·고등학교 교사의 직무 스트레스의 원인 (계속)

교사 대우 및 근무 여건	교육 기능 본연의 문제	교육 행정이나 학교 조직 구조	교사 개인 특성 및 성장·발달사
▸ 연금 지급(공무원 질병 인정 범위, 퇴직금 등) ▸ 초·중등이 단일 호봉제임에도 불구하고 육성회비가 다르다는 이유로 수당 지급에 있어서 초·중등 격차가 있는 것 • 잠자리가 고달픈 섬마을 선생님 • 안전사고 보상체제 허술 • 빈발하는 교권침해 사건 • 근무 조건 개선보다는 임금 인상에 주력하는 교총의 사업 목표 • 사립학교에서의 여교사에 대한 성차별, 부당 징계 • 교원 복지시설 미흡 • 선생님 위에 군림하는 상급기관의 관료 행정 • 전근으로 인한 생활환경 변화 • 관료-행정 편의 위주의 교무 운영 위원회 • 자질 향상에 기여하는 실질적인 교사 연수 기회 부족 • 인사 관리 ▸ 승진, 전보 등 임용 관계 ▸ 교육, 연수, 상훈, 제도 관계 ▸ 명예 훼손, 부당한 징계 등 신분 피해 ▸ 사립학교의 경우 채용 과정의 투명성 및 신분 불안정 • 공·사립학교의 고충처리 책략 미흡	• 교육부, 교육청의 관리직과 교육 전문직 간의 갈등 • '교육 바로 세우기'가 요구되는 문제 상황 • 교원 복지 대책 미흡 • '문교部'를 '교육部'로 승격시키자는 제안이 나오는 이유 • 사학(재단)으로부터 비판받는 사학법 • 장차 인사상의 승진이나 경력개발을 위해서 부단한 연구를 해야만 하는 현행 교원 연수제도(승진에 필요한 점수를 충족하기 위해서는 방학 때마다 계속 전달식 연수를 받아야만 하는 현행 연수제도)	• 교육행정이나 학교 조직 구조가 지역 이기주의에 의해서 좌우되는 것 ▸ 학연·지연·인맥에 의한 집단 이기주의가 집단 역동성을 발휘하여 공사 간의 이해관계에서 영향력을 행사한다. • 부실 사학에 대한 주무관청의 면죄부식 교육감사 • 주5일제 근무에 걸맞지 않는 교사의 근무 조건 • 학교경영에 있어서 교장의 재량권의 오·남용(교사에게 공감을 얻지 못하는 재량권 행사) • 학생을 위한 연수 일변도. 따라서 교사를 위한 연수가 전무하거나 부족 • 서번트 리더십이 결여된 학교장의 교육 행정	• 사명감이 부족하고 직업의식의 노예가 된 교사 • 人師보다 經師가 많은 교직 문화 • 정신적·신체적으로 건강하지 못한, 교직에의 사회성이 부족한 상태에서 교사가 되는 것 • 부적격 교사 요건에 해당하는 교사 • 농어촌, 벽지, 지방 근무를 기대하거나 사표를 내고 수도권에 근무하기 위해 전직하는 교사 • 물신주의에 오염된 도시권 교사

〈표 3-5〉 초 · 중 · 고등학교 교사의 직무 스트레스의 원인 (계속)

학생 훈육과 학급 관리	학교장, 교감 선생님과의 관계	동료 교사와의 관계	학부모와의 관계	수업 지도상의 문제
• 학생 훈육지도 • 사춘기 학생의 발달지도 • 탈선 학생 선도 • 안전사고, 체벌에 따른 책임 공방(신분상, 법률상) • 시험과 관련된 학생의 부정행위(커닝) • 행동수정에 의한 지도방안 미흡 • 서번트 리더십이 부족한 교사의 근무 태도와 의식 구조 • 근절되지 않는 집단 따돌림	• 교사 근평제도에 따른 문제점 • 전시 위주의 행정 및 학교 운영 • 의사소통(상의하달만 있고, 하의상달은 미흡) • 돈을 밝히는 학교장 • 여성 학교장에게서 여교사가 더 심한 TJS를 받는 것 • 학교장의 재량권 남용	• 세대 갈등 심한 교직 사회 • 주임교사제로 인한 동료 교사와의 갈등 • 파벌로 인한 갈등 • 동료 교사와의 불편한 인간관계 • 폭력 교사	• 학부모의 몰이해 • '가족 이기주의'에 따른 그릇된 자녀 사랑 • 학생 또는 그 부모에 의한 교사 폭행 및 법원에 제소 • 학생 체벌이나 훈계시 과거에는 학생 잘못으로(예: 한 번만 용서해 주시면 다시는 실수하지 않겠다) 치부했으나, 오늘날은 교사의 권위 부정, 교사에 저항하는 풍토(예: 학교 그만두면 될 것 아니야, 변상하면 되는 것을 뭐 그리 대단하다고 그래요) • 성적, 입시 준비에는 남다른 관심과 열의를 기울이지만, 자녀의 인성지도, 발달지도, 행동지도(특징)에는 무관심, 둔감한 학부형의 태도	• 진학(고교 · 대학 진학) 지도에 따른 어려움 • 교양 있는 시민 교육을 위한 지원 체제 부족 • 표준에 미달하는 학력(예: 특수 학급 대상 학생) • 미흡한 수업 준비 • 과중한 수업 부담 • 수업과 무관한 업무 수행 • 학교의 협소하고, 불충분하고 열악한 물리적 공간(시설) • 수업지도에 요구되는 자원 공급 및 재원 충당 문제 • 학습 동기가 부족한 또는 별도의 특수 지도가 필요한(예: 행동장애, 정서장애, 학습장애, 비행 청소년, 주의집중 장애, 학습 부진, ADHD, 인격장애) 학생 지도의 어려움 • 체벌에 의하지 아니한 훈육지도 방안 부족

출처: 김정휘, 주영숙(1998). 교육심리학 탐구, 서울: 형설출판사. 752-754

7. 직무 스트레스와 탈진 증상에 관해 교사와 다른 직장인을 비교하기

생활인으로서 교사가 직무 스트레스와 탈진을 받는 것이 세계 공통적이고 일반적 현상인 것으로 생각하게 된다. 오늘날 교사의 직무 스트레스와 탈진은 국내 · 외 초 · 중 · 고교 남녀

교사 모두가 경험하는 보편적인 현상이라는 의견이 우세하다.

스트레스나 탈진은 오로지 교사만 받는가 또는 스트레스를 받거나 탈진을 경험한 교사의 비율은 다른 직장인의 비율과 비교하면 어떠한가 하는 것이 또 다른 관심사이다. 다양한 직업의 종사자 40,000명을 대상으로 1985년에 실시한 조사에 의하면 전국 보건 통계 센터(National Center for Health Statistics)는 표본의 과반수 이상이 지난 2주 동안에 '많은' 또는 '가벼운' 스트레스를 경험하였음을 발견하였다(Miller, 1988).

심지어 의사와 변호사와 같은 보수가 좋고 대단히 존경받는 전문가들도 불만이나 후회가 없지 않다. 1989년에 의사들에 대한 여론 조사 결과에 따르면 39%가 직업 선택을 다시 한다면, 결코 아마도 의과 대학에 진학하지 않을 것이라고 생각했다(Altman과 Rosenthal, 1990). Margolick(1990)는 워싱턴에 30세 미만의 변호사에 대한 조사에서는 85%가 그 직업을 다시 선택하지 않겠다는 의견이 우세했음을 발표했다.

이 조사 결과는 스트레스와 탈진을 교사만이 경험하는 것이 아니라 수입과 명성이 좋다는 선망 받는 직업이라는 의사와 변호사들도 역시 많은 심각한 탈진 증후군을 경험한다는 것을 알려주는 자료이다. 그리고 이 자료가 미국의 자료이므로 국내에서도 의사・변호사들이 역시 유사한 반응이 나타날 것인지는 의심스럽다는 것이 연구자의 판단이다.

Maslach와 Jackson(1986)은 MBI(Malach Burnout Inventory) 척도로 조사한 바에 의하면 교사들의 점수는 다른 보건 서비스 직종의 평균 점수보다 약간 더 높다는 것을 밝혀냈다. 또 Cox와 Brockley(1984)는 연령, 성별, 그리고 사회경제적 지위(SES)를 고려했을 때는 교사들이 비교직 전문가들에 비하여 직무 관련 스트레스를 더 많이 보고하는 것을 발견하였다. Pines와 Aronson(1981)뿐만 아니라 Anderson과 Iwanicki(1984)는 MBI에 대한 교사들의 점수는 집단 평균보다 약간 낮다는 것을 밝혀냈다(Farber, 1991, 44).

다른 직업종사자(직장인)보다 교사들이 더 쉽게 탈진하는가라는 질문에 대하여 현직교사들은 긍정적인 반응을 했다(Kyriacou, 1987; Ruch와 Tuetteman, 1990).

그렇기는 하지만, 전반적으로는－그리고 다소 놀랍게도－다른 전문직과 비교했을 때 교사들은 전체적으로는 스트레스나 탈진에 특별히 취약하지 않은 것으로 나타난다.

교사가 다른 직업 종사자들보다 스트레스와 탈진을 많이 받느냐 적게 받느냐가 중요한 문제가 아니라 스트레스와 탈진이 교사 일반에게 광범위하게 만연되어 있다는 것과 심신이 건강한 교사가 건강한 교육을 할 수 있는 것이며 교육력 제고, 수월성 실현을 위한 교육이 가능하고 우리의 자녀들을 조국과 사회의 현실과 미래를 맡기고 있는 터전이 학교와 교사라는 점을 인식하면 만연되어 있고 심각한 교사의 직무 스트레스와 탈진을 방관하거나 도외시해선 안 된다는 주장에 공감할 수 있을 것이다. 심・신이 병들거나 지친 교사, 병든 학생, 비틀거리는 학교, 교육의 위기 의식에 둔감하거나 무지한 교육당국에게서 희망과 기대는 허황된 이상이며 이들에게서 우리의 현실과 미래를 담보할 수 없는 것이다. 필요한 대책을 빨리 마련, 추진해야 할 것이다.

교사의 사기가 저하되면, 평교사와 교감・교장 등 직위와 무관하게 조기 은퇴하는 교사가 증가하게 되는데 인적 자원이 부족한 상황에서 기성 교사의 경륜과 경험, 능력을 고귀하게 대접하고 교단 안정화에 크게 기여해 온 점을 높이 평가하여 중견 교사들이 소명감과 애정을 갖고 교단 안정과 교육 발전을 위해서 그들이 축적해온 역량을 발휘하도록 부족함이 없는 배려와 대접을 해야 할 것이다. 교육・교사를 불신하고 미워해온 과거의 잘못된 정책을 조정, 재검토하고 교사를 미워하기에서 끌어안기로 교육정책을 바꾸는 용단이 필요하다.

지방에 근무하는 초등 교사들 다수가 도시에 근무하기 위하여 사표를 쓰고 도시권(수도권)으로 몰리는 최근의 현상은 근무 조건에 따라 교직에서의 선호도가 달라지는 현상으로 교직이 따돌림당하는 현상으로서 낙후된 벽지, 농・어촌에서 근무해야 하는 교직이 매력 없는 직업이라는 것을 의미한다.

어떤 사정과 형편에 의해서건 교사가 직무 스트레스와 탈진을 경험한다는 것은 교직 생활의 중요한 특성이 되었다는 것, 그럼에도 불구하고 교육당국에서 어떤 대책을 강구하지 않고 둔감성을 자랑해왔다는 것, 전국의 많은 교사가 스트레스와 탈진으로 인하여 건강이 나빠졌다는 것, 사기 저하, 직무 불만족이 나타나 교육력 저하가 초래되었다는 것은 명확한 사실이다.

교사들의 다수가 스트레스 관련 건강 문제(stress-related health problem) 때문에 다수의 교사가 예정된 시기보다 빨리 조기 은퇴하는 것으로 알려져 있다(Macleod와 Meikle, 1994).

교직이 그 기능과 업무, 역할 수행의 속성상 스트레스를 많이 받고, 따라서 탈진이 심한 직업이라는 것이 잘 알려져 있는데 이것을 전제로 여타의 직업과 비교해서 교직이 더 많이 심하게 스트레스와 탈진을 받는가 하는 문제는 연구자들이 지대한 관심을 갖고 연구해왔다. 그 비교대상 직종 및 업무 수행상의 차이, 연구방법(질・양적인 측정과 분석)의 어려움에도 불구하고 몇 가지 의미상으로 중요한 결과를 관련 연구 자료들은(Kyriacou, 1981; Heus와 Diestra, 1999; Farber, 1991) 제시하고 있다.

이 문제는 교사의 스트레스와 탈진의 관리 책략과 프로그램, 조직과 개인의 대처 차원, 국가(교육부)의 국가 정책의 향방과 교원 정책 차원(예: 교육 개혁에서 교사 영역), 교사(집단)의 삶의 질과 복지, 정신・신체 건강 증진 정책, (학교) 교육력 유지 및 제고, 교사의 효능감 형성 및 유지, 교사의 선발과 자질과 직・간접으로 관련된 문제이기 때문에 소홀히 취급할 수 없다.

Heus와 Diekstra(1999)는 네덜란드의 약 1000여명의 교사와 정신건강 직종 종사자(정신과 의사, 심리치료사와 사회사업가) 227명, 신체 건강 직종 종사자(내과의사와 치과의사) 196명,

간호사 825명, 가정과 개인적인 보호 직종 종사자 343명을 대상으로 18~64세 사이의 유급 직장인을 대상으로 탈진 증상에 관해서 교사와 다른 직종 종사자를 비교하는 것이 연구 목적이었으며 이들 직종의 공통점은 고객(학생이나 환자 등 보살핌이 필요한 아동과 청소년・노인을 만나서 업무 수행을 하도록 되어 있음)이나 환자를 대하는 직장인을 대상으로 선발했다. 연구를 위해서 사용된 도구는 관련 척도를 우편으로 배부, 회수하였다. 회수율은 관리자이외에 99%이상이었다.

연구 문제는 다음과 같다.

1. 교사들이 탈진할 가능성이 더 많은가. 그들은 다른 사회적 직업 종사자들보다 더 많은 탈진의 증세를 보이는가.
2. 교사들이 탈진할 가능성이 많은 이유가 있는가. 다른 사회적인 직업들과 비교하여 그들은 직업에 관련된 스트레스 요인들을 더 많이 경험하고 그들의 직업에 대한 사회적 지원을 덜 받는가.
3. 어떠한 교사들이 위기(at risk)에 처해 있는가. 교사들의 탈진 증상이 업무 수행상의 스트레스 요인, 사회적인 지원, 인구 통계학적인 특징과 관련이 있는가.

측정도구는 긴장, 직무 스트레스와 사회적 지원 영역으로 구분 이용했다. 긴장과 탈진은 Maslach 탈진 항목표(Burnout Inventory, MBI, Maslach와 Jackson, 1986) 축약판과 심리적 증상들은 증상 검목표(Derogatis, Lipman과 Covi, 1973) 네덜란드어판(SLC-90; Arrindell과 Ettema, 1986)을 사용했다.

스트레스나 탈진 증상은 13개 문항으로 되어 있는 VOEG(건강 경험에 대한 연구를 위한 설문)를 사용했다.

(1) 교사들이 더 쉽게 탈진하는가

탈진 증상에 관해서 어떻게 다른 직장인들과 교사들을 비교할 수 있을까. 교사들이 다른 직장인들 보다 더 잘 더 자주 탈진을 경험하는가. 이러한 의문을 해명하기 위해서 성(sex)과 직업을 독립 변수로 하고 탈진의 세 가지 증상을 종속 변수로 하는 다변량 분석(MANOVA)을 했다. 연구 결과를 예시하면, 남성과 여성 교사들이 모두 다른 직종(정신・신체 건강 업무 종사자, 가정 또는 개인적인 보호 직종 관리자) 종사자보다 더 심한 정서적 피로와 개인 성취의 감소를 보여주었고 남자 교사들만이 다른 직종 종사자보다 더 심한 비인격화를 보여 주었다. Heus와 Diekstra(1999, 275)는 남자 교사들이 다른 사회적인 직업 종사자들보다 탈진의 위험에 더 심각하게 노출되어 있다고 결론을 내렸다.

남자 교사들은 모든 증상에 대하여 지속적으로 평균 이상을 보여 주었으나 여자 교사들에 대한 결과는 덜 명확하며 비인격화나 직무 불만족에서는 평균 이하의 증상 수준을 보여주었다. 그러나 여 교사들은 전체적으로 남자 교사와 다른 직종의 여성들에 비하여 더 많은 긴장감이 나타났다.

초등학교 여교사들은 같은 연령의 일반 여성들보다 불안증세가 심하며 자기 자신에 대한 불만이 크고 신체적 이상을 호소하는 빈도도 높다는 것이다. 서울 상계 백병원 신경정신과 이기철 박사 팀은 도시 및 군 단위 지역의 12개 초등학교에 근무하는 여교사 128명을 학력과 나이가 비슷한 일반 여성 119명과 비교, 이러한 분석 결과가 나타났다고 발표했다(1994). 여교사들의 이러한 불안 증세는 일상생활이나 대인 관계에서 비롯된 것이 아니라 교직에서의 직무 스트레스 때문인 것으로 드러나 관심을 끌고 있다. 여교사들은 불안 정도, 자기 비하, 죄책감, 자신에 대한 증오 등의 감정도 일반 여성보다 높았고 두통, 호흡 곤란, 가슴 두근거림 등 신체적 증상의 호소도 일반 여성(0.75%)보다 높은 수치(0.81%)를 보였다(김정휘, 주영숙, 1998. 734).

(2) 교사들이 탈진하기 쉬운 이유가 있는가

교직의 어떠한 요인들이 탈진이나 스트레스 관련 증상 유발에 원인을 제공하고 있는지를 지적하지 못한다면, 교사들이 다른 사회적인 직종들보다 더 탈진과 다른 증세들을 보여준다는 것을 아는 것은 실용적인 가치가 없다.

무엇이 교사들을 탈진에 더 취약하게 하는가를 알아내기 위하여 모든 직무 스트레스와 사회적인 지원의 측정치에 대한 교사들의 집단 평균을 다른 모든 사회적 직종의 측정치와 비교했다.

일반적으로 교사들과 다른 사회적인 직종들 간의 차이는 증상의 분석보다는 덜 명확한 것으로 나타났다. 교사들은 다른 사회적인 직종보다 시간 통제가 약하고 의사결정 참여 부족, 동료 지원의 부족이 나타났다. 이러한 결과는 교사들이 너무 심하거나 모호한 직무수행상의 요구에 유달리 시달리지 않는다는 것을 보여준다. 사회적 지원에 있어서 동료 교사뿐만 아니라 관리자의 지원도 부족하지만 여 교사들의 경우에는 그렇지가 않다. 이것은 교사들이 동료 교사나 관리자와 교실 교육상의 문제를 상의하는데 익숙하지 않다는 것을 말하는 것이다. 학교의 구조나 기능상 교사들이 학생과 동료 교사들과 인간관계를 항상 유지하면서 근무하지만 즉 사회적인 접촉이 상존하지만 그럼에도 불구하고 교직은 상당히 외로운 직업이다.

성별과 직업간의 상호작용에서 남 교사들이 비인격화적인 측에서 다른 직종보다 더 심하게 영향을 받으며 이것은 공변량을 산출하지 않아도 강력한 것으로 나타났다. 따라서 직업과 탈진과의 관계는 지속적으로 존재한다고 말할 수 있다.

(3) 어떤 교사들이 위험한가

집단으로서 교사가 탈진의 위험에 노출되어 있다고 하는 명제가 교사 집단 내에서 엄청나게 많은 탈진의 변량들을 배제하는 것은 아니다. 많은 교사들이 어떤 종류의 탈진 증상에도 무관하게 강인한 교사들도 있을 것이지만, 또 한편으로 교사들 다수가 탈진과 직무 스트레스에 심하게 시달리며 관련 증상들이 만연되어 있으며 그 해악(害惡)이 심각하다는 것이다.

(4) 교사들이 수행하는 업무의 어떤 특징이 교사들을 탈진에 취약하게 하는가

이러한 문제 제기에 대하여 탈진 증세와 직무 스트레스 유발요인, 사회적 지원, 그 외 다른 특징들(학교장의 리더십, 근무 시간), 인구 통계학적 변인들(성별, 나이, 결혼 유무, 아동들)간의 관계에 관한 분석에 의해 해명될 수 있다. 우선 정서적 고갈(emotional exhaustion), 비인격화, 개인적 성취의 감소와 직무 스트레스 및 사회적 지원(social support)을 대응시켜 Pearson 상관계수를 산출, 제시했다(〈표 3-6〉 참조)

이 표를 보면 거의 대부분의 상관계수가 정적이며 매우 유의미한 것으로 나왔다(대개 $p<.001$). 이것은 높은 수준의 탈진 증세와 함께 나타났다는 것을 말한다. 그리고 관리자(예: 학교장과 동료 교사의 지지가 부족한 것이 탈진 관련 모든 증상과 강하게 관련된 것으로 나타났다(상관계수는 .25～.33 사이였다). 그러나 직무 스트레스 관련 요인들은 정서적 피로에 대하여, 그리고 비인격화와 개인적인 성취의 감소, 이 두 부분에 대하여 서로 다른 관계의 패턴을 보여 주었다.

정서적 피로는 과다 업무(r＝.28～.26 사이), 낮은 의사 결정의 참여(.32～.25)와 더 관계가 있으며 이보다는 정도가 덜하지만 낮은 업무 통제(.21～.19)와 관련이 있는데, 이들은 모두 업무에 대한 통제의 부재라는 것을 말하고 있다. 과중한 업무는 담당 교사를 지치게 하지만 낮은 업무에 대한 통제가 욕구좌절(비인격화)과 불안정(성취의 감소)을 이끌 수 있다는 것이다(Heus와 Diekstra, 1999, 280).

직무 스트레스와 사회적 지원간의 유관성 분석과는 별도로 교사들의 인구 통계학적 특성과 업무 수행상의 특징들이 탈진 증상의 취약성과 다소 관련이 있을 수 있다. 독립 변인으로 세 가지 탈진 증후군(비인격화, 성취의 감소, 정서적 피로)과 성별, 나이(18～35, 36～50, 51～64세), 결혼 유무, 12세 이하의 자녀(1.2명 대 12세 이하 자녀가 없음), 주당 근무 시간(36시간 이하 대 36세 이상), 그리고 리더십에 대한 MANOVA가 계산되었다. 다변량 검증 분석 결과는 여섯 개 중 다섯 개의 중요요인의 영향에 대해서는 중요하지만 15개의 두 가지 방식의 상호작용 중 단 하나에서만(성별×결혼 여부) 유의미하였다.

성별 차이($p<.001$)는 남성(M＝1.87)이나 제일 연령이 많은 집단(M＝1.57)에서보다 젊은 집단(M＝1.19)이나 연령이 가장 높은 집단(M＝.89)이 중간(M＝1.19)이나 연령이 가장 높은 집단(M＝1.25)보다 훨씬 더 낮은 수준을 보여주고 있다. 즉 탈진 증상과 관련시켜 해석해 보면 교직은 나이가 들수록 더욱 힘들어지는 것으로 나타났다.

〈표 3-6〉 교사의 탈진 증후군과 관련된 직무 스트레스 유발요인 및 사회적 지지와의 상관관계

	정서적 고갈	비인간화	개인적 성취 감소
직무 스트레스			
직무 과부하	.48	.14	.11
직무 모호성	.19	.28	.26
근무 시간 제어 곤란	.26	.17	.19
책임감과 과제 조종 곤란	.04	.21	.19
선택 · 결정의 참여 부족	.22	.31	.25
경제적 대우 불만족	.12	.10	.04
사회적 지원			
관리자 지지 부족	.26	.27	.25
동료 교사의 지지 부족	.25	.33	.32
	$\lvert r \rvert > .07, p < .01; \lvert \rho \rvert > .11, p < .001$		

출처: Heus, D. D. and Diekstra, R. F. W. Do Teachers Burn Out More Easily? A Comparison of Teachers With others Social Professions on Work Stress and Burnout Symptoms. R. Vandenberghe, and A. M. Huberman (Eds)(1999). *Understanding and Preventing Teacher Burnout: A Source book of International Research and Practice.* Cambridge University Press. 279.

결혼 유무의 중요 영향은 정서적 피로($p<.01$)와 비인격화($p<.05$)에는 중요하지만, 성취의 감소에 있어서는 성별×결혼 여부의 상호작용($p<.01$)이 중요한 것으로 나타났다. 집단 평균을 보면, 결혼했거나 동거하는 교사가 정서적으로 덜 피로하며(M=2.76 대 3.16), 비인격화를 덜 보여 주었다(M=1.48 대 1.60). 결혼한 사람(M=1.15)이 미혼 교사보다(M=1.48) 성취의 감소를 덜 겪지만, 이러한 차이점이 여성에게는 적용되지 않았으며, 경우에 따라서는 아주 미소하지만 반대 경향도 나타났다(기혼 여성과 미혼 여성 각각에게 평균 1.09와 0.98).

주당 근무 시간의 단일 변인 F 검증에서 정서적 피로($p<.001$), 비인격화($p<.05$), 성취의 감소($p<.05$)가 중요하였다. 근무시간이 길어지는 것은 탈진 증상의 세 가지 종류 모두에서 위험 요인인 것으로 드러났다. 일주일에 35시간 이상 근무하는 교사들은 덜 일하는 교사들과 비교하여 훨씬 더 심한 정서적 피로를 보여 주었다(M=3.31 대 2.71). 그리고 비인격화(M=1.81 대 1.42)와 성취의 감소(M=1.26 대 1.09)로 더 심했다. 리더십은 성취력 감소에서만 중요한 차이점($p<.01$)을 나타냈으며, 리더가 아닌 사람들(M=1.21)이 리더보다(M=1.04) 더 고생한다는 것을 말한다.

요약하면 탈진 증상에 더 민감하게 영향을 받는 교사들이 있다(EQ 관련 설명 참조). 비록 결과의 정확한 패턴은 각각의 탈진의 증상들에 걸쳐서 다르지만, 업무 수행 상에서 즉 직장에

서 스트레스를 경험하는 것과 업무에서 사회적 지원을 덜 받는 것은 교사의 탈진을 발전시키는 위험 요건에 노출되어 있는 것은 확실하다. 이러한 사실과 관련하여 나타난 추가적인 지표는 남자 교사, 나이가 많은 것, 미혼 교사, 장시간 근무하는 것과 과중한 근무 부담, 그리고 학교장, 장학관, 교감처럼 지도자(관리자)가 아닌 것 등이다.

(교육청 등 외부 유관기관에 보고용 공문서 처리), 다루기 어려운 말썽꾸러기 학생(버릇없는 학생, unruly students)을 지도하는데 필요한 시간과 노력을 충분히 투자하지 못하는 문제 등으로 스트레스가 증가함을 경험한다는 것을 발견했다. 이러한 사실은 유럽(Vandenberghe와 Huberman, 1999), 북미(Leithwood 등, 1999; 그리고 Smylie) 그 외에 호주(Dinham, 1992; Dinham과 Scott, 1966)에서도 나타났다.

어떠한 이유에서 영국과 Wales 지역에서 예정보다 일찍 은퇴한 교사의 수가 1988년에 50%에서 지난 10년 동안 68%이상으로 증가했다－교육개혁법(1995)이 시행된 해에는 17,798명의 퇴직자가 발생, 전체적으로 퇴직 교사 비율이 증가했다. 영국과 Wales에서는 교사의 업무의 강도가 격무를 견뎌낼 수 있는 책무성의 체계의 저장량(에너지원)이 되며 스트레스의 중요한 원천을 제공한다고 알려져 있다.

지금까지 장황하게 설명한 바와 같이 교사가 경험하는 스트레스와 탈진은 항상 학교, 교사, 학생, 교육의 주변에서 존재해 왔지만 과거에는 직무 불만족과 사기 저하, 불만족한 근무 조건 이름 아래 숨겨져 왔다. 약 70년 전에 Waller(1932)는 지역 사회(공동체)의 압력과 교실에서 많은 수의 학생들을 통제해야 하는 끊임없는 주의(관심)의 필요, 고독과 고립이 어떻게 교사의 남은 사기와 결합될 수 있는가를 설명했다.

과거에 비해서 현재 교사들이 탈진과 스트레스를 경험하는 비율이 얼마나 증가하였는가를 명확하게 비교하기 위한 자료가 충분하지 않았으나 전국 교육 협회(NEA)가 시행한 조사에서 교사들이 자신의 직무 수행 상에서 상당한 스트레스를 경험한 바 있다고 보고한 교사들의 비율이 지난 40년간 극적으로 증가하여 왔음을 보고했다.

1938년－37.5%, 1951년－43%, 1967년 - 1976년(10년 동안)－78%.

Birmingham(1984)은 미네소타 공립학교 교사들(319명)에게 Maslach 와 Jackson의 탈진조사 검목표로 탈진 상태를 측정한 바 18%가 심한 정신적 피로를, 14%는 심한 인격 상실을 경험했다고 반응했음을 밝혔다. 또 교외 교사(10.3%)보다는 도시권 교사들(21.6%)의 탈진이 더 심한 것으로 나타났다.

다시 직업을 선택해야 한다면 교직을 택하지 않겠다고 반응한 교사도 상당수 있었다.

8. 직무 스트레스, 탈진, 직무 불만족의 만연의 증가

직장인들이 이유, 양상, 반응양태, 결과와 대처 방안이 서로 다를지라도 직장에서 받는 직무 스트레스(Job stress)**는 세계적인 현상**(a global phenomenon)**이다**(Troman과 Woods, 2001). 직장(회사)은 스트레스 제조기라는 말이 나오고 세계적인 시사주간지인 Newsweek지는 직장인들이 직장에서 받는 선물이 두 가지가 있는데 그 중의 하나는 월급이고 다른 하나는 스트레스라고 지적했다. 그래서 가족들이 남편을 회사가라고 떠미는 데 안 가겠다고 버티는 남편의 입에서는－나 회사 안가, 스트레스 때문에－라고 절규하는 만화가 게재된 바도 있다.

현대인의 삶에서 스트레스나 탈진이 광범위하게 만연되고 불가피하게 남녀노소 누구나 이를 자의 반, 타의 반 경험하고 있다는 것이 현대인의 모습이다. 특히 서구 사회에서 직무 스트레스와 스트레스 관련 질병(stress-related illness)의 정도가 만연되어 있다는 사실이 사회 현상 연구 문헌 자료에 의하여 입증되고 있다(Newton et al., 1995; Bartlett, 1998). 한국의 경우 IMF 환란, 4·19, 5·16, 12·12, 경제 위기에 의한 실업난, 이해찬 교육부 장관 퇴진운동의 전말, 핵 위기, 노 정권 탄생 전후의 충격 등 정치·경제·사회·군사 불안 요인에 의해서도 많은 국민들이 스트레스와 탈진을 경험한 것으로 판단된다.

미국의 직장인들이 일터에서 받는 직무 스트레스로 인한 작업 손실 등 비용이 매년 3000억 달러(약 345조 원) 이상 드는 것으로 추산된다고 뉴욕 타임스가 보도했다(2004). 미국 국립 직업안정·건강연구소의 조사 결과 스트레스를 받고 있다고 응답한 근로자들은 그렇지 않은 근로자보다 건강 관리에 1인당 평균 600달러(약 69만 원)를 더 쓰는 것으로 나타났다. 뉴욕 타임스는 또 휴대전화와 노트북 등 첨단기술의 발전이 근로자들을 더 많은 스트레스로 몰아넣고 있다고 전했다(중앙일보, 2004. 9. 7, 제12340호). 즉 직장인들이 경험하는 직무 스트레스가 공공의 적이 되고 있음을 알 수가 있다.

영국에서는 1996년에 직무 스트레스와 관련해서 270,000명의 직장인이 결근했으며 그로 인한 손실 경비가 12억 파운드인 것으로 산업계에서는 추정하고 있으며(Ameghino, 1998) 건강 안정청(Health & Safety Executive) 보고서에 의하면 직무 스트레스가 직무 관련 질병(work-realted illness)으로 인해서 1년에 200억 근무 일의 손실이 있었으며 직무 관련 질병으로 2백만 명의 직장인이 고통을 당하고 있고 500,000만의 직장인이 스트레스로 인하여 질병이 생기고 건강이 나빠졌다는 것을 밝히고 있다(Milne, 1998). 이와 관련해서 필자에게 교사들 중에서 얼마의 비율이 직무 스트레스와 탈진을 경험하는가? 또 다른 직장인과 비교했을 때 어떤 차이가 있는가 하는 것이 관심사이다.[30] 교사 자선 재단(The Teachers Benevolent

30) 국내에서 질병으로 인해 발생하는 경제적 비용이 연간 36조 원에 이르는 것으로 밝혀졌다. 보건 사회

Fund)이 스트레스에 시달리는 교사들을 위한 전화 상담 도우미(telephone helpling)를 조직하고 재정 지원을 하고 있다(Nash, 2000). 영국 정부에서는 최근에 교사의 질병과 결근율에 특별히 관심을 나타낸 바 있다(Revell, 2000). 정부 총무처에서는(1998) 공립 지구내에 교사들의 출근 상황을 조사했으며 영국 교육·고용성에서는 교사들 중에서 건강 악화로 인한 은퇴와 결근 문제에 대해서 우선적으로 연구하도록 조처했다. Woodward(2000)는 England와 Wales 지역에서 교육·노동성 합계에 의하면 1999년에 2.5억 근무일의 손실이 나타났고 손실경비가 3억 파운드가 나타났다고 보고했다. 영국에서는 교사가 평균적으로 9일을 결근하는 것으로 알려져 있다. 전일제 근무 교사들 중의 60%가 질병으로 교단을 떠났고 44%가 20일이나 그 이상을 결근한 바 있으며 교육부 장관(education secretary)이 2002년도에 질병으로 교직을 떠나는 교사의 수를 30% 정도로 낮추겠다는 목표에 대한 입장을 밝혔다. 주요 선진 공업국가들의 노사분규와 파업 일수가 해가 갈수록 점점 감소하고 있는 것으로 나타났다. 그러나 1990~1996년 중 한국의 근로자 1,000명 당 연평균 파업일수는 166일로 주요 공업국 중 7위를 기록했다. 독일 쾰른 소재 독일 경제 연구소의 보고서(1998. 4. 5.)에 따르면 이 기간 중 파업일수 세계 1위는 397일의 스페인이며 다음은 그리스(372일), 터키(272일), 핀란드(220일), 캐나다(208일) 등의 순이다. 1970년대만 해도 연평균 파업일수 1,811일로 그동안 세계 1위를 독차지, 파업의 나라라는 별명까지 얻었던 이탈리아는 1990년대 들어서 현저히 개선되어 한국에 앞서 6위(198일)를 기록했다. 1990~1996년 중 미국의 연평균 파업일수는 44일, 독일은 17일, 일본은 2일에 그쳤으며 스위스는 단 1일로 주요 선진국 중에서 파업일수가 가장 적은 나라로 평가되었다(조선일보, 1998. 4. 6. 제24016호). 이러한 경향에 수반하여 1994년 이래로 정신건강보험(mental health insurance) 청구율이 90%가 상승하였다고 주장되기도 했다.

연구원 정영호 책임 연구원이 월간 보건 복지 포럼 2001년 8월호에 발표한 질병의 경제적 비용 추계라는 보고서에서 추산한 것이다. 보고서는 1999년을 기준으로 병 때문에 36조 8천 7백 10억 원의 사회·경제적 손실을 봤다고 분석했다. 99년 국내 총생산(GDP)의 약 7.6%에 해당하는 액수다.

질병을 치료하기 위한 입원 및 외래 진료비가 10조 7천 3백 70억 원, 치료받느라 일을 못함으로서 생긴 손실이 2조 2천 4백 44억 원이었다. 또 기대 수명에 이르기 전에 병사(病死)함으로써 생기는 소득 손실액(16~69세 대상)도 23조 8천 8백 96억으로 추정됐다.

연령별로는 20대 3조 2천 18억 원, 30대 5조 8천 4백 22억 원, 40대 7조 1천 1백 억 원이었다.

정 연구원은 사회의 고령화가 급속히 진행되면서 만성질환이 늘면서 질병으로 인한 사회·경제적 비용도 더 커질 것이라며 질병을 사전에 예방할 수 있는 건강 증진 사업이 절실하다고 지적했다.

직종별 경제적 비용이 산출되지 않아서 교사의 경우 입원 및 외래 진료비와 교사에게서 자주 발생되는 질병의 종류와 원인이 밝혀지지 않아서 아쉽지만 대상자 30~40대 중에는 직장인이 다수 있을 것이고 그 중에 교사도 포함되었을 것으로 추정한다면 교사들의 입원 및 외래 진료비도 고액일 것으로 생각된다.

England와 Wales 교육청에서는 1998년에 스트레스 관리와 치료에 관한 연간 소요경비가 230만 파운드였던 것으로 추정했다(Brown과 Raph, 1998). Dunham(1976)은 오래 전에 현직 교사들과 교육계에 스트레스가 널리 만연되어 있다는 사실에 관심을 나타내서 연구를 시도했고 유치원, 중・고등학교 교사들이 점점 더 심각한 스트레스를 경험하고 있으며 Kyriacou와 Sutclitte(1978)는 많은 교사들이 경험하는 스트레스 만연율, 원인, 증상을 연구한 바 있는데 교사들이 스트레스를 아주 심하게 많이 받고 있다고 결론을 내렸다.

스트레스는 일반적으로 보살피는 전문직(caring professionals) 종사자들 중에서 공통적으로 나타나는 문제이며 어느 면에서는 교직(教職, teaching profession)에서 특별히 관심을 가져야 하고 적합한 대처 방안을 강력히 꾸준히 추진해야 할 문제라는 것을 선행 연구가 지적한 바 있다(Kyriacou와 Satclitte, 1979; Kyriacou, 1980). 네덜란드(Dutch)의 국내상황에서 De Heuse와 Diskstra(1999)는 교사들(특히 남 교사들)이 다른 직업 종사자들보다도 스트레스와 탈진을 많이 받는 경향이 있다고 주장했다. 생명보험 회사 보험 통계인들은 교사들이 질병 보험률, 위험률이 높으며 스트레스 관련 질병과 탈진의 발생률이 높은 경향이 있다고 주장했다(Fisher, 1966). 영국에서는 교사의 직무 만족도에 관한 최근의 연구에서 그들 중의 다수가 불행하다고(unhappiness) 느끼고 있고 그런 경험을 고백했다고 밝혔다.(Gardner와 Oswald,

〈그림 3-6〉 스트레스 관리상의 중재 수준과 결과

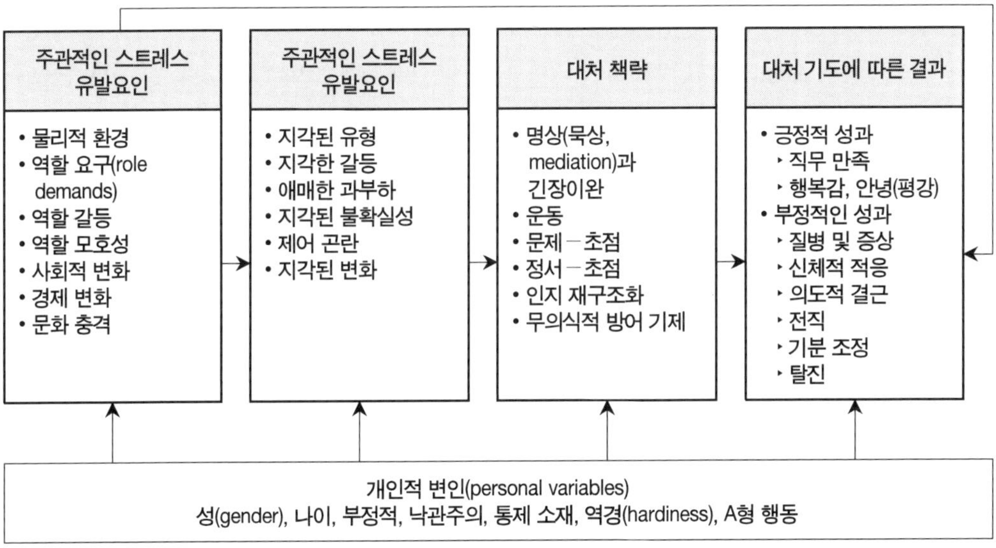

출처: Cooper C. L. Payne R. L. (1992), International Perspectives on Research into Work, Well-Being and Stress Management, J. C. Quick, L. R. Murphy, and J. J. Hurrell (Eds.) (1992). *Stress & Well-Being at Work: Assessment and Intervention for Occupational Mental Health*. American Psychological Association, Washington, D. C. 350.

1999). 이들은 그렇다고 해서 교사들이 불행한 직장인(unhappiest workers)은 아니며, 영국에서는 공공부문에 기준하여 특히 간호사보다 스트레스를 적게 받는다고 했다. 대규모 조사 자료는 교직에 대해 불만족을 느끼는 교사보다는 만족을 느끼는 교사에게서 교직은 더 가치가 있는 것이라는 것을 지적하고 있다.

Helshy(1999)는 국제노동기구(ILO, 1991)가 40개 이상의 국가를 대상으로 조사한 자료에 의하면 전 세계에서 많은 교사들이 심한 스트레스를 받고 있고 시간 압력, 전체적인 근무과중, 직업병, 끊임없는 새로운 행정업무, 학교장・장학사 등 관리자, 동료 교사, 학생(아동), 학부모와의 갈등, 열악한 근무조건에 시달린다는 것이 밝혀졌다.

교사의 직무 스트레스와 탈진의 원인 및 결과, 그리고 대처 효과를 알 수 있는 맥락적 개념에 대한 이해를 돕기 위하여 관련 자료를 〈그림 3-6〉에 제시했다(Rudow, 1999). 이 자료는 스트레스에 의해서 탈진이 나타나지만 이 두 요인은 상대적으로 독립적 현상이며 피로와 만성 스트레스가 탈진의 유의미한 조건이 되고 교사의 교육 활동에 영향을 주는 모든 요건을 업무 부담이라고 해석했으며 이 모형의 기저는 행동주의 심리학의 S(자극)－O(생체)－R(반응) 기제에 근거한 것이다.

돈으로 행복을 살 수 있을까? 소득 늘수록 스트레스 덜 받아

돈이 있으면 얼마나 행복해질까? "영국인 1억 생기면 행복감, 20억이면 만족도 최고 절정.

경제학에서 돈으로 행복을 살 수 있다는 가설은 연역적으로는 당연한 결론이다. 소비자이론에서는 소득이 높을수록 소비가능 영역이 넓어지기 때문에 소비자는 보다 높은 만족을 주는 소비선택을 함으로써 암묵적으로는 더 행복해질 수 있음을 시사한다.

행복론이 최근 경제학에서 주목을 받게 된 이유는 그 동안 주로 연역적인 방법으로만 다루어져 왔던 돈과 행복의 관계에 대해 실증적으로 주목할 만한 연구결과들이 발표되고 있기 때문이다.

최근 미국 경제학회 연례대회(2002)에서는 '행복의 경제학(The Economics of Happiness)'이란 흥미로운 주제로 몇 편의 논문이 발표되었다. 특히 '돈으로 행복을 살 수 있는가'라는 논문(Jonathan Garner and Andrew Oswald)은 약 9,000명의 영국인을 대상으로 한 심리적 건강 상태와 행복도에 대한 추적조사 결과를 실증 분석한 것으로 학계는 물론 언론의 관심을 끌었다.

경제학자들이 설문조사에서 사용한 행복의 정의는 대체로 '전반적인 삶의 질이 만족할 만한 상태에 있다고 판단하는 정도'다. 행복을 구체적으로 측정하기 위해 환경, 열망, 다른 사람과의 비교, 소득, 취업 상태, 각종 스트레스에 대한 행복 정도와 불행 정도를 지수로 작성한다.

앞서 소개한 논문은 심리적 스트레스 또는 만족도를 종속변수로 하고 실질소득・안구통계 및 개인적 특성・시간을 설명변수로 실증분석을 했다. 결과는 '**돈으로 행복을 살 수 있고 스트레스를 낮출 수 있다**'는 것이다.

우선 돈으로 행복을 살 수 있다면 복권이나 유산상속으로 갑자기 의외의 큰돈을 얻게 된 사람은 행복감도 함께 높게 느껴야 한다. 실증결과 최소한 당첨이나 상속받은 그 해는 분명하게 행복감을 높이는 것으로 나타났다. 그러나 이 행복감이 몇 년이나 지속되는지 여부는 검증되지 않았다.

그러면 과연 행복해지는 데 얼마나 돈이 필요한가. 영국의 경우 5만 파운드(약 1억 원)가 생기면 어느 정도 행복감을 높일 수 있으며, 행복 정도가 가장 낮은 단계에서 가장 높은 단계로 옮기는 데는 100만 파운드(약 20억 원)가 필요한 것으로 나타났다.

그러나 경제학자들은 돈으로 행복해질 여지는 크지 않은 것으로 보고 있다. 우선 이론적으로 높아진 소득을 어떻게 처분해야 더 큰 만족을 얻을 수 있는가 하는 방법을 찾아내는 데 비용이 발생하기 때문에 소득이 높아진 만큼 상대적으로 행복감도 높아지는 것이 아니다. 이 비용이 너무 크게 발생하는 경우 오히려 불행해질 수도 있다. 예로 복권당첨으로 큰돈을 만지게 된 가족이 상금 처분을 놓고 불화를 빚는 경우 복권당첨으로 인해 더 불행해질 수도 있다.

한편 경제학자들은 소득과 소비의 절대적 수준보다는 다른 사람의 소득 소비와 상대적인 비교에서 만족도가 결정된다는 점에 대부분 동의하고 있다. 이 상대소득가설에 따르면, 우리 속담에 '사촌이 논을 사면 배가 아프다'는 말은 마음씨가 고약한 것이 아니라 지극히 합리적인 작용의 결과임을 시사한다. 이 속담을 뒤집어놓고 생각해 보면 '사촌이 논을 사는 것을 배 아파하지 않아야 행복해질 수 있다'는 이야기도 된다. 즉 상대소득가설은 남이 돈은 버는 것을 배 아파하는 한 내가 돈을 아무리 많이 벌어도 더 행복을 느끼지 않는다는 교훈을 시사한다.

돈으로 행복을 살 수 있다는 말은 부자가 되면 더 행복해질 가능성이 높다는 것을 의미한다. 그렇다고 해서 부자가 될수록 더 행복해지는 것이 결코 쉬운 일은 아니다. 부자가 되어도 행복해지지 않는 이유는 돈을 더 벌수록 번 돈을 지키고 더 키우기 위해 돈에 더욱 구속되기 때문이다. 즉 부자가 될수록 삶으로부터 더 많은 것을 요구하게 되고 그것을 얻을 수 없을 때는 오히려 더 불행해질 수도 있다.

돈으로 행복을 살 수 있다. 단 욕심을 더 내지 않고, 다른 사람도 돈을 더 버는 것을 시기하지 않는다는 안분지족(安分知足) 조건을 지켜야 한다는 것을 행복의 경제학은 증명해 보였다.

제 4 장

교사가 경험하는 직무 스트레스와 탈진에 관한 대처 방안 권고

스트레스 대처 및 관리는 스트레스에 대한 다양한 정의와 원인론에 근거해서 여러 가지 방안이 제시되고 접근이 이루어지고 있다. 만일, 스트레스가 환경 자극 때문에 발생된다면 대처 및 관리는 이런 자극들을 수정하거나 도피하거나 무시, 대결하는 방향으로 접근하게 되고 지각 반응 향성에 의해서 발생된다면 개인의 사고방식을 바꾸는 방향으로 접근하게 된다. 유감스럽게도 전자의 접근은 불가능하다는 비관론도 있으나, 구조 조정, 조직 개편, 교육 개혁의 명분 하에 기존 체제의 틀과 구조를 제도적, 법적으로 필요에 따라 자의 반, 타의 반으로 바꾸고 개선하는 자구적 노력을 생존적 차원(survival game)에서 시도해 왔던 것이 그 동안의 우리의 경험이다. 이를 근거로 필자는 전자와 후자에 관한 거시적, 미시적 접근이 가능하다고 확신한다. 예를 들면 전국적으로 확산되고 교육 당국이 적극적으로 선도해왔던 열린 교육 바람을 기억한다. 문제는 필요성, 중요성에 대한 공감대와 정책 당국자의 의지와 판단이 키워드이다.

마찬가지로 교사의 웰빙을 위해서도 이와 같은 운동이 가능하고 기대하는 예상 효과도 지대할 것으로 판단된다. 피그말리온 효과(Pygmalion effect)와 교사의 기대 이론이 교사의 직무 스트레스와 탈진 대처・관리 추진 방안 효과에도 적용될 수 있으며 긍정적인 영향력을 발휘할 수 있다고 확신한다. 이제는 좋은 학교, 우수한 교사, 양질의 교육을 실현하기 위한 필요・충분조건 마련과 관련 정책 추진을 위한 노력이 필요한 시점이다.

제도적, 정책적 뒷받침 하에 다차원 접근이 이뤄져야 한다. 필자가 이 책에서 시종일관 강조하면서 주창하는 논지, 그리고 대처방안 권고의 기본 명제는 교육부, 시・도 교육청, 개별

학교와 교사들은 유기적으로 교육력을 강화시키고 학교 조직 건강과 교사의 정신-신체 건강 및 교육의 웰빙(well-being)을 확보, 보호, 지원해야 하는 책임이 있다는 것이다. 즉, 교직에서 건실하고 강인한 생존 대책으로서 마땅히 교사의 직무 스트레스와 탈진 예방과 대처 문제에 관심과 대책을 유관 기관이 세워야 한다는 것이다.

영국에서는 대처(Thatcher) 정부가 시장 경제 철학 원리에 의해 움직이는 새로운 시스템을 가동, 교육 행정 업무의 중앙화와 정부 통제에 의해 모든 학교의 교육이 관리되고 소비자와 부모 선택권을 강조했으며, 교사의 책무성을 매우 강조했고 개편된 국가 교육과정과 표준화된 교육 평가, 더 전통적인 교육 방법으로의 회귀와 경영주의의 성장을 강조하는 체제를 중시하였다.

미국에서는 1983년 교육의 수월성 국가 위원회(National Commission on Excellence in Education)가 선언한 위기에 처한 국가론(A Nation at Risk) 주창에서 비롯된 학교 개혁 운동(movement for school reform)이 추진되었으며, 한국에서는 김대중 정부 아래서 이해찬 장관이 주도한 교육 개혁에서 교육의 위기 현상이 초래되었고 전무후무한 교육 난국, 교육 위기가 발생되었다.

이 세 나라의 교육 개혁 움직임은 '교육, 이대로 좋은가'에 대한 건전한 문제 제기, 기존의 교육 방향, 방법과 내용, 교육의 질이 경쟁력이 없다는 비판, 회의에서 문제 해결에 대한 처방, 대안을 제안하고 교육 현장에 적용하는 시도를 했다. 그러나 가시적(可視的), 긍정적 효과와 더불어 부정적 효과도 동시에 나타났는데 그 중에서 교육 혁신 또는 교육 개혁 운동이 기존의 미결의 문제인 데다가 또다른 문제를 제기하는 교육, 즉 교사에게 스트레스와 탈진을 더욱 가중시키고 충격을 초래했다는 공통점이 있다. 즉 기존의 관행의 변화가 직무 스트레스와 탈진에 원인이 된다는 점에 유념하고자 한다. 이와 관련하여 제기되는 문제는 교육개혁이나 학교개혁이 교사의 TJS와 탈진을 완화/증가시키는 메커니즘(mechanism)을 제공하는가 하는 것인데 저자의 관점은 후자가 교육개혁의 파급효과를 가져왔다고 진단한다.

교사의 위상 명암(明暗)

- 모든 교사들이 스트레스를 받는 것은 아니다.
- 많은 교사들이 직무 스트레스와 탈진을 다양한 방법으로 성공적으로 극복하고 있다.
- 어떤 교사들은 교직 생활을 즐기며 만족을 느끼고 있다.
- 대다수의 교사들은 매우 척박한 환경 속에서도 최선을 다하는 품위 있고 정직하며 선의를 가진 사람들이다.
- 요즘은 교사 생활을 하기 힘든 시기이다. 교직의 성질과 구조가 근본적으로 교사 생활을

어렵게 만들고 있다. 교사들은 다양한 도움을 필요로 하는 학생들의 증가로 인한 새로운 도전과 기회를 마주하고 있다. 교사들에게 새로운 지식과 기술을 발전시키고 새로운 업무를 수행하라는 요구들이 급속히 증가하고 있다.

- 교직은 구조적으로나 기능적으로 스트레스를 많이 받는 직업이다.
- 교사와 학생과의 관계가 점점 비인간화, 사무적인 관계로 변질되고 있다.
- 교직(敎職)은 외로운 직업이다(Teaching is a lonely profession).
- 교사 문화는 개인주의, 소외와 보수주의, 동료주의, 규정, 관행, 지시사항, 위계질서들에 의해 장악되어 있고 자유롭지 못하다.
- 교직은 전문직으로 분류되고 있지만 현실적으로 전문가에 합당한 대우를 받지 못하고 있어서 전문가 반열에서 최하위에 위치한 교사들에게는 별도의 사무실이 없으며 휴게실은 비좁고 조악하며 존경을 받지 못하고 있다. 게다가 교사, 교직에 대한 언론의 태도는 비우호적이며 노고에 비해 대우도 신통치 않다.
- 교사들이 학생(아동)들을 헌신적으로 가르쳐서 국가·사회에 기여하는 훌륭한 인재로 배출했음에도 그들은 후일 훌륭한 선생님 밑에서 교육을 참 잘 받았다거나, 고마우신 선생님으로 기억된다거나 친절한 선생님의 노고에 감사한다고 생각하는 사람이 적다는 것은 유감스럽다. 스승의 날에 우울한 선생님, 학교 문을 닫은 스승의 날, 이것이 오늘날 교사의 초상이다.

1. 교사의 탈진을 완화시킬 수 있는 전략과 접근법

교사의 탈진을 완화, 경감, 치료하기 위한 대처 방안 즉 개입전략과 교사들이 경험하는 직무 스트레스를 치료하기 위한 프로그램 관한 연구와 관련 문헌들이 많이 제시되었다. 예컨대, Kyriacou(1987), Dunham(1983), Gmelch(1983), Vandenberghe와 Huberman(1999) 등이 그들이다. 이들이 제안한 전략을 소개한다. (1) 직접적인 행동－탈진의 원인을 직접 다루는 프로그램 (2) 경감 조치－탈진 치료에 간접적으로 참여하는 프로그램으로 긴장이나 피로를 경감시키는 기법에 집중되어 있다.

학교 현장에 실존하는 압력의 원인을 다루는 직접적인 행동 프로그램은 교육의 맥락에서 학급당 학생의 수를 제한하거나 학급 내 수학능력의 격차(gap)를 줄이거나 학생들의 학습 동기를 제고시킬 수 있도록 교과과정을 바꾸거나 학교 조직의 건강 진단이나 학교·학급 경영 컨설팅을 시도하는 것이다.

솔사의 탈진을 경감하는 기법은 자의반·타의반 직장 생활을 하는 한 직무 스트레스와 같이 지낼 수밖에 없다는 인식의 수용에서 시도되는 것인데 스트레스 반응으로 나타나는 정서적이고 신체적인 증상을 완화시키려는 시도이다. 이러한 경감 기법은 두 가지 범주로 구분된다.

1. **정신적 기술(mental techniques)**: 이것은 교사 자신이 환경에 대한 인식을 바꾸려는 데에 초점을 맞추고 있다. 예를 들면, 사물을 바른 시각으로 보기, 밝은 면을 보려고 노력하는 것, 긍정적인 상상력을 발휘하는 것, 유머 감각을 개발하기, 생각을 바꾸면 세상이 다르게 보인다는 것을 믿고 따르기, 균형감각을 갖고 대처하기 등
2. **신체적인 기술(physical techniques)**: 여기에는 긴장완화, 운동, 스트레칭, 건강한 라이프스타일을 추구하는 모임에 동참하고, 주도하기

확실히 스트레스의 발생원인(stressors)을 직접적으로 다루려는 것은 경감의 방법을 제공하는 것보다는 훨씬 나은 것이다. 이러한 직접적인 개입 행동은 몇 가지 중요한 장애가 수반된다.

첫째, 직접 행동은 언제나 가능한 것은 아니며, 이것은 스트레스의 원인을 밝히는 데 내재해 있는 복잡함과 규명된 스트레스 요인이 다루기 힘든 것이기 때문일 수 있다.

둘째, 관련 연구자료들에 의하면, 교사들은 탈진이 그들 자신이 스트레스에 대처하는 데 실패한 결과이고 그래서 탈진을 교사 자신의 잘못으로 인식하거나(Schwab, 1983), 개인적인 적응 실패 또는 자아 효능감 부족으로 간주한다(Cedoline, 1982)는 것이다. 따라서 교사들이 스트레스를 피하거나 압력을 피할 수 있는 행동을 직접 취하도록 유도하는 것은 그들을 위로하기 보다는 더욱 증상을 악화시킬 수 있는 것이다. 그래서 탈진을 유발하는 환경적인 요인보다는 탈진에 수반되는 감정과 증세들에 초점을 맞춘 경감 프로그램과 접근법이 더 좋은 것이다. 경감조치를 포함하는 접근법은 적용하기 쉽다는 점에서 더욱 장점이 많은 것으로 보이며 특히 더 빠른 결과를 유도한다는 점에서 더욱 그렇다.

탈진 치료 프로그램의 두 번째 방법은 개입이 교사 개인 수준에서 이루어지거나 아니면 조직적 수준을 통해서 스트레스를 경감하는 것에 대한 많은 합리화들로 이루어졌다. 이스라엘에서 이루어진 최초의 연구는 업무와 관련된 스트레스 요인들이 사회인구학적이나 개인적인 요인들보다 훨씬 더 높은 수준으로 종업원들에게서 탈진을 유발하는 것을 보여준다(Etzion, 1984; Ezrahi와 Shirom, 1986). 또한, Golazewsi(1985)는 개인 수준의 변화는, 특히 스트레스의 증상에 집중되었고, 조직에 스트레스를 유발하는 측면을 변화시키는 것을 무시하였기 때문에 그 한계를 더욱 제한하는 경향이 있다고 말한다. 대신에 교사들의 압력을 경감시킬 수 있는 조직적인 수준으로 학교 전체로 초점을 옮겨야 한다.

1. 행정적인 절차와 방식으로 이루어지는 변화를 통해
2. 조직적인 규칙과 학교에서의 압력을 경감시킬 수 있도록 계획된 조직의 규칙과 근무조건을 통해
3. 무감각한 교사들의 사기를 진작시키려고 하는 행동을 통해서
4. 학부모의 협조와 지원을 이끌어 냄으로써 소기의 성과를 거둘 수 있을 것이다.

유념할 것은 집단의 대처 또는 대처 프로그램들은 위로부터의 방식으로 시작되며 종사자들의 일과 직무 만족도에 대한 긍정적인 태도에 공헌한다. 이것은 직장인들로 하여금 그들의 최고 경영자들이 자신들을 진심으로 걱정한다고 느끼게 하기 때문이다.

근무 조건과 환경을 개선시키려고 하는 개입(예컨대, 직종의 풍부화, 의사소통의 개선, 낮은 갈등 관계)은 직장인의 개인적인 측면을 겨냥한 개입(예컨대, 교사 개인의 능력이나 통제의 초점을 다시 설정하기)보다 더욱 효과적이라는 것이 잘 알려져 있다. Mechanic(1979)은 직무와 관련된 많은 스트레스 요인들이 반드시 개인들에 의해서 제거될 수 있으며, 오직 학교조직, 교육행정 조직의 협조적 노력과 의지, 준비된 계획에 따른 로드맵만이 스트레스 유발요인들을 최소화, 개선, 시정, 예방하는 데 효과적이라고 했다.

탈진 예방과 치료 접근에 대한 세 번째 특징은 탈진을 예방하기 위한 개입과 이미 진행중인 탈진을 멈추게 하려는 시도 사이의 관계에 있다. 전자(前者)는 예방적인 대처 프로그램을 차용하는데 이것은 교육대학이나 사범대학 내의 교육 프로그램에서 시도될 수 있다.

대부분의 개입 프로그램들은 현재의 탈진을 경감하려는 목적으로 이용되고 있으며, 이것은 낮은 정도에서 높은 정도까지의 탈진을 경험하고 있는 교사들의 직무 스트레스를 경감시키기 위한 치료로 간주되고 있다. 심・신의 건강을 회복하도록 도와주면서, 이들 프로그램들은 탈진의 재발을 예방하려고 하고 있다.

직무 스트레스나 탈진의 치료보다 예방이 더 효과적이고 비용도 경제적이다. 따라서, 예방의 중요성이 강조되어야 한다. 아울러서, 이미 탈진된 사람들을 치료하는 것은, 가시적인 결과가 나오기 이전에 이미 매우 중요한 노력을 요구한다. 예방적인 개입은 다양화되어야 하며, 다양한 집단의 교사, 즉 집단특성(syntality)을 고려한 맞춤식 예방 및 치료를 해야 한다.

새내기 교사 즉 젊은 교사들이 탈진으로부터 위험성이 높은 것으로 알려져 있으므로 초기 예방이 중요하다. Cherniss(1991)에 의하면, 새내기 교사 시절의 초창기에 직무 스트레스로부터 빨리 회복한 교사들은 높은 수준의 지지, 특히 경험이 풍부한 동료 교사들로부터의 지원을 제공하는 학교에서 근무하였다는 것을 발견했다. 교직 입문 첫 해에 새내기 교사들이 고참 교사들에게서 조언과 정보자료, 그리고 의견을 구하며, 이러한 정신적 스승을 찾은 교사들은 교직 입문 초창기의 어려움을 쉽게 극복하고 잘 지낼 수 있어서 적응력, 교직 사회화가 용이하

〈표 4-1〉 스트레스에 대한 대응책략 분류

직접 행동을 취하거나 문제 해결 활동을 통하여 스트레스 유발요인과 관련을 맺거나 변화시키고자 노력한다.	• 싸움(fight) 및 논쟁(파괴, 이동, 위협대상을 약화시킴) • 탈출(flight) (위협을 주는 대상이나 상황으로부터 그 자신이 거리를 두거나 그것을 능가하는 것) • 투쟁(싸움) 또는 탈출 사이에서 선택을 한다(타협, 협상, 거래) • 미래의 스트레스를 예방(예상되는 스트레스의 강도를 줄이거나 저항한다)
양호하다고 느끼는 활동을 통하여 자신을 변화시킨다. 그러나 스트레스 유발요인(stressor)은 변화하지 않는다.	• 신체에 초점을 둔 활동(약물복용, 긴장이완, 생체자기 제어 biofeedback), 인지에 초점을 둔 활동(계획된 기분전환, 환상, 자기 자신에 관한 성찰) • 현실왜곡, 정신내부의 스트레스에 대한 무의식적 과정

게 이뤄졌다.

그러나 우리나라의 경우 김대중 정부 시절에 초래된 중견・원로 교사들의 명예 퇴직, 이직으로 교단 공황 상태가 발생되고, 실무를 유능하게 처리할 수 있는 중견 교사들이 교단을 떠나버려 새내기 교사들이 보고 배울 수 있는 전범(모범모형)이 없어서 겪는 어려움, 학교 운영상의 난맥상이 심각했을 것이라는 것은 예상이 된다.

스트레스 대처 및 관리는 스트레스에 대한 다양한 정의와 원인론에 근거해서 여러 가지 방안이 제시되고 접근이 이루어지고 있다. 만일, 스트레스가 환경적인 자극 때문에 발생된다면 대처 및 관리는 이런 자극들을 수정하거나 도피, 무시, 대결하는 방향으로 접근하게 되고, 지각 반응 향성에 의해서 발생된다면 개인의 사고방식을 바꾸는 방향으로 접근하게 된다.

Lazarus(1975)는 스트레스가 발생했을 때 사람들이 대처하는 방식을 관찰하여 다음과 같이 제시했다(〈표 4-1〉 참조).

이제 현직 교사들이 어떤 방법으로 스트레스에 대처하는지 영국과 미국에서 밝혀진 자료를 소개해 보자.

Dunham(1984, 166~167)은 초등학교와 중등학교 차원에서 이용되고 있는 스트레스의 경감방안을 다음과 같이 제시했다.

(1) 초등학교 차원에서 스트레스의 경감 방안

1. 모든 교사에게 해당되는 전문성 개발 프로그램의 확립
2. 현직 교사들이 전문적인 과정에서 연수를 통하여 자질을 배양할 수 있는 기회를 준비한다.

3. 교사들로 하여금 교직생활에서 겪은 성공담은 물론 실패담도 발표할 수 있도록 격려한다.
4. 교장으로부터 분별없는(필요 이상의) 간섭 없이 성실하게 책임을 배분한다.
5. 평교사만으로 구성된 집단들과 우호적인 관계 조성
6. 교사의 지위(status)에 관계없이 교사를 존경하고 대접하는 풍토와 성실한 자세로 교사를 대한다.
7. 친절하고 부드럽게 의사를 나누도록 학교운영 체계를 유지한다.
8. 동료 교사들이 다른 연배집단을 가르침으로써 그들의 교단경험을 넓히도록 허용한다.
9. 운동, 오락, 취미생활을 하게 한다.
10. 학교 내에서 지지적이고(supportive) 긍정적인 분위기를 창출하고 가정같은 분위기를 조성한다
11. 교직원들이 함께 사교적으로 만나되 이와 같은 것이 자연스럽게 발전되는 경우에 한한다.
12. 긍정적인 국면들을 주목하고 과오(wrong)를 범했을 때는 침착성(냉정, calm)을 유지하면서 직원을 격려한다.
13. 다른 학교를 방문해 보도록 격려한다.
14. 전 교직원이 참가한 회의에서 솔직하고 현실적인 토의 결과에 따라 교장은 학교 운영 방침을 변경시키는 체계를 확립한다.
15. 교육과정과 교육방법(학습지도 방법)간의 균형을 유지하면서 필요에 따라서 다소 수정을 할 수 있도록 교사를 격려한다.
16. 학교 내에서 토의를 위한 시간을 갖도록 교사를 지명, 준비하게 한다.
17. 동료·친구와 서로 의기투합이 될 경우에 지도 및 칭찬을 서로 나눈다.
18. 신체적인 피로를 정신적으로, 정신적인 피로를 신체적으로 풀도록 노력한다.
19. 시·도 교육청의 학교 경영 평가시에 교사의 직무 스트레스와 탈진예방의 경감, 치료를 위한 노력 및 관련 대책과 예산지원에 관한 점검을 하는 것이 필요하다(이 내용은 필자가 삽입함).

(2) 중등학교 차원에서 스트레스의 경감 방안

1. 직무 수행상의 또는 개인적인 일에 대하여 일관성 있는(언행 일치되는) 직원의 지지 및 격려
2. 공식·비공식적인 대화의 기회(수직적·수평적 관계)
3. 상·하, 종·횡 모든 수준에서의 부드러운 대화

4. 선택 · 결정에 있어서 간부의 관여 및 협의(자문)
5. 긴장 이완된 분위기, 개방된 분위기 및 통제된 분위기를 주입식으로 가르친다.
6. 다른 부서의 문젯거리를 동료직원이 알아차리도록 밝힌다.
7. 직원 간에 대결(충돌) 상황을 회피한다.
8. 다른 사람의 개인적 욕구를 중견참모(직원)가 알아차린다.
9. 중견참모의 자기 자각(self-awareness in senior staff)
10. 선택 · 결정 · 행동 · 태도의 일관성
11. 모든 신임 교사 및 수습 교사에게 환대의 의미가 포함된 취임식
12. 공정한 봉사체제(fair cover system)
13. 바람직한 가정 분위기 같이 꾸민다(직원실, staff room, 커피접대, 교사 휴게실 등).
14. 효과적인 시간표 및 교실 꾸밈
15. 중견 교직원 활용상의 효용성을 높인다.
16. 모든 교직원, 가정과목 담당교사, 사감, 과장의 명확한 역할 규정
17. 일상적인 업무에 대한 능률적인 처리
18. 교직원에 대한 태도의 융통성
19. 시 · 도 교육청의 학교 경영 평가시에 교사의 직무 스트레스와 탈진예방의 경감, 치료를 위한 노력 및 관련 대책과 예산지원에 관한 점검을 하는 것이 필요하다(이 내용은 필자가 삽입함).

이 방안들은 스트레스로 인한 고갈, 탈진의 예방 및 이것을 경감시키고자 하는 노력이 교사만이 유일하게 감당해야 하는 책임 사항은 아니며, 행정계통 · 개별단위 학교차원 · 지휘계통의 이해당사자가 조직관리 · 인사관리 · 임상장학의 측면에서 행정가, 부모, 장학관, 교장, 동료 교사들이 함께 힘을 합치고 중지를 모아 해결해 나가야 한다는 것을 암시한다. 교육행정직 인사들은 자극, 격려, 지도, 조언, 조력 위주의 인간관계를 형성 · 유지토록 한다.

'교사들이 스트레스를 받는다고 지각하는 사건, 사물, 인물이란 과연 무엇인가?'에 대해서는 일치된 반응이 나타나지 않지만 개인적, 대인관계(조직 내에서 동료 간, 상하급자와의 인간관계), 조직과의 관계, 지역사회와의 관계로 나누어서 살펴 볼 수 있을 것이라는 전제하에, 지금부터 40여 년 전에 『예방적인 정신의학 원리』라는 저서에서 Caplan(1964)은 대처행동을 7종으로 특징지은 바 있는데 참고가 될 수 있을 것 같아 소개한다.

1. 필요한 정보자료를 적극적으로 탐색한다.
2. 긍정적인 감정과 부정적인 감정 모두를 자유롭게 표출한다.
3. 주위의 다른 사람들로부터 필요한 도움을 부탁한다.

4. 노력의 속도를 조절하여 피로 여부를 헤아려 본다.
5. 가능하면 적극적으로 숙달감을 익히도록 할 것이며 스트레스가 발생했을 때 제어력이 부족하다는 점을 받아들인다.
6. 최선을 다한 업무처리 결과에 관하여 낙관주의자가 되고, 자신을 신뢰한다.
7. 스트레스를 다루는 요령(기법)을 배우고 그대로 실행하여 본다.

Mechanic(1976)은 직장, 가정, 지역사회 내에서의 지지적인 관계 이외에 경험, 지식, 성격 특성, 업무처리 기술 등을 첨가시켰다.

첫째, 문제해결 및 대처활동에 역점을 두고서 스트레스 반응을 이해하도록 하는 데 많은 주의를 기울여야 한다.

둘째, 스트레스를 일으키는 상황의 변화에 관심을 기울인다. 상황, 그 자체의 본질을 변경시키거나 상황에 대한 개인의 지각 향성을 변화시킨다.

셋째, 스트레스에 대한 개인의 지각 향성을, 스트레스를 일으키는 상황의 변화를 시도하기보다는 스트레스에 대한 생각, 느낌, 신체 반응에 대해서 주의를 기울인다.

Kyriacou(1980)는 스트레스 대처수단으로 상이한 세 가지 유형을 제시했다.

첫째, 친지에게 소감과 문젯거리에 관해서 토로하고 친구, 동료, 가족들로부터 사회적 지지(social support)를 요청하는 방안

둘째, 스트레스의 출처에 따라서 상이한 방법으로 취급하는 것

셋째, 직장에서 스트레스를 떨쳐버리기 위해서 교사의 주의를 전환시키도록 조력해야 한다.

국내외에서 빈번하게 이용되는 대처방안을 소개한다.

1. 균형감각을 갖고 사물을 보도록 노력한다.
2. 맞대결(적대적으로 대하는 것)을 피하려고 노력한다.
3. 퇴근 후에 심·신의 긴장을 풀도록 노력한다.
4. 상황에 대한 당신의 이해에 근거를 둔 어떤 직접적인 행동을 취한다.
5. 스트레스가 발생된 상황에 관해서 객관적으로 생각해 보고, 자제력을 갖고 당신의 감정을 진정시켜라.
6. 상황의 합리성 및 뒤로 물러나서 생각해 보는 태도
7. 당신 자신이 만사를 안심시킬 만큼 유능하게 처리하도록 노력하며 더할 나위 없을 정도로 연습을 부지런히 한다.
8. 문젯거리를 만족스럽게 조정하거나 해결이 될 때까지 그 문제를 손에서 놓아라.

9. 당신이 최선을 다해 근무하고 있다는 것을 당신도 자각하고 사람들에게도 확신시켜라.
10. 수업이 끝났을 때 업무에 대한 것을 잊어버려라.
11. 상황에서 유머 감각을 찾도록 노력한다.
12. 스트레스의 근원을 조정하기 위한 광범위한 계획 추진을 고려해 보라(우선순위 결정).
13. 퇴근 후에 즐거운 활동을 당신 자신이 즐길 수 있도록 노력을 집중한다.
14. 스트레스 및 그 유발요인에 관해서 근심하거나 생각하지 말아라.
15. 문젯거리에 관한 당신의 합리적인 생각을 밝히고 관련된 욕구불만도 말한다.
16. 당신의 일에 몰두하고 열심히 장시간 일하라.
17. 미래에 좋은 일이 일어날 것이라고 생각하라(적당히 낙관적인 삶의 태도가 필요).
18. 업무수행에 관해서 동료와 이야기를 나눈다.
19. 퇴근 후에 건전한 취미활동, 동호서클에 어울린다.
20. **영국에 시험 스트레스 치료 센터 개원**: 영국 최고의 정신 병원인 런던 프라이어리 병원이 대입 자격시험 시즌에 맞추어 각종 시험 스트레스에 시달리는 청소년들을 위한 전문치료 센터를 열었다고 영국 가디언의 일요판 옵서버가 2004년 5월 보도했다(중앙일보, 2004. 6. 1, 제12256호). **교사의 스트레스 상담, 치료 센터 운영도 필요하다.**
21. **日, 과로사 상담전화 불난다**: 일본의 노동전문 변호사들의 모임인 '과로사(過勞死) 변호단 전국네트워크'가 지난 2005년 6월 18일부터 도쿄, 오사카 등 28개 도도부현(都道府縣)에서 개설한 무료 전화상담 서비스 **'과로사 · 과로자살 110번'**에는 샐러리맨들과 그 가족들의 문의가 폭주했다. 이 전화상담 서비스는 샐러리맨들의 스트레스 등 과로사 예방활동과 산재보상 등에 대해 상담을 받고, 경우에 따라 소송을 대행해주고 있다.

    '과로사 변호인단 전국 네트워크'에 따르면 이틀 동안의 상담에서 직장 내 이지메(집단 괴롭힘)에 의한 우울증을 호소하는 전화가 가장 많았다. 의료기기 메이커에 다니는 한 사원이 영어 성적이 나쁘다는 이유로 상사로부터 '월급 도둑' '꼴도 보기 싫다'는 등의 욕을 먹다가 자살한 경우도 있었고, 우울증 치료를 위해 요양 신청을 냈다가 '일도 못하면서 차라리 회사를 그만두라'는 이야기를 들었다는 호소도 있었다.

    재단법인 '노동행정연구소'가 일본 전국의 주요기업 270개사를 대상으로 올 초 실시한 조사에 따르면, 과중한 업무가 원인이 돼 우울증 등 마음의 병을 앓아 한 달 이상 휴직한 사원이 있는 회사가 절반 이상인 138개사에 달했다. (조선일보, 2005. 6. 20, 제26278호)
22. **정신건강 프로그램 선진국선 적극 시행**: 존슨 & 존슨, 듀폰, 릴리 등 많은 선진 기업은 일찍부터 직원들의 스트레스를 완화하기 위해 **근로자 정신건강 지원 프로그램**(EAP)을 시행하고 있다.

〈표 4-2〉 스트레스에 대처, 방어, 단편적인 행동 과정에 대한 특성 비교

대처(도전)	방어(불안)	단편적(지각된 위험) 반응
자제해 오던 감정을 표현	감정을 억제함	감정이 넘쳐 흐른다.
타인과 문제된 사건을 토의	자기에 대한 생각을 간직한다.	타인을 불신
이치에 맞는 현실적인 지각	사리에 맞지 않는 지각	왜곡된 지각
관심을 나타내고 감정이입		타인을 망상적인 시각으로 대한다.
역경을 극복하려고 하고 학교장(상급자)에게 비위를 맞추려고 노력한다.	타인을 비난하며 자기중심적	
창의적인 상상력을 발휘해 본다.	백일몽(day dream)을 꾼다.	비공개적이며 자폐적인 사고를 한다.
노력·주의를 집중한다.	주의집중 능력의 제한	마음이 어수선하다.
의도적인 행동을 과시한다.	완고한 행동을 나타낸다.	의식적으로 이상한 행동을 한다.
원래의 나이보다도 어른스러운(늙은) 행동을 한다.	나이에 알맞는 적합한 행동을 한다.	(나이보다 어린 사람처럼 행동한다)
욕구좌절 감당력이 높다.	욕구불만을 견디지 못한다.	정서적 통제력을 상실한다.
표준에 미달했을 때 부끄러움을 느낀다.	표준에 미달했을 때 죄책감을 느낀다.	표준에 미달했을 때 불안을 느낀다.
문제해결 접근 방법을 이용한다.		해결방안이 없다고 지각한다.
현재의 필요(욕구)에 지향되어 있다.	과거의 욕구에 지향되어 있다.	과거와 현재를 혼동한다.
미래에 끌려 다니는 것으로 느낀다.	과거에 매달려 있는 것으로 느낀다.	혼동된 전망을 소유한다.
융통성을 나타낸다.	경직성을 나타낸다.	질서를 문란하게 한다.
내부통제 지향적이다(internal locus of control).	외부통제 지향적이다.	
뻔뻔스럽고 희망적이다.	신뢰감 결여로 비관주의자	부정적인 자아개념 및 전망을 지각
업무처리에 필요한 지식을 열심히 찾는다.	위축 및 지식 회피	지식을 무시
대안적 선택을 고려함	선택의 한계	무선적 선택
행동의 결과를 고려함	결과를 부인함	결과에 무관심

EAP는 직장에서 얻은 스트레스는 물론 가정 문제, 재산 관리, 경력 관리 등에 대한 전문가 상담을 통해 직원들의 스트레스를 완화해주는 서비스다. 존슨 & 존슨의 경우 해마다 전체 직원 11만 명의 7～8%가 EAP를 이용하고 있다. 이것을 실시한 뒤 결근율이 78% 줄어들고 정신건강 상태는 38% 좋아진 것으로 평가되고 있다.

〈표 4-3〉 관련 문헌에서 소개하고 있는 스트레스 대처 책략*

1. 공감대가 형성되는 타인과 어울려서 대화를 나눈다(욕설 · 험담 · 비난만이 아니라).
2. 작업 집단에의 규준(norm)을 경쟁이 아닌 협력관계로 설정한다.
3. 다른 사람에게 도움을 요구하도록 대표를 파견한다.
4. 감독자와 만족스러운 관계를 확립한다.
5. 중압감(pressure)에 대하여 반응하는 대신 계획을 세운다.
6. 놀이, 고독, 평정(fun, solitude, tranquility)을 위한 시간을 갖는다.
7. 스트레스를 일으키는 상황으로부터 주의를 돌린다.
8. 자아 각성(self-awareness) 스트레스에 대하여 당신은 어떻게 반응을 나타내며, 당신이 스트레스를 받게 되는 원인은 무엇인가를 성찰(省察)한다.
9. 근무일(working day)에 문제해결 계획을 세우고 보조를 맞춘다.
10. 전문가에 의하여 수행되는 상담치료, 집단치료(group therapy), 만남 집단(encounter groups)에 관여
11. 취미활동, 여가선용, 활동, 오락(recreation)
12. 다른 직업으로 이직
13. 정신신경 안정제(진정제) 및 다른 약제 복용
14. 마음이 혼란(산란)해지면 과제를 바꾼다.
15. 적합한 영양 섭취 및 식사
16. 장기 또는 단기로 교제를 중단한다.
17. 당신이 하는 바에 대하여 최선을 다하여 노력을 기울여라.
18. 당신이 하고 싶은 대로 처신하라 – 예컨대 수면.
19. 삶의 본질을 이해하라.
20. 한 시간에 한 가지 일을 완수하는 것을 배워라.
21. 특정인을 너무 지나치게 편애하지 않도록 한다.
22. 행동 수정(behavior modification, BM)
23. 전망적인 시각을 발달시킨다 – 앞으로도 회피할 수 없음을 인식한다.
24. 상황이 바뀔 때 보상하도록 당신이 약속한다.
25. 타인에게 관심을 기울인다.
26. 매년 건강 진단을 받는다.
27. 동료들의 지지를 받도록 인간관계에 신경을 쓴다.
28. 생체 자기제어(biofeedback)
29. 초월 명상(transcendental meditation)
30. 긴장 이완
31. 휴가를 즐기고, 휴일에 긴장을 풀도록 한다.
32. 권위의 교대
33. 신체적인 운동을 한다.
34. 직장 생활과 가정생활을 구분한다.
35. 신체적 · 심리적 환경상의 사소한 속상함(petty annoyances)을 제거한다.
36. 대인관계 기능, 타인의 입장을 생각해 보는 것, 성장 경험을 발달시켜라.
37. 진단적, 치료적 프로그램을 서로 모인 사람들과 발달시킨다(건강, 휴식, 교육, 운동 등)
38. 감당할 수 있는 한계 내에서 생활사건을 변화, 유지한다.
39. 참기 어렵지 않는 한 재치 있게 일을 해치운다.

출처: T.A. Beehr, R.S. Bhagat, (Eds.). (1985). *Human Stress and Cognition in Organization.* New York: John Wiley & Sons. 357에서 인용.

일본도 광고회사인 덴쓰사 직원이 1991년 자살한 것에 대해 회사에 배상 책임이 있다고 판결한 사건을 계기로 정부 차원에서 **직장인 스트레스 대책**을 마련했다. 일본 후생성은 99년 스트레스 관련 정신 장애에 대해 산재 인정 요건을 완화하도록 산재보험 지침을 고쳤다. 스트레스로 인한 자살을 산재로 인정한 건수가 1999년엔 11건으로 늘었다.

23. 지역사회의 전문가, 유관 기관의 협조 하에 **스트레스 닥터**를 시 · 도 교육청이 운영하여 개별학교 차원이나 교사를 대상으로 스트레스 경감, 관리, 예방, 상담, 치료하도록 노력

해야 한다.

24. 교사의 직무 스트레스와 탈진의 경감, 예방, 치료, 상담, 관리가 교육부, 시도교육청, 개별 학교의 책무(責務)임을 인식하고 실천해야 한다.

2. 교사의 직무 스트레스 경험에 대한 대처의 효과

개별적으로 교사들이 경험하는 복지의 상태는 앞에서 언급된 행동적 성격 성향과 인구 통계학뿐만 아니라 스트레스가 되는 경험과 상황에 대처하는 교사의 방식에 의해서도 영향을 받는다. 이들 능력은 교사들이 내적으로 보유한 자원이나 주변 환경에서 끌어낼 수 있다. 대처는 교사 스트레스에 대한 몇 가지 모형에 포함되어 있고(예: Kyriacou and Sutcliffe, 1978a; Lazarus, 1976), 스트레스 수준을 결과적으로 낮추려는 의도를 가진 개인에 의해 표현되는 행동으로서 정의될 수 있다.

교사와 그들의 대처 방식이란 측면에서, 실험적 증거가 별로 없고, 문헌 대부분이 경험적이며 우화적 혹은 암시적이어서 실험적인 것과는 본질상 거리가 멀다(Kyriacou, 1980d). Kyriacou는 대처란 문제를 연구해서 비록 평가적이지는 않더라도, 교사들의 대처 행동에 대해 묘사적인 평가를 제공했다. 또한 교사들이 자신의 업무에서 발생하는 스트레스에 대처하는 방법에 대해 많은 조사가 이루어졌다(Dewe, 1985; Dunham, 1983; Kyriacou, 1980c, d). Kyriacou(1980c)는 교사들에게 33개의 대처 방법 목록을 제시하고 '아래 목록에 있는 항목들을 보시고 당신이 업무 상 스트레스에 대처하기 위해 그 행동을 얼마나 자주 사용하는지 지적해 주시기 바랍니다'라는 요청에 대한 응답을 통해 그 대응 행동의 등급을 평가('항상'에서 '결코'에 이르는 5단계 척도)해 달라고 요청했다. 통계적 기법인 요인분석을 이용하여, 그는 응답이 세 가지 범주로 묶을 수 있다는 사실을 발견했다. 이들 범주는 '감정을 표현하고 도움을 구한다,' '신중하게 고려된 행동을 취한다,' '생각을 다른 일로 돌린다'로 구분된다. 종합 학교 교사 표본들이 가장 많이 취하는 행동은 '상황을 정확히 파악하려고 시도한다,' '대립을 피하려고 노력한다,' '일이 끝난 후 휴식을 취한다'였다.

스트레스 요인들에 대한 좀더 세밀한 분류는 뉴질랜드 초등학교 교사를 대상으로 Dewe (1985)가 만들었다. 요인 분석에서 '상황을 극복하려는 시도', '이성적인 업무 지향적 행동', '수업에 대한 신중한 접근', '동료의 지원', '전체적 시각 속에서 상황 파악'이라는 다섯 가지 범주가 확인되었다.

지난 수년간에 걸쳐 교사들이 스트레스에 좀더 효과적으로 대처할 수 있도록 도움을 주려고 고안된 현장 과정들의 효과를 평가하려는 시도가 있었지만, 이들은 많은 모순적인 결과를 이끌어냈다(Docking, 1985; Woodhouse et al. 1985). 하지만 더 실용적인 기술(즉 시간 관리의 개선)의 개발이 심리적인 스트레스 감소가 주는 혜택을 능가한다는 사실은 이들 연구 결과로부터 나왔을 것이다. 그러나 이런 결과도 기술 개발이 더 손에 잡기 쉽고 구별이 쉽다는 사실에 기인할 수 있다. 연구의 대부분은 이런 유형의 대응이 교사들에게 필수적이라고 권고하고 있다(Iwanicki 1983; Sparks 1983).

주목해야 할 점은 대다수 대응에 관한 연구들과 권고 사항들이 개별적인 교사와 그들이 무엇을 할 수 있는가에 집중하고 있다는 사실이다. 연구자들은 이제 학교의 전반적 배경을 조사해야 할 필요성을 강조하고 있으며, 콕스 등(1989)은 다음과 같이 주장했다.

학교의 스트레스에 대한 조사는 일반적으로 교사들이 자신이 속한 조직 배경에서 소외되는 가운데 경험하는 것을 고려한다는 기존의 이론적 틀을 넘어서 발달하는 데 실패했다. 이것은 놀라운 일로서 동시에 많은 연구들이 교사들이 대면하는 문제들이 조직적(또는 관리적)인 측면에 그 기원이 있다고 하기 때문이다.

그들은 단지 교사에 기반을 둔 스트레스 원인의 조사라는 협소한 접근법 때문에 연구자들이 적절한 해답에 도달하지 못하고 조직에 대한 효과를 설명하지 못한다고 믿으며 또한 매우 일반적인 내용의 권고만 제시하고 긴장완화 훈련, 상담 신청, 진정제 사용 등에 집중하고 있다. 유감스럽게도, 이런 개인 지향적인 '땜질식 처방'은 조직이 교사의 경험을 결정한다는 중요한 역할에서 더 멀리 벗어나버렸다. 똑같이 이런 조직적 측면에 대한 무시는 조직 자체의 건강과 실적에 대한 혹은 이들 문제에 대한 조직적 해결책에 관한 질문을 제기하거나 의문에 답하는 데 실패하는 결과로 이어진다.

Kyriacou(1987)는 관리 관행, 조직적 행정적 구성, 직원 관계, 업무 조건, 스트레스를 최소화하기 위해 학교 통제 범위 내에서 가능한 교과 과정의 수행에 관련된 개선을 제안했다.

2-1. 교사의 직무 스트레스의 중재자로서 사회적 지원

'직장에서의 관계성'에 대한 이 절의 앞부분에서 우리는 교사의 업무 상 스트레스의 효과가 어느 정도로 교직 내외에서 그들이 받는 지원의 본질과 수준에 의해 조정될 수 있는지를 제시했다. 지원의 각 유형이 초래하는 영향은 가변적일 수 있지만, 그것의 근원은 다양하게 존재한다(즉, 사회적, 조직적, 가정적 네트워크). 일반적 수준에서, 사회적 지원의 부족은 심각한 생리적 증상들(예: 관상동맥성 심장질환의 위험 증가, Herd, 1988)과 고도의 증상(Cobb, 1976)을 갖는 것으로 밝혀졌다.

사회적 지원과 그 효과에 관한 문제는 사회적 지원의 정의와 그것이 스트레스를 완화시키는 방법에 관한 명확한 합의점이 없다는 것이다(Mackay and Cooper, 1987). Thoits(1982)는 사회적 지원에 대해 가능한 한 가지 정의를 다음과 같이 제시했다. '개인의 전체 사회적 네트

워크로서 그 속에서 사회 감성적인 지원과 도구적 지원 혹은 양쪽 모두를 기대하는 하위 집합의 사람들'

Philips와 Whiltfield(1980)는 학교가 스트레스 상담을 위하여 '교사 상담자'를 제공한다면, 종합 학교 교원의 50%가 그를 찾을 것이라고 보고했으며, 이것은 교사들이 자신의 직업적 문제를 의논할 수 있는 '신뢰할 만한 친구'를 찾는 경향이 있기 때문이라고 했다.

충분한 사회적 지원을 실행하는 데 있어서의 어려움에 대한 논평으로 Cooper와 Marshell(1975)이 한 말 중에서 교사와 관련된 부분은 다음과 같다.

> 사람들은 고통을 당하고 있으며 사실 그 이유는 자기가 스트레스를 받고 있다는 사실을 인정하는 것과 우리의 문화적 기준이 상반되기 때문이다. 스트레스는 신뢰할 수 없다거나 허약함, 무능력(이들 중 어느 것도 피고용인으로서 매력적인 성격은 아니다)과 함께 정신 질환과 연관된 것으로 간주된다. 같은 의미로 이해할 수 있는 것으로서, 고용자도 실제 업무 환경에서 자신이 대응 능력이 없다는 사실을 인정하려고 하지 않는다. 그가 알기로는 바로 여기서 대부분의 손상이 발생할 수 있다.

Kyriacou(1981a)는 사회적 지원이 일종의 완화책인지 아니면 직접적인 행동 기법인지를 결정하는 문제의 어려움을 지적했다. 그는 사회적 지원에 의한 이점을 세 가지 범주로 분류할 수 있다고 제안했다.

1. 사회적 지원은 교사들이 동료로부터 그들이 스트레스를 다루는 데 이용할 수 있는 새로운 직접 행동 기법에 대해 건전한 조언을 얻는 것을 가능하게 만든다.
2. 그들은 동료들과 문제점 및 어려움에 대해 의논함으로써 실제보다 과장된 그들의 근심을 실제 모습으로 되돌리는 것이 가능하게 되었는데, 이것이 전형적 상담 기법에 속한다(예: Ellis, 1978).
3. 동료들과 사회적 상호작용은 특정 시기의 스트레스 축적에 의한 긴장을 완화시키는 중요한 요인을 제공하는데 이를테면 교무실에서 주고받는 농담과 같은 것이다.

앞 절에서 학교의 조직 구조와 운영에 연관된 압박을 논의했다. 연구자들은 교장이 학교 내에서 우수한 지원자로서 기능을 해야 한다고 제안하며, Kyriacou(1981a)는 다음과 같은 말을 했다.

'많은 학교들이 학생을 돌보는 사회라고 생각하면서 자랑스러움을 느끼고 있다. 지금은 그들의 직원에 대해 서로 돌봐주는 사회로 바뀌려는 노력을 해야 할 때이다.'

특정한 교사에 대한 스트레스의 주요 원인은 그가 자신이 감당할 수 없는 요구사항과 자신의 정신적 혹은 동시에 신체적 복지에 위협이 되는 것으로 인식하는 것이 무엇인가에 따라 변한다. 그러므로 교직 환경에는 일련의 스트레스 발생 요인들이 존재한다.

기본적인 사회적 욕구들을 충족시키지 못하는 관계들은 직장인에게 고독・소외의 고통을 안겨다 준다고 결론을 내렸다.

모든 사람들은 자신이 스트레스 상황에 직면하면 지원자(세력)를 찾게 된다. 사회적 지원자와의 상호 관계를 통해서 정서적・정보적・평가적・도구적 자원을 추구하게 되고 스트레스를 경감시키며, 스트레스로 인한 심리적・생리적・부정적인 영향을 감소시킨다. 이러한 사회적 지원이 위에서와 같은 긍정적인 효과를 가져다준다는 설명은 완충가설(buffering hypothesis) 등 두 가지 가설에 의해 지지된다. 완충가설은 사회적 지원(social support)이 스트레스 조건에 의해서 생겨난 긴장을 감소시키는 역할을 한다는 것이다. Kobasa 등(1983)은 상당히 높은 수준의 스트레스를 경험하지만 상사로부터 지원・격려를 받고 있는 관리자는 그렇지 못한 관리자에 비해 스트레스 관련 증상이 훨씬 더 적음을 발견했다. 대처가설은 부가가설(additive hypothesis)이라고도 하는데(La Rocco et al., 1978), 사회적 지원 자체가 하나의 대처책략으로 직접 이용되어 삶이나 직장생활에 대한 개인의 만족감, 자존심 등의 요인을 향상시켜 준다는 것이다.

2-2. 사회적 지원과 탈진

스트레스를 다룬 사회의학적 문헌의 대부분에서 스트레스를 주는 사건에 대한 완충작용을 하는 것을 사회적 지원망(network of social support)이라고 제안한다(Kakplan의 1983년도 조사 참조). 여러 연구자들도 탈진을 줄이는 데 있어서 사회적 지원의 중요성을 한결같이 강조하고 있다(예를 들어, Maslach, 1976; Freudenberger, 1974; Cherniss, 1980; Cedoline, 1982를 참조). 그러나 누가 가장 큰 지원을 줄 수 있는가에 관해서는 의견이 분분하다. 위에서 언급한 연구자들은 동료가 그러한 완충 역할을 할 수 있다고 주장한다. 반대로, Russell (1987), Dworkin(1987, 1990)등의 연구에서는 교사를 가치 있는 동료로 대하고, 학교의 결정에 참여시키며, 긍정적인 피드백을 주는 교장은 탈진을 줄일 수 있다는 것이 밝혀졌다. 그러나 협조적인 동료는 탈진을 감소시키지 못한다. 실제로, 교장의 지원이 없는 상태에서의 동료의 지원은 젊은 교사들의 스트레스와 탈진을 가중시킨다(Dworkin 등, 1990). 이것은 동료가 서로의 스트레스와 불안을 증폭시키고, 소문을 만들며, 정서적으로 나쁜 감화력을 갖는 데 기인한다. 네덜란드에서 21개의 회사(학교가 아닌)를 대상으로 한 조사에서, Marcelissen 등 (1988)은 동료들 사이의 상호 작용이 긴장과 탈진을 감소시키기보다는 긴장이 부정적인 상호 작용과 탈진을 조장한다고 보고했다.

교장의 지원에 대한 한 연구(Dworkin, 1987)에서 교장이 협조적인 것으로 보이는 학교에 발령을 받은 교사는 교장이 비협조적인 것으로 보이는 학교에 발령을 받은 교사보다 낮은 탈진율을 보였다. 협조적인 교장 밑에서 근무하는 교사들 사이에서 탈진이 발생할 경우에는 그 원인이 직무에서 발생되는 스트레스보다는 교사의 개인적 특성에 있다고 보아야 한다. 그러나 비협조적인 교장 밑에서 근무하는 교사들 사이에서 발생하는 탈진은 직무 스트레스에서 오는 것이다.

교장이 협조적이건 비협조적이건 교사들이 보고한 직무 스트레스의 수준이 통계적으로 동일하다는 점에도 주목해야 한다. 협조적인 교장은 교사를 가치 있는 동료로 취급하고 그들의 일이 가치 있다는 정보를 줌으로써 스트레스와 탈진 사이의 연결고리를 끊을 수 있는 것으로 보인다. 동료들이 주는 지원으로는 스트레스와 탈진 사이의 관계에 영향을 끼칠 수 없다. 교장의 지원 역할로 인해 탈진이 줄어든다는 점에 비추어, 교사들 사이에서의 탈진을 줄이기 위해 임상 장학적인 전략 또는 학교 경영 진단을 다시 한번 생각해 보는 것은 타당하다. 스트레스를 극복하는 기술을 가르치는 것과 관계된 임상적 해결책은(Maslach, 1976; Cherniss, 1980) 전반적인 건강을 위한 실습의 사용(Tubesing과 Tubesing, 1982), 그리고 이완 치료법과 자기 제안 치료법이다(Swick과 Hanley, 1983). 그러나 교장이 경영을 개선함으로 해서 탈진을 완화시킬 수 있다고 한다면, 대규모 학군에는 수천 명의 교사와 수백 명의 교장이 있으므로 교사를 위한 더 나은 치료법을 제공하는 것보다 교장의 학교 경영 스타일을 변화시키는 것이 훨씬 경제적이고 효과적이다. 그러한 변화로 교사의 직무 스트레스와 탈진의 극복 기술을 가르쳐야 하는 시간이 감소될 것이다.

동료의 지원은 5개국에 걸친 연구에서 다양하게 나타났다(Poppleton, 1990).

〈그림 4-1〉 가족문제 해결 어디서 도움 받나(복수 응답, 단위: %)

자료: 한국가족상담교육연구소

〈그림 4-2〉 사회적 지원망의 원천

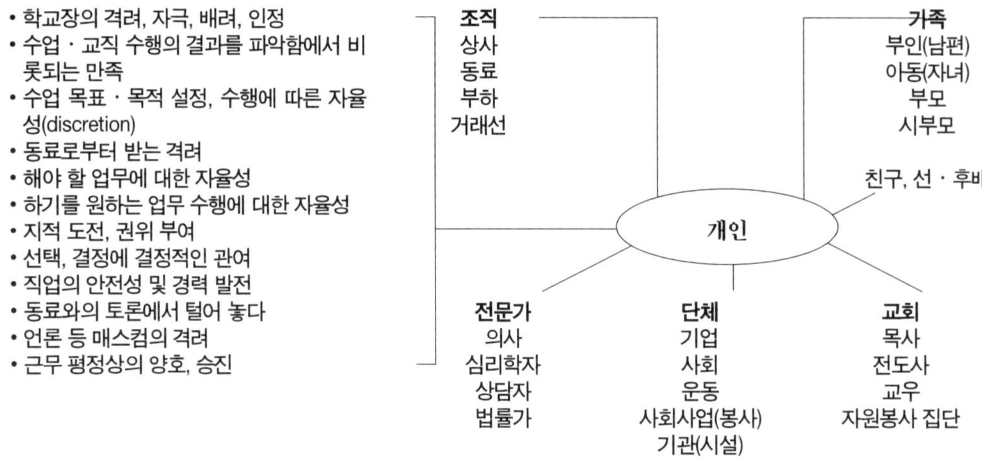

출처: 김정휘, 고홍화 (1994). 교사의 직무 스트레스 연구. 교육신서 202. 서울 배영사:. 187.

교사의 80%가 동료가 일정기간 동안은 지원을 줄 수 있다고 보고한 반면, 영국과 미국에서는 반 이상의 교사가 동료가 계속해서 지원을 줄 수 있다고 보고했다. 영국에서는 표본 추출된 교사의 적어도 반이 직속 상급자가 계속해서 지원을 줄 수 있다고 보았다. 서독에서는 단지 17%만이 그렇다고 생각했다(Poppleton, 1990).

사람 사는 사회에는 저마다의 사연이 있는데 사회생활의 축소판인 가족 간의 갈등도 복잡한 모습으로 전개된다. 그런데 우리 사회에서는 자녀의 가출 · 부부싸움 · 자녀교육, 자녀 결혼이나 이혼문제 등이 생겼을 때 전문가나 관련 기관을 방문해서 상담하기보다는 쉽게 접근할 수 있는 대중 매체, 이웃, 친구에게 의존(사회적 지지, social support) 한다는 것을 이 그림은 보여 주고 있다. 그러나 〈그림 4-1〉과 〈그림 4-2〉는 곤경에 처하거나 애로사항이 있을 때 도움을 받을 만한 사회적 지원망의 원천은 매우 다양하다는 것을 보여 준다.

2-3. 직무 스트레스 중재변인으로서 사회적 지원

심리학자들은 직업 상황에서의 직무 스트레스가 끼치는 부정적인 영향을 감소시키거나 없애는 즉 완충시키는 요소들을 확인하려는 연구를 했다. 직무 스트레스와 관련된 효과 또는 긴장을 완충시키는 것으로 가정되어 왔던 중요한 사회적 요소는 개인(교사)이 받는 사회적 지원의 정도였으나(Ganster와 공동 연구자들, 1986. 102) 긴장(strain)에 대한 사회적 지원의 영향의 본질은 현재는 분명하지 않다. 교사들이 교직에서 경험하는 직무 스트레스가 부분적으로 자신의 성격이나 또는 개인생활에서 발생된다고 할지라도 학교장이나 장학사들이 인간관계상의 유대로, 즉 사회적 지원 수단을 이용하여 스트레스를 효율적으로 관리할 수 있다.

이 점에 관해서 논의해 보면, 성격변인과 더불어 최근에 많은 연구에서는 스트레스의 부정적 효과를 완충시키는 변인으로 개인이 받는 사회적 지원을 들고 있다. 이것은 조직 수준에서의 스트레스 예방관리 책략 또는 중재변인으로 지금까지 연구되어 온 것 가운데 가장 대표적인 것이라고 할 수 있다.

사회적 지원은 사람이 어려움에 직면했을 때 유의미한 타인이 제공해주는 물리적・정서적・치료적인 지원을 평가하는 것을 의미하기 때문에 조직 구성원들이 상호신뢰하며 복지에 관심을 갖고 존경하며 진정으로 생각해 주고 있다는 것을 느끼게 하는 것이다.

스트레스 완충효과의 방어기제로서의 역할을 하는 사회적 지원은 스트레스와 이로 인한 질병의 인과관계를 연계시키는 과정에서 스트레스 평가반응을 예방 또는 약화시켜 스트레스를 주는 사상과 스트레스 반응을 조정하며, 지원반응이 적정하면 생리적 과정에 직접적으로 영향을 끼쳐 스트레스 반응을 감소 혹은 제거시킨다. 이와 같이 사회적 지원은 건전한 행동을 촉진시키거나 스트레스에 대한 지각반응을 약화시킨다.

스트레스를 완충시킨다는 것은 근래 높은 생활 스트레스 수준의 반응에 대한 영향력을 완화시키는 변인들을 의미하는데, 여기에 영향을 끼치는 변인으로는 내외통제, 내구력, 욕구좌절 감당력, 감각추구 및 성별 역할 지향성과 같은 성격변인들이 지적되고 있으나 본질적으로는 주로 환경적인 차원에서 나타나는 사회적 지원을 중요시 한다. Sandler와 Lakey(1982)는 사회적 지원이 내적 통제 영역을 지닌 사람들에게는 결정적인 인생 사건이 좌절과 불안에 끼친 영향을 감소시켰으나 외적 통제영역을 지닌 사람들에게는 그렇지 않음을 발견했다. 그러나 완충시키는 영향에 대한 증거는 사회적 근원, 수용자, 스트레스 유발요인(Stressors), 검토되고 있는 긴장에 따라 달라진다는 것이다.

사회적 지원은 개인이 필요로 하는 정서적, 정보적, 평가적 및 도구적 지원을 통해 스트레스에 대한 개인의 심리적, 생리적 효과를 약화시키는 데 있다(House, 1981).

Lynch(1977)는 인간관계와 사회적 지원은 정서적, 심리적, 생리적 안녕에 중요한 영향을 준다고 했다.

사회적 지원은 육체적 긴장 및 직무 긴장과는 부적인 것으로 또한 감독자가 사회적 지원을 제공하면 직무 불만족은 감소되는 것으로 밝혀지고 있다. 또 사회적 지원의 완충효과는 그에 상응하는 직무 스트레스에서 유의미하게 나타난다고 한다. 이러한 사회적 지원은 직무 스트레스와 직무 긴장과의 관계에서 누가적 역할과 상호작용적(조정적) 역할을 하는데 전자는 사회적 지원으로 인해 직무 스트레스가 감소되면 그 이상으로 어떤 것이 발생하여도 직무 긴장을 감소시키는 데 유의한 누가적 효과를 유지할 수 있다는 것이며, 후자의 역할은 사회적 지원이 있게 되면 직무 스트레스와 직무 긴장과의 관계는 완화될 것이라고 하는 것인데, 실증적인 조사 결과 서로 상반되는 경우가 나타나기도 한다. 그런데 Etzin(1984)은 직무 스트레스와 탈진(burnout) 간의 관계가 남성에게는 직장에서의 지원에 의해서, 여성의 경우에는 직장 이외의 지원에 의해서 완화된다고 보고하였다. 즉 여성은 남성에 비해 좀더 많은 상이한 유형의 지원적 연대를 지니는 경향이 있다는 것이다(Leavy, 1983.).

블루칼라에 해당하는 직장인과 화이트칼라 직장인은 직무 스트레스에 상이하게 반응한다고 하는데 이 글에서는 이 점을 규명하지 못했다. 이러한 결과는 지위와 관련되는 상이한 사회 경제적 지위(SES) 수준 때문이라는 것이다(Ganster et. al. 1986. 103). 성별이나 교육과 같은 다른 특성들도 완충효과를 변화시킬 것이라고 Ganster와 공동연구자(1986)들은 밝혔다.

사회적 지원이 스트레스 요인과 긴장과의 관계에 끼치는 영향은 일관성 있게 지적되지 않고 있다. 사회적 지원이 건강에 끼치는 효과가 상당히 많이 연구되고 있으나 이에 대한 연구는 10여 편에 불과하다.

사회적 지원의 원천과 유형에 관해서 설명해 보면 스트레스를 완충시킨다는 것은 근래 높은 생활 스트레스 수준의 반응에 대한 영향력을 완화시키는 변인들을 의미하는데 이에 영향을 끼치는 변인으로는 내외통제, 욕구좌절 감당력, 강인성, 감각 추구 및 성별 역할 지향성과 같은 성격 변인들이 지적되고 있으나 본질적으로는 주로 환경적인 차원에서 나타나는 사회적 지원(social support)을 중요시한다.

스트레스 완충효과의 방어기제로서의 역할을 하는 사회적 지원은 스트레스와 이로 인한 질병의 인과를 연계시키는 과정에서 ① 스트레스 평가반응을 예방 또는 약화시켜 스트레스를 일으키는 사상과 스트레스 반응을 조정하며, ② 지원수준이 적정하면 생리적 과정에 직접적으로 영향을 끼쳐 스트레스 반응을 감소 혹은 제거시킨다. 이와 같이 사회적 지원은 건전한 행동을 촉진시키거나 스트레스에 대한 지각반응을 약화시킨다.(Cohen, Wills, 1985, 310~357.)

사회적 지원 중 가족에 의한 지원기능으로는 ① 세상에 관한 정보의 수집자 및 보급자로서의 가족, ② 재투입(feedback), 지도체계로서의 가족, ③ 이데올로기 원천으로서의 가족, ④ 문제를 해결하는 데 협조하는 조정자로서의 가족, ⑤ 실질적인 서비스 및 구체적인 지원원천으로서의 가족, ⑥ 휴식과 회복을 위한 안식처로서의 가족, ⑦ 준거 및 통제체제로서의 가족, ⑧ 정서를 통제하는 데 있어서 가족의 기여 등이 있다. 그러므로 사회적 지원은 정보 수립 및 제공과 통제의 개념이라고 할 수 있다.

이와 같은 사회적 지원은 사람이 어려움에 직면하였을 때 타인이 제공해주는 물질적・치료적・정서적・지적인 원조를 평가하는 것을 의미하기 때문에 조직 구성원들이 상호 신뢰하며 복지에 관심을 갖고 존경하며 진정으로 생각해 주고 있다는 것을 느끼게 하는 것이다.

사회적 지원의 원천은 직장 외 원천과 직장 내 원천으로 구분할 수 있는데 전자는 가족 및 친족, 지인(知人)들 같은 1차적인 원천과 정신 요법치료자, 카운슬러 등의 2차적인 원천이 있다. 직장 외의 원천은 상사나 동료 및 부하들이다. 상사의 지원은 리더의 지원적인 행동이나 고려적인 행동에서 가장 잘 나타난다. 이러한 상사의 관리적인 행동이 부하의 육체적, 정신적 재해를 감소시키는데 그 이유는 그들이 가진 권한이 부하보다 강력하기 때문이다. 이와 같이 상사 또는 상급 기관의 지원은 조직관리상 부하의 행동을 동기부여 시키는 내재적 기능을 하기 때문에 외재적 기능을 촉진시키며 부하의 스트레스를 감소시키는 역할을 한다. 동료작업자의 지원 역시 직장의 직무 스트레스 압력을 감소시킬 수 있다는 사실은 동료들이 생산성이나 사기에 영향을 끼치는 것으로 밝혀진 호손실험의 결과를 보아도 알 수 있다(배무환, 1988, p. 70).

이외에도 Bowerm과 Seaahore의 연구에 의하면 목표지향적, 작업촉진적, 상호작용 촉진적 리더쉽과 같은 상사의 지원은 물론 동료의 지원 역시 훌륭한 리더쉽이 될 수 있음을 알 수 있는데, 동료의 지원은 종업원의 만족과 일부 관련이 있는 것으로 밝혀지고 있다.

「*Work and Condition in the Teaching Profession*」이라는 제목의 ILO 연구보고서(1981)는 교사에 대한 사회적 지원(society's support)이 미약하다는 것을 명백히 밝히면서 교사가 소유하고 있는 지식, 경험, 인격, 자기희생, 봉사, 소명의식은 존중되어야 한다는 것을 강조하고 있다. 그러나 오늘날은 우리사회가 소득(수입) 수준에 의해서 사회적・경제적 지위(SES)의 근거를 평가하는 경향이 있으며 따라서, 교사가 소유하고 있는 지식, 자기희생 및 소명의식은 사회의 세속적 평가 척도가 관계하고 있는 한(예: SES 위주의 평가) 교직에 대한 가치를 저하시키는 역기능으로 작용하고 있다고 지적했다.

일반적으로 사회적 지원도의 효과는 가족, 동료 및 상사의 순으로 지적되고 있다. 그리고 사회적 지원에 있어서 개인차는 지원자에 따라 달리 나타나지 않지만 사회적 배경이 다를 때에는 차이가 나타나며 사회적 지위와 직무 스트레스와의 관계는 정적인 것으로 밝혀지고 있다. 신유근(1991. p. 39)의 한국기업 근로자의 의식구조 조사에 따르면 근로자들이 어려운 일을 당했을 때 주로 상의하는(사회적 지원의) 상대자로 지적한 인물이 오래된 친구가 24.1%로 선두를 차지하고 있으며 그 뒤를 부모・친척(20.9%), 직장의 동료(19.3%), 애인・배우자(11.9%)등의 순으로 나타나고 있다. 이를 달리 분석하면 근로자들이 마음 편히 상의할 수 있는 상대자는 부모・친척, 상사, 은사 및 전문가 보다는 (37.4%) 친구, 직장의 동료, 애인, 배우자, 학교 선후배 그룹이라고 말할 수 있다(62.2%). 이 점은 수직적 상하관계보다는 수평적 관계에 있는 사람을 의논 대상자로 선정하고 있음을 의미한다(이때 직종 간의 차이는 별로 없는 것으로 나타났다. 〈표 4-4〉 참조).

Pearlin, Menaghan, Lieherman 및 Mullan은 해고, 휴직, 좌천, 병가 등과 같은 직무장애에 따른 우울증의 변화 및 지각된 경제적 긴장, 자존심의 변화, 직무처리 중 장애를 극복하는 과

〈표 4-4〉 동료관 분석 결과

단위: %

변 인			사무직 (n=2,515)	생산직 (n=2,370)	전체 (n=4,885)
어려운 일 의논 대상자	수직적	상사	7.0	8.6	7.8
		은사	2.3	2.3	2.3
		부모・친척	19.4	22.6	20.9
		전문가	6.3(35.0)	6.5(39.9)	6.4(37.4)
	수평적	오래된 친구	26.9	21.5	24.1
		학교 선후배	8.5	5.2	6.9
		직장의 동료	12.8	20.9	19.3
		애인・배우자	11.2(59.4)	12.7(60.0)	11.9(62.2)

출처: 신유근(1991) 한국기업 근로자의 의식구조. 대한상공회의소 한국 경제 연구 센터. 40에서 인용

정을 연구하였는데 직무장애로 인해 긴장과 우울증은 증가되었으나 자존심과 통제력은 감소되었으며 연령, 성별, 직급, 경제적 지위, 교육수준 등에 따라 유의성을 나타냈다.

이러한 사회적 지원은 한 가지 원천에 의해서도 스트레스의 지각을 감소시키고 심리적인 자원을 완충시켜 주는 데 식역효과(threshold effect) 현상이 나타나므로 사회적 지원에 의해 스트레스를 완전히 제거할 수 없다는 것이다. 사회적 지원의 유형에는 물질적인 것(금전, 기계, 설비)과 심리적인 것(인지적, 정서적, 행동적)으로 또는 정서적 지원(존경, 애정, 신뢰, 관심, 경험)과 평가적 지원(확인, 피드백, 사회적 비교), 정보적 지원(조언, 제안, 통제, 정보), 수단적 지원(친절, 금전, 시간, 환경의 개선)등 구체적인 지원으로 구분되어 사회적 지원의 원천에 따른 원천간의 상관관계 등으로 규명되고 있다.

Blau에 의하면(1981) 정서적 지원과 구체적 지원의 형태는 오하이오 대학의 고려(consideration) 및 구조 주도적인(initiating structure) 관리유형 그리고 미시간 대학의 인간관계지

〈표 4-5〉 직무 스트레스를 완화시킬 가능성이 있는데 도움이 되는 6가지 사회적 지원형태

사회적 지원의 유형	사회적 지원의 원천		
	상사(학교장, 장학사)	동료 작업자	조직외적 요인
정서적 지원			
수단적 지원			

출처: Beehr, T.A.(1985), The Role of Social Support in Coping with Organizational Stress, T.A. Beehr, R.S. Bhaget, (Eds.). (1985). *Human Stress and Cognition in Organizations: An Integrated Perspective*. New York: A Wiley-Interscience Publication. 381.

향적 및 과업지향적 리더의 관리유형과 같이 나타난다는 것이다. 사회적 지원의 원천은 〈표 4-5〉와 같이 분류할 수 있는데 정서적 지원은 사회적 지원을 한정하는 역할을 한다(Beehr & Bhaget, 1985, 381).

〈표 4-5〉에서와 같이 사회적 지원의 유형과 원천을 관련시켜 사회적 지원의 형태를 구분 제시할 수도 있으나 교사의 직무 스트레스의 경우는 그 유형이 보다 더 다양한 원천에 의해서 지원이 제공될 수 있다는 점을 앞의 〈그림 4-2〉에서 파악할 수 있다.

그런데 두 가지의 지원 요인(정서적・수단적 지원) 중 직무 스트레스를 완화시키는 데 어느 요인이 보다 더 효과적인지 아직까지 밝혀지지 않고 있다. 그러나 일반적으로 사회적 지원의 효과는 가족, 동료, 상사의 순인 것으로 지적되고 있다.(Wells, 1984.)

사회적 지원은 육체적 긴장 및 직무긴장과는 부적 관계(負的 關係)인 것으로, 또한 감독자가 사회적 지원을 제공하면 직무 불만족은 감소되는 것으로 밝혀지고 있다. 이러한 사회적 지원은 직무 스트레스와 직무긴장의 관계에서 누가적 역할과 상호작용적(조정적) 역할을 하는데 전자는 사회적 지원으로 인해 직무 스트레스가 감소되면 그 이상으로 어떤 것이 발생하여도 직무 긴장을 감소시키는데 유의적인 누가적 효과를 유지할 수 있다는 것이며, 후자의 역할은 사회적 지원이 있게 되면 직무 스트레스와 직무 긴장과의 관계는 완화될 것이라고 하는데 실증적인 조정 결과 서로 상반되는 경우가 나타나기도 한다. 김정인(1990, p. 20)도 조직이 종업원에 대하여 세심하고 많은 배려를 해줄수록 그 조직의 구성원은 자신의 직무에 대하여 더욱 만족해 한다는 것을 확인했다. 또한 사회적 지원은 서비스 기간이 길수록 타인에 대한 책임과 의무가 가중되므로 사람-환경(P-E) 적합의 직무 스트레스와는 부적 관계, 직무 만족과는 정적관계라는 사실이 나타난 것으로 보아 서비스 기간도 직무 스트레스와 직무 긴장을 연구하는 데 고려해야 할 중요한 변수의 하나임을 알 수 있다. 이외에도 직무 스트레스와 직무 긴장간에 끼치는 사회적 지원의 영향은 지대할 것으로 예견된다. 그러므로 직무 스트레스 요인과 긴장에 사회적 지원이 끼치는 영향을 보다 구체적으로 고찰할 필요가 있다.

Kyriacou(1981a)는 사회적 지원이 일종의 직무 스트레스 완화 방책인지 또는 직접적인 행동 기법인지를 구분하기가 쉽지 않다는 것을 지적하고 사회적 지원의 이점을 다음과 같이 세 가지 범주로 분류할 수 있다고 제안했다.

1. 사회적 지원에서 교사들이 동료로부터 그들이 스트레스를 다루는데 이용할 수 있는 행동 기법에 대해 건전한 조언을 구하는 것이 가능하다.
2. 스트레스에 시달리는 동료들과 스트레스 관련 문제점과 어려움에 대하여 의논함으로써 실제보다 과장된 그들의 근심을 실제 모습으로 되돌리는 것이 가능하며, 이것은 전형적인 상담기법에 속한다.

3. 동료들과 사회적 상호작용은 특정 시기의 스트레스 축적에 대한 긴장을 완화시키는 중요한 요인을 제공하는 데 이를테면 교무실에서 주고받는 농담과 같은 것이다.

이 모형에서 교사의 탈진 경험과 관련된 중요한 유목(類目, category)을 세 가지로 구분, 제시했다.

1. 학교장의 변환적 지도력(transformational leadership)－비전, 지향하는 목표, 기대, 지지, 자극, 본뜨기 학습(modeling)
2. 학교 조직의 지지 요인－직무 요구, 사회적 지지, 조직 차원의 지지
3. 교사의 개인적 요인－개인적 목표, 능력에 대한 신념과 기대, 상황적 신념, 정서적 각성 과정

〈그림 4-3〉 교사의 탈진 변량을 설명하기 위한 모형

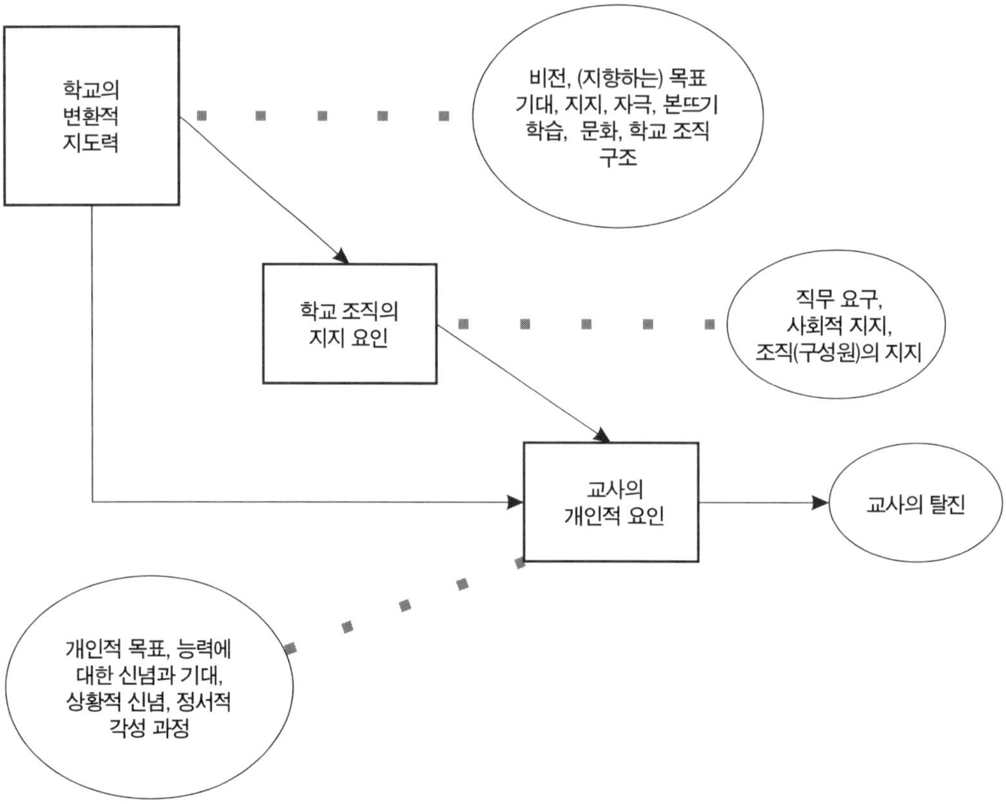

출처: Leithwood, K. A. Menzies, T, Jantzi, D. and Leithwood, J. Teacher Burnout A Critical Challenge for Leaders of Restruturing Schools, R. Badenberghe, and A. M. Huberman, (Eds.) (1999). *Understanding and Preventing Teacher Burnout: A Sourcebook of International Research and Practice*. Cambridge: Cambridge University Press. 99.

이들 세 가지 요인이 상호작용하고 기능하여 탈진의 원인이 되기도 하고 감소시키기도 하는 효과를 나타낸다(그림 4-3 참조).

이 모형에서 교사의 개인적 요인은 학교장의 지도력과 학교 조직 요인 모두에 영향을 주는 변량으로 개념화했으며 이것은 교사의 자존심과 자기 효능감의 양상으로 인식되는 통제 소재(locus of control)에도 영향을 준다. 아노미(anomi, 무의미감과 소외감)는 탈진에 기여하는 요인이라기보다는 탈진의 증상이다. 개인적 요인으로서 교사의 개인적 목표, 능력에 대한 신념과 기대, 상황에 대한 신념, 정서적 각성 과정은 교사가 능동적으로나 수동적으로 대처할 수 있다는 변화가 가능한 변량이다. 결국 교사의 탈진은 학교장의 지도력, 학교 조직 차원, 개인적 요인간의 상호작용에 의한(이들이 교사 탈진의 기여 또는 중재 요인) 결과라는 관점을 이 모형이 제시하고 있다(〈그림 4-3〉 참조).

이 모형은 학교장의 지도력과 학교의 조직 요인이 교사 개인 요인에 의해 중재되는 효과를 예상할 수 있다. 학교장의 지도력과 학교 조직의 구조적・기능적 특성, 교사의 개인적 요인을 교사의 탈진 원인 또는 중재변인과 관련된 객관적 조건으로 또는 주관적 조건으로 볼 것인가는 연구가 필요한 과제이다.

이 모형(〈그림 4-4〉 참조)에서 교사에게 관련된 개인적 요소 네 가지 중에서 교사의 상황과 능력에 대한 신념은 약하지만 탈진에 관한 한 유의미하게 긍정적으로 영향을 준다(각각의 경우에 .16의 상관관계를 지님). 개인적 목표는 약하게 관련되어 있지만 부정적으로 탈진에 영향을 준다(－.13). 능력에 대한 신념은 상황 신념과 간접적으로 능력 신뢰와 정서적 각성 과정과 연결되며 가장 큰 전체적인 영향은 탈진에 미친다(.20). 지도력과 학교 조직 요소 이 두 가지는 교사의 상황 신념과 개인적 목표에 적절한 정도의 강한 영향력, 조직적 요소의 경우에 .24의 상관관계, 그리고 지도력 요소의 경우에 .38과 .57의 상관관계를 가지며, 학교 조직 요소는 또한 상황 신뢰(.38)에 적합한 영향을 끼치며 탈진(.54)에 가장 큰 영향을 준다.

이 모형(그림 4-4)에서 교사의 개인적 요인을 중시하는 이유는 Maslach와 Jackson은 탈진 증상을 삼차원(정서적 고갈, 탈인격화, 교사 개인적 성취력 저하)으로 제시했는데, 탈진 모형에서 개인이 핵심 개념(key word)이기 때문이다.

직무 스트레스와 탈진으로 인한 부정적인 영향에서 교사가 온전하고 건실하며 강인하게 살아남기 위한 생존 전략으로써 다음과 같은 권고를 교사에게 제안한다.

1. 교사가 교직에서 장기간 건강하게 살아남기 위해서는 교육, 학생, 학교 교사 신분(지위)에 대한 집념과 애착에 대한 심리적 거리(psychological distance) 를 유지하기 위해 조심스럽고 분별 있는 균형 잡기가 요구된다. 교사는 지속적으로 최고 속도를 내지 말아야 한다. 만일 엔진을 계속 가동시키고 싶다면 정기적으로 속도를 낮추고－초고속으

〈그림 4-4〉 교사의 탈진 변량을 설명하는 모형

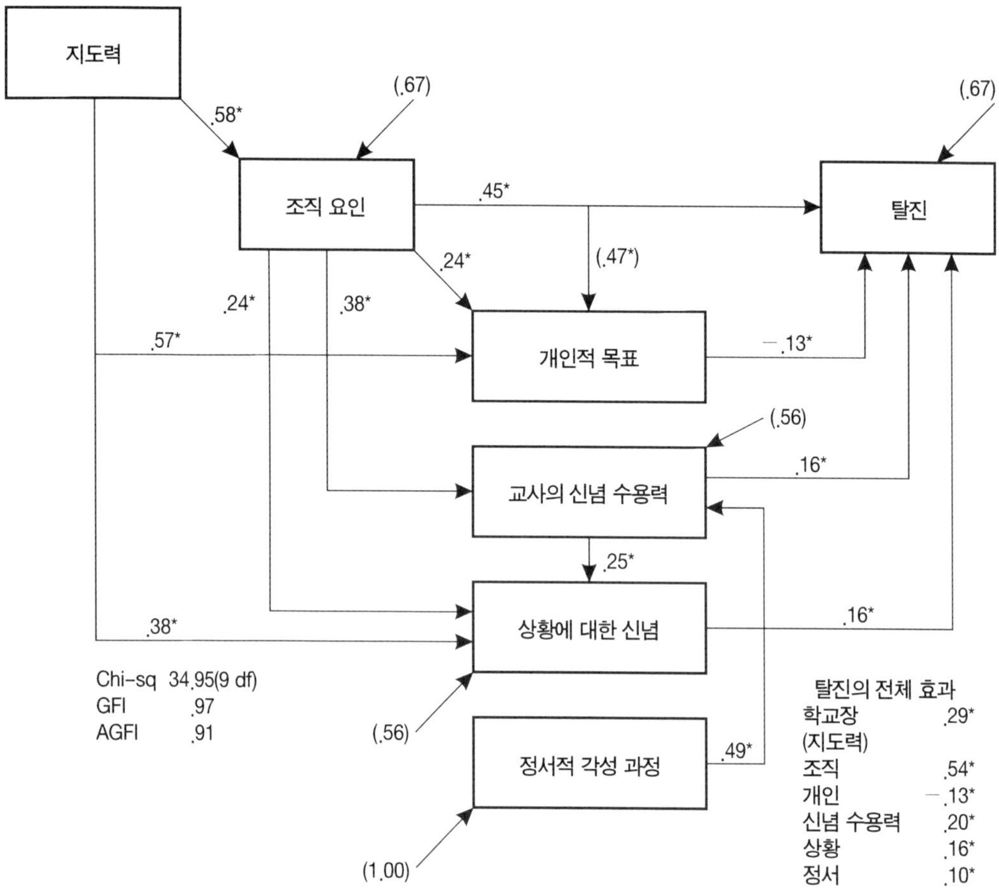

출처: Leithwood, Menzies, Tantzi and Leithwood, Teacher Burnout: A Critical Challenge for Leaders of Restructuring Schools. R. Vandenberghe and A. M. Huberman (Eds.) (1999). *Understanding and Preventing Teacher Burnout: A Sourcebook of International Research and Practice*. Cambridge: Cambridge University Press. 107.

로 질주하는 것은 매우 해롭고 미련한 행동이다. ―항상 한계점으로 가는 것을 피해야 한다. 30～40여 년간 장기 봉직해야 하는(―원하는) 교사에게 중요한 직업관은 학교·교실에서의 상황이다. 교사로서 자신의 위상을 너무나 개인적인 것으로 인식하지 않고, 직업적인 집념으로부터 정서적으로 심리적 거리를 두는 것, 인지적으로 균형감각을 유지하고 배우는 것이다. 교사 자신의 심신 건강과 복지를 위해서 건강관리를 점검하고 아동(학생)을 보살피는 역할이 교사가 감당해야 하는 중요한 책무인 것처럼 교사가 자신을 보살피는 책무를 교사 스스로 알아서 잘할 것으로 간주하지 말아야 한다. 휴식을 정기적으로 향유하라.

2. 사학의 경우 빈발하는 역기능적인 갈등문제를 순기능적으로 해결할 수 있는 갈등관리 체제를 구성, 가동하여 교단 안정화 기반을 조성한다(단위학교 별로 자율적으로 해결하는 것이 바람직한데 이와 같이 해결되지 않고 갈등과 반목이 반복되는 인과관계, 책임 소재). 교장과 교사와 학생 구성원의 몫과 책임분담을 진단하는 학교 컨설팅 제도(school consultation system) 또는 학교경영 진단제도를 도입, 시행한다. 온정주의 위주의 학교 컨설팅이 반드시 바람직한 대책은 아니다. 사학 재단에 빈발하는 갈등 상황 조성에 따른 불이익을 조치한다.
3. 갈등구조의 역동성, 생태론의 관점에서 해석하면 교장의 지도력(또는 사학 재단과 학교 경영진(교장) 간의 역학적 관계)에 의해서 많은 갈등이 야기된다고 진단된다. 따라서 좋은 교장선생님의 모형(model)을 발견, 설정, 동일시의 대상으로 존중받는 환경 조성이 갈등·분쟁의 예방, 조정, 해결에 기여할 뿐만 아니라 학교 조직 건강과 교사의 직무 스트레스 예방, 경감, 해소와 치료에 도움이 될 것이다.
4. 학교장의 지도력(예: 임상장학에 의한 지도)이 직무 스트레스와 탈진, 갈등 해법의 키워드이다. 인간관계 갈등이 직무 스트레스 유발요인으로 평가되고 있는데 강원도의 초등교사 270명을 대상으로 갈등실태 조사연구(안창선과 심미옥. 2000. 40)에 의하면 학교 조직 내 갈등유형(행정가, 동료 교사, 학부모, 학생 관계) 중 가장 심각한 갈등은 상급자와의 갈등으로 밝혀졌다. 갈등조정·관리 해법도 학교 관리자인 교장의 지도력에서 찾을 수 있다. 교장이 교사와의 관계에서 장학위주의 지도, 상담자, 지지자, 조력자의 관계가 형성되면 교사의 직무 스트레스와 탈진이 해소, 경감, 치료된다는 것이다.
5. 교사를 위한 교육신문고를 설치, 운영한다. 직무 스트레스와 탈진 관련 사항을 제보·호소한 제안자의 신원이 보호되는 것을 전제로 실질적인 도우미의 역할을 수행한다. 교권 침해사건에 교총이 적극 나서 무료 변론과 함께 종결되기까지 시·종(始·終)을 조력, 지원하는 것과 같은 서비스를 교육 신문고에서 수행한다.
6. 건강한 학교에서는 교사들이 경험하는 직무 스트레스와 탈진이 예방되고 치료되며 직무 스트레스와 탈진 경험상 최소제한 환경이 마련되어 있으며 학교장은 변환적 지도력과 민주형 지도력을 발휘하여 교사의 전문성과 자율성 및 책무성을 존중하고 요구하며 갈등과 분쟁을 조정, 관리, 줄이는 데 역량을 발휘하고 교사의 교권 옹호에 신념을 갖고 학교를 경영한다.

   아울러서 교사의 정신·신체 건강과 교사의 복지를 중시하고 지원한다. 정기적으로 교사, 학부형과 합의하에 정기적으로 학교 경영에 대한 컨설팅을 받는다. 특정 교사를 편애하거나 왕따, 은따시키거나 들볶아서 교직을 떠나도록 직접·간접적인 압력을 조성하는 풍토를 용인하지 않는다. 지위 지향적인 교사보다는 과업 지향적인 교사, 소명감이 확고한 교사, 장인 정신이 확고한 교사, 근학정신이 뛰어나고 아동과 교직, 교육을 사랑하는 교사가 우대받는 학교이다.

7. 직무 스트레스와 탈진 문제에 대해서 심각하게 문제제기를 하고 걱정을 하면서 관련 대책 마련을 촉구하는 이 자료에서 필자는 모든 교사들이 직무 스트레스를 경험하는 것은 아니라는 견해도 사실인 점을 인정하면서 아울러서 많은 교사들이 직무 스트레스와 탈진을 경험하고 있고 그 발생 만연율이 일반화되어 있다는 것도 또한 사실이라는 점을 역설한다.
8. 학생들의 학력제고를 위한 방안 논의에서 교육의 질을 개선시키는 노력이 필요하다는 설득력 있는 주장의 허점은 교사의 정신건강과 복지를 제고시키는 것이 교육력을 증진시키고 교사와 학생에게 좋은 학교의 위상이 교육의 질 향상에 요체가 된다는 점을 무시하면 소기의 효과가 나타날 수 없는 것이다. 후자는 무시되고 전자만을 위한 교육정책은 균형감각을 상실한 오도된 정책이고 판단이다.
9. 시・도 교육청, 개별 학교, 개별 교사와 직원들은 누구를 위해서 무엇을 할 수 있는가에 집중되어야 한다.
10. 직무 스트레스와 탈진 해소, 예방, 감소, 치료를 위한 아울러서 정신・신체 건강, 웰빙(well-being)을 위한 실용적 지식과 기술이 필요하고 개발해야 한다.
11. 교사의 고용주인 시・도 교육청과 이들의 직장인 개별 학교가 주도적으로 직무 스트레스와 탈진 관리, 예방 대책을 수립, 실천해야 한다. 이들 기관은 교사들의 정신・신체 건강・복지와 웰빙을 보살피고, 지원, 예방, 치료를 담당해야 할 일차적인 책임이 있다.
12. 시・도 교육청, 학교, 교육부의 경영 평가 내용 속에 교사의 복지, 정신・신체 건강, 웰빙 증진을 위해 어떤 투자, 대책을 세워 노력하는 가를 점검하고 독려하는 조치를 포함시켜야 한다.
13. 거시적 접근보다는 미시적 접근, 즉 땜질식 처방은 별 효과가 없는 것으로 알려져 있다. 조직이 교사의 직무 스트레스와 탈진 경험을 결정한다는 가해자 이론이 암시하는 것처럼 조직 자체 기능과 구조의 지원과 변화가 대처 방안 촉진에서 우선적인 고려 사항이 되어야 기대하는 효과가 달성될 수 있다. 조직의 역기능을 무시하고는 어떤 대처 방안도 성공할 수 없다.
14. 학교장의 리더쉽 개발과 훈련, 평가를 위한 연수가 제도적으로 강화되어야 하고 요구되어야 한다. 학교장, 교감, 장학관 되기가 어려운 만큼 교장 노릇 제대로 잘 하기에 대한 노력과 연수, 평가가 부족한 것이 현실이다.
15. 학교장 직무 연수에서 갈등 관리, 문제 해결에 대한 지도력 훈련과 개발을 위한 연수를

하는 것이 필요하다. 직무 스트레스나 탈진의 원인으로 인간관계 상의 갈등과 직무 불만족, 사기 저하가 유력하게 거론되는 만큼 그 해결에 교장의 지도력이 유효하게 기여할 수 있는 여지가 크다고 본다. 이런 점에서 조정자, 해결자, 지지자, 상담자로서 학교장이 지도력을 행사하여 스트레스나 탈진을 경감, 치료하도록 기여하게 하려면 교장에게 그에 필요한 소양과 지식, 기법의 활용이 요구되는데 아울러서 학교장에게서 그런 역할이 기대되는 만큼 이를 뒷받침하는 의미에서 학교장에게 적합한 자질을 갖추도록 하는 연수를 받게 해야 한다.

2003～2004 학년도의 서울시 교장・교감 직무 연수 프로그램 내용을 보고 교장론・교감론에 대한 실질적 연수가 되지 못한다는 것과 문제・상황 중심적 연수를, 전달식 연수에서 접근 방법 중심 연수, 장학중심 연수, 학교 컨설팅 기법 연수로의 변화, 인간관계론, 집단 역학론, 지도자론, 직무 스트레스와 탈진 예방・대처・치료의 생태학적 접근과 책무성에 대한 연수로 바뀌어야 한다는 판단이다. 교장과 교감, 장학관의 역할과 기능을 진단, 교정하는 컨설팅 중심의 연수가 필요하다.

16. 학교장(관리자)이 지도력, 즉 힘(權力)을 행사함에 있어서 압도하는 힘(power over)보다는 조화하는 힘(power with)을 행사한다면 교사들의 직무 스트레스와 탈진의 예방, 감소, 치료, 해소에 지대한 기여를 할 것이며 좋은 학교의 필요조건을 충족할 수 있을 것이다. Coomber 는 힘의 자리(위상, seat of power)는 학교의 에토스(ethos), 협력, 움직임, 합법화, 타인에 대한 배려, 관심, 매일 매일 순간적으로 깨달음과 기쁨과 감사함의 충만함이라고 표현했다. 교사 개개인은 거기에서부터 이끌려져 스스로를 의심하며 발전시킨다. 그들은 또한 그것에 공헌함으로서 힘을 결합하고 키운다. 힘은 가르침을 통해서 자란다. 조화의 힘은 체력의 관계, 상호간의 지원과 협력, 동의에 기초한 힘이다.
17. 어떻게 보다 건강한 학교, 교사와 학생에게 좋은 학교를 만들 수 있을까. 이런 학교의 모형(model) 제시를 위한 연구가 필요하다.
18. 교사가 경험하는 직무 스트레스나 탈진을 예방, 경감, 해소, 치료 등 대처에 따른 방안은 아이디어, 정책적 판단과 뒷받침을 위한 의지(mind), 필요성에 대한 인식, 효과에 대한 신뢰, 추진하는 담당자의 전문성과 가치관에 의해서 영향을 받을 수 있다.

탈진은 직장인에게 냉담함의 증가, 부정주의, 회의주의, 염세주의, 직업 전망에 대한 체념 등의 반응으로 연결된다. 동시에 직무 수행에서 감소되었거나 저하된 동기나 노력, 참여도, 그리고 직무・직장에서의 편안함과 복지와 건강한 상태(well-being)에 대한 부정적인 선입견으로 까지 연결된다. 이러한 사실에 비추어볼 때 탈진상태에 있는 교사가 그 자신에게는 물론이고 학생지도, 조직에, 동료 교사에게 어떤 영향을 주리라는 점은 예상이 되며 방치하거나 둔감하게 대처해서는 안 된다는 점은 명확해진다. 따라서 탈진과 직무 스트레스 예방, 진단, 유해한 효과, 치료와 개선을 위한 특단의 대책이 교육부 차원에서 필요하다.

19. Paine(1982)은 탈진 스트레스 증후군(Burnout Stress Syndromes, BOSS) 고찰 논문에서 1977년에 미국 연방정부 재정지원 하에 직무 스트레스 회의(Occupational Stress Conference)가 개최된 바 있고, 1981년에는 미국 필라델피아에서 1차 탈진 국가회의가 개최된 바 있으며, 이들 회의를 전후에서 관련된 다양한 세미나, 연찬회 등 각종 회의가 관련 전문가들에 의해서 개최되었으며, 학계에서도 BOSS에 대한 활발한 연구가 이루어졌다고 소개했다.

    BOSS는 ① 강도 높은 직무 스트레스의 결과, ② 개인적으로 경험・지각하는 욕구 좌절, ③ 부적절한 대처 기량과 관련 자원, ④ 심각한 개인적・조직적・사회적 손실로 인해서 탈진이 초래된다고 했다. 탈진에 관한 연구는 1970년대 중반부터 직무 스트레스 영역에서 독자적으로 이루어지고 있으며, 직업 운동가, 연기 예술 분야에서는 1930년경부터 관심을 가져 왔다는 점을 Merriam-Webster 사전에서 밝히고 있으나, 우리나라에서는 관련 유관 학회(예: 한국심리학회, 한국교육학회, 한국교원교육학회, 교육심리학회)나 유관 단체(예: 한국교육개발원, 한국교원단체연합회)에서 BOSS에 대한 학술 모임이나 관련 정책연구 제안을 하지 않고 있다.

학교, 학생, 교육, 교사가 주인공이며 핵심 구성 단위로 연결되는 교육 시스템에서 가장 가치 있고 가장 값비싼 부분이 교육을 담당하는 사람들이다. 교육의 핵심 구성단위인 교사들의 복리와 정신 신체 건강과 교육에 대한 공헌을 유지하는 것이 교육 지도자들의 우선적인 목표가 되어야 한다.

교사들의 직무 스트레스와 탈진에 관한 관리방안 연구자료들은 다음과 같은 원리들을 제안하고 있다.

1. 교사들의 직무 참여도에 있어서 심각한 좌절을 완화, 예방하고 아울러서 교육에의 열정과 헌신을 되살려서 교육력을 드높일 수 있게 해 주어야 한다.
2. 학생들의 학습과 성취를 향상시키는 것을 성취해 내도록 교사가 도와주기 위한 접근을 규명하면서 교사의 신체・정신건강과 학교의 조직 건강을 유지, 향상시켜 주는 데 필요한 대책과 지원이 제공되어야 한다.
3. 학생을 비롯하여 교육계 동료들의 정서적・사회적 지원이 교사의 스트레스와 탈진을 완화, 해소, 치료하는 데 유일한 도움이 될 수 있다. 예컨대, 높은 성취를 이루는 학생들은 부적합한 스트레스와 탈진의 예방적인 요소가 될 수 있다. 아울러서 학교 행정 관리

〈표 4-6〉 전인(Whole-person)으로서 stress 관리

신체적 책략	지적 · 정서적 책략	사교적 책략	정서적 책략	정신적 책략	환경적 책략
점진적 긴장 이완 생체 자기제어 (biofeedback) 자발적인 훈련(AT) 심상화(visualization) 감성 지각(sensory awareness) 심 호흡(deep breathing) 목욕하다(사우나 포함) 메시지, 요가 운동 · 식사	인지구조의 재검토 체계적 둔감법 stress 면역기법 은밀한 감각 (convert sensitizaton) 사고 중단 가치 명료화 역설적인 의지	인간관계 기능 훈련 자기 주장 지지 집단 활용 대인관계 사교망	정화 · 정서 배출 은밀한 자기 주장 자아 지각 위축	명상 기도 믿음/희망	시간 관리 문제 해결 목표 달성 생활양식 조정 선택 · 결정 갈등 해결

출처: W. S. Paine (Ed.). (1982). *Job Stress and Burnout: Research, Theory, and Intervention Perspective*. Beverly Hills: Sage Publications.

자, 학교장들에 의해서 교사들이 격려 받고 직업적으로 보상받고 있다고 느끼는 근무 환경을 만들 수 있으며 따라서 탈진의 전통적인 증세를 피하거나 완화될 수 있다.

4. 교사가 경험하는 직무 스트레스와 탈진이 교사들에게 만연되어 있고 심각하다는 우려할 만한 문제는 교직 자체에 문제가 있다는 점을 시사하기도 하지만, 그 보다는 직업적인 만족을 가져다 줄 수 있는 개인, 조직, 그리고 사회 수준, 학부모의 태도와 의식 수준, 미국의 교원노조가 미국의 교육을 파괴한 장본인이라는 분석과 진단이 내려지는 것처럼 역기능적인 정치 교육을 선호하는 운동권 교직 단체의 활동에 문제가 있다.
5. 학생과 교직원 모두를 포함해서 집단적 · 개인적으로 추구, 실현될 수 있는 배려의 정신(ethos of caring)을 고양하고 제도화하는 것이 필요하다.

교직 문화의 특징이면서 단점이기도 한 대부분의 학교에서 나타나고 있는 교사의 강한 개인주의와 분파(파벌) 주의가 야기하는 역기능을 시정하는 조치가 필요하다.

평등하고 협력적인 문화는 직무 스트레스와 탈진의 가능성을 줄일 수 있을 것이라는 의견을 참고할 필요가 있다(Woods, 1999).

교사의 직무 스트레스와 탈진 발생 원인의 상당한 부분은 정부, 교육당국, 시 · 도 교육청의 교육정책과 그 방향에 의해서 발생된다. 그리고 개별 초 · 중 · 고교의 학교장과 교감의 막강한 지도력과 학교 운영 방식과 교사 자신의 개인적 성향에 의해서 발생된다. 그 외에 교실붕

〈그림 4-5〉 교사의 직무 스트레스와 탈진에 대한 대처에 영향력을 발휘할 것으로 기대되는 기관

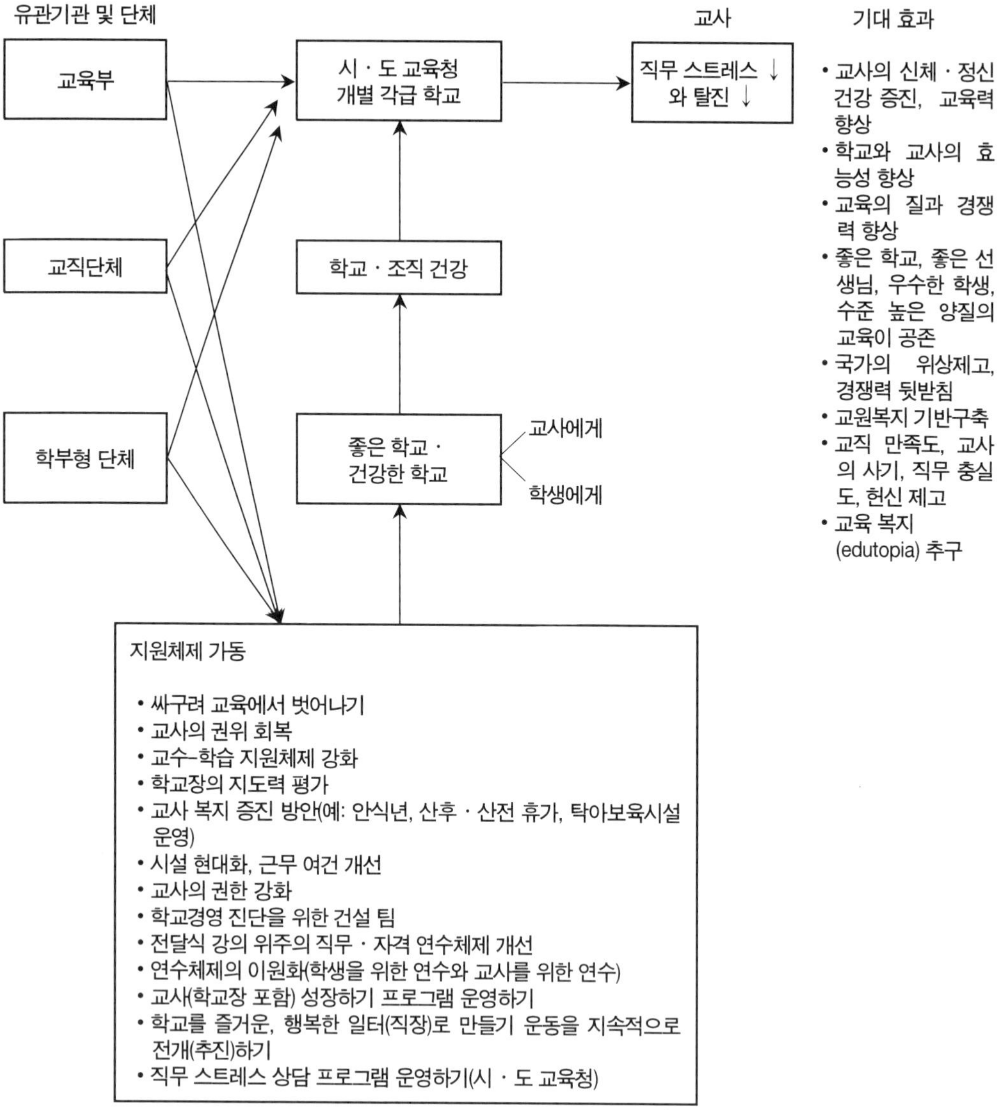

괴로 예시되는 공 교육력 저하와 관련된 학생들의 교사 불신, 교사의 권위 불신, 자녀를 학교에 보내놓고 교사를 불신하고 학교에 비판 · 도전적인 학부모 단체의 반 · 비교육적 행태, 정치 교육의 바람을 조성하는 교직 단체의 행태, 신문 · 방송의 비판적, 고발적 교육관 등에서 교사들은 과거에 겪어보지 않은 직무 스트레스와 탈진을 심각하게 경험하고 괴로움을 겪고 있다.

이 기회에 교사와 학생에게 좋은 학교, 건강한 학교를 만드는 것이 교사의 직무 스트레스와

탈진 예방, 경감, 해소, 관리와 치료를 위한 효과적인 대처 방안이 될 를 있다고 가정하고 그런 학교의 조건을 제시하고자 한다.

1. 교사 자신들의 직업적 자기 효능감의 감각(teachers sense of professional self-efficacy) 을 증대시킨다.
2. 개별 학교 또는 교육 행정상의 조직 환경을 질・양적으로 개선한다.
3. 학급당 학생수를 줄이고 교사－학생의 접촉(예: 개별 처방 수업, 생활지도와 상담을 통한 대화 기회를 늘린다)을 긴밀히 한다.
4. 교사 문화에서 집단 따돌림, 이기주의, 개인주의, 연고주의를 배제하고 협동정신, 경력개발, 전문성, 창의성, 능력주의가 존중되는 교직 환경을 조성하는 것이 필요하다.
5. 교사에게 학생 훈육에 필요한 전문적 지식과 방법을 구사할 수 있는 역량을 강화시켜 가치관이 변하는 시대에 걸맞는 전문성을 직무 연수, 현직 연수를 통해 배양한다.
6. 학교 운영위원회의 기능과 한계에 대한 규범이 필요하며 역기능과 순기능에 대한 조정이 필요하다.
7. 생존차원에서 교사 자신의 개인적인 자구 노력도 어느 정도 효과를 거둘 수 있으며 필요한 지원을 하고 걸맞는 기회를 선용하도록 허용해야 한다.
8. 교사들에게 악명 높은, 여러 학교에서 문제를 일으킨 학교장, 교감, 행정실 직원에 대해서 권고 연수, 다른 직종으로 전직・전근시키는 강력한 조치가 필요하다(강력한 권한을 행사하는, 재량권을 남용하는 고약한 관리자에 의해서 엄청난 직무 스트레스, 불이익, 부당한 대우에 시달리는 교사가 많다.)
9. 직무 스트레스, 조직 불건강이 인간관계 갈등이나 업무 처리능력부족, 교수－학습 능력 불충분, 교사의 신체・정신건강상에 문제(예: 성격 결함, 인격 장애, 정신 병리, 친사회적 가치에 문제, 성장 배경에 문제, 사명감 부족, 가치관)에서 비롯된다. 따라서 현직 교사들 중에 이런 부류에 해당하는 대상자에 대한 치료교육(therapy education) 프로그램이 현직 연수과정에서 개설되는 것이 바람직하다. 교총주관 연수프로그램이 학생의 학습지도에 필요한 직무 연수위주로 운영되는 것을 확대하여 교사 자신을 위한 교사의 신체・정신건강을 증진하는 방향으로 개선할 필요가 있다. 그 외에 교사 직무・현직 연수시에 또 학교장・교감 대상의 직무 연수에서 인간관론, 갈등관계 관리론, 지도자론에 대한 과정을 개설하여 직무 스트레스나 탈진의 예방, 관리 능력을 향상시키는 것이 필요하다. 이렇게 제안하는 이유는 학교장의 행정, 학교 경영, 교사 인사관리, 교육력을 제고시키는 기술과 지식, 역량을 증대시키는 것이 교사의 직무 스트레스와 탈진의 예방과 감소, 치료에 필요하고 효과적인 처방이기 때문이다.

교감이 받는 직무 스트레스의 실상을 진솔하게 이 연구보고서의 부록 1에서 소개한 자료에서 알 수 있는 것처럼 학교장・교감의 인품, 학교경영 방식, 지도 역량, 책무성의 경・중에 따라서 교사에게 직무 스트레스를 받게도 하지만 학교장 자신들도 직무 스트레스를 많이 받는다. 따라서 교사들이 직무 스트레스나 탈진을 받지 않도록 보호하고 배려해야 하는 아량과 지도력이 교장에게 요구되지만 아울러서 교장 자신들도 직무 스트레스와 탈진에 정복당하지 않도록 자구책을 강구하는 적극적인 노력과 대책을 마련해야 할 것이다.

10. 상호 이해관계가 있는 교육관련 기관(교육부, 시・도 교육청, 학교)과 이들 기관 책임자 그리고 교사 즉 직장과 교사 개인 및 교육 환경과 상호작용의 결과로 직무 스트레스와 탈진이 발생하므로 권한행사면에서 교사와 수직관계, 상・하관계에 있는 예시한 교육행정기관이 직무 스트레스 예방, 경감, 치료사업을 주요 교육 추진 사업으로 정하고 관련대책 추진과 노력을 선도(先導)하는 행정력을 발휘하는 것이 바람직하고 교총은 이것을 정부당국에 요구해야 할 것이다.
11. 학습지도, 생활지도, 특활지도 능력이 우수한 교사가 우대받는 학교가 좋은 학교이다. 즉 지위지향형 교사보다 과업지향형 교사가 존중받고 대접받는 학교가 좋은 학교이다.
12. **TJS 대처 방안으로서 시・도 교육청은 권역별로 직장생활 닥터제를 운영한다:** 미국의 경우에 직장생활 관련 웹사이트를 검색해보면 '직장생활 닥터(work doctor)'란 사이트를 찾을 수 있다. 1998년 피고용자들의 대변인을 자처하는 두 사람의 심리학자가 개설한 사이트로 '마음에 상처를 입은 사람들의 이야기를 아무런 조건 없이 들어주고 또 도움도 주기 위한' 곳이다. 또 '**직장 내 괴롭힘 반대 운동본부**'로 스스로를 지칭하는 이 사이트는 매달 3만 5천 명의 방문객을 자랑하고 있으며 연령대는 17세에서 58세에 이르기까지 다양하다. 또 이들 가운데 압도적 다수는 여성들이다.

   직장생활 닥터는 다음과 같이 밝히고 있다. "미국의 직장에서는 희롱, 모욕, 집단 따돌림, 기만, 힘으로 밀어붙이기, 기본적 권리의 침해 등 여러 형태의 학대가 끊임없이 일어나고 있다. 이런 행위가 범법행위까지 이르는 경우는 드물다. 단순한 괴롭힘의 수준이라고 생각하기 때문이다." 직장생활에서 만나볼 수 있는 인간형 가운데 '**약자를 괴롭히는 기회주의적 인간**'이 있는데, 바로 이들이 직장생활에서의 행동 요령을 숙지한 자들로 기회가 되면 직원들을 짓밟고 올라서려고 하는 등 기업의 행태를 그대로 따라하고 있을 뿐이라는 것이다(Fraser, 2002; 심재관 옮김, 2004. 5. 3).
13. 학교장의 헤드십(Headship)을 리더십 특히 섬기는 리더십(servant leadership)으로 변환하는 신사고가 필요하다. 리더십은 구성원의 자발적인 동의를 중시하지만 헤드십은 '내가 대통령이니까, 학교장이니까'라며 구성원들이 반대하는 사안도 자기 뜻(아집)대

로 밀어붙인다. 그 결과 분열과 갈등이 발생한다. 리더십과 헤드십의 중요한 차이는 섬김의 정신에 있다. 그리스어 어원상으로 리더십이란 먼지를 뒤집어쓰는 것이라고 한다. 구성원들을 섬기고 이해하며 받아주고 반대자까지 포용한다는 뜻이다. 리더의 끊임없는 각성과 수양, 자기희생, 공의로운 결정도 섬기는 리더십의 중요한 덕목이다. 학교장이 섬기는 리더십을 행사하면 교사의 직무 스트레스와 탈진의 경감, 치료와 예방에 많은 기여를 할 것이다.

우리의 교육(현실), 학교, 학생, 교사 자신의 초라한 위상에 관하여 이 나라의 초・중・고교 선생님들이 때로는 열광적으로 교육에 과잉헌신을 하기도 하지만 대체로 불만족하고 스트레스를 경험하고 지치며 근무의욕이 상실되고 도전이 불충분하며 교직에 대한 회의감과 불만 때문에 열정을 바쳐서 봉직하던 교단을 떠난 바 있다. 이런 문제들에 대처하는 해결책은 교사의 권한을 증가시키고 교직을 더한층 전문화시킬 목적으로 시도되는 학교개혁, 긴장완화 훈련, 교사와 학생에게 좋은 학교, 시간관리와 사회적 지원과 같은 개인적 대처책략, 그리고 교육부와 시도 교육청이 교원복지 개선과 시설 개선에 대한 획기적인 투자 등이 필요하다는 전제하에 교사에게 만연되어 있는 직무 스트레스와 탈진, 관리 및 대처 방안에 관한 제안을 한 바 있다. 교총이 자체추진 사업 계획을 수립하여 사명감을 가지고 추진하거나 교육부와 정책추진사업 협의 시에 교사의 직무 스트레스와 탈진 관리 및 대처 방안에 관한 국가 차원의 정책이 추진되도록 노력하는 것이 교사들의 정신・신체 건강을 보호하고 교육력을 제고시키는데 기여하는 바가 될 것이다. 과거의 교육개혁은 교사의 권한과 전문성을 축소시키는 방향으로 추진된바 있는데 이런 잘못을 반복하지 말아야 할 것이다.

미국의 교육 위기론, 즉 위기에 처한 국가에서 제창한 경구가 우리의 교육 개혁 운동에서도 반면교사로 참고할 만하다. 「만일 비우호적인 어떤 나라가 오늘날 존재하는 것과 같은 교육의 질의 이류화(二流化)를 미국에 강요하려고 한다면 우리는 그것을 전쟁행위와 다름없이 여길 것이다.」

결론

학교, 학생, 교육, 교사가 주인공이며 핵심 구성단위로 연결되는 교육 시스템에서 가장 가치 있고 가장 값비싼 부분이 교육을 담당하는 사람들이다. 교육의 핵심 구성단위인 교사들의 복지와 정신・신체건강과 교육에 대한 공헌을 유지하는 것이 교육 지도자(관리자)들의 우선적인 목표가 되어야 한다. 교사의 직무 스트레스와 탈진의 관리에 관한 연구들은 관련 대책과 노력들이 1) 교사들의 직무 참여도에 있어서의 심각한 좌절을 완화, 예방하고 아울러서 교육에의 열정과 헌신을 되살려서 교육력을 드높일 수 있게 해주며, 2) 학생들의 학습과 성취를 늘리는데 교사들이 성공할 수 있도록 도와주기 위한 접근을 규명하면서 교사의 정신·신체건강과 학교의 조직 건강을 유지, 향상 시켜주는데 획기적으로 공헌할 수 있다는 것을 암시하고 있다.

과도한 직무 스트레스와 그 결과로 발생하는 탈진이 마지못해 하는 최소한의 반응, (교육적인) 노력을 하지 않고 참여와 신체적·인지적·심리적인 에너지의 투입을 하지 않는 반응과 관련된다. 즉 이러한 미온적인 접근은 교사 자신과 학생에게는 물론이고 교육계 자체의 위기 및 불행과 연결된다.

교사가 학생을 이런 방식으로 대하면, 학생들은 교사를 선호, 신뢰하지 않고 교실에서의 면학 태도가 저하되며 결국 교육력(성적) 저하로 나타난다. 교사들 자신이 스스로 신체·정신건강을 검사, 관리, 보호, 치료받도록 의도적으로 지지하고, 독려하며 조력한다(어느 중견·

〈그림 4-6〉 교사의 직무 스트레스와 탈진의 원인과 파급 효과

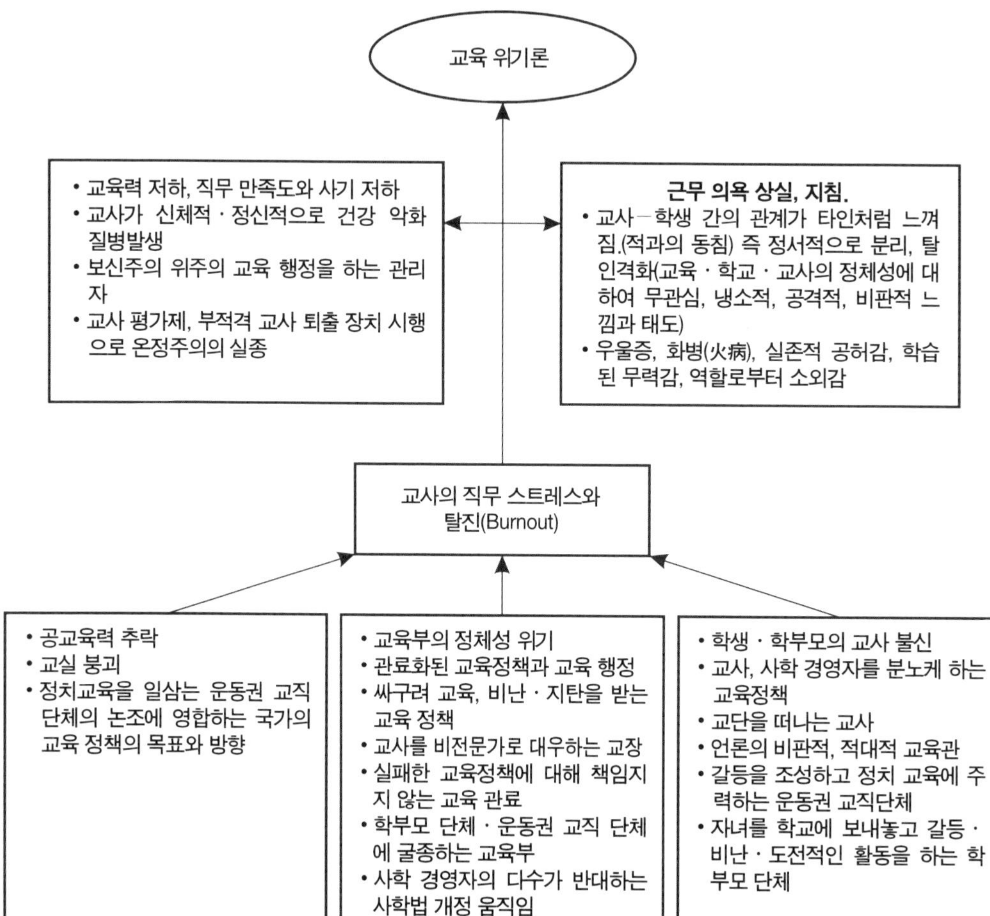

대기업에서는 사원들이 일과 후 회사가 마련한 시설을 이용하여 건강 관리를 하도록 조력함으로써 직원의 건강관리나 건강 증진을 도모하여 사기, 직무 만족이나 생산성 제고를 위해 노력하고 있는 예를 교육계에서는 참고할 만하다).

교사의 정년 단축, 운동권 교직 단체는 반대하지만, 교원 평가제 실시의 필요성이 언론의 공감을 얻고 있는 현실, 일본에서 실시한다고 하는 교사 자격증 유효기간 제의 도입시행 필요성에 대한 담론, 부적격 교사 퇴출방안 실시를 밝힌 교육부의 태도, 교사 성과급제 실시 등 최근의 교육 관련 정책은 당근은 없고 채찍만 드는 문제점이 있는데, 필자는 교육계에서도 온정주의가 종언을 고하고 있음을 자랑스럽게 선언하는 행태인 것으로 해석된다. 교육부가 검토하고 있다는 교사 평가제, 부적격 교사 퇴출 방안 논의나 교사 자격증 유효기간 방안은 정년까지 지위가 보장되어온 교직의 장점, 유인체제이기도 한 교직의 평생 직장 개념을 용도 폐기 처분하려는 저의가 있는 것으로 해석된다.

화이트칼라의 위기에서 Fraser(2002)는 '**좋은 직장이란 아예 존재하지 않습니다. 덜 힘들고, 자존심이 덜 손상당하며, 인격을 덜 황폐화시키는 직장만이 있을 뿐입니다.**'라는 어느 PC닷컴에 실린 방문자의 글을 인용했는데, 과로와 직무 스트레스, 탈진, 열악한 보수가 교직에도 포함되는 근무조건이며 이러한 현상은 화이트칼라 직장인에게 보편적인 현상이 되고 있다는 것을 알 수 있다.

본인의 자구적인 노력뿐만 아니라 국가와 교육 당국, 시・도 교육청은 교육력의 약화를 방지하기 위해서 그리고 교사의 정신・신체적인 건강, 즉 교육 복지(edutopia) 실현을 위해서 배전의 노력을 경주해야 할 것이다.

교사들의 복지, 정신・신체 건강 유지 및 관리, 즉 안녕(well-being)을 위한 기반 조성을 통해서 교육력을 제고시키고 교사가 공헌을 할 수 있도록 자극하고 조력하도록 하는 것이 교육지도자 (관리자)들과 교육행정 당국의 우선적인 목표가 되어야 한다.

교사는 그들의 지도자(학교장)에게 많은 것을 원하지 않는다(Glasser, 1991, 1).

권위자(boss)는 몰아붙이고 지도자(leader)는 이끈다.
권위자는 권위에 의지하고 지도자는 협동에 의지한다.
권위자는 '내가'라고 말하고 지도자는 '우리는'이라고 말한다.
권위자는 공포심을 조장하고 지도자는 자신감을 만들어 낸다.
권위자는 어떻게 하는지 알고 지도자는 어떻게 하는지를 보여준다.
권위자는 분노를 만들고 지도자는 열정을 만든다.
권위자는 비난을 교정하고 지도자는 실수를 교정한다.
권위자는 일을 힘들게 하고 지도자는 일을 재미있게 한다.

"선생님을 존경할 줄 모르는 사회는
존경받을 만한 선생님을 가질 자격도 없다."

한 나라는 그가 가진 학교 이상의 것이 될 수 없다.
그리고 학교의 교육은 그 교사 이상의 것이 될 수 없다는 것이다.

—John Dewey

인생에는 연습이 없다.

Teachers

—Kevin William Huff

Teachers
Paint their minds
and guide their thoughts
Share their achievements
and advise their faults
Inspire a Love
of knowledge and truth
As you light the path
Which leads our youth
For our future brightens
with each lesson you teach
each smile you lengthen(…)
For the dawn of each poet
each philosopher and king
Begins with a Teacher
and the wisdom they bring. (부분)

선생님은…

—케빈 윌리엄 허프

선생님은
학생들 마음에 색깔을 칠하고
생각의 길잡이가 되고
학생들과 함께 성취해 나가고
실수를 바로잡고
길을 밝혀
젊은이들을 인도하며
지식과 진리에 대한
사랑을 일깨웁니다.
선생님이 가르치고
미소를 지을 때마다
우리의 미래는 밝아집니다.
시인, 철학자, 왕의
탄생은 선생님과
선생님이 가르치는 지혜로부터
시작하니까요.

—장 영 희 옮김
(서강대학교 영문학 교수)

미래의 길 밝혀주는 선생님

새삼 선생님이라는 나의 직업에 대해 생각해 봅니다. 내가 누군가의 마음에 색깔을 칠하고 생각의 길잡이가 된다는 것, 내가 가르치는 지혜로 시인, 철학자, 왕이 된다는 것－즉 내가 누군가의 삶에 영향을 준다는 것, 문득 선생이라는 직업에 겁이 납니다. '보통의 선생님은 말을 할 뿐이고 좋은 선생님은 설명을 한다. 훌륭한 선생님은 몸소 보여주고, 위대한 선생님은 영감을 준다.'는 말이 있습니다. 나는 그저 '말을 할' 뿐인 선생님이 아니었나 의심이 듭니다.

내 스스로 보여주고 영감을 주는 선생님이 되고 싶습니다. 지식뿐만 아니라 지혜를, 현실뿐만 아니라 이상을, 생각뿐만 아니라 사랑을 가르치는, 그런 선생님이고 싶습니다.

(장 영 희: 서강대 영문학 교수, 조선일보, 2005. 5. 12)

이 시를 번역, 소개한 장영희 교수의 허락을 받고 인용, 전재함. 전재할 수 있도록 허락해 주신 장영희 교수에게 감사드린다.

부 록

부록 1. 교감이 받는 스트레스

교장에게 눌리고 교사에게 치이고, 하소연도 못하는 교단의 '自閉兒'

'허울 좋은 넘버 투' 맨, 교감이라는 자리

허울 좋은 '넘버 투' 맨 校監
교장과 교사 사이에 낀 '샌드위치 맨'
아무도 이해하지 못하고 이해하려고 하지도 않았던,
전국 1만여 초 · 중등 교감들이
가슴 속 깊이 묻어 두었던 이야기.

장면 #1.

지난 2월말 홍승만(57) 교감은 기간제 교사 채용을 위해 진 모 씨를 면담했다. 학교장이 부친상(父親喪)중이어서 홍교감이 진씨를 만나 채용 여부를 결정해야 했다. 교장이 전화로 인근 학교장이 추천한 교사라고 귀띔해 줬다. 그렇게 해서 진씨는 기간제 교사로 채용됐다. 지난 4월 전국을 뜨겁게 달궜던 충남 예산 보성초등학교 고(故) 서승목 교장 자살 사건의 최초의 발단이다. 여기에 첫 등장인물이 두 사람. 교감과 기간제 교사다.

이후 발견된 교내 장학록. 서교장과 홍교감이 기록한 장학록에는 진 교사가 이 기간에 학업지도 과정에서 보인 문제점 등이 조목조목 적혀 있었다. 진 교사가 차 시중에 대해 처음 문제를 제기한 3월 8일 이전 기록도 있어 서 교장이 차 시중 거부만을 이유로 수업에 자주 들어와 참견했다는, 이른바 '보복 장학'을 주장하는 전교조 측의 주장과는 차이를 드러냈다. 이 사건에서 차 시중과 함께 교감의 교내 장학지도가 논란이 됐다.

기자는 홍승만 교감과 전화 인터뷰를 시도했다. 기자와의 통화에서 홍 교감은 대뜸 "무슨 일 때문에 그러느냐"며 심리적 방어선부터 쳤다. 지난 4월 서 교장 자살 사건의 쇼크가 컸던 모양이다. 그날 이후 홍 교감은 예산군이 아닌 당진군의 모 초등학교로 전근 조치됐다. 기자가 교감에 관한 기획기사를 진행 중이라고 하자 홍 교감은 "얘기하고 싶지 않다"고 말했다. 이어 홍 교감은 통화하기 곤란하다며 휴대전화가 아닌 다른 유선 전화번호를 알려줬다. 그 이후 유선 전화와 휴대전화로 홍 교감과 통화를 시도했지만 끝내 실패했다.

장면 #2.

지난 4월 25일. 서울 영등포구 M 초등학교 회식 자리. 학부모와 교사들이 참석한 이 모임에서 고 모(50) 교감은 전교조 소속 김 모(41) 교사와 설전을 벌인다. 이후 회식 자리를 옮기던 중 김 교사가 고 교감을 밀어 넘어뜨려 머리 등을 15바늘이나 꿰매는 중상을 입혔다. 고 교감은 왼손 마비 및 정신 혼미 증세를 보여 중환자실에 입원해 치료받았다.

기자는 고 교감을 만나기 위해 M초등학교에 전화를 했다. 기자의 신분을 밝히고 고교감의 연락처를 묻자 교사들은 모른다며 회피했다. 여러 번의 시도 끝에 "은사를 찾는 모 TV 프로그램의 담당자"라는 기지(機智)를 발휘한 후배 인턴기자 덕분에 고교감의 연락처를 입수할 수 있었다. 어렵사리 통화한 고교감은 "현재 병가 중"이라며 "할 얘기가 없다"고 인터뷰를 정중히 사양했다.

2003년 7월 현재 '교감'은 초・중・고 모두 합쳐 9,700여 명. 지금 이들 교감의 가슴이 무너지고 있다. 교육이 무너졌다지만 교감의 가슴은 그것보다 더 심하게 무너지고 있다. 교감은 어디에 속시원하게 하소연도 못하고 있다. 무엇이 교감들을 침묵하게 하는가. 그 가슴속이 궁금했다. 교육현장에서 만난 교감들도 요즘 상황이 민감하다며 대부분 인터뷰를 거절했다. 어쩌다 '만나 주는'(?) 교감들도 말을 아끼기만 했다. 왜 교감은 말을 안 하는가. 교감의 위치부터 살펴보자.

교감은 '물렁뼈'

교감은 '물렁뼈'다. 싫다, 좋다 아무 말 않고 '허허'하는 사람을 우리는 물렁뼈라고 부른다. 교감은 자리도 물렁뼈, 사람도 물렁뼈가 돼야 한다. 옛날에는 교장 아래 2인자였는데 교원노조가 생겨나고 그 노조로 인해 교단 분위기가 바뀌면서 하루아침에 교감의 위치도 달라졌다. 위에서 아래로, 아래에서 위로 내려오고 올라오는 스트레스를 교감은 가슴에 담을 수밖에 없게 됐다. 서울 강남 K중학교 김모(53) 교감은 "벙어리를 넘어 '자폐아(自閉兒)'가 됐다. 교감들 가슴을 열어보면 너나할 것 없이 숯덩이가 돼 있을 것"이라며 담배를 뻑뻑 피워댄다.

전국 1만 명의 교감은 우울하다. 슬프다. 답답하다. 안타깝다. 괴롭다. 그러나 그뿐이다. 교감은 2인자적 위치에 있는 보직이다. 규정으로 보면 그 위치와 권한, 역할이 분명하고 별로 원망할 것이 없어 보이는 자리다.

개인취득점수(경력평정 + 연수성적평정 + 가산점 + 근무평정) 경쟁을 통해 교감 연수를 받고 교감이 되면 대개 50~54세다. 교감의 봉급은 교원 경력 호봉제에 직책수당 20만원이 더 붙는 정도다. 초・중・고를 막론하고 그들의 위상이나 역할은 비슷하다. 그런데 이들이 교단에서 가장 아픈 소리를 내고 있다. 실제로 따져보면 아프게도 돼 있다.

먼저 앞에서 살펴본 것처럼 이들은 물렁뼈요, 자폐아동이기 때문이다. 이것은 속사정이고,

겉사정도 장난이 아니다. 먼저 심리적 스트레스가 많다고 해서 해야 할 일이 적은 것도 아니다. 슈퍼맨처럼 학교 안의 모든 일을 관리 감독해야 하는 처지다. 위로는 교장의 지시를 받들고, 아래로는 교사들의 의견과 애환과 불만 등 온갖 '민원'을 중간에서 처리해야 한다. 실제로 일도 많다.

"넘버 투 맨요? 이건 '바닥'입니다"

말도 못 하고, 일은 많고…. 그래도 2인자다운 결정권이라거나 무슨 인사권 '쪼가리'라도 있으면 좋겠지만 권한은 없다. 물론 교감의 법적 지위와 학교 내 위치 규정은 있지만 그것은 유명무실하다. 밖에서 보면 허울 좋은 2인자이지만 실제로는 2인자는커녕 어느 위치에 있는지조차 알기 어려운 '무인자'다. 교감은 억울하다. 대개의 경우 평교사들은 교감을 교장과 한 묶음으로 생각하기 때문이다. "교장과 교사 사이에 놓인 '샌드위치' 교감의 심정을 그들이 어찌 이해하겠나"(서울 구로구 O중학교 박모 교감 · 55).

"교감은 없다.", "교감은 짧을수록 좋다"

교감들 사이에서 회자되는 불문율이다. 대부분 교감은 모호한 위치에 놓인 현재에 고민하고 여기서 탈피하려고 한다. 초 · 중등교육법 제20조(교직원의 임무)에는 '교감은 교장을 보좌(補佐)한다'고 명시돼 있다. 보좌는 사전적으로 윗사람 곁에서 사무를 돕는 것을 뜻한다. 한마디로 학교 경영의 최고책임자이자 결정권자는 교장이다. 교감은 학교장이 최선의 결정을 하도록 도와주는 역할을 담당한다. 교감은 그야말로 '넘버 투 맨' 위치에 있다.

교감의 역할과 보좌는 묘한 함수관계에 있다. 서울 강남의 C초등학교 이모(54) 교감의 경우를 살펴보자. 이교감은 매일 아침 1교시가 시작되기 전 교장과 독대(獨對)한다. 이 자리에서 교장은 학교 전반에 관한 이야기를 이교감과 나눈다. 이교감은 교장보다 C초등학교에 1년 먼저 부임했다. 그러니 전에 '모시던' 교장과 현 교장이 자연스레 비교된다. 전 교장은 일사천리로 자신의 의견을 늘어놓고 일방적으로 지시하는 스타일이었다. 하지만 지금의 교장은 짧은 시간 동안 학교 전반의 업무를 파악한 능력도 그렇지만 교감의 권위를 인정해 주는 것에 더 놀랐다.

전 교장은 이교감과의 독대에서 "~하는 게 어떻겠습니까"식의 민주를 가장한 '독백'을 주로 사용했다. 하지만 현 교장은 "~에 대해 교감 선생님은 어떻게 생각하십니까"라며 이 교감의 의견을 존중해 준다. 이 교감은 일방적으로 지시에 따르던 이전의 습관 때문에 처음에는 새 교장의 방식이 부담스러웠다. 괜히 교장의 의중(意中)과 다른 의견을 개진했다가 '본전도 못 찾을 것' 같았기 때문이다. 하지만 이제는 교장에게 'NO'라고 말할 수 있는 용기도 생겼다. 또 교장이 은근히 밀어붙이는 사안에 대해서도 스스로 판단하기에 잘못됐다는 확신이 들면 요령껏 피해갈 수 있는 '지혜'도 생겼다. 그 지혜란 다름 아닌 다수 교사의 이름을 '파는' 것이다. 이런 식이다.

"다른 선생님들의 의견을 한번 모아보겠습니다."

이 교감의 예에서 보듯 교감의 위치는 보좌의 대상인 교장의 성향과 리더십에 따라 달라진다. 여기서 넘버 투 교감의 비애(悲哀)는 시작된다. 그러니 평교사들이 교감을 교장과 '한통속'으로 여길 때면 답답하기만 하다. 교장이 교감을 어떻게 생각하느냐에 따라 교감의 지위는 달라진다. 위계조직상의 부하직원이냐, 참모로 여기느냐에 따라 천양지차(天壤之差)가 되는 것이다. 교장이 교육철학이 뚜렷하고 학교경영을 민주적으로 운영했을 때 교감이 이에 부응하는 능력을 지니면 문제될 것이 없다. 하지만 '똑똑한' 교장 밑에 업무 능력이 떨어지는 교감이 있다면 그는 '무능력'하다고 낙인찍힌다. 이럴 때는 교감을 못 믿는 교장이 일방적으로 수직명령을 내리는 빌미가 된다.

교감의 입장에서는 교장이 교육철학도 없고 경영 마인드도 부족하다고 판단될 때야말로 참 난처하다. 교장의 의견을 그대로 따르면 교감 자신은 편하지만 교사들로부터 인정받지 못한다. 물론 학교 발전에도 장애가 될 수 있다. 이때 교감이 '똑똑해' 교장의 의견에 토를 달고 무시한다면 직원의 화합이 무너진다. '교장파'와 '교감파'로 편이 갈리고 조직이 경직되기 쉽다.

이교감은 "현재 대다수 교감의 고민은 교장과의 관계를 어떻게 설정할 것인가에 있다"며 "보좌라는 말을 현장에서 적용하기가 그리 녹록하지 않다"고 어려움을 토로한다. 교장 앞에만 서면 작아지는 교감이 되느냐 아니면 NO라고 말할 수 있는 교감이 되느냐 선택하기가 쉽지 않다는 얘기다.

슬픈 '나팔수'

이래저래 교감은 영양가 없는 자리다. 그래서 자기 앞가림하기에도 바쁜데 교육계에서는 또 대 선배요, 경험 많은 고참이라고 교사들의 대소사를 챙기고 사기 진작, 뒷수습, 술 상무 노릇까지 해야한다. 이런 형편이니 그야말로 '교감 엘레지'가 저절로 나올 수밖에 없다.

교실의 붕괴가 진행되면서 교직사회는 '**잘 해서 무엇 하나, 적당히 하면 되지**'라는 무기력에 빠져 있다. 한 마디로 **교육계는 의욕 상실의 시대를 맞고 있다**. 이러한 현실의 피해자 중 하나가 바로 교감이다. 무기력에 허우적대는 교사들을 다독거리며 '진군, 앞으로'라는 팡파르를 울려야 하기 때문이다. 하지만 요즘 같이 교권이 실추된 상황에서 '나팔수'가 돼야 하는 교감의 입장도 편치 않다. 후배들에게 보여줄 비전이 그리 낙관적이지 않기 때문이다. 경기도 O시의 A초등학교 김모(55) 교감의 직설을 들어보자.

"이해찬 1세대라는 용어를 언론에서 들먹일 때마다 피가 거꾸로 솟는 것 같습니다. '교육개혁' 한답시고 제일 먼저 촌지와 체벌 문제를 들쑤셔 놓았죠, 또 수요자 중심의 교육 어쩌고 해서 지금 어떻게 됐습니까. 학부모들이 교사를 신뢰할 수 없는 상황이 돼 버리지 않았습니까."

김교감은 흥분을 감추지 못하면서 말까지 더듬었다.

"의도됐든 아니든 교사는 존경받지 못할 집단으로 인식돼버렸어요. 심지어 회초리를 드는 선생님을 학생들이 휴대전화로 경찰에 신고하는 지경에까지 이르고 말았어요."

그는 땅에 떨어진 교사의 기를 살려주는 역할을 교감이 해야 한다는 일반론을 얘기했다. 김교감은 세대간 갈등으로 인해 아군이 돼야 할 교사끼리 적군이 돼버린 교육계의 현실을 염두에 둔 듯 자신의 힘으로는 한계가 있다고 털어놓았다. 김교감은 교사의 세대간 갈등을 부추긴 직접적 원인으로 지난 2000년에 단행된 교육정년 단축을 들었다. 4년 차인 김교감은 당시 50대 동료 교사들이 '우르르' 명퇴(명예퇴직)하는 것을 지켜봐야 했다.

김교감은 행복한(?) 편에 속했다. 그래도 살아남지 않았는가. 당시 교육부에서는 명퇴를 유도하지도 않았고, 그 기준도 명확하지 않았다. 하지만 사회 분위기가 50대 이상의 교사가 교육현장에 있는 것을 힘들게 하는 쪽으로 흘러갔다는 것이 김교감의 주장이다. 당시 교육계에서는 "고령 교사가 퇴직하면 2.5명의 신규 교사를 채용할 수 있다"는 식의 얘기가 돌아 자리에 버티고 앉아 있을 수 없는 분위기였다고 김교감은 기자에게 귀띔해 줬다.

경제적 논리로 교육을 바라본 결과였을까? 지금 교육 현장은 그야말로 만성적인 인력난에 허덕이고 있다. 초등학교 교사가 부족해 중등교사 자격증 대상자를 기간제 교사로 임명하고 있다. 심지어 월 150만원의 연금 수혜를 받는 명퇴 교사를 기간제 교사로 다시 채용하는 웃지 못할 일도 벌어지고 있다.

'교감은 논다?'

교육정년 단축이 남긴 상처는 컸다. 나이 든 사람 몇 명이 나갔다는 사실보다 나이 든 교사는 무능하다는 '이상한' 등식이 교육계는 물론 전 사회적으로 형성됐기 때문이다. 김교감은 '교육은 경험'이라고 믿는다. 이 때문에 김교감은 "고령 교사라고 해서 경쟁력이 없는 것은 아니다"라고 강조한다. 그런데도 정년 단축 과정에서 많은 젊은 교사들은 50대 이상의 교사들을 퇴장해야 할 대상으로 여기게 됐다. 이 때문에 교단의 세대갈등이 심화되고 증폭됐다고 김교장은 설명한다. 무기력과 세대갈등에 빠진 교단의 현실에서 교감이 젊은 교사들을 진두지휘하며 '돌격 앞으로'를 외치기에는 어려움이 많다.

교감은 무엇을 하는가? 서울 강남의 D초등학교 정모(54) 교감의 1일 동선(動線)을 따라가 보자. 정교감은 오전 7시 30분에 출근한다. 정교감은 제일 먼저 학교를 한번 둘러본다(교내순시). 시설물 위험도와 파손 여부를 점검하기 위해서다. 학교 주변을 살펴보고 교무실로 돌아온다. 업무 수첩을 보며 당일 해야 할 일과 주간・월간 행사를 꼼꼼히 체크한다.

1교시를 전후해 정교감은 교장과 '티타임'을 갖는다. 말이 티타임이지, 이때가 가장 조심스럽고 긴장되는 시간이다. 정교감의 하루 동선이 이 시간에 결정되기 때문이다. 교장의 일방적인 지시를 받을 때도 있다. 이때는 정교감 자신이 어떠한 행보를 취할지 발빠른 판단과 행동이 요구된다. 사실 교장이 시키는 것만 하면 편할 때가 많다. 골치 아프게 머리를 안 써도 되고, 결과도 자신의 책임에서 한 발짝 빗겨가기 때문이다. 하지만 이에 익숙해지면 업무의 창의성이 떨어지고 새로운 아이디어를 떠올리기 힘들 정도로 머리가 굳어짐을 느낀다.

그렇다고 교장이 일방적으로 지시하는 사항에 '이건 아니다'라며 용기 있게 브레이크를 걸면 문제가 생긴다. 그래서 교장과의 아침 미팅은 긴장되고 교감으로서 자기 위치를 찾느냐 포기하느냐의 기로에 서게 된다.

교감이 교장과 협의된 사항을 교사들에게 어떻게 전달할 것인가는 학교마다 다르다. 정교감의 경우 경험상 전체 교사회의를 소집하면 토론이 아니라 일방적인 지시사항만 전달할 수 있을 뿐임을 잘 알고 있다. 또 매일 전체 교사회의를 소집하면 평교사들이 교재 연구 시간을 빼앗는다고 여긴다. 그래서 정교감은 부장교사회의 때 안건을 전달하고 의견을 모은다. 전체 교사에게 공지할 사항은 교내 홈페이지를 통해 전달한다.

이러한 업무가 끝나면 흔히 교감은 '논다'고 생각한다. 하지만 교감들이 들으면 서운하고 억울하다. 이후 시간에 정교감이 처리해야 할 일은 크게 두 가지다. 교내 장학지도와 교육청이나 교육부 등 상부기관으로부터 내려오는 각종 공문서 수 십여 건을 처리해야 한다.

"교육자인가, 감시자인가"

교감의 주요 업무 중 하나가 바로 교내장학이다. 교감은 정규 수업을 면제받는 대신 교사의 수업과 관련 사항을 지도 및 감독하는 교내장학이라는 새로운 업무를 부여받는다. 이 교내장학을 둘러싸고 교감과 교사간 잡음이 끊이지 않는다. 교사는 교감의 교내장학 자체에 거부감을 갖고 있다. 자신들의 일거수 일투족을 감시하고 간섭한다고 받아들이기 때문이다. 교감은 억장이 무너진다.

"나라고 하고 싶어서 하나? 교감이 해야 할 업무 중 일부인데…."

"교내장학을 왜 감시한다고 생각하는지 모르겠다."(서울시 강남구 K중학교 김모 교감 · 53)

그래도 연차가 있는 교사는 낫다. 젊은 교사는 교내장학에 노골적으로 불만을 표시하는 경우가 부지기수다. 왜 자기 수업에 감 놓아라 배 놓아라 간섭하느냐는 식으로 따진다. 이때 교감은 자기 정체성의 고민에 빠진다.

지금 교육현장에서는 7차 교육과정에 근거해 수업이 진행된다. 교감은 수업이 교육과정에 적합하게 이뤄지는지 감독해야 하는 위치에 있다. 이것을 규정대로 진행하면 일선 교사들이 반발한다. 평교사 시절에는 자기 수업만 잘 하면 됐다. 교감이 되면 다른 교사의 수업 진행과 업무, 교육과정 등을 전체적으로 꼼꼼히 살펴야 한다. 한 마디로 관리자의 역할을 수행해야 한다. 그만큼 보다 거시적인 안목이 요구된다. 관련 분야의 공부도 많이 해야 함은 물론이다.

그래야 교사들을 장학지도할 수 있지 않은가.

옛말에 홀아비 심정은 과부가 안다고 했다. 같은 교사끼리 교감의 위치를 이해하지 못하고 자신의 입장만 고집하는 평교사들이 서운하기만 하다. 이럴 때는 치기(稚氣) 어린 생각도 해본다. "당신들도 나중에 교감 돼 봐라. 그리고 당신과 같은 후배 교사를 꼭 만나봐라."

학부모에게도 '왕따'당하는 교감

교감이 있었나? 적어도 학부모들에게는 그렇다. 교무실에 있다 보면 하루에도 몇 통씩 학부모들에게 전화가 걸려온다. 아이들과 관련된 '민원성'이 대부분이다. 이때 학부모들은 대뜸 교장부터 찾는다. 자신이 교감이라고 밝혀도 막무가내로 "교장을 바꿔 달라"고 떼쓴다. 학교 최고책임자인 교장과 직접 통화하고 싶다는 것이다. 내용은 담임 교사가 자신의 아이들에게 어떻게 했다는 식의 '고자질성'이 대부분이다. 결국 그 사항은 교감 자신이 처리해야 할 경우가 많다. 학부모와 통화한 후 교장은 교감에게 해당상황을 알아보라고 지시하기 때문이다.

그래도 전화로 따지는 학부모는 고마운(?) 편에 속한다. 요즘은 교육청이나 교육부 인터넷 게시판에 곧바로 올리는 경우도 허다하기 때문이다. 이럴 때 교감은 답답하다. 학부모와 교사 간 대화 없이 상급 관청에 알리면 문제의 해결을 원하기보다 고발의 성격이 짙기 때문이다. 무심코 던진 돌에 개구리가 맞아 죽는다고 했던가.

인터넷에 띄운 내용은 사실이든 아니든 교육청에서 상황을 조사하게 마련이다. 그 과정에서 교감은 속이 탄다. 자신에게 전화하거나 상담을 요청했더라면 해결할 수 있는 일이 학교 담장을 넘어 확대됐기 때문이다. 교장을 바꿔 달라거나 상급 관청의 인터넷 게시판에 곧바로 민원을 제기하는 학부모는 교감의 학생지도권을 인정하지 않는다. 한 마디로 교감은 학부모들에게 왕따당하고 있는 것이다.

교장이나 교사에 치이는 것만 해도 버거운데, 행정실(이전의 서무실)이라는 것이 또 있다. 교감은 이 행정실장과 가장 미묘한 관계에 있는 자리다. 병장 고참과 후배 분대장(하사관)의 관계 같은 긴장과 갈등 전선이 형성되게 마련이다. 겉보기에는 친해 보여도 자리가 자리여서 어쩔 수 없이 갈등 관계에 놓이는 경우가 십중팔구다. 교감과 행정실장. 학교 조직에서 이 두 사람만큼 눈에 보이지 않는 미묘한 신경전을 펼치는 관계가 또 있을까. 밀고 당기는 그 팽팽한 긴장감은 이루 다 말할 수 없다.

'노는 물'이 다른 교감, 행정실장과의 팽팽한 신경전

현재 각급 학교에는 행정실장(혹은 행정과장)이 있다. 행정실장은 행정실을 지휘하는 장으로 5~9급까지 직급이 다양하다. 초등학교의 경우 규모가 큰 곳은 6급(주사)이 행정실장을 맡는다. 벽지 학교처럼 소규모인 경우는 8~9급 교육공무원이 행정업무를 담당한다. 반면 교감은 직급이 없다. 대개 6급 행정실장인 경우 연차가 20년이 넘는다. 이렇다 보니 규모가 큰 학교인 경우 교감과 행정실장 간의 관계가 껄끄러운 경우가 많다. 행정실장은 조직 라인이 다른 데다 나이도 엇비슷해 교감이 후배 교사처럼 대할 수 없다.

반면 행정실장은 교사들에 대해 심기가 불편하다. 교사들이 말끝마다 명령조로 "~해달라"고 하는 경우가 많기 때문이다. 또 보수도 교사에 비해 적어 상대적으로 위축돼 있다.

그렇지만 행정실장은 학교의 예산을 집행하는 실무 부서의 장이다. 한 마디로 돈줄을 틀어쥐고 있는 직책이다. 교사가 특정 물품의 구매를 요청하면 부장 교사를 통해 교감에게 전달된다. 또 학교 물품 구입과 관련해 교감에게는 돌발사태가 발생하는 경우가 종종 있다. 예를 들어 교내 순시 중 파손된 비품을 발견했다거나 갑작스러운 교내행사 등으로 긴급 예산이 필요할 때가 있다. 이때 교감은 행정실장에게 아쉬운 소리를 할 수밖에 없다. 이 과정에서 "~을 구입해야 한다", "예산이 모자라니 안 된다" 등 승강이를 벌일 때가 많다 이때 평소 인간적으로 행정실장과 관계를 돈독히 해 놓은 교감이라면 어느 정도 '덕'을 볼 수도 있다.

경기도 A시의 김 모(54)교감은 행정실장과의 관계에 나름대로 노하우를 가지고 있다. 부탁할 때도 명령조가 아니라 "선생님들이 필요하다고 하는데, 가능하겠어요"라며 동료로서 부드럽게 대하는 것이다. 또 교사들이 행정실 직원과 친밀한 인간관계를 갖도록 하기 위해 교사들의 회식 자리에 이들을 초대한다고 한다. 행정실장과의 관계가 원활하든 아니든 그 자체가 교감에게는 스트레스다.

교감의 '애물단지', 기간제 교사

학교 조직의 경우 학기 중에 교사의 수급 요인이 발생하는 경우가 종종 있다. 육아휴직이라든지 병가, 휴가 등의 요인이 생기면 기간제 교사(계약직 임시 교사)를 채용해야 한다. 교감은 이러한 업무를 책임진다. 기간제 교사의 채용에서부터 관리까지 교감의 몫인 것이다. 그런데 한시적 채용인 관계로 해당 조건에 적합한 기간제 교사를 찾아내기가 여간 어렵지 않다. 기간제 교사를 구하지 못해 교감이 직접 수업을 해야 할 때도 있다. 이럴 때는 교감의 업무가 가중돼 그만큼 학교 운영이 원활하게 이뤄지지 못한다.

그래도 대도시 소재 학교의 교감은 행복한 편이다. 시골, 벽지 학교 교감의 경우는 비상이다. 강원도 K군의 초등학교 최모(54) 교감은 "기간제 교사 구하기가 하늘의 별따기만큼 어렵다. 퇴직 교사를 찾는 것도 힘들다"고 하소연한다. 기간제 교사를 채용해도 신경이 많이 쓰인다. 젊은 기간제 교사의 경우 신분의 위치가 불안정한 데다 처우도 정교사와 달라 위화감을 느낀다. 이들을 잘 다독거리는 것도 교감의 몫이다. 나이 든 교사나 퇴직 교사를 구해도 교감은 다른 후배 교사처럼 편하게 대할 수 없는 경우가 많다. 한 마디로 교감에게 기간제 교사는 구하기도 어렵고 관리하기도 어려운 '애물단지'와 같다. 그래서 교사가 학기 중에 병가나 육아

휴직계를 낼까봐 남 몰래 노심초사하는 교감들이 허다하다. 이 또한 '며느리도 모르는' 교감만의 스트레스다.

교감은 무엇으로 사는가

기자는 교감을 기획 취재하면서 좀처럼 속내를 드러내지 않는 교감들 때문에 애를 먹었다. 자타가 인정하듯 교육계는 보수적이다. 한 사회의 전통과 가치관, 문화 등을 전수하는 것이 바로 학교교육이다. 이를 감안하면 교육자가 보수적일 수밖에 없다는 사실도 어느 정도 이해는 된다. 교감은 특히 더 그렇다.

위(교장)에 차이고 아래(평교사)에 치이는 '샌드위치' 신세라는 위치 때문이다. 이와 같은 속사정이 그들을 어느 곳에도 하소연할 수 없도록 입을 닫게 했다는 것을 취재 과정에서 확인할 수 있었다. 자의든 타의든 현재 교감은 교단의 자폐아(自閉兒)다. 교감들이 유일하게 속마음을 '무장해제'하는 곳이 바로 교감들의 모임이다. 현재 교감들의 공식적인 모임은 없다. 다만 교감 연수 동기회나 지역 내 교감들의 비공식적인 모임이 존재한다. 기자는 취재 도중 교육 전문지 기자를 통해 서울 모 지역 초등학교 교감들의 술자리에 어렵사리 동석하는 행운(?)을 안았다.

7월 8일 저녁 7시쯤 서울 인사동의 한 전통주점에 모인 10여 명의 교감들. 석 달에 한 번식 뭉친다는 교감들은 이번 여름방학 때 있을 단합대회 일정을 결정하고자 모였다. 처음에는 기자가 동석한다는 사실을 몰랐던 교감들은 기자가 슬그머니 한 자리를 차지하자 수군대기 시작했다. 그러다 회장인 A교감이 정중하게 "언론에 공개하고 싶지 않으니 나가 달라"고 요청했다. 힘들게 첩보(?)를 입수하고 찾아온 기자는 물러설 수 없었다. 교감을 공식적인 자리(학교)가 아니라 술자리에서 인간적으로 만나고 싶다며 설득하기를 30여 분. 모임과 참석 교감을 명기하지 않는다는 것을 조건으로 기자는 겨우 모임의 한 켠에 눌러 앉을 수 있었다.

참석 교감의 연차는 1～5년 차까지 다양했다. 술잔이 몇 잔씩 오고가면서 마침내 닫혔던 입을 열기 시작했다. 교감도 똑같은 사람이었던 것이다. 자신들의 직장 상사인 교장부터 안주로 올리기 시작했다.

B교감이 먼저 최근 교장과 있었던 사소한 신경전을 화제로 올렸다. 이어 다른 교감들도 가세했다. 교장이 권위적이다, 무능력하다, 교감의 위치를 무시한다 등 교장을 난도질하는 얘기가 대부분이었다. 그리고 얘기의 결론은 '깔때기'처럼 한 군데로 모아졌다. 교감을 거쳐 간 교장이 '개구리가 올챙이 적 생각을 못한다'는 것이었다. "교감의 위치는 없다"는 것이 참석 교가들의 전반적인 생각이었다. 또 될 수 있으면 교감의 위치를 빨리 벗어나는 것(교장 승진)이 좋다는 생각이 주류였다.

이내 화제는 다른 주제로 옮겨갔다. C교감이 얼마 전 자신의 학교에서 진행된 연구수업에서 자신이 담당교사와 머리를 맞대고 고민한 끝에 만족스러운 평가를 받았다고 자랑을 늘어놓았다. 교내 장학지도를 담당하는 교감들이어서 그런지 연구수업에 관심이 많아 보였다. 학교 연구수업이 어떠했다거나 부장교사와는 어떻게 지낸다거나 하는 학교와 직위, 수업에 관련된 정보들이 교환됐다.

흥미로운 것은 교감의 연차에 따라 고민의 내용이 다르다는 것이었다. 경험이 적은 1년 차 D교감은 "교감이 어떠한 일을 해야 하나"하는 자신의 위치 설정을 선배 교감에게 자세하게 한 수 배운다. 중간연차의 교감은 자신이 속한 학교 자랑을 늘어놓거나 '어디 좋은 아이디어가 없나'하고 안테나를 쫑긋 세우는 모습을 내비쳤다. 최고참인 E교감의 경우 자신이 모셨던 역대 교장을 비교 평가하면서 자신이 교장이 되면 어떻게 할 것이라는 포부를 얘기했다.

이렇게 분위기가 화기애애하게 무르익어갈 즈음 기자는 민감한 두 가지 사안에 대해 질문을 던졌다. 교감들이 교장 · 교감 선출제와 수석교사제를 어떻게 생각하는지 궁금했다. 일순간 분위기가 썰렁해졌다. 누군가 기자에게 물었다.

"이거 기사화되는 거유?"

신분을 밝히지 않기로 다시 한번 다짐하고 현장에서 교감들의 의중(意中)을 읽을 수 있었다. C교감은 "수석교사제의 경우 원칙적으로는 찬성"이라면서도 "교감의 업무영역에 속하는 교내장학을 따로 떼어내면 안 되죠, 수석교사제는 부장교사제를 법제화하는 방향에서 이뤄져야 옳습니다"라고 강경한 어조로 말했다. A교감은 교장 · 교감 선출제는 말도 안 된다며 "교장 · 교감이 어디 인기가 있다고 될 수 있습니까. 오랜 경험을 바탕으로 한 교육철학과 학교경영 마인드를 가져야 합니다"라고 반대 의사를 분명히 했다.

수석교사제와 교장 · 교감 선출제는 향후 교감의 지위에 변화를 가져올 수 있는 민감한 사항이다. 이에 대해서는 교단의 자폐아인 교감이라지만 단결된 한 목소리를 낼 조짐이 엿보였다. 교감을 둘러싼 수석교사제와 교장 · 교감 선출제가 교육계에 후폭풍을 몰고 올지 찻잔 속의 태풍이 될지는 관심 있게 지켜봐야 할 것 같다.

2003년 7월, 교감은 이래저래 가슴앓이로, 스트레스로 돌아버릴 지경이다. 확돌아서서 '몸무거운 학교가 떠날 수 없으니 몸 가벼운 내가 그만둬야지' 하고 생각할 수 있겠지만 이 또한 천만의 말씀이다. '어떻게 조금만 더 버티면 나도 곧 결정권을 갖는 교장도 될 수 있고, 잘 풀리면 교육청 장학사로도 나갈 수 있는데' 하는 미련과 기대가 발목을 잡는 것이다. 그러니 슬프니 고프니 해도 오늘도 교감들은 꾸역꾸역 새벽 별을 보며 학교로, 학교로 향한다. 그들의 가슴은 교장과 교사에 눌려 멍들어 가고 그렇게 참으며 '넘버 투 맨'의 길을 씩씩하게 걷고 있다. (장욱, 월간중앙 기자, **월간중앙**, 2003. 8, 226-234)

부록 2. 내가 받은 직무 스트레스

1. 인적 사항

(1) 경력: 25년, (2) 지위: 교사, (3) 성별: 여, (4) 나이: 46세,

(5) 맞벌이: 유(부부 교사 아님), (6) 학급 규모: 20학급, (7) 담당 학년: 1학년.

여자로서 받는 스트레스

누구나 학교가 만기가 되어 다른 학교로 옮길 때 스트레스를 받는다. 낯선 학교에 가서 다른 환경에 적응해야 하는 스트레스와 학년과 보직에 관한 것들이 한꺼번에 스트레스로 작용한다. 지난해 본인도 학교 만기가 되어 다른 학교로 옮기면서 보직에 관한 스트레스를 받았다. 전문직 시험을 보려면 부가점수로 부장교사 점수가 추가로 들어가기에 교감 선생님께 개인적인 부탁을 드렸다. 교감 선생님은 일언지하에 거절하셨다. 이유인 즉 처음 부임해 오는 교사에게는 부장교사를 줄 수 없다는 이야기이다. 여러 번 사정을 해보았지만 소용이 없었다. 하는 수 없이 포기를 하고 지금 부장을 맡지 못하고 1학년을 담임하고 있다. 문제는 나와 같이 부임한 10년 이상 후배 남자교사에게는 부장을 주었다는데 있다. 처음 부임해 오면 줄 수 없다는 원칙은 어디로 가고 처음 부임해온 남자 교사는 부장을 줄 수 있는 것일까?

물론 이런 경우는 나만 겪는 일은 아닐 것이다. 일선 학교에서는 여전히 남녀 교사에 대한 편견과 차별이 비일비재하다. 현재 초등학교에 여교사 비율이 남교사 보다 현저히 많지만, 교장 교감 수는 소수에 불과하다. 거기에는 여러 가지 요인이 있겠으나 승진에 필요한 필수 코스인 부장 교사를 주지 않는다는 데도 한 요인이 있다. 같은 조건이면 팔이 안으로 굽는다고 여교사보다는 남자교사를 선호한다.

물론 일 처리에 있어서 남자 교사가 더 우월하다고는 하지만 교사의 일 처리가 무엇인지 묻고 싶다. 교사의 일은 '아이들을 가르치는 것'이다. 일선 학교에서 연구학교 발표 때 시범 수업자는 대부분 여교사들이 한다. 이것은 남자 교사보다 여교사들이 수업을 더 잘한다는 이야기일 수 있다. 또 다른 일처리는 공문이다. 공문도 남교사 못지않게 여교사들도 꼼꼼하게 빠짐없이 잘 처리하고 있다. 그럼 무엇이 문제일가? 나는 관계성의 문제라고 생각한다. 회식자리에서 남 교사들은 술과 음식을 나누며 자연스럽게 신상에 관한 어려움이나 부족함을 말할 수 있으나, 여교사들은 그렇지 못하다. 그렇게 해볼라치면 뒤에는 흉이 따라온다. 물론 이와 같은 일들은 모두 본인의 부족함 때문이라는 것도 잘 알고 있지만 때로는 화가 나고 스트레스를

받는다.

이런 스트레스 해소 방법은 무엇이 있을까? 먼저 내가 맡은 아이들을 열심히 가르친다. 교장 교감으로부터 인정받기보다는 아이들이나 학부모로부터 보상받기 위한 방편일지도 모른다. 교사의 본분은 보직교사가 아니라 교사로서 아이들을 가르치는 일이라고 혼자 위로한다. 그런 의미에서 나는 이런 부정적 스트레스가 긍정적 스트레스로 작용할 수 있다고 생각한다. 누구나 스트레스를 받으면 유사한 일에서 위로를 받고 스트레스를 풀려는 경향이 있는 것 같다. 교장, 교감으로부터 받은 스트레스를 아이들에게 짜증을 낸다거나 싫어하지 않고 더 열심히 가르치는 것은 다행스러운 일이다. 또 하나는 일년 늦는다고 크게 잘못 될 것 없다는 생각으로 내년, 아니 올 2004년을 기대해 본다.

2. 인적 사항

(1) 경력: 26년, (2) 직위: 교무부장, (3) 성별: 남, (4) 나이: 50대,

(5) 맞벌이 유무: 부부 교사, (6) 학급 규모: 7학급, (7) 담당 학년: 3학년 전담교사.

초임 신규교사나 연륜과 경력이 있는 교사일지라도 한 두 번쯤은 생각하기조차도 싫은 좋지 않은 경험이 있을 것이다.

지금으로부터 10년 전에 있었던 사례로 모 초등학교에 근무할 당시 저학년을 담임 할 때이다. 한 학기가 거의 마무리되어 가고 있는 여름이었다. 기말고사를 치루는 날 마지막 4교시 12시 30분 정도 다른 아이들은 시험지 답안을 다 작성하여 제출하고 점심을 먹기 위해 손 씻고 자리에 앉아 있는데 유독 한 아동만 시험지를 책상에 놓은 체 엎드려 있는 것이었다. 가서 보니 이름도 쓰지 않고 백지 상태인 것이었다.

1교시부터 계속 채근도 하고 주의를 주었건만 그 모양이었다. 그래서 '이름을 부르며 왜 하지 않고 그렇게 엎드려 있니' 물어보아도 대답도 하지 않고 있는 것이었다. 몇 번 이름을 부르며 이유를 물어 보았지만 대답을 들을 수 없었다. 그래서 군밤을 몇 개 주고 해도 역시 막무가내로 엎드려 있어 빰을 두 차례 때렸는데 그것이 사건의 발단이었다. 그날 퇴근을 하여 집에 와 저녁식사를 마치고 가족들과 이야기를 나누고 있는데 전화가 온 것이었다. '선생님이 자기 아들을 때려서 애가 이상해 졌다'는 것이었다. 다음 날 가정방문을 하여 자초지종을 말씀드렸더니 '고집불통인 자기 자식을 위해 고생이 많다'며 걱정하지 말라고 하여 일단 안심하고 돌아왔다. 그러나 다음날 그 아동이 학교에 나오지 않는 것이었다. 사유를 알아보니 '고막도 이상하고 아이행동이 이상하니 선생님이 책임을 지라'는 것이었다. 난감하였다. 교육청에 알리겠다니 공공연히 협박 비슷한말로 계속 전화를 하고 아동을 병원에 입원까지 시켰다. 이런 사실을 학교 교감, 교장 선생님게 말씀드렸더니 매스컴 타지 않게 학부형과 합의를 하여 소리 없

이 해결하라는 것이었다. 지금도 생각해보면 그 당시 두 분을 정말 잊지 못할 것이다. 학교현장에서 이런 사안이 발생하면 누구하나 뾰족한 대안이 없다는 사실이 교사들로 하여금 좌절과 분노를 느끼게 한다. 결국 학부형한테 얼마의 치료비 명목으로 주고 사건이 마무리가 되었지만 교사로서 평생 잊지 못할 과속으로 인한 범칙금 내는 것보다 더러운 기분이었다. 후에 담당의사와 상담을 해 본 결과 고막도 괜찮고 별 후유증이 없었다는 사실을 알았다.

체벌의 중요성을 논하지는 않더라도 수요자 중심교육을 들먹이며 사용되지도 못하는 체벌규정을 학교규칙으로 정해 놓고 있을 정도고 요즘 매스컴에 교사의 자질론에 대한 기사를 보며 착잡한 생각이 든다. 학교에서 그 한 가지 사건으로 당사자는 며칠을 술로 보냈고 부부 교사인 집사람의 마음까지 깊은 상처를 주었으며 지금도 그때 가슴에 든 멍은 교사로 있는 한 영원히 치유되지 못할 것이다.

아이들이 바람직하게 잘 자라게 보람과 자긍심을 갖고 가르치는 것이 우리의 본연의 자세이련만 점점 선생님들이 교단에 서기가 왠지 힘들어하는 이유는 또 무엇인가?

3. 인적 사항

(1) 경력: 30년, (2) 직위: 교사, (3) 성별: 여, (4) 나이: 51세,
(5) 맞벌이 유무: 맞벌이, (6) 학급 규모: 7학급.

상급자와의 갈등 관계로 받는 스트레스.

새로 부임한 교감(신규로 발령 받았으며 전교조 회원임)이 학교의 분위기를 스스로 파악하기도 전에 모든 교사들에게 업무를 소상히 브리핑하지 않는다는 이유로 회의 시간에 교사들에게 공공연히 짜증을 내고 학교의 분위기를 흐리게 하여 중간 입장에 선 본인으로서는 아주 힘들고 어떻게 처신을 해야 옳은지 매우 난감한 입장이다.

대체로 학교의 분위기를 당분간 생활하면서 스스로 파악하는 것이 일반적 통념이나 성격이 급하고 잘해보려는 의욕이 너무 강하여서 그런지 아니면 자신감이 없어서 자신을 따돌린다는 생각이 들어서인지는 모르지만 모든 일에 상급자인 교장과 직원들과 자주 부딪혀 한사람의 이러한 태도가 끼치는 영향으로 학교생활이 재미없고 학교 가기도 싫어지고 당연히 가정에서도 짜증스럽고 마음이 편하지 않은 상태로 생활하게 되었다.

중간 입장인 나와도 학교 일에 대하여 충분히 협의하여 일을 처리하여야 하나 이야기하기도 싫고 얼굴 대하는 것이 부담스러워 거리를 두니 자연히 거리가 생겨 작은 일에도 부딪히는 경우가 많아지게 되었다. 자신의 생각만이 옳다고 생각하는 태도 때문에 모든 교사들이 의견을 내지 않고 회의 시간에도 서로 얼굴을 쳐다보지도 않고 고개를 숙인 채 해야 할 말들만 하는 회의 시간이 되어 버렸다.

교무실에도 교사들이 점차 오지 않고 필요한 말 외에는 하지 않으며 회식 자리에서조차도 말은 하지 않고 음식만 먹는 일이 자주 있게 되었다. 이러한 원인은 윗사람으로써 기다리고 수용하는 자세가 부족한데서 생기는 태도라고 생각되며 이러한 증상을 없애려면 자격연수에서 인간의 됨됨이에 대해서 생각할 수 있는 기회를 충분히 제공해 주어야겠으며 부정적인 시각을 없애고 자신감을 갖고 수용하는 자세가 필요하다고 생각된다.

어떤 사람의 이야기도 수용하려 하지 않고 권위적이기 때문에 좋은 의견이나 나름대로의 생각을 교감에게 제시하면 자신을 무시해서 이야기한다고 생각하고 그 의견에 대해 귀 기울이려고 하지 않기 때문에 모든 의견을 제시하는 통로가 막히고 일방적인 지시로 끝나는 경우가 점차 늘어나고 의견 수렴이라는 말은 통하지 않게 되었다. 이러한 분위기를 쇄신할 수 있는 기회를 만들어 스트레스 없는 생활을 할 수 있으면 좋겠다.

4. 인적 사항

(1) 경력: 14년 4개월, (2) 직위: 교사, (3) 성별: 여, (4) 나이: 37세,
(5) 맞벌이 유무: 맞벌이(남편은 개인사업), (6) 학급 규모: 6학급, (7) 담당 학년: 5학년.

남녀는 평등해야 한다(?).

요즘 윗분(?)들이 그 동안 남자들이 맡아야 했던 육성 종목 담당 같은 일을 여교사에게 시킬 때면 이런 말이 항상 붙어 나온다. 남녀 평등은 근무시간 이외의 회식 시간에서도 이어진다. 남녀 평등이기 때문에 술도 똑같이 마셔야 하고, 2차, 3차도 같이 가야한다면서 한사코 술을 권한다.

이런 분위기가 가정에까지도 이어지면 좋겠지만 남편의 생각은 다르다. '여자가 그것도 가정주부가 10시 넘어서까지 안 들어오고 술 냄새 풍기면서 들어 온다'고. 시부모를 모시고 사는 경우는 더 하다. 남편 이외에 시부모님 눈치도 봐야한다.

가정이 우선이지 싶어 이제는 가급적 회식에서 1차만 참석하고 집에 오는데 학교에서 동료들을 만나면 먼저 도망갔다고 섭섭(?)해 한다. 학교 분위기를 생각하면 회식에 빠지면 안 되고, 가정을 생각하면 일찍 들어와야 하고. 아직 만족할 만한 해결책을 찾지는 못했다.

5. 인적 사항

(1) 경력: 33년, (2) 직위: 교무부장, (3) 성별: 여, (4) 나이: 55세,
(5) 맞벌이 유무: 무, (6) 학급 규모: 5학급, (7) 담당 학년: 2학년.

교장선생님 때문에 받은 스트레스를 말하려고 한다.

2001년 2월 27일 매섭던 겨울 추위가 우리 곁을 떠나려고 서성일 때쯤 3월 1일자 발령을 받고 내가 가고 싶었던 벽지 학교인 ○○초등학교의 교문을 들어서게 되었다. 이곳은 대명 스키장이 있는 곳이라 학교 울타리를 지나서 여러 번 다닌 곳이라 찾아오는 길이 그리 낯설지 않은 곳이었다. 교문을 들어서 운동장을 보았다. 다른 학교에서 볼 수 없는 잔디가 운동장 전체에 깔려 있었다. 학교는 사십 년 전에 지은 건물이라 매우 낡은 건물이었다. 학급 수는 4학급, 학생 수는 전교생이 54명으로 작은 학교였다. 교직원수는 교장선생님을 비롯해서 모두 5명이고, 기사 1분을 비롯해서 모두 6명이었다. 교감선생님은 학급수가 5학급이라 안 계셨다. 저는 더구나 이 학교를 희망해 간 목적은 벽지 점수와 교무부장을 맡아서 승진에 점수를 따려고 갔다. 그런데 직원수가 적다보니 학교에 업무량이 많아서 일주일에 3일간은 이곳에서 자면서 일을 해야만 했다. 그런 힘든 환경 속에서 근무하는 우리 교사들을 수고한다는 말은 못할망정 교장선생님은 자기가 못마땅하면 아침부터 직원들에게 신경질을 낼 때가 많았다. 예를 들어 공문 결재를 하러 가면 공문내용을 보면서 여기에 왜 명사를 썼느냐? 여기는 왜 토씨가 들어갔느냐? 하면서 화를 낸다. 저는 33년 교직생활에 공문 내용가지고 꾸중하는 교장선생님을 처음 보았기 때문에 처음에는 정말 황당하고 머리가 지끈지끈 아팠다. 때론 안내장을 학부형에게 내 보낼 일이 있어서 내용을 써 가지고 결재를 맡으러 가면 열에 열 번 고쳐야지만 결재를 내준다. 그렇다고 제가 맞춤법이나 문장이 어색하거나 틀려서가 아니다. 이곳에 오기 전에는 그래도 국어과에 맞춤법이나 문장에 대하여 남에게 뒤떨어진다는 마음을 가져본 적이 없으며 잘하는 편이라고 내 자신이 생각했었다. 그런데 이 학교에 와서는 교장선생님이 공문이나 글을 써서 결재를 할 때마다 신경질을 내면서 고쳐주기 때문에 나 자신 배우는 것이 아니라 한글 문장에 대한 자신감이 점점 없어지는 느낌이다. 나뿐이 아니라 전 직원을 이런 식으로 지도한다. 자기가 아침에 집에서 기분 나쁜 일이 있으면 아침부터 어느 직원 가릴 것 없이 걸리면 찢어지는 목소리로 신경질을 낸다.

그것도 조용히 불러서 꾸중하는 것이 아니라 전 직원이 있는 데서 꾸중을 한다. 그러니 제가 3년 근무하는 동안에 같이 왔던 선생님들은 모두 다른 학교로 전근가시고 저만 현재 남아 있다. 다른 분들도 이곳이 벽지라 점수를 따러 왔다가 모두 더 있을 수가 없어서 모두 가고 없다. 직원이 잘못이 있으면 조용히 교장실에 불러다가 꾸중을 하면 모두 수긍을 하고 '다음서부터는 고치겠습니다.'하고 고분고분하게 말씀을 잘 들을 터인데 꼭 전 직원이 있는데서 무안을 주는 의도는 바람직한 행정가의 자세가 아니라고 본다. 왜 당신이 기분 나쁘면 우리 직원에게 화풀이를 해야 되는 건지 지금도 이해가 가질 않는다. 여기에서 우리 교장선생님의 가정을 잠깐 소개를 드려야만 할 것 같다. 가족은 사모님을 비롯해서 딸 3명, 아들 1명과 교장선생님이 장남은 아닌데 아버지, 어머니를 모시고 살고 있다. 그런데 어머니는 4년 전에 돌아가시고 아버님이 병석에 누워 계신지가 3년이 넘었다고 한다. 그래서 아버님 병수발로 스트레스를 많이 받는 것 같다. 이따금씩 힘들다는 말씀을 하는 것으로 보아서 말이다. 그래서 우리 선생님들은 가끔씩 집에서 스트레스를 많이 받아서 우리에게도 그 영향이 오는 것 같다라고 말한다. 저도 3년 동안 모시다 보니 이제는 직원들 앞에서 꾸중하는 것도 단련이 되어 덜 부끄러운 것 같다. 처음에는 정말 견디기가 힘들 정도로 스트레스를 많이 받았다. 고쳐 주는 글이 별로 좋은 문장도 아닌데 왜 그렇게 고쳐 주는 것을 좋아하는지 이해가 안 된다. 정말 다른 학교에 가서도 그러지 않았으면 좋겠다는 마음이 든다.

〈결과〉

가. 지금까지도 교장선생님의 지도 방법이 달라지지 않았기 때문에 스트레스는 계속 받고 있다.

나. 스트레스를 받으면 동료 선생님이나 친구에게 이야기를 해서 마음에 상처를 달래본다.

다. 3년 동안 모시다 보니 면역력이 생겨서 마음으로 고민을 덜 하려고 노력한다.

1) **건강**: 처음에는 두통이 오고 가슴이 답답하고 가슴이 떨려오는 증세가 나타났다. 지금은 스트레스를 덜 받고 있다.

2) **교직생활**: 스트레스는 교직생활에 장애를 준다. 도움이 되는 것보다 손해가 더 많다고 본다.

3) **사생활**: 스트레스가 사생활에 도움이 되는 것이 아니라 무기력하게 만든다.

4) **대처 방안**: 교장선생님의 스타일을 잘 파악하여 또는 기분을 잘 파악하는 힘이 필요하다.

5) 교장선생님이 주는 스트레스는 부정적 스트레스다.

6. 인적 사항

(1) 경력: 27년, (2) 직위: 교무부장, (3) 성별: 남, (4) 나이: 50대,

(5) 맞벌이 유무: 부부 교사, (6) 학급 규모: 6학급, (7) 담당 학년: 2학년.

본교에 근무한지도 어언 3년이 넘었다. 교장, 교감선생님은 대학 선배님으로 항상 깊은 배려와 관심을 가져주시는 분들이다. 그래서 상사와의 갈등은 없는 편인데도 무척이나 피곤한 학교생활을 하였던 것 같다. 나에게 문제가 있는 것이 아닌가도 생각해 보지만 동료 교사중 한 사람이 학교의 분위기와 업무 추진상의 이유 없는 불평불만으로 학교생활을 피곤하게 하도록 만들고 있다.

작년 봄 아직도 술이 덜 깬 얼굴로 출근한 이 선생님은 아침도 먹지 못했다고 하시면서 숙직실로 들어가 라면을 끓여 먹었는데 아동들 편에 술을 사가지고 와 반주를 하고는 직원 협의 시간에 말도 안 되는 소리를 하면서 직원 협의를 못하도록 하는 것이었다. 협의를 위해 잠깐 숙직실에 들어가 쉬시라고 했지만 막무가내여서 교장, 교감 선생님께서 화를 내셨지만 오히려 소리를 지르면서 싸우려고 대드는 것이 아닌가. 일단 강제로 끌어내고 "아이들이 있으니

나중에 이야기하자"고 했지만 막무가내였고 결국은 수업도 하지 못하고 택시를 불러서는 안양의 집으로 가버렸다. 이런 일들이 일년에 두 세 번은 일어나고 협의가 시작될 때면 사건이 터질까 불안하고 아동들에게는 무슨 말로 생활지도를 할 것인가?

이 선생님이 이런 식으로 나올 때 항상 하는 말이 "교무부장 선생님한테는 불만이 없다. 관리자와 할 이야기다"라는 식이다. 이러니 어쩌란 말인가. 아이들 핑계, 동료 교사들의 입장 등을 이야기 하지만 알코올의 축적된 힘으로 횡설수설하는 선생님 때문에 운동을 하면서 이런 저런 스트레스를 풀면서 살아왔던 내가 갑자기 스트레스가 쌓여 항상 얼굴을 찡그리게 하고 업무도 즐거운 마음으로 하게 되지 않는다.

이런 일이 있은 후에는 퇴근하면서 집사람과도 말없이 돌아오는 경우가 많아 학교에서의 스트레스가 우리 가정에까지 여파가 오고 친구들과 만나서 술 한잔하면서 이런 이야기를 하면 네가 관운이 없다면서 빨리 그 사람이 다른 곳으로 발령 나는 것뿐이라고 하면서 특별한 대안을 제시하지 못하는 것이다. 머리가 아프고 이런 일이 일어나면 어떤 방법으로 해결할 것인가? 라는 생각으로 쓸데없는 일에 신경을 쓰다보니 머리가 더 빠지는 것 같고 즐거운 마음으로 먹어야 하는 술이 스트레스를 풀기 위한 것이 아니라 오히려 스트레스를 더 받아 머리가 아프고 피곤이 더 쌓이는 것이었다.

술 먹어 건강 해치고 쌓인 스트레스로 2년은 건강을 많이 해친 것 같고 학교생활에 최선을 다할 수 없어 아이들에게 미안한 마음을 금할 수 없다. 특히 어떤 해결 방안이 없었기 때문에 더욱 힘들었던 것 같다.

금년 봄에 다른 학교로 전근을 갔지만 2년 동안 이 선생님과의 생활이 나에게, 아이들에게, 또한 우리 가정에 준 스트레스는 이루 말할 수 없다. 이 선생님이 금년부터는 제발 교사로서 품위를 지키고 자라나는 아이들에게 꿈과 희망을 주는 교사로 거듭나기를 빌 뿐이다.

7. 인적 사항

(1) 경력: 25년, (2) 직위: 부장교사, (3) 성별: 여, (4) 나이: 45세,
(5) 맞벌이 유무: 부부 교사, (6) 학급 규모: 38학급, (7) 담당 학년: 5학년.

〈내 용〉

최근 들어 자의든 타의든 명퇴를 하고 학교를 떠나는 교사가 많아지게 되었다. 그래서 학교 현장에서는 담임교사 및 전담교사가 부족한 실정이 되었고, 그 결과 생긴 제도가 기간제 교사 및 중초교사 임용제라는 것은 교육계에 종사하는 사람이라면 누구나 잘 알고 있는 사실이다. 바로 이점 때문에 일선에 있는 교사들의 스트레스가 만만치 않다.

바로 옆 반에 3월 15일자로 중간 발령 받은 중초교사 A. 그 선생님은 처음부터 대인기피증

내지는 성격 이상을 가지고 있었다. 그러면서 본인은 자칭 완벽주의자라고 했다. 나이도 제법 많았는데(40대 중반) 전에 무엇을 하고 살았었는지도 말하지 않고 다른 교사들과 어울리지도 않으며 만나도 인사하는 법이 없고 언제나 무표정하고 골난 사람처럼 하고 다녔다. 나를 비롯한 동학년 교사들이 처음에는 조심스럽게 이야기도 붙여보고 회식을 하면서 농담도 시켜보고 학교생활과 업무, 인간관계, 학습지도 및 학생 생활지도 등에 대해서 누누이 상담하고 설득하고 타일러보았으나 모든 것을 남의 탓이라고만 할 뿐 받아들이려고 하지 않았다. 교장, 교감선생님도 몇 번씩 불러다가 초등학교 교사로서의 책임과 의무, 역할에 대해 수시로 가르쳤지만 매번 허사였다. 나도 3～4회 불려가서 A교사를 지도하라는 부탁을 받고 올라왔다. 그렇게 2달이 지나자 학생과 학부모 사이에서도 원성이 높아갔고 급기야 학부모들이 학교로 찾아와서 담임을 바꿔달라고 요구했으며, 교육청에 투서한다거나 인터넷에 올린다는 지경에까지 이르게 되었다. 나는 주동이 되는 아이들을 만나 '담임선생님의 좋은 점을 단 한가지만이라도 좋으니 찾아보라고 간청했고' 또 다른 남 선생님은 학부모를 만나 '변하고 있으니 좀더 기다려보자'는 등 갖은 방법으로 위기의 순간을 모면한 것도 여러 차례이며 교장, 교감선생님의 학부모 설득도 계속됐다. 1년을 마무리하는 지금 A교사의 행동이나 성격이 크게 변한 것 같지는 않지만 처음보다는 다소 나아진 것 같다. 그러나 아직도 누군가 꾸준히 지도 감독하면서 면밀히 관찰해야 할 대상으로 남아 있다.

〈스트레스를 받는다?〉

1) **원인**

- 학교의 교실붕괴 현상이 심각하다(체벌금지 및 자기 자식 기죽이지 않기 등으로 인해 적절한 제재를 가하기 어려운 실정임).
- 다인수 학급담임에 따른 교과지도, 생활지도, 인성지도, 급식지도, 방과후 생활지도, 왕따 및 집단 따돌림 예방 지도
- 업무과다로 교재연구가 미흡하고 야근을 해야 할 경우도 있다.
- 학부모들의 지나친 학원 의존
- 교사 복지 환경 미흡
- 자주 바뀌는 인사원칙
- 적은 봉급과 낮은 사회적 지위 등

2) **증상**

- 의욕이 저하된다.
- 일의 효율성이 떨어진다.
- 직업에 대한 자부심이 적다.
- 머리가 아프거나 건강을 해치기도 한다.

- 짜증이 난다 등.

3) **대처 방안**

- 학급의 적정 인원수를 20~25명으로 한다.
- 교사가 가르치는 일에 몰두할 수 있도록 업무(잡무)를 대폭 줄인다.
- 교사의 복지 시설을 강화한다(탈의실, 휴게실 등).
- 공정하고 일관성 있는 인사원칙 유지
- 품위유지 및 안정된 생활을 할 수 있도록 급여를 올린다(실제로 혼자 벌어서 생활하는 교사의 경우 생활이 빠듯하다).
- 선택적 복지를 실시한다(안식년, 유급 장·단기 휴가, 취미 활동 즐기기, 반 학기나 1년 정도 대학 내에서 유급 파견 연수, 해외 장·단기 유급 연수).

8. 인적 사항

(1) 경력: 24년, (2) 직위: 부장교사, (3) 성별: 남, (4) 나이: 40대,
(5) 맞벌이 유무: 맞벌이 아님, (6) 학급 규모: 6학급, (7) 담당 학년: 2학년.

나는 2003년 3월 본교로 부임해 왔다. 전입한 이유는 전에 있던 학교보다는 학급 규모가 크고 직원도 많아 잡무에 벗어나 보고 싶었고, 또 수석부장교사 경력과 고과점수가 필요했기 때문이다. 또 다른 이유는 전에 같이 근무했던 경력이 있어 나름대로 뿌리칠 수 없었고, 현 교장선생님의 권유와 근무조건이 그런 대로 맞았기 때문이다. 학기 초부터 교장선생님과 갈등이 생기기 시작한 것은 교사들의 의견 수렴과정과 교육정책 결정 건이었다. 교장선생님은 교사들의 의견을 거의 들으려하지 않고 모든 결정을 자신의 뜻대로만 하려고 하였다. 수차례 건의도 하고 교원단체협약사항도 제시하였지만, 불쾌하게 여기며 교사들의 말을 들어주면 자신이 소외될지도 모른다는 자책감, 또는 권위의식 때문인지 통하지 않았다.

그럴 즈음 NEIS(교육행정정보시스템)문제가 제기되었다. 교장선생님은 무조건 NEIS를 도입하자는 쪽이었으나 교사들의 생각은 달랐다. 교장선생님은 무조건 교사들을 설득하라고 명령하였고, 그것을 업무수행능력과 결부시켰다. 교감선생님과 나는 자존심을 걸고, 선생님들의 이견(異見)을 설득하느라고 안절부절했다. 다행히 NEIS쪽으로 결정은 났지만, 참으로 견디기 힘든 시간이었다.

1일병영체험학습을 추진하면서 교감선생님과 교장선생님의 불협화음, 교사들의 부담만 가중되고 실속이 없는 학급자랑발표회, 독서관련행사, 학교방문의 날 행사, 야영수련활동, 대외적으로 보이기 위한 행사인 가을운동회와 학예발표회 등의 수많은 행사를 소규모 학교에서 예산지원도 별로 없이 치루면서, 관리자와 교사들 사이에서 겪는 고초는 정신 및 신체적으로

많은 부담이 되었다. 교장의 설익고 실적위주의 보이기 위한 교육정책에 그야말로 종살이, 머슴살이를 할 수밖에 없는 교무부장이라는 자리, 너무나 고달프고 힘들다. 앞날을 생각해 보면 바른말을 할 수도 없어, 자주 얼굴이 벌겋게 달아오르고 속은 숯검댕이가 되어버렸으며, 고혈압 증세와 불면증, 그리고 소화장애, 가슴답답함을 자주 호소하고 있다.

물론 이면에는 당면과제를 힘들여 해결한 성취감과 만족감, 그리고 해방감을 맛보기도 하였으나, 그것은 극히 순간에 불과하다. 뒤돌아보면 처음에 그토록 보수적이고 교사들의 의견수렴을 거부하던 교장선생님도 인내력을 가지고 시행착오를 해결하려는 노력이 결국, 그 동안 제기되었던 문제들을 시간은 많이 걸렸지만 다소 시정되고 있다는 점에 큰 의미를 부여하고 싶다. 하지만 학교장의 과욕과 독선, 그리고 비민주적인 처사가 교사들에게 가혹하고 엄청난 스트레스를 가중시키고 있다는 점을 명심해야 할 것이다.

9. 인적 사항

(1) 경력: 29년, (2) 직위: 교사, 연구부장, (3) 성별: 여, (4) 나이: 50대,
(5) 맞벌이 유무: 부부 교사, (6) 학급 규모: 41학급, (7) 담당 학년: 3학년.

1) 원인－과연 나는 교단을 지키며 아이들 속에서 살아야 하는가?

내가 승진을 해야겠다는 생각을 한 것은 불과 얼마 되지 않은 몇 년 전의 일이다. 초등학교 교사란? 뭐니뭐니해도 아이들을 가르치고 아이들과 함께 생활하는 것이 자랑스런 초등학교 교사라는 긍지 속에서 나는 살았다. 그런데 내 나이 45세를 훌쩍 넘기고 보니 그것은 나의 위안이고 안일한 생각이며 나의 생각을 바꾸지 않으면 안되겠다는 것을 느끼게 되었다.

화천의 조그만 학교에 근무할 때이다. 학교가 작다 보니 경력이 5년 정도 되는 젊은 선생님들과 생활하게 되었다. 한창 열린교육을 부르짖을 때 운동회까지도 열린 바람이 불어 고정 틀에서 벗어나 코너에 준비된 과제를 통과해야 다음 단계로 넘어가는 그런 운동회를 할 때였다. 아이들에게 청백 표시를 해야하는데 담당 후배교사가 미처 준비를 못했다고 청백 표기 리본을 곤충핀으로 한다는 것이었다. "선생님, 아이들이 구르고, 넘어지고 하다보면 곤충핀은 아주 위험한 것이니 교장 선생님한테 꾸중을 듣더라도 곤충핀을 빼세요." ~ 생략 ~ 그러나 후배 선생님은 교장 선생님께서 시키신 일이라며 아이들의 가슴에서 곤충핀을 빼지 않았다. 결국 교감 선생님의 말씀으로 곤충핀은 빼게 되었다.

일년 후 명퇴 바람이 불어 나의 선배 선생님들은 밀물처럼 교단을 떠나게 되었다. 그래도 선배 말씀이라면 어느 정도 통하는 그런 사회였고 위계질서가 있는 사회라고 생각했는데 이제는 50대 교사가 거의 찾아보기 드물게 되었다. 어렵고 힘들던 일들을 서로 위로하고 돕던 그런 동료를 잃은 것이다. '선배님 그리고 동료들이 떠나고 있는 데 내가 남아 있는 이유는 무

엇인가?' 내가 나이가 들어도 이 자리에 서야겠다고 생각한다면 누구든 나를 필요로 하는 사람이 되어야겠다는 생각을 하지 않을 수 없게 되었다. 학부모들은 할머니 선생님을 싫어하신다. 그리고 능력(아이들의 지도 능력, 사무 능력, 직책 능력)이 없는 교사들을 후배 교사(젊은 교사)들은 좋은 눈으로 보지 않는다. 똑같은 조건이라면 선배들을 물리치고 내가 먼저 승진을 해야 하고, 승진에 도움이 된다면 양보는 할 수 없다는 것이 젊은 교사들의 생각이라고 본다.

그러면 나는 어떻게 이런 나의 스트레스를 극복해야 할까? 아이들을 위해 그리고 모든 사무 능력, 생활능력에서 함께 경쟁하며 더 나은 면모를 보여주어야 선배로서 체면을 유지해 나갈 수 있다고 생각한다. 뿐만 아니라 때가 되면 승진도 하여 나도 후배들을 조언해 줄 수 있고 도움이 필요할 때 도와줄 수도 있다는 능력을 보여주어야 하고 또 당연히 해야 한다고 생각한다. 이제는 내가 학교 사회에서 제대로 사람 대접을 받으며 생활하려면 내 나이에 맞게 그 위치에 있어야 하고 승진도 해야 무능력 교사라는 창피한 말에서 벗어날 수 있다고 본다. 지금의 50대 선배 교사들을 대접할 줄 아는 마지막 세대이고 후배들에게 잘못하다가는 사람 대접받지 못하는 최초의 세대인 것 같다.

2) 증상

승진에 대한 스트레스를 받는다.

3) 결과

승진과 관련된 것은 찾아다니며 연수하고, 학교와 후배들에게 책잡히지 않도록 새로운 정보 수집과 새로운 수업이론의 이해, 교육공학 기자재와 교재 활용에 대한 연수 그리고 학교 전반에 대해 열심히 생활한다.

4) 대처 방안

1. 승진 연령의 하향 조정은 교직사회의 위계질서를 망치는 것이 아닌지 생각해 보아야 할 것 같다.
2. 지나친 연구는 아동학습에 소홀해 질 수 있다.
3. 묵묵히 진정으로 학생을 위하는 일에 열심히 노력하는 교사에 대한 보상의 길이 있어야 할 것 같다.

10. 인적 사항

(1) 경력: 26.03년, (2) 직위: 교사, (3) 성별: 남, (4) 나이: 48세,
(5) 맞벌이 유무: 부부 교사, (6) 학급 규모: 6학급, (7) 담당 학년: 2학년.

* 승진 스트레스

과거 30대까지만 해도 승진에 대한 집착이 없었다. 하지만 주변의 동료나 후배까지도 하나

둘 승진하는 것을 보면서 승진을 하지 못하면 무능한 사람으로 인식되는 듯한 느낌이 4~5년 전부터 왔다. 이래서는 안 되겠다 싶어 연구도 해보고 대학원도 다니느라 여간 분주하지 않다. 2000년부터 방학 때 마음 놓고 쉬어 본 날이 없다. 처와 시간이 맞지 않아 함께 여행을 가본 적도 없다. 승진을 위한 준비는 상대적으로 가정을 소홀히 하게 되어 가족들로부터 또 다른 압력을 받게 되어 이것이 또 다른 스트레스 요인으로 작용한다.

승진욕은 인사철에도(보통 겨울, 12~이듬해 2월) 스트레스로 작용한다. '교무'자리 또는 '근평'을 받을 수 있는 자리로 이동해야 하기 때문이다. 그러나 누가 자리를 만들어 놓고 오라는 사람이 있는가? 평상시 대인관계가 좋은 사람은 그래도 좀 나은 편이나 그렇지 못한 사람은 고생이 영 말이 아니다. 가평군의 경우 학교가 13개밖에 없다. 그러나 경력 20년이 넘은 선생님들은 3~40명에 이른다. 어떤 이는 경력 10년만 넘어도 벌써 부장선생님 자리를 찾아다니느라 분주해지기 시작한다.

교무가 되어도 문제이다. 교장 선생님의 충실한 부하(?)가 되어 그분의 뜻에 따라 학교 경영에 참여해야 하고 젊은 교사들로부터는 의견을 수렴하여 이를 걸러서 학교장에게 전달해야 하는 중간 위치에 서게 된다. 일이 잘 풀릴 경우에는 모르지만 그렇지 못할 경우 위로부터는 '무능한 사람'으로 취급당하고 아래로부터는 자칫 '아첨꾼'이 되기 쉽다. 이 중간 역할에서 겪게 되는 갈등상황은 예사롭지 않다. '근평'을 받기 위해 윗사람에게는 자신의 소신을 주장하기가 어려워진다. 윗사람의 판단이 옳을 때는 문제가 없지만 그렇지 않을 경우 교육에 심각한 오류를 범할 수도 있다.

해결 방안

가. **평교사가 우대 받는 교직풍토 조성**: 교직의 꽃은 직접 학생들과 마주하는 선생님이 최고라는 인식이 확산될 수 있도록 예컨대 담임수당의 대폭 인상, 기본시간외 근무수당의 지급 등.

나. **근무평정 제도의 개선**: 현행 제도는 과거 권위주의 시대의 사고방식에서 벗어나지 못하고 있다. 소수의 관리자가 다수를 감독하기 위하여 그들에게 너무 많은 권한이 주어지고 있다. 민주화 시대에 맞게 개선되어야 한다.

다. **'교무회의'의 의결기구화**: 교무회의를 의결기구화 하여 자칫 독선과 아집으로 흐를 수 있는 학교장의 전횡을 막아야 한다. 현행 법률에는 학교 운영위원회 외에는 학교장의 전횡을 막을 만한 장치가 없다.

* **담배 스트레스**: 담배를 피우는 것도 스트레스요, 이를 끊고자 하는 데에도 스트레스가 따른다. 직장이나 가정에서 담배 피우는 사람들이 설 자리가 점점 줄어들고 있다. 담배 피우는 사람은 무식한 사람, 다른 사람의 건강을 해치는 나쁜 사람, 자신만의 이익을 추구하는 이기주의자, 공해를 발생시키는 사람, 결단력이 약한 사람으로 인식되고 있다.

11. 인적 사항

(1) 경력: 25년, (2) 직위: 교사, (3) 성별: 남, (4) 나이: 48세,
(5) 맞벌이 유무: 부부 교사, (6) 학급 규모: 15학급, (7) 담당 학년: 6학년.

학교에서는 크게 세 가지로 나눌 수 있다.

첫째는 아이들의 생활과 관계되는 것들이다. 청소를 깨끗이 해야 하는데 하지는 않고 장난치고 놀고 있는 아이들을 보고 있을 때 화가 많이 난다. 공부시간에 열심히 활동해 주면 좋겠는데 딴 짓을 하거나(핸드폰을 가지고 게임을 한다거나 만화책을 본다거나) 장난하는 것을 볼 때 화가 난다. 조회 시간에 맞춰 운동장에 나와 모여야 되는데 나오지를 않거나 늦게 나오는 아이를 볼 때 화가 난다. 잘못된 언행을 지적해주고 고치라고 조언했는데 반항하거나 불손한 태도를 취하는 경우에 화가 난다. 이런 경우에 따끔하게 혼 내 주거나 바른 행동으로 바뀌도록 조치를 취해야 하는데 할 수 있는 행동이 너무 제한되어 있다 보니, 그런 것들을 참고 모른 척하고 할 때, 속과 겉이 다르게 행동할 때 많은 스트레스를 받는다. 상담하고 벌주고 화는 참으며 생활한다.

둘째는 공문서 처리에 따른 것이다. 공문서가 너무 많거나 내용이 공문으로 처리해봐야 허위 보고를 하는 것이 뻔한 내용이거나 너무 급히 보고하라는 공문 때문이다. 그러나 학교에서는 공문은 아이들 자습을 시키고라도 먼저 보내야 하는 상황이어서 본인도 그렇게 처리하고 있다.

셋째는 상사와 동료 교사들과의 관계에서 나오는 스트레스다. 특히 상사의 업무 처리 스타일이나 성격 때문에(교감, 교장과) 학교에서 마주치거나 이야기하는 것을 기피하고 필요한 업무만 결제를 받는 등 원만한 관계가 이루어지지 않아 받는 스트레스다. 이 때 그냥 피하거나 참는다.

가정에서의 스트레스는 아이들이 원하는 방향으로 행동해 주지 않을 때 주로 받는다. 화를 내거나 이야기를 통하여 바르게 행동하도록 한다. 안사람에게는 스트레스보다는 고마운 경우가 더 많다.

위와 같은 스트레스가 심한 경우는 잠을 잘 때 꿈에도 나타나고 잠에서 깨자마자 그 일(사건)이 생각나는 등 마음이 안정이 되지 않는다. 또 입맛이 없다. 말수가 줄고 소극적이 된다. 화를 잘 내게 되기도 한다. 신체 건강과 정신건강에 좋지 않은 영향을 끼친다. 대개는 참거나 시간이 지나면서 서서히 망각되어가며 치유된다고 생각한다.

12. 인적 사항

(1) 경력: 27년, (2) 직위: 부장교사, (3) 성별: 남, (4) 나이: 49세,

(5) 맞벌이 유무: 맞벌이 아님, (6) 학급 규모: 14학급, (7) 담당 학년: 4학년.

1) 승진에 중요한 근평 점수

교무부장은 근평을 잘 받기 위하여 교장의 지시를 잘 따라야 하는데 교장은 그것을 이용하여 업무적인 지시는 물론 개인적인 일, 자기 기분 내키는 대로 함부로 말하고, 술 먹고 뒤치닥거리 시키기 등의 일들을 하는데 바른 이야기를 하면 찍힐까봐 꾹 참고 산다. 몇 년 전에는 잘못된 점을 이야기하고 따졌었는데 사사건건 피곤하게 하여 그것을 회복하는데 1년이 더 걸렸었고 이제는 동료 교사들끼리 흉보는 일로 스트레스를 해소하고 있으며 선배들의 말처럼 아무리 화가 나도 참고 또 참는 것이 나에게 이득이라는 진실을 터득하여 인내하기로 다짐했고 실천하고 있음.

2) 동료 교사(후배, 신임교사)들로부터의 무시

사실 교사 생활 27년이면 교감은 되어야 하는데 요즘의 젊은 교사들은 모두 같은 교사라는 이유로 선배교사의 조언을 무시하는 경우가 많다. 같은 일이라도 교장, 교감이 말하는 것과 교사인 내가 말하는 것은 효과가 다르다.

→ 빨리 교감이 되어야지 생각!

3) 승진 준비로 인한 스트레스

벽지 점수, 농어촌 점수, 연구점수, 연수점수, 연구학교 점수 등등 승진을 위해서는 이런 것들을 완벽하게 챙겨야 하는데 하루 저녁에 딸 수 있는 것도 아니고 표를 그려놓고 부족한 것들을 준비하는데 연수 가서 아무리 노력해도 우수한 성적은 기대할 수 없고, 사실 승진을 해야 하는 50대 전후의 교사들은 이런 저런 생각으로 머리가 휜다(쉰다).

4) 능력부족으로 인한 스트레스

50대 교사와 20대 교사가 함께 근무하는 학교에서 컴퓨터 다루기, 기억력, 체력 등의 기능 저하로 부족함을 많이 느끼는데 물론 부단한 연수로 부족함을 다소 채울 수는 있지만 옛날에는 학급 어린이들의 이름은 3일만 지나면 다외웠는데 1개월이 지나도 다 외울 수 없어 좌석표를 그려 놓고 수업을 해야 하며 안경을 써야 글씨가 보이고 이런저런 것들로 같은 처지의 교사들끼리 소주나 한잔하며 스트레스를 푸는데 또 과음으로 인한 건강이상. 이런 것들을 해결하기 위하여 자기 자신의 절제 있는 생활이 필요하다고 생각함.

5) 잡무로 인한 스트레스

"아이들 때문에 공문서 작성을 못하겠어요." 공문 때문에 받는 스트레스를 대변하는 말이다. 사실 우리 부장 교사들은 수많은 공문서 처리에 수없이 많은 수업시간을 침해당하고 있다. 정기적인 문서라면 미리 준비한다지만 오늘 12시까지, 4시까지 등 휙휙 던져지는 공문에 우선 급한 게 공문서 처리이므로 자습은 흔히 있는 일이며, 학교의 큰 행사 장학지도 시에는 그 준비에 수업은 뒷전으로 밀리는 게 다반사다. 각종 계획서, 실천사례 원고 제출 등 보여주기 위한 형식적인 업무처리 때문에 말이다.

6) 부족한 품위 유지비로 인한 스트레스

요즘은 맞벌이 가정, 부부 교사 등이 많은데 전업주부인 아내와 자식들의 교육에 넉넉하지 못한 살림을 하다보면 술, 담배하고 놀기 좋아하는 나로서 쓸 곳은 많은데 눈치 보며 생활하는데 따른 스트레스가 또 다른 스트레스를 낳기도 한다.

13. 인적 사항

(1) 경력: 33년, (2) 직위: 교과 전담, (3) 남자

나는 33년 경력에 7학급의 교무를 보고 있으며 교과전담 교사로 주당 20시간을 학급에 들어가 수업을 한다. 두 시간이 끝나자 여느 때와 같이 커피 귀신들처럼 모두들 교무실로 꾸역꾸역 모여든다. 여직원이 많아서인지 모이면 뭐 그렇게 할 얘기들이 많은지 여기저기서 웃음소리와 얘기로 다소 활기찬 분위기다. 그 때 교감 선생님이 “잠깐 협의 좀 가집시다”라는 말에 모두 의아한 눈망울로 서로의 얼굴들을 바라보며 하나, 둘 자리에 앉았다. 물론 나는 알고 있어도 모른 체하고 노트북의 자판기만 두들기고 있었다. 벌서 이런 일이 몇 번 있었으므로 나 자신도 기분이 좋질 않아 쳐다보기도 싫은 상태다.

작년 3월에 7년 후배인 새내기 교감이 부임해 왔다. 처음엔 매사를 나에게 묻고 일을 처리하길래 별 문제가 없었다. 나 자신도 협조를 잘 해 줬었다. 어느 학교를 가던지 그 학교마다의 전통과 분위기가 있기 마련이다. 4월부터 이것들을 하나씩 헤쳐내어 없애는 것이다. “부장 선생님, 작년에 이런 것(복도환경, 실습지 운영, 학급앨범 제작, 도서실 운영, 특기적성 교육, 각종화훼단지 조성, 현지체험 학습 등)을 어떻게 했나요?”, “예, 이렇게 했는데요. 예, 그러면 직원협의회에 붙여 선생님들의 의견을 들어 결정 내지는 시정해야겠네요.”라고 한다.

오늘은 2학기 현장학습을 다녀와서 아이들이 제출한 현장학습 보고서를 바탕으로 전지에 보고서 형식으로 1장, 이런 일 저런 일들을 모아 조별로 꾸며 제출하라는 얘기다. 그냥 회람을 통해 전하면 될 것을 굳이 협의를 거쳐 지시가 전달되도록 해야만 하는지... 학교장은 원래도 그렇지만 정년을 몇 달 앞두고 있어 말씀이 없으시다. 그러니 혼자 북치고 장구치고 위엄을 지키려고 꾀나 신경을 쓰는 꼴이 불쌍하기도 하고, 한편으론 울화가 치민다. 기껏 내부결재를 한 후 시행을 하려면 보류하라는 얘기다. 일을 추진하지 않으니 선생님들을 편해서 좋고 기획한 나는 신경질이 나고 정말 스트레스가 쌓인다. 교무인 나에게 힘을 실어주면 교감은 편할 것 같은데...

교감과 내가 서로의 입장이 바뀐 셈이다. 교무인 나는 직원들 편에 서서 교장, 교감과의 연

결 고리 역할을 하는 것인데 그 일을 교감이 하고 있는 것이다. 그러니 자연히 나만이 왕따를 당하는 꼴이고 직원들 분위기도 작년과는 영 다르다. 오전에는 늘 교감과 나만이 교무실을 지킨다. 몇 번 의견을 주고받으며 시정을 요구했고, 두 번은 밖에서 자리를 만들어 식사를 하면서 조언을 했는데 시정은커녕 오히려 비위를 더 건드린 꼴이 되었다.

1학기 내내 스트레스를 받으며 생활해서인지 소화도 안 되고 체중도 2kg이나 줄었다. 9월에 예상했던 대로 동기인 교장선생님이 부임해 왔다. 우연한 기회에 교장실에 마주앉아 그간 학교 운영의 전반에 대한 보고 아닌 보고로 많은 얘기를 나눴다. 그 일이 있은 뒤 교감의 행동에 변화가 생기기 시작했다. 작년까지 해 오던 학년별 앨범(운영 실적물) 제작을 다시 하게 함과 동시에 단계별 운영 실적부도 함께 만들도록 했다. 물론 학교장과 나의 계획이지만.

이것은 학교 평가 대비를 위해 차근차근 준비하자는 의도에서 기획된 것이다. 복도환경과 도서실의 정비로 바쁘게 움직이는 선생님들을 보니 침체해 있던 학교 분위기가 새 교장선생님의 부임으로 활력을 되찾았다. 새 교장선생님의 부임으로 나는 힘을 얻어 스트레스가 해소되었고, 교감이 오히려 스트레스를 받게 된 셈이다.

14. 인적 사항

(1) 경력: 15년, (2) 직위: 교사, (3) 성별: 남, (4) 나이: 30대,
(5) 맞벌이 유무: 맞벌이 아님, (6) 학급 규모: 18학급, (7) 담당 학년: 6학년.

4년 전 내가 시골 학교에 근무할 때 있었던 일을 이야기해 볼까한다. 지금도 그때를 생각하면 아찔하기만 하다. 얼마나 큰 스트레스에 시달렸는지. 춘천에서 교직생활을 하다 시골학교로 전근을 가야할 때, 많이 힘들거라고 주변의 선배 교사들이 걱정도 해주고, 한편으로는 색다른 경험도 할 수 있을 것이라고 말을 했기에 설렘 반 걱정 반으로 시골학교(○○군)에 가게 되었다. 처음 6학급 규모의 작은 학교생활은 그럭저럭 보람되게 잘 보내고 같은 관내학교로 전근을 가게 되었는데 그곳은 11학급 규모의 조금은 큰(시골에서) 학교였다.

선배교사도 2명뿐이었고, 모두 후배교사였다. 학교를 새로 지어 깨끗하고, 아담했는데 새로 부임하신 교장선생님과 교감선생님께서 연구학교 운영을 해보고 싶어 하셨다. 경력교사가 별로 없고, 더군다나 그 당시엔 초등교사 부족으로 중초교사가 기간제로 근무하고 있었는데 우리학교는 교사 12명중 7명이 기간제 교사였다. 위에서 잘 이끌어주면 연구학교 운영을 무난하게 수행할 수 있을 것이라고 교장선생님께서 말씀하셔서 2월부터 운영계획서를 작성, 교육청에 제출, 2000년부터 2년간 우리학교가 도교육청 지정 시범 운영학교가 되었다.

처음 1년간은 준비하고, 학급에서 프로그램을 운영, 결과물을 잘 챙겨두면서 별 어려움 없이 잘 진행하였다. 도교육과학연구원에서 갑자기 운영결과를 보러오는 등 스트레스를 받아서

힘들었지만 그러면서 조금씩 배워 갈 수 있었다. 연구학교 운영 주무를 맡으면서 스트레스를 받기도 했지만 주변의 선생님들과 많은 대화도 나눌 수 있었다. 그러나 운영보고가 계획되어 있는 2년 차엔 1년 차 때랑 분위기가 너무도 바뀌었다. 함께 지내면서 많이 도와주었던 교사들이 힘들다고, 또는 개인적인 이유로 타지로 내신을 내어 가게 되고, 운영 프로그램에 대해 전혀 모르는 신규교사가 우리 학교에 오게 되었다. 처음부터 다시 해야 할 일들이 너무도 많았다. 발표 날짜는 정해졌지, 결과물은 제 때 나오지 않지, 모두들 못한다고 아우성이지 정말 죽을 맛이었다. 아직 잘 모르는 후배니까 잘 얘기해서 해결해 보려고 해도 교대출신이 아니라서 모두들 제각각이었다. 연구학교 운영이 문제가 아니었다. 점수 필요 없는 자신들은 하지 않겠다고 배짱을 내밀었다. 물론 그 중에는 잘 하는 선생님도 있었다. 화를 내면 더 안 될 것 같기에 혼자 끙끙거리면서 참고 또 참았다. 혼자 해결할 수 있는 일은 새벽까지 학교에 남아 혼자 해결했다. 그렇게 한달 가량을 보내다가 동료 교사와 부딪히게 되었다. 수업안을 작성해서 내달라고 했더니 할 수 없다는 것이었다. 어이가 없었다. 지금껏 운영해오던 프로그램을 그 학급에서는 제대로 하지 않은 것도 밝혀지게 되었다. 더 화가 난 것은 자신이 전혀 잘못을 하지 않았다고 연구학교 운영이 뭐 그리 중요하냐고, 내가 그 일을 맡고 있으니 학교장과 교육청에 하지 말자고 건의를 하라는 것이었다. 나도 더 이상은 참을 수가 없었다. 나보다 나이도 많은 선생님한테 막 화를 내고 큰 소리로 야단치듯이 대들었다. 교무실에 내려와 교감선생님한테도 알렸다. 비겁하지만 어쩔 수가 없었다. 그날 저녁 잠을 잘 수가 없었다. 그 선생님도 그랬지만 주변의 동료 교사를 잘 이끌지 못한 내 자신이 너무도 한심했다. 다른 학교를 보면 모두들 잘 도와주고, 서로 앞장서서 일을 한다는데. 다음날 아침 머리를 감다 보니 왼쪽 머리 부분이 움푹 빠져 있었다. 어이가 없었다.

원형 탈모증이 생긴 것이다. 그것도 엄청 크게, 맨 살이 다 보일 정도였다. 시간이 지나면 나아지겠지, 마음을 편하게 먹자. 하는 생각으로 며칠을 보냈지만 더 빠지기만 했다. 토요일 수업이 끝나자마자 병원엘 갔다. 스트레스에 의한 탈모증이라고 했다. 일하지 말고 편히 쉬어야 한다고 했다. 내 맘대로 되나. 모든 것이 싫어졌다. 꼭 이렇게 살아야 하는가 하는 생각도 들었다. 그냥 아이들만 열심히 가르치면 되는데 괜히 연구학교는 해서 이 고생이람. 교장, 교감 선생님도 원망스러웠고 나를 도와주지 않았던 후배들도 미웠다. 학교에는 말하지 않았다. 자존심이 상해서.

병원에서 머리에 주사를 맞는 고통은 어마어마했다. 이 주일에 한 번 치료를 받으러 서울에 오가면서 스스로를 달래었다. 어차피 시작한 일, 내가 좀더 참으면서 잘 마무리 해보자고.

학교 선생님들도 내 사정을 알고 묵묵히 프로그램 운영을 하셨다. 못하겠다던 선생님도 잘은 못하지만 열심히 해보겠다고 하셨다. 그해 10월 발표가 무사히 끝나고도 탈모증 치료는 계속 받아야 했다. 지금 와서 생각해보면 연구학교 운영에 관한 업무는 별로 큰 일이 아니었는데, 업무에 관한 조직 구성원들간의 융화가 나에게 큰 스트레스가 된 것 같다. 처음 시작할 때는 서로 양보하고, 서로 도와주던 것이 차츰 서로의 입장을 배려하지 못하고, 싫은 소리도 서슴지 않았던 것이 스트레스가 되었다. 나만 스트레스를 받았던 것은 아니었을 것이다. 그 때 함께 근무했던 모든 교사들이 스트레스를 받았을 것이다. 어찌 되었던지 그때로 다시는 돌아가고 싶지 않다. 발표가 끝나고 다음 해에 나는 곧장 그 학교를 떠났다.

1) 원인

교직생활을 하면서 받는 스트레스의 원인에는 여러 가지가 있겠지만 요즈음 내가 받는 스트레스는 인간관계에서 오는 스트레스가 가장 크다. 선배, 후배, 동기들과의 인간관계를 원활히 해서 서로 도움을 주고, 도움을 받는 인간관계를 형성해야 하는데 그렇지 못해 스트레스를 많이 받고 있다. 전에 함께 근무했던 선생님들과의 모임도 적극적으로 참석해야 하는데 그렇게 하지 못하고 있다. 내게 어려운 일이 있어 부탁을 해야 할 때 마음 편하게 부탁할 사람이 그리 많지 않다. 만나는 사람만 주로 만나고 새로운 만남을 주저하는데서 오는 스트레스로 큰 어려움을 겪고 있다. 개인적인 성격이 가장 큰 원인일 것으로 생각한다. 술을 잘 마시지 못하는 체질이라 술자리가 그리 쉽지만은 않다. 그러다 보니 모임 참석이 적을 수밖에 없다. 또한 개인적인 부탁을 잘 못하는 성격이기 때문에 피해를 볼 때가 자주 있는데 그런 것에서 스트레스를 많이 받는다.

2) 증상

인간관계에서 오는 스트레스가 심할 때는 소화가 잘 되지 않는다든가, 어깨 근육이 잘 뭉친다든가 하는 증상이 나타나기도 하고, 학교생활에 괜한 짜증을 내기도 한다. 또한, 우리 반 학생들에게 아무런 이유 없이 화를 내기도 하고, 가족 중에서 나를 걱정해서 하는 말에도 괜히 화를 내곤 한다. 그러나 한편으로는 사생활에 있어서 내 것을 포기하고 주변 사람들을 위해 시간을 내거나, 도와주는 행위를 할 때도 있다. 인간관계에서 받는 스트레스를 없애버리려고 인간관계를 원활히 해보려고 노력을 하기도 한다. 오래 가지 못한다는 것이 문제지만 노력하는 내 모습에 가끔은 놀라기도 한다.

3) 결과

그러다 보면 조금은 인간관계가 좋게 형성되어 전에 나를 알았던 사람들이 많이 변했다는 말을 해 주기도 한다. 술도 조금은 늘어 주변을 놀라게도 한다. 나를 조금 낮출 줄 알게 되고 남을 배려하려는 마음도 많이 형성되었다. 무엇보다도 인내심이 크게 늘어나서 어지간한 일은 참고 견딜 줄도 알게 되었다. 그러나 한편으로는 나다운 면이 점점 없어져 가고 있는 것이 아닌가 하는 생각이 들 때도 있다. 꼭 해야 할 말도 하지 못할 때가 많이 생기면서 더욱 그렇다.

4) 대처 방안

인간관계에서 오는 스트레스를 심하게 받을 때면 모든 것을 잊기 위해 운동을 한다. 수영이라든가 테니스를 하다보면 스트레스를 잊게 된다. 주변에 사람이 있으면 당구를 치기도 하고, 간단히 맥주를 마시며 속의 얘기를 털어놓기도 한다. 운동을 꾸준히 하다보면 웬만한 스트레스엔 끄떡없다. 혼자서 하는 운동으로는 수영이 최고이고, 함께 하는 운동으로는 테니스가 그만이라고 생각한다. 운동으로 한 시간 정도 몸을 다지고 나면 아무리 큰 스트레스도 거뜬히 물리칠 수 있게 된다. 내 경험으로 터득한 것이다.

스트레스와 탈진에 관한 대처 방안

1. 치료보다 예방이 우선이다.
2. 건강한 교육은 학교 조직의 건강성과 건강한 교사에 의하여 실현 가능하다.

15. 미국의 공립학교 여교사가 경험한 직무 스트레스 실상

『작은 승리들』 새무얼 프리드먼 저.

이 책은 미국 뉴욕의 한 공립고교를 배경으로 미국 교사들이 부닥치고 있는 문제점과 고민을 생생하게 부각시키고 있다는 점에서 스승의 날(5월 15일)과 관련, 관심을 모은다.

학교에서 87년 하반기부터 이듬해 상반기까지 1년 동안 일어난 일들을 여교사 제시카 시겔(39)을 중심으로 기록하고 있다. 시카고 대학을 졸업한 뒤 78년부터 교직에 몸담아온 시겔 선생님은 영어과목을 담당하고 있으면서 하루에 평균 다섯 반(1백 50명)을 다니며 강의를 한다. 그 대가로 받는 보수는 연 3만 달러 정도.

하지만 시겔은 수업 시간 이외에도 저녁 시간과 주말은 과제물 점검과 교과 지도안을 준비하는데 보내고, 무보수로 학교신문의 자문역도 맡고 있으며, 남은 시간 틈틈이 고 3인 자기반 학생들을 각 대학의 입학담당관들과 만나게 주선하는 등 자유시간은 거의 없다.

온통 몸과 마음을 교육에만 바치고 있는 시겔 선생님이지만 보람보다는 고민이 더 많다. 그것은 교육관료들을 비롯, 교장, 교감 등 윗사람들과 재능은 있지만 말썽 많은 학생들 틈바구니에서 늘 간섭과 시달림을 받아야 하기 때문이다. 더욱이 시워드 파크고교는 미국에 새로 이민 온 사람들이 처음 정착하는 빈민촌에 위치하고 있어 다른 지역보다 더 많은 문제를 떠맡고 있다.

중국, 도미니카, 헝가리, 푸에르토리코 등 다양한 지역에서 온 학생들은 영어마저도 낯선 외국어인 만큼 그들을 다루는 데는 미국의 보통 학생들보다 배로 힘이 든다는 것이다.

결국 이 책은 한 교사의 체험을 적나라하게 기록함으로써 미국의 공립교육이 부닥치고 있는 실제 현실의 과제를 날카롭게 짚어내고 있다. 저자 프리드먼은 "뉴욕시의 경우 교육위원회위원이나 선거를 통해 당선된 공무원들 중 단 한명도 자식을 공립학교에 보내지 않고 있다."며 공립교육의 방치와 무관심을 비판하면서 그에 대한 치유를 주장하고 있다.

책의 말미에서 성실하고 평범한 교사 중의 한 사람인 시겔 선생님은 끝내 사표를 내기로 결심한다. 적은 봉급과 장기간의 근무시간, 낮은 사회적 인식도 등을 견디지 못한 것이다. 물론 문제의 핵심은 보수 문제만은 아니다. 오히려 그것은 사회적 지위, 존경도, 인정에 관계된 것이다. 하지만 사실은 후자 역시 미국 사회에 있어서 월급의 수준과 밀접한 관계가 있음은 아무도 부인할 수 없다.

저자는 교육의 중요성은 누구나 인정하면서도 그에 대한 정당한 투자는 꺼리기 때문에 미국 교육의 질은 저하되고 교사들의 사기가 떨어지고 있다고 지적한다(하퍼 앤드 로간).

부록 3. 교사의 직무 스트레스 진단 검목표

I. 다음 각 문항은 교직을 수행하는 과정에서 나타날 수 있는 사건들입니다. 각 문항에 대한 대답은 동료 교사의 일반적인 의견이 아닌 본인의 생각이어야 합니다. 각 문항에 대하여 선생님께서 과거에 경험하였거나 현재 경험하고 있는 스트레스의 정도를 가장 잘 나타내 주는 곳에 ✓표를 하여 주십시오.

〈응답 요령〉

** 설문에 대하여 그렇다고 생각하시는 곳에 V를 하십시오.
(1) .... **전혀** 스트레스를 받지 않는다.
(2) .... **거의** 스트레스를 받지 않는다.
(3) .... **그저** 그렇다.
(4) .... **약간** 스트레스를 받는다.
(5) .... **매우** 많은 스트레스를 받는다.

	전혀		보통		매우
1. 학생들의 배우고자 하는 동기가 결여되어 있다.	(1)	(2)	(3)	(4)	(5)
2. 상급자는 교사들이 책임지고 학생을 지도할 수 있도록 자율성과 권한을 보장해 주지 않는다.	(1)	(2)	(3)	(4)	(5)
3. 수업시간 사이에 휴식시간이 부족하다.	(1)	(2)	(3)	(4)	(5)
4. 사회경제적으로 낮은 대우를 받고 있다.	(1)	(2)	(3)	(4)	(5)
5. 학생들 간의 실력 차이가 심하다.	(1)	(2)	(3)	(4)	(5)
6. 업무관계로 상급자와의 관계가 불편하다.	(1)	(2)	(3)	(4)	(5)
7. 학교 내에 휴게실, 탈의실 같은 편의시설이 부족하다.	(1)	(2)	(3)	(4)	(5)

8. 승진 및 인사이동 규정이 불합리하다.	(1)	(2)	(3)	(4)	(5)
9. 동료 교사들과의 인간관계가 원만치 못하다.	(1)	(2)	(3)	(4)	(5)
10. 학부모들은 학급 일에 지나치게 간섭한다.	(1)	(2)	(3)	(4)	(5)
11. 상급자에게 의견 개진이나 불만을 표현하지 못한다.	(1)	(2)	(3)	(4)	(5)
12. 육성회비, 보충수업비 징수, 공문서 작성 등의 잡무가 너무 많다.	(1)	(2)	(3)	(4)	(5)
13. 내가 지도하는 학생들 중에는 가정환경이 불우한 학생이 많다.	(1)	(2)	(3)	(4)	(5)
14. 학부모들은 내가 자녀들을 제대로 지도하지 못한다고 생각한다.	(1)	(2)	(3)	(4)	(5)
15. 동료 교사들은 내가 수업이나 업무를 잘 처리하지 못한다고 생각한다.	(1)	(2)	(3)	(4)	(5)
16. 주당 수업시간이 너무 많다.	(1)	(2)	(3)	(4)	(5)
17. 훌륭한 수업지도를 못하고 있다고 생각한다.	(1)	(2)	(3)	(4)	(5)
18. 정규수업 시간 외에 보충수업 부담이 너무 크다.	(1)	(2)	(3)	(4)	(5)
19. 잦은 근무지 이동으로 인한 가족과의 별거 및 그에 따른 자녀들의 교육지도에 소홀하다.	(1)	(2)	(3)	(4)	(5)
20. 특정 교사에 대한 상급자의 편애가 심하다.	(1)	(2)	(3)	(4)	(5)
21. 학생들의 시험 답안지나 숙제물 관리를 충분히 못한다.	(1)	(2)	(3)	(4)	(5)
22. 교무회의가 너무 일방적인 지시나 명령으로 진행된다.	(1)	(2)	(3)	(4)	(5)

23. 교재 연구를 충분히 못하고 수업지도에 임하고 있다.	(1)	(2)	(3)	(4)	(5)
24. 학생들이 말을 듣지 않는다.	(1)	(2)	(3)	(4)	(5)
25. 학급 간의 성적 평가로 교사들 간의 경쟁이 심하다.	(1)	(2)	(3)	(4)	(5)
26. 상급자는 나의 권한 밖의 일을 지시한다.	(1)	(2)	(3)	(4)	(5)
27. 학교운영에 교사들의 의견이 전혀 반영되지 않는다.	(1)	(2)	(3)	(4)	(5)
28. 장기 근속자에 대한 대우가 낮다.	(1)	(2)	(3)	(4)	(5)
29. 수업시간에 똑같은 이야기를 반복해서 해야 한다.	(1)	(2)	(3)	(4)	(5)
30. 승진 기회가 너무 적다.	(1)	(2)	(3)	(4)	(5)
31. 학급의 학생수가 너무 많다.	(1)	(2)	(3)	(4)	(5)
32. 상급자는 내가 하는 일을 탐탁지 않게 여긴다.	(1)	(2)	(3)	(4)	(5)
33. 소수의 문제 학생 때문에 너무 많은 시간을 빼앗기고 있다.	(1)	(2)	(3)	(4)	(5)
34. 상급자와의 의견 충돌로 신분상의 불이익을 받을까 걱정이다.	(1)	(2)	(3)	(4)	(5)
35. 학생들의 진로 및 생활지도를 해야 한다.	(1)	(2)	(3)	(4)	(5)
36. 국가의 교육정책(예: 입시제도)이 너무 자주 바뀐다.	(1)	(2)	(3)	(4)	(5)
37. 상급자의 획일적이고 일방적인 학교운영 때문에 교직수행에 자율권을 침해받고 있다.	(1)	(2)	(3)	(4)	(5)
38. 동료 교사들간의 의견이 일치하지 않기 때문에 갈등이 많다.	(1)	(2)	(3)	(4)	(5)
39. 수업 중에 학생들이 너무 떠든다.	(1)	(2)	(3)	(4)	(5)

40. 업무처리 과정에서 도움을 요청할 수도 받을 수도 없어 나 혼자서 처리할 수밖에 없다.			(1)	(2)	(3)	(4)	(5)
41. 우리학교 교사들이 학생지도에 전념할 수 있는 행정적인 지원이 부족하다.			(1)	(2)	(3)	(4)	(5)
42. 선생님께서는 현재 교직을 수행하는 과정에서 대체로 어느 정도의 스트레스를 받고 있다고 생각하십니까?	(1) 전혀 받지 않음	(2)	(3)	(4) 보 통	(5)	(6)	(7) 매우 많이 받음

* 교직 수행 과정에서 선생님에게 가장 많은 스트레스 발생 요인이 된다고 생각되는 사건을 기입해 주시면 감사하겠습니다.

II. 다음은 여러분들이 교사 스트레스와 관련하여 종종 경험하는 정신, 신체적 증상들입니다. 지난 3달 동안 이와 같은 증상을 얼마나 자주 느껴왔는지를 가장 잘 나타내 주는 곳에 ✓ 표를 해주십시오.

1~12번 ························	전혀 없다		보통		매우 많다
	(1)	(2)	(3)	(4)	(5)
13~20번 ························	전혀 그렇지 않다		보통		매우 그렇다
	(1)	(2)	(3)	(4)	(5)

1. 당신은 잠을 잘 못자서 고생한 적이 있습니까?	(1)	(2)	(3)	(4)	(5)
2. 당신은 신경과민으로 고생한 적이 있습니까?	(1)	(2)	(3)	(4)	(5)
3. 당신은 두통이나 편두통으로 고생한 적이 있습니까?	(1)	(2)	(3)	(4)	(5)
4. 식욕을 잃은 적이 있습니까?	(1)	(2)	(3)	(4)	(5)
5. 쉽게 피로해진 적이 있습니까?	(1)	(2)	(3)	(4)	(5)
6. 위장장애로 고생한 적이 있습니까?	(1)	(2)	(3)	(4)	(5)
7. 아침에 잠자리에서 일어나기가 힘드신 적이 있었습니까?	(1)	(2)	(3)	(4)	(5)
8. 건강이 나빠져서 당신이 하는 일에 지장을 받은 적이 있습니까?	(1)	(2)	(3)	(4)	(5)
9. 당신은 운동을 하거나 무리한 일을 하지 않았는데도 숨이 찬적이 있습니까?	(1)	(2)	(3)	(4)	(5)
10. 예기치 않던 일(예: 가족이나 친구가 병에 걸림)이 발생하여 괴로웠던 적이 있습니까?	(1)	(2)	(3)	(4)	(5)

11. 당신은 쉽게 울어버리는 경우가 있습니까?	(1)	(2)	(3)	(4)	(5)
12. 심장이 몹시 뛰고 가슴이 두근거려 고생한 적이 있습니까?	(1)	(2)	(3)	(4)	(5)
13. 당신은 평소보다 과음, 과식 및 과다한 흡연을 하는 편입니까?	(1)	(2)	(3)	(4)	(5)
14. 당신은 잠시 동안의 현기증을 느낀 일이 있습니까?	(1)	(2)	(3)	(4)	(5)
15. 당신은 악몽이나 가위눌림으로 고생한 적이 있습니까?	(1)	(2)	(3)	(4)	(5)
16. 당신은 손발이 심하게 떨린 적이 있습니까?	(1)	(2)	(3)	(4)	(5)
17. 당신은 정신적으로 녹초가 되거나, 생각하고 집중하는데 곤란을 느낀 적이 있습니까?	(1)	(2)	(3)	(4)	(5)
18. 당신은 축축하고 습하다고 느낄 정도로 손에 땀이 나서 곤란한 경우가 있었습니까?	(1)	(2)	(3)	(4)	(5)
19. 어떤 일을 단지 수행할 능력이 없기 때문에 그 일을 거들떠보지도 않았던 적이 있었습니까?	(1)	(2)	(3)	(4)	(5)
20. 혼자 있기를 원한 적이 있었습니까?	(1)	(2)	(3)	(4)	(5)

※ 다음 질문에 대하여 "예", "아니오"로 응답해 주십시오.

21. 당신은 신체의 어떤 부분에서 나타나는 통증이나 질병으로 고생한 적이 있습니까? ······························ (　　)

22. 당신은 대체로 당신이 하고 싶은 일을 수행할 수 있을 정도로 건강하다고 생각하십니까? ······························ (　　)

23. 당신은 신경쇠약으로 고생한 적이 있습니까? ······························ (　　)

24. 당신은 어떤 특정 질병이나 건강에 대한
 문제를 갖고 계십니까? ·· (   )

24번이 "예"이면 구체적으로 기입해 주십시오.

(   )

III. 다음에는 여러분들이 교직을 수행하면서 경험하게 되는 스트레스와 관련하여 느낄 수 있는 몇 가지 사항이 제시되어 있습니다. 요즈음 선생님의 직무에 대하여 생각해 볼 때 얼마만큼 그렇다고 느끼십니까?

	전혀 그렇지 않다 (1)	(2)	(3)	보통 (4)	(5)	(6)	매우 그렇다 (7)
1. 나는 슬픔을 느낀다.	(1)	(2)	(3)	(4)	(5)	(6)	(7)
2. 나는 장래에 대하여 실망감을 느낀다.	(1)	(2)	(3)	(4)	(5)	(6)	(7)
3. 나는 현재의 교직에 대해 불만스럽다.	(1)	(2)	(3)	(4)	(5)	(6)	(7)
4. 나는 짜증스럽다.	(1)	(2)	(3)	(4)	(5)	(6)	(7)
5. 나는 불안하다.	(1)	(2)	(3)	(4)	(5)	(6)	(7)
6. 나는 나 자신에 대해 실망하고 있다.	(1)	(2)	(3)	(4)	(5)	(6)	(7)
7. 만일 직업을 선택할 기회가 다시 주어진다면 현재의 직업을 선택하고 싶은 생각은 없다.	(1)	(2)	(3)	(4)	(5)	(6)	(7)
8. 나는 전보다 기분이 좋다고 생각한다.	(1)	(2)	(3)	(4)	(5)	(6)	(7)
9. 나는 마음이 편하다.	(1)	(2)	(3)	(4)	(5)	(6)	(7)
10. 나는 극도로 긴장되어 있다고 느낀다.	(1)	(2)	(3)	(4)	(5)	(6)	(7)
11. 나는 나의 직무에서 진정한 즐거움을 찾지 못하고 있다.	(1)	(2)	(3)	(4)	(5)	(6)	(7)
12. 선생님께서는 현재 교직을 떠나서 다른 일을 하고 싶은 생각이 있습니까?	(1)	(2)	(3)	(4)	(5)	(6)	(7)

13. 나는 울적하다고 느낀다.	(1)	(2)	(3)	(4)	(5)	(6)	(7)
14. 나는 전보다 활기에 차 있다고 느낀다.	(1)	(2)	(3)	(4)	(5)	(6)	(7)

탈진(MBI) 척도

	전혀 그렇지 않다		보통		매우 그렇다
....	(1)	(2)	(3)	(4)	(5)

1. 나는 업무로 인하여 몸과 마음이 지쳐 있는 느낌이다.	(1)	(2)	(3)	(4)	(5)
2. 퇴근할 때쯤이면 완전히 녹초가 된다.	(1)	(2)	(3)	(4)	(5)
3. 아침에 일어나면 피곤함을 느끼며 다른 날 일했으면 한다.	(1)	(2)	(3)	(4)	(5)
4. 나는 학생들이 생각하고 느끼는 바를 쉽게 이해할 수 있다.	(1)	(2)	(3)	(4)	(5)
5. 종종 학생들의 인격을 무시하는 경향이 있다고 생각한다.	(1)	(2)	(3)	(4)	(5)
6. 하루 종일 학생들과 함께 생활하는 것은 정말 피곤하다.	(1)	(2)	(3)	(4)	(5)
7. 나는 학생들의 문제를 효율적으로 처리하고 있다.	(1)	(2)	(3)	(4)	(5)
8. 수업과 업무로 인하여 기진맥진한 상태가 된다.	(1)	(2)	(3)	(4)	(5)
9. 나는 교직을 통하여 학생들의 인생에 많은 기여를 하고 있다고 생각한다.	(1)	(2)	(3)	(4)	(5)
10. 나는 교직에 종사한 이후 사람들에 대해서 더욱 무감각해졌다.	(1)	(2)	(3)	(4)	(5)

11. 교직이 나를 정서적으로 메마르게 하지 않을까 걱정한다. (1) (2) (3) (4) (5)

12. 나는 매우 정력적이다. (1) (2) (3) (4) (5)

13. 업무로 인해 좌절감을 느낀다. (1) (2) (3) (4) (5)

14. 너무 과중한 업무에 시달리는 것 같다. (1) (2) (3) (4) (5)

15. 나는 학생들에게 어떤 일이 일어났는지 전혀 신경 쓰지 않는다. (1) (2) (3) (4) (5)

16. 학생들을 개별적으로 직접 지도해야 하는 일은 나에게 너무 많은 스트레스를 준다. (1) (2) (3) (4) (5)

17. 나는 학생들과 편안한 분위기를 쉽게 조성할 수 있다. (1) (2) (3) (4) (5)

18. 나는 학생들과 함께 시간을 보낸 후에는 유쾌함을 느낀다. (1) (2) (3) (4) (5)

19. 교직을 통하여 나는 매우 가치 있는 일을 성취하여 왔다. (1) (2) (3) (4) (5)

20. 나는 내 인생에 대하여 허망함을 느낀다. (1) (2) (3) (4) (5)

21. 나는 교직과 관련된 감정적인 문제를 매우 차분하게 처리한다. (1) (2) (3) (4) (5)

22. 학생들은 그들의 문제에 대한 책임이 나에게 있다고 비난하는 것 같이 느낀다. (1) (2) (3) (4) (5)

IV. 다음 문항은 선생님께서 사회적 지원을 받는 정도를 나타내 주는 척도입니다. 선생님의 위상을 생각해 볼 때 얼마만큼 그렇다고 느끼십니까?

	전혀 그렇지 않다		보통		매우 그렇다
....	(1)	(2)	(3)	(4)	(5)

1. 나에게 무슨 일이 일어나고 있는지에 관해서 걱정해 주는 사람은 아무도 없다.	(1)	(2)	(3)	(4)	(5)
2. 주변 사람들은 나의 의견을 존중한다고 생각한다.	(1)	(2)	(3)	(4)	(5)
3. 사람들은 내가 하는 말에 거의 귀를 기울이지 않는 것 같다.	(1)	(2)	(3)	(4)	(5)
4. 나는 내가 항상 의지할 수 있는 사람이 있다.	(1)	(2)	(3)	(4)	(5)
5. 사람들은 나를 위해 그들의 입장을 양보한다.	(1)	(2)	(3)	(4)	(5)
6. 같은 일을 하는 사람들은 같은 방식으로 문제를 보는 경향이 있다.	(1)	(2)	(3)	(4)	(5)
7. 진정한 친구를 얻기란 힘들다.	(1)	(2)	(3)	(4)	(5)
8. 나와 가까이 지내는 사람이면 나를 잘 이해해 주길 바란다.	(1)	(2)	(3)	(4)	(5)
9. 일에서 필요하다면 지원을 받을 시간이 있다.	(1)	(2)	(3)	(4)	(5)
10. 윗사람에게는 듣기 좋은 말만 해주는 것이 최상책이다.	(1)	(2)	(3)	(4)	(5)
11. 나는 나보다 더 많은 것을 알고 있는 사람과 일을 한다.	(1)	(2)	(3)	(4)	(5)
12. 나의 문제에 대해 책임을 지지 않을 때 이것을 지적해 주는 사람이 있다.	(1)	(2)	(3)	(4)	(5)

13. 나와 함께 일하는 사람들은 서로 도움을 준다.	(1)	(2)	(3)	(4)	(5)
14. 나는 나와 똑같은 가치관을 가지고 있는 사람들을 거의 보지 못했다.	(1)	(2)	(3)	(4)	(5)
15. 나는 직무에서 어떤 일을 충실히 수행했을 때 긍정적인 피드백을 받는다.	(1)	(2)	(3)	(4)	(5)
16. 사람들은 대개 나를 무시하지는 않는다.	(1)	(2)	(3)	(4)	(5)
17. 나는 직무와 관련하여 부당하게 비난을 받는 경우가 있다.	(1)	(2)	(3)	(4)	(5)
18. 신뢰할 수 있는 친구를 얻기가 어렵다.	(1)	(2)	(3)	(4)	(5)
19. 나는 내 생애에서 내가 믿고 의지할 수 있는 사람은 거의 없다고 생각한다.	(1)	(2)	(3)	(4)	(5)
20. 나는 누군가와 문제를 의논한 후에는 기분이 좋다.	(1)	(2)	(3)	(4)	(5)
21. 즐거움을 누릴 수 있는 충분한 시간이 없는 것 같다.	(1)	(2)	(3)	(4)	(5)
22. 나는 친구들과 함께 있을 때 조차도 종종 고독감을 느낀다.	(1)	(2)	(3)	(4)	(5)
23. 사람들은 내가 그들을 위하여 일한 것을 고맙게 여긴다.	(1)	(2)	(3)	(4)	(5)

스트레스 완충 효과

	전혀		보통		매우
…………………………………………………………	(1)	(2)	(3)	(4)	(5)
6번부터는	전혀 그렇지 않다		보통		매우 그렇다
…………………………………………………………	(1)	(2)	(3)	(4)	(5)

1. 어려운 문제에 봉착했을 때 다음 사람들에게 얼마나 의지할 수 있습니까?

가) 상급자 ………………………………………………	(1)	(2)	(3)	(4)	(5)
나) 동료 교사 ……………………………………………	(1)	(2)	(3)	(4)	(5)
다) 가족이나 친구 ………………………………………	(1)	(2)	(3)	(4)	(5)

2. 다음 사람들은 교직 수행과 관련된 문제에 대하여 얼마나 경청해 줍니까?

가) 상급자 ………………………………………………	(1)	(2)	(3)	(4)	(5)
나) 동료 교사 ……………………………………………	(1)	(2)	(3)	(4)	(5)
다) 가족이나 친구 ………………………………………	(1)	(2)	(3)	(4)	(5)

3. 다음 사람들은 당신이 보다 편안한 생활을 영위하도록 얼마나 도움을 줍니까?

가) 상급자 ………………………………………………	(1)	(2)	(3)	(4)	(5)
나) 동료 교사 ……………………………………………	(1)	(2)	(3)	(4)	(5)
다) 가족이나 친구 ………………………………………	(1)	(2)	(3)	(4)	(5)

4. 선생님께서는 다음 사람들과 자신의 문제를 얼마나 터놓고 이야기할 수 있습니까?

가) 상급자 ………………………………………… (1) (2) (3) (4) (5)

나) 동료 교사 ………………………………………… (1) (2) (3) (4) (5)

다) 가족이나 친구 ………………………………………… (1) (2) (3) (4) (5)

5. 다음 사람들은 교직을 수행할 때 얼마나 많은 도움을 줍니까?

가) 상급자 ………………………………………… (1) (2) (3) (4) (5)

나) 동료 교사 ………………………………………… (1) (2) (3) (4) (5)

다) 가족이나 친구 ………………………………………… (1) (2) (3) (4) (5)

6. 상급자는 교사들의 복지에 관심이 많다. (1) (2) (3) (4) (5)

7. 상급자는 학급운영을 훌륭히 하였을 때 칭찬을 아끼지 않는다. (1) (2) (3) (4) (5)

8. 내가 학생이나 학부모들과 갈등이 있을 때 상급자는 내게 필요한 지원을 아끼지 않는다. (1) (2) (3) (4) (5)

9. 상급자는 학급문제에 대하여 지대한 관심을 보여준다. (1) (2) (3) (4) (5)

10. 상급자는 내가 많은 일을 책임지고 할 수 있도록 많은 권한을 부여해 주고 있다. (1) (2) (3) (4) (5)

* 선생님께서는 스트레스를 경감시키기 위하여 다음과 같은 방법을 얼마나 자주 사용합니까?

	전혀 (1)	(2)	보통 (3)	(4)	매우 (5)
....					
1. 아스피린을 복용한다.	(1)	(2)	(3)	(4)	(5)
2. 신경안정제나 기타 약물을 복용한다.	(1)	(2)	(3)	(4)	(5)
3. 커피나 콜라 또는 음식을 먹는다.	(1)	(2)	(3)	(4)	(5)
4. 운동을 한다.	(1)	(2)	(3)	(4)	(5)
5. 친한 사람과 대화를 한다.	(1)	(2)	(3)	(4)	(5)
6. 학교를 벗어나 다른 곳으로 간다.(병가, 조퇴, 점심시간 외식 등).	(1)	(2)	(3)	(4)	(5)
7. 동료(친구)와 만나 험담을 한다.	(1)	(2)	(3)	(4)	(5)
8. 체념을 한다.	(1)	(2)	(3)	(4)	(5)
9. 명상이나 요가와 같은 이완 기법을 실시한다.	(1)	(2)	(3)	(4)	(5)
10. 비공식적 이완 기법(심호흡하기, 즐거운 장면 상상)을 사용한다.	(1)	(2)	(3)	(4)	(5)
11. 음주나 흡연을 한다.	(1)	(2)	(3)	(4)	(5)
12. 유머를 사용한다.	(1)	(2)	(3)	(4)	(5)
13. 조용한 곳에서 소리를 지른다.	(1)	(2)	(3)	(4)	(5)
14. 신경질을 낸다.	(1)	(2)	(3)	(4)	(5)
15. 취미활동(바둑, 서예, 뜨개질 등)을 한다.	(1)	(2)	(3)	(4)	(5)

16. 쇼핑을 한다.	(1) (2) (3) (4) (5)
17. 목욕, 샤워를 한다.	(1) (2) (3) (4) (5)
18. 종교활동(기도, 참선 등)에 몰두한다.	(1) (2) (3) (4) (5)
19. 내 생활을 반성해 본다.	(1) (2) (3) (4) (5)
20. 꿋꿋이 버티고 참는다.	(1) (2) (3) (4) (5)

*위에 예시한 스트레스 해소방법 중 가장 많이 사용하시는 방법을 두 가지만 적어 주십시오.

( ) 번, ( ) 번

1. 스트레스 증상들

다음에 예시한 스트레스 증상들 중 선생님께서 경험하는 것은 무엇입니까? 적절한 숫자에 ○ 표를 하십시오. 숫자 뒤 괄호 안의 글자는 스트레스 증상이 생리적인 것인지(P), 정서적인 것인지(E), 또는 행동적인 것인지(B)를 나타냅니다.

1: 전혀 없음　　4: 자주
2: 가끔　　5: 언제나
3: 때때로

증상							증상						
두통	1	2	3	4	5	(P)	강박적인 음식 먹기	1	2	3	4	5	(B)
위통 또는 위경련	1	2	3	4	5	(P)	걱정	1	2	3	4	5	(E)
요통	1	2	3	4	5	(P)	우울감	1	2	3	4	5	(B)
목과 어깨가 뻣뻣함	1	2	3	4	5	(P)	흥분	1	2	3	4	5	(E)
혈압 상승	1	2	3	4	5	(P)	조바심	1	2	3	4	5	(B)
피로감	1	2	3	4	5	(P)	분노	1	2	3	4	5	(E)
울음	1	2	3	4	5	(P)	좌절감	1	2	3	4	5	(B)
건망증	1	2	3	4	5	(P)	고독감	1	2	3	4	5	(E)
고함	1	2	3	4	5	(P)	무력감	1	2	3	4	5	(E)
비난하기	1	2	3	4	5	(P)	굽힐 수 없음	1	2	3	4	5	(E)
자기과시	1	2	3	4	5	(P)	강박적인 흡연	1	2	3	4	5	(E)
강박적인 껌 씹기	1	2	3	4	5	(P)	이빨 갈기	1	2	3	4	5	(B)
							기타	1	2	3	4	5	

2. 스트레스 감소

선생님께서는 스트레스를 이완하기 위해 다음과 같은 방법을 얼마나 자주 사용합니까?

방법						방법					
아스피린 복용	1	2	3	4	5	비공식적 이완법 사용(심호흡하기, 즐거운 장면 상상)	1	2	3	4	5
신경안정제나 기타 약물 복용	1	2	3	4	5	흡연	1	2	3	4	5
커피나 콜라 또는 음식 먹기	1	2	3	4	5	유머 사용	1	2	3	4	5
운동	1	2	3	4	5	술을 마심	1	2	3	4	5
친한 사람과 대화	1	2	3	4	5	신경질을 낸다.	1	2	3	4	5
직장을 떠나 딴 곳으로 가버림(병가, 조퇴, 점심시간 외식 등)	1	2	3	4	5	취미활동을 한다.	1	2	3	4	5
						쇼핑을 한다.	1	2	3	4	5
동료(친구)와 만나 험담을 한다.	1	2	3	4	5	목욕, 샤워를 한다.	1	2	3	4	5
체념을 한다.	1	2	3	4	5	종교활동(기도 등)	1	2	3	4	5
명상과 요가와 같은 이완 기법 실시	1	2	3	4	5	기타	1	2	3	4	5

Eysenk A형 성격 검사

* 아래의 물음에 대하여 "예"나 "아니오"에 ○표를 해주십시오. 옳고 그른 것이 있는 것이 아니므로 어디에 ○표를 해도 좋습니다. 하나의 질문에 대해서 너무 깊이 생각하지 말고 떠오르는 대로 가급적 빨리 답하시오.

	예	아니오
1. 예상치 않은 일이 생겼을 때 당황하지 않고 처리해 나갑니까?	(1)	(2)
2. 당신이 어떤 일을 훌륭하게 해냈을 때 다른 사람이 알아주길 원합니까?	(1)	(2)
3. 직장에서 인정받고 승진하기를 강력하게 원합니까?	(1)	(2)
4. 마음의 동요 없이 끈기 있게 기다릴 수 있습니까?	(1)	(2)
5. 한 번에 많은 것을 하려하기 보다는 한 가지씩 순서대로 처리합니까?	(1)	(2)
6. 느리고 차분하게 이야기 하는 편입니까?	(1)	(2)
7. 어떤 일이나 다른 사람들로 인해서 자주 화가 납니까?	(1)	(2)
8. 당신은 스스로를 태평한 사람이라고 생각하십니까?	(1)	(2)
9. 일하는 도중 방해를 받으면 몹시 화가 납니까?	(1)	(2)
10. 당신은 줄서서 차례를 기다리는 것을 싫어합니까?	(1)	(2)
11. 항상 차분한 편입니까?	(1)	(2)
12. 당신은 어딘가를 가려할 때 서두르는 편입니까?	(1)	(2)
13. 사람들이 당신을 편안하고 느긋하다고 합니까?	(1)	(2)

14. 논점에 빨리 도달하지 못하는 사람을 보면 참지 못하고 말을 중단시켜 버립니까? (1) (2)

15. 당신은 야심이 있고 강한 성격의 소유자 입니까? (1) (2)

16. 직장에서 인정받고 승진하기를 강력하게 원합니까? (1) (2)

17. 사회적으로 출세하기를 열망합니까? (1) (2)

18. 지나친 욕심 없이 당신의 현재 직업에 만족합니까? (1) (2)

19. 다른 사람들과 경쟁하는 것을 꺼립니까? (1) (2)

20. 어떤 일을 완수하는데 남들보다 훨씬 많은 노력을 기울인다고 생각합니까? (1) (2)

21. 경쟁을 즐기고 승리를 위해 노력합니까? (1) (2)

22. 독촉받는 것을 싫어합니까? (1) (2)

23. 어떤 일을 재빨리 끝마칩니까? (1) (2)

24. 당신 스스로 활동적인 사람이라고 생각합니까? (1) (2)

25. 무슨 일을 하든지 간에 전력을 다합니까? (1) (2)

26. 대부분의 사람들에 비해서 활기가 적은 편입니까? (1) (2)

27. 당신은 다른 사람들에 비해서 무엇인가 일을 마치기 위해서 항상 더욱 많은 노력을 기울입니까? (1) (2)

28. 평소에 움직임이 둔한 편입니까? (1) (2)

29. 당신은 야심이 있고 강한 성격의 소유자입니까? (1) (2)

30. 당신은 급히 해야 할 일을 거절해 버립니까? (1) (2)

31. 업무 마감날이나 업무 추진 시에 시간제약을 많이 의식합니까? (1) (2)

32. 스스로 활동적인 사람이라고 생각합니까? (1) (2)

33. 선생님께서는 자신의 감정을 자유롭게 표현합니까? (1) (2)

34. 압력이나 스트레스를 느끼면 이에 즉시 대처합니까? (1) (2)

* 다음 사항에 해당되는 내용에 ○표를 해주십시오.

성별 구분: 남 여
나 이: 20대 30대 40대 50대 60대
교직 경력: 10년 15년 20년 25년 30년 35년
맞 벌 이: 유 무
결 혼: 기혼 미혼
직 위: 평교사 주임교사
종 교: 유 무

*혹시 하나라도 빠트리신 것이 없는지 다시 한 번 살펴보시기 바랍니다.

*수고하셨습니다. 바쁘신 중에도 협조해 주셔서 감사합니다.

부록 4. 일 중독증 확인 검목표

* 설문에 대하여 그렇다고 생각하시는 곳에 ○표를 하십시오.

	거의 그렇지 않다	자주 그렇다	결코 그렇지 않다
....	(1)	(2)	(3)
1. 나는 근무시간 이외에도 일한다.	(1)	(2)	(3)
2. 나는 일을 더 하기 위해 데이트를 취소한다.	(1)	(2)	(3)
3. 나는 마감시간이 끝날 때까지 외출을 미룬다.	(1)	(2)	(3)
4. 나는 주말에 늘 일감을 가져간다.	(1)	(2)	(3)
5. 나는 휴가 때인 데도 일감을 집에 가져간다.	(1)	(2)	(3)
6. 나는 휴가를 간다.	(1)	(2)	(3)
7. 친구들은 내가 일만 한다고 불평한다.	(1)	(2)	(3)
8. 나는 한 번에 두 가지 일을 하려고 애쓴다.	(1)	(2)	(3)
9. 나는 한 가지 일이 끝나면 자유시간을 가진다.	(1)	(2)	(3)
10. 나는 맡은 일은 반드시 매듭짓는다.	(1)	(2)	(3)
11. 나는 업무를 매듭짓지 않은 채 질질 끈다.	(1)	(2)	(3)
12. 나는 한 가지 일에 착수하면서 동시에 세 가지 일을 더 벌인다.	(1)	(2)	(3)

13. 나는 가족과 함께 있는 저녁 시간에도 일한다.	(1)	(2)	(3)
14. 나는 근무 중에도 전화를 받으며 긴 통화도 마다하지 않는다.	(1)	(2)	(3)
15. 나는 창조적 작업이나 놀이를 위한 시간을 우선순위에 놓고 있다.	(1)	(2)	(3)
16. 나는 업무보다 나의 창조적인 꿈을 존중한다.	(1)	(2)	(3)
17. 나는 다른 사람들에게 휘말려 나의 자유시간을 그들의 계획으로 채운다.	(1)	(2)	(3)
18. 나는 아무것도 하지 않는 작업중단 시간을 마련해두고 있다.	(1)	(2)	(3)
19. 나는 걸려있는 업무에 대해 설명하는데 마감시간이라는 말을 사용한다.	(1)	(2)	(3)
20. 나는 어디를 가든지, 심지어 파티에 갈 때도 노트북 컴퓨터나 업무 수첩을 가져간다.	(1)	(2)	(3)

출처: 임지호 옮김(2003). 아티스트 웨이. 서울: 경당. 278-279. (Cameron, J. (1992). *The Artists Way*)

부록 5. 교사의 직무 스트레스: 출현율, 원인과 증상*

서론

Dunham(1976)은 현직 교사들 사이에 스트레스가 널리 만연되어 있다는 사실에 관심을 나타낸 바 있다. 658명의 유치원, 중・고등학교 교사의 기록을 이용한 연구에서 그는 점점 더 많은 교사들이 스트레스를 경험하고 있으며 심한 스트레스가 점차 더 많은 교사들에 의해 경험되고 있다고 결론지었다.

Kyriacou와 Sutcliffe(1978)은 "교사의 직무 스트레스(Teacher Stress)는 교직에서 비롯되는 부정적 정서(화, 우울)의 반응증후군으로 정의하였다. 교사의 직무 스트레스에 대해 검토하면서, Kyriacou와 Sutcliffe(1978)는 영국에서 수행된 연구 가운데 교사들이 스트레스를 얼마나 경험했는지 그 정도를 측정하려 했거나, 교사가 스트레스의 주요 근원이라고 간주하고 있는 職務(teacher's job)의 어떤 측면을 확인하려 했던 연구는 거의 없음을 알아냈다.

이 연구는 교사의 직무 스트레스에 관한 네 가지 질문에 대답하도록 설계되어 있다.

(i) 교사들은 어느 정도 스트레스를 경험한다고 느끼는가?
(ii) 교사들은 무엇이 스트레스의 주요 근원이라고 느끼는가?
(iii) 무엇이 가장 빈번하게 느끼는 증상인가?
(iv) (i)에서 (iii)까지의 질문에 대한 대답이 하위 집단에 따라 차이가 있는가?

본 연구는 질문지 연구법을 활용하며, 영국에 있는 중간 크기, 혼성의 종합학교 교사 표본에 한정된다.

이 연구의 설계에는 교사가 스트레스 경험의 원천(Source)에 대해 타당한 보고를 할 수 있다는 가정이 내포되어 있다. 이러한 접근은 교사의 환경에 대한 자신의 주관적인 평가보고에 강조를 두고 있으며 다른데서 충분히 논의되어 왔다(Kyriacou와 Sutcliffe, 1978).

질문지는 네 부분으로 구성되어 있다. 첫 부분은 교사의 성, 자격, 나이, 교육 경력, 학교에서의 지위에 관한 개인적 정보를 요구하는 것이다. 이 부분의 형식은 다지 선다형으로 구성되어 있다. 두 번째 부분은 스트레스의 근원에 대해 51개 문항으로 구성되어 있다(〈표 A5-2〉 참

---

*이 논문의 출처를 소개하면, 1) Teacher Stress: Prevalence, Sources, and Symptoms, 2) By C. Kyriacou and J. Sutcliffe, 3) British Journal of Educational Psychology, 48, 159-167, 1978.

조). 교사들은 "교사로서 이 요소들은 어느 정도 1의 근원이 됩니까?"라는 질문에 대해 "스트레스가 없음(not at all stress)", "약간(middle)", "보통(moderately)", "많음", "매우 많음(extremely)"의 5점 척도 위에 평정하도록 요청받는다. 세 번째 부분은 "일반적으로 교사는 얼마나 1을 받는다고 보십니까?"라는 질문에 대해 "전혀 없다", "약간", "보통", "많이", "매우 많이"의 5점 척도 위에 평정하도록 요구되었다.

이 질문에 대한 응답은 교사의 직무 스트레스의 자기 보고의 측정으로 사용된다. 마지막으로 네 번째 부분은 스트레스 증상(표 A5-5 참조)에 대한 17가지 항목으로 구성되어 있다. 교사들은 "학교에서 얼마나 자주 당신은 이런 식으로 스트레스를 느끼는지 측정해 주십시오"라는 질문에 "결코 없다", "드물다", "일주일에 한번", "하루에 여러 번"의 5점 척도 위에 다 해당되는 곳에 응답하도록 요청받는다.

사용된 문항과 질문지의 형식은 선행 연구문헌의 검토, 교사와의 면담, 두 가지 예비 연구에 의해 개발되었다. 특히 질문지에서 문항으로 채택된 스트레스 증상과 근원은 교사 자신에 의해 자발적으로 보고된 것이다. 5단계의 반응은 0에서 4가지의 점수가 주어졌다.

표본과 절차

교육 당국 인명부(Educational Authorities Directory, 1977)에서 16~18세의 900~1,100명의 학생이 있는 인명부에 있는 대로 도시지역의 학교로 영국 각지에서 16개교가 먼저 선발되었다. 학교로부터의 정보에 의하면 표본의 학교 크기는 900~1,205명이며 평균은 1,002명이었다.

수석교사의 도움으로 질문지, 편지, 주소가 기록되어 있고 우표 붙은 봉투를 동봉한 봉투 20개가 우표함을 통해 교사들에게 무선적으로 배분될 수 있도록 하는 지침과 함께 각 학교에 보내어졌다. 모든 질문지는 익명으로 기입되었다. 하나는 시간제 교사에 의해 기록되어졌고 다른 하나는 완성되지 않았다. 나머지는 257개의 질문지는 배부된 것의 80.3%에 해당된다. 이들 응답자들은 전일제 교사이며 교장이나 대리교장은 포함하지 않았다. 응답자의 개인적 특성은 〈표 A5-1〉과 같다.

연구 결과

만연율(prevalence)

"일반적으로 교사가 얼마나 스트레스를 받는다고 보십니까?"라는 질문에 대한 257명의 교사의 대답은 〈표 A5-1〉에서 전체적 반응과 개인별 특성의 하위 집단별로 나타나있다. 약 20%의 응답자들이 스트레스를 많이 받음(very stressful) 혹은 스트레스를 매우 심하게 받음

〈표 A5-1〉 자아 보고된(self-reported) 교사의 직무 스트레스: 표집 전체 및 전기적 소집단의 평균치와 반응 분포

조사 대상자의 인적 사항	N	스트레스율 전혀 받지 않음	약간 받음	중간 정도 받음	많이 받음	매우 많이 받음	산술 평균치
전 체	257	4.7	37.7	37.7	15.6	4.3	1.77
성별*							
남	143	3.5	40.6	37.1	15.4	3.5	1.75
여	113	6.2	34.5	38.1	15.9	5.3	1.80
자 격							
대학졸업	107	0.9	39.3	39.3	15.9	4.7	1.84
기 타	150	7.4	36.9	36.9	15.4	4.0	1.72
나 이							
30세 이하	98	3.1	32.7	39.8	19.4	5.1	1.91
30~44세	106	4.7	39.6	35.8	15.1	4.7	1.75
45세나 그 이상	52	7.7	42.3	38.5	9.6	1.9	1.56
교직 경력 기간							
4년 이하	73	5.5	32.9	38.4	19.2	4.1	1.84
5~10년	89	3.4	37.1	37.1	19.1	3.4	1.82
10년 이상	95	5.3	42.1	37.9	9.5	5.3	1.67
학교 내에서의 직위							
평교사	159	4.4	34.6	38.4	17.6	5.0	1.84
주임 교사	81	3.7	44.4	34.6	13.6	3.7	1.69
기타	17	11.8	35.3	47.1	5.9	0	1.47

*1명은 성별, 나이에 관한 정보 파악을 못함

(extremely stressful)에다 평정하였다.

자기 보고된 교사의 직무 스트레스가 교사의 개인적 특성과 관련이 있는지를 연구하기 위해 자기 보고된 스트레스를 종속변인으로 하여 네 가지로 분리된 이원 요인 분석을 실시하였다.

성별이 첫 번째 독립변인이며 나머지 네 가지 개인 특성(자격, 나이, 교육경력, 학교에서의 직위)이 두 번째 독립변인이었다. 채택된 범주는 〈표 A5-1〉에 나타나 있다.

"학교에서의 지위" 변인에서는 '교사'와 '수석교사'의 범주만이 비교되었다. 세 번째 범주 '기타'는 교과 수석교사가 아니라 학년 주임인데 비교하기에는 숫자가 너무 작았다(N=17). 네 가지 분석 모두 주요 효과와 상호작용이라는 점에서 유의한 차가 없었다($p<0.5$에 대해서).

〈표 A5-2〉 스트레스 원인: 자기 보고한 교사의 직무 스트레스와 그 요인(비 회전)에 있어서 산술 평균치, 상관관계

문항 번호	스트레스 발생 원인	산술 평균	자기 보고된 스트레스 상관	첫번째 요인의 부하량(비회전)
16	학업에 대하여 학생들의 열의가 모자라는 태도	1.965	.436	.708
12	가치와 기준을 유지하거나 옹호하도록 노력하는 것	1.930	.471	.694
10	학습 동기가 희박한 학생들	1.910	.365	.619
38	결근한 교사의 수업을 대강	1.868	.296	.551
5	업무 폭주	1.820	.550	.523
37	학생을 개별 지도하는데 요구되는 시간 부족	1.777	.291	.563
35	계속적으로 일탈 행동을 하는 학생 지도	1.738	.463	.676
39	흥미가 부족한 학생들	1.691	.369	.685
7	수업에 충분한 시간이 부족한 것	1.664	.456	.491
8	학생이 제출한 과제물을 검토하는데 요구되는 시간 부족	1.609	.392	.441
19	다른 동료교사의 거슬리는 태도와 행동	1.600	.211	.385
15	학교의 부적합한 훈육 정책	1.587	.385	.626
11	다루기 힘든 학급	1.572	.361	.563
20	교사의 권위를 수용하지 않는 학생	1.565	.517	.681
4	학생의 행동을 계속 감시해야 하는 것	1.547	.510	.614
45	항상 소란스러워 시끄러운 것	1.539	.454	.632
29	떠들썩한 학생	1.532	.426	.627
44	과밀 학급	1.514	.372	.559
42	학생의 무례한 행동이나 건방진 말투	1.490	.423	.652
23	부적합한 훈육을 재가해야 하는 것	1.486	.408	.718
41	골치아픈 행동문제	1.467	.472	.669
26	학생들의 상투적인 일탈 행동	1.438	.500	.741
28	광범위한 능력 집단	1.410	.240	.551
36	과중한 서류 처리 업무	1.382	.289	.429
2	교과목 수업 준비 시간의 부족	1.370	.433	.521
34	바늘 구멍 같은 승진 기회	1.344	.243	.600
32	불만족스러운 급료	1.331	.120	.434
9	과외 활동 승인을 잘 안해 준다	1.327	.293	.546
48	학교장의 태도와 행동	1.310	.341	.513
25	최종 학년 무시험	1.302	.303	.560
18	최소한의 기준에 대한 합의 부족	1.300	.295	.595
13	대규모 학교	1.282	.373	.502
40	일과시간(school time)후에 가외 업무 처리를 요구함	1.246	.346	.376
14	학생에 대한 책임감(예: 입학시험에 합격)	1.241	.398	.478
33	수업 시간사이에 휴식 시간의 부족	1.238	.411	.521
49	수업 부담의 과중	1.230	.450	.618
21	교과 연구를 잘 할 수 있는 충분한 시간 부족	1.230	.357	.570
3	학생 처벌	1.226	.366	.444
50	불만족스러운 경력 구조	1.205	.206	.624
47	혼성된 능력 집단(교사의 편에서)	1.203	.208	.523
24	효과적인 장학지도의 부족	1.198	.320	.642
1	행정적인 업무	1.197	.308	.262

〈표 A5-2〉 스트레스 원인: 자기 보고한 교사의 직무 스트레스와 그 요인(비 회전)에 있어서 산술 평균치, 상관관계(계속)

문항 번호	스트레스 발생 원인	산술 평균	자기 보고된 스트레스 상관	첫번째 요인의 부하량(비회전)
46	감독 업무(운동장, 학교 식당)	1.195	.427	.585
17	교사의 SES가 낮은 것	1.156	.210	.541
43	선택-결정의 참여 기회가 부족	1.098	.318	.612
6	하루의 수업 시간의 진도가 너무 빠름	1.093	.451	.417
51	학생들의 평소 실력이 떨어지는 것	1.082	.284	.662
30	학급 훈육의 유지	1.063	.514	.531
27	잘 가르치는 교사에 대한 인식 부족	1.043	.279	.618
22	설비의 부족	1.043	.237	.543
31	빈약한 시설	0.953	.250	.489

스트레스의 근원

이 연구에 동참한 교사들은 스트레스를 일으키는 근원으로 51개를 지각했는데 이에 대한 평정점 평균이 〈표 A5-2〉에 나타나 있다. 각 항목에 대한 응답은 스트레스를 받지 않는다.("no stress")에서 매우 심한 스트레스를 맡는다("extremely stress")에 이르기까지 걸쳐 있다. 하나만 제외하고 나머지 모든 항목이 거의 정상분포이거나 정적으로 편포되어 있다. 이 편포도는 −0.04에서 1.235에 걸쳐있다. 표준편차는 0.924에서 1.395이다. 예외는 '부적절한 봉급'의 32번 항으로 많은 교사들이 (12.8%) 극단적인 스트레스의 근원으로 평정하여 분포가 쌍최빈분포(binodel distribution)가 나타났다.

스트레스의 근원을 나타내는 51항목의 상관표는 거의 정적 상관으로 구성되어 있다(1275 가운데 1265). 더 나아가 51개 항목의 스트레스의 근원 모두는 자기보고된 교사의 직무 스트레스와 정적으로 상관이 있다(r은 .120에서 .550이며 모두 $p < .05$이다. 〈표 A5-2〉 참조).

51개 항목의 스트레스의 근원에 대해 주요 원인 분석을 실시하였다. 첫 번째 추출된 요소는 전체 변량의 32.7%를 설명하며, 51개 항목 모두 이 요소에 정적으로 부하(loading)된다. 부하량은 .262에서 .714이며 〈표 A5-2〉에 나타나 있다. 처음 추출된 4요소의 사교 회전(eigen value)는 각각 16.7, 4.95, 3.04, 2.07이다) 이 직교(直交) 해결(orthogonal solution)으로 (한 요소에 가능한 많은 항목을 높게 부하함) 가장 좋은 회전 요인 행렬(ratated factor matrix)를 산출한다. 이 네 가지 회전 요인은 전체 변량을 각각 18.6%, 12.20%, 11.0%, 9.3% 설명하다. .40보다 크게 부하된 항목은 〈표 A5-3〉에 나타나 있다.

요인 I은 "학생들의 일탈 행동", 요인 II는 "불만족스런 근무조건", 요인 III은 "시간 압력", 요인 IV는 "저조한 학교 분위기"로 이름지었다.

하위 일탈 집단에 따라 스트레스의 근원에 대한 반응의 차이가 있는지를 알아보기 위해, 응

〈표 A5-3〉 스트레스의 원인: Varimax 회전 요인에서 .40 이상에 해당하는 문항의 부하량

요인 I 학생의 일탈 행동		
부하량	문항 번호	
.819	29	떠들썩한 학생
.810	11	다루기 힘든 학급
.789	41	골치 아픈 행동문제
.775	42	학생의 무례한 행동이나 건방진 말투
.759	35	계속적으로 일탈 행동을 하는 학생 지도
.750	26	학생들의 상투적인 일탈 행동
.750	20	교사의 권위를 수용하지 않는 학생
.746	30	학급 훈육의 유지
.724	45	항상 소란스러워 시끄러운 것
.616	16	학업에 대하여 학생들의 열의가 모자라는 태도
.590	39	흥미가 부족한 학생들
.574	10	학습 동기가 희박한 학생들
.562	4	학생의 행동을 계속 감시해야 하는 것
.536	3	학생 처벌
.528	12	가치와 기준을 유지하거나 옹호하도록 노력하는 것
.523	51	학생들의 평소 실력이 떨어지는 것
.513	23	부적합한 훈육을 재가해야 하는 것
.500	28	광범위한 능력 집단
.450	47	혼성된 능력 집단
.423	25	최종 학년 무시험
요인 II 불만족스러운 근무 조건		
부하량	문항 번호	
.737	50	불만족스러운 경력 구조
.707	34	바늘 구멍 같은 승진 기회
.679	32	불만족스러운 급료
.644	22	설비의 부족
.615	27	잘 가르치는 교사에 대한 인식 부족
.584	43	선택-결정의 참여 기회가 부족
.579	44	과밀 학급
.542	9	과외 활동 승인을 잘 안 해 준다
.530	31	빈약한 시설
.511	49	수업 부담의 과중
.508	17	교사의 SES가 낮은 것
.444	38	결근한 교사의 수업을 대강
.436	46	감독 업무(운동장, 학교 식당)
.423	40	일과시간(school time)후에 가외 업무 처리를 요구함
.409	24	효과적인 장학지도의 부족
.404	47	혼성된 능력 집단

〈표 A5-3〉 스트레스의 원인: Varimax 회전 요인에서 .40 이상에 해당하는 문항의 부하량(계속)

요인 III 시간 압력		
부하량	문항 번호	
.793	7	수업에 충분한 시간이 부족한 것
.777	5	업무 폭주
.728	1	행정적인 업무
.684	36	과중한 서류 처리 업무
.660	2	교과목 수업 준비 시간의 부족
.603	6	하루의 수업 시간의 진도가 너무 빠름
.592	8	학생이 제출한 과제물을 검토하는데 요구되는 시간 부족
.511	14	학생에 대한 책임감(예: 입학시험에 합격)
.511	40	일과시간(school time) 후에 가외 업무 처리를 요구함
.491	37	학생을 개별 지도 하는데 요구되는 시간 부족
.456	49	수업 부담의 과중
.455	33	수업 시간사이에 휴식 시간의 부족
.434	21	교과 연구를 잘 할 수 있는 충분한 시간 부족
요인 IV 불만족스러운 학교 기풍		
부하량	문항 번호	
.675	15	학교의 부적합한 훈육 정책
.614	18	최소한의 기준에 대한 합의 부족
.572	48	학교장의 태도와 행동
.558	23	부적합한 훈육을 재가해야 하는 것
.543	24	효과적인 장학지도의 부족
.534	19	다른 동료교사의 거슬리는 태도와 행동
.486	16	학업에 대하여 학생들의 열의가 모자라는 태도
.452	10	학습 동기가 희박한 학생들
.448	9	과외 활동 승인을 잘 안 해 준다
.418	12	가치와 기준을 유지하거나 옹호하도록 노력하는 것

답의 평균이 각 하위집단에 대해 차례로 비교되었다. 성별, 자격, 학교에서의 직위의 차이를 비교하기 위해 t 검증이 채택되었다. 일원 변량 분석 후 Student-Newman-Keuls Test가 연령, 교직경력에 대해 수행되었다. 의미 있는 차이가 얻어진 항목들이 〈표 A5-4〉에 나타나 있다.

여교사들은 남자 동료들에 비해 학생들의 일탈 행동에 관한 항목이 스트레스를 많이 주는 근원이라고 생각하는 반면 남자교사들은 행정적, 사무적인 일이 더 스트레스를 준다고 보고한다. 대학 졸업자들이 나쁜 근무조건과 저조한 학교풍토에 관한 여러 항목에 대해 다른 동료들보다 덜 스트레스를 받는 것으로 보고한다. 젊고 경험이 적고 교사들은 "학생 벌주기" "다루기 힘든 학급" "학급 규율 유지" "승진 기회가 적음" "의사결정에 참여 못함" "교장의 태도와 행

〈표 A5-4〉 스트레스의 원인: 개인적 차이에 따른 산술 평균치

문항 번호	스트레스 원인	개인적 특성				
		성별	자격	나이	경험	現職位
1	행정적인 업무	M>F**			L2,L3>L1*	HD>T*
3	학생 처벌	F>M**		A1>A2,A3	L1,L2>L3*	
4	학생의 행동을 계속 감시해야 하는 것					T>HD*
9	과외 활동 승인을 잘 안해준다		Q2>Q1**		Int*	Int*
10	학습 동기가 희박한 학생들					T>HD*
11	다루기 힘든 학급			A1>A2,A3*	L1,L2>L3*	T>HD**
13	대규모 학교				L3>L1*	
15	학교의 부적합한 훈육 정책		Q2>Q1**			T>HD**
16	학업에 대하여 학생들의 열의가 모자라는 태도					T>HD**
17	교사의 SES가 낮은 것		Q2>Q1**			
18	최소한의 기준에 대한 합의 부족		Q2>Q1**			
20	교사의 권위를 수용하지 않는 학생	F>M*		A1>A2,A3*	Int*	T>HD**
22	설비의 부족		Q2>Q1**		L1,L2>L3*	T>HD**
23	부적합한 훈육을 재가해야 하는 것		Q2>Q1**	A1>A2*		T>HD**
24	효과적인 장학지도의 부족					T>HD*
26	학생들의 상투적인 일탈 행동	F>M*			L1,L2>L3*	T>HD**
27	잘 가르치는 교사에 대한 인식 부족		Q2>Q1**			T>HD**
28	광범위한 능력 집단		Q2>Q1*			T>HD**
29	떠들썩한 학생	F>M**				T>HD**
30	학급 훈육의 유지			A1>A2*	L1>L3*	T>HD*
31	빈약한 시설				L1,L2>L3*	T>HD**
32	불만족스러운 급료		Q2>Q1**		L1,L2>L3*	T>HD**
34	바늘 구멍 같은 승진 기회		Q2>Q1**	A1>A2,A3*	L1,L2>L3*	T>HD**
35	계속적으로 일탈행동을 하는 학생 지도	F>M*				T>HD**
36	과중한 서류 처리 업무	M>F*			L2,L3>L1*	HD>T*
37	학생을 개별 지도하는데 요구되는 시간 부족				Int**	
39	학습에 흥미가 부족한 학생들					T>HD**
40	일과시간(school time)후에 가외 업무 처리를 요구함		Int*			
41	골치아픈 행동문제	F>M**			L1,L2>L3*	T>HD**
42	학생의 무례한 행동이나 건방진 말투 I	F>M*				T>HD**
43	선택-결정의 참여 기회가 부족			A1>A2,A3*	L1,L2>L3*	Int*
44	과밀 학급	F>M*				T>HD**
45	항상 소란스러워 시끄러운 것	F>M**				T>HD*

〈표 A5-4〉 스트레스의 원인: 개인적 차이에 따른 산술 평균치(계속)

문항 번호	스트레스 원인	개인적 특성				
		성별	자격	나이	경험	現職位
46	감독 업무(운동장, 학교식당)				L2＞L3*	
47	혼성된 능력 집단					T＞HD*
48	학교장의 태도와 행동			A1＞A2,A3*	L1,L2＞L3*	T＞HD**
50	불만족스러운 경력 구조				L1,L2＞L3*	T＞HD**
51	학생들의 평소실력이 떨어지는 것	F＞M*			L1,L2＞L3*	T＞HD**

註: 성별: M＝남성, F＝여성
자격: Q1＝대학졸업, Q2＝기타
나이: A1＝30세 이하, A2＝30～44세, A3＝45세나 그 이상
교직경력 기간: L1＝4년 이하, L2＝5～10년, L3＝10년 이상
학년에서의 직위: T＝교사, HD＝주임교사
$^{*}p<.05$, $^{**}p<.01$

동"에 더 큰 스트레스를 경험하는 것으로 보고하여 다른 동료들과 차이가 있었다. 항목 가운데 반 이상이 "학과 주임교사"보다 "교사들"에게 더 큰 스트레스의 근원이 되는 것으로 평정되었다. 그 반대가 되는 유일한 항목은 행정적, 사무적인 일에 관한 것뿐이었다.

성별과 나머지 4가지 개인적 특성 사이의 상호작용이 있는지 검증하기 위해 하위집단의 평균이 검색되었다. 표에서 이러한 상호작용의 가능성이 있는 곳에는 이원 요인 분산분석이 실시되었다. 이것 역시 〈표 A5-4〉에 나타나 있다. 문항 40에서 성과 자격의 상호작용은 대학을 나오지 않은 남자가 일과후 업무에 대해 동료들에 비해 더 스트레스가 심하다는 것을 나타낸다. 문항 17에서 성과 나이의 상호작용은 나이 45세 이상의 여자는 그들 동료에 비해 교직의 지위가 낮은 것에 대한 스트레스가 덜 하다는 것을 나타낸다. 항목 9, 20, 37에서 성과 교직 경력의 상호관계는 경험이 적은 남자 교사와 경험이 많은 여자 교사는 그들 동료에 비해 과외 업무에 대한 인식 부족, 학생이 교사의 권위를 받아들이지 않는 것, 학생 개개인과 보낼 시간이 없는 것이 큰 스트레스가 되고 있음을 나타낸다. 마지막으로 항목 9와 43에서 직위와의 상호작용은 남자 주임은 그들 동료에 비해 과외 업무에 대한 인식 부족, 의사결정 참여에 대한 스트레스가 덜 하다는 것을 나타낸다.

스트레스 증상

17가지 증상에 대한 응답의 평균 평정은 〈표 A5-5〉에 나타나 있다.

각 항목의 응답 분포는 정적으로 분포되어 있다. 편포도는 .300에서 2.882이며, 표준편차는

〈표 A5-5〉 스트레스 증상: 자기보고된 교사의 직무 스트레스와 제I 요인(비회전)의 산술평균치 및 상관

문항번호	스트레스 증상	산술 평균치	자기보고된 스트레스 상관	제 I 요인 (비회전)의 부하량
15	탈 진	2.047	.525	.650
5	욕구 좌절	1.841	.610	.661
12	압력을 받는다	1.559	.589	.810
17	심한 분노	1.441	.214	.414
8	심한 긴장	1.244	.600	.807
6	불안	1.242	.433	.706
13	우울	1.191	.462	.680
1	신경통	0.969	.339	.603
2	두통	0.918	.288	.446
9	심장이 뛴다(가슴이 두근거림)	0.782	.362	.634
14	대처할 수가 없다	0.512	.399	.664
3	목소리가 나오지 않는다 (말을 할 수가 없다)	0.502	.109	.205
16	혈압상승	0.460	.208	.428
7	전전긍긍(panicky)	0.448	.334	.634
10	신트림	0.425	.208	.478
4	눈물	0.241	.204	.474
11	식은 땀	0.119	.190	.371

0.464에서 1.122이다. 17가지 스트레스 증상의 상관관계 행렬표는 거의 정적상관이다. 더 나아가 스트레스 증상 17가지 모두는 자기가 보고한 교사 스트레스와 정적으로 상관이 있다. (r이 .109에서 .610임, 모두 $p<.05$임)

17가지 증상에 대해 주 성분 분석이 이루어졌다. 처음 추출된 요소는 전체 변량의 34.8%를 설명한다. 17항목 모두 이 요소에 정적으로 부하된다. 이 부하량은 .205에서 .810에 이르고 〈표 A5-5〉에 제시되어 있다. 둘 이상의 요소에 대한 직교 해결과 더불어 사교 회전 행렬표는 한 가지 이상의 공통 요소가 있음을 나타내지 못했다. 첫 번째 추출된 요소에 의해 설명되지 않은 변량은 주로 각 항목에 포함된 독특한 변량으로 구성되어 있다. 비록 첫 번째 추출된 요소로 설명되지 않은 "혈압상승" "심장 박동이 빨라짐" "식은 땀" 같은 항목들 사이에는 공통 변량이 있기는 하지만 요인 1은 '스트레스 증상의 인식'으로 변명되었다.

스트레스 증상에 대해 성 차이가 검토되었다. 남녀의 평균차를 비교하기 위해 각 항목의 T-검증이 수행되었다. 이 분석은 여성이 '두통'($p<.001$) '눈물'($p<.001$) '소진됨'($p<.05$)의 세 항목에 대해 보다 빈번하게 증상을 나타낸다고 보고하였음을 말해 준다.

논 의

이 연구 결과는 영국의 16개의 중간크기, 혼성 종합학교의 257명의 교사 가운데 20%는 교사가 스트레스를 많이 받음(very stressful) 혹은 스트레스를 매우 많이 받음(extremely stressful)이라고 보고 했다는 것이다. 자기 보고된 교사의 스트레스가 스트레스에 대한 정확한 측정이 될 수 있다면 이 연구 결과는 교사 가운데 5분의 1이 많은 스트레스를 경험하고 있음을 나타낸다.

연구 결과 자기 보고된 교사 스트레스와 성, 자격, 나이, 교직경력, 학교에서의 직위는 관련이 거의 없는 것으로 나타났다. 스트레스 유발요인과 스트레스와의 관계를 연구함에 있어(Wall and Wall, 1975) 개인의 배경적 특성보다 성격 특성이 교사 스트레스의 개인차를 결정하는 더 중요한 요소라는 것이 맞을 것이다. 51개의 스트레스의 원천이 주는 스트레스 정도의 평균평정은 스트레스의 근원이 교사 직업의 다양한 측면에 걸쳐 있음을 나타낸다. 그러나 〈표 A5-2〉에서 평균이 큰 순서대로 항목들을 제시한 것은 평균의 크기에 비해 표준편차를 감안하여 상대적 중요성을 대충 알려주는 것으로 간주되어야 한다. 스트레스의 근원 모두가 모든 교사들에게 적용되는 것은 아님을 밝혀야만 할 것이다(능력이 다른 학생으로 구성된 학급, 시험을 안보는 졸업반 학생). 이들 항목과 관련된 스트레스의 정도는 이들 항목이 적용되는 교사들에게는 전체 교사 표본의 평균보다 더 클 것이다.

스트레스 원인에 관한 주성분 분석에서는 이들 요소가 네 가지 교차요소(orthogonal factors)에 의해 주로 설명될 수 있음을 보여준다. "학생들의 일탈행동", "나쁜 근무 조건", "시간 압력", 불만족스러운 학교풍토 이것은 다른 연구를 지지해 주는 발견으로(Coburn and Jovaisas, 1975; Rogers, 1977), 스트레스의 근원이 단일한 것이 아니라 다원적임을 나타낸다.

스트레스의 근원의 중요성에 대해 특성별 하위 집단의 다양함 차이는, 이들 집단들 사이에 자기 보고된 스트레스의 전체 수준의 주요한 차이는 없으나 전체 수준에 기여하는 스트레스의 주요 원인은 약간 다르게 구성되어 있음을 나타낸다. 어떤 교사가 그의 직업의 한 측면이 극히 스트레스를 주는 것으로 생각했으나 그것이 대부분의 교사들에게는 스트레스의 근원이 아닌 것으로 생각되며 이 연구에 포함되지는 않았더라도 그는 그의 스트레스 전체 수준을 심한 상태에 다 평정할 수도 있다.

스트레스의 17가지 증상의 평정의 평균은 '탈진됨' '욕구불만'의 느낌이 가장 흔히 경험되는 증상임을 나타낸다. 첫 번째 비회전(unrotated) 요소에 대한 부하량은 '스트레스의 증상에 대한 인식'에 가장 크게 기여하는 증상('스트레스를 받고 있다'는 느낌 이외의 증상)이 '매우 긴장된' 느낌이다. 이러한 발견은 Frankenhaeuser와 Gardell(1976)이 스트레스 반응과 관련되어 높게 나타나는 것은 과다한 긴장이 경험된다는 것이라는 공식을 지지하는 것이다. 자기 보고된 교사 스트레스의 단일 항목 측정은 질문지 내에서는 높은 정도의 타당성을 갖는 것으로 보인다. 51개 항목의 스트레스 근원과 17개 문항의 스트레스 증상이 이 측정에서는 유의하고도 정적으로 상관되기 때문이다. 그럼에도 불구하고 특히 Kyriacou와 Sutcliffe(1978)에 의해 제시된 교사 스트레스와 관련된 반응에 대한 경험적 타당성을 후속연구를 통해 확보할 필요가 있다.

참고 문헌

Coburn, D., and Jovaisas, A. V. (1975). Perceived Sources among First-year Medical Students. *J. Med. Educ.*, 50, 589-595.

Des. (1976). Statistics of Education, 1975, *Vol. 1, Schools*, London: HMSO.

Des. (1977). The Growth of Comprehensive Education. *Report on Education*, No. 87.

Dunham, J. (1976). Stress Situations and Response. *In Stress In Schools*. Hemel Hempstead: Association of Schoolmasters.

Frankenhaeuser, M., and Gardell, B. (1976). Underload and Overload in Walking Life: Outline of a Multidisciplinary Approach. *Journal of Human Stress*, 2. 35-46.

Kyriacou, C. and Sutcliffe, J. (1977). Teacher Stress: A Review. *Educ. Rev.*, 29, 299-306.

Kyriacou, C. and Sutcliffe, J. (1978). A Model of Teacher Stress. *Educ. of Studies*, 4, 1-6.

Rogers, R. E. (1977). Components of Organizational Stress among Canadian Managers. *J. of Psychol.*, 95, 265-273.

Warr, P., and Wall, T. (1975). *Work and Wellbeing*. Harmondsworth: Penguin.

부록 6. 스트레스 완충 기능으로서 대처 자원 모형*

최근에 환경적 스트레스 유발 요인에 노출되는 것의 효과를 감소시킬 수 있는 대처 자원을 찾는데 상당한 주의가 기울여졌다. 사실 이 질문에 대한 연구의 엄밀성은 이것이 스트레스 연구에는 주요 분석 과제가 되었음을 나타낸다. 주요 관심은 사회적 지원과 같은 환경적 대처 자원의 역할에 두어져 왔다(Dean & Lin, 1977; Gore, 1978; Lin et al., 1979 Pearlin et al., 1981; Turner, 1981, 1983; La Rocco et al., 1980; Broun & Harris, 1978; Thoits, 1982a, 1982b, 1982c; House, 1981; Aneshensel & Stone, 1983). 그러나 이 문제는 사회적 지원과 영역에 국한되지는 않는다. 다른 연구들은 개인적인 대처 자원이 스트레스의 영향력을 줄이는데 필수적이라고 하며(Kohn, 1972; Antonovsky, 1979; Kobasa et al., 1981; Lefecourt & Wheaton, 1983), 혹은 특정한 행동적, 인지적 대응 전략이 중요할 것이라고 주장한다(Pearlin and Schooler, 1978; Folkman & Lazarus, 1989; Billing & Moos, 1981, Pearlin et al., 1981).

어떤 유형의 자원이 강조되던 문제는 마찬가지이다: 대처 자원은 사회적 스트레스의 영향력을 어떻게 감소시키는가? 흔히 스트레스 완화 문제는 어떤 조건하에서 스트레스가 영향을 끼치는지 끼치지 않는지를 규정하기 위해 잠재적인 스트레스의 근원과 대처 요소 사이의 상호작용을 포함하는 것으로 형성되었다. 예상은 질병(혹은 근심) 반응에 대한 스트레스의 영향은 낮은 대처 자원 집단에 반해 높은 대처 자원 집단에서는 약해져야만 한다거나, 이러한 영향을 중요한 대처 자원이 증가하면 감소해야 한다는 것이다. 이러한 접근은 하나의 스트레스 완화이다. 이 논문의 주요 목적은 스트레스 완충의 증거가 스트레스와 대처 자원 사이의 상호작용에만 국한되지는 않는다는 의미를 분명히 하는 것이다. 동시에 단지 스트레스와 대처 자원의 부가적 영향을 포함하는 하위집단 모델들만이 스트레스 완충 개념과 일치한다는 것을 강조할 것이다. 최근 스트레스 완충 문제를 다루는 접근에 있어 중요한 차이가 있는 듯하다. 예를 들어 어떤 연구자들은 스트레스 완화의 증거를 단지 스트레스와 대처(coping) 사이의 입증된 상호작용과 같은 것으로 본다(Gore, 1981; House, 1981; Thoits, 1982a). 더 넓게 한편 다른 사람들은 스트레스 완충의 부가적 형태로 허용한다(Dean & Lin, 1977; Lin et al., 1981).

---

*1) Journal of Health and Social Behavior, 1985, Vol. 26, 352-364.

2) Models for the Stress-Buffering Foundation of Coping Resource.

3) Whearon, B. McGiee University.

더 나아가 스트레스 완충의 영역이 스트레스의 영향과 대처의 부가적 효과만을 포함하도록 확대된다면, 실제로 어떤 종류의 결과가 스트레스 완충 과정을 나타내는가에 대해 약간의 모호함이 있다. 여기에서의 주제는 대처가 통제되기 전과 후에 스트레스의 효과 측정의 변화를 어떻게 해석하는가 하는 것이다. 여러 가지 형태로 진술된 상대적으로 공통된 주장은 대처가 통제될 때 스트레스의 영향이 감소하면 스트레스 완충이 입증된다는 것이다.

이러한 예상은 스트레스의 순수한 직접 영향에만 한한 것이다. 그러나 이러한 직접 영향은 전체 인과 효과의 일부일 뿐이다. 이러한 사실이 시사하는 바는 최근의 연구에서 나타나기 시작하고 있다. 전체의 인과적 영향은 매개한 대처 자원 변인을 통한 직접・간접적인 스트레스의 영향의 합이므로 스트레스 완충이 포함되는가를 결정하는데 있어 간접적 영향의 본질이 중요하다(Alwin & Hauser, 1975). 나중에 거론되겠지만 스트레스 완충이란 (대처 자원을 통한) 간접적 영향이 전체적 인과적 영향과 반대되는 방향으로 작용할 때 제시되는 것이다. 현 단계에서는 이것은 스트레스의 긍정적 영향을 완화하거나 약하게 하는 부정적 요소를 의미한다.

현재의 증거가 제시하는 것에 대해 관찰자들 가운데는 그들의 결론에 있어서 차이가 있다. 예를 들어 최근의 사회적 지원의 증거에 대한 일곱 가지 고찰 가운데 – 이것은 이용 가능한 것 가운데 단지 일부일 뿐인데 – 세 가지는 스트레스 완화의 증거가 있다고 결론지으며, 세 가지 증거는 스트레스 완화를 나타내지 않는다고 결론내리고 있으며, 하나는 분명히 그리고 적절하게도 "연구가 발전되어가는 중요한 이때에 이러한 문제는 해결이 불가능하다."고 제시한다. 이들 관찰자 중 대부분이 증거가 "혼합되어 있다."고 지적한다. 이러한 불일치에는 상당한 이유가 있다. 불일치 혹은 연구 결과의 해석의 모호함 때문에 이러한 차이가 있든지 없든지 증거가 무엇을 나타내는지에 대한 명료화가 필요하다.

지금까지의 연구 결과들은 스트레스와 대처 자원의 결합 효과를 분석적으로 표현한 몇 가지 대조적인 통계 모델의 해석 논리를 고려함으로써 정보를 얻을 수 있을 것이다. 모델들 사이의 차이에 대한 논의는 나타나기 시작했다(Golden & Dohrenwend, 1981; House, 1981; Kessler, 1983; Finney et al., 1984). 그러나 특정한 모델들 사이의 차이를 더 자세히 연구하는 데는 이유가 있다. 특히, 어떤 특정한 것의 시사점이 뚜렷이 기대되지 않을 때에는 논의의 계획은 다음과 같다.

다음 항에서 나는 두 가지 경우의 스트레스 완충 모델을 기술할 것이다. 그 다음에는 나는 때때로 스트레스 완충 효과가 있는 것으로 기술되기도 하지만 효과가 없는 것으로 표현되는 3가지 모델을 검토하겠다. 각 경우에 있어서 모델은 스트레스 완충 모델과 깊이 관련된다. 그러나 최소한 한가지의(결정적인 차이가 있다. 다음에 자원이 동시에) 완충 역할을 하는 "이중적" 스트레스 완충의 가능성을 가설적 예를 사용하여 검토하겠다. 스트레스 완충에 대한 정의

상의 기준은 마지막 항에서 논의될 것이다.

다음 논의에서는 두 가지 한계가 강조되어야 한다.

첫째, 다음 항에서 논의되는 스트레스 완충 모델이 전부 다라는 의미는 아니다. 나의 목적은 스트레스 완충에 대한 모든 가능한 제안을 다 내놓은 것도 아니며 가장 직선적이고 뚜렷한 모델을 생각하는 것도 아니다. 스트레스 완충의 경우나 스트레스 완충을 제시하지 않는 관련 모델에 대한 나의 기준은 논의를 스트레스와 대처 효과를 연구하는 연구물들에서 최소한 한 가지 연구에서라도 제시되고 있는 증거에 해당하는 모델에 국한시키는 것이다.

둘째, 본 연구의 관심은 스트레스 완충 그 자체이다. 이 문제는 부정적 스트레스(혹은 병)의 감소와 같은 보다 일반적인 문제와는 구분되어야 하며, 구분할 수 있다. 스트레스 완충과 같은 경우 관심은 스트레스 반응에 스트레스가 끼치는 영향을 부분적으로라도 감소시키는 역할을 하는 요소에 있다. 그러나 스트레스 수준에는 관계없이 부정적 스트레스의 기회를 감소시킬 수 있는 요소가 많이 있다. 그러나 모든 부정적 스트레스 감소 요소를 고려하는 것의 중요성이 스트레스 완충이라는 하위 문제에 대한 계속적 관심과 분석적 명료함을 흐리게 해서는 안 된다.

두 가지 스트레스 완충 모형

스트레스와 대처에 관한 상호작용 효과와 순수하게 부가적인 효과를 구분하는 뛰어난 논의가 이미 있었으며, 이를 다시 요약할 필요는 없다(House, 1981; Cleary & Kessler, 1982; Kessler, 1983; Finney et al., 1984). 이 논문에서 상호작용: 부가적 효과를 구분하는 것을 적용하는 것은 스트레스 완충의 경우를 알아내기 위한 것은 아니다. 그 대신 그것은 어떤 형태의 스트레스 완충이 포함될 것인가를 결정하는데 도움이 된다. 최소한 두 가지의 스트레스 완충 모델이 구분될 수 있다. 하나는 상호작용 모델이며 하나는 부가적 모델이다. 부가적 모델이 스트레스 완충 개념과 일치하는가 하는 것은 스트레스에의 노출과 문제가 되는 대처 자원 사이의 관계의 본질에 달려 있다.

스트레스 완충의 유형을 구분하기 위해 나는 자원을 스트레스의 효과를 감소하거나 억제하는 것이라고 언급할 것이다(이것들은 상호 배타적인 역할이 아니다). 이런 용어는 구조 방정식이나 인과모델 문헌에서 표준적으로 사용되는 것을 반영한 것이다(Alwin & Hauser, 1975; Cohen & Cohen, 1975). 스트레스를 감소하는 자원(상호작용 모델) 스트레스가 본질적으로 더 적은 영향력을 갖게 되는 조건 혹은 일련의 조건들을 지적한다(자원이 없는가, 반대로 있는가 혹은 가졌는가로 규정된다). 스트레스의 영향력을 억제하는 자원(부가적 모델)은 스트레스 증가에 의해 발동되며 그 결과 스트레스의 전체적 인과적 영향을 방해한다. 이 것은 모델의 유형에 있어서 차이가 있을 뿐만 아니라 내재되어 있는 스트레스 완충 과정의 유형에 있

〈그림 A6-1〉 자원 역할로서 사회적 자원과 관련된 대처 저원에 대한 스트레스 완충기능을 나타낸 두 가지 모형

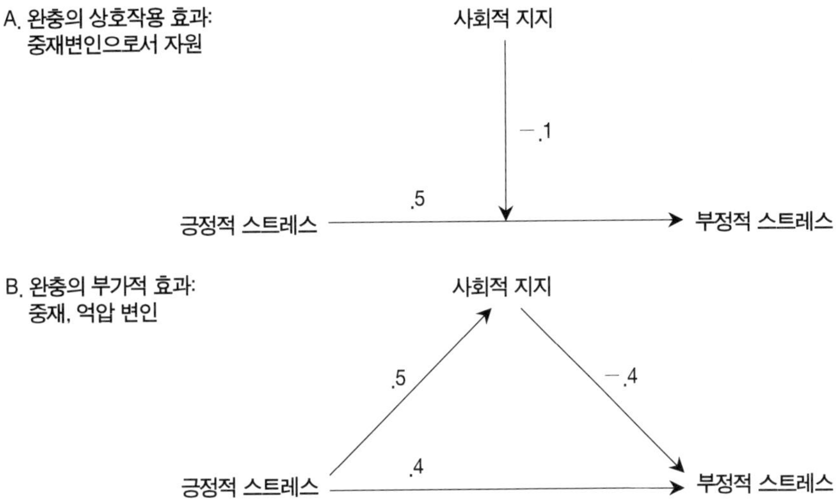

어서도 차이가 있다.

〈그림 A6-1〉에는 스트레스 완충 기능에 해당하는 두 자가 모델이 제시되어 있다. 나는 사회적 자원을 대처 자원의 한 예로 사용하였다. 비록 어떤 대처 자원도 대치될 수 있으며 사회적 지원만을 말하는 것은 아니다. 논의를 단순화시키기 위해 나는 포함되는 변인들이 서로 다른 단위로 측정된다하더라도－스트레스 유발 요인, 증상, 지원의 양－똑같은 표준편차를 포함하고 있는 것으로 가정한다. 이것은 여러 가지 점에서 표준화되지 않는 계수와 표준화된 계수의 해석을 편리하게 해준다. 다음 예에서 우리가 사회적 지원의 측정을 개인이 경험하는 후원적 접촉의 횟수로 생각한다면 해석이 보다 쉬울 것이다. 그러나 이것이 논의의 필수 조건은 아니다.

〈그림 A6-1〉에서 A는 스트레스 완충 모델로 널리 알려져 있는 것이다. 이 모델은 스트레스의 영향은 사회적 지원의 수준이 높을 때 현저하게 감소하는 것처럼 스트레스와 사회적 지원 사이의 상호작용을 요구한다. 〈그림 A6-1〉의 A는 이런 상호작용을 지원이 스트레스 효과에 직접 작용하는 것으로 보이는 인과적 모델로 제시한다. 〈그림 A6-1〉의 A에서 스트레스의 효과 계수는 최악의 상황 즉, 지원이 하나도 없는 상황에서의 효과이다. 사회적 지원이 증가하면 효과는 지원이 한 단위 증가하는 것마다 －.1의 스트레스의 계수 강도가 낮아진다.

이 모델은 다음과 같은 방정식 모델로 나타내어질 수 있다. D＝distress(부정적 스트레스) S＝Stress, C＝Coping resources(이 경우 사회적 지원)이라 하면 일반적 방정식은

$$D = a + b1S + b2C + b3\,(S \times C) \qquad \text{(Eq. 1)}$$

이다.

(S × C) 용어는 스트레스와 사회적 지원 사이의 상호작용이 있다는 것을 나타낸다. 지원이 0에서 최대 4까지의 접촉이라고 가정하고, 방해에 대한 특정한 정보도 포함시킨다면, 〈그림 1A〉에 포함된 방정식 1의 가설적 추정을 다음과 같이 한다.

$$D = 1 + .5S - .25C - .1(S \times C) \qquad \text{(Eq. 2a)}$$

〈그림 A6-1〉의 A에 없는 것을 말해야 할 것이다.

첫째, 그림들을 단순화시키기 위해 종속변인의 오차를 배제하였다 – 비록 그것들이 나중의 논의에서 들어가겠지만. 둘째, 사회적 지원에 대한 스트레스의 효과를 나타내는 경로가 없다. 이 효과는 지금은 배재되었다. 모델의 작용, 특성에는 그것이 필수적이지 않기 때문이다. 지원은 스트레스의 수준에 인과적으로 의존하든 않든 스트레스의 효과를 감소시킬 수 있다(만일 의존수준이 매우 높지 않다면, 상호작용의 부적절함을 나타내는 것이다). 마지막으로, 부정적 스트레스에 대한 지원의 "주요 효과"는 없다. 이는 모델이 필요 없기 때문에 배제하였다. 스트레스 수준을 넘어서 사회적 지원의 평균적 주요 효과가 가능하다는 생각도 가능하다 (House, 1981; Cleary & Kessler, 1982). 비록 보편적으로 동의되고 있지는 않지만 방정식 2에서 −.25 계수는 주변효과라는 것을 강조해야만 하고, 스트레스가 0이 되는 것이 가능하다면, 이것은 스트레스가 0이 될 때 지원의 효과에 대해서만 말하는 것이다. 일반적으로 이러한 계수는 지원의 주요 효과의 추정으로서 해석될 수는 없다.

이 방정식에 있어서 스트레스 계수는 아무런 지원적 접촉이 없는, 즉 C=0, 개인에 대한 효과를 나타낸다. 이런 경우 방정식은

$$D = 1 + .5S - .25(0) - .1(S \times O) = 1 + .5S$$

로 축소되기 때문에(Eq. 2a), 우리는 부가적 스트레스 유발 요인이 있을 때마다 예견되는 부정적 스트레스의 증가는 .5 징후라고 본다. 방정식 2의 증가 계수가 스트레스 완충 효과이다. 스트레스 유발 요인 당 징후의 예상되는 증가는 후원적 접촉이 추가될 때마다 .1씩 감소할 것이라는 것을 이 계수가 말해준다. 최대한 4의 접촉을 가진 개인에게 스트레스 영향의 감소는 $4 \times -.1 = -.4$ 징후가 매 스트레스 유발요인 당 있게 된다. 하나의 스트레스 유발요인에 있어서 예견되는 증가 결과는

$$\begin{aligned} D &= 1 + .5(S) - .25(4) - .1(S \times 4) \\ &= 0 + (.5 - .4)S \\ &= 0 + .1S \end{aligned} \qquad \text{(Eq. 2b)}$$

이 된다. 혹은 지원이 없을 때는 스트레스당 .5 징후이지만 이제는 스트레스당 .1 징후이다.

스트레스와 대처 자원 사이의 모든 상호 작용이 스트레스 완충을 보이는 것은 아님을 생각하라. 어떤 경우에는 대처 자원이 스트레스 효과를 악화시키기도 한다는 것을 알고 놀라기도 한다. 변인들이 위와 같은 방향으로 기록된다면 이는 상호 작용에서 양의 계수로 나타날 것이다.

이제 〈그림 A6-1〉의 B에 나타난 덜 분명한 스트레스 완충을 살펴보자. 이 모델은 하나의 스트레스 유발요인이 부가되면 .4의 부정적 스트레스 징후가 증가하고, 각 스트레스 유발요인은 .5의 지원적 접촉의 증가를 가져오며, 각 부가적 지원 접촉은 .4의 부정적 스트레스 징후의 감소를 가져온다. 이 모델에서 대처 자원의 효과는 부수적인 것이 아님을 생각하라. 이는 모든 수준의 스트레스에 동등하게 적용된다. 스트레스 완충이 관련되는 한 이 모델의 기본적인 특성은 지원이 스트레스 증가에 의해 발동되는 지원이라는 개념과 일치한다. 관계의 방향은 스트레스 완충이 포함되는가에 대한 결정을 내리는 데는 중요하다.

이 모델의 자세한 모습은 그것이 왜 그런가를 고려해야만 한다. 2개의 방정식이 그 효과를 서술한다.

$$C = 0 + .5S \qquad \text{(Eq. 3)}$$

$$D = 1 + .4S - 4C \qquad \text{(Eq. 4)}$$

이 모델을 해석하기 위해서 스트레스와 부정적 스트레스 사이의 상관의 요소를 보여주는 표준화된 정상 방정식의 구조를 앞의 경우와 같은 변인을 지시하는 것과 같은 문자를 써서 보아야만 한다.

$$r_{SD} = \beta^*_{bs} + (\beta^*_{bc} \times \beta^*_{cs}) \qquad \text{(Eq. 5)}$$

이 방정식은 모델 내의 여러 가지 효과들이 스트레스가 부정적 스트레스에 미치는 전체적 영향을 만들어 내는지 보여준다. 이 방정식에 의하면 스트레스와 부정적 스트레스 사이의 전체 상관(r_{SD})은 두 요소의 합이다. 1) 지원을 통제할 때 스트레스가 부정적 스트레스에 끼치는 영향(β^*_{bc}) 더하기, 2) 스트레스가 지원의 변화를 가져다 준 정도에 비례하는 지원의 스트레스에 미치는 영향(β^*_{cs})

인과 모델에서는 이 두 요소는 부정적 스트레스에 스트레스가 끼치는 직접적인 영향과 지원 수준의 변화를 통한 간접적 영향에 해당된다. 물론, 인과적 영향력 전체는 직접, 간접 효과의 합이다.

아마 이 모델에 대해 가장 중요한 분석 사실은 사회적 지원을 통한 간접적 영향력은 스트레스가 부정적 스트레스에 끼치는 전체적 인과 관계와는 반대 방향으로 작용한다는 것이다. (억제 변인이라는 용어가 적절함을 나타낸다) 〈그림 A6-1〉의 B에서 r_{SD}를 분석한다면 우리는 스트레스 완충이 모델에 어떻게 들어가는지 직접 알 수 있다. 이러한 추정을 (Eq. 5)에 대입하면, 앞에 제시한 것과 같다.

$$r_{SD} = .4 + (-.4 \times .5) \\ = .4 - .2 \\ = .2 \qquad \text{(Eq. 6)}$$

여기서 중요한 점은 스트레스가 부정적 스트레스에 끼치는 전체적 인과적 영향력(.2)은 직접적 영향력(.4)보다 적다. 스트레스의 영향을 반영하는 것은 직접 효과가 아니라 전체 효과이다. 그러므로 이런 경우 지원이 전체적 영향을 완충시키는 것은 분명하다.

이 모델에 내재된 스트레스 완충에 대해 언어적으로 서술하는 것이 도움이 될 것이다. 개인이 최근에 하나의 부가적 스트레스 유발요인에 노출되었다고 하자. 이것의 직접 효과는 .4 징후만큼의 부정적 스트레스를 증가시킬 것으로 기대된다(Eq. 4). 그러나 동시에 이러한 부가적 스트레스 유발요인은 .5 접촉만큼 지원을 증가시킨다(Eq. 3). 한 단위의 지원이 증가하면 .4만큼의 부정적 스트레스 징후가 줄어드므로 (Eq. 4에서 지원의 효과 계수는 −.4), 부가적 스트레스 유발요인으로부터 생겨나는 지원의 변화를 초래한다. 이것이 사회적 지원의 반(.5) 단위의 증가는 .5 × −.4 = −2의 징후의 변화를 통한 부정적 스트레스에 대한 스트레스의 간접적 영향이다.

스트레스 한 단위의 총 영향력은 그러므로 .4(직접 효과) −.2(간접 효과) =.2만큼의 징후에 있어서의 증가이다. 달리 말해서 사회적 지원의 부정적 스트레스 억제 효과와 사회적 지원 수준이 스트레스에 있어서의 변화에 긍정적으로 반응한다는 사실만 아니라면 스트레스 유발요인은 .4만큼의 징후의 증가를 가져올 것이다. 그러나 사회적 지원, 사회적 지원의 역할 때문에 실제 스트레스는 .2만큼의 징후의 증가를 가져온다.

첫 번째의 스트레스 완충 모델에서처럼 자원의 작용에 의해 완충되는 것은 스트레스의 영향력이며, 완충이 적용되는지를 탐구하기 위해 분석되어야 하는 것은 스트레스의 전체적 인과적 영향력이다. 우리가 지금 자원이 스트레스의 발생을 방해하는가에 대해 논의하고 있지 않음을 기억하자. 억제 혹은 감소 역할을 하는 자원은 (스트레스의 영향을 감소할 수 있는 과정 속의) 매개 변인으로 생각되어야만 한다.

〈그림 A6-1〉의 B에서 자원의 역할은−매개, 억제 변인으로서−스트레스 완충의 자원 동원 이론에 의해 제시된다. 특히, 이 모델에서 우리는 스트레스가 지원의 증가를 가져오면, 그 결과 지원은 스트레스의 영향력을 완충시킴을 본다. 이 모델과 완충 과정에 대한 언어적 표현이 꼭 들어맞음에도 불구하고 이런 종류의 모델을 지적하는 문헌에서의 증거는 거의 없다. 내가 알고 있는 두 가지의 연구만이－하나는 사회적 지원에 관한 것이고, 다른 하나는 사회적 지원과 개인적 대처 자원에 관한 것인데－이러한 종류의 모델을 지적해 주는 증거를 제시한다.

대처 자원이 매개 변인으로 생각될 수 있다고 가정 혹은 입증하는 것이 가능하다면 부가적 모델에서 스트레스 완충이 있는지에 대한 하나의 중요한 단서가 있다. 예를 들어 연구자가 회귀 분석으로 작업한다면, 스트레스의 추정된 직접 효과는 대처 자원의 효과가 통제될 때 증가해야만 한다. 이러한 겉보기에 모순이 되는 결과는 방정식 6을 보면 분명해진다. 만일 지원의 영향력이 고려되지 않는다면 스트레스의 추정된 효과는 .2이다. 전체 인과적 효과도 그렇다. 그러나 지원의 작용에 의해 전체 영향이 감소되기 때문에 지원이 통제될 때 결과는 스트레스의 "순수" 효과로 커진다. 이 경우에는 .4이다.

〈그림 A6-1〉에서의 두 모델에 포함된 스트레스 완충 과정은 수많은 근거에서 구분될 수 있다. (각 모델을 규정하는 순간을 생각해보면) 대처 자원의 억제 역할은 모든 수준의 스트레스에 똑같이 적용된다. 그것은 감소 변인으로 우선 작용하는 자원의 경우만은 아니다. 후자의 경우에 있어 영향력의 증가하는 특성 때문에, 스트레스가 증가하면 완충 변인의 영향력 때문에 부정적 스트레스의 감소가 흔히 증가한다.

문제는 스트레스의 수준이 낮을 때 스트레스 완충이 부가적 모델에서 어떻게 적용되는가 하는 것이다. 스트레스가 최소한의 수준일 때 대처 자원이 타당한지를 생각하기는 어렵다. 그러나 스트레스와 병 사이의 관계가 직선적인 한 스트레스 각 단위의 증가 효과는 낮은 수준에서나 높은 수준에서나 마찬가지이다. 그러므로 완충되는 효과도 같고, 자원이 발동하는 정도도 같고, 전체의 인과적 효과의 감소도 같다.

완충이 작용하기 위해서 자원 수준의 변화가 필요한가 역시 두 모델을 구분해 준다. 감소 효과의 경우 자원의 현재 수준은 스트레스의 영향에 대한 즉각적인 시사를 줄 수 있다. 억제 역할은 자원이 스트레스 증가에 의해 발동하는가에 달려 있다. 자원 수준의 결과적 변화는 완충 효과의 근원이기 때문이다.

대처 자원의 두 가지 스트레스 완충 역할이 상호배타적이 아님이 확실해야 한다. 자원의 증가가 스트레스 완충의 양측면을 모두 초래하는 경우도 상상할 수 있다. 만일 두 모델을 모두 적용한다면 스트레스의 전체 영향력은 "두 배로" 완충된다. 이러한 가능성은 나중에 더 자세히 탐구될 것이다.

세 가지 다른 모델

흔히 〈그림 A6-1〉의 B에서의 모델은 스트레스 완충에 대한 증거로 해석되지 않는다. 다른 한편으로는 스트레스 완충과 일치하지 않는 모델들이 마치 스트레스 완충 모델인 것처럼 해석된다. 이러한 문제는 스트레스가 대처 자원에 끼치는 영향의 방향에 대한 시사를 생각하지

〈그림 A6-2〉 스트레스 완충 역할을 하지 않는 변인 모형 예시

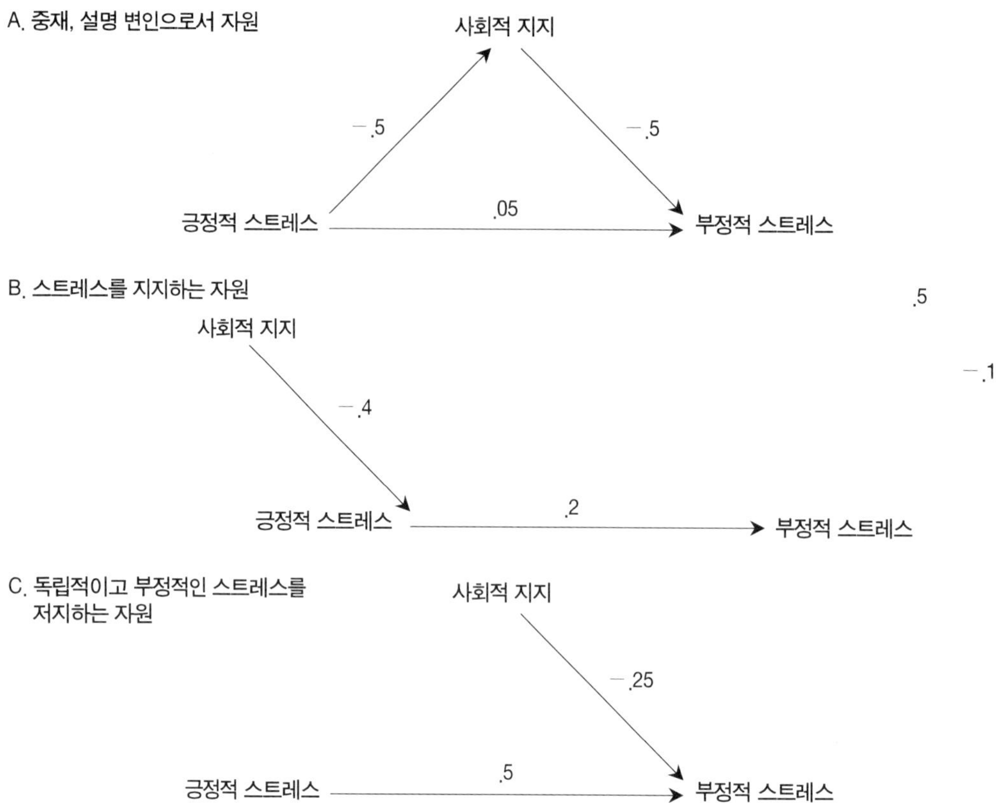

못했거나, 전체 인과적 영향과 스트레스의 직접 영향을 구분하는데 실패해서 생겨나는 것이다. 이런 점은 다음 논의에서 분명해질 것이다.

〈그림 A6-2〉의 A는 스트레스 완충과 일치하는 것으로 해석되어서는 안 되는 모델들을 보여준다. 〈그림 A6-2〉의 A의 모델들을 보여준다. 〈그림 A6-2〉의 A 모델과 〈그림 A6-1〉의 B 모델의 주요 차이는 스트레스와 사회적 지원 사이의 관계의 방향이다. 〈그림 A6-2〉의 A에서 스트레스는 지원을 더 많이 받게 하는 것이 아니라 더 적게 한다. 물론 우리는 전처럼 높은 수준의 지원이 낮은 수준의 부정적 스트레스를 가져온다고 가정할 수 있다. 이 모델에서의 추정을 표현하는 방정식은

$$C = 3 - .5S \quad \text{(Eq. 7)}$$

$$D = 3 + .05S - .5C \quad \text{(Eq. 8)}$$

이전의 경우와 마찬가지로 이 방정식에서 방해는 임의적이고 중요하지 않다. 스트레스와

부정적 스트레스 사이의 상관의 요소를 보여주는 정상 방정식을 생각해 볼 필요가 있다. 이 정상 방정식은 방정식 5와 같은 구조를 가지고 있다. 〈그림 A6-2〉의 A의 측정을 이 방정식에 대입하면, 우리는

$$\begin{aligned} r_{SD} &= .05 + (-.5 \times -.5) \\ &= .05 + .25 \\ &= .30 \end{aligned} \qquad \text{(Eq. 9)}$$

이 모델에서는 사회적 지원을 경유하여 작용하는 스트레스의 부정적 스트레스에 끼치는 간접적 영향이 전체 영향력과 같은 방향으로 작용한다. .30의 상관으로 표시되는 전체 영향력은 대부분 사회적 지원의 간접적 효과에 의해 설명된다(=.25). 지원이 통제된 후의 스트레스의 나머지 직접 효과는 단지 .05이다. 그러나 적절한 결론은 하나의 부가적 스트레스 유발요인에 해당하는 스트레스의 증가는 .05의 부정적 스트레스 증후를 증가시키는 것이 아니라 합해서 .30의 부정적 스트레스 증후를 증가시킨다. 이 모델에서는 지원이 스트레스의 전체 효과를 감소시키지 않는다. 그러므로 스트레스의 긍정적 전체 효과를 나타내는 것은 스트레스의 순수한 직접 효과와 매개 변인을 통한 간접 효과로 나누어진다. 이것은 인과효과에 대한 설명을 해주는 고전적 모델이다. 그러나 이러한 종류의 설명은 완충을 포함하지 않는다.

이 모델에서 우리는 스트레스가 생김으로써 지원이 약해질 때 지원이 스트레스 완충 역할을 한다고 볼 수는 없다. 그 결과 부정적 스트레스 수준이 더욱 증가한다. 내가 전에 말한 것처럼 이런 사실에도 불구하고 문헌들에서 이 모델과 일치하는 스트레스 완충을 위한 금지조처를 발견할 수 있다.

〈그림 A6-2〉의 A에서의 자원을 위한 대안적 용어는 매개 변인이다. 매개변인이라는 용어의 적용은 인과 모델 문헌에서의 용법에서 파생되었으며 스트레스 완충 문헌에서는(흔히 통용되지 않는다. 최근의 문헌에서는 매개 요인이라는 용어는) 흔히 스트레스의 영향을 약화시킬 수 있는 변인을 언급하는데 사용된다. 두 가지의 내재된 의미가 상당히 다르기 때문에 나는 스트레스 완충 효과를 언급하는데 스트레스 매개라는 용어를 사용할 것을 지지하지 않는다. 스트레스 완충 자원을 지칭하는데 매개변인 용어를 사용하는 것은 이 문제에 대한 초기의 연구에서는 공통적이다(Dohrenwend and Dobrenwend, 1970). 초기의 연구에서 이 용어를 자세히 정의하기는 했으나, 시간이 지나면서 인과 모델 문헌에서 매개 변인 용어의 사용과 원래의 사용이 혼돈되었다. 이런 이유로 스트레스 완충의 부가적 모델에서는 매개 변인이라는 용어의 사용은 인과모델에서와 일치한다. 그러나 그것들은 스트레스-완충의 개념과 일치하지는 않는다.

두 번째 경우는 〈그림 A6-2〉의 B에서 나타난다. 이 모델에서는 지원은 스트레스에 노출되

는 변화보다 먼저 있으며, 이러한 지원 노출을 감소시키도록 작용한다. 추정에 따르면 하나의 지원 접촉은 .4 스트레스 유발요인만큼 스트레스 노출을 감소시킨다. 또한 지원은 스트레스 유발요인의 감소의 결과로서 단지 간접적으로 부정적 스트레스에 영향을 끼친다(간접 효과 $= -.4 \times .2 = -.08$ 징후). 여기서의 지원은 스트레스 방해자로서 생활 스트레스 유발 요인의 발생을 피하도록 돕는다. 지원의 효과는 스트레스에의 노출을 감소시키는 것이며 스트레스의 영향이 발생한 다음에 감소시키는 것이 아니라는 것을 생각하라. 〈그림 A6-2〉의 B에서의 모델은 스트레스 완충으로서의 묘사에 적합하지만, 사실 스트레스 완충 논쟁은 스트레스의 효과에 관한 것이고 결과적으로 논쟁이 되어야 하는 스트레스 유발요인의 발생이 주어진 것으로 생각한다. 이처럼 〈그림 A6-2〉의 B에서 지원과 스트레스 사이의 인과적 효과의 방향은 스트레스 완충의 모델로는 자격이 없다. 예를 들어 이 모델을 서술하는 방정식은

$$S = 2 - .4C \quad \text{(Eq. 10)}$$

$$D = 3 + .2S \quad \text{(Eq. 11)}$$

부정적 스트레스에 대한 대처자원의 독립적 영향은 없다. 이 모델에 대한 단순한 그러나 중요한 고안은 자원이 부정적인 스트레스에 대해 독립적인 부정적인 영향을 끼치는 경우이다. 예를 들어, 모델에서 다른 효과에 더하여 지원 접촉은 각각 .4만큼의 부정적인 스트레스 징후를 감소시킨다고 가정하라. 이러한 〈그림 A6-2〉의 B의 변형에서 지원은 부정적인 스트레스라는 결과에 대한 스트레스의 인과적 효과를 생각함에 있어 가짜 요인으로 생각되어야 한다.

r_{SD}를 다시 보자. 이것은 방정식 5에서와 같은 구조이다.

$$\begin{aligned} r_{SD} &= .2 + (-.4 \times -.4) \\ &= .2 + .16 \\ &= .36 \end{aligned} \quad \text{(Eq. 12)}$$

스트레스와 부정적인 스트레스 사이의 전체적 관련성 사이의 일부는 지원 수준이라는 공통된 배경 원인의 작용으로 설명된다. 이러한 관련 부분은 스트레스로부터 부정적인 스트레스로 이끌어지는 내적인 인과 과정으로 설명될 수 없다. 이 때문에 스트레스의 전체적 인과적 결과를 생각하기 이전에 이러한 요소를 제거하고자 한다. .36의 전체적 상관은 .16의 가짜 요소에 의해 중복된다. 그것이 제거되면 전체 효과는 .20이 된다. 완충되어야 할 필요가 있는 효과는 바로 이것이다.

경계선 사례: 부정적인 스트레스 방지 모형

내가 생각한 마지막 모델은 〈그림 A6-2〉의 C에 나타나 있다. 여기에서는 스트레스와 지원

은 분리되어 있으며, 부정적 스트레스에 대해 반대되는 효과를 지니고 있다. 그러나 둘은 완전히 독립적이다. 이것은 〈그림 A6-2〉의 C에서 스트레스와 지원 사이의(경로가 없는 것으로 나타나 있다. 스트레스와 지원 사이의) 독립성 때문에 우리는 지원이 부정적 스트레스를 방해하는 역할을 한다고 말할 수 있다. 혹은 다른 방식으로 말하면, 일반화된 건강 유지 자원이라고 말할 수 있다. 두 가지 모두가 자원의 역할이 어떤 방식으로든 스트레스 수준에 달려 있지 않음을 적절하게 강조하고 있다.

이 모델에서는 각 스트레스 유발요인이 부정적 스트레스를 .50 징후만큼 증가시키며, 각각의 지원 접촉은 .25 징후만큼씩 감소시킨다. 그러므로 두 개의 지원 접촉은 하나의 스트레스 유발요인에 정확히 대응된다. 이것은 얼핏 보기에 지원이 스트레스 완충 역할을 하는 것으로 보이게 한다. 모델에 대한 정적인 해석에서는 지원은 스트레스의 영향에 직접 맞대응하는 것으로 여겨질 수 있다. 문제는 스트레스가 없는 상황 즉 어떤 척도가 사용되든 스트레스가 0에 가까운 상황에서 있게 된다. 이 모델에 따르면 지원은 스트레스가 0인 상황에서도 부정적 스트레스를 줄일 수가 있다. 이것은 모든 부가적인 모델에서도 그러하다. 그러나 매개 억제 모델에서는 지원은 스트레스 수준에 의해 발동되며, 부분적으로는 스트레스 수준에 의존한다. 그리고 이것이 스트레스 완충을 나타내는 결정적 사실이다. 현재의 경우에 있어서 지원의 영향은 분명히 스트레스의 존재에 대한 반응은 아니다. 보다 일반적인 것이 일어나고 있다. 즉, 스트레스 완충 그 자체의 경계 밖에 있는 무엇인가가 일어나고 있다고 결론짓는 것이 적절하다.

스트레스와 지원의 독립성은 단순한 부정적 스트레스 방해 모델을 스트레스 완충의 경우라고 보는데 두 번째의 문제를 야기한다. 스트레스와 독립적이며 부정적 스트레스를 감소시키는 변인은 무엇이든지 스트레스 완충 지원으로 볼 수 있다. 이것은 스트레스 완충 영역을 너무 넓혀서 스트레스 완충 자체와 부정적 스트레스 감소의 보다 일반적인 문제 사이의 구분을 못하게 한다. 요약하면, 스트레스 완충은 스트레스의 존재 여부와 명확히 관계가 없다.

이 모델을 보다 역동적인 용어로 생각할 수도 있다. 예를 들어, 개인이 두 개의 부가적 스트레스 유발요인에 노출되었다고 상상하라. 이 모델은 한 징후의 부정적 스트레스가 하나 증가한다고 기대해야 한다($2 \times .50 = 1$). 지원이 스트레스에 달려 있지 않기 때문에 스트레스의 변화로부터 지원의 변화가 따라 올 것으로 예언할 수 없다. 그러나 스트레스와 관계없이 무작위 표본의 어떤 하위 표본에게 지원 수준의 증가가 나중에 일어날 수도 있다. 개인이 4의 부가적 지원접촉을 받는다면 그 결과는 두 개의 부가적 스트레스 유발요인의 영향을 취소시킬 것이다(4의 접촉은 1의 부정적 스트레스 징후 감소를 이끈다). 그러나 이 모델의 정적 해석의 경우에 있어서와 마찬가지로 이러한 것을 스트레스 완충이라고 부르기에는 문제가 있다. 지원의 영향이 부가적 스트레스의 영향이 일어나고 난 후에 개입된다. 스트레스의 영향은 최소한 어떤 사람에게는 맞대응된다. 그러나 그것은 완충되지는 않는다.

모든 것을 고려하면 이러한 유형의 모델은 스트레스 완충의 영역으로부터 제외하는 것이 바람직하다. 그러나 이것은 포함되는 자원이 부정적인 스트레스의 경감에 적합하지 않다는 것을 의미하지는 않는다. 사실, 독립적인 부정적인 스트레스 방해 역할에 있어서 자원은 궁극적으로 스트레스 완충 역할만에서의 자원보다 부정적 스트레스나 병의 감소에 더 많이 관계될 것이다.

모형의 조합

모델들은 가장 초보적인 형태로 논의되었다. 부분적으로 논의의 용어를 단순화시키기 위해, 그러나 주로 스트레스의 효과와 관련해 대처 자원의 역할 가운데 근본적인 차이를 명확히 하는 것을 돕기 위해 많은 경우에 있어 상이한 모델은 대처 자원의 보충적 혹은 공존적인 역할 그러나 상호 배타적이지 않은 역할을 지칭하는 것이 분명하다. 실제로 우리는 〈그림 A6-1과 A6-2〉에서 고려하였던 모형들의 구조적 특성의 조합을 생각해야만 할 것이다.

예를 들어 사회적 지원을 위해 〈그림 A6-2〉의 C에서의 단순한 부정적인 스트레스 방해 기능과 〈그림 A6-2〉의 A의 설명적 기능은 둘 다 (어느 정도는 적용가능하다. 이를 알기 위하여 우리는 두 경우 모두) 사회적 지원의 수준을 예언하는 오차가 있다는 사실을 기억해야 한다. 만일 〈그림 A6-2〉의 A에서 사회적 지원의 스트레스에 대한 의존이 사실은 약하다면, 오차에 의해 대표되는, 사회적 지원의 다른 이유들이 보다 중요한 결정 요인을 이룬다는 것을 아는 것이 중요하다. 만일 사회적 지원에 있어서 90%의 변인이 스트레스의 결과를 고려한 후에도 설명되지 않는다면 이것은 스트레스의 변호와 관계없는 지원 수준의 변화가 많다는 사실을 나타내는 것이다. 그런 변화는 스트레스와는 독립적으로 움직이는 요인에 의해 야기된다. 대부분의 경우 지원은 부정적 스트레스를 경감시키는 역할을 할 것이다. 그러나 일부의 경우 설명적 역할도 한다. 이러한 특수한 예에 있어 특기할 중요한 일은 하나의 모델이 많이 적용되면 될수록, 다른 것은 적게 적용된다는 것이다.

이것은 다른 조합에서는 사실이 아니다. 스트레스 경감과 부정적인 스트레스 방해 역할 사이에는 꼭 긴장이 있는 것이 아니다. 우리가 스트레스 완충에 관심이 있다면 강조되는 것은 경감 역할이긴 하지만 스트레스와의 상호 작용에 직면하여 자원 "주요 효과"라는 다소 수정된 견해가 가능하다면(House, 1981; Finney et al., 1984) 자원이 높은 수준의 스트레스의 영향을 감소시키고 스트레스가 낮은 수준일 때 부정적 스트레스를 현저하게 감소시킬 수 있는 경우를 상상할 수 있다. 이 경우는 1) 스트레스가 거의 혹은 완전히 0일 때조차도 자원이 증가하여서 비롯되는 부정적 스트레스의 현격한 감소, 2) 스트레스가 증가함에 따라 부정적 스트레스에 있어서 더 큰 불일치를 포함한다.

이중 스트레스 완충 기능: 예시

두 종류의 스트레스 완충 기능이 적용되면 특히 중요한 역할의 조합이 생긴다. 이중적 완충 역할을 보이는 자원은 스트레스의 영향을 감소시키는데 두 배나 효과적이다. 이것이 어떻게 작용하는가를 보이기 위하여 4의 사회적 스트레스 유발요인에 노출된 결과를 추적하는 가설적 예를 구성할 수 있다. 우리는 이전의 변인을 표시하는 문자를 사용하여 지원의 경감효과를 나타내는 방정식으로 시작한다.

$$D = 3 + 1S - .50C - .35(S \times C) \qquad \text{(Eq. 13)}$$

〈표 A6-1〉은 모델에서 고안된 바의 스트레스의 영향과 예견된 부정적 스트레스를 이해하는 데 도움이 된다. 이 그림에서 모델 A는 비교를 위한 기초선이다. 방정식 13에서는 C=0으로 간주된다(지원 접촉이 없다). 스트레스의 구조적 영향을 방정식 13에서 보여지며, 부가적 스트레스 유발요인당 하나의 부정적 스트레스의 증가가 예견됨을 나타낸다. 그러면 4의 스트레스 유발요인에의 노출과 지원 접촉이 없는 것을 연합한 조건에서라면 부정적 스트레스의 수준은 얼마일까? 방정식 13에서 C=0, S=4를 대입함으로써 우리는 예견된 부정적 스트레스 결과가 7의 징후와 같다고 계산할 수 있다.

〈표 A6-1〉 B는 방정식 13에 의해 묘사된 경감 효과를 생각하고 있다. 그러나 우리는 사람이 지니고 있는 하나의 지원 접촉을 추가한다. 이 시점에서도 스트레스가 지원을 동원하는데 아무런 영향을 가지고 있지 않음을 여전히 가정하고 있다. 이 상황에서는 방정식 13에서 스트레스의 영향은 매 스트레스 유발요인당 .75만큼의 증후를 감소시키며, 예견된 징후는 5.5이다. 4의 스트레스 유발요인의 결과는 지원 접촉이 없었던 것에 비해 1의 지원 접촉에 의해 약간 감소되었다.

〈표 A6-1〉의 모델 2는 억압 효과 모델에서처럼 스트레스가 지원을 움직일 가능성을 추가한다.

$$C = 1 + .50S \qquad \text{(Eq. 14)}$$

이 영향의 결과는 무엇인가? 방정식 14에 대입하는 것은 4의 스트레스 유발요인이 1이 아니라 3의 예견된 지원 접촉을 가져온다는 것을 보여준다(〈표 A6-1〉의 모델 2). 2의 추가 접촉은 4의 스트레스 유발요인에 의해 움직이는 지원을 나타낸다. 이것은 스트레스의 영향에 대한 억압적이고 증가된 경감 결과를 가지고 있다. 우리가 C=3을 방정식 13에 대입한다면, 3의 지원 접촉의 조건을 반영하면, 우리는 스트레스 효과는 매 스트레스 유발요인당 .25의 징후이며, 4의 스트레스 유발요인의 조건 하에서 예견된 징후의 수는 2.5로 줄어든다. 모델 1b에 비해 모델 2에서의 3의 징후의 감소는 2의 부가적 접촉 때문이다. 확실히, 자원이 이중적 완충 역할을 할 가능성에 대해 민감해야 하는 것은 중요하다.

결론

이 예는 보다 일반적인 방식으로, 이 논문이 스트레스 완충에 대한 현재의 문헌과 후속 연구에 대해 어떻게 말하고 있는가를 물어보는 것이 유용할 것임을 나타낸다. 이 문제에 대해 세 가지의 대답 방식이 있다. 첫 번째는 상기한 예가 지닌 시사점을 더 생각하는 것이다. 대부분의 연구자들은 스트레스 완충을 하나의 형태로 보고 있다. 흔히 스트레스와 대처를 포함한 상호작용으로서 우리는 대처 자원이 억제 역할을 하는 증거를 제시하는 연구가 왜 그렇게 적은가－내 지식으로는 둘 뿐이다－에 관해서 의문을 제기해야 할 것이다. 가장 뚜렷한 대답은 아무도 그런 증거를 찾지 않았다는 것이다. 현재의 문헌들은 스트레스가 완충 자원을 발동시킬 것이라는 것을 제시하는 간접적은 것 이외에는 스트레스 완충으로써 억압적 역할을 한다는 지적은 없다. 이 논문은 적절한 증거를 위한 논의와 근거를 분명히 하는 모델을 밝혔다.

둘째, 이 논의에서 나오는 후속 연구를 위한 기초적 제안 하나는 완전한 스트레스 완충 효과를 이해하고자 한다면 단일 방장식으로 산출하기보다는 완전한 모형을 설정, 제시하고자 하는 것이 바람직하다. 주 효과나 상호작용 효과에 따른 대처에만 관심을 갖는 것은 불충분하며 단일 회귀분석의 결과를 검토하는 것도 한 방법일 수 가 있다. 회귀분석 모형 추정치는 독립변인이 각각 서로 어떻게 관련을 맺는가를 해결하지 못하므로 스트레스와 대처자원의 사례를 알 필요가 있고 중요한 정보자료를 제공해 줄 것이다. 최근에는 스트레스의 함수작용 관계에 있는 대처 자원 연구의 중요성을 강조하는 경향이 있다. 모든 방정식으로 스트레스와 대처자원 간의 함수 관계를, 그리고 스트레스와 대처 자원이 어떠한 관련성이 입는지를 예측, 측정이 가능하다.

마지막으로 개념적으로 스트레스 완충 개념을 세 가지 준거로 해석한다.

첫째, 스트레스 완충이란 스트레스에 노출되는 충격을 경감시키는 것이다.

둘째, 대처 자원에 따른 효과는 스트레스가 존재함으로써 구체화되고 활성화되기도 한다.

셋째, 스트레스 완충 효과는 결과적으로 건강에 영향을 주는 스트레스 충격 이전에 일어나야 하고 스트레스 발생과정과 스트레스 결과상에서 개입되어야 한다.

참고 문헌

Alwin, Duane F., and Robert M. Hauser (1975) "The decomposition of effects in path analysis."

American Sociological Review 40:37_47.

Aneshensel, Carol S., and Ralph R. Frerichs (1982) "Stress, support, and depression: A longitudinal causal model." Journal of Community Psychology 10:363_76.

Aneshensel, Carol S., and Jeffrey D. Stone (1983) "Stress and depression: A test of the buffering model of social support." Archives of General Psychiatry 39:1392_96.

Antonovsky, Aaron (1979) Health, Stress, and Coping. San Francisco: Jossey-Bass.

Billings, Andrew G., and Rudolph H. Moos (1981) "The role of coping responses and social resources in attenuating the stress of life events." Journal of Behavioral Medicine 4:139_57.

Brown, George W., and Tirril Harris (1978) Social Origins of Depression: A Study of Psychiatric Disorders in Women. New York: Free Press.

Cleary, Paul D., and Ronald C. Kessler (1982) "The estimation and interpretation of modifier effects." Journal of Health and Social Behavior 23:159_69

Cohen, Jacob, and Patricia Cohen (1975) Applied Multiple Regression/Correlation Analysis for the Behavioral Sciences. Hills-dale, NJ: Lawrence Erlbaum Associates.

Cronkite, Ruth C. and Rudolf H. Moos (1984) "The role of predisposing factors in the stress-illness relationship." Journal of Health and Social Behavior 25:372_93

Dean, Alfred, and Nan Lin (1977) "The stress-buffering role of social support: Problems and prospects for systematic investigation." Journal of Nervous and Mental Disease 165:403_17.

Dohrenwend, Barbara S., and Bruce P. Dohrenwend (1970) "Class and race as status-related sources of stress." Pp. 111_40 in Sol Levine and Normal A. Scotch (eds.), Social Stress. Chicago: Aldine.

Finney, John W., Roger E. Mitchell, Ruth C. Cronkite, and Rudolph H. Moos (1984) "Methodological issues in estimating main and interactive effects: Examples form coping/social support and stress field." Journal of Health and Socail Behavior 25:85_98.

Folkman, Susan, and Richard S. Lazarus. (1980) "An analysis of coping in a middle-aged community sample." Journal of Health and Social Behavior 21:219_39.

Golden, Robert R., and Barbara S. Dohrenwend "A path analytic method for testing causal hypotheses about the life stress process." Pp. 258_78 in Barbara S. Dohrenwend and Burce P. Dohrenwend(eds.), Stressful Life Events and Their contexts. New Brunswick, NJ: Rutgers University University Press.

Gore, Susan L. (1978) "The effect of cocial support in moderating the health consequnces of unemployment." Journal of Health and Social Behavior 19:157_65.

Gore, Susan L. (1981) "Stress-buffering functions of social supports: An appraisal and clarification of research models." Pp. 202_22 in Barbara S. Dohrenwend and Bruce P. Dohrenwend (eds.), Stressful Life Events and Their Contexts. New Brunswick, NJ: Rutgers University press.

House, James S. (1981) Work Stress and Social support. Reading, MA: Addison-Wesley.

Husaini, Baqur A., James Alan Neff, J. R. New-Brough, and Michael Seymour (1982) "The stress-buffering role of social support and personal competence among the rural married." Journal of Community Psychology 10:409_26.

Kessler, Ronald C. (1982) "Life events, social support, and mental health." Pp. 247_71 in Walter R. Gove (ed.), Deviance and Mental Illness. Beverly Hills, CA: Sage.

Kessler, Ronald C. (1983) "Methodological issues in the study of psychosocial stress."Pp. 267_341 in Howard B. Kaplan (ed.), Psychosocial Stress: Trends in Theory and Research. New York: Academic press.

Kobasa, Suzanne C., Salvatore R. Maddi, and Sheila Courington (1981) "Personality and constitution as mediators in the stress-illness relationship." Jouranl of Health and Social Behavior 22:368_78.

Kohn, Melvin L. (1972) "Class, family, and schizophrenia." Social Forces 50:295_302.

LaRocco, James M., James S. House, and John R. P. French, Jr. (1980) "Social support, occupational stress, and health." Journal of Health and Social Behavior 21:202_218.

Lefcourt, Herbert M. (1981) "Locus of control and stressful life events." Pp. 157_65 in Barbara S. Dohrenwend and Bruce P. Dohrenwend (eds.), Stressful Life Events and Their Context. New Brunswick, NJ: Rutgers University press.

Lin, Nan, Ronald S. Simeone, Walter M, Ensel, and Wen Kuo (1979) "social supprot, stressful life events, and illness: A model and an empirical test." Journal of Health and Social Behavior 20:108_19.

McFarlane, Allan M., Geoffrey R. Norman, David L. Streiner, and Ranyan G. Roy (1983) "The process of social stress: Stable, reciprocal, and mediating relationships." Journal of Health and Social Behavior 24:160_73.

Pearlin, Leonard I., Morton A. Lieverman, Elizabeth G. Menaghan, and Joseph T. Mullan (1981) "The stress process." Journal of Health and Social Behavier 22:337_56.

Pearlin, Leonard I., and Carmi Carmi Schooler (1978) "The structure of coping." Journal of Health and Social Behavior 19:2_21.

Sobel, Michael A. (1982) "Asymptotic confidence intervals for indirect effects in structural equation models." Pp.290_312 in Samuel Leinhardt (ed.), Sociological Methodology 1981. San Francisco: Jossey-Bass.

Thoits, peggy A. (1982a) "conceptual, methodological, and theoretical problems in studying social support as a buffer against life stress." Journal of Health and Social Behavior 23:145_59.

Thoits, peggy A. (1982b) "Lack of social supprot in the face of life stress: Explaining epidemiological distributions of psychological vulnerability." Paper presents at the National Conference on Social stress Research, University of New Hampshire, October 12_13, 1982.

Thoits, peggy A. (1982c) "Life stress, social support and psychological vulnerability: Epidemiologic considerations." Journal of Community Psychology 10:341_62.

Turner, R. Jay (1981) "Social support as a contingency in psychological well-being." Journal of Health and Social Behavior 22:357_67.

Turner, R. Jay (1983)"Direct, indirect, and moderating effects of social support on psychological distress and associated conditions." Pp. 105_55 in Howard B. Kaplan (ed.), Psychosocial Stress: Trends in Theory and Research. New York: Academic Press.

Wheaton, Blair (1983) "Stress, personal coping resource, and psychiatric symptoms: An investigation of interactive models." Journal of Health and Social Behavior 24: 208_29.

부록 7. 교사의 직무 스트레스와 탈진: 국제적 고찰*

학교 교사를 대상으로 직무 스트레스와 탈진에 대한 연구가 1970년대 중반까지는 극히 드문 것이 일반적인 현상이었다(Coateo와 Thoresen, 1976; Keavney and Sinclain, 1978; Kyriacou and Sutcliffe, 1977 참조). 그로부터 10년의 경과한 1980년대의 중반에 와서는 교사의 스트레스와 탈진에 관한 다음의 연구가 갑자기 증가했는데 멀리 떨어진 외국에서도 이것은 교사 스트레스와 탈진에 대한 국제적 관심이 제고되고 있음을 반영하는 것이다. UK(e.g. Kyriacou와 Pratt, 1985; Pont and Reid, 1985), (e.g. Farber, 1984; Mclntyre, 1984), 이스라엘(e.g. Kremer and Hosman, 1985; Smilansky, 1984) 그리고 오스트레일리아(e.g. Docking. 1985; Loughin. 1984) ILO(국제 노동 기구. 1981)가 최근에 발표, 보고한 교사의 근무 조건과 고용(Employment and Conditions of Work of Teacher) 자료는 이러한 특징을 반영하는 것이다.

교원조합 (예: Armes, 1985)과 잡지와 연구지에 논문으로 발표된 보고는 교사 스트레스와 탈진에 대한 관심의 진전을 반영한다.

더욱이 예시한 대로 발표된 연구 보고서는 이 주제에 대한 최근의 세계적인 관심에 비해 빙상의 일각에 해당하는 것이다. 이 주제를 취급한 교과 과정 및 협의회가 많으며 국제적인 통신 교환으로 다수 이루어지고 있다.

교사의 직무 스트레스와 탈진의 정의

교사의 직무 스트레스는 "교사로서 그의 직무의 어느 측면에서 발생되는 긴장, 욕구 좌절, 불만, 분노, 의기소침과 같은 불유쾌한 정서를 교사가 경험한 것"으로 정의된다(Kyriacou와 Sutcliffe, 1978a).

교사의 탈진은 "오랜 기간 동안 교사의 직무 스트레스에 노출된 결과로 발생된 증후군(신체적, 정서적 태도의 고갈)이다(Cunningham, 1983).

이들 두 정의가 광범위하게 자주 인용되고 있다.

---

*이 논문의 출처를 소개하면, 1) Chins Kyriacou, 2) Teacher Stress and Burnout, 3) Educational Research. Vol 29. No 2. June 1987.

교사의 직무 스트레스와 탈진의 모형

Kyriacou와 Sutcliffe(1978a)는 교사의 직무 스트레스 모형에서 교사의 스트레스 경험은 다음과 같은 상황을 교사가 지각함으로서 발생된다고 주장한다:

1. 교사 스스로가 만들어 낸 요구(demand)－능동적 적응을 통한 설정된 목표 지향적, 최대 만족을 추구하는 목적 지향적, 합리적 존재가 인간이다
2. 교사를 둘러싸고 있는 주위의 여건에서 비롯되는 요구에 부응하기가 곤란하거나 부응할 수 없는 경우
3. 실패나 좌절을 경험한 교사의 정신적, 신체적 안정에 위협이 되는 경우

이 모형의 핵심요소는 위협에 대한 교사의 지각 향성(teacher's perception of threat)이다.

여기에서 요구는 자기에 의해서 강제되었거나, 타인에 의해서 강제된 것이다.

안녕에 대한 대부분의 강력한 위협은 무능하기 때문에 해고되는 것에 대한 두려움, 타인의 이목, 자신의 자존심이나 체면 손상에 대한 두려움에 이르기까지 광범위하다. 여타의 스트레스 모형의 대다수는 주위 상황에 대한 교사의 지각 향성, 지각한 바를 교사가 통제할 수 있는가의 정도 등을 결정적으로 간과하고 있다는 것이 널리 용인되고 있다(Phillips, Lee, 1980; Payne, Fletcher 1983; Tellenback, Brenner, Côfgren, 1983).

관 심

교사의 직무 스트레스와 탈진을 축으로 했을 때 이에 관한 국제적 관심사는 (1) 오래도록 지속된 직무 스트레스는 정신적, 신체적 건강 악화를 초래하며, (2) 그렇기 때문에 교사의 직장 생활의 질을 개선해 보고자 하는 것이 공통의 관심사이고, (3) 스트레스와 탈진은 교사가 유능성을 과시할 수 있는 결정적 관여와 수업의 질, 학생과의 업무상의 관계를 유의미하게 악화시킬 수 있다는 점에 대한 우려를 들 수 있다.

여기에 해당하는 주장으로서 교사들은 봉급이 스트레스를 받는 교사를 보호하는 역할을 해야 한다는 교권 연맹의 주장을 포함하여 스트레스로 인해서 촉진된 건강 악화의 근거로 조기에 정년퇴직하는 교사에게도 연금을 지급해야 한다는 교사의 수가 증가하고 있다는 것도 해당한다.

교사의 직무 스트레스와 탈진의 정도 측정

교사의 직무 스트레스와 탈진이 얼마나 심각하고 널리 만연되어 있는가를 추정하는 것은

측정상에서 매우 난해한 문제이다.

교사가 그의 직무에 관해서 어떻게 느끼고 정서적 상대가 어떠한 가에 대한 자기 보고는 이용되고 있는 주관적인 방법이다(Hiebert와 Farber, 1984).

여기에는 자기 보고된 스트레스의 원인의 심각성의 평균치에 근거한 점수 또는 여러 가지 유사한 문항에 근거한 지수를 산출해 내는 반응 척도로 구성된 단일 문항 질문의 형태로 되어 있다. 광범위하게 이용되는 문항을 예시해보면, Kyriacou와 Sutcliffe(1978b)의 척도에서 인용 교사로서 근무하면서 일반적으로 스트레스를 일으키는 상황을 얼마나 발견하십니까?

5점 반응 척도(예컨대, 전혀 스트레스를 느끼지 않는다－0점에서 스트레스를 많이 받는다－4점 문항)에서 해당되는 항에서 표시한다.

Maslach의 탈진 검목표(Burnout Inventory, MBI)는 22문항을 3개의 하위 척도로 비교 평정하게 되어 있다: 정서적 고갈, 비인간적으로 된다. 개인적 업적(Maslach and Jackson, 1981) Pratts(1978; Teacher Event Stress Inventory, TESI)는 교사 스트레스를 46개로 그 원인을 간주하고 측정하도록 구성되어 있다.

다수의 이와 같은 도구가 오늘날 개발되어 사용되고 있다(e.g. Fanber, 1984; Fimian, 1984; Kremer and Hofman, 1985). 그 외에 통상적으로 불안 상태의 측정을 교원을 대상으로 널리 이용한다. 흥미롭게도 면접 자료는 실패하는 것 같다.

심장 박동률을 모니터한다든가 분석을 시도한다든가 하는 생리적 측정이 널리 이용되기도 하는데 이것은 말더듬, 안면 표정, 수업 '장기 결석으로 인한 사표 제출하는' 것과 같은 하나 또는 그 이상의 지표에 근거한 행동 측정을 한다.

세계적인 규모의 연구에서 전형적으로 대부분의 교사들이 스트레스와 탈진을 경험한다고 보고했다(Cunningham, 1983; Farber, 1984; Fletcher and Payne, 1982; Smilansky, 1984).

직무 스트레스 수준에 있어서 학교 교사들이 다른 전문직 종사자에 비해서(원 자료에서 구체적으로 어떤 직업인지 밝히지 않아서 알 수가 없다) 가장 높다는 것이 전형적으로 발견된다(Cox와 Brockley, 1984; Merell과 Wahlund, 1981). 그 외에 자기 보고된 교사의 스트레스는 정신건강 악화(mental ill-health, Fletcher and Payne, 1982; Galloway등., 1984; Kyniacou와 Pratt, 1985)의 지표와 전형적으로 상관이 있다는 것이 밝혀졌다. 이러한 사실이 밝혀졌음에도 불구하고 교사들의 심신의 건강이 다른 직업 종사자와 비교한 바에 의하면 교사들의 스트레스 관련 건강 악화가 심각하다는 증거를 제시해 주고 있지 못하다는 것을 보면 이 점에서 흥미롭다(Kyriacou, 1980b). 이것은 아마도 교사의 직무 스트레스가 과잉 보고되는 경향이 있다는 것이다.

학교 축제일이 심신의 질병을 발달시키는 것을 완화시키거나 바뀌어져 회복기간을 제공하는 것으로 설명되고 있는데 이것은 교사들 자신에 의하여 종종 주장되고 있음을 의미한다.

스트레스가 직무 만족의 여러 가지 결정 요인들 중의 하나라는 것(그 역도 성립된다는 것)과 교사들 중에는 스트레스를 경험함에도 불구하고 교직에의 만족도가 높다는 것을 이들은 밝혔다. 그런데 특별히 관심을 끄는 것은 Blase(1982)의 연구는 스트레스 경험의 결과로 직무의 결정적 관여(그들의 직무에 시간과 에너지를 기울이는 것) 수준이 저하되고 이러한 행동이 교사들로 하여금 미래에 탈진 가능성을 증대시킬 경향이 있다는 것이다.

교사의 직무 스트레스는 계획적 결근과 교직을 떠나고자 하는 요구(소망)와 관련이 있다는 것은 두 개의 상이하고 빈번히 논의되는 주제이다. 또 한편으로 자기 보고된 교사의 스트레스와 계획적 결근 사이에 관련성은 전형적으로 낮거나 의미가 없다는 것이다(Galloway 등., 1984; Kyriacou 및 Sutcliffe, 1979a). 아마도 계획적 결근은 여러 가지 사회적 요인의 주제가 되기도 하는 적지 않은 계획적 결근의 가능성은 교사에 따라서 스트레스를 감소시키는 수단일 수가 있다.

교직을 떠나고자 하는 의도는 자기보고된 교사 스트레스와 전형적으로 관련이 있으며 비록 현실적으로 사표를 제출하거나 조기에 은퇴하는 것은 일관성 있는 관계가 있다는 것이 확인된 너무 많은 다른 요인에 의하여 영향을 받는다는 것이다.

직무 스트레스의 원인

오늘날 다수의 변수들이 교사가 직면하는 스트레스의 중요한 원인을 확인하고 있다(e.g. Dunham, 1984; Fanber, 1984; Galloway 등 1984; Kremer-Hayon 및 Kurtz, 1985; Kyriacou 와 Sutcliffe, 1978b; Moracco, Danford and D'Arienzo, 1982; Pratt, 1978; Schwab, 1983; Smilansky, 1984).

분열적인 학생, 학업에 대한 천박한 태도, 과중한 근무 부담이 스트레스의 원인이 된다는 것이다. 부분적으로는 스트레스의 원인이 매일매일 반복되어 누가적인 영향을 끼친다는 것은 방심할 수 없는 것이다. 스트레스의 중요 원인의 목록을 나열한다는 것은 이 문제를 너무 단순화 시키거나 소박한 생각이다.

동료와의 관계, 근무조건의 어느 국면, 학생의 일탈 행동, 급료, 지위 및 역할 갈등도 교사의 직무 스트레스 발생의 중요 원인으로 지목되고 있다.

성격 요인

교사의 성격과 스트레스 및 탈진과의 관련성을 탐색한 다수의 연구들이 있다. 이러한 연구는 두 가지 단점이 있다.

첫째, 교직이라는 직업을 선택한 사람들은 자신이 선택한 집단의 일부를 대상으로 연구한

다는 것

둘째, 선택한 교직을 지키는 교사들은 여러 가지 복잡한 요인들의 결과로 잔존한 사람들이 현재도 교사로 재직하고 있는 것이다.

성별, 연령, 교직 경험 기간 및 학교 내에서 점하고 있는 위치와 같은 인구 통계학적인 특성은 많은 의미를 함유(含有)하고 있는 주제이다.

전체적으로 이와 같은 차이가 일관성 있는 방식으로 스트레스와 탈진에 관련이 있다는 것이 나타나지 않는다(Kuriacou와 Sutcliffe, 1978b; Lughlin, 1984). 그럼에도 불구하고 이와 같은 인구 통계학적 특성이 다른 변인들 사이의 관련성을 경감시키며 스트레스 경험의 원인이라고 보고되기도 한다.

위협에 대한 교사의 지각과 스트레스 경험에서 중시되는 문제가 중요시되고 있으며 통제 영역이 성격 차원에서 광범위하게 연구되고 있다. 통제 영역이 교사 자신에게 있다는 것(내재적 통제에 따른 신념)과 행운, 운명 및 영향력 있는 개인(개재적 통제에 따른 신념)의 통제에 지배를 받는다는 것 이 양자는 연속선상에 있는 변인으로 간주된다. 이 통제 영역과 교사의 직무 스트레스간의 관련성을 연구한 바에 의하면 외부의 영역이 외재적이라고 믿는 교사가 스트레스를 더 많이 받으며 스트레스에 더 민감하게 영향받기 쉽다는 것이다(Mclntyre, 1984; Kyriacou와 Sutcliffe, 1979b).

최근에 Kremen와 Hofman(1985)의 연구에서 교사의 탈진과 직업적 정체성의 강도 사이에 유의한 부정적 상관이 있음에 흥미 있게 보고되었다. 그러나 정체성의 강도가 탈진에 방해가 되는지 교사의 직업적 정체성에 대한 점진적 쇠퇴가 탈진 증후군을 부분적으로 구성하는지는 명확하지 않다.

스트레스와 탈진에 대한 대처

교사가 스트레스와 탈진에 어떻게 대처하는가에 각별한 주의가 기울여져 있다(Dunham, 1983; Gmclch, 1983a, 1983b).

대처에는 두 가지 중요한 책략이 개입되어 있다는 것이 나타난다.

첫 번째 책략은 직접적인 행동으로 대처하는 것이다. 스트레스의 원인을 긍정적으로 취급하는 것이 포함된다(e.g. 학생들의 동기를 유발시키기 위하여 교육과정을 바꾸거나) 이런 직접적 대처가 효과적이라면 매우 바람직한 책략이 된다.

두 번째 책략은 경감 기법(Palliative Techniques)으로서 스트레스의 원인을 본질적으로 수용하는 것으로서 스트레스로 인한 정서적 경험을 가라앉히고자 하는 것이다. 여기에는 두 가지 방안이 있다.

1. 정신적 기법으로서 주변 상황에 대한 교사의 지각 향상을 변경시키는 것, 즉 유머러스한 측면에서 사물을 보고자 노력하는 것
2. 신체적 기법은 긴장 이완 운동, 알코올, 학교 일과 후에 테니스 비슷한 구기를 하는 것 등이 있다.

많은 연구들이 교사들이 어떤 방식으로 스트레스에 대처하는가를 조사한다(Dewe 1985; Dunham, 1983; Kyniacou, 1980c, 1980d). Kyriacou(1980c)는 집단의 대처 행동을 요인 분석하여 세 가지 범주로 분류한다.

- 느낌을 분석하고 사회적 지지를 모색하는 것
- 심사 숙고하여 행동을 취하는 경우
- 타인의 입장에서 생각해 보는 것(역지사지)

Dewe(1985)는 뉴질랜드의 초등학교 교사를 대상으로 한 연구에서 요인 분석을 하여 대처 책략을 다섯 개 유목으로 분류, 확인하였다.

1. 스트레스 상황이 방치되도록 내버려 둔다.
2. 합리적이고 과제 지향적인 행동을 한다.
3. 수업에서 보수적인(신중한) 접근방법을 적용한다.
4. 동료의 지지를 활용한다.
5. 관점을 주입시킨다(설득한다).

Kyriacou(1980)는 영국에서 종합학교 교사들이 빈번히 사용하는 대처 기법을 조사하였다.

1. 맞대면을 피하려고 노력한다.
2. 일과 후에 긴장 이완을 위해 노력한다.

학교내에서 동료로부터 사회적 지지의 중요성과 가정에서 가족이나 사회에서 친구로부터의 친밀성의 정도는 대처 책략 논의에 있어서 그 중요성이 재인식되어야 한다는 쪽으로 관심이 극대되고 있다(Flecher and Payne, 1982; Kyriacou, 1981). 불행스럽게도 학교 문화와 동료들에게 알리고 싶지 않은 것을 마지못해 털어 놓는 것을 싫어하기 때문에 많은 교사들이 이러한 지지를 활용하지 못하며 수단화하기가 곤란하다는 문제가 수반된다.

스트레스의 원인을 보다 효과적으로 취급할 수 있게끔 교사를 조력하기 위하여 교사의 현직 연수 과정에서 스트레스 문제를 다루는 것이 효율성을 제고시킨다는 시각을 나타낸 연구가 있으나 모호한 결과가 나타났다(Docking, 1985; Woodhouse, Hall과 Wooster, 1985). 일

반적으로는 교사의 직무상의 요구에 부응하는데 따르는 직업상의 기능과 유능성을 개선시키는 것을 목적으로 마련된 책략이 교사의 스트레스 경험을 경감시키고자 하는 심리적 기법을 개발하는 것을 목적으로 마련된 책략보다 더 성공적이라는 것이 입증되었는데 그러나 그 결과는 항상 일치되는 것은 아니다.

스트레스 대처책략에 대한 대부분의 논의는 1) 교사가 당면하는 요구를 다루는 요령, 2) 스트레스의 원인을 확인하고 이해하거나 스트레스를 다루는 전문적 기능을 개발시키는 것 3) 효과적인 대처 책략 및 기법을 활용하는 것이 요구된다는데 초점이 집중되고 있다(lawniki, 1983; Riccio, 1983; Sparks, 1983). 결국 대처책략 논의에 있어서 개인으로 교사들이 스트레스를 어떻게 경감시킬 수 있는가에 논의의 초점이 집중되고 있다. 그러나 아울러서 학교가 어떻게 조직관리, 행정적 배려, 교직원간의 인간관계의 측면에서 근무 조건 및 교육과정 조건상, 운영 과정상에서 그리고 학교의 통제 속에서 스트레스의 원인을 최소화하고 학교 경영의 실제에서 스트레스 대처 책략을 채택함으로서 교직원들의 스트레스를 경감시키기 위하여 학교를 어떻게 운영해야 하는가에 대해서 많은 관심이 기울여져야 한다.

교사 스트레스와 탈진을 학교가 어떻게 경감시킬 수 있겠는가에 대한 논의는(e.g. Fletcher와 Payne, 1982; Dunham, 1980; Kyruiacou, 1981), 학급 크기를 줄이고 매 수업일마다 많은 예습 시간을 교사들에게 부여하고, 학교 내에서 원활한 의사소통과 조직을 하고 사회적 지지의 풍토를 개선하고 전문성 개발, 교직원이 유도하는(staff induction) 보다 효과적인 프로그램, 교사의 노력에 대한 명확한 인식 및 직무 과제 및 기대에 대한 명확한 진술이 제공되어야 한다는 것이 결론이다.

참고 문헌

Chadwick-Jones, J. K., Brown, C.A. and Nicholson, N. (1973). 'Absence from work: its meaning, measurement and control', *Int. Rev. Appl. Psychol.*, 22, 137-55.

Chandler, S. M. (1975). Teacher stress and job satisfaction as they relate to the implementation of a court-ordered desegregation plan, EdD thesis (University of Tennessee), *Dissertation Abstracts International*, 1976, 36 (7-A), 4144-5.

Charters, W. W. (1970). 'Some factors affecting teacher survival in school districts', *Am. Educ. Res. J.*, 7, 1-27.

Coller, R. D. (1975). An analysis of teacher absenteeism and its relationship to teacher morale and demographic characteristics of teachers, PhD thesis (University of Michigan), *Dissertation Abstracts International*, 1976, 36 (10-A), 6388.

Cortis, G. A. (1973). 'The assessment of a group of teachers in relation to earlier career experience',

Educ. Rev., 25, 112-23

DES (Department of Education and Science) (1973). 'The supply of teachers', *Reports on Education*, No. 78.

DES (1974). 'Teacher turnover', *Reports on Education*, No. 79.

DiCaprio, P. R. (1974). A study of the relationship of organizational climate to job satisfaction of teachers in selected rural and suburban secondary schools, EdD thesis (State University of New York at albany), *Dissertation Abstracts International*, 1974, 35 (6-A), 3334.

Douglas, S. A. (1976). Social-psychological correlates of teacher absenteeism: a multi-variate study, PhD thesis (Ohio State University), *Dissertation Abstracts International*, 1977, 37 (11-A), 7033-4.

Doyle, T. A. (1974). A comparative analysis of the relationship o f job satisfaction to salary between selected teachers of St Louis county and selected rural teacher of Missouri, PhD thesis (St Louis University), *Dissertation Abstracts International*, 1975, 36 (6-A), 3282-3.

Dunham, J.(1976). 'Stress situations and responses'. In National Association of Shoolmasters(Ed) *Stress in Schools*. Hemel Hempstead: National Association of Schoolmasters.

Frank, T. G. (1975). Teacher absenteeism: a study of the association of selected teacher-reported job attributes and frequency of absence, PhD thesis (State University of New York at Buffalo), *Dissertation Abstracts International*, 1975, 36 (3-A), 1207.

General Household Survey, 1975 (published 1978). London: HMSO.

Jessup, G. and Jessup, H. (1975). *Selection and Assessment at Work*. London: Methuen.

Kyriacou, C. and Sutcliiffe, J. (1977). 'The prevalence of stress among teachers in medium-sized mixed comprehensive schools', *Res. in Educ.* No. 18, 75-9.

Kyriacou, C. and Sutcliiffe, J. (1978a). 'A model of teacher stress', *Educational Studies*, 4, 1-6.

Kyriacou, C. and Sutcliiffe, J. (1978b). 'Teacher stress: prevalence, sources and symptoms' *Br. J. Educ. Psychol.*, 48, 159-67.

Murrell, H. (1977). The Tangled Skein of Stress Research. Paper presented at the BPS Occupational Psychology Section symposium 'Stress in Industry', London business school, 15th October 1977.

Nicholson, N., Wall, T. and Lischedron, J (1977). 'The predictability of absence and propensity to leave from employees' job satisfaction and attitudes toward influence in decision-making', *Hum. Realt.*, 30, 499-514.

Pratt, D. (1977).'Predicting teacher survival', *J. Educ. Res.*, 71, 12-18.

Price, L. W. (1970). Organizational strees and job satisfaction in public high school teachers, PhD thesis (Stanford University). *Dissertation Abstracts International,* 1971, 31 (11-A), 5727-8.

Rudd, W. G. A. and Wiseman, S. (1962). 'Sources of dissatisfaction among a group of teachers', *Br. J. Educ. Psychol.*, 32, 275-91

Simpson, J. (1962). 'Sickness absence in teachers', *Br. J. Industrial Med.*, 19, 110-15

Simpson, J. (1976). 'Stress, sickness absence and teachers'. In: National Association Of Schoolmasters (Ed) stress in schools. Hemel Hempstead: National Association of Schoolmasters.

Slick, G. H. (1974). The relationship of organizational climate factors which influence morale and other selected variables to absence frequency, EdD thesis (Temple University), *Dissertation Abstracts International*, 1975, 35(8-A), 4947.

Start, K. B. and Laundy, S. (1973). 'Successful teachers in the secondary school'. *Res. in Educ.*, No.9, 1-15.

Taylor, J. K. and Dale, I. R. (1971). *A Survey of teachers in their First Year of Service*. Bristol: University of Bristol.

Warr, P. and Wall, T. (1975). *Work and Well-being*. Harmondsworth : Penguin.

부록 8. 학교의 조직 건강과 교사의 직무 스트레스간의 관련성*

정규 학급 교사의 직무 스트레스와 공립 고등학교의 조직 건강과의 관계가 설명적 경로분석 모델로 설명되었다. 이 모델에는 교사 스트레스, 교사 욕구만족의 세 측면, 학교 조직 건강의 일곱 가지 측면, 세 가지 통제변인이 포함되었다. 교사 스트레스의 평균 수준이 학교들에 따라 어떻게 변화하는지를 알아보기 위해 분석이 실시되었다. 추후분석이 학교 내의 교사들 사이의 스트레스 수준의 변화를 검토하였다. 연구결과 세 측면의 조직건강이 낮은 스트레스를 주는 학교와 관련되어 있다고 확인되었다. 또한 교사들 사이의 개인차가 조직건강과 관련된 학교 차이보다 스트레스의 이해에는 더 중요하다는 것도 밝혀졌다.

서 론

많은 연구들이 교사의 직무 스트레스와 학교 조직 환경에 대한 교사들의 인식 사이에는 관계가 있음을 보였다. 그러나 교사들의 이러한 인식은 학교 조직 환경이 스트레스의 근원(Malsch, 1978)이기 때문에 혹은 개별교사가 그런 환경에 상이하게 반응하기 때문에(Lazarus, 1966) 일어날 수 있다. 스트레스를 환경적으로 보거나 반응적으로 보는 두 가지 해석은 완전히 다르다. 왜냐하면 하나는 조직 스트레스의 관리에 대한 책임을 조직에 두며, 다른 하나는 교사에 두기 때문이다. 조직 스트레스 이해를 위한 이러한 두 가지 방식에 대한 선행 연구 자료는 거의 없다.

이 연구는 교사의 직무 스트레스와 관련요인에 대한 두 가지 설명을 검증하기 위한 경로분석 모델을 사용한다. 이 연구는 조직 스트레스에 대한 양쪽 설명이 어느 정도는 사실이라고 가정하며, 특히 다음과 같은 세 가지 질문에 대답하기 위해 계획되었다.

1. 교사의 직무 스트레스의 학교 평균수준은 얼마나 또 어떤 방식으로 학교전체 교사들이 인식한 학교 조직 건강과 관련되는가?
2. 교사의 직무 스트레스의 개인적 수준은 학교 조직 건강에 대한 개별교사의 인식과 얼마

*이 논문의 출처를 소개하면, John A. Hubert, Robert K. Gable, and Edward F. Iwanicki. The Relationship of Teacher Stress to School Organization Health. S. B. Bacharach,(ed.) (1990). *Advances in Research and Theories of School Management and Educational Policy.*

나 또 어떤 방식으로 관련되는가?

3. 교사의 직무 스트레스를 설명함에 있어서 학교요인과 개인요인은 얼마나 중요한가?

이론적 고찰

교사의 직무 스트레스

스트레스는 Maslach와 Jackson(1981)의 연구에 근거하여 정의되며, 세 가지 요소로 구성되어 있다. 정서적 고갈은 정서적으로 고갈되고 일의 결과로서 지친 느낌이다. 비인간화는 동료와 고객으로부터 간격을 두는 경향이다. 마지막으로 사회사업 전문가가 그들이 진정으로 원하는 결과를 획득하지 않았다면 그들은 개인적 성취감의 느낌을 결여하고 있다.

Iwanicki(1983)의 분석에 의하면, 그 연구는 교사의 직무 스트레스의 수준은 스트레스의 근원으로서 조직과 역할에 관련된다고 가정하였다 조직에서의 스트레스 유발요인은 근무 조건에서 생긴다. 역할관련 스트레스 유발요인은 성격과 직업에 관련된 교사의 양성에서 생긴다.

정서적 고갈(emotional exhaustion), 비인간화(depersonalization), 개인적 성취감(personal accomplishment) 저하는 각각 조직 스트레스와 직접 관련되며, 혹은 각각은 역할 관련 스트레스를 통하여 조직 스트레스와 간접적으로 관련된다고 가정된다.

이 개념은 Maslach와 Lazarus의 관점을 포괄하는 현재의 연구에서 더 자세히 나타나 있다. 환경적 스트레스 유발요인은 전체적으로 학교에서의 스트레스 수준에 영향을 미치는 것으로 생각된다. 대비해 보면 교사의 태도로부터 생겨나는 스트레스와 이러한 환경에 대한 반응속의 대처 전략은 반응적 스트레스라고 말한다. 반응적 스트레스는 조직에 대한 개인의 인식의 기능이라고 가정되었다. 환경적 반응적 스트레스는 정서적 고갈, 비인간화, 개인적 성취감 저하의 각 모델에 두 가지 수준을 제공하여 전체 여섯 가지 모델 요소를 만든다.

정서적 고갈의 모델이 〈그림 A8-1〉에 묘사되어 있다. 〈그림 A8-1A〉는 환경 스트레스의 모델이다. 정서적 고갈의 평균 수준은 학교에서 교사에 의해 평균적으로 인식된 조직 스트레스와 직접적으로 관련되어 있으며, 정서적 고갈에 대한 조직적 스트레스로부터 수평적 경로로 보여진다. 또한, 교사 스트레스의 평균 수준은 역할 관련 스트레스의 평균 수준을 통해 조직 스트레스의 평균 수준에 간접적으로 관련되며, 조직 스트레스로부터 역할 스트레스를 경유하여 정서적 고갈에 이르는 경로로 나타난다.

〈그림 A8-1B〉는 교사 개인 수준에서 반응적 스트레스를 묘사한다. 이 수준에서는 특정 학교에서 교사 스트레스의 개별적 수준은 스트레스의 원천으로서 조직에 대한 인식에 따라 직접 변화할 것이다. 스트레스의 개별적 수준은 또한 역할 관련 스트레스 요인을 통해 학교 조직에 대한 인식에 간접적으로 관련된다. 정서적 고갈, 비인간화, 개인적 성취감에 대한 모델

〈그림 A8-1〉 중등학교 교사에 대한 조직 스트레스의 환경과 반응 자원에 관한 예비 개념

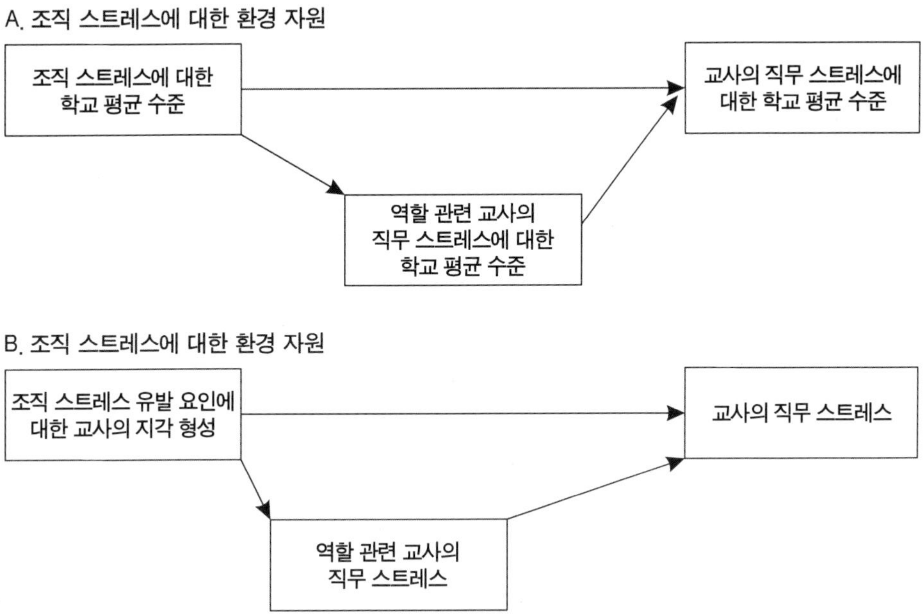

은 모두 같다.

조직 스트레스와 역할 관련 스트레스의 개념은 다양한 스트레스 유발요인 구성 요소를 포함하는 광범위한 개념이다. 본 연구에서 사용되는 이 두 중심 개념의 정의는 아래에 제시된다.

교사의 직무 스트레스의 유발 조건인 조직적 근원

본 연구는 "조직 건강(Organization Health)"이라고 불리는 Miles(1969)의 이론들을 이용하여 스트레스의 조직적 근원을 개념화하고자 했던 Iwanicki(1983)의 제안을 사용한다. Miles의 틀 안에서 조직 건강은 일련의 10가지의 조직적 특성으로 구성되어 있다.

- 조직의 목적
- 의사소통의 적절성
- 권력 배분의 평등(교사와 행정가 사이의 권력과 영향의 배분)
- 자원 이용(사람과 다른 자우너의 효율적 이용)
- 응집력
- 사기

- 혁신성
- 학교 자율성
- 적응성
- 문제 해결의 적절성

이러한 특성은 모든 학교 과업이 취하고 있는 방식을 전형화하는 행동과 관계를 칭한다. 이것은 특정한 사람이나 조직의 과업을 말하는 것은 아니다. 그러나 대부분의 경우 과업이 행해지는 방식을 특징짓는 "second order" 유형을 말한다.

교사의 직무 스트레스에 관한 연구들은 이들 측면의 몇 가지는 교사의 직무 스트레스와 관련될 것이라고 제시하고 있다. 교사들에 의해 가장 자주 보고되는 관심사는 시간압력, 과도한 사무, 회계 업무, 자원 유용성 등(Resource Utilization) 부실의 측면이다. 이런 범주 안에는 자료, 시설의 부족, 비효율적 조직, 자원이나 의논기능의 부족 등이 포함된다(Bausch, 1981/1982: Cichon & Koff, 1980; Fletcher & Payne, 1982; Kyriacou & Sutcliffe, 1978: Olson & Matuskey, 1982; Turk & Litt, 1982).

최선의 권력 균일화(Optimal Power Equalization)의 두 가지 측면은 교사 스트레스의 근원으로 흔히 인용된다. 하나는 일상 업무에 영향을 미치는 정책 결정에 교사가 영향을 거의 미칠 수 없다는 것이며 다른 하나는 자신의 일을 자기 방식대로 할 수 있는 재량권 혹은 자율성이 없다는 것이다. 권력의 남용(Bausch, 1981/1982), 행정적 의사결정(Pierson & Archambault, 1982), 교사-행정가 규칙(Amodio, 1981/1982), 주요 결정에 영향을 미칠 기회가 없는 것(Kyriacou & Sutcliffe, 1978) 등이 모두 교사에게 관련되는 스트레스의 근원으로 경험적으로 지지되는 권력과 권위의 문제이다.

학교 사기(Morale)의 측면들로 스트레스의 근원으로서 이야기된다. 일반적으로는 인식 또는 관심의 결여, 특수하게는 과외 노력에 대한 인식의 부족이 스트레스를 주는 것으로 Kyriacou와 Sutcliffe(1978)에 의해 밝혀졌다. 그들은 학교 지도자와 동료의 행동과 태도가 부족한 점, 학생 태도의 부족이 "학교 풍토"와 관련된 전체적 관심의 일부라고 보고한다. 결과에 대한 만족이 없는 것(Fletcher & Payne, 1982)도 교사 스트레스와 관련된 다른 측면이 된다.

어떤 증거들은 조직 건강의 다른 측면들이 교사 스트레스와 관련된다고 제시한다. 교사에게 지워지는 비현실적 기대(Bausch, 1981/1982)는 잘못된 목적이 증거가 될 수 있다. Lemaster(1981)는 스트레스가 의사소통의 적절성 부족을 나타내는 학교 분위기의 "개방" 측면과 관련된다고 제시한다.

많은 연구들은 조직요소가 교사 스트레스의 근원이라고 결론을 내린다. 우리의 검토는 Mile의 조직건강의 측면은 이런 조직적 요소가 교사의 직무 스트레스의 근원으로 가장 자주 인용된다는 점에서 학교 조직을 측정하기 위한 적절한 틀을 제공해 준다는 것을 나타낸다.

많은 성격적, 기능적 요소(skill factors)가 역할 관련 스트레스에 있어서 중요하다고 가정할 수 있다(Blase, 1982). 이 연구는 교사 욕구만족을 교사의 직무 스트레스와 강하게 관련된 것으로 알려진 역할 관련 요소로서 선택하였다.

욕구만족의 개념은 Maslow(1943)의 연구에서 비롯된 것이다. Porter(1961)는 중간관리자의 동기를 연구하기 위해 Maslow의 연구를 적용하였다. 우리 연구는 직업 욕구만족이 안전, 사회적, 존경, 자율성, 자아실현의 5개 영역에서 작용함을 발견하였다. Anderson(1980)은 Porter의 욕구 중 2개의 높은 수준, 자아실현과 존경이 정서적 고갈과 가장 강하게 관련되어 있으며, 비인간화와 개인적 성취와는 덜 관련됨을 밝혔다. 몇몇 교사 집단에 대한 연구에서 Pierson과 Archambault(1982)는 스트레스의 상이한 측면에 대해서 약간 다른 유형이 있으나 자아실현과 사회적 욕구가 스트레스의 중요한 예측 지표임을 발견하였다. 이 두 가지 연구는 스트레스와 교사의 욕구 만족 사이에는 강한 관련이 있음을 지적한다.

Carver와 Sergiovanni(1971)는 교사 욕구 만족의 측면은 학교 조직에 적용된 Hage(1965)의 공리(axiomaic) 변인과 관련됨을 발견했다. Hage의 변인은 본 연구에서 검토된 것과는 다르지만 그의 연구의 결과는 직장에서의 욕구만족이 조직 특성과 관련됨을 보여주는 경향이 있다. 그러므로 그 연구는 본 연구에 제시된 조직 스트레스의 모델에서 욕구만족의 역할에 대해 지지해 준다.

개인적 · 직업적 변인

많은 연구들이 스트레스 변인과 개인적, 전문적 변인과의 관계를 검증했으며, 결과는 여러 가지이다(Fimian, 1982/1983). 어떤 연구들은 차이가 없다고 했으며, 많은 연구들은 남자, 젊은 교사, 경험이 적은 교사가 더 많은 스트레스를 받는다고 한다(Anderson, 1980; Crane, 1982; Fimian, 1982/1983; Raison, 1981; Schwab, 1981). Schwab 와 Iwanichi(1982)와 Areenich(1981/1982)는 초등학교, 중학교, 고등학교에서 가르치는 교사들 사이에 스트레스의 수준이 다르다고 하였다. 교사 교육의 정도, 학급 크기, 다른 변인들은 별 차이가 없었다(Fimian, 1982/1983).

요약하면, 경험적인 연구들은 스트레스를 통제하기 위해 교사의 직무 스트레스를 연구하는 연구들에게 교사 스트레스는 나이, 성, 교직경력, 가르치는 학년 수준에 따라 달라진다고 시사한다.

연구 방법

연구 설계

우리의 목적은 지표로서 교사 욕구만족과 학교 조직 건강 변인을 사용하여 교사 스트레스의 이중 수준의 설명적 경로 분석 모델을 검증하는 것이다. 아울러서 교사의 성, 교사의 나이, 교육경험의 길이는 통제 변인으로 채택되었다. 모델은 50개의 Connectcut 공립 고등학교와 교사들에 대한 표본에서 검증되었다.

분석 단위

방법론적 문제인 "분석 단위"가 연구배경에서 제기된다. 여기에는 자료 수집과 관련되는 하나 이상의 연구 문제 혹은 자료 수집의 대상이 되는 개인이나 집단이 포함된다. 분석 단위에 대한 문헌은 많이 있으며, Cronbach(1976)이 유력한 종합을 제공하고 있다. 그는 각 연구문제가 그것이 언급하고 있는 수집 수준을 조심스럽게 검증해야만 한다고 했다(학급, 학교, 교육구 등). 그리고 연구 계획의 각 수준은 연구에서의 각 문제에 적합하게 마련되어야만 한다고 했다. 결과로서 나타나는 절차는 다단계 표집 계획과 각 단계의 수집에서 문제들이 따로 연구될 수 있도록 된 자료들을 포함한다.

본 연구에서는 연구 문제는 학교 수준과 교사 수준에서 각각 제기된다. 이것은 두 단계의 표집 계획을 하도록 한다. 학교의 표본이 먼저 이루어지고 다음에 재직학교에서 교사가 표집되었다.

학교 수준에서의 자료는 각 학교를 하나의 사례로 포함하였고, 각 변인은 그 학교의 교사의 반응 평균으로 조작하였다. 성(Gender)은 학교에서의 남성 비율로 조작하였다. 교사 수준에서는 자료는 각 응답 교사를 하나의 사례로 구성하였다. 각 구성은 "편차점수"로 조작화되었다. 즉 교사가 획득한 점수에서 그 학교의 평균점수를 뺀 것이다(Cronbach, 1976).

학교 수준에서의 각 모델의 구성요소는 본 연구의 중요한 부분이었다. 학교의 표집과 학교 평균 자료의 분석은 본 연구와 스트레스의 조직적 근원에 대해 우리가 알고 있는 다른 연구를 구분해주는 두 가지 특성이다. 이 연구의 두 가지 측면은 반응적 스트레스에 반대되는 것으로써 환경적 스트레스의 근원으로써 조직에 대한 결론을 이끌어 내기 위한 기초를 제공해준다. 이 측면들은 학교에 따라 교사 스트레스가 차이가 나는 정도와, 평균 스트레스의 차이가 Maslach(1978)가 주장한 것처럼 조직적 특성에 관련되는 정도를 보여줌으로써 환경적 스트레스를 확인할 수 있게 해준다. 다른 연구들은 교사들이 개인적으로 그들의 조직과 동료가 스트레스의 근원이라고 인식하고 있다는 것과 높은 수준의 개인적 스트레스를 나타내는 교사들은 자신의 조직을 비효율적이라고 보는 경향이 있음을 보여줄 수 있을 뿐이다. 그러나 그런 연구들은 학교가 대부분의 교사에게 영향을 주는 조직적 스트레스의 근원인지, 혹은 가장 비효율적 태도와 대처 기술을 지닌 교사들이 자신의 스트레스를 공통된 상황에 대한 부적절한 반응을 통해 일반화하는지를 알려주지 못한다.

경로 분석

경로 분석은 인과적 모델 검증의 한 형태이다. 경로 분석에서 첫 번째 단계는 포함된 변인을 상세화하고 그것들이 어떻게 인과적으로 관련되었다고 생각되는지를 밝혀주는 경로 모델을 형성하는 것이다. 경로 분석의 두 번째 부분은 경로 모델을 검증하는 것이다. 경로 모델의 검증은 세단계로 구성되어 있다. 첫째, 일련의 중다 회귀분석이 모델 내의 각 경로의 중요성을 측정하기 위해 사용된다. 둘째, 모델은 중요하지 않은 경로나 변인을 제거하여 단순화된다. 셋째, 효과가 직접, 간접, 가짜 요소로 분해되고 적합한지 검증된다(Pedhazur, 1982).

표집

본 연구는 2단계의 표집 과정을 사용하였다. 첫 단계에서 Connecticut 공립 고등학교 모집단에서 90개의 학교가 단순 무선 표집되었다. 이 중 지역사회의 유형, 학교 크기의 대표가 되는 50학교가 참여에 동의하였다.

두 번째 단계에서 각 학교당 평균 26명의 교사가 정규 학급교사 명부에서 무선으로 뽑혔다. 주요 연구 관심이 학교에 초점을 두고 있기 때문에 각 학교에서 선택도니 교사의 수는 각 학교마다 정확하게 변량 평균을 추정하도록 계획되었다(Cochran, 1977). 표집에 포함된 학교는 크기에 있어 각 학교당 25명에서 120명의 교사에 이르기까지 다양하였다. 교사 표본의 계획은 가장 작은 학교에서는 18명(72%)에서 가장 큰 학교에서는 31명(26%)까지였으며, 전체 표본 규모는 1300명의 교사였다. 이용가능한 자료는 786명의 교사(60.5%)로부터 다음 도구에 대해서 얻어졌다.

연구 도구

인식된 교사 스트레스는 Maslach의 탈진 항목표(Burnout Inventory; MBI)를 사용하여 측정되었다. 8점의 Likert 척도를 이용하여 MBI는 9항목으로 정서적 고갈을 측정하고, 비인간화는 5항목으로, 개인적 성취는 8항목으로 측정하였다. 원래 도구에서의 "고객"이라는 용어는 Mu(1981)가 개발한 것처럼 "학생"이라는 용어로 대치되었다. 원래 척도의 각 항목은 한번은 강도로 한번은 빈도로 평정되었다. 그러나 본 연구는 Iwanicki와 Schwab(1981)에 의해 제시된 것처럼 강도 반응만 사용하였다.

원래 MBI의 내용 타당도는 임상적 경험과 유사한 도구의 검토에 의해 기본적인 항목으로 확립되었다. 구인 타당도는 배우자와 동료 다양한 직업 특성관의 관계에 대한 평정은 나중에 Iwanicki와 Schwab(1981)에 의해 교사 표본 가운데 지지되었다. 그들은 내적 일치도 신뢰도가 세 가지 강도 하위척도별로 각각 .89, .79, .75라고 밝혔다.

욕구만족은 안전, 사회적, 존경, 자율성, 자아실현 욕구를 측정하기 위해 제작된(Porter Need Satisfaction Questinnaire, PNSQ)를 사용하여 측정되었다(Porter, 1961). 이 연구는 Trusty와 Sergiovanni1966)에 의해 각색된 것을 사용하였다. 그것은 응답자가 7점의 Likert 척도로 13가지 항목에 응답하는 것이며, 한번은 바람직한 욕구만족을, 한 번은 실제적 욕구만족을 측정하는 것이다. 각 항목에 대한 점수는 바람직한 평정과 실제적 평정 사이의 차이이다. Hubert(1984)와 Pierson, Archanbault, Iwanicki(1984)에 의한 교사 표본에서 요인 분석과 신뢰도 연구에 기초하여 이 도구는 하나의 요소로 점수화된다.

조직 건강의 측면은 조직 건강 도구 B형(Fairman, Holmes, Hardage & Lucas, 1979)을 각색하여 측정하였다. 원래의 80항목 OHI는 "매우 찬성"에서 "매우 반대"에 이르는 응답 범위를 지닌 5점 Likert 척도 위에 Miles의 10가지 측면을 측정하였다. 구인 타당도는 각 하위척도가 건강한 학교와 건강하지 못한 학교를 의미 있게 구분해 주는지를 보여 줌으로써, 또 척도가 .51에서 .67의 범위로 중앙의 행정가들의 평정과 상관이 있는지를 보여 줌으로써 지지되었다(Fairman, et al., 1979). 요인구성과 척도 신뢰도는 보고되지 않았으므로, 이 연구를 완성하기 위해 연구되었다.

간접순환(Oblique rotation)으로 요인분석하여 13개 요인이 생겼으며, 그 중 일곱 가지가 본 연구에 사용되었다. 첫 번째 여섯 가지는 .70～.96의 범위에 걸쳐 내적 일치로 신뢰도가 있었다. 자원 유용성의 요소는 바람직한 정도보다 낮은 신뢰도를 지녔다(.64). 그러나 이 연구에 있어서 개념적 중요성 때문에 사용되었다. 파생된 척도는 응집성, 적응성, 사기, 적절한 권력 배분을 포함한다. 다른 파생요소는 이 연구에서는 지도력이라고 불리는데 Miles의 의사소통 적절성과 문제 해결 측면을 한 요소로 묶은 것에서 나타났다. 마지막으로 목표 측면에서 비롯되는 항목들의 요소는 Miles의 정의와 밀접하게 관련되는 것 같지 않다. 그것은 "계획"이라고 불리워졌다. 이것은 원래의 Miles 측면의 적절한 측정일 수도 아닐 수도 있다.

교사의 직무 스트레스에 관한 경로분석 모형

실제로 검증된 경로 모델은 여섯 가지이다. 학교 수준에서는 세 가지 스트레스 변인 각각

〈그림 A8-2〉 정서적 고갈에 있어서 환경 자원에 대한 가설 모형

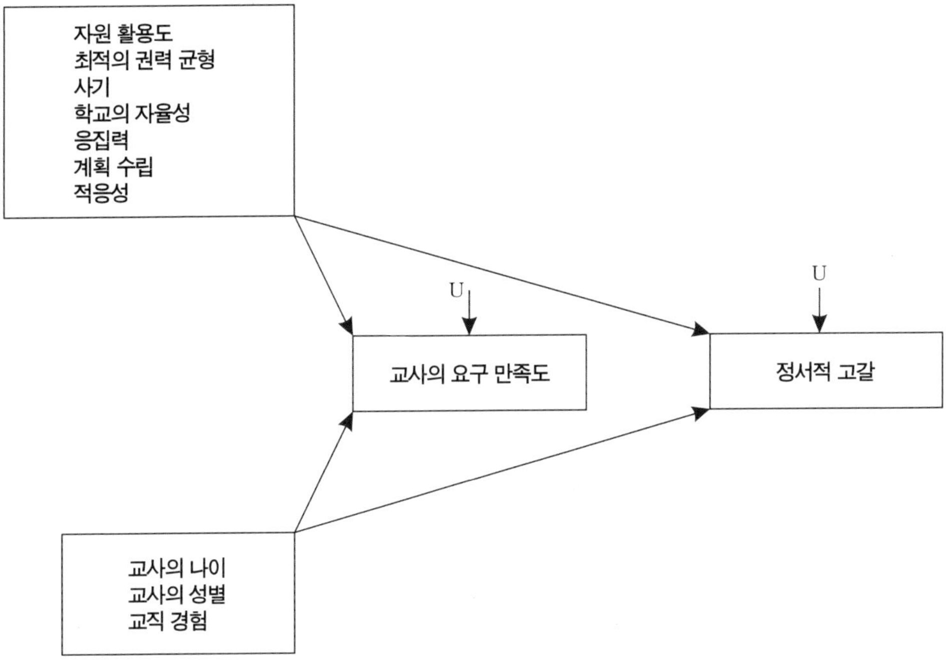

에 대해 하나씩이 있다. 정서적 고갈, 비인간화, 개인적 성취감. 교사 수준에서는 세 가지의 병행 모델이 있다. 여섯 가지의 가정된 모델이 종속 변인과 분석단위를 제외하고는 비슷하다. 〈그림 A8-2〉는 이들 중 하나를 자세히 나타낸 것이다. 정서적 고갈에 대한 학교 수준의 모형이다.

〈그림 A8-2〉는 모델에서 상세화된 변인에 의해 결정된 두 가지 변인을 각 모델이 가지고 있음을 보여준다. 그것은 정서적 고갈과 욕구 만족도이다. 욕구 만족도의 지표는 일곱 가지의 측정된 조직 건강 특성과 세 가지의 통제 변인, 즉 교사 나이, 성, 경력이다. 정서적 고갈은 이들 열 가지 변인과 욕구 만족도에 의해 예언된다. 정서적 만족도와 욕구 만족도는 둘 다 이 모델에는 포함되지 않은 원인 혹은 지표를 가지고 있을 수도 있다. 이것이 〈그림 A8-2〉의 u로 나타났다.

연구 결과 분석

두 가지의 자료가 컴퓨터 분석을 위해 준비되었다. 하나는 학교 수준 요소이며, 다른 하나는 교사 수준 요소이다. 학교 수준 모델(N=50)은 모델에서의 각 변인의 학교 평균으로 구성되었다. 교사 수준 모델(N=786, df=786−50−1)은 각 변인에서 각 교사의 학교 평균 점수

로부터 편차로 구성되었다. 선형관계, 관련되지 않은 오차, 집단 내 회귀의 동일성 가정이 검증되었고 만족스러운 것으로 나타났다.

경로 분석 모형 검증

경로 분석은 각 수준, 즉 정서적 고갈, 비인간화, 개인적 성취감, 욕구 만족도에서 각 종속변인에 대한 중다 회귀 분석을 구성된다. 중다 회귀 분석에서 각 독립 변인은 인과 변인으로 가정된 것처럼 〈그림 A8-2〉에서는 예언변인이다.

마지막으로 모델이 정리되었다. 통계적으로 유의한 회귀 계수를 지녔으며, 증가변인 5%에 해당하는 경로가 남겨졌다. 이런 요구 조건을 충족시키는 모든 계수(베타 값)는 .1보다 크다. 효과는 분해되었다.

학교와 교사 수준에서 스트레스 유발요인의 중요성

환경적, 반응적 스트레스 유발요인의 중요성을 결정하기 위해 세 가지 스트레스 변인 각각에 대해 변량분석이 실시되었다. 이 분석은 학교를 독립 변인으로 하여 원래 얻어진 교사점수를 사용하여 세 가지 변인에 대해 실시되었다. "학교간" 변량의 비율은 상당한 정도의 학교 수준 스트레스의 지표를 제공하였다. 그것은 학교 수준 모델로 설명할 수 있으며, 환경적 스트레스의 중요성을 말해주는 것이다. 나머지 스트레스 변량은 반응적 스트레스이며 그 중요성의 지표이다.

연구 결과

학교 수준

첫 번째의 중다 회귀분석이 실시되었을 때 해석 불가능한 결과가 발견되었다. 특히 어떤 회귀 계수(beta)는 독립 변인과 종속 변인 사이의 단순 상관의 표시에 반대되는 것으로 나타났다. 또한 과도한 "위축" 표시가 있었다. 나중에 들어가는 변인에 의해 설명되는 증가변량이 불가능한 정도로 커지는 것이었다. 이는 "multi-collinearity"나 지표의 수에 비해 너무 작은 표본 크기의 증거이다. 50개 학교의 표본에서 11개의 높은 상관 지표가 있다면 이런 결과는 예상되지 않을 수 없다.

이러한 문제를 줄이기 위해, 학교수준의 모델은 단순화 되었다. 지표의 조합이 선택되었으며 이러한 지표와 이들 지표의 선형 조합인 새로운 변인을 이용하여 일련의 상관과 중다회귀 분석이 실시되었다. 몇 가지 대안이 거부되고 난 후, 각 학교 수준 모델은 zero-order-correla-

〈표 A8-1〉 정서적 고갈에 대한 학교 수준별 중다 회귀

예측 요인 이름	b에 대한 비 표준화	b에 대한 표준 오차	표준화된 베타	t
		가설 모형		
자원 활용도	1.127	.381	.457	2.96*
교사의 나이	.214	.171	.161	1.25
지도력	.047	.063	.102	.75
교사의 성	2.588	3.976	.088	.65
요구 만족도	.035	.148	.037	.24
	R=.542	R^2=.294	R^2(adj.)=.212	
		B. Trimmed Model		
자원 활용도	1.236	.311	.501	2.96*
	R=.501	R^2=.251	R^2(adj.)=.235	

tion과 똑같은 대수적 표시의 회귀계수를 나타나는 지표만 포함하는 것으로 단순화 되었다. 결과로 나타난 매개 모델은 〈표 A8-4〉에 나타난 변인을 포함한다. 경로분석을 구성하는 step-wise 중다회귀가 이들 변인에 실시되었다. 〈표 A8-4〉는 축소된 지표와 정돈 후의 최종적 예언 변수에 대한 종속변인의 중다회귀공식을 나타낸다.

〈표 A8-2〉 요구 만족도에 대한 학교 수준별 중다 회귀

예측 요인 이름	b에 대한 비 표준화	b에 대한 표준 오차	표준화된 베타	t
		가설 모형		
사기	.556	.261	.309	2.13*
최적 권력 균형	.726	.275	.330	2.64*
교사의 성	6.486	3.104	.210	2.09*
자원 활용	.407	.304	.157	1.34
교사의 나이	.157	.141	.113	1.11
적응성	.267	.263	.124	1.02
	R=.775	R^2=.600	R^2(adj.)=.543	
		B. Trimmed Model		
사기	.843	.224	.469	3.76*
최적 권력 균형	.770	.274	.350	2.81*
	R=.734	R^2=.538	R^2(adj.)=.518	

〈표 A8-3〉 비인간화에 대한 학교 수준별 중다 회귀

예측 요인 이름	b에 대한 비 표준화	b에 대한 표준 오차	표준화된 베타	t
가설 모형				
요구 만족도	.087	.074	.190	1.17
계획 수립	.156	.124	.210	1.26
자원 활용도	.320	.180	.272	1.78
교직 경험	-.143	.100	-.188	-1.43
교사의 성	1.292	1.895	.092	.68
지도력	.010	.036	.046	.28
	R=.571	R^2=.326	R^2(adj.)=.230	
		B. Trimmed Model		
요구 만족도	.191	.060	.420	3.17
	R=.420	R^2=.176	R^2(adj.)=.158	

〈표 A8-1〉은 정서적 고갈에 대한 결과를 나타낸다. 〈표 A8-1A〉는 자원이용, 리더십, 욕구만족, 나이, 성이 예언변수일 때 회귀 결과를 나타낸다. 자원 이용이 처음 들어갔고, 다음 4변인 중 어느 것도 통계적으로 유의하지 않았다. 통계합은 변인 집단의 아래 끝에 있다. 조정된 R^2=.21이다.

〈표 A8-1B〉는 의미 없는 예언변수가 모델에서 제외되었을 때의 회귀자료이다. 정리된 모

〈표 A8-4〉 개인적 성취에 대한 학교 수준별 중다 회귀

예측 요인 이름	b에 대한 비 표준화	b에 대한 표준 오차	표준화된 베타	t
		가설 모형		
계획 수립	-.161	.149	-.194	1.07
	R=.279	R^2=.078	R^2(adj.)=.058	
교사의 나이	-.125	.098	-1.78	1.27
요구 만족도	-0.83	.078	-1.63	1.06
지도력	-.011	.042	-.043	.25
	R=.374	R^2=.140	R^2(adj.)=.062	
		B. Trimmed Model		
계획 수립	-.230	.116	-.279	-1.99
	R=.279	R^2=.078	R^2(adj.)=.058	

〈그림 A8-3〉 중등학교 교사에게 있어서 조직 스트레스에 관한 환경 자원의 경험적인 모형

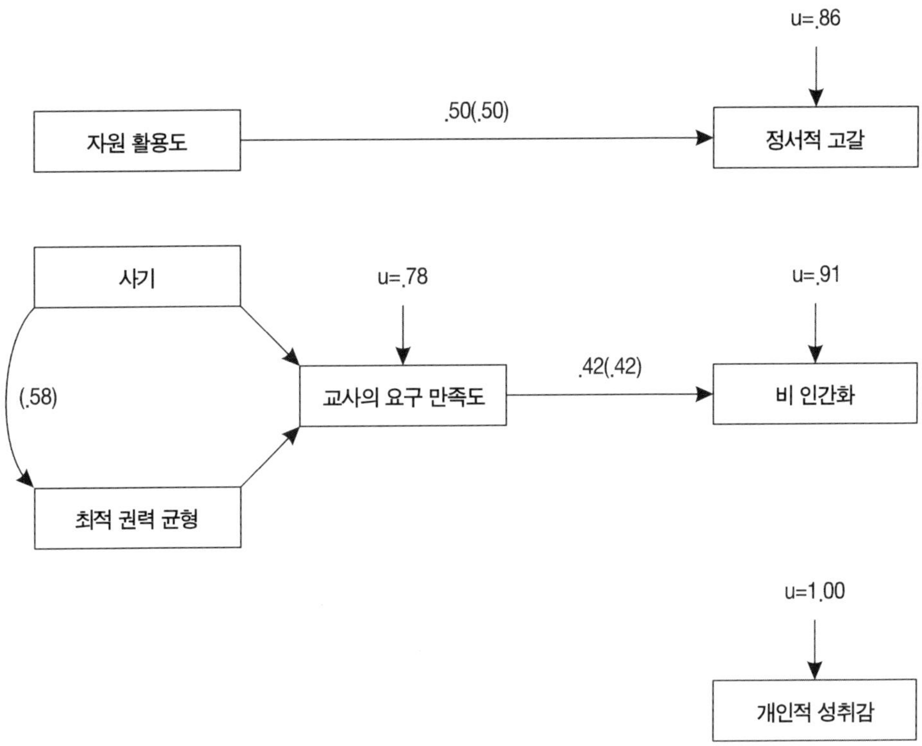

델에서는 beta는 .50이며, 조정된 R^2=.24이다.

욕구 만족에 있어서는, 사기와 적절한 권력배분이 단 두 가지의 의미 있는 예언변수였다(〈표 A8-2〉 참조). 정리된 모델에서는 beta가 각각 .31과 .33이었고 조정된 R^2=52이었다. 욕구 만족의 결과는 세 가지 학교 수준 모델에 모두 똑같이 적용된다.

비인간화에 있어서는 욕구 만족이 유일한 의미 있는 예언변수이며, 정리된 모델에서는 beta가 .42이고 조정된 R^2=.16(〈표 A8-3〉 참조)이다. 개인적 성취에서는 예언 변수 중 아무 것도 통계적으로 의미가 없었다(〈표 A8-4〉). 적합성에 대한 검토가 축소된 변인 각각에 대해 이루어졌다(Pedhaur, 1982). 중요한 경로 중 어느 것도 제외될 수 없음이 밝혀졌다.

학교 수준에 대한 결과는 연결되어서 〈그림 A8-3〉에 나타나 있다. 첫째, 정서적 고갈의 평균 수준은 학교 내에서의 비인간화에 대한 평균 인식에 직접 관련되어 있는 것으로 나타났다. 둘째, 비인간화는 욕구만족의 평균 수준을 경유해 사기와 최적 권력 평준화(Optimal Power Equalization)에 간접적으로 관련되어 있는 것으로 나타났다. 정리된 모델에서 각 경로에 대한 bata값과 단순 상관치로 나타나있다. u값은 각 독립변인에서 설명되지 않는 변량의 평방근이다. u값이 상대적으로 높은 것은 상당한 변량이 설명되지 않고 남아 있다는 것을

〈그림 A8-4 중등학교 교사에게 있어서 조직 스트레스에 관한 반응적 자원에 대한 경험적인 모형

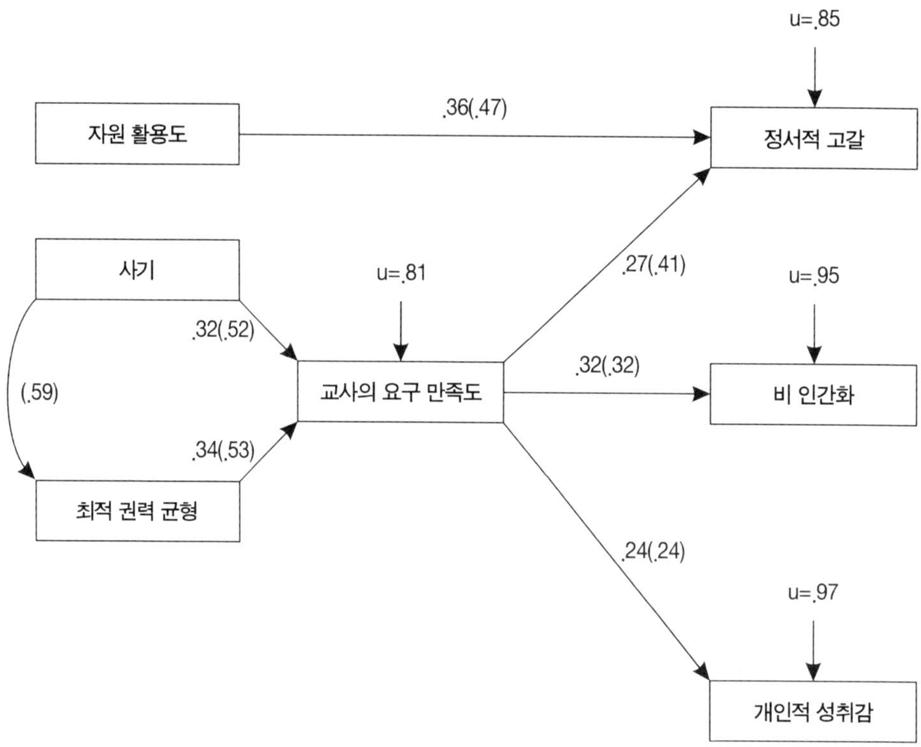

〈표 A8-5〉 정서적 고갈에 대한 교사 수준별 중다 회귀

예측 요인 이름	b에 대한 비 표준화	b에 대한 표준 오차	표준화된 베타	t
		가설 모형		
요구 만족도	.305	.037	.294	8.18*
자원 활동도	.785	.114	.232	6.89*
사기	.857	.120	.270	7.17*
계획 수립	-.358	.094	-.135	-3.81*
성	.521	.721	-.062	-2.11*
	R=.573	R^2=.329	R^2(adj.)=.325	
요구 만족도	.377	.034	.363	10.93*
자원 활용도	.896	.112	.265	7.97*
	R=.529	R^2=.279	R^2(adj.)=.277	

〈표 A8-6〉 요구 만족도에 대한 교사 수준 중다 회귀

예측 요인 이름	b에 대한 비 표준화	b에 대한 표준 오차	표준화된 베타	t
		가설 모형		
최신 권력 균형	.616	.110	.227	5.59*
사기	.658	.120	.215	5.46*
자원 활용도	.402	.108	.123	3.72
적응성	.328	.107	.106	3.06
나이	-.082	.035	-.068	-2.37
지도력	.083	.037	.093	2.24
	R=.616	R^2=.379	R^2(adj.)=.375	
	.926	.097	.341	9.53*
	.965	.110	.315	8.81
	R=.585	R^2=.379	R^2(adj.)=.340	

나타낸다.

다음에는 변량 분석이 실시되었고, 정서적 고갈, 비인간화, 개인적 성취감에 대해 R^2값은 각각 9%, 8%, 7%이었다. 처음 두 개는 통계적으로 유의한 값이고 세 번째 값은 p=.05를 겨우 넘는 주변적인 것이었다.

자원 이용성은 학교 수준 변량의 25%를 설명하며, 정서적 고갈의 전체 변량이 2%보다 약간

〈표 A8-7〉 비인간화에 대한 교사 수준별 중다 회귀

예측 요인 이름	b에 대한 비 표준화	b에 대한 표준 오차	표준화된 베타	t
		가설 모형		
요구 만족도	.101	.021	.193	4.86*
성별	-2.274	.401	-.185	-5.68*
사기	.221	.071	.138	3.12*
자원 활용도	.217	.063	.127	3.43*
계획 수립	-.187	.056	-.140	-3.32*
응집력	.143	.043	.146	3.31
	R=.430	R^2=.185	R^2(adj.)=.179	
요구 만족도	.166	.018	.318	9.38*
	R=.318	R^2=.101	R^2(adj.)=.100	

〈표 A8-8〉 개인적 성취감에 대한 교사 수준별 중다 회귀

예측 요인 이름	b에 대한 비 표준화	b에 대한 표준 오차	표준화된 베타	t
		가설 모형		
요구 만족도	-.105	.024	-.173	-4.31*
사기	-.249	.074	-.134	-3.35
	R=.269	R^2=.072	R^2(adj.)=.070	
요구 만족도	-.147	.021	-.243	-7.00
	R=.243	R^2=.059	R^2(adj.)=.058	

적다. 사기와 최적 권력 평준화는 합하여 비인간화의 전체 변량의 유사한 부분을 설명한다.

교사 수준 모델의 분석(〈그림 A8-4〉와 〈표 A8-5～A8-8〉)은 정서적 고갈이 자원 유용성과 욕구 만족도에 의해 강하게 예언됨을 보여준다. 욕구 만족도는 사기와 최적 권력 평준화에 의해 야기 혹은 예언된다. 비인간화와 개인적 성취감은 각각 욕구 만족도와 직접 관련되어 있으며, 사기와 최적 권력 평준화와는 간접적으로 관련되어 있음이 밝혀졌다.

교사 수준에서는 조직 변인이 개인적 고갈과 비인간화의 전체변인의 7～8%를 설명하며, 이는 학교 수준에서보다 더 큰 것이다. 그것들은 개인적 성취에서는 단지 1%의 변량만을 설명한다.

논 의

가장 중요한 하나의 결과는 학교 요인의 제한된 중요성이 세 가지 스트레스 변인 각각에 대해 발견되었다는 것이다. 각 변량의 10% 이하가 "학교간" 변량임을 보여준다. 결과적으로 스트레스의 근원으로서 학교에 대한 모델은 교사 스트레스에 있어 전체 변량의 5% 이상을 설명하지 못한다는 것이다. 이러한 자료는 학교 간의 차이를 다루는 스트레스 모델이 모델 내의 특수한 발견에도 불구하고 전체적 중요성은 제한되어 있다는 것이다. 이 결과는 또한 스트레스 변량의 우세가 학교 내에 있음을 의미한다. 개별 교사 스트레스 점수의 검토는 학교가 조직 건강의 주요 측면에 있어 평균적으로 얼마나 높게 혹은 낮게 인식되든지 관계없이 모든 학교에는 교사 스트레스의 높고 낮은 수준이 있음을 보여준다.

교사 수준 모델에서의 발견은 이런 결론을 더 강화한다. 교사 수준 모델은 스트레스 차이는 같은 학교의 조직 건강에 대한 인식에 있어서의 차이에 유의하게 관련된다. 게다가 이러한 관련은 학교 수준에서 발견되는 관련보다 더 많이 전체 스트레스 차이를 설명한다. 이 결과는

스트레스의 근원으로서 조직에 대한 교사의 인식이 전체 학교 조직 건강 이외의 다른 요소를 주로 반영함을 의미한다.

본 연구에서 평가된 것처럼 교사 수준 관계에 대한 해석은 모호하며, 몇 가지 가능한 요소를 가질 수 있다: 1) 개인의 조직 대응 기술과 학교 조직에 대한 태도 차이, 2) 학과 혹은 학교 내의 비공식적 관계와 관련된 조직 건강의 차이, 3) 이 연구에서는 통제되지 않은 다른 변인 혹은 통제 장소의 기능으로서 조직 건강에 대한 인식과 스트레스에 있어서의 차이.

이 연구에 기초하여, 교사의 직무 스트레스의 조직적 근원에 대한 미래의 연구는 학교 내 인사의 상호작용의 역동성에 초점을 두어야 할 것이다. 이러한 연구는 위에 인용한 세 가지 가능성을 교사 스트레스의 가능한 요소로서 생각해야만 할 것이다. 이러한 추천은 다른 최초 연구 결과와 일치한다(Arney, 1984). 이 연구는 중요한 것은 환경이 아니라 개인이 환경에 "적응"하는 방식임을 보여주는 경향이 있다.

높은 수준의 직무 스트레스에 대처하려는 교사들에게는, 본 연구는 조직이 스트레스를 주는 것이라고 경험될 때 학교 조직에 대처하는 책임은 개인이 질 필요가 있음을 제시한다. 조직 건강의 주요 측면을 개선하려는 학교 수준 노력이 그것만으로 높은 스트레스를 지닌 개별 교사에게 유익할 것으로 보이지는 않는다.

이 연구는 스트레스 요소로서 학교 조직을 완전히 배제하지는 않았다. 둘째로 중요한 결과는 학교 내에서 교사의 직무 스트레스의 평균 수준과 강하게 관련되어 있는 학교 조직 건강의 세 가지 측면의 확인이다. 정서적 고갈은 자원 유용성과 직접 관련되며, 비인간화는 욕구 만족도의 평균 수준을 통해 사기와 최적 권력 평준화에 간접적으로 관련되어 있다. 자원 유용성, 사기, 최적 권력 평준화는 스트레스의 조직적 근원으로 다른 연구에서도 반복적으로 확인된 동일한 요소이다.

이 결과는 조직 스트레스 연구에서 연구 방법론에 시사를 준다. 첫째, 조직 건강은 모델의 양 수준에서 높은 상관과 회귀계수를 나타내었다. 그러므로 스트레스의 조직적 근원을 개념화하려는 이 접근은 이러한 학교 평가를 요구하는 연구에서도 심각하게 고려되어야 한다. 그러나 본 연구에서 사용되고 분석된 조직 건강 측정 도구는 그런 연구를 위해서는 약간의 한계가 있다. 도구는 Miles의 구민을 신뢰롭게 측정하지 않았으며, 각 구민의 모든 측면을 적절하게 표집하지 않았다는 이유 때문이다. 본 연구의 세부적인 결과 중 일부는 입증된 도구와 약간 달랐다.

둘째, 본 연구는 학교 수준과 교사 수준에서 완연히 다른 상관을 나타낸다. 이는 연구를 위해 두 가지 시사점을 준다: 1) 학교 수준 연구는 언급된 연구 문제의 수준에 적합한 방법을 쓰도록 유의해야 한다. 2) 교사 수준에서 수행된 직무 스트레스의 조직적 수준에 대한 과거 혹은 미래의 상관관계 연구는 어떤 것이든 주의 깊게 해석되어야 한다. 그들은 학교가 교사의 직무 스트레스의 주요 요소라고 결론지어서는 안 된다. Hubert 등(1983)의 분석에 기초하여, 본 연구는 학교 수준 결과가 아니라 교사 수준 결과로서 해석되어야 한다.

전체로서 학교환경은 추가 연구를 위한 유용한 주제로 보이지는 않는다. 그러나 만일 이 연구의 반복 혹은 명료화가 시도된다면 다음과 같은 노력이 잘 되어야 할 것이다: 1) 중등학교의 크기 및 조직에서 차이가 있는 초등학교에 대한 연구, 2) 통제변인으로서 통제 장소에 대한 고려.

학교 수준 자료는 실천가들에게 시사를 준다. 교사 스트레스에 대해 학교 조직 전체의 상대적 중요성이 없는 점을 교사 스트레스를 경감시키기 위해 학교 조직만을 개선하려는 것은 성과가 없을 것임을 제시한다. 그러나 made line Hunter나 Quality Circle과 같은 학교 개선 프로그램은 의사결정에 교사를 참여시키기 위해 많은 역할을 하며, 학교 사기를 개선한다. 아마 회계 일과 적절한 초과 업무에 좀 더 초점을 두기 시작해야 할 것이다. 학생 학습의 개선을 위해 학교를 개선하려는 노력은 장기적인 효과를 지니며, 그것은 조직 근원에서의 교사의 직무 스트레스의 수준을 감소시키는 경향이 있다고 보는 것이 적합할 것이다. 학교 개선 연구는 교사의 직무 스트레스를 감안하고, 학교가 개선됨에 따라 교사 스트레스에 대한 보고를 한다면 보다 더 유용할 것이다.

요 약

본 연구의 결과는 교사의 직무 스트레스가 학교에 따라 차이가 나는 정도에 있어서 그러한 차이는 세 가지 학교 조직 건강 요소 즉 자원 이용, 사기, 적절한 권력 분배에 강하게 관련되어 있음을 나타낸다. 그러나 조직 건강은 교사의 직무 스트레스에 있어 매우 중요할 수가 없다. 조직 건강에 관한 학교 간의 차이는 대부분의 학교 내에서 발견된 교사 스트레스 수준의 큰 차이를 설명할 수 없기 때문이다. 이러한 결과는 조직 스트레스에 대한 교사의 인식이 학교 요인보다 주로 개인 요인을 반영하고 있다고 결론내리게 한다. 이는 교사의 조직 대응 기술의 부족, 부적절한 태도가 스트레스의 조직적 근원에 대해서 교사가 표현하는 관심의 대부분에 대한 이유인 것 같다.

참고 문헌

Amodio, T. (1982). An analysis of job-related stress and disstisfaction in the teaching profession(Doctoral dissertation, Wayne State University, 1981), *Dissertation Abstracts International*, *42*(2), 594A)

Anderson, M. B. G. (1980). *A study of the differences among perceived need defienciencies, perceived burnout, and select background variables for classroom teachers.* Unpublished doctoral dissertation, University of Connecticut.

Areenich, T. (1982). A study of factors influencing the burnout syndrome as perceived by North Dakota public school classroom teachers (Doctoral disseration, University of North Dakota, 1981). *Dissertation Abstracts International, 42*(10). 4212A.

Arney, L. K. (1984). *Effects of personality-environment fit on teacher job stress.* Paper presented at the annuanl meeting of the American Educational Research Association, New Orleans.

Bausch, N. L. (1982). An analysis of educational stressors leading to teacher distress, burnout, and coping strategies (Doctoral dissertation, University of Arizona, 1981). *Dissertation Abstracts International, 42*(2), 644A).

Blase, J. J. (1982). A social-psychological grounded theory of teacher stress and burnout. *Educational Administration Quarterly, 18*(4), 93-113.

Carver, F. D., & Sergiovanni, T. J. (1971). Complexity, adatability, and job satisfaction in high schools: An axiomatic theory applied. *Journal of Educational Administration, 9*(1), 10-31.

Cichon, D. J., & Koff, R. H. (1980). Stress and Teaching. *NASSP Bulletin, 64*(434), 91-104.

Cochran, W. G. (1977). *Sampling Techniques* (3rd ed.). New York: Wiley.

Crane, S. (1982). An analysis of the relationship among personal and professional variables, role ambiguity, role conflict and perceived burnout of special education teachers (Doctoral dissertation, University of Connecticut, 1982). *Dissertation Abstracts International, 42*(8), 3549A.

Cronbach, L. J. (1976). Research on classroom and schools: Fomulation of questions, designs, and analysis. Occasional paper of the Stanford Evaluation Consortium, Standford University. (ERIC Document Reproduction Service No. ED 135 801)

Fairman, M., Holmes, M., Hardage, J., Lucas, C. S. (1979). *Manual for the Organizational Health Instrument.* Fayetteville, AR: Diagnostic and Development Corp.

Fimian, M. J. (1983). An analysis of the relationship among personal and professional variables and perceived stress of mainstream and special education teachers (Doctoral dessertation, University of Connecticut, 1982). *Dissertation Abstracts International, 43*(8), 2590A.

Fletcher, B. C., & Payne, R. L. (1982). Levels of reported streesors and strain amongst schoolteachers: Some UK data. *Educational Review, 34*(3), 267-78.

Hage, J(1965). An axiomatic theory of organizations. *Administrative Science Quarterly, 10*, 289-320.

Hubert, J. A. (1984). The relationship of school organizational health and teacher need satisfaction to teacher stress(Doctoral dessertation, University of Connecticut, 1984). *Dissertation Abstracts International, 42*(5), 1343A.

Hubert, J. A., Gable, R. K., & Iwanicki, E. F. (1983). *The unit of analysis in the study of the relationship of teacher stress to school variables.* A pater presented at the annual meeting of the Northeastern Educational Research Association, Ellenville, NY. (ERIC document

Reproduction Service No. ED 360 106).

Iwanicki, E. F. (1983). Toward understanding and alleviation teacher burnout. *Theory into Practice, 22*(1), 27-32.

Iwanicki, E. F., & Schwab, R. L. (1981). A cross validation of the Maslach Burnout Inventory. *Education and Psychological Measurement, 41*(4), 1167-1174.

Kyriacou, C., & Sutcliffe, J. (1978). Teacher stress: Prevalence, sources, and symptoms. *British Journal of Educational Psychology, 48*, 159-167.

Lazarusfeld, P. F., & Menzel H. (1966). On the relation between individual and collective properties. In A. Etzioni (Ed.), *Complex Organizations: A Sociological Reader* (pp. 422-440). New York: Holt, Rinehart, & Winston.

Lemaster, F. A. (1981). The relationship between teacher stress, attitude toward the profession and organizational climate (Doctoral dissertation, Oklahoma State University, 1981). *Dissertation Abstracts International, 43*(1), 34A.

Maslach, C. (1978). Job burnoutL How people cope. *Public Welfare, 36*(2), 56-58.

Maslach, C., & Jackson, S. E. (1981). The measurement of perceived burnout. *Journal of Occupational Behavior, 2*, 99-113.

Maslow, A. (1943). A theory of human motivation. *Psychological Review, 50*, 370-396.

Miles, M. B. (1969). Planned change and organizational health: Figure and ground. In F. D. Carver & T. J. Sergiovanni (Eds.), *Organizations and Human Behavior: Focus on Schools*. New York: McGraw-Hill.

Olson, J., & Matuskey, P. V. (1982). Causes of burnout in SLD teachers. *Journal of Learning Disabilities, 15*(2), 97-99.

Pedhazur, E. J. (1982). *Multiple Regression in behavioral research: Explanation and prediction* (2nd ed.). New York: Holt, Rinehart, & Winston.

Pierson, D. A., & Archambault, F. X. (1982). *Assessing burnout among supportive service and teacher group: Perceptions of the intensity of burnout among supportive service and teacher groups as related to need deficiency, role stress and selected variables and percepts*. Paper presented at the annual meeting of the Northeastern Educational Research Association, Ellenville, NY.

Pierson, D. A., Archambault, F. X., & Iwanicki, E. F. (1984). *A cross validation of the Porter Need Satisfaction Questionnarie*. Paper presented at the annual meeting of the American Educational Research Association, New Orleans.

Porter, L. W. (1961). A study of perceived need satisfactions in bottom and middle management jobs. *Journal of Applied Psychology, 45*, 1-10.

Raison, J. C. (1981). Job burnout and stress in regular and special education teachers: Its relation to contact with handicapped students. (Doctoral dissertation, University of Minnesota, 1981). *Dissertation Abstracts International, 42*(6), 2616A.

Schwab, R. L. (1981). an analysis of the relationship between role conflict, role ambiguity, personal variables and perceived burnout among teachers (Doctoral dissertation, University of Connecticut, 1981). *Dissertation Abstracts International, 41*(9), 3823A.

Schwab, R. L., & Iwanicki, E. F. (1982). Who are our burned out teachers? *Educational Research Quarterly, 7*(2), 5-16.

Trusty, F. M., & Sergionvanni, T. J. (1966). Perceived need deficiencies of teachers and administrators: A proposal for restructuring teacher roles. *Educational Administration Quarterly, 2,* 168-180.

Turk, D. C., & Litt, M. D. (1982). *Stress, satisfaction, and intent to leave teaching among experienced Connecticut high school teachers.* Report to the Connecticut State Department of Education. (Available from Public Information Office, 165 Capital ave., Hartford, CT 06145.)

부록 9. 교사의 직무관련 스트레스, 사회적 지원 및 탈진*

교직은 특별히 스트레스를 받는 직업으로 여겨져 왔다(Cacha, 1981; Farber & Miller, 1981; Landsman, 1978; Paine, 1981). 체벌, 학업에 대한 학생들의 무관심, 과밀학급, 타의에 의한 이동, 과도한 공문서 처리, 불충분한 봉급, 요구가 많거나 비협조적인 학부모, 행정적 지원의 결여와 같은 교직의 부정적 측면의 결과로 교사들 사이에 나타나는 탈진은 신체적(두통, 소화성 궤양), 심리적(우울증, 화병), 행동적(직무수행 능률의 저하, 장기결근)증상으로 나타난다(Cunningham, 1982). 교사의 탈진은 다른 직업을 찾아 교실을 떠나는 유능한 교사의 수가 증가하는 한 가지 이유가 되는 것으로 여겨진다(Cunningham, 1982; Farber & Miller, 1981).

교사의 탈진에 대한 경험적 연구는 높은 탈진 수준과 관계가 있는 교사의 특성을 확인해 내려고 시도해 왔다. 여러 가지 결과에서 연령, 성별, 가르치는 학년이 Maslach Burnout Inventory(MBI; Anderson & IWanicki 1984; Beck & Gargiulo, 1983; Crane & IWanicki, 1983; Schwab & IWanicki, 1982b; Schwab, Jackson, & Schuler, 1984)에서의 높은 점수에 대한 유의미한 예언자인 것으로 나타났다. 젊은 교사들이 정서적 피로가 더 심하다고 보고하였다. 남자교사와 중등교사가 학생들에 대해 더 부정적인 태도를 보고하였다. 마지막으로 초등학교 교사들이 개인적 성취감에서 더 심한 탈진 증상을 보고하였다. 이러한 관계가 통계적으로 유의미하지만 그러한 교사특성이 여러 검사에서 나온 탈진점수 변량의 11% 정도만을 설명한다는 것에 주의해야 한다.

사회적 지원은 개인으로 하여금 스트레스를 극복하도록 돕는 것으로 밝혀져 왔다(House, 1981). 조정가설(moderating hypothesis)에 따르면, 사회적인 지원관계를 가지고 있는 사람은 스트레스를 주는 사건을 처리하기 위하여 타인에게 의지할 수 있다는 것이다. 결과적으로, 스트레스는 그들의 신체적, 심리적 건강에 부정적인 영향을 끼치지 않는다. 반대로, 사회적인 지원관계를 가지지 못한 개인은 쉽게 스트레스의 영향을 받는다. 조정가설에 대한 경험적 증거는 뒤섞여 있다. 몇몇 연구에서는 신체적, 정신적 건강을 예견하는데 있어서 사회적 지원과 스트레스가 상호작용 한다고 밝혔으나, 다른 연구에서는 상호작용을 발견하지 못했다(Lohen

---

*1) Job-Related Stress, Social Support, and Burnout Among Classroom Teachers

2) Daniel W. Russell, Elizabeth W. Russell, and Dawin van Velzen.

3) *Journal of Applied Psychology*, 1987, Vol. 72, No.2, 269-274

& Wills, 1985). 그러나 연구자들은 많은 사회적 지원을 받는 사람은 신체적, 정신적으로 더 건강하다는 것을 계속적으로 밝혀 왔다.

많은 연구자들(Kirk & Walter, 1981; Moracco & McFadden, 1982; Paine, 1981; Wangberg, 1982)이 교사들에게 가능한 사회적 지원을 증가시키는 것이 교사탈진을 예방하는 유용한 전략이 될 수 있다고 제안한다. 그러나 교사들 사이의 탈진에 대한 사회적 지원의 효과에 대한 경험적 증거는 아주 제한되어 있다. 교정(correctional) 교사에 대한 연구에서 탈진한 것으로 분류된 교사는 다른 교사들보다 동료들과 지내는 시간이 적은 것으로 나타났다(Belcastro, Gold & Grant, 1982). Zabel과 Zabel (1982)은 행정적인 지원, 동료의 지원, 부모의 지원을 많이 받는 특수교육 교사들이 탈진되는 경우가 적다고 보고하였다. 마지막으로, 학교 교사들을 무선표집해서 시행한 New Hampshire에서의 조사에서 동료들의 지원을 많이 받는 교사들의 탈진율이 낮은 것으로 밝혀졌다(Schwab et al., 1984).

이러한 증거로부터 교사에게 이용 가능한 사회적 지원을 증가시키기 위해 고안된 프로그램은 교사 탈진 방지에 효과적인 전략이 될 수 있다는 것을 알 수 있다. 그러나 교사탈진에 대한 사회적 지원의 효과와 관련되는 좀 더 상세한 정보가 조정 프로그램이 개발되기 전에 필요하다. 여타의 직업에 있어서의 직무 스트레스와 사회적 지원에 대한 연구와 일치하게, 교사 탈진에 대한 선행 연구에서 동료와 상사로부터 지원을 받는 것은 교사 탈진 예방에 특별히 중요하다고 밝혀졌다. 교사의 사회관계에서 어떠한 사람이 중요한 지원자로 활동하느냐를 이해하는 것에 더해서, 어떠한 형태의 사회적 지원이 교사 탈진 예방에 가장 효과적인지 결정할 필요가 있다.

본 연구의 목적은 교사의 탈진에 대한 사회적 지원의 상이한 측면의 효과를 조사하는 것이다. 교사가 사교적 관계(예: 동료, 배우자)에서 받는 사회적 지원을 평가하고, 교사들이 타인과의 관계에서 받는 상이한 형태의 지원의 정도를 평가하였다. 여기에서 얻어진 자료를 사용하여 교사탈진에 대한 직무관련 스트레스와 사회적 지원의 효과를 조사하였다.

연구 방법

표 본

Iowa에서 학기의 마지막 달에 600명의 공립학교 교사들을 층화 무선표집하여 설문지를 우송하였다. 표본의 대표성을 증가시키기 위하여 설문지의 60%를 초등학교 교사에게 보냈고 40%를 중등교사에게 보냈다. 완성된 설문지 316개를 받아서 회수율은 53%이다. 학기의 마지막이었기 때문에 재차 설문지를 보내 회수율을 높일 수 없었다. 그러나 이 회수율은 일반적으로 우편조사에서 적절한 것으로 간주하는 것이며(Babbie, 1973), 교사탈진에 대한 선행 연구의 회수율에 비길 만한 것이다(Schwab & Iwanicki, 1982a, 1982b, Schwab et al., 1984).

표본은 Iowa의 교사들을 일반적으로 대표하는 것으로 나타났다. 표본과 Iowa의 전교사를 비교한 결과 표본이 연령(M=39.98, SD=10.91), 교사경력(M=14.75, SD=8.84), 석사학위를 소지한 교사의 비율(26.4%)을 대표하는 것으로 밝혀졌다. 성별에 대한 표집 오차는 없었다. Iowa의 남성교사의 비율(39.9% $X^2(1, N=316)=13.52$, $P<.001$)을 고려해 볼 때 이들의 설문지 회수율은 기대에 못 미쳤다(29.7%).

측 정

직무관련 스트레스. 교사에 관한 직무관련 스트레스 측정도구를 만들기 위해, 교사가 직무상에서 경험하는 스트레스를 주는 사건의 유형을 구분하기 위한 예비 연구를 수행하였다. 31명의 초·중등 교사를 표집해서 전년도 학기 동안에 경험했던 가장 스트레스를 주는 사건 3가지를 기술하도록 요청했다. 여러 교사가 기술한 유사한 사건들을 결합하여 47항목의 스트레스 사건 목록이 완성되었다. 이러한 사건들은 교사들이 현장에서 학생들과 학부모와의 사이에서 경험하는 스트레스 (예를 들면, 학생들의 말대꾸, 부모가 학생의 숙제를 돌봐주지 않는 것)에서부터 다른 교사들이 학교 관리자와의 사이에서 발생하는 대인관계간의 갈등에서 오는 스트레스 사건의 유형까지를 대표하는 표집으로 여겨졌다.

우편설문지 응답자들에게 최근 학교에서 47문항의 스트레스 사건 중 어떠한 것을 경험했는지 답하도록 했다. 만약 그들이 어떠한 사건을 경험했다면, 전혀 스트레스를 주지 않았다는 0점에서 가장 스트레스를 주었다는 7점까지로 이루어진 척도에 답하도록 했다. 이러한 반응으로부터 두 가지의 상이한 스트레스 척도치를 얻었다. (a) 교사가 학기 중에 경험한 스트레스 사건의 횟수. (b) 교사들이 경험한 스트레스 사건에 대한 각 평가치의 합.

사회적 지원. 설문지에는 두 가지의 상이한 사회적 지원 측정법이 포함되었다. 첫 번째는 House와 Wells(1978)가 개발한 것으로 직무관련 스트레스가 통제되었다는 맥락에서 사회관계상의 다양한 구성원으로부터 받는 지원에 초점을 맞춘 것이다. 이 측정에서는 상사, 동료, 배우자, 친구나 친척으로부터 받는 사회적 지원의 지수를 산출하도록 되어 있다. 응답자들에게 그러한 사람들이 직무관련 스트레스의 맥락에서 얼마나 도움을 주는가를 묻는다. 이 측정방법은 아주 신뢰로운 것으로 나타났다. 네 가지 하위척도에 대한 알파 상관계수의 범위가 .75에서 .92까지인 것으로 보고 되었다. 미시간대학의 사회 연구소에서 수행한 여러 연구에 의해 척도에 대한 타당도 증거를 확립해 왔다. 사회적 지원(특히 상사와 동료의)은 다양한 직업에 종사하는 작업자들의 신체적, 정신적 건강을 예측할 수 있는 측정방법인 것으로 일관되게 밝혀져 왔다(House, 1981의 평론 자료를 참조).

응답자들에게 또한 Social Provisions Scale(SPS)에 답하도록 요구했다. 이 측정법은 Weiss (1974)가 기술한 여섯 개의 관계 단서를 제공하는 개인의 현재 사회관계 정도를 평가하기 위해 고안되었다(Russel & Cutrona, 1986). 사회적 단서는 다음과 같다. (a) 안정감을 주는 사람과의 친밀한 관계에서 오는 애착. (b) 흥미와 관심을 같이하는 사람들과의 관계에서 오는 사회적 통합. (c) 개인의 기술과 능력을 인정받는 관계에서 오는 자신감의 재확인. (d) 신뢰할 수 있고 충고를 주는 사람과의 관계에서 오는 지도. (e) 어떠한 상황에서도 타인에게 도움을 청할 수 있는 관계에서 오는 신뢰로운 결연. (f) 타인의 안녕에 대한 책임관계에서 오는 간호의 기회.

선행연구가 SPS의 신뢰도를 지지해 왔다. 각각의 사회적 단서를 측정하는 하위척도에 대한 알파상관계수의 범위가 .66에서 .76까지로 밝혀져 왔다(Cutrona & Russel. 인쇄중). SPS의 점수와 개인의 사회적 관계, 여러 가지 형태의 사회적 관계에 대한 만족, 고독감 사이의 유의미한 관계로 인하여 타당도가 확립되어 왔다(Cutrona & Russel. 인쇄중). 여타의 연구에서 SPS의 점수가 스트레스 사건에 대한 적응을 예언한다고 지적해 왔다. 마지막으로 SPS의 변별타당도에 대한 평가에서 Russell과 Cutrona(1986)는 측정에서의 점수가 문헌에 나타난 다양한 변인(예를 들면, 사회적 바람직성, 내향성-외향성, 신경증)에서 우울, 독립과 관계가 있다는 것을 발견하였다.

탈진. 직무관련 스트레스에 대한 교사의 반응을 평가하기 위해 Maslach Burnout Inventory를 사용하였다(Maslach & Jackson, 1981). MBI는 22문항으로서 탈진 증상의 다양한 측면을 반영하는 3개의 하위척도(정서적 피로, 학생들에 대한 비호의적인 태도·비인간화, 개인적 성취감)로 나뉘어 진다. 각 문항은 강도와 빈도 차원에서 평가한다. 각 하위척도의 점수는 신뢰로운 것으로 나타났다. Maslach와 Jackson(1981)은 세 하위척도에 대한 알파 상관계수를 .71에서 .90까지로 보고했다. 탈진 점수가 스트레스 상황에서 증가하고 전직과 장기결근을 예언하는 것으로 밝혀져서 측정의 타당도를 높였다(Maslach, 1982). 본 연구의 목적을 위해 몇몇 문항에서 **환자**에 대한 기준을 교사에게 적절한 **학생**으로 변경하였다. Iwanicki와 Schwab(1981)는 교사에 관한 연구에서, 문항을 학생에게 맞도록 기준을 조정하여 MBI의 신뢰도와 타당도를 지지하는 증거를 보고 하였다. 이 연구에서 응답자들은 각 문항을 빈도 차원에서만 평가하였는데, 선행 연구에서 강도와 빈도 평가는 상관이 높다고 지적해 왔기 때문이다.

연구 결과

몇 가지 문제에 초점을 맞추어 자료분석을 하였다. 첫째, 교사 특성과 직무관련 스트레스의 경험 및 탈진 사이의 관계를 평가하였다. 최종분석에서는 직무관련 스트레스, 사회적 지원, 탈진 사이의 관계를 조사하였다.

교사 특성, 스트레스, 탈진

이미 지적했듯이, 교사 개인에 대한 스트레스 점수는 그들이 보고한 스트레스 사건 경험횟수와 경험한 사건에 할당한 점수의 합에 근거해서 계산하였다. 교사들은 이전 학기 동안에 평균 16.45번의 스트레스 사건을 경험한 것으로 보고했다(*SD*=8.08). 스트레스 발생 사건을 경험한 횟수와 스트레스 점수 사이의 상관은 아주 높은 것으로 나타났다. 이러한 측정치와 두 가지 측정의 결과의 유사성 사이의 상관이 높기 때문에, 각 교사들이 보고한 스트레스 발생 사건의 수를 추후분석에서 직무관련 스트레스의 측정에 사용하였다.

교사특성과 직무관련 스트레스 및 탈진 사이의 관계를 알아보기 위하여 회귀분석을 실시하였다. 분석을 실시함에 있어서 사회인구 통계학적 변인(성별, 결혼 유무, 연령, 지역사회의 크기)과 교사직무와 관련되는 변인(교육, 교사경력, 가르치는 학년, 학교의 크기, 학급의 평균크기)을 교사들이 보고한 스트레스 사건의 수와 MBI의 탈진 점수에 회귀시켰다.

분석결과가 〈표 A9-1〉에 제시되어 있다. 교사특성과 직무관련 스트레스의 보고 사이에 상관은 아주 약한 것으로 밝혀졌는데, 스트레스 점수 변량의 6%를 설명하였다. 스트레스 사건의 경험 횟수와 유의미한 상관을 보인 유일한 예언변인은 연령이었다. 젊은 교사들이 보고한

〈표 A9-1〉 교사 특성과 직무 관련 스트레스 및 탈진 간의 관계

교사 특성	직무 관련 스트레스		정서적 고갈		비인격화		개인적 성취감	
	β	F	β	F	β	F	β	F
성	−.011	< 1	.031	< 1	−.229	12.25***	.105	2.30
결혼 상대	.041	< 2	−.043	< 1	−.023	< 1	.135	5.43*
나이	−.723	5.89*	−.250	5.07*	−.205	3.85	.022	< 1
지역사회 크기	−.053	< 1	.029	< 1	−.060	< 1	−.091	1.81
교육	.014	< 1	.004	< 1	−.073	1.35	.059	< 1
교직 경험	.173	2.19	.055	< 1	.078	< 1	.073	< 1
학년 수준	.123	2.87	.083	1.34	.186	7.64**	−.178	6.24*
학교 규모	.033	< 1	.063	< 1	.108	2.96	−.070	1.12
학급 크기	.046	< 1	.163	7.00**	−.005	< 1	.083	1.86
R^2	.060		.086		.193		.101	
F(8, 275)	1.95*		2.86**		7.29***		3.43***	

주: F(1, 275) 칸의 주제
*$p < .05$, **$p < .01$, ***$p < .001$

직무관련 스트레스 횟수는 많았다.

MBI 점수는 교사특성과 상관이 높았다. 전반적으로 예언변인이 탈진점수 변량을 8.6%에서 19.3%까지 설명한다. 〈표 A9-1〉에서 볼 수 있는 바와 같이, 탈진의 차원에 따라서 결과가 다양하다. 정서적 피로에 있어서, 통계적으로 유의미한 예언변인은 연령과 학급의 평균 크기였다. 젊은 교사들과 과밀학급을 담당한 교사들이 심한 정서적 피로를 보고하였다. 학생에 대한 비호의적인 태도는 교사의 성별과 가르치는 학년(초등학교 중학교)과 관계가 있었다. 남자교사와 중학생을 가르치는 교사들이 학생에 대한 높은 수준의 비호의적 태도를 보고했다. 배우자 유무와 가르치는 학년은 개인적 성취감 점수에 대한 유의미한 예언자였다. 결혼을 한 교사와 초등학교 교사가 더 많은 개인적 성취감을 보고하였다.

스트레스, 사회적 지원, 탈진

다음의 일련의 분석은 교사들 사이의 직무관련 스트레스, 사회적 지원, 탈진의 관계를 조사한 것이다. 두 번에 걸친 회귀분석을 실시하였는데, 하나는 조사에 포함된 사회적 지원 측정치에 대한 것이다. 다음의 차례에 따라 예언변인이 회귀 방정식에 투입되었다. 첫 번째로 탈진에서 교사특성의 영향을 통제하기 위하여, 사회인구 통계학적 변인과 직무관련 변인을 회귀방정식에 투입한다. 두 번째로 교사가 보고한 스트레스 사건의 횟수를 회귀 방정식에 투입한다. 세 번째로 사회적 지원 변인을 예언변인에 대한 block으로서 회귀 방정식에 투입한다. 처음의 회귀분석에 있어서, 교사들이 상사나 동료, 배우자, 친구 혹은 친척으로부터 받는 사회적 지원이 예언자로 사용되었다. 두 번째 회귀분석에 있어서, SPS에서 얻어진 여섯 개의 사회적 단서 점수가 예언자로 사용되었다. 마지막으로, 탈진을 예언하는 데 있어서 스트레스와 사회적 지원 측정치 사이의 상호작용을 검증하기 위하여 스트레스와 사회적 지원 측정치를 표준화하고 둘을 곱해서 product terms를 계산해 내었다. 이러한 product terms를 예언변인에 대한 block으로서 회귀 방정식에 투입하였다.

탈진에 대한 교사의 특성이 끼치는 효과를 통제한 후, 교사가 보고한 스트레스를 일으키는 사건의 횟수가 정서적 탈진이(R^2=.088, F(1.272)=28.89, p<.001) 학생에 대한 비호의적 태도를(R^2=.071, F(1.272)=26.22, p<.001) 유의미하게 예언하는 것으로 나타났다. 기대한 바와 같이, 이러한 관계의 방향은 스트레스를 많이 느끼는 교사는 심한 정서적 피로와 학생에 대한 비호의적인 태도를 보고한다는 것을 나타낸다. 직무관련 스트레스와 개인적 성취감 사이에는 상관이 없었다.

장학사, 동료, 배우자, 친구나 친척으로부터 받는 사회적 지원에의 측정치에 대한 회귀분석 결과가 〈표 A9-2〉에 제시되어 있다. 이러한 사회적 지원 측정치는 탈진에 대한 교사특성과

〈표 A9-2〉 교사의 개인적 사교범위 인물로부터의 사회적 지지와 탈진 간의 관계

사회적 지지의 원천	정서적 고갈		비인격화		개인적 성취감	
	β	F	β	F	β	F
학교장	−.185	10.51**	−.126	5.37*	.152	6.40*
동료 교사	−.115	3.85	−.049	< 1	.105	2.91
배우자	−.114	< 1	−.200	3.19	.116	< 1
친구나 친척	−.029	< 1	−.100	3.32	.070	1.34
R^2	.063		.050		.056	
F(3, 268)	5.56***		4.88***		4.49**	

주: F(1, 268) 칸의 주제
$^{*}p<.05$, $^{**}p<.01$, $^{***}p<.001$

직무관련 스트레스의 효과에다가 탈진 점수 변량의 5.0%에서 6.3%를 설명한다. 상사로부터 받는 사회적 지원만이 탈진에 대한 유일한 예언자로 밝혀졌다. 자신을 지원해 주는 상사 밑에 있는 교사들이 정서적 피로를 덜 느끼는 것으로 보고했고, 학생들에 대한 태도가 긍정적인 것으로 보고했으며, 커다란 개인적 성취감을 보고했다.

상사의 지원은 또한 학생에 대한 비호의적 태도를 예언하는데 있어서 직무관련 스트레스와 상관이 있는 것으로 밝혀졌다($\beta = -.120$, $F(1.264) = 4.90$, $p < .05$). 이러한 상관 결과의 유형은 완충(buffering) 가설과 일치한다. 상사의 지원 정도가 증가함에 따라, 직무관련 스트레스와 학생에 대한 비호의적 태도를 느끼는 것 사이의 관계의 강도는 감소한다.

〈표 A9-3〉 사회적 준비성과 탈진 간의 관계

사회적 준비성	정서적 고갈		비인격화		개인적 성취감	
	β	F	β	F	β	F
애착	−.032	< 1	−.116	2.35	−.043	< 1
사회적 통합	−.059	< 1	.144	3.85	.017	< 1
신뢰로운 제휴	−.206	10.81**	−.280	23.77***	.305	23.44***
지도	−.145	3.52	−.170	5.76*	−.029	< 1
육성을 위한 기회	.051	< 1	.052	< 1	.106	1.54
	.087	1.83	.030	< 1	.117	3.30
R^2	.086		.114		.146	
F(5, 266)	5.13***		8.08***		8.58***	

주: F(1, 266) 칸의 주제
$^{*}p<.05$, $^{**}p<.01$, $^{***}p<.001$

〈표 A9-3〉에는 여섯 개의 사회적 단서에 대한 회귀분석 결과가 제시되어 있다. SPS의 점수는 탈진에 대한 교사 특성과 직무관련 스트레스의 효과를 통제한 후의 탈진점수의 변량을 8.6%에서 14.6%까지 설명한다. 가장 중요한 사회적 단서는 자신감의 재확인이었다. 타인이 자신의 기술과 능력을 존중한다고 보는 교사들이 정서적 피로를 덜 느끼며, 학생들에 대한 호의적인 태도를 가지고, 커다란 개인적 성취감을 느낀다고 보고했다. 학생들에 대한 비호의적 감정은 신뢰로운 결연과 유의미한 상관이 있었다. 긴급한 상황에서 의지할 수 있는 사람이 있는 교사는 학생들에 대해서 호의적인 태도를 보고했다.

상사의 지원에서 밝혀졌듯이, 학생들에 대한 비호의적인 태도를 예언하는데 있어서 직무관련 스트레스와 가치의 재보증($\beta=-.136$, $F(1,260)=5.31$, $p<.05$) 및 신뢰로운 결속(유대)($\beta=-.147$, $F(1,260)=4.58$, $p<.05$) 사이의 통계적으로 유의미한 상관이 밝혀졌다. 이러한 결과는 조정가설과 일치한다. 가치감의 재확인과 신뢰로운 결연의 정도가 증가할수록, 직무관련 스트레스와 학생들에 대한 비호의적 태도(비인간화)를 느끼는 것 사이의 관계는 약화된다.

논 의

상사로부터의 지원, 가치감의 재확인, 신뢰로운 유대로 이루어지는 교사가 받는 사회적 지원의 세 측면은 탈진을 예언할 수 있는 것으로 밝혀졌다. 간호원이나(Constable & Russell) 공장 근로자들(House, 1981)과 같은 여타의 직업에 대한 연구에서도 상사의 지원은 신체적, 정신적 건강에 긍정적인 효과가 있는 것으로 밝혀져 왔다. 이러한 결과에서 교장은 교사에게 가능한 사회적 지원을 증가시키는 프로그램의 고안에 초점을 맞추어야 한다는 것을 알 수 있다. 가치감의 재확인과 탈진 사이의 관계에서 사회적 지원의 내용과 관계되는 지침을 얻을 수 있다. 교장이 교사의 역량과 능력을 인정하는 것은 교사 탈진을 예방하기 위한 프로그램의 중요한 요소가 된다.

신뢰로운 결속 또한 학생들에 대해 비호의적인 태도를 느끼는 것과 관계해서 사회적 지원의 중요한 차원으로 나타났다. 이러한 유형의 지원은 급한 상황에서 도움을 청할 수 있는 사람이 있는 것을 말한다. Weiss(1974)에 따르면, 친척관계는 이러한 지원유형의 전형적인 예가 된다. Cutrona와 Russell은 친구와 가족관계가 이러한 사회적 단서로 작용하는 것을 발견했다(인쇄중). 따라서 이러한 결과로부터 직장 밖에서의 관계도 교사가 직무관련 스트레스를 극복하는데 작용할 수 있다는 것을 알 수 있다.

사회적 지원에 대한 최근 연구에서 Cohen과 Wills(1985)는 사회적 지원의 조정효과에 대한 증거는 지원의 유형과 개인에게 영향을 미치는 스트레스 원인 사이에 일치점이 있을 때 발생한다고 주장하였다. 학생들에 대한 비호의적인 태도에 있어서, 상사의 지원과 가치감의 재확인이 갖는 스트레스 완충효과 (stress-buffering effects)와 관련하여 우리가 얻은 결과는 이러한 이론적 측면과 일치하는 것으로 보인다. 여기에서 연구된 스트레스 이 모두 직무상황과 관련되어 있기 때문에, 스트레스 의 본질(교장)과 스트레스 조절 효과를 갖는 지원의 유형(교사의 자긍심을 지원하는 것) 사이에는 명확한 일치점이 있는 것으로 보인다.

연령만이 교사가 보고하는 스트레스의 양과 관계가 있는 교사특성으로 밝혀졌는데, 젊은 교사들이 많은 수의 스트레스 사건을 보고했다. 이것은 세대간 차이를 반영하는 것으로 보인다. 나이든 교사들은 스트레스 사건을 보고함에 있어, 특히 대인간 갈등과 관련되는 경우에는 삼갈 수도 있다. 스트레스 사건에 대한 여타의 연구에서도 나이든 사람들이 낮은 수준의 스트레스를 보고하는 것으로 밝혀졌다. 앞으로의 연구에 있어서 흥미로운 주제는 교사들 사이의 직무관련 스트레스의 경험과 연령이 어떠한 관계가 있느냐를 조사하는 것이 되겠는데, 연령차가 스트레스 경험의 실질적인 차이를 반영하는가 아니면 사건의 회상에 대한 편견을 반영하는가를 평가하는 것이다.

교사의 연령과 성별 및 가르치는 학년 수준(초등 대 중등)이 탈진 점수를 예언할 수 있는 것으로 밝혀졌다. 교사 특성과 탈진의 세 차원 사이의 관계의 견지에서, 이러한 유형의 결과는 선행 연구의 결과와 일치한다. Anderson & Iwanicki, 1984; Beck & Gargiulo, 1983; Crane & Iwanicki, 1983; Schwab & Iwanicki, 1982b; Schwab et al. 1984) 결혼유무와 평균학급 크기 또한 개인적 성취감과 정서적 피로 점수를 예언할 수 있는 것으로 밝혀졌다. 이 결과에서 교사의 유형과 교수 상황에서 탈진이 가장 발생하기 쉽다는 것을 알 수 있다. 탈진이 일어나기 쉬운 교사를 목표로 조정 프로그램이 이루어져야 하는 것이다.

본 연구의 자료는 한 번에 얻는 것이므로 상호 관련되어 있다는 점에 주의해야 한다. 따라서 직무관련 스트레스와 사회적 지원에 대해 밝혀진 사실로부터 교사탈진과의 인과관계를 추론할 수 없다. 앞으로의 연구에서는 교사탈진 예방을 위한 사회적 조정 프로그램의 설계와 세밀한 평가를 고려해야 한다. 그러한 연구로부터 직무관련 스트레스, 사회적 지원, 탈진 사이의 인과관계에 정보를 얻을 수 있을 것이다. 본 연구의 결과에 의거해서, 그러한 조정 프로그램은 적절한 조정 유형에 초점을 맞추고, 교사에게 제공되는 지원의 유형(예. 가치의 재보증)에 중점을 맞추어야 한다고 제안한다.

참고 문헌

Anderson, M. B., & Iwanicki, E. F. (1984). Teacher motivation and its relations hip to burnout. *Educational Administration Quarterly*, *20*, 109-132.

Babbie, E. R. (1973). Survey research methods. Belmont, CA: Wadworth.

Beck, C. L., & Gargiulo, R. M. (1983). Burnout in teachers of retarded and nonretarded children. *Journal of Educational Research, 76*, 169-173.

Belcastro, P. A., Gold, R. S., & Grant, J. (1982). Stress and burnout; Physiologic effects on correctional teachers. *Criminal Justice and Behavior, 9*, 387-395.

Cacha, F. B. (1981). Teacher Burnout; Causes and solutions, *Kappa Delta Pi Record, 18*, 23, 26-27.

Cohen, S., & Wills, T. A. (1985). Stress, social support, and the buffering hypothesis, *Psychological Bulletin, 98*, 310-357.

Constable, J. F., & Russell, D. (1986). The effects of social support and the work environment upon burnout among nurses. *Journal of Human Stress, 12*. 20-26.

Crane, S., & Iwanicki, E. F. (1983, April). *The effect of role conflict and role ambiguity on perceived levels of burnout among special education teachers*. Paper presented at the meeting of the American Educational Research Association, Montreal.

Cunningham, W. G. (1982). Teacher burnout: Stylish fad of profound problem. *Planning and Changing, 12*, 219-244.

Cutrona, C. E., & Russell, D. The provisions of social relationships and adaptation to stress. In W. H. Jones & D. Perlman (Eds.), *Advances in personal relationships* (Vol. 1). Greenwich, CT: JAI Press.

Farber, B. A., & Miller, J. (1981). Teacher burnout: A psychoeducational perspective. *Teachers College Record, 83*, 235-243.

House, J. S. (1981) *Work stress and social support*. Reading, MA: Addision-Wesley.

House, J. S., & Wells, J. A. (1978). Occupational stress, social support, and health. In A. McLean, G. Black, & M. Colligan(Eds.), *Reducing occupational stress: proceeding of a conference* (Publication 78-140, pp. 8-29). Washington, DC: National Institude of Occupational Safe쇼 and Health.

Iwanicki, E. F., & Schwab, R. L. (1981). A cross-validation study of the Maslach Burnout Inventory. *Education and Psychological Measurement, 41*, 1167-1174.

Kasl, S. B., & Wells, J. A. (1985). Social Support and health in the middle years: Work and the family. In S. Cohen & S. L. Syme (Eds). *Social support and Health* (pp. 175-198). New York: Academic Press.

Kirk, W., & Walter, G. (1981). Teacher support groups serve to minimize burnout. *Principles for organizing Education, 102*, 147-150.

Landsman, L. (1978). Is teaching hazardous to your health? *Today's Education, 67*(2), 48-50.

Maslash, C. (1982). *Burnout-The cost of caring*. Englewood Cliffs, NJ: Prentice-Hall

Maslash, C., & Jackson, S. (1981). *Maslach Burnout Inventory manual*. Palo Alto, CA: Consulting Psychologists Press.

Masuda, M., & Holmes, T. H. (1978). Life events: Perceptions and frequencies. *Psychosomatic*

Medicine, *40*, 236-261.

Moracco, J. C., & McFadden, H. (1982). The counselor's role in reducing teacher stress. *The Personnel and Guidance Journal*, *60*, 549-552.

Paine, W. S. (1981). The burnout phenomenon. *Vocational Education*, *56*(8), 30-33.

Russell, D., & Cutrona, C. E. (1986). *The Social Provisions Scale: A multidimensional measure of perceived social support*. Manuscript in preparation.

Schwab, R. L., & Iwanicki, E. F. (1982a). Perceived role conflict, role ambiguity, and teacher burnout. *Educational Administration Quarterly*, *18*, 60-74.

Schwab, R. L., & Iwanicki, E. F. (1982b). Who are our burned out teachers? *Educational Research Quarterly*, *7*(2), 5-16.

Schwab, R. L., Jackson, S. E. & Schuler, R. S. (1984, April). *Educator burnout: Sources and consequences*. Paper presented at meeting at meeting of the American Educational Research Association, New Orleans.

Wangberg, E. G. (1982). Helping teachers cope with stress. *Educational Leadership*, *39*, 452-454.

Weiss, R. (1974). The provisions of social relationships. In Z. Rubin (Ed.), *Doing unto others* (pp. 17-26). Englewood Cliffs, NJ: Prentice-Hall

Zabel, R. H., & Zabel, M. K. (1982). Factors in burnout among teachers of exceptional children. *Exceptional Children*, *49*, 261-263.

부록 10. 사회적 지지, 직무 스트레스와 건강*

최근에 정신적 · 신체적 건강에 심리적 스트레스가 미치는 영향을 '완화' 혹은 '완충' 해주는 사회적 지원의 효력에 대해 많이 거론되고 있다. 즉 심리 사회적 스트레스가 건강에 미치는 해로운 영향이 사회적 지원에 의해 경감 혹은 더 나아가 없어질 지도 모르지만, 개인에게 아무런 지원이 없으면 스트레스의 영향력은 강하게 남아 있을 거라는 것이다. Cassel(1976)과 Cobb(1976)의 논문 평론에서는 지원의 경감효과는 꽤 잘 입증되었으며 건강에 대한 사회적 지원의 이익효과는 스트레스를 경험하고 있는 사람들 사이에서만 관찰될 수 있다는 주장이다.

그러나 다른 사람들은 그런 결론에 대해 개념적 경험적 근거가 거의 없다고 본다. '사회적 지원'이라는 용어의 본질이나 의미도, 그러한 지원의 건강에 대한 실증적 영향력도 정립되지 않았다. 비록 많은 연구자들은 사회적 지원이 무엇인지에 대한 일반적인 의미를 공유하지만, 특수한 개념 정의와 조작적 정의는 다양하며 이것이 서로 다른 연구들의 결과를 누적하고 비교하기 어렵게 만든다. 이러한 비교 가능성의 결여는 특히 문제거리이다. 왜냐하면 경험적 연구의 결과는 모순되는 것 같기 때문이다. 어떤 연구는(Caplan 1972; Nuckolls et al, 1972; Cobb and Kasl, 1977; Eaton, 1978; Gore, 1978; House and Wells, 1978) 지지가 스트레스가 건강에 끼치는 영향을 완화한다고 한다. 다른 연구(Pinnean, 1975, 1976; Lim et al, 1979)는 이들 연구 가운데 많은 것이 방법론적 한계를 지니고 있다고 정확하게 지적한다. 더 나아가 많은 연구들은 사회적 지원이 일반적으로 건강에 긍정적인 관련이 있다고 밝혔음에도 불구하고 의미 있는 영향을 밝히지는 못했다(eq. Pinneau, 1975, 1976; Andrews et al., 1978; LaRoces and Jones, 1978a; Lim et al., 1979).

이 연구는 직업 스트레스와 사회적 지원, 건강에 관한 몇몇 연구들의 결과를 비교 검토하여 이러한 혼돈의 일부를 명확히 하려하는 것이다. 이들 연구들은 연구 방법에 있어서나 기본적인 개념들에 있어 유사성이 있음에도 불구하고 상반되는 결과를 보이고 있다(il, Pinneau, 1975, 1976; LaRocco and Jones, 1978a; House and Wells, 1978). 이러한 비교는 한 연구를

---

*이 논문의 출처를 소개하면, 1) James M. LaRocoo, James S. House and John R. P. French, 2) Social Support, Occupational Stress, and Health, 3) *Journal of Health and Social Behavior*, 1980, Vol. 21 (September): 202-218. No. 3

(Pinneau, 1975) 그 방법론을 다른 두 연구와 보다 유사한 것으로 만들고 여기서 관심 있는 일반적인 질문에 적합하도록 하기 위해 세밀하게 재분석하는 것을 포함한다; 사회적 지원이 직업과 관련된 긴장과 건강에 직업 스트레스가 미치는 영향을 감소시키는가, 또 억제시키는가 등. 비록 우리의 초점은 직업 스트레스가 건강에 끼치는 영향력의 감소에 있어서 사회적 지원의 중요성에 국한되는 것이지만 우리는 우리의 기본적 연구결과들이 인생의 스트레스와 개인의 복지라는 넓은 영역에도 관련될 것으로 믿는다.

개념들과 초점

이 연구의 이론적 틀은 〈그림 A10-1〉에 제시되어 있다. 사회적 스트레스의 본질에 대한 대부분의 분석가들처럼(Kahn, 1970; McGrath, 1970; French et al., 1974) 우리는 많은 객관적 작업 상황, 혹은 조건들이 잠재적으로 스트레스를 주는 것으로 본다. 이러한 조건들은 인식된 직무 스트레스의 증가를 가져온다 ― 환경적 요구가 개인의 능력을 능가한다거나 환경이 개인의 욕구와 동기와 맞지 않는다는 인식. 근본적으로 개인과 환경 사이의 부조화가 인식된다(French et al., 1974). 과도한 업무 부담 혹은 역할 갈등과 같은 인식된 직업 스트레스는 직업 만족과 같은 직업에 관한 일반적 느낌에 부정적 영향을 끼칠 것이다. 그것은 〈그림 A10-1〉에서는 직업 관련 긴장(job-related strain)이라고 불린다(화살표 a). 이번에는 인식된 직업 스트레스와 직업 긴장이 정신적 · 신체적 건강에 영향을 끼친다(화살표 b와 c).

그러나 인식된 직업 스트레스가 직업 건강에 영향을 끼치는지 그리고 두 가지 모두가 건강에 영향을 끼치는지는 "조건 변인"이라고 불리는 것에 달려 있다 ― 개인의 특성, 이러한 변인들 사이의 관련을 조건화(혹은 변화)하는 상황. 사회적 지원은 이러한 조건 변인의 하나이다. 〈그림 A10-1〉의 화살표 1과 2는 인식된 사회적 지원이 인식된 직업 스트레스가 직업 긴장과 건강에 끼치는 영향을 완화한다는 완화 가설(buffering hypothesis)을 보여준다. 화살표 3은 다른 그러나 관련된 가설을 나타낸다. 사회적 지원이 직업 관련 긴장이 불안, 질병 기록과 같은 건강 지표에 미치는 영향을 개선한다는 가설이다. 통계적으로 화살표 1-3은 상호작용을 나타낸다. 예를 들어, 스트레스와 건강 사이의 관계는 낮은 지원을 받는 사람보다 높은 지원을 받는 사람에게 훨씬 덜 심각하다. 화살표 2는 그런 결과를 나타내 준다. 인식된 사회적 지원은 화살표 4, 5, 6에 의해 나타난 것처럼 직업 스트레스와 직업 긴장, 건강에 주요 효과 혹은 부가적 효과를 줄 것이다.

비록 우리가 인간 상호 관계의 사회적 실재는 비 반복적인 완전한 모델을 요구한다. (상호적 인과관계를 포함시키는)는 것을 알지만 우리는 〈그림 A10-1〉에서의 인과적 순서가 직업 스트레스의 영향을 연구하는 가운데 주요 관심사를 나타내는 것임을 느끼고 있다. Wells

〈그림 A10-1〉 지각된 직무 스트레스와 사회적지지, 건강 사이의 잠재적 관련성 모형

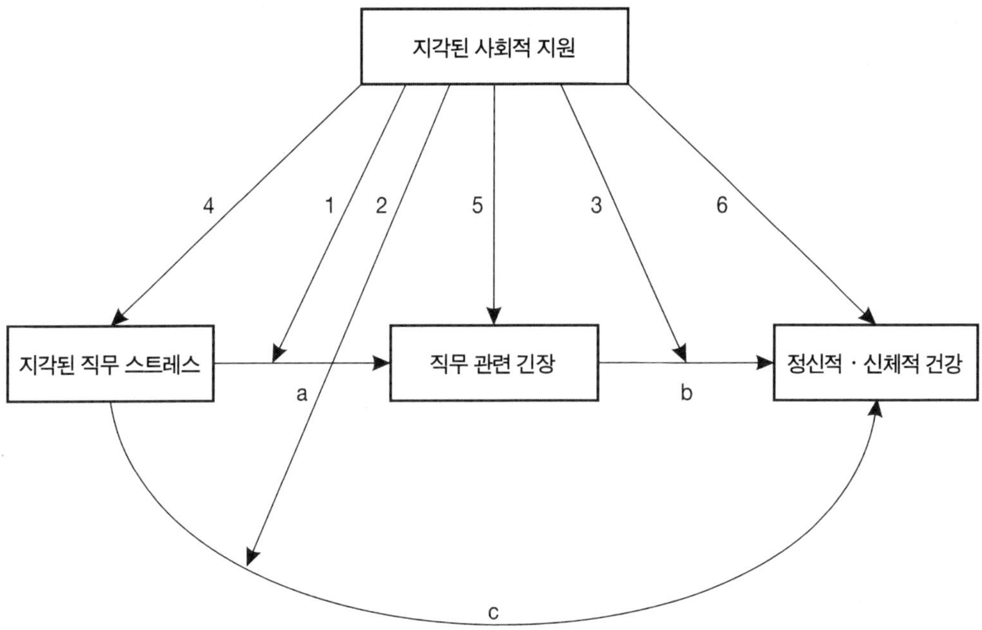

화살표 1과 2는 사회적 지지에 따른 가설적 완충 효과를 나타내고, 화살표 3은 사회적 지지로 인해서 직무 관련 긴장이 개선되는 관계를 보여 준다. 화살표 4∼6은 사회적 지지의 가설적인 주요 효과를 나타낸 것이고, 화살표 a, b, c는 스트레스와 직무 관련 긴장이 건강에 끼치는 가설적인 영향을 나타낸 것이다.

(1987)는 〈그림 A10-1〉의 인과모델을 위한 더 많은 증거를 제시한다. Caplan 등(1975, 1980)은 직업 관련 긴장은 직업 스트레스와 불안, 우울, 당황과 같은 정신적 지표 사이의 매개 변인이라는 증거를 제시한다.

도구 지원, 정서적 공감, 이해, 정보의 제공 등 많은 사회적 지원의 잠재적 유형이 있지만 여기서 고려되는 자료는 사회적 지원에 관한 대다수의 연구들에서와 마찬가지로 주로 정서적 지원에 관한 것이다. 건강이라는 관점에서 보면, 이것이 사회적 지원의 가장 중요한 혹은 영향력 있는 측면이라고 믿을 이유가 충분하다(Cobb, 1978). 그리하여 이 논문의 가장 중요한 초점은 다음과 같이 진술될 수 있을 것이다. 언제 다른 사람으로부터의 정서적 지원의 인식이, 인식된 직업 스트레스가 정신적 · 신체적 건강에 미치는 영향을 완화하는가?(〈그림 A10-1〉의 화살표 1∼3), 두 번째로 우리는 지원의 주요 혹은 부가적 영향에 관심이 있다(〈그림 A10-1〉의 화살표 4∼6). 각각의 가설은 각 화살표에 대응하는 것이다.

가설 1. 인식된 사회적 지원은 인식된 직업 스트레스와 직업 관련 긴장 사이의 관계를 감소

혹은 경감한다.

가설 2. 인식된 사회적 지원은 인식된 직업 스트레스와 정신적 혹은 신체적 건강 사이의 관계를 경감 혹은 완화한다.

가설 3. 인식된 사회적 지원은 직업 관련 긴장과 정신적 신체적 건강 사이의 관계를 경감 혹은 완화한다.

가설 4. 인식된 사회적 지원은 인식된 직업 스트레스에 직접적으로 부정적 영향을 미친다.

가설 5. 인식된 사회적 지원은 직업 관련 긴장에 직접적으로 부정적 영향을 미친다.

가설 6. 인식된 사회적 지원은 정신적 혹은 신체적 건강에 직접적으로 긍정적 영향을 미친다.

선행 연구의 경험적 증거들

가설 1~3에 관한 경험적 증거들은 혼돈스럽고 때로 모순된다. 그러나 가설 4~6에 관한 증거는 보다 일관성 있다. Caplan(1972)은 상관, 아랫사람, 동료들로부터 인식된 지원은 전부는 아니라 하더라도 많은 인식된 직업 스트레스 및 나쁜 신체적 · 정신적 건강의 지표와 부정적으로 관련됨을 밝혔다. 그는 또한 지원이 인식된 스트레스와 신체적 긴장 사이의 관계를 경감 혹은 완화시키는 영향력이 있음을 보고하였다. 그의 결과는 Cobb, Kasl(1977), Gore(1978)에 의한 2년간의 종단 연구 결과와 일치한다. 이들은 사회적 지원은 실직이 건강에 미치는 많은 해로운 영향을 산업 노동자들에게 경감시킨다는 것을 발견했다.

그러나 Pinneau(1975, 1976)는 이러한 연구에서 보고된 긍정적 경감 효과는 매우 선택적이며, 만일 많은 수가 분석된다면 그런 현상은 우연히 일어나는 것일 뿐이라고 보았다. 그러므로 그는 지원의 경감 효과를 보다 체계적으로 검증하였다. Pinneau는 미국의 중부, 남부, 중서부 지역의 67개의 기관의 23가지 직업의 2010명의 사람들의 직업 스트레스와 건강에 관한 연구에서 추출된 자료를 분석하였다(Caplan, et al., 1975). 대규모 연구로부터 315명을 유층무선 표집하여 Pinneau는 사회적 지원에 대한 세 가지 가설을 검정하였다. (1) 사회적 지원은 심리적 긴장을 감소시킨다(〈그림 A10-1〉의 가설 5, 6). (2) 사회적 지원은 인식된 직업 스트레스를 감소시킨다(〈그림 A10-1〉의 가설 4). (3) 사회적 지원은 인식된 직업 스트레스의 영향력에 대한 일반적 정신적, 신체적 긴장을 완화한다(〈그림 A10-1〉의 가설 1, 2). 그의 지원에 대한 측정은 상관, 직장동료, 가정에서의 지원을 측정한 것이다. 인식된 직무 스트레스는 역할 모호성, 업무 과다, 일의 복잡성, 보수의 불평등, 기술을 충분히 활용하지 못하는 것 등을 포함한다. 이들 측정의 일부는 '적합' 점수로 이용가능하다－개인이 직업에서 지니고 있는 것에서 원하는 것을 뺀 것에 기초한 괴리 점수(cf: French et al., 1974; Caplan et al., 1975; Harrison, 1979). 심리적 긴장은 직업 불만족, 업무 부담 불만족, 지루함, 신체적 병, 우울, 불안, 당황, 담배를 피운 수를 포함한다.

일반적으로 Pinneau는 사회적 지원이 많은 인식된 직무 스트레스와 신체적 건강 특히 우울과 같은 정서적 혹은 감정적 상태와 부정적 관련이 있음을 발견했다. 특히 상관과 동료로부터의 지원은 역할 갈등, 역할 모호성을 포함한 직무 스트레스의 낮은 수준과 관련되었으며, 업무 부담, 복잡성, 능력의 활용, 원하지 않은 초과 업무에의 적응을 증가시킨다. 지원은 우연에 의해 기대될 수 있는 것보다 더 많이 심리적 긴장에 대한 관계를 경감시키지는 않는다. Pinneau의 연구는 긴장에 대한 스트레스의 경감 효과에 있어서 사회적 지원의 효과에 강한 의심을 품는 첫 번째의 연구였다.

비슷한 측정을 이용하였으나 다른 분석 방법을 써서 House와 Wells(1978)는 타이어, 고무 공장에서 일하는 1809명의 백인 남성 노동자에게 스트레스-건강과의 관계를 사회적 지원이 경감시키는 효과를 검증하였다. 게다가 그들은 지원의 근원을 분화시켰다(작업감독 대 동료, 노동자 대 친구, 그리고 친지). 그리고 스트레스-건강 관계 중 어떤 유형이 지원에 의해 가장 영향을 받는지 알아보았다. 그들의 직무 스트레스는 지업-비직업 갈등, 역할 갈등, 책임감, 직업적 평등에 대한 관심, 양적 업무부담, 직업 만족, 일에 대한 자부심(work self-esteem)을 포함한다(최근의 연구에서는 마지막 두 가지는 긴장 혹은 결과 측정으로 간주된다). 건강 측정에는 협심증, 궤양, 가려움, 발진, 기침, 무기력 증후의 자기 보고를 포함한다. 건강여론조사(Health Opinion Survey, Mac Millan, 1957)가 신경증 측정으로서 사용되었다.

House와 Wells의 연구는 몇 가지 결과가 유명하다. 첫째, 사회적 지원(감독의 지원 이외의 지원)과 건강 사이에는 상관이 없으며 아내나 친구로부터의 지원과 직무 스트레스와 긴장 사이의 관계가 없다는 것이다. 즉, 지원의 근원에 따라 사회적 지원의 주요 효과에 대한 증거는 단지 선택적일 뿐이다(가설 4～6). 둘째, 그들은 제한된 경우에서만 가설 2를 지지한다고 보고하였다. －그러나 우연에 의해 기대되는 것 보다는 많다. 이 "사회적 지원이 극대화된 수준 하에서는 자기 보고식의 질병 건강의 뚜렷한 징후는 스트레스가 증가함에 따라 단지 약하게 증가할 뿐이다. 그러나 사회적 지원이 최소화되면 질병, 건강의 뚜렷한 징후는 스트레스가 증가함에 따라 급격하게 증가한다"(House and Wells, 1978;19). 이러한 완충 효과를 설명해주는 특수한 지원의 근원을 검토해 보았을 때, 그러한 지원은 우선 감독과 아내의 지원에서 나오는 것으로 밝혀졌다. House와 Wells는 동료들의 지원의 영향이 없는 것은 직장인들 사이의 상호작용을 어렵게 만드는 물리적 조직적 공장의 구조 때문일 것이라고 추측하였다. 마지막으로 House와 Wells의 자료는 "지원이 건강의 다른 결과보다 궤양과 신경증에 대한 스트레스의 영향을 완화시킨다."고 지적한다(p. 19).

이 시점에서 재검토하는 연구들은 최소한의 사회적 지원의 효과를 모두 보고하고 있다. 그러므로 그것들은 가설 4, 5, 6을 긍정하는 증거를 제공한다. 비록 결과들이 지원의 근원이 직업과 관련될 때(감독, 동료) 가장 강하게 나타나지만 게다가 House와 Wells, Pinneau는 사회적 지원의 영향을 조건화의 매개로 검토하였다(가설 1, 2, 3). 이들 두 연구는 많은 면에서 유사하다. 비록 서로 다른 결과에 도달하기는 했지만, 그러나 특정한 분석의 차이 때문에 중요한 점에서 이 연구들을 비교할 수는 없다.

첫째, Pinneau는 하위 집단 분석을 사용하였고, House와 Wells는 중재 회귀(moderate regression) 기법을 사용하였다. 둘째, Pinneau는 지원과 스트레스가 측정된 긴장에 대한 중요한 주요 효과를 지니고 있을 때 상호작용 혹은 경감효과를 연구하는 것으로 자신의 연구를 제한하였다. 그에 비해 House와 Wells는 주요 효과가 없는 곳에서도 상호적 혹은 경감 효과를 검증하고 찾아내었다. 우리는 나중에 요약과 논의 부분에서 이 두 번째의 문제로 돌아올 것이다.

이들 문제 중 첫 번째에 대해서 보면, LaRocco와 Johns(1978a)에 의한 연구가 하위 집단 분석과 중재 회귀 방법을 직업 상황에서 사회적 지원의 스트레스 경감 역할을 검토하면서 모두 사용하였다. 그들의 결과는 이 두 가지 방법을 일련의 자료에 적용했을 대 같은 결과를 산출함을 보였다. 그러므로 Pinneau와 House, Wells의 결과 사이의 차이를 설명할 수 없다. 많은 면에 있어서 LaRcco와 Jones(1978a)의 연구는 이미 논의한 연구들 보다 덜 복잡하다. 그것은 오직 하나의 스트레스 측정(역할 모호성과 갈등을 반영하는 구성요소 점수)과 두 가지의 지원의 근원(감독과 동료)을 포함하고 있을 뿐이다. 긴장 지표는 직업만족, 해군에 대한 만족, 조직 속에 남아있으려는 의도, 자아 존중감에 대한 측정을 포함한다. 이전의 연구와는 달리 여기에는 일반적인 정서적 긴장과 심리적 긴장의 측정은 포함되어 있지 않다. 그러므로 가설 1, 4, 5만이 검증되었다. 측정은 대서양, 태평양 함대에 승선한 해군 사병 3,725명에게 실시된 질문지로 실시되었다. 중재 회귀와 하위요인 분석 두 가지 방법을 쓴 결과는 인식된 직무 스트레스가 직업 관련 긴장에 부정적 영향을 미치는 것을 경감시킨다는 것을 지지해주는 증거를 제공하지 못했다. 그러나 긴장과 스트레스 두 가지 모두에 대해 상관과 동료의 지원이 부가적 혹은 주요 영향을 끼친다는 데 대해서는 광범위한 증거가 있었다.

요약하면, 이전의 연구는 사회적 지원이 직업 스트레스와 직업 긴장을 경감시키고 건강을 증진시킨다는 중요한 증거를 제공하고 있다. 완충(buffering) 문제에 대해서는 연구가 분리된다. House와 Wells(1978)는 사회적 지원의 직업 스트레스의 건강에 대한 영향력을 완충할 수 있다는 증거를 보고한다. 한편, Pinneau(1975)와 LaRcoo와 Janes(1978a)는 완충현상에 대해 아무런 증거를 발견할 수 없었다. 함께 모으면 이들 연구는 난감한 것이다. 그들의 측정은 유사하기 때문에 측정 때문에 다른 결과가 나왔다고 볼 이유가 없다. 하나의 잠재적으로 중요한 차이는 대상 집단의 차이다. 그러므로 최소한 사회 경제적 지위와 교육 지표로 나타난 대상의 차이 때문에 상이한 결과가 나왔을 것이다. 아울러서 각 연구자들은 완화를 검증하기 위한 관계를 선택함에 있어 서로 다른 가정을 가지고 있었다. 이러한 전략의 차이가 상기한 모순된 결과를 결정하는 요소가 되었을 것이다. 마지막으로, 상이한 결과에 대한 가능한 한 가지 설명은 지원이 어떤 스트레스-긴장 혹은 스트레스-건강 관계를 완충하기도 하지만 다른 것은 완충하지 못한다는 것이다. 예를 들어 직무 관련 긴장은 완충에 민감하지 않지만(〈그림 A10-1〉의 화살표 1) 심리적 신체적 건강 지표는 보다 완화에 대해 민감할 수도 있다(〈그림 A10-1〉의 화살표 2와 3). 다른 연구들에 의해 제시된 명백한 모순과 자료의 비교 가능성은 원 연구에서의 측정을 확인하도록 만든다. 비슷한 방법을 사용하고, 또 부분적으로는 표집의 차이 때문에 생긴 사회 경제적 변인을 통제하여 필요하다면 재분석하기 적합한 것으로, 특히 이 논문은 하나의 자료 갖춤새에 대한 재분석을 보고한다. 그것은 원래 Caplan et al.(1975)에 의해 보고되었으며, Pinneau(1975)에 의해 사회적 지원에 관해 분석된 것이다. 그 자료 갖춤새를 LaRocco와 Jones(1978a), House와 Wells(1978)의 연구에서 사용된 것과 같은 중재 회귀 기술을 사용하여 재분석한 것이다. 이러한 분석 결과들 Pinneau, LaRocco와 Jones, House와 Wells에 의해 보고된 결과와 조건화 가설(1, 2, 3)이라는 점에서 비교된다. 그 결과는 원래 보고되었던 결과에서의 모순을 명료화하고 심지어 제거할 것이다. 더 나아가 그 결과는 언제, 왜 사회적 지원이 어떤 스트레스-건강 관계를 완화하며 다른 것은 완화하지 않는지에 대한 많은 명제를 제시해 줄 것이다.

부록 11. 교사의 직무 스트레스와 직무 만족*

요 약

이 연구는 자기 보고된 교사의 직무 스트레스와 그에 관련된 세 가지 반응; 직업 만족, 계획적 결근, 교직을 떠나려는 의도와의 관련성을 탐색하였다. 이 연구는 영국의 16군데 중간 크기의 혼성 종합 학교의 218명 교사 표집을 대상으로 한 질문지 연구의 형태를 따라, 결과는 예상한 바 대로 자기 보고된 교사의 직무 스트레스는 직업 만족과 부정적으로 연관이 있으며, 교직을 떠나려는 의도와는 긍정적으로 관련된다는 것이었다. 자기보고된 교사의 직무 스트레스와 결근 빈도는 유의미한 정도에 이르지 못했다. 그러나 전체 결근 일과의 관련성은 예상된 대로 긍정적으로 유의미하였다. 특정한 스트레스의 근원과 세 가지 관련 반응 사이의 관계는 연구되었다. 개인적 차이와 개인적 특징이 이러한 관계를 완화시키는 영향력에 관해서도 연구가 이루어졌다.

서 론

Kyriacou와 Sutcliffe(1978a)는 교사의 직무 스트레스가 교사 직무 수행의 측면들에서 생겨나며, 교사에게 주어지는 요구가 자신의 자아존중감이나 복지에 위협이 된다는 인식과 인식된 위협을 감소시키기 위해 활성화되는 대처 기제에 의해 매개되는 부정적인 감정의 반응 징후(화, 불안)로서, 흔히 잠재적으로 병의 원인이 되는 신체적 변화(혈압 상승과 같은)를 동반하는 것이라고 정의하였다.

이러한 교사 스트레스의 개념화는 자신의 정서적인 상태에 대한 교사의 주관적 경험을 강조하는 것이라서 이들이 수행한 연구에서는 교사 스트레스의 자기 보고 측정이 채택되었다. 이러한 측정은 보고된 스트레스 징후의 빈도와 관련됨이 밝혀졌다(Kyriacou and Sutchliffe, 1978b).

Kyriacou와 Sutchliffe에 의해 제시된 교사의 직무 스트레스 모델에서 그들은 부정적 감정의 징후로서의 개념화된 교사의 직무 스트레스와 심리적, 신체적, 행동적인 교사 스트레스와

---

*이 논문의 출처를 소개하면, 1) C. Kyriacou and J. Sutcliffe, 2) Teacher Stress and Satisfaction, 3) *Educational Research*, Vol 21, No 2.

관련되는 반응을 구분한다.

이 연구는 자기 보고된 교사의 직무 스트레스와 일반적인 직무 스트레스 특히 교사의 직무 스트레스 관련 반응 혹은 지수: 직업 만족, 결근, 떠나려는 의도, 사이의 관련성을 탐구하기 위해 계획되었다. 이 연구는 질문지 조사 형태로 이루어 졌으며 영국의 16개 중간 크기 혼성 종합학교에 국한된 것이다.

이 연구는 전체 직업 만족에 대한 단일 문항 자기 보고 측정을 채택하였다. 많은 저자들은 이것이 전체 직업 만족에 대한 가장 유용한 측정임이 입증되었다고 주장하며 널리 사용되고 있기 때문이다(Jessup and Jessup, 1975). 직업 만족은 자기 보고된 교사 스트레스와 부정적으로 관련될 것으로 예상되었다. 교사들의 직업 만족에 관한 연구들은 직업 만족의 나이들고 경험이 많은 교사들에게 더 높은 경향이 있다고 한다(Dicapiro, 1974; Price, 1970; Start and Laundy, 1973); 그러나 성에 따른 결과는 유사하다. 어떤 연구는 여교사들에게 직업 만족이 더 높다고 보고하고 있으나(Corties, 1973; Price 1970) 다른 사람들은 성 차이를 발견하지 못했다(DiCaprio, 1974; Doyle, 1974; Start and Laundy, 1973; Rudd and Wiseman, 1962).

교사의 계획적 결근은 교사를 대상으로 보고된 직업 특성과 관련되어 있다. 교사의 사기, 봉급과 학생들의 능력에 대한 만족과는 부정적으로 관련되어 있는 방해 수준이다. 조직의 스트레스와는 긍정적으로 관련된다(Coller, 1975; Douglas, 1976; Frank, 1975; Slick, 1974). 계획적 결근은 남자 교사에 비해 여자 교사들에게서 더 크게 나타나며, 특히 첫 몇 해 동안 더 크게 나타난다(Coller, 1975; Simpson, 1962, 1976; Tasylor and Dale, 1971) 계획적 결근의 자기 보고 측정은 널리 사용되고 있으며(Nicholson, Wall and Lischerron, 1977) 익명이 반드시 보장될 때 특히 유용하다. 본 연구에서 채택된 계획적 결근의 주요 측정은 2학기 동안 건강이 나빠서 결근한 횟수에 대한 기록이었다. 그러나 다른 측정도 역시 연구되었다. 결근 빈도는 자기 보고된 교사의 직무 스트레스와 긍정적으로 관련된다고 예상된다.

교직을 떠나는 것에 대한 선호를 이용하였다. 이것은 교직을 떠나려는 동기에 초점을 둔 것으로써 갑작스럽게 떠나려는 결정을 피하였다. 더 나아가 실제로 떠나는 것은 종단 연구나 매우 큰 표집 이외에는 거의 사용되지 않는다. 교직을 그만 두려는 의도는 여성들에게 더 크게 나타나며 대학 졸업자, 나이 어린 사람, 경험이 적은 사람에게 더 크게 나타난다(Charters, 1970; DES, 1973, 1974; Pratt, 1977; Taylor and Dale, 1971). 교직을 떠나려는 의도에 대한 단일 문항 측정이 이 연구에서 채택되었다. 이런 유형의 측정은 널리 사용되고 있다(Nicholson, Wall and Lischeron, 1977). 떠나려는 이유에 대한 보조적 질문도 역시 포함되었다. 교직을 떠나려는 의도는 자기 보고된 교사의 직무 스트레스와 긍정적으로 관련될 것으로 예상되었다.

질문지에는 14가지 스트레스의 근원의 명단이 포함되었다. 이 14가지 스트레스의 근원은 이전의 연구에서 확인된 교사의 직무 스트레스의 근원이 되는 4가지 요인과 주요 스트레스 근원의 대표가 되도록 선택되었다(Kyriacou and Sutchliffe, 1978b). 이러한 항목의 포함은 특정한 스트레스의 근원과 교사 스트레스 관련 반응 사이의 관련성을 연구할 수 있도록 해준다. 스트레스의 근원들은 직업 만족과는 부정적으로 관련되고 결근 횟수와 교직을 떠나려는 의도와는 긍정적으로 관련될 것으로 예상된다.

마지막으로 이 연구는 개인적 특성(성별, 자격, 나이, 교직경력, 학교에서의 지위)이 이미 윤곽이 잡힌 관련성을 완화하는 정도도 연구할 수 있도록 계획되었다.

논 의

이 연구의 결과를 논의하기 이전에 개인적 특성에 따른 하위집단에 의해 분석된 자료의 해석에 관해 세 가지가 거론되어야 한다. 첫째, 교사의 개인적 특성은 상호 독립적이 아니다. 예를 들어 경력이 많은 교사는 남자인 경향이 있으며, 나이가 많고 학과주임인 경우가 많다. 둘째, 어떤 무작위 교사 표본도 교직에서 살아남은 집단이라는 것이다. 달리 말해 직업에 남아 있는 교사이다. 한편 다른 사람들은 여러 가지 이유로－여기서는 스트레스 경험도 한 요인이라고 가정하지만－떠나버렸다. 셋째, 나이 많은 교사는 나이가 많아서 다를 뿐만 아니라 세대가 다르다. 만일 그들이 교직에 대해 가지고 있는 태도나 가치나 기대가 다르다면, 예를 들어 때론 결근하는 것의 합법성에 대한 의견이 젊은 교사들과 다르다면, 이것은 나이 자체의 영향을 반영하기도 하는 것이지만 상이한 세대이기 때문인 영향도 있다. 이러한 생각은 비록 현재의 연구가 일반적 패턴을 확인시켜 줄 수 있다고 해도 이러한 패턴에 대한 설명은 매우 복잡해질 것이라는 것을 지적한다.

이 연구의 결과 응답자의 23.4%는 교직이 매우 스트레스를 주거나 혹은 극히 스트레스를 준다고 응답하여 이전 연구에서 얻어진 바와 일치한다(Kyriacou and Sutchliffe, 1978b, 19.9%). 그러나 이전의 연구는 자기 보고된 교사 스트레스에서의 개인적 차이를 나타내지 못하였다. 학교에서의 상호작용 속에서의 차지하고 있는 위치에 의해 성별은 이 연구에서는 주의해서 다루어져야만 한다. 스트레스의 14가지 근원에 대한 반응의 평균의 결과는 역시 이전의 연구와 일치한다.

이 연구는 응답자의 대부부이 교직에 꽤 만족하거나 매우 만족한다는 것을 나타낸다. 비록 이 비율은(92.5%) 다른데서 실시된 교사 대상의 연구와(Rudd and Wiseman, 1962) 일반직업인에 대한 연구(General Household Survery, 1975)에서 나타난 것보다는 적은 것이기는 하다. 본 연구에서는 개인적 차이는 나타나지 않는 것으로 분석되었다. 그러나 이전 연구와의 비교는 하기 어렵다. 이전 연구에서는 개인적 특성과 학교의 유형이 뒤섞여 있기 때문이다.

왜냐하면 남자이며 나이 많은 교사들은 중등계 학교에 비해 인문계 학교에 더 많은 비율이 있으며, 초등학교보다 중등에 더 많기 때문이다.

본 연구는 응답자의 59.2%가 2학기 동안 건강상의 이유로 적어도 한번은 결근하였다고 밝혔다. 〈표 A11-1〉(1.01)에 보고된 두 학기 동안의 결근 빈도 평균이 1년 동안 Edinburgh 교사들에 대한 Simpson의 자료보다(0.70) 더 높다는 것은 흥미롭다(simpson, 1962). 본 연구 결과 남자 교사에 비해 여교사의 결근율이 더 높다는 것은 다른 연구에서의 결과와 일치한다(Coller, 1975; Simpson, 1962). 그러나 결근율에 대한 다른 개인 특성별 비교는 유의하지 않았다. 또 다른 결근에 대한 측정(하루 결근 횟수, 일부 결근 횟수, 전체 결근일)이 고려되었을 때도 유의한 차는 없었다.

10년 후에도 여전히 교직에 있을 것이라는 점에 대해 별로 그렇지 않다와 매우 그렇지 않다

〈표 A11-1A〉 교직에서 이직 의도와 결근 빈도, 자기보고된 교사의 직무 스트레스, 직무만족도; 집단 전체와 인구통계학적 집단 평균

	N	자기보고된 교사의 직무 스트레스	직무 만족	결근 빈도	교직 이직 의도
전체	218	1.84	3.73	1.01	2.31
성별					
남성	116	1.78	3.72	0.85	2.05
여성	102	1.92	375	1.19	2.61
자격					
대학졸업	104	1.94	3.70	1.03	2.29
기타	114	1.75	3.76	0.99	2.33
나이					
30세 이하	99	1.78	3.74	1.14	2.62
30~44세	81	1.79	3.80	0.90	2.10
45세 이상	38	2.13	3.58	0.89	1.76
교직 경험 기간					
4년 이하	78	1.82	3.73	1.23	2.79
5~10년	63	1.71	3.78	0.94	2.27
11년 이상	77	1.97	3.70	0.84	1.77
학교에서의 위상					
교사	133	1.82	3.66	1.08	2.45
과장	66	1.89	3.74	0.91	2.17
기타	19	1.84	4.21	0.84	1.76

*교직 이직 의도 변인에서 교사 한 명이 보고하지 않았으며, 13명의 교사가 정년퇴직 했는데 분석에서 제외함.

〈표 A11-1B〉 스트레스의 근원: 직무만족도, 결근 빈도와 전체에서 교직 이직 의도 사이의 평균치와 상관 관계

번호	스트레스의 원인	평균	직무 만족도	결근 빈도	교직 이직 의도
1	시끄럽게 떠드는 학생	1.68	−.17***	.02	.06
2	업무 과다	1.79	−.12*	.16*	.06
3	최소한의 표준을 유지하는 데에 대한 합의 부족	1.46	−.10	.09	−.08
4	가치와 표준을 유지/지지하는 데 따르는 노력	1.92	−.15*	.01	.02
5	성적 · 과제물 채점시간 부족	1.47	−.10	.06	−.04
6	행정적인 업무	1.37	−.10	.04	−.04
7	다루기 어려운 학급	1.61	−.16**	.08	.09
8	학업에 열의가 부족한 학생 지도	1.86	−.10	.11*	−.01
9	결근한 교사의 몫을 감당해야 하는 역할	1.41	−.10	.04	.08
10	계속해서 일탈행동을 하는 학생지도	1.10	−.28**	.16*	.18
11	불만족스러운 경력 관리 구조	1.80	−.18**	.06	.11
12	학생 개인 지도 부족	1.73	−.10	.14*	−.04
13	학교의 부적합한 훈육	1.67	−.17**	.06	.07
14	부적합한 급료	1.23	−.18**	.07	.12

*$p<.05$, **$p<.01$

며 23.5%의 응답자가 대답했다는 결과는 다른 연구 결과와 일치한다(DES, 1974; Taylor and Dale, 1971). 교직을 떠나려는 의도가 여성에게, 나이가 젊은 교사들에게, 경험이 적은 교사들에게 더 크다는 결과는 다른 연구와 일치한다(Charters, 1970; DES, 1973, 1974; Pratt, 1977). 두 가지 의미 있는 상호작용은 여성 대학 졸업자와 여성 학과주임이 특히 교직을 떠날 것 같다고 지적해 준다. 이 결과는 설명하기 어렵지만 학교가 가장 유능한 여교사들을 상실할 것 같다는 것을 알려준다. 응답자들이 가장 떠나려는 이유로 밝힌 것은 다른 연구에서 보고된 것과 일치한다; 낮은 봉급, 승진 전망이 적은 것, 남자 교사들에 대한 일반적인 불만족, 여교사들에게는 아이를 갖는 것 등이다(DES, 1974).

자기 보고된 교사의 직무 스트레스와 직업 만족, 결근, 교직을 떠나려는 의도와의 관련성을

〈표 A11-1C〉 자기보고된 교사의 직무 스트레스, 직무만족도, 결근 및 교직 이직 의도의 빈도: 집단 전체의 상호 상관 관계

	직무 만족도	결근 빈도	교직 이직 의도
자기보고된 교사의 직무 스트레스	r=−.27**	ρ=.09	r=.18**
직무 만족도		ρ=−.23**	r=−.44**
결근 빈도			ρ=.24**

**$p<.01$

생각해 보기 이직에 관련과 인과 사이의 구분이 있어야만 한다. 교사의 직무 스트레스의 경험이 낮은 직업만족, 결근, 교직을 떠나려는 의도와 관련된다고 볼 수 있을 뿐만 아니라 교사 스트레스의 경험을 가져온 환경이 또한 낮은 직업 만족, 결근, 교직을 떠나려는 의도를 직접 이끌었다고도 볼 수 있다. 여기서는 스트레스 경험이 많은 사람은 낮은 직업 만족을 경험하며, 보다 자주 결근하며, 더 쉽게 교직을 떠나려할 것이라고 가정하였다. 그러나 직업 만족, 결근, 교직을 떠나려는 의도는 교사 스트레스의 증후라기보다 상관이 있는 것으로서 우선 개념화된다. 이 모델은 다른 데서 연구되었다(Kyriacou and Sutchliffe, 1978a).

이 연구의 결과는 자기 보고된 교사의 직무 스트레스와 직업 만족 사이의 부정적 관련, 자기 보고된 교사의 직무 스트레스와 교직을 떠나려는 의도 사이의 긍정적 관련이라는 예상을 지지한다. 자기 보고된 교사 스트레스와 결근 빈도는 긍정적 관련이 있을 것으로 예상되었으나 유의미한 수준에 달하지 못하였다. 그러나 자기 보고된 교사의 직무 스트레스와 다른 결근 측정, 즉 전체 결근일 사이의 관련은 예상된 방향으로 유의미하였다. 본 연구는 교사의 직무 스트레스와 결근과의 관련이 종일 결근, 일부 결근의 빈도와 강한 연관이 있다고 주장하는 것으로 보이는 연구자들(Chadwick-Jones Seal, 1972; Dunham, 1976)을 지지하지는 않는다.

스트레스의 근원과 직업 만족, 결근 빈도, 교직을 떠나려는 의도 사이의 14가지 유의미한 관련성은 모두 예상된 방향대로였다. 직업 만족, 결근 횟수, 교직을 떠나려는 의도와 가장 강하게 관련된 스트레스의 근원이 불만족스러운 직업 구조(poor career structure)이며 이것은 그 자체로는 상대적으로 적은 스트레스의 근원이라는 것은 흥미롭다. 부적절한 봉급이 직업 만족과 교직을 떠나려는 의도와 상대적으로 강하게 관련된 스트레스의 근원이라는 결과와 더불어 교직 경험보다는 일의 조건이 직업 만족과 교직을 떠나려는 의도에 가장 강하게 관련이 있는 스트레스의 근원을 제공하는 듯하다.

개인적 특성은 이미 말한 관계를 완화하는 듯하다. 비록 완화하는 변인의 영향력이 어떻게 일어나는지에 대한 명확한 해석은 없지만, 하나의 흥미 있는 결과는 45세 이상의 교사들에게서는 스트레스의 근원으로서, 행정적 업무는 교직을 떠나려는 의도와 부정적으로 관련된다는 것이다. 그러나 이 결과는 봉급 수준과 혼동되어 반영되기 쉽다. 행정적 부담을 지고 있는 나이 많은 교사들에게는 봉급 수준이 높기 때문이다.

참고문헌

Chadwick-Jones, J. K., Brown, C. A. and Nicholson, N. (1973). 'Absence from work: its meaning, measurement and control'. *Int. Rev. Appl. Psychol.*, 22, 137-55.

Chandler, S. M. (1975). Teacher stress and job satisfaction as they relate to the implementation of a court-ordered desegregation plan, EdD thesis (University of Tennessee), *Dissertation Abstacts*

International, 1976, 36(7-A),4144-5.

Charters, W. W. (1970). 'Some factors affecting teacher survival in school districts'. *Am. Educ. Res. J.*, 7, 1-27.

Coller, R. D. (1975). An analysis of teacher absenteeism and its relationship to teacher morale and demographic characteristics of teachers, PhD thesis (University of Michigan), *Dissertation Abstracts International*, 1976, 36(10-A), 6388.

Cortis, G. A. (1973). 'The assessment of a group of teacher in relation to earlier career experience', *Educ. Rev.*, 25, 112-23.

Des (Department Of Education And Science) (1973). 'The supply of teachers', *Reports on Education*, No. 78.

Des (1974). 'Teacher turnover', *Reports on Education*, No. 79.

Dicaprio, P. R. (1974). A study of the relationship of organizational climate to job satisfaction of teachers in selected rural and suburban secondary schools, EdD thesis (State University of New York at Albany), *Dissertation Abstracts International*, 1974, 35 (6-A), 3334.

Douglas, S. A. (1976). Social-psychological correlates of teacher absenteeism: a multi-variate study, phD thesis (Ohio State University), *Dissertation Abstracts International*, 1977, 37 (11-A), 7033-4

Doyle, T. A. (1974). A comparative analysis of the relationship of job satisfaction to salary between selected teachers of St Louis county and selected rural teachers of Missouri, phD thesis (St Louis University), *Dissertation Abstracts International*, 1975, 36(6-A), 3282-3.

Dunham, J. (1976). 'Stress situations and reponses', In: National Association Of Schoolmasters (Ed) *Stress in Schools*. Hemel Hempstead: National Association of Schoolmasters.

Frank, T. G. (1975). Teacher absenteeism: a study of the association of selected teacher-reported job attributes and frequency of absence, phD thesis (State University of New York at Buffalo), *Dissertation Abstracts International*, 1975, 36(3-A), 1207.

General Household Survey, 1975 (published 1978). London: Hmso.

Jessup, G and Jessup, H. (1975). *Selection and Assessment at Work*. London: Methuen.

Kyriacou, C. and Sutcliffe, J. (1977). 'The prevalence of stress among teachers in medium-sized mixed comprehensive schools', *Res. in Educ.*, No. 18, 75-9.

Kyriacou, C. and Sutcliffe, J. (1978a). 'A model of teacher stress', *Educ. Studies*, 4, 1-6.

Kyriacou, C. and Sutcliffe, J (1978b). 'Teacher stress: prevalence, sources and symptoms', *Br. J. Educ. Psychol.*, 48, 159-67.

Murrell, H. (1977). The Tangled Skein of Stress Research. Paper Presented at the BPS Occupational Psychology Section symposium 'Stress in Industry', London Business School, 15th October 1977.

Nicholson, N., Wall, T. and Lischeron, J. (1977). 'The predictability of absence and propensity to leave from employees' job satisfaction and attitudes toward influence in decision-making.

Hum. Relat., 30, 499-514.

Pratt, D. (1977). 'Predicting teacher Survival', *J. Rdu. Res.*, 71, 12-18.

Price, D. (1977). Organizational stress and job satisfaction in public high school teachers, phD thesis (Stanford University), *Dissertation Abstracts International*, 1971, 31 (11-A), 5727-8.

Rudd, W. G. A. and Wiseman, S. (1962). 'Sources of dissatisfaction among a group of teachers', *Br. J. Educ. Psychol.*, 32, 275-91.

Simpson, J. (1962). 'Sickness absence in teachers', *Br. J. Industrial Med.*, 19, 110-15.

Simpson, J (1976). 'Stress, sickness absence and teachers'. In: National Association Of Schoolmasters (Ed) *Stress in Schools*. Hemel Hempstead: National Association of Schoolmasters.

Slick, G. H. (1974). The relationship of organizational climate factors which influence morale and other selected variables to absence frequency, EdD thesis (Temple University), *Dissertation Abstracts International*, 1975, 35(8-A), 4947.

Start, K. B. and Laundy, s. (1973). 'Successful teachers in the secondary school's, *Res. in Educ.*, No. 9, 1-15

Taylor, J. K. and Dale, I. R. (1971). *A Survey of Teachers in their First Year of Service*. Bristol: University of Bristol.

Warr, P. and Wall, T. (1975). *Work and Well-being*. Harmondsworth: Penguin.

참고 문헌

강학구(1996). 특수학교 교사와 일반학교 교사의 직무 스트레스 특징과 요인간의 관계성 분석, 대구대학교 대학원 박사학위 논문.

김정인(1990).

김정희 옮김(1991). 스트레스와 평가 그리고 대처. 한국 학술진흥재단 번역 총서 75. 서울: 대광문화사.

김정휘(1991). 교사의 직무 스트레스와 정신・신체적 증상 또는 탈진과의 관계. 중앙대학교 대학원 박사학위 논문.

김정휘, 고홍화 공저(1994). 교사의 직무 스트레스 연구. 교육 신서 202. 서울: 배영사.

김정휘, 서대식(2002). 교사의 직무 만족과 사기 및 근무 여건 개선에 관한 연구 강원교육의 현장진단과 대안-대학과의 합력 연구 논문 제12집-강원도 교육과학 연구원.

김정휘, 주영숙 공저(1998). 교육 심리학 탐구. 서울: 형설출판사.

김정휘, 주영숙, 하종덕(2002). 교육 심리학 입문－교실에서 심리학의 활용 방안 탐색－서울: 원미사.

김정휘. 교원의 직무 스트레스와 정신건강. 교육마당 21, 교육인적자원부 2001, 5.

만병의 근원, 스트레스. 뉴스위크 한국판. 1999. 6. 23. 통권 384호

서미영. 기업이 원하는 30대 직장인, 이제 말 잘 듣는 30대는 필요 없다. 신동아. 2004. 1. 동아일보사.

신유근(1991). 한국 기업 근로자의 의식 구조. 서울: 한국경제연구센터.

신지현(2004). 초등학교 담임교사가 학부모와의 사이에서 느끼는 스트레스 유형 분석－광주지역 초등학교를 중심으로－. 광주교육대학교 교육대학원 석사학위논문

심재관 옮김(2003). 피그말리온 효과－기대와 칭찬의 힘. 서울: 이끌리오.

심재관 옮김(2004). 화이트칼라의 위기. 서울: 한스미디어. (Fraser, J. A. (2002). *White Collar Sweatshop: The Deterioration of Work and Its Rewards*, in Corporate America)

안창선, 심미옥(2000). 교원의 심리적 갈등 극복을 통한 교직의 안정대책. 강원도교육의 현장 진단과 대안. 강원도 교육과학 연구원. 대학과의 협력연구 논문 제10집.

엘킨(Elkin, A) 지음. 천재 A반을 위한 스트레스 탈출. 서울: 비앤비.

이규환(2002). 교육개혁론－진보적 시각에서 우리 교육이 나아갈 길－. 서울: 배영사

이상혁. "스트레스" 알면 세상을 이긴다. －스트레스 호르몬, 장기를 파괴한다. －주간 조선. 조선 일보사. 2003. 1. 16. 제1737호.

장동운(1997). 갈등 관리. 서울: 무역 경영사.

정범모 편(1991). 교육 난국의 해부－한국 교육의 진단과 전망－. 한림과학원 총서 2, 서울: 나남.

조벽(2005). 교사의 절망, 무기력은 전염된다. 한국교육신문, 2005. 2. 21, 제2211호.

조벽(2005). 나는 대한민국의 교사다. 서울: 해냄.

주삼환(2002). 한국교육의 위기, 서울: 동문사.

중앙일보 특별취재반 엮음(1987). 교육, 이대로 둘 것인가. 서울: 천지.

진동섭 옮김(1993). 교직 사회－교직과 교사의 삶. 서울: 양서원.

함원찬(2005). 교사의 직무 스트레스와 탈진. 춘천교육대학교 교육대학원 석사학위 논문.

Anderson, M. B., & Iwanicki, E. F. (1984). Teacher motivation and relationship to teacher burnout. *Educational Administrations Quarterly, 20*, 94-132

Bacharach, S. B., Bauer, S. C., & Conley, S. (1986). Organizational analysis of stress: The case of elementary and secondary schools. *Work and Occupations, 13*, 7-32

Beehr, T. A., & Franz, T. M. (1986). The Current Debate About the meaning of Job Stress. *Journal of Organizational Behavior Management, 8*(2): 5-18

Bisbey. S., & Bisbey, L. B. (1991). *Brief Therapy for Post. Traumatic Stress Disoder: Traumatic incident reduction and related techniques.* Chichester: John Willy & Sons.

Bolch, A. M. (1977). The battered teacher. *Today's Educations, 66*, 58-62

Bolton. R., & Bolton, D. G. (1996). *People Styles at Work.* New York: American Management Association.

Burke, R. J., & Greenglass, E. R. (1989a). Sex difference in psychological burnout in teachers. *Psychological Reports, 65*, 55-63

Byrne, B. M. The Nomological Network of Teacher Burnout: A Literature Review and Empirically Validated Model. Vandenberghe, R. and Huberman, A. M. (Eds.). (1999). *Understanding and Preventing Teacher Burnout: A Sourcebook of International Research and Practice.* Cambirdge: Cambirdge University.

Capel, S. (1989). Stress and burnout in secondary school teachers: Some causal facats. In M. Coel & S. Walker(Eds), *Teaching and stress* (pp.36-48). Philadelphia: Open University Press.

Cedoline, A. J. (1982). *Job burnout in public education: Symptoms, Causes, and survival skills.* New Work: Teachers College Press.

Cherniss, C. (1980a). *Staff burnout: Job stress in the human services.* Beverly Hills, CA: Sage.

Cherniss, C. (1980b). *Professional burnout in human service organizations.* New York: Praeger.

Cherniss, C. (1988). *Observed supervisory behavior and teacher burnout in special education. Exceptional Children, 54*, 449-454.

Cherniss, C. (1999. April). *Impact of stress on career adaptation in teachers: A long-tern follow-up study.* Paper presented at the annual conference of the American Educational Research Association, Chicago, IL.

Ciarrochi, J., Deane, F., & Anderson, S. (2000). *Environmental intelligence moderates the relationship between stress and psychological adaptation, as measured by depression, hopelessness, and suicidal ideation.* Manuscript Submitted for Publication.

Cichon, D. J., & Koff, R. H. (1978). 'The teaching events stress inventory', Paper presented to the american educational research association annual meeting, Educational Research Information Centre, No. 160-2.

Cole, M., & Walker, S. (Eds.). (1989). *Teaching and Stress.* Milton Keynes: Open University Press.

Cooper, C. L., & Kelly, M. (1993). Occupational stress in head teachers: A national UK study. *British Journal of Educational Psychology, 63*, 130-143.

Cooper, C. L., & Roden, J.(1985) Mental Health and Satisfaction among Tax Office. *Social Science Medicine, 21*(17), 747-751.

Cooper, T, Boot, N., & Hanson, S. (1988). Stress in schools: An organizational perspective. *Work and Stress, 2*, 353-362.

Cooper. C. L., & Payne, R. (Eds.)(1978). *Stress at Work.* Chichester: John Willy & Sons.

Cox, T. (1985a). The Nature and Management of Stress. *Ergonomics*, 23, 1155-1163.

Cox, T., Boot, N., Cox, S., & Hanson, S. (1988). Stress in schools: an organizational perspective. *Work & Stress, 2*, 353-362.

Cox, T., Mackay, C. J., Cox, S., Watts, C., & Brockley, T. (1978). 'Stress and Well being in School Teachers', Paper presented to the Ergonomics Society Conference on Psychophysiological Response to Occupations Stress. Nottingham University, Nottingham, England,(Cited in M. D. Litt, and D. C. Turk, (1985) 'Sources of Stress and Dissatisfaction in Experienced High School Teachers'. *Journal of Educational Research, 78*(3), 178-85.

Cox. T. (1978). *Stress.* London: Macmillan.

Cunningham, W. G. (1983). Teacher burnout-Solutions for the 1980's: A review of the literature. *The Urban Review, 15*, 37-51.

Davidson, M. J., & Cooper, C. L. (1983). *Stress and the Female Manager.* Martin Robertson, Oxford.

Davidson, M. J., & Cooper, C. L. (1992). *Shattering the Glass Ceiling: The Woman Manager.* London: Paul Chapman Publishing.

Dunham, J. (1992). *Stress in teaching* (2nd ed.). New York: Routledge.

Dunham, J.(1984). Stress in Teaching. Croom Heim: Beckenham Smilansky, J.(1984). External and Internal Correlates of Teacher's Satisfaction and Willingness to Report Stress. *British Journal of Educational Psychology, 54*(1), 89-92.

Dworkin, A.G.(1987). *Teacher Burnout in the Public Schools: Structual Causes and Consequences for Children.* Albany: State University of New York.

Dworkin, A.G., Haney, C. A., Dworkin, R. J., & Telschow, R. L. (1990). Stress and illness behavior among urban public school teachers. *Educational Administration Quarterly, 26*, 60-72.

Edelwich, J., & Brodsky, A. (1980). *Burnout: Stages of disillusionment in the helping professions.* New York: Human Sciences Press.

Edgarton, S. K. (1977). Teachers in role conflict: The hidden dilemma. *Phi Delta Kappan, 59*, 120-122.

Eichenbaum, L., & Orbach, S. (1983). *What do women want?* London: Michael Joseph.

Evans, L. (1998). *Teacher Morale, Job Satisfaction and Motivation.* London: Paul Chapman Publishing Ltd.

Farber, B. A. (1991). *Crisis in Education: Stress and Burnout in the American Teacher*, San Francisco, CA: Josseu-Baso.

Fineman, S. (1995). Stress, emotion and intervention, In T. Newton, with J. Handy and S. Fineman, *Managing Stress: Emotion and Power at Work.* London: Sage.

Fisher, S. (1986). *Stress and Strategy.* London: Lawrence Erlbaum Associates.

Fisher, S. (1994). *Stress in Academic Life: The Mental Assembly Line.* London: Open University Press.

Fiske, E. B. Survey of Teachers Reveals Morale Problems. *New York Times*, Sept. 19. 1982. pp. A1, A52.

Fleishut, J. (1985). *A Longitudinal Study of the Origin and Intensity of the Job-related Stress of Elementary School Teacher.* Ann Arbor: Temple University Press.

Freudenberger, H. J. (1973). "The Psychologist in a Free Clinic Setting: An Alternative Model in Health Care". *Psychotherapy: Theory, Research and Practice, 10*(1), 52-61.

Freudenberger, H. J. (1975). "The Staff Burnout Syndrome in Alternative Institutions". *Psychotherapy: Theory, Research and Practice, 12*, 73-82.

Freudenberger, H. J. (1994) Staff-Burnout. *Journal of Social Issues, 30*(1), 159-165.

Friedman, I. A., & Farber, B. (1992) Professional self-concept as a predictor of teacher burnout. *Journal of Educational Research, 86*, 28-35.

Friedman, M., & Resenman, R. H. (1959). *Type A Behavior and Your Heart.* New York: Knopf.

Friedman, M., & Resenman, R. H. (1974). *Type A: Your Behavior and Your Heart.* New York: Knopf.

Goldberg, D., & Huxley, P. (1980). *Mental Illness in the Community: The Pathway to Psychiatric Care.* Tavistock Publications.

Goldberg, R. J. (1983). Stress in the Workplace: an Integrated Approach. *New Directions for Mental Health Service, 20*, 65-74.

Handy, J. (1995). Rethinking Stress: Seeing the Collective, In T. Newton, with J. Handy, and S. Fineman, *Managing stress: Emotion and Power at Work.* London: Sage.

Heus, P. D., & Diekstra, R. F. W. Do Teachers Burnout More Easily? A Comparison of Teachers with Other Social Professions on Work Stress and Burnout Symptoms. R. Vandenberghe, and A. M. Huberman (1999). *Understanding and Preventing Teacher Burnout. A Sourcebook of International Research and Practice*, Cambridge: Cambridge University Press.

Hogan, R., & Hogan, J. C. (1982). Subjective correlates of stress and human performance. in E. a. alluisi & E. A. Fleishman (Eds), *Human performance and productivity: Stress and performance effectiveness* (pp. 141-163). Hillsdale, NJ: Erlbaum

Holmes, T. H., & Rahe, R. H.(1967). The Social Readjustment Rating Scale. *Journal of Psychosomatic Research, 11*, 213-18.

Hoover-Dempsey, K. V., & Kendall, E. D. (1982). Stress and Coping Among Teachers: Experience in Search of Theory and Science. *Educational Information Research Service*, No. 241503.

Huberman, M. (1993). Burnout in teaching careers. *European Education*, *25*(3), 47-69.

Hubert, J. A., Gable, R. K., & Iwarick, E. F. (1990). The relationship of teacher stress to school organizational health, in S. B. Bacharach (Ed), *Advances in research and theories of school management and educational policy* (185-207). Greenwich: JAI.

Humphrey, J. N., & Humphrey, J. H., (1986). *Coping with Stress in Teaching.* New York: AMS Press. INC.

Humphrey, M. (1997). Review-Esenck Personality Questionnaire. *Journal of Medical Psychology*, *50*, 203-4.

Ianni, F. A., & Reuss-Ianni, E. (1983). "Take this job and shove it!": A comparison of organizational stress and burnout among teachers and police, in B. A. Farber (Ed.), *Stress and burnout in the human service profession* (pp-82-96). New York: Pergamon.

Ivancevich, J. M., & Matteson, M. T. (1984). A Type A-B Person -Work Environment Interactions Model for Examining Occupational Stress and Conswquences. *Human Relations*, *37*(7), 491-513.

Joseph. R. (2000). *Stress Free Teaching.* London: Kogan Page.

Kyriacou, C. (1980). Stress, health and school teachers: A comparison with other professions. *Cambridge journal of Education*, *10*, 154-158.

Kyriacou, C. (1981). Social support and occupational stress among schoolteachers. *Educational Studies*, *7*, 55-60.

Kyriacou, C. (1987). Teacher stress and burnout: An international review. *Educational Research*, *29*, 146-152.

Kyriacou, C., & Pratt, J. (1985). Teacher stress and psychoneurotic symptoms. *British Journal of Educational Psychology*, *55*, 61-64.

Kyriacou, C., & Sutcliffe, J. (1977a). Teacher stress: A review. *Educational Review*, 29, 299-306.

Kyriacou, C., & Sutcliffe, J. (1977b). The prevalence of stress among teachers in medium-sized mixed comprehensive schools. *Research in Education*, *18*, 75-79.

Kyriacou, C., & Sutcliffe, J. (1978a). A model of teacher stress. *Educational Studies*, *4*, 1-6.

Kyriacou, C., & Sutcliffe, J. (1978b). Teacher stress: Prevalence, sources and symptoms, *British Journal of Educational Psychology*, *48*, 159-167.

Kyriacou, C., & Sutcliffe, J. (1979). Teacher stress and satisfaction. *Educational Research*, *21*, 89-96.

Laughlin, A. (1984). Teacher Stress in an Australian Setting: The Role of Biographical Mediators. *Educational Studies*, *10*(1), 7-22.

Leithwood, K. A., Menzies, T., Jantzi, D., & Leithwood, J. Teacher Burnout A Critical Challenge for Leaders of Restruturing Schools, R. Badenberghe, and A. M. Huberman (1999). *Understanding and Preventing Teacher Burnout: A Sourcebook of International Research and*

Practice. Cambridge: Cambridge University Press.

Lens, W., & Jesus, S. N. (1999). A Psychosocial Interpretation of Teacher Stress and Burnout. R. Vandenberghe, and A. M. Huberman, (Eds.). *Understanding and Preventing Teacher Burnout: A Sourcebook of International Research and Practice.* Cambridge: Cambridge University Press.

Lortie, D. C. (1975). *Schoolteacher: A sociological study.* Chicago: University of Chicago Press.

Lutz,F. W., & Maddirala, J. (1990). Stress, burnout in Texas teachers' and reform mandated accountability. *Educational Research Quarterly*, 14, 19-21.

Maslach, C. (1982). *Burnout: The cost of caring.* Englewood Cliffs, NJ: Prentice-Hall

Maslach, C. (1983). Burnout: a Multidimensional Perspective, In W. B. Schaufeli, C. Maslach, & T. Marek (Eds.), *Professional burnout: Recent development in theory and research*, (19-32) Washington, DC: Taylor & Francis.

Maslach, C., & Jackson S. E. (1981). The measurement of experienced burnout. *Journal of Occupational Behavior, 2*, 99-113.

Maslach, C., & Jackson S. E. (1981). The measurement of experienced burnout. *Journal of Occupational Behavior, 2*, 99-113.

Maslach, C., & Pines, A. (1979). Burnout: The Loss of Human Caring. In A. Pines, and C. Maslach (Eds.), *Experiencing Social Psychology*, New York: Knopf.

Maxwell, M. (1974). Stress in Schools. *Centrepoint, 7*, 6-7.

Mayou, R. (1987). Burnout. *British Medical Journal*, 295, 284-285.

Mazur, P. J., & Lynch, M. D. (1989). Differential impact of administrative, organizational, and personality factors on teacher burnout. *Teaching and Teacher Education, 5*, 337-353.

McLaughlin, M. W., Pfeifer, R. S., Swanson-Owens, D., & Yee, S. (1986), Why teachers won't teach. *Phi Delta Kappan, 67*, 420-426.

Menlo, A., & Poppleton, P. (Eds.).(1999). *The Meanings of Teaching. An International Study of Secndary Teachers Work Lives.* Westport: Bergin & Garvey.

Motowidlo, S. J., Packard, J. S., & Manning, M. R. (1986). Occupational stress Its causes and consequences for job performance. *Journal of Applied Psychology, 71*, 618-629.

Nelson, D. L., & Quick, J. C. (1985). Professional women: Are Distress and Disease Inevitable? *Academy of Management Review, 10*(2), 206-18

Nias, J. (1985). A More Distant Drummer: Teacher Development as the Development of Self. In L. Barton and J. Walker (Eds.). *Educational and Social change*, Croom Helm.

Ojanen, S. (1982). *Opettajien Stress (Teacher Stress)*, Reports from the Department of Education, Series A; 23, University Tampere, Finland.

Patton, J., & Sutherland, D. (1986). *Survey on Symptoms of Stress EIS Members in Clackmannanshire Schools.* Educational Institute of Scotland, Clackmannanshire Branch.

Payne, R. P., & Fletcher, B. C. (1983). Job demands, Supports and Constraints as

Pearlin, L. I., & Meneghan, E. G., Lieberman , M. A. & Mullen, J. T. (1981). The Stress Process. *Journal of Health and Social Behavior, 22*, 337-56.

Powell, J. J., & Enright, S. J. (1990). *Anxiety and Management*. London: Routlege.

Pratt, J. (1976). *Perceived Stress Among Teachers: an Examination of Some Individual and Environmental Factors and Their Relationship to Reported Stress*. Umpublished MA thesis, University of Sheffield.

Predictors of Psychological strain among school teachers. *Journal of Vocational Behavior, 22*, 136-147.

Quick, J. C., & Murphy, L. R., & Hurrell, J. J. (Eds.) (1992). *Stress & Well-Being at Work: Assessments and Interventions for Occupational Mental Health*. Washington: American Psychological Association.

Rogers, W. A.(1992). *Managing Teacher Stress. Wiltshine: Pitman Publishing.*

Rudow, B. Stress and Burnout in the Teaching Profession: European Studies, Issues, and Research Perspectives. Vandenbergher, R. and Huberman, A. M. (Eds.) (1999). *Understanding and Preventing Teacher Burnout: A Sourcebook of International Research and Practice*. Cambridge: Cambridge Universit Press.

Schwab, R. L., & Iwanicki, E. F. (1982a). Who are our burned out teachers? *Educational Research Quarterly, 7*. 5-16.

Schwab, R. L., & Iwanicki, E. F. (1982b). Perceived role conflict, role ambiguity, and teacher burnout. *Educational Administration Quarterly, 8*, 60-74.

Schwab, R. L., Jackson, S. E., & Schaler, R. A. (1986). Educator Burnout: Sources and Consequences. *Educational Research Journal, 20*(3), 14-30.

Seaward, B. L. (1999). *Managing Stress*. Boston: Jones and Bantlett Publishers.

Selye, H. (1983). The stress concepts: Past, Present and future, in C. L. Cooper (Ed.). *Stress Research: Issues for the Eights*. Wiley. Chichester.

Simpson, J. (1962). Sickness Absence in Teachers. *British Journal of Industrial Medicine, 19*, 110-15.

Simpson, J. (1976). Stress: Sickness Absence in Teachers, In NAS/UWT, *Stress in Schools*, pp.11-17.

Smylie, M. A. Teacher Stress in a Time of Reform. R. Vandenbergher, and A. M. Huberman, (Eds.) (1999) *Understanding and Preventing Teacher Burnout: A Sourcebook of International Research and Practice*. Cambridge: Cambridge

Tellenback, S., Brenner, S., & Lofgren, H. (1983). Teacher stress: Exploratory model building. *Journal of Occupational Psychology, 56*, 19-33.

Travers, C. J., & Cooper, C. L. (Eds.) (1991). Stress and Status in Teaching: an Investigation of Potential Gender-related Relationships. *Woman in Management Review and Abstracts, 6*(4), 16-23.

Travers, C. J., & Cooper, C. L. (Eds.) (1999). *Teachers under Pressure: Stress in the Teaching Profession*. London: Routledge.

Troman, G., & Woods, P. (2001). *Primary Teachers' Stress.* London: Routheedge, Falmer.

Van Dijkhuizen, N., & Reiche, H. M. J. K. I. (1980) Psychosocial Stress in Industry: a Heartache for Middle Management, Paper presented at the Symposium on Psychosocial Factors in the Pathogenesis of Coronary Heart Disease, Maastricht, March 1979; to be published in *Journal of Psychotherapy and Psychosomatics.*

Vandenberghe, R., & Huberman, A. M.(Eds.) (1999). *Understanding and Preventing Teacher Burnout: A Sourcebook of International Research and Practice.* Cambridge: Cambridge Press.

Woods, P. Intensification and Stress in Teaching, R. Vandenberghe, and A. M. Huberman (Eds.), 1999, *Understanding and Preventing Teacher Burnout: A Sourcebook of International Research and Practice*, Cambridge: Cambridge University Press.

Woods, P. Intensification and Stress in Teaching. R. Vandenberghe, and A. M. Huberman, (Eds.) (1999). Understanding and Preventing Teacher Burnout: A Sourcebook of International Research and Practice.

Woods, P., & Jeffrey, R. J. (1996). *Teachable moments: The art of teaching in Primary Schools.* Buckingham, England; Open University Press.

Yee, S. M.(1990). *Career in the Classroom*, New York: Teachers College Press.

찾아보기

주제어

〈ㅇ〉

〈ㅈ〉

〈ㅊ〉

주제어

저자 소개

김정휘

▮약력 중앙대학교 문리과대학 심리학과 졸업
서울대학교 학생지도연구소 연구생과정 수학(상담심리학 전공)
서울대학교 교육대학원(석사)
한국교원총연합회 재직
중앙대학교 대학원(박사)
국민대학교 대학원 박사과정 수료(교육심리학 전공)
강원대 · 서울여대 · 덕성여대 · 한림전문대 · 한림대 출강
이화여자대학교 객원교수
현, 춘천교육대학교 교수

▮저서 현대 청년 심리학(학문사, 1977)
교사의 전문성(공역, 교육신서 72, 배영사, 1979)
노인심리학(역서, 성원사)
학교 · 학생 · 교사 · 교육(교육신서 148, 배영사, 1990)
영재학생, 그들은 누구인가(교육과학사, 1993)
교육심리학 입문(공저, 원미사, 2001)
정서와 행동문제 및 학습장애를 갖고 있는 아동과 청소년의 이해(공편저, 원미사, 1996)
영재학생의 발달에 영향을 끼치는 필요 · 충분 조건들: 가정 · 영재 자신 · 학교의 영향(편저, 원미사, 1996)
대학 교수의 자화상(역서, 교육과학사, 2000)
영재학생식별편람(편저, 원미사, 2000)
영재성 발달에 영향을 끼치는 가족의 역할(교육과학사, 2001)
[개정판]영재학생을 위한 교육(공저, 박학사, 2004)
영재교육(역서, 이화여자대학교 출판부, 2004)
정신지체아 교육의 원리와 실제(역서, 교육과학사, 1994)

김태욱

▮약력 한양대학교 체육대학 체육학과 졸업
한양대학교 대학원 석·박사
한양대학교 · 경원대학교 · 인천대학교 출강
경원대학교 사회체육대학원 출강
한양대학교 부설 체육과학연구소 연구원

교사의 직무 스트레스와 탈진
-교육의 위기-

인 쇄 일	2006년 8월 25일 초판인쇄
발 행 일	2006년 9월 1일 초판발행
저 자	김정휘 · 김태욱 공저
발 행 인	구본하
발 행 처	도서출판 박학사
주 소	서울시 마포구 서교동 476-53 세화회관
전 화	(02)3142-3765
팩 스	(02)3142-3766
E-mail	pakhaksa@kornet.net
웹사이트	www.pakhaksa.co.kr
등록번호	제10-2230호

정가 18,000원 ISBN 89-91633-20-X